Duits

Collectie Zonder Moeite

door Maria ROEMER

Nederlandse bewerking door
Carine CALJON

Illustraties van J.-L. GOUSSÉ

De intuïtieve methode

B.P. 25
94431 Chennevières-sur-Marne Cedex
FRANCE

© ASSIMIL 2013
ISBN 978-2-7005-0634-1

Bij onze cursussen
horen geluidsopnamen op audio-cd of mp3.

Assimil Collecties

Zonder Moeite
Amerikaans - Arabisch - Chinees - Duits - Engels - Frans - Grieks - Italiaans - Pools - Portugees - Russisch - Spaans - Turks - Zweeds

Praktijk
Frans - Spaans

Inhoud

Inleiding VI

Lessen 1 tot 100

1	Viel Glück!..	1
2	Im Hotel	5
3	Das Foto...	7
4	Das Frühstück im Café...	11
5	Ein Telefongespräch..	17
6	Es ist noch nicht spät..	21
7	Wiederholung...	25
8	Was trinken wir?..	27
9	Wer hat Geld?..	33
10	Das ist nicht dumm!...	37
11	Eine Nachricht...	41
12	Bist du's, Janina?..	47
13	Ferienende...	51
14	Wiederholung...	55
15	Entschuldigen Sie bitte, ich habe eine Frage… ...	59
16	Warum vergeht die Zeit so schnell?.....................	65
17	Zahlen machen müde	71
18	Eine Postkarte aus München................................	75
19	Essen? Ja gern! Aber was?...................................	79
20	Am Bahnhof..	85
21	Wiederholung...	89
22	Das Geburtstagsfest..	95
23	Eine gute Organisation..	101
24	Komm, wir gehen einkaufen!.................................	105
25	Ist Ihr Terminkalender auch zu voll?.....................	109
26	Was machen wir heute Abend, Liebling?.............	115
27	Na, schmeckt's?..	119
28	Wiederholung...	125
29	Man kann nicht immer Glück haben......................	131
30	Dienst ist Dienst und Schnaps ist Schnaps...........	137
31	Guter Rat ist teuer...	141
32	Ein gefährliches Missverständnis..........................	147
33	Die Stadtbesichtigung...	151
34	Was man darf und was man nicht darf.................	157

• III

35	Wiederholung	161
36	Eine gute Partie (1)	167
37	Eine gute Partie (2)	171
38	Alles zu seiner Zeit	177
39	Die Zeiten ändern sich	181
40	Der Autokauf	185
41	Die Stadt Dresden ist eine Reise wert	191
42	Wiederholung	197
43	Die Mücke	203
44	Der 31. Dezember	207
45	In der letzten Minute	213
46	„Der Mensch denkt und Gott lenkt"	217
47	Im Vorzimmer des Chefs	223
48	Ein schwieriger Samstagmorgen	227
49	Wiederholung	233
50	Anzeigen für Ferienwohnungen	241
51	Eine Radiosendung	245
52	Pünktlichkeit ist die Höflichkeit der Könige	251
53	Er ist nicht auf den Mund gefallen (Fortsetzung)	257
54	Kopf hoch!	263
55	„Der Apfel fällt nicht weit vom Stamm"	269
56	Wiederholung	275
57	Wer wird das alles essen?	285
58	Der Hase und der Igel	291
59	Der Hase und der Igel (Fortsetzung)	299
60	Der Hase und der Igel (Fortsetzung und Ende)	305
61	Ein überzeugendes Argument	311
62	Eine schlaue Verkäuferin im Reisebüro	315
63	Wiederholung	321
64	Berlin, die Hauptstadt der Bundesrepublik Deutschland	331
65	Wie wird man reich?	337
66	Ein perfekter Ehemann	343
67	Und was ist für Sie das Paradies?	349
68	Zehn Fragen zu Ihrer Allgemeinbildung	355
69	Man nimmt sich niemals genug in Acht	361
70	Wiederholung	367
71	„Vater werden ist nicht schwer, Vater sein dagegen sehr"	377
72	Dreimal dürfen Sie raten	383
73	Ein Tierfreund	389

74	„Ich bin von Kopf bis Fuß auf Liebe eingestellt"	395
75	„Was der Bauer nicht kennt, isst er nicht."	403
76	Im Dunkeln geschehen komische Dinge	409
77	Wiederholung	413
78	Der Vorteil flexibler Arbeitszeiten	421
79	Auf der Autobahn	427
80	Eine positive oder negative Antwort?	433
81	Ein nicht ganz alltägliches Vorstellungsgespräch	439
82	Ein nicht ganz alltägliches Vorstellungsgespräch (Fortsetzung)	445
83	Genial oder verrückt?	451
84	Wiederholung	459
85	Wie wird das Frühstücksei gegessen?	467
86	Wie wird das Frühstücksei gegessen? (Fortsetzung)	473
87	Willkommen auf der Wies'n!	479
88	Unsere Vorfahren, die Affen	485
89	Ein Interview im Radio mit Herrn „Stöffche", dem Apfelwein-König	493
90	Ein perfekter Plan	501
91	Wiederholung	507
92	Der verständnisvolle Blumenhändler	515
93	Bewahren Sie die Ruhe, wenn möglich!	523
94	Noch einmal Glück gehabt!	529
95	Wenn sie das gewusst hätte	535
96	Auf Regen folgt Sonnenschein	541
97	Wenn es doch nur schneien würde!	547
98	Wiederholung	555
99	Ohne Fleiß kein Preis	565
100	Ende gut, alles gut	571

Grammaticale bijlage 580
Grammaticale en lexicale index 606
Lijst van onregelmatige werkwoorden 612
Woordenlijsten 616
  Woordenlijst Duits – Nederlands 617
  Woordenlijst Nederlands – Duits 659

Dankwoord

Hartelijk dank aan Willy Paulik, vertaler in Nederland,
voor zijn onschatbare bijdrage aan deze uitgave.

Inleiding

Beste lezer,

Voor uw studie maakt u gebruik van de cursus *Duits* in de collectie "Zonder moeite" van Assimil. Gefeliciteerd met deze keuze!

Door ons aandachtig – en regelmatig – te volgen, zult in in enkele maanden de woordenschat uit het dagelijkse taalgebruik assimileren en de grammaticale basisregels beheersen.

Via de honderd uit het gewone leven geplukte dialogen die wij u aanbieden, zult u zich deze mooie taal heel snel eigen maken.

Veel succes!

Duits leren met Assimil: gebruiksaanwijzing

U hoeft zich alleen te laten leiden en nauwkeurig onze adviezen op te volgen:

Besteed dagelijks ongeveer dertig minuten aan uw studie. We leggen de nadruk op regelmaat!

Om te beginnen, leest u de dialoog van de les, dan beluistert u hem en herhaalt u hem zo vaak mogelijk, hardop! Beschikt u niet over de geluidsopnamen, dan help het klankschrift onder de tekst u verder. Probeer niet de dialoog woord voor woord te vertalen naar het Nederlands!

Bekijk de Nederlandse vertaling pas in tweede instantie, nadat u de tekst meermaals hebt herhaald. Op deze manier went u aan de typisch Duitse wendingen.
Bijzonderheden die niet helemaal af te leiden zijn uit de (letterlijke) vertaling, worden eenvoudig toegelicht in een opmerking.

De opmerkingen bieden antwoord op uw vragen. De uitleg over de belangrijkste grammaticale onderwerpen wordt om de zeven lessen structureel herhaald en uitgediept in de zgn. herhalingsles. U kunt de grammaticale uitleg te allen tijde raadplegen aan de hand van de grammaticale index achterin de cursus. Verder geven we nog een samenvatting in de grammaticale bijlage.

Wanneer u de dialoog hebt gelezen en herhaald, maakt u de oefeningen. Ze bieden u een tweede, zelfs een derde kans om heel natuurlijk de net in de dialoog ontdekte woordenschat en structuren te assimileren; deze keer in een licht verschillende situatie, zodat u leert zelf de nieuw opgedane kennis in de praktijk te brengen.

Gedurende de eerste vijftig lessen – die wij de passieve fase noemen – vragen wij u alleen de Duitse zinnen te assimileren en te herhalen.

Zodra deze lessen doorgenomen zijn, kunt u zelf gaan "produceren", zoals een kind lang passief blijft alvorens het begint te praten. Het is dus bij de vijftigste les dat u de actieve fase instapt en de tweede golf aanvat. We zullen u hierover op dat ogenblik verdere aanwijzingen geven.

U bent ongeduldig en benieuwd om te starten? Vooruit dan, wij staan u graag de hele tijd van uw studie bij!
Hieronder vindt u uitleg over de uitspraak. Die helpt u meteen met het juiste accent naar de eindstreep!

Letters en klanken in het Duits

Alfabet

Dit zijn de letters van het alfabet, met tussen vierkante haakjes het klankschrift als de uitspraak afwijkt van het Nederlands:

a, **b**, **c** *[tsee]*, **d**, **e**, **f**, **g** *[Gee]*, **h**, **i**, **j** *[jot]*, **k** *[kʰaa]*, **l**, **m**, **n**, **o**, **p** *[pʰee]*, **q** *[kʰoe]*, **r** *[èᵉ]*, **s**, **t** *[tʰee]*, **u** *[oe]*, **v** *[fau]*, **w** *[vee]*, **x**, **y** *[**up**silon]*, **z** *[tsèt]*

en de vier typisch Duitse letters:
ß *[ès-tsèt]*, **ä** *[èè]*, **ö** *[eu]*, **ü** *[uu]*.

Klemtoon

Net als in het Nederlands is de klemtoon in het Duits zeer nadrukkelijk. In ons klankschrift, alsook in de dialogen van de lessen, geven we de beklemtoonde lettergreep weer in vet.

Klankassimilatie

De uitspraak van een letter kan variëren afhankelijk van zijn plaats en van de omgevende letters. Zo worden, bijvoorbeeld, de stemhebbende **b**, **d** en **g** aan het einde van een woord stemloos en dus uitgesproken als *[p]*, *[t]* en *[k]*.

Uitspraak

Duits uitspreken is voor een Nederlandstalige niet zo moeilijk; wel is het opletten voor letter(combinatie)s die anders klinken!

Klinkers

Letter	Klank-schrift	Voorbeelden	Uitleg
a	a	**Mann** [man] - man	open a: d<u>a</u>n
	aa	**Tag** [t^haak], dag, **sagen** [zaaG'n] - zeggen	gesloten a(a): d<u>aa</u>r, d<u>a</u>gen
ä*	è / èè	**Männer** [**mè**ne^e] - mannen / **Käse** [k^hèèze] - kaas	korte/lange open e: k<u>e</u>rs/cr<u>è</u>me, f<u>ai</u>r
e, ee (beklemtoond)	ee	**leben** [**leeb**'n] - leven, **Tee** [t^hee] - thee	gesloten e(e): t<u>ee</u>n, t<u>e</u>nen
e (beklemtoond)	è	**Geld** [Gèlt] - geld	open e: k<u>e</u>rs
e (onbeklemtoond)	e	**habe** [**haa**be] - heb	doffe e: d<u>e</u>
	'	**haben** [**haa**b'n] - hebben	ingeslikte doffe e (bijv. in uitgangen)
i	i	**ich** [ich] - ik	neigt naar onze i
	ie	**direkt** [die**rèkt**] - direct	kort uitgesproken ie, zoals in l<u>ie</u>d
ie	ie	**vier** [fie^e] - vier	zoals in d<u>ie</u>r
	je	**Familie** [fa**miel**je] - familie, gezin	zoals in Bel<u>gië</u>
o	o	**dort** [do^et] - daar	open o: t<u>o</u>ch
	oo	**groß** [Groos] - groot	gesloten o(o): <u>oo</u>k
ö	ë	**möchte** [**mëcht**^he] - (ik) zou willen	zoals in freule, "c<u>œu</u>r" (Frans)
	eu	**Brötchen** [**breut**-ch'n] - broodje	zoals in d<u>eu</u>r
u	oe	**Luft** [loeft], lucht/ **nur** [noe^e] - slechts	korte/lange oe: g<u>oe</u>d/b<u>oe</u>r

ü	u / uu	**Glück** *[Gluk]* - *geluk* / **für** *[fuu^e]* - *voor*	korte/lange u(u): d<u>u</u>pe/d<u>uu</u>r
y	u	**Symbol** *[zumbool]* - *symbool* / **typisch** *[t^{h}uup^{h}isj]*	korte/lange u(u): d<u>u</u>pe/d<u>uu</u>r
	j, i	**Yoga** *[jooGa]* - *yoga*, **Handy** *[hèndi]* - *gsm*	uitspraak van vreemde oorsprong blijft behouden

* I.p.v. de lange open e *[èè]* hoort men ook vaak een gesloten e(e) *[ee]*: **Mädchen** *[mèètçh'n]/[meetçh'n]* - *meisje*.

Tweeklanken

Letter	Klankschrift	Voorbeelden	Uitleg
au	au	**Baum** *[baum]* - *boom*	bl<u>au</u>w, <u>au</u>!
äu	oj	**Fräulein** *[frojlajn]* - *juffrouw*	h<u>oi</u>!, cowb<u>oy</u>
ei	aj	**zwei** *[tsvaj]* - *twee*	k<u>aj</u>ak, t<u>aai</u>
eu	oj	**teuer** *[t^{h}oje^e]* - *duur*	h<u>oi</u>!, cowb<u>oy</u>

Medeklinkers

Letter	Klankschrift	Voorbeelden	Uitleg
c	k	**Cousine** *[k^{h}oeziene]* - *nicht*	k<u>oek</u>
	ts	**Celsius** *[tsèlsioes]* - *Celsius*	<u>ts</u>aar
ch	çh	**ich** *[içh]* - *ik;* **Küche** *[k^{h}uuçhe]* - *keuken*	zachte ch/g: wie<u>g</u>je
ch na **a, o, u, au**	ch	**lachen** *[lach'n]* - *lachen*	harde ch: la<u>ch</u>en

ch in de combinatie **chs**	k	**Lachs** *[laks] - zalm*	he<u>k</u>s
g	G	**Geld** *[Gèlt] - geld*	za<u>k</u>doek, "<u>g</u>arçon" (Frans), "<u>g</u>irl" (Engels)
g als woord- of lettergreepeinde,	k	**Tag** *[tʰaak] - dag,* **täglich** *[tʰèèk-lich] - dagelijks*	ta<u>k</u>tiek
tenzij in de combinatie **-ig**	çh	**fertig** *[fèetʰich] - klaar*	zachte ch/g: wie<u>g</u>je
h	h	**hat** *[hat] - heeft*	sterk aangeblazen
h na een klinker	-	**Sahne** *[zaane] - slagroom*	niet aangeblazen, verlengt de voorafgaande klinker
k (of k-klank) voor klinker	kʰ	**Käse** *[kʰèèze] - kaas,* **Orchester** *[oᵉkʰèstʰeᵉ] - orkest*	k-klank gevolgd door korte aanblazing (sterker voor beklemtoonde dan voor onbeklemtoonde klinker)
l	l	**viel** *[fiel] - veel*	volle l (tong tegen het midden van het gehemelte gekruld)
p (of p-klank) voor klinker	pʰ	**Gepäck** *[Gepʰèk - bagage]*	p-klank gevolgd door korte aanblazing (sterker voor beklemtoonde dan voor onbeklemtoonde klinker)
ph	f	**Philosoph** *[filoozoof] - filosoof*	<u>f</u>ui<u>f</u>
qu	kv	**Quittung** *[kvitʰoeng] - kwijting*	tjo<u>kv</u>ol
r	r	**zurück** *[tsoeruk] - terug*	achteraan in de mond gerolde r
r na klinker	ᵉ	**Verkehr** *[fêᵉkʰeeᵉ] - verkeer*	zeer korte doffe e (na een doffe e vallen ze a.h.w. samen)

s voor klinker, tussen klinkers of na **l**, **m**, **n**, **ng** en **r**	z	**Hase** *[haaze]* - *haas*, **also** *[alzoo]* - *dus*	ha<u>z</u>en
s voor **p** of **t** (woord-/lettergreepbegin)	sj	**Sport** *[sjpʰoet]* - *sport*, **Stadt** *[sjtʰat]* - *stad*	<u>sj</u>ofel
s voor medeklinker (behalve **p/t**)	s	**Asbest** *[as**bèst**]* - *asbest*	zuivere s-klank: sa<u>s</u>
sch	sj	**schön** *[sjeun]* - *mooi*	<u>sj</u>ofel
t (of t-klank) voor klinker	tʰ	**Eigentum** *[aj**Gent**ʰoem]* - *eigendom*	t-klank gevolgd door korte aanblazing (sterker voor beklemtoonde dan voor onbeklemtoonde klinker)
t voor onbeklemtoonde **i**	ts	**Station** *[sjtʰatsi**oon**]* - *station*	de ts-klank komt meestal na **a, c, e, i, k, l, m, n, o, p, r** of **u**
v	f	**vier** *[fieᵃ]* - *vier*	neigt sterk naar een f
	v	**Vokabel** *[voo**kʰaa**bel]* - *klinker*	blijft v in woorden van vreemde oorsprong
w	v	**was** *[vas]* - *wat*	neigt meestal naar een v
z	ts	**Zeit** *[tsajt]* - *tijd*	klinkt meestal als ts: ie<u>ts</u>
ß	s	**Straße** *[**sjtra**se]* - *straat*	zuivere s-klank: sa<u>s</u>

We beperken ons in deze cursus tot de standaarduitspraak van het Duits. De vele regionale varianten worden buiten beschouwing gelaten.

1 *Lees aandachtig de inleiding voordat u met de eerste les begint. U vindt er al de uitleg die nodig is voor een doeltreffende studie.*

1   Erste Lektion *[ee^est^he lèktsioon]*

Viel Glück ①!

1 – **Gu**ten ② Tag!
2   **Heu**te ist ein **groß**er ② Tag.
3 – Wa**rum**?
4 – Sie **ler**nen ③ Deutsch!
5   Wir **wün**schen viel Ver**gnü**gen!   ☐

Uitspraak
fiel Gluk **1** *Goet'n t^haak* **2** *hojt^he ist aajn Groose^e t^haak* **3** *vaaroem* **4** *zie lè^en'n dojtsj* **5** *vie^e vunsj'n fiel fè^eGnuuG'n*

Aanwijzingen bij de uitspraak
Voor een overzicht van de Duitse uitspraak kunt u de tabellen in de inleiding raadplegen. In de eerste lessen geven we specifieke uitleg, gebaseerd op in de dialoog voorkomende klanken. De cijfers verwijzen dan naar de zin(nen) waarin de behandelde klank terug te vinden is, **T** *naar de titel.*

v - w:
T, 5 De uitspraak van de letter **v** neigt meestal naar f, vandaar dat we hem in het klankschrift weergeven met *[f]*: **Viel Vergnügen!** *[fiel fè^eGnuuG'n]* - *Veel plezier!*
3, 5 De uitspraak van de letter **w** neigt meestal naar een v, vandaar het klankschrift *[v]*: **wir wünschen** *[vie^e vunsj'n]* - *wij wensen.*

Opmerkingen

① Let erop dat in het Duits zelfstandige naamwoorden met een hoofdletter geschreven worden: **Glück** - *geluk*, **Tag** - *dag*.

② **Guten Tag!** - *Goedendag/Goeiendag!;* **... ist ein großer Tag** - *... is een grote dag.* **Gut** - *goed,* **groß** - *groot.* Maak u nog geen zorgen over de verschillende uitgangen, we hebben het later wel over die "verbuiging".   ▶

1 • **eins** *[ajns]*

Tussen vierkante haakjes staan de woorden die toegevoegd worden om een correcte Nederlandse zin te verkrijgen; tussen ronde haakjes en cursief staat de letterlijke vertaling die afwijkt van de Nederlandse structuur.

Eerste les 1

Veel geluk!

1 – Goedendag *(Goede dag)*!
2 Vandaag is een grote dag.
3 – Waarom?
4 – U leert Duits!
5 Wij wensen [u] veel plezier *(genoegen)*!

g:
T, 1, 2, 5 De Duitse **g** klinkt als de k in "za<u>k</u>doek", de g in het Franse "garçon" of in het Engelse "girl", vandaar dat we er in het klankschrift uw aandacht op vestigen met *[G]*: **Glück** *[Gluk]*, **gut** *[Goet]*, **groß** *[Groos]*.
1, 2 Als woord- of lettergreepeinde wordt de **g** stemloos, waardoor ze als een k klinkt → *[k]*: **Tag** *[tʰaak]*.

u - ü:
1, 3: De letter **u** komt overeen met onze oe-klank in "goed" of in "boer" → *[oe]*: **Warum lernen Sie gut?** *[vaaroem lèⁿn'n zie Goet]* - *Waarom leert u goed?*
T, 5 Staat er op de **u** een umlaut (¨), dan wordt deze **ü** uitgesproken zoals onze u in "dupe" of in "duur" → *[u]/[uu]*: **Vergnügen wünschen** *[fèⁿ**Gnuu**G'n **vun**sj'n]* - *plezier wensen.*

▶ ③ **Lernen** - *leren*: net als in het Nederlands eindigen Duitse infinitieven op **-en** (of **-n**). Merk op dat de Duitse beleefdheidsvorm (**Sie** - *u*) in de 3ᵉ persoon <u>meervoud</u> vervoegd wordt! In de onvoltooid tegenwoordige tijd (o.t.t.) komt deze werkwoordsvorm overeen met de infinitiefvorm: **Sie lernen** - *u leert*. Let erop dat het persoonlijk voornaamwoord **Sie** - *u* altijd met een hoofdletter geschreven wordt.

> *Hier hebt u voor het eerst de twee oefeningen die telkens een les afsluiten. Ze helpen u wat u net in de dialoog geleerd hebt te herhalen en te assimileren.*
> *De eerste is een vertaaloefening, de tweede een invuloefening.*
> *In het begin worden de elementen uit de dialoog van de bestudeerde les verwerkt, maar geleidelijk aan zult u uit de woordenschat en structuren van de voorbije lessen moeten putten. Benut dus deze herhaling en lees hierbij de zinnen hardop.*

Übung 1 – Übersetzen Sie bitte!
Oefening 1 – Vertaal(t u) a.u.b.!

❶ Sie lernen heute Deutsch. ❷ Guten Tag! ❸ Warum lernen Sie Deutsch? ❹ Wir wünschen viel Glück! ❺ Warum ist heute ein großer Tag?

Übung 2 – Ergänzen Sie bitte!
Oefening 2 – Vul(t u) in a.u.b.!

(Elk puntje staat voor één letter.)

❶ Leert u Duits?
. . . . Deutsch?

❷ We wensen [u] veel plezier!
. . . . viel Vergnügen!

❸ Vandaag is een grote dag.
. . . . . ist ein großer Tag.

❹ We leren Duits.
. . . . Deutsch.

❺ Goedendag en veel geluk!
Guten . . . und viel . . . . .!

Oplossing van oefening 1

❶ U leert vandaag Duits. ❷ Goedendag! ❸ Waarom leert u Duits?
❹ Wij wensen [u] veel geluk! ❺ Waarom is vandaag een grote dag?

Oplossing van oefening 2

❶ Lernen Sie – ❷ Wir wünschen – ❸ Heute – ❹ Wir lernen –
❺ – Tag – Glück

> *Jazeker, we wensen u* **viel Glück** *en ook... wat geduld. Les na les zult u door de gelijkenissen met het Nederlands al snel vertrouwd raken met het Duits en spontaan de verschilpunten toepassen. Beluister de zinnen, lees ze hardop en herhaal ze een paar keer.*

vier *[fie*ᵉ*]* • 4

2 Zweite Lektion [tsvajtʰe lèktsioon]

Im ① Hotel

1 – **Gu**ten **A**bend ②!
2 – **Ha**ben Sie ein ③ **Zi**mmer frei?
3 – Für **ei**ne ③ Per**son**?
4   Sind Sie ④ al**lein**?
5 – Ja, ich bin al**lein**. □

Uitspraak
im hotʰèl **1** *Goet'n aabent* **2** *haab'n zie ajn **tsi**meᵉ fraj* **3** *fuuᵉ ajne pʰèᵉ**zoon*** **4** *zint zie a**lajn*** **5** *jaa içh bin a**lajn***

Aanwijzingen bij de uitspraak
z - s:
2 De letter **z** klinkt meestal zoals in "ie<u>ts</u>" → *[ts]*: **Zimmer** *[**tsi**meᵉ]*, **zwei(te)** *[**tsvaj**(tʰe)]* - *twee(de)*.
2, 3, 4 Een **s** voor een klinker klinkt dan weer zoals onze **z** → *[z]*: **Sie sind** *[zie zint]*; dezelfde uitspraak geldt voor een **s** na een **r** (of na een **l**, **m**, **n** en **ng**): **Person** *[pʰèᵉ**zoon**]*.

Opmerkingen

① **Im** is de samentrekking van het voorzetsel **in** - *in* en het bepaald lidwoord **dem**. Meer hoeft u momenteel niet te weten, maar wees gerust, u verneemt er binnenkort meer over.

② **Guten Abend** - *Goedenavond/Goeienavond!*, in het Duits in twee woorden (wat eigenlijk logisch is), net als **Guten Tag!** - *Goedendag/Goeiendag!* (in les 1), **Guten Morgen!** - *Goedemorgen/Goeiemorgen!*, **Guten Mittag!** - *Goedemiddag/Goeiemiddag!* en **Gute Nacht!** - *Goedenacht/Goeienacht!*

③ U hebt het gemerkt: het is **ein Zimmer** - *een kamer* en **eine Person** - *een persoon*. In het Duits staan onbepaalde lidwoor- ▶

Tweede les 2

In-het hotel

1 – Goedenavond *(Goede avond)*!
2 – Hebt u een kamer vrij?
3 – Voor één persoon?
4 – Bent u alleen?
5 – Ja, ik ben alleen.

ei:
2, 3, 4, 5 Spreek de Duitse **ei** niet op z'n Nederlands uit, maar zoals in "k<u>a</u>jak, t<u>aai</u>" → *[aj]*: **eins** *[ajns]*, **zwei** *[tsvaj]*, **drei** *[draj]*.
-d:
1, 4 Zoals **g** als woord- of lettergreepeinde stemloos en als *[k]* uitgesproken wordt, verandert **-d** in *[t]*: **Abend** *[aabent]*, **sind** *[zint]*.
i - ie:
T, 2, 4, 5 De Duitse **i** kan naar onze **i** in "rit" neigen of als een korte **ie** zoals in "lied" klinken: **ich** *[içh]* of **direkt** *[dierèkt]*;
2, 4 de **ie** is altijd lang: **vier** *[fie^e]* - *vier*.

▸ den net als bepaalde lidwoorden in de mannelijke, vrouwelijke of onzijdige vorm, afhankelijk van het zelfstandig naamwoord waar ze bij horen. Zo is **das/ein Zimmer** - *de/een kamer* onzijdig en **die/eine Person** - *de/een persoon* vrouwelijk. De mannelijke vorm komt in de volgende les aan bod.

④ We zagen dat de beleefdheidsvorm vervoegd wordt in de 3e persoon meervoud, waarbij de werkwoordsvorm overeenkomt met de infinitiefvorm: **haben** - *hebben* → **Sie haben** - *u hebt*. Het werkwoord **sein** - *zijn* vormt een uitzondering op deze regel: **Sie sind** - *u bent*. Vergeet de hoofdletter bij **Sie** - *u* niet!

sechs *[zèks]*

Übung 1 – Übersetzen Sie bitte!

❶ Guten Tag, haben Sie ein Zimmer frei? ❷ Ein Zimmer für eine Person? – Ja. ❸ Sie haben Glück. ❹ Sarah ist allein. ❺ Warum bin ich allein?

Übung 2 – Ergänzen Sie bitte!

❶ Peter is alleen.
 Peter ist . . . .

❷ Ja, één kamer is vrij.
 Ja, ... ist frei.

❸ Hebt u geluk?
 . . . . Glück?

❹ Goedenavond, bent u alleen?
 . . . ., sind Sie allein?

❺ Leert u Duits? – Ja.
 . . . . Deutsch? – . . .

---

3 Dritte Lektion [drit^he lèktsioon]

Das Foto

1 – Wer ist das ①?

Uitspraak
das **foot**^hoo **1 vee**^e ist das

Aanwijzingen bij de uitspraak
T Op een **t** (of t-klank) voor een klinker volgt een korte aanblazing → *[t^h]*; deze is sterk bij een beklemtoonde klinker, zwak bij een onbeklemtoonde klinker: **guten Tag** *[Goet'n t^haak]*, **Hotel** *[hot^hèl]*; hetzelfde gebeurt bij de **p**(-klank): **Person** *[p^hè^ezoon]*.

Oplossing van oefening 1

❶ Goedendag, hebt u een kamer vrij? ❷ Een kamer voor één persoon? – Ja. ❸ U hebt geluk. ❹ Sarah is alleen. ❺ Waarom ben ik alleen?

Oplossing van oefening 2

❶ – allein ❷ – ein Zimmer – ❸ Haben Sie – ❹ Guten Abend – ❺ Lernen Sie – Ja

Derde les   3

De foto

1 –   Wie is dit?

Opmerking

① **Das** is in de titel het onzijdig bepaald lidwoord: **das Foto** - *de foto*, **das Kind** - *het kind*; in zin 1 is **das** een zelfstandig gebruikt aanwijzend voornaamwoord: **Wer ist das?** - *Wie is dit/dat?* – **Das ist Thomas.** - *Dit/Dat is Thomas.*

acht *[acht]* • 8

3
2 – Der ② Mann heißt ③ **Tho**mas Frisch.
3 Er ④ ist ein ② Freund aus Ber**lin**.
4 – Und wer ist die Frau?
5 Sie ⑤ ist sehr ⑥ schön.
6 – Das ist **Ju**lia, **ei**ne **Freun**din ⑦ von ⑧ **Gi**sela. ☐

2 dee^e man hajst t^hoomas frisj 3 ee^e ist ajn frojnd aus bè^elien 4 oent vee^e ist die frau 5 zie ist zee^e sjeun 6 das ist joelja ajne frojndin fon Giezela

Opmerkingen

② **Der** is het mannelijk bepaald lidwoord: **der Mann** - *de man*; het mannelijk onbepaald lidwoord is **ein** - *een*: **ein Freund** - *een vriend*. (**Ein** is zowel het mannelijk als het onzijdig onbepaald lidwoord).

③ De 3^e persoon enkelvoud eindigt meestal op een **-t** die men toevoegt aan de stam van het werkwoord: **heißen** - *heten* → **Der Freund heißt Thomas.** - *De vriend heet Thomas.* (Bij **sein** - *zijn* is dit **er ist** - *hij is*).

④ **Er** is het mannelijk persoonlijk voornaamwoord *hij*.

⑤ Let op bij **sie** - *zij*:
- in les 1 stond het met een hoofdletter en dan is het de beleefdheidsvorm *u*: **Sind Sie frei?** - *Bent u vrij?*
- in **sie ist schön** gaat het om het vrouwelijk persoonlijk voornaamwoord enkelvoud: *zij/ze is mooi*
- en ook het mannelijk/vrouwelijk persoonlijk voornaamwoord meervoud is **sie** - *zij/ze*: **Sind sie schön?** - *Zijn ze mooi?*

⑥ **Sehr** - *zeer, heel, erg*.

⑦ De vrouwelijke vorm wordt vaak gevormd door de uitgang **-in** toe te voegen aan het mannelijk naamwoord: **ein Student** - *een* ▶

***

Übung 1 – Übersetzen Sie bitte!

❶ Das ist ein Foto von Thomas und Julia. ❷ Guten Tag, wer sind Sie? ❸ Die Frau von Thomas heißt Gisela. ❹ Sie ist aus Berlin. ❺ Thomas ist ein Freund.

2 – De man heet Thomas Frisch.
3 Hij is een vriend uit Berlijn.
4 – En wie is de vrouw?
5 Ze is heel *(zeer)* mooi.
6 – Dat is Julia, een vriendin van Gisela.

Aanwijzingen bij de uitspraak

ß:
2 De Duitse letter **ß** *[ès-tsèt]* heeft een zuivere s-klank: **er heißt** *[ee^e hajst]* - *hij heet*, **groß** *[Groos]*.

De Duitse tweeklanken **ei**, **eu**, **au** en **äu**:
2 ei → *[aj]* (zie les 2)
3, 6 eu en **äu** klinken zoals in "h<u>oi</u>!" of "cowb<u>oy</u>"→ *[oj]*: **neun** - *[nojn]* - *9*, **Häuser** *[hojze^e]* - *huizen*
3, 4 au wordt uitgesproken zoals in het Nederlandse "blauw" of in de uitroep "au!" → *[au]*: **Baum** *[baum]* - *boom*.

▸ *student* → **eine Studentin** - *een studente*. De vrouwelijke lidwoorden eindigen op **-e**: **ein**e - *een* en **di**e - *de*.

⑧ We zagen intussen drie voorzetsels: **aus** - *uit*, **Peter ist aus Berlin** - *Peter komt (is) uit Berlijn*; **von** - *van*, **der Freund von Thomas** - *de vriend van Thomas* en **für** - *voor* (les 2), **das ist für Julia** - *dit/dat is voor Julia*.

***

Oplossing van oefening 1

❶ Dit/Dat is een foto van Thomas en Julia. ❷ Goedendag, wie bent u? ❸ De vrouw van Thomas heet Gisela. ❹ Ze komt (is) uit Berlijn. ❺ Thomas is een vriend.

4 Übung 2 – Ergänzen Sie bitte!

❶ Wie is de vriendin van Julia?
   ... ist ... . von Julia?

❷ Dat is Gisela, de vrouw van Thomas.
   ... ... Gisela, ... Thomas.

❸ Wie is dit?
   ... ist ...?

❹ De vriend van Thomas heet Peter.
   ... . von Thomas ..... Peter.

---

4 Vierte Lektion *[fie^et^he lèktsioon]*

Das Frühstück im Café ①

1 – Was **wün**schen Sie?
2 – Ich **möch**te ② bitte ein **Früh**stück mit Ei und zwei **Bröt**chen ③.

Uitspraak
das fruusjt^huk im k^hafee **1** *vas vun*sj'n zie **2** iç̌h **mëcht**^he bit^he ajn **fruu**sjt^huk mit aj oent tsvaj **breut**ç̌h'n

Aanwijzingen bij de uitspraak
T, 3, 5, 9 Zoals bij p en t (zie les 3) volgt op een k(-klank) een korte aanblazing, die sterk is voor een beklemtoonde klinker en zwak voor een onbeklemtoonde → *[k^h]*: **Café** *[k^hafee]*, **Käse** *[k^hèèze]*.

Opmerkingen

① **Ein Café** is in Duitsland eerder *een tearoom, lunchroom*.
② **Ich möchte bitte...** is een contructie om beleefd iets te bestellen: *ik zou... willen, ik wil graag... , ... alstublieft*. Op het werkwoord **mögen** - *willen* komen we zeker nog terug. ▶

❺ Julia is een vriendin uit Berlijn. 4
Julia ist .... Berlin.

Oplossing van oefening 2

❶ Wer – die Freundin – **❷** Das ist – die Frau von – **❸** Wer – das
❹ Der Freund – heißt – **❺** – eine Freundin aus –

Vierde les 4

Het ontbijt in de tearoom

1 – Wat wenst u?
2 – Ik zou een ontbijt met [een] ei en twee broodjes willen, alstublieft.

Drie klinkers kunnen een umlaut dragen, nl. **ä - ö - ü**:
- **T, 1, 2, 5 ü** *[u]* (zie les 1)
- **ö**, dat op twee manieren uitgesproken kan worden, nl.
    - **2** *[ë]* als in "fr<u>eu</u>le" en het Franse "c<u>œu</u>r": **zwölf** *[tsvëlf]* - 12
    - **2, 5** *[eu]* zoals in "d<u>eu</u>r": **schön** *[sjeun]*
- **ä**, dat ook weer verschillende uitspraken kent, nl.
    - kort: als in "k<u>e</u>rs" *[è]*: **ergänzen** *[è^e**Gènts'n**]* - *invullen*
    - lang: als in "cr<u>è</u>me", f<u>ai</u>r" *[èè]*: **Käse** *[kʰèèze]* (en ook vaak gesloten als in "t<u>ee</u>n" *[ee]*: *[kʰeeze]*).

▸ ③ **Das Brötchen** - *het broodje*, verkleinvorm van **das Brot** - *het brood*. Het vormen van de verkleinvorm gebeurt door het toevoegen van de uitgang **-chen** en een umlaut op de beklemtoonde klinker als die er een mag dragen (zie uitspraak): **die Wurst** - *de worst* → **das Würstchen** - *het worstje*. Verkleinvormen zijn onzijdig en veranderen niet in het meervoud.

zwölf *[tsvëlf]* • 12

4 3 – **Neh**men Sie **Kaf**fee **o**der Tee ④?
   4 – Ich **trin**ke ⑤ Tee.

   ***

   5 – Hier **bit**te, ein **Früh**stück mit **Bröt**chen, **Kä**se und Wurst ⑥.
   6 – **Dan**ke!
   7 – **Bit**te ⑦!
   8 – Und das Ei?
   9 – Oh ja, das Ei! Es ⑧ kommt so**fort**.

---

3 neem'n zie **k**ʰ**afee oo**deᵉ tʰee **4** içh trinkʰe tʰee **5** hieᵉ **bit**ʰe ajn fruusjtʰuk mit **breut**çh'n **k**ʰ**èè**ze oent voeᵉst **6 dank**ʰe **7 bit**ʰe **8** oent das aj **9** oo jaa das aj! ès kʰomt zoo**fo**ᵉt

Aanwijzingen bij de uitspraak
4, 6 De nasale n in **nk** en **ng** is zoals in het Nederlands: **trinken** *[trink'n]* - drinken, **singen** *[zing'n]* - zingen.

Opmerkingen

④ **Kaffee** en **Tee** zijn mannelijk: **der/ein Kaffee** - *de/een koffie*, **der/ein Tee** - *de/een thee*. **Café** en **Kaffee** worden op dezelfde manier uitgesproken, maar anders beklemtoond: *[kʰafee]* resp. *[kʰafee]*.

⑤ De 1ᵉ persoon enkelvoud wordt meestal gevormd door aan de werkwoordstam een **-e** toe te voegen: **ich trinke** - *ik drink*, **ich nehme** - *ik neem*, **ich wünsche** - *ik wens*.

⑥ **Der Käse** (mannelijk) - *de kaas*; **die Wurst** (vrouwelijk) - *de worst* (in alle varianten: vers, gekookt, gebraden, gerookt, bij de maaltijd of als beleg).

⑦ **Bitte** - *alstublieft, alsjeblieft* wordt veel gebruikt in het Duits, ook als reactie op **danke** - *dank u/je, bedankt*, of voor ons *graag gedaan, geen probleem*.

3 – Neemt u koffie of thee?
4 – Ik drink thee.

***

5 – Ziezo *(Hier alstublieft)*, een ontbijt met broodjes, kaas en worst.
6 – Bedankt!
7 – Alstublieft!
8 – En het ei?
9 – O ja, het ei! Het komt onmiddellijk.

h:
5 De **h** wordt sterk aangeblazen: **heute** *[hojʰe]*, **wohin** *[voohien]* - *waarheen* (zodat ze in "thee" a.h.w. overbodig wordt... **Tee** *[tʰee]*), maar:
T, 2, 3, 5 een **h** na een klinker wordt niet uitgesproken en dient alleen ter verlenging van die klinker: **früh** *[fruu]* - *vroeg*, **zehn** *[tseen]* - *tien*.

▸ ⑧ **Es** is het onzijdig persoonlijk voornaamwoord *het*: **Das Kind lernt Deutsch.** - *Het kind leert Duits.* → **Es lernt Deutsch.** - *Het leert Duits.*

Übung 1 – Übersetzen Sie bitte!

❶ Ich möchte bitte Tee und zwei Brötchen mit Käse. ❷ Trinkt er Kaffee oder Tee? ❸ Was ist das? – Das ist Wurst. ❹ Das Frühstück im Hotel ist ein Vergnügen. ❺ Ich komme sofort.

Übung 2 – Ergänzen Sie bitte!

❶ Ik zou een ei met kaas willen, alstublieft.
. . . . bitte . . . . mit Käse.

❷ Drinkt u koffie of thee?
. . . . Kaffee . . . . Tee?

❸ Wat wenst u? – Ik neem een worstje met [een] broodje.
Was . . . .? – . . . . ein Würstchen mit . . . .

❹ Het ontbijt komt onmiddellijk.
. . . . sofort.

❺ Wat is dit? – Dat is brood met worst.
. . . .? – Das ist . . . . mit . . . . . .

Oplossing van oefening 1

❶ Ik had graag thee en twee broodjes met kaas, alstublieft. ❷ Drinkt hij koffie of thee? ❸ Wat is dit/dat? – Dit/Dat is worst. ❹ Het ontbijt in het hotel is een genoegen. ❺ Ik kom onmiddellijk.

Oplossing van oefening 2

❶ Ich möchte – ein Ei – ❷ Trinken Sie – oder – ❸ – wünschen Sie – Ich nehme – Brötchen ❹ Das Frühstück kommt – ❺ Was ist das – Brot – Wurst

Duitsers hebben de reputatie ochtendmensen te zijn, wat meteen geïllustreerd wordt door het woord **Frühstück** *(lett. "vroeg-stuk"). Een lange dag wordt ingezet met een stevig ontbijt: vruchtensap, een kom* **Müsli** - muesli, ontbijtgranen, *een eitje,* **Brötchen** *met vleeswaren of kaas en een ontbijtkoek toe! Vaak volgt er* een tweede ontbijt - **ein zweites Frühstück** *rond 10 uur, hetzij op kantoor, thuis of op school tijdens* de grote pauze - **die große Pause**, *waarbij de leerlingen, als ze zelf niets meegebracht hebben, ter plaatse iets kunnen kopen – warme of koude chocolademelk, gebak of allerlei soorten "snacks".*

sechzehn *[zèchtseen]* • 16

5 Fünfte Lektion [funft"e lèktsioon]

Ein Telefongespräch

1 – **Bach**mann.
2 – Ent**schul**digung ①, wie ② **heiß**en Sie?
3 – **Klaus Bach**mann.
4 – Sie sind nicht ③ Herr **Spren**ger?
5 – Nein, mein **Na**me ④ ist **Bach**mann.
6 – Oh, ent**schul**digen Sie ⑤ **bit**te!

Uitspraak
ajn t"eelee**foon**Gesjprèèçh **1** bach*man* **2** èntsjoeldiGoeng vie **hajs**'n zie **3** klaus **bach**man **4** zie zint nicht hè**e** **sjprènge**e **5** najn majn **naa**me ist **bach**man **6** oo èntsjoeldiG'n zie bit"e

Opmerkingen

① **Entschuldigung** - *verontschuldiging*, afgeleid van het werkwoord **entschuldigen** - *verontschuldigen* (lett. "ontschuldigen"), *excuseren*, met het suffix (of achtervoegsel) **-ung** waarvoor wij in het Nederlands *-ing* hebben. Noteer dat **-ung**-woorden vrouwelijk zijn.

② Hoewel Nederlands en Duits sterk op elkaar lijken, moet u toch oppletten met zgn. "valse vrienden": **wie** = *hoe* en *wie* = **wer**!

③ **Nicht** - *niet* staat voor het woord dat of de woordengroep die ontkennend gemaakt wordt: **Sind Sie nicht allein?** - *Bent u niet alleen?*; **Sie heißen nicht Julia Sprenger?** - *U heet niet Julia Sprenger?*

④ **Der Name** - *de naam*, dus **ein Name** - *een naam*, waarvan gemakkelijk de bezitsvorm af te leiden is: in de 1ᵉ persoon gewoon een **m** voor **ein** zetten: **mein**. Vrouwelijk: **meine** → **meine Frau** - *mijn vrouw*, onzijdig: **mein**, zoals in het mannelijk → **mein Frühstück** - *mijn ontbijt*. **Frau** komt ook overeen met *mevrouw*: **Frau Bachmann** - *mevrouw Bachmann*. ▶

Vijfde les 5

Een telefoongesprek

1 – Bachmann.
2 – Excuseer *(Verontschuldiging)*, hoe heet u?
3 – Klaus Bachmann.
4 – U bent niet meneer Sprenger?
5 – Nee, mijn naam is Bachmann.
6 – O, excuseert u [mij], alstublieft!

Aanwijzingen bij de uitspraak

Ch kan op drie manieren uitgesproken worden:
- **T, 4, 7** een zachte ch zoals in "wiegje", weergegeven met *[çh]*: **sich** *[ziçh]* - *zich*, **Brötchen** *[breutçh'n]* - *broodje*
- **1, 3, 5** na **a, o, u** en **au** is het een harde ch zoals in "lachen", weergegeven met *[ch]*: **Bachmann** *[bachman]*, **acht** *[acht]* - *8*, **Buch** *[boech]* - *boek*
- in de combinatie **chs** is **ch** een k-klank, dus het geheel komt overeen met de klank in "he<u>ks</u>": **Lachs** *[laks]* - *zalm*.

2, 6, 7 Sch klinkt als de sj in "<u>sj</u>ofel" → *[sj]*.

T, 4 Een **s** voor **p** of **t** klinkt eveneens als in "<u>sj</u>ofel": **sprechen** *[sjprèçh'n]* - *spreken*, **Stück** *[sjtʰuk]* - *stuk*.

▸ ⑤ De imperatief (of gebiedende wijs) van de beleefdheidsvorm is vergelijkbaar met de Nederlandse structuur "werkwoord in de o.t.t. + persoonlijk voornaamwoord", maar let erop dat **Sie** in de 3e persoon meervoud vervoegd wordt: **Kommen Sie!** - *Komt u!*; **Entschuldigen Sie!** - *Excuseert u [mij]!* (merk op dat het wederkerend voornaamwoord hier overbodig is).

7 Ich **ha**be **ei**ne **fal**sche ⑥ **Nu**mmer ⑦.
8 Auf **Wie**derhören.

7 içh haabe ajne falsje noeme͡e 8 auf viede͡eheur'n

Opmerkingen

⑥ Nog een "valse vriend": **falsch** betekent in eerste instantie *verkeerd, fout*.

***

Übung 1 – Übersetzen Sie bitte!

❶ Entschuldigung, wer sind Sie? ❷ Das ist nicht meine Nummer, das ist eine falsche Nummer. ❸ Frau Bachmann, hier ist ein Telefongespräch für Sie. ❹ Nein, mein Name ist nicht Sprenger. ❺ Entschuldigen Sie, wie heißen Sie?

Übung 2 – Ergänzen Sie bitte!

❶ Excuseert u [mij] alstublieft, bent u meneer Bachmann?
. . . . bitte, ... Herr Bachmann?

❷ Goedenavond, mijn naam is Gisela Frisch.
Guten Abend, ... ist Gisela Frisch.

❸ Ik heet Julia en hoe heet u?
. . . . Julia und wie . . . . ?

❹ Wie is dat? – Dat is mijn vrouw.
. . . ist das? – Das ist . . . .

❺ Nee, Thomas is hier niet.
. . . . , Thomas . . . . hier.

7 Ik heb een verkeerd nummer.
8 Tot wederhoren.

▶ ⑦ Weet dat het geslacht van een woord niet altijd hetzelfde is in beide talen, bijv.: **die Nummer** (vrouwelijk) - *het nummer*. We raden u aan bij elk woord het juiste lidwoord te onthouden. Blijkt het geslacht van een woord niet duidelijk uit de les zelf, dan kunt u het opzoeken in de woordenlijst achterin dit boek.

***

Oplossing van oefening 1

❶ Excuseer, wie bent u? ❷ Dit/Dat is niet mijn nummer, dit/dat is een verkeerd nummer. ❸ Mevrouw Bachmann, hier is een telefoongesprek voor u. ❹ Nee, mijn naam is niet Sprenger. ❺ Excuseert u [mij], hoe heet u?

Oplossing van oefening 2

❶ Entschuldigen Sie – sind Sie – ❷ – mein Name – ❸ Ich heiße – heißen Sie ❹ Wer – meine Frau ❺ Nein – ist nicht –

Bij het opnemen van de telefoon zegt men zijn naam, soms zijn voornaam. Zo weet de beller meteen wie aan de lijn is. Het telefoongesprek wordt niet afgesloten met **auf Wiedersehen** *- tot (weder/weer)ziens, maar met* **auf Wiederhören** *- tot wederhoren/horens, logisch toch!*

6 Sechste Lektion [zèkstʰe lèktsioon]

Es ① ist noch nicht spät

1 – **Gu**ten **Mor**gen, Frau **Spiel**berg, wie geht es ② **Ih**nen ③?
2 – Sehr gut, **dan**ke. Und **Ih**nen, Herr Schwab?
3 – Es geht auch gut, **dan**ke.
4   Sind die Kol**le**gen ④ noch nicht da?

Uitspraak
ès ist noch nicht sjpʰèèt **1** Goet'n **mo**ᵉG'n frau **sjpʰiel**bèᵉk vie Geet ès **ie**nen **2** zeeᵉ Goet **dan**kʰe. oent **ie**nen hèᵉ sjvaap **3** ès Geet auch Goet **dan**kʰe **4** zint die kʰo**lee**G'n noch nicht daa

Opmerkingen

① Het onzijdig persoonlijk voornaamwoord **es**, 3ᵉ persoon enkelvoud, wordt vaak met onpersoonlijke werkwoorden gebruikt: **es ist spät** - *het is laat*, **es geht** - *het gaat*.

② **Wie geht es?** - *Hoe gaat het?* **Wie geht es Ihnen?** - *Hoe maakt u het?, Hoe gaat het met u?* Op deze courante vraag is het gebruikelijke antwoord: **Gut, danke, und Ihnen?** - *Goed, dank u, en (met) u?*

③ **Ihnen** (met hoofdletter) is de datief (meewerkend voorwerp) van het persoonlijk voornaamwoord **Sie** - *u*. Binnenkort meer hierover. ▸

21 • **einundzwanzig** *[ajnoenttsvantsiçh]*

Zesde les 6

Het is nog niet laat

1 – Goedemorgen, mevrouw Spielberg, hoe gaat het [met] u?
2 – Heel goed, dank [u]. En [met] u, meneer Schwab?
3 – *(Het gaat)* Ook goed, dank [u].
4 Zijn de collega's er nog niet *(nog niet er)*?

Aanwijzingen bij de uitspraak

2: Zoals een eind-**d** of -**g** stemloos wordt (*[t]* resp. *[k]*), klinkt -**b** als *[p]*: **Halbrund** *[**halp**roent]* - *halfrond*.

Uitspraak van **r**:
- **1, 6** wordt achteraan in de mond gerold → *[r]*, maar
- **1, 2, 6** verzwakt tot een zeer korte doffe e *[ᵉ]* na een klinker of in een onbeklemtoond woord- of lettergreepeinde
- **5, 6** na een doffe e valt deze "zwakke r" er a.h.w. mee samen.

④ **Die Kollegen** - *de collega's*, het meervoud van **der Kollege** - *de* (mannelijke) *collega;* de vrouwelijke vorm is **die Kollegin** met **die Kolleginnen** in het meervoud. Waar bij het bepaald lidwoord in het enkelvoud drie vormen zijn, **der** (m.), **die** (v.) en **das** (o.), is het meervoud hetzelfde voor de drie geslachten – zoals in het Nederlands: **die Männer** - *de mannen*, **die Frauen** - *de vrouwen*, **die Kinder** - *de kinderen*. (Let op de meervoudsvorm van **Kind**: **Kinder**... dan lijken wij wel een dubbel meervoud te hebben bij *kind - kinderen!*)

zweiundzwanzig *[**tsvaj**oenttsvantsiçh]*

5 – Nein, aber sie ⑤ **ko**mmen **si**cher gleich ⑥.
6   Sie sind **i**mmer **pünkt**lich im Büro.

*5 najn **aa**be^e zie **k^{h}om'n zi**çhe^e Glajçh 6 zie zind **i**me^e **p^{h}unkt**liçh im bu**roo***

Opmerkingen

⑤ Net als in het Nederlands kan men bij het persoonlijk voornaamwoord in de 3^e persoon meervoud **sie** - *zij/ze* niet uitmaken of het over mannen of vrouwen gaat en komt de werkwoordsvorm overeen met de infinitiefvorm: **sie kommen** - *ze komen*. Enige uitzondering: **sie sind** - *ze zijn*.

⑥ **Sicher** - *zeker, ongetwijfeld, vast;* **gleich** - *zo (meteen), onmiddellijk* als synoniem van **sofort** (zie les 4).

***

Übung 1 – Übersetzen Sie bitte!

❶ Guten Tag, Julia, wie geht es? ❷ Es geht gut, danke. ❸ Herr Schwab ist noch nicht da, er ist nicht pünktlich. ❹ Entschuldigen Sie, sind Herr und Frau Spielberg da? ❺ Nein, aber sie kommen gleich.

Übung 2 – Ergänzen Sie bitte!

❶ Het is heel laat.
Es ist ....

❷ De collega's (m.) komen zeker zo meteen.
Die Kollegen ...... sicher ....

❸ Hoe gaat het? – Heel goed, bedankt.
... .? – ...., danke.

❹ Waarom zijn ze er niet?
Warum .'... ... nicht da?

5 – Nee, maar ze komen ongetwijfeld zo.
6 Ze zijn altijd stipt [op tijd] op *(in-het)* kantoor.

***

Oplossing van oefening 1

❶ Goedendag, Julia, hoe gaat het? ❷ Het gaat goed, dank u/je. ❸ Meneer Schwab is er nog niet, hij is niet punctueel. ❹ Excuseert u mij, zijn meneer en mevrouw Spielberg er? ❺ Nee, maar ze komen zo meteen.

❺ Mevrouw Spielberg is altijd stipt.
 . . . . Spielberg ist . . . .

Oplossing van oefening 2

❶ – sehr spät ❷ – kommen – gleich ❸ Wie geht es – Sehr gut – ❹ – sind sie – ❺ Frau – immer pünktlich

Hallo, wie geht es Ihnen? *U begint woorden en zinnetjes te assimileren. Uitstekend! Uw opgedane kennis wordt verder verwerkt in de volgende lessen. Vergeet niet de zinnen hardop te herhalen!*

vierundzwanzig *[fie*ᵉ*oenttsvantsiçh]* • 24

7 Siebte Lektion [ziept*h*e lèktsioon]

Wiederholung – Herhaling

Zoals aangekondigd in het begin, wordt om de zeven lessen de woordenschat en de grammatica uit de voorbije zes lessen herhaald en verder uitgediept. Lees deze herhalingsles aandachtig en wees niet ongerust als iets nog niet meteen duidelijk is. Alles komt in de volgende lessen opnieuw aan bod.

1 Vervoegen

Even wat we hierover tot nu toe gezien hebben op een rijtje zetten:
- In de infinitief eindigen werkwoorden op -n, de meeste op **-en**: **lernen** - *leren*, **kommen** - *komen*, **haben** - *hebben*, enz.
- Bij de 3ᵉ persoon meervoud komt het werkwoord overeen met de infinitief, zoals in het Nederlands: **sie lernen** - *zij/ze leren*.
- Dezelfde werkwoordsvorm wordt gebruikt voor de beleefdheidsvorm **Sie** (waar wij dus een 2ᵉ pers. ev. gebruiken!): **Sie lernen** - *u leert*.
- Weer vergelijkbaar met het Nederlands is dat **sie** ook *zij/ze* is in de 3ᵉ persoon enkelvoud: **sie lernt** - *ze leert*, waarbij het werkwoord gevormd wordt door aan de werkwoordstam **-t** toe te voegen.

(De stam is de infinitief zonder de uitgang **-(e)n**: **lernen** - *leren* → stam: **lern-**).

- 1ᵉ persoon enkelvoud → stam + **-e**: **ich lerne** - *ik leer*
- 3ᵉ persoon enkelvoud → stam + **-t**: **er/sie/es lernt** - *hij/zij/het leert*
- 3ᵉ persoon meervoud → infinitief: **sie lernen** - *zij leren*
- beleefdheidsvorm (zie 3ᵉ pers. mv.) → infinitief: **Sie lernen** - *u leert*.

2 Grammaticaal geslacht en lidwoorden

Er zijn drie geslachten: mannelijk, vrouwelijk en onzijdig.
Deze komen tot uiting bij de lidwoorden in het enkelvoud:
- bepaalde lidwoorden in het enkelvoud: **der** (m.), **die** (v.), **das** (o.);
- onbepaalde lidwoorden in het enkelvoud: **ein** (m.), **eine** (v.), **ein** (o.).

- mannelijk: **der Freund** - *de vriend*, **ein Freund** - *een vriend*
- vrouwelijk: **die Freundin** - *de vriendin*, **eine Freundin** - *een vriendin*
- onzijdig: **das Kind** - *het kind*, **ein Kind** - *een kind*.

Zevende les 7

In het meervoud wordt het onderscheid niet gemaakt: **die** (m./v./o.):
die Freunde - *de vrienden*, **die Freundinnen** - *de vriendinnen*,
die Kinder - *de kinderen*.

Mannelijke personen en dieren zijn ook grammaticaal mannelijk, en vrouwelijke zijn vrouwelijk, terwijl kinderen of jongen als onzijdig beschouwd worden. Zaken nemen een van de drie geslachten aan.
Soms is het geslacht van een woord in het Nederlands en het Duits hetzelfde (**der Tag** - *de dag*), soms ook niet (**die Nummer** - *het nummer*). En in het Duits is het geslacht altijd herkenbaar aan het bepaald lidwoord (**die Milch** - *de melk*, **der Käse** - *de kaas*).
Ook bepaalde uitgangen kunnen een aanwijzing geven over het geslacht van een zelfstandig naamwoord:
- vrouwelijk zijn de uitgangen **-in** (les 3) → **die Kollegin** - *de (vrouwelijke) collega* en **-ung** (les 5) → **die Entschuldigung** - *de verontschuldiging*, **die Übung** - *de oefening*;
- onzijdig is de uitgang **-chen** bij verkleinwoorden (les 4) → **das Brötchen** - *het broodje*, **das Würstchen** - *het worstje*.
Onthoud dus bij ieder zelfstandig naamwoord het juiste lidwoord!

3   Persoonlijke voornaamwoorden

- 1e persoon enkelvoud: **ich** - *ik*
- 3e persoon enkelvoud: **er** - *hij*, **sie** - *zij/ze* en **es** - *het*:
  Das ist der Freund von Julia. Er heißt Thomas - *Dit/Dat is de vriend van Julia. Hij heet Thomas.*
  Frau Berg kommt gleich. Sie ist pünktlich. - *Mevrouw Berg komt zo. Ze is stipt.*
  Das Zimmer ist schön. Ist es frei? - *De kamer is mooi. Is ze vrij?*
- 3e persoon meervoud: **sie** - *zij/ze*:
  Thomas und Klaus lernen Deutsch, sie haben Glück. - *Thomas en Klaus leren Duits, ze hebben geluk.*
  Julia und Sarah kommen, sie sind pünktlich. - *Julia en Sarah komen, ze zijn stipt.*
  Die Zimmer sind schön. Sind sie frei? - *De kamers zijn mooi. Zijn ze vrij?*

sechsundzwanzig [**zèks**oenttsvantsiçh]

8 • beleefdheidsvorm: **Sie** (met hoofdletter! en vervoegd in de 3e persoon meervoud) - *u*
Sind Sie Frau Berg? - *Bent u mevrouw Berg?*

4 Ontkennen

Het ontkennende **nicht** - *geen* staat voor het woord dat of de woordengroep die ontkennend gemaakt wordt:
Das Zimmer ist nicht schön. - *De kamer is niet mooi.*
Sind Sie nicht Frau Berg? - *Bent u mevrouw Berg niet?*

***

Herhalingsdialoog

Wer sind Sie?

1 – Guten Tag!
2 – Guten Tag, wie geht es Ihnen, Frau Spielberg?
3 – Gut, danke, aber ich bin nicht Frau Spielberg.
4 – Oh, entschuldigen Sie, bitte!
5 – Bitte!
6 – Ist das nicht das Büro von Frau Spielberg?
7 – Sicher, aber Frau Spielberg ist nicht da.
8   Sie trinkt Kaffee, sie kommt sofort.
9 – Und wie heißen Sie?
10 – Ich bin Julia Bachmann, eine Kollegin.

---

8   Achte Lektion [achtʰe lèktsioon]

Was trinken wir?

1 – **Gu**ten Tag, was **möch**ten Sie ①?

Uitspraak
vas **trink**'*n vie*ᵉ **1 Goet**'*n* tʰ*aak vas* **mëcht**'*n zie*

> *In onderstaand dialoogje vatten we alle bijzonderheden samen die in de vorige zes lessen voorkwamen. Beluister het aandachtig maar ontspannen en herhaal elke Duitse zin meermaals. Er wacht u een aangename ervaring bij het herkennen van al die woorden!*

***

Vertaling

Wie bent u?

1 Goedendag! **2** Goedendag, hoe gaat het met u, mevrouw Spielberg? **3** Goed, dank u, maar ik ben mevrouw Spielberg niet. **4** O, excuseert u mij, alstublieft! **5** Geen probleem! **6** Is dit/dat niet het kantoor van mevrouw Spielberg? **7** Zeker, maar mevrouw Spielberg is er niet. **8** Ze drinkt koffie, ze komt onmiddellijk. **9** En hoe heet u? **10** Ik ben Julia Bachmann, een collega.

> *Ziezo, uw eerste serie zit erop! Rust even uit, want voor de volgende staat er weer veel interessants op het programma.*

Achtste les 8

Wat drinken we?

1 – Goeiendag, wat zou u willen?

Opmerking

① **Sie möchten** - *u zou willen*, **ich möchte** - *ik zou willen*, twee vormen in de voorwaardelijke wijs van **mögen** - *willen*, dat binnenkort weer aan bod komt. In les 4 zagen we **ich möchte** als beleefde vraagstelling.

achtundzwanzig *[ach**t**oenttsvantsiçh]* • 28

8 2 – Ich **möch**te **bit**te ein **Känn**chen ② **Ka**ffee.
　　3 　Und du? Was trinkst du ③, **A**lex?
　　4 – Ich **neh**me ein Bier.
　　5 　Ist das Bier kalt?
　　6 – **A**ber na**tür**lich! **Möch**ten Sie auch **et**was **e**ssen?
　　7 – Ja, gern.
　　8 – Gut, ich **bri**nge die **Spei**sekarte und die Ge**trän**ke ④ so**fort**. ☐

*2 içh **mëcht**ʰe **bit**ʰe ajn **kʰènch'**n **kʰa**fee 3 oent doe? vas trinkst doe **aa**lèks 4 içh **nee**me ajn bieᵉ 5 ist das bieᵉ kʰalt 6 **aa**beᵉ natʰ**uu**ᵉliçh! **mëcht'**n zie auch **èt**vas **ès'**n 7 jaa Gèᵉn 8 Goet içh **bri**nge die **sjp**ʰ**ajzek**ʰ**a**ᵉtʰe oent die Ge**trènk**ʰe zo**foᵉt***

Aanwijzingen bij de uitspraak

3, 5, 6 De Duitse **l** klinkt voller dan de Nederlandse: de tong wordt tegen het midden van het gehemelte gedrukt.

1, 4, 5, 6, 8 De Duitse en de Nederlandse **ie** klinken meestal hetzelfde.

Opmerkingen

② **Das Kännchen** is de verkleinvorm van **die Kanne** - *de kan* (zie les 4, opm. 3: + ¨ en **-chen**). Zo'n kannetje bevat *twee koppen* - **zwei Tassen**. Koffie (uit **eine Kaffeekanne** - *een koffiekan*) is doorgaans niet sterk in Duitsland.

③ Dit is de 2ᵉ persoon enkelvoud die altijd op **-st** eindigt; vorming:
　- stam + **st**: **du trinkst** - *jij drinkt*, **du kommst** - *jij komt*
　- bij een stam op **-ss** of **-ß** wordt alleen een **t** toegevoegd: **Wie heißt du?** - *Hoe heet je?*
　- bij een stam op **-t** moet een **e** ingelast worden voor de eind-**st**: **du möchtest** - *jij zou willen*. ▶

2 – Ik wil graag *(zou-willen)* een kannetje koffie, alstublieft.
3 En jij? Wat drink jij, Alex?
4 – Ik neem een bier[tje].
5 Is het bier koud?
6 – Maar natuurlijk! Wilt u *(Zou u willen)* ook iets eten?
7 – Ja, graag.
8 – Goed, ik breng de *(spijs)*kaart en de drankjes *(dranken)* onmiddellijk.

1, 2, 3, 6 In vlotte spreektaal wordt de onbeklemtoonde **e** in woord-, vervoegings- of verbuigingsuitgangen dikwijls "ingeslikt": **Kännchen *[kʰènçh'n]*, möchten *[mëçht'n]*, guten Abend *[Goet'n aabent]*.**

▶ ④ Laten we even een paar meervoudsvormen bekijken:
- **das Getränk** - *de drank, het drankje*, **die Getränke** - *de dranken, drankjes* → + **-e**
- **die Speisekarte** - *de (spijs)kaart, het menu*, **die Speisekarten** - *de (spijs)kaarten, menu's* → + **-n**
- **die Frau** - *de vrouw*, **die Frauen** - *de vrouwen* → + **-en**
- **der Mann** - *de man*, **die Männer** - *de mannen* → + ¨ en **-er**.
Omdat er geen sluitende algemene regels bestaan, duiden we in de woordenlijst achterin dit boek bij ieder zelfstandig naamwoord tussen haakjes de meervoudvorm aan, bijv.: **das Getränk (-e)**, **die Speisekarte (-n)**, **der Mann (¨-er)**, **die Frau (-en)**.

8 Übung 1 – Übersetzen Sie bitte!

❶ Was möchten Sie essen? ❷ Wir nehmen zwei Würstchen mit Brötchen. ❸ Er bringt sofort das Bier und die Speisekarte. ❹ Der Kaffee ist kalt! ❺ Möchtest du etwas trinken? – Nein danke.

Übung 2 – Ergänzen Sie bitte!

❶ Goedenavond, wat zou u willen?
Guten Abend, was . . . .?

❷ Drink je ook een bier[tje]? – Natuurlijk!
. . . . auch . . . .? – . . . .!

❸ Wat neemt u? Een kannetje koffie of thee?
Was . . . .? . . . . Kaffee oder Tee?

❹ Hoe heet jij? – Ik heet Alex.
Wie . . . .? – . . . . Alex.

❺ Zou u iets willen eten? – Graag.
Möchten Sie . . . .? – . . . .

***

31 • einunddreißig [ajnoentdrajsiçh]

Oplossing van oefening 1

❶ Wat zou u willen eten? ❷ We nemen twee worstjes met broodjes. ❸ Hij brengt onmiddellijk het bier en de menukaart. ❹ De koffie is koud! ❺ Zou je iets willen drinken? – Nee bedankt.

Oplossing van oefening 2

❶ – möchten Sie ❷ Trinkst du – ein Bier – Natürlich ❸ – nehmen Sie – Ein Kännchen – ❹ – heißt du – Ich heiße – ❺ – etwas essen – Gern

***

Die Speisekarte

o.a. dit vindt u op de kaart van een Duitse tearoom:

GETRÄNKE *(dranken)*

Tasse Kaffee	**2,20 Euro**
Kännchen Kaffee	**3,50 Euro**
Espresso	**2,00 Euro**
Capuccino	**2,80 Euro**
Tasse Tee	**1,60 Euro**
Tasse Trinkschokolade	**2,50 Euro**
Kännchen Trinkschokolade	**3,50 Euro**
Eine Portion Schlagsahne	**0,50 Euro**

U hebt dus de keuze tussen **eine Tasse Kaffee** *- een kop koffie of* **ein Kännchen Kaffee** *- een kannetje koffie. Gewoonlijk wordt er bij de koffie een potje gepasteuriseerde room geserveerd. Wilt u werkelijk koffie met melk, dan dient u* **Kaffee mit Milch** *of* **Milchkaffee** *(lett. "melkkoffie") te bestellen! Verkiest u koffie met echte room, dan vraagt u* **mit Sahne** *(***die Sahne*** - de room). Stelt men u slagroom (***die Schlagsahne***) voor, niet aarzelen! Kalorierijk, maar lekker!*

9 Neunte Lektion [nojntʰe lèktsioon]

Wer hat ① Geld?

1 – **Bi**tte, wir **möch**ten **zah**len.
2 **Wie** viel ② macht **al**les zu**sa**mmen, **bi**tte?
3 – Ja, **al**so ein Bier, ein **Känn**chen **Kaf**fee und **zwei**mal ③ **Brat**wurst mit **Po**mmes,
4 das macht **fünf**zehn **Eu**ro ④ **fünf**zig.

Uitspraak
veeᵉ hat Gèlt **1** bitʰe vieᵉ **mëçht'n tsaal'n 2** vie fiel macht ales tsoezam'n bitʰe **3** ja alzoo ajn bieᵉ ajn **kʰènçh'n kʰa**fee oent **tsvaj**maal **braat**voeᵉst mit **pʰo**mes **4** das macht **funf**tseen **oj**roo **funf**tsiçh

Opmerkingen

① We zagen al dat bij de 3ᵉ persoon enkelvoud een **-t** toegevoegd wordt aan de stam: **machen** - *maken* → **das macht** - *dat maakt*. **Haben** - *hebben* vormt hierop een uitzondering daar de **b** verdwijnt: **er hat** - *hij heeft* (dit gebeurt trouwens ook in de 2ᵉ persoon enkelvoud: **du hast** - *jij hebt*). Noteer ook al dat **machen** eveneens kan vertaald worden met *doen*.

② **Wie viel?** (in twee woorden) - *hoeveel?*, gevolgd door een werkwoord: **Wie viel macht das, bitte?** - *Hoeveel bedraagt dat, alstublieft?* of door een zelfstandig naamwoord: **Wie viel Geld hat er?** - *Hoeveel geld heeft hij?*

Negende les   9

Wie heeft geld?

1 – We zouden willen betalen, alstublieft.
2   Hoeveel is *(maakt)* [het voor] alles samen *(tezamen)*, alstublieft?
3 – Ja, dus een bier[tje], een kannetje koffie en tweemaal braadworst met frieten,
4   dat maakt 15 euro 50.

Aanwijzingen bij de uitspraak

2, 3 Een **s** wordt als z uitgesproken tussen klinkers: **Speise** *[sjpʰajze]*, voor een klinker: **Sie sind** *[zie zint]* en na **l, m, n, ng** en **r**: **Person** *[pʰèᵉzoon]* (zie les 2).

4 Volgens de traditionele uitspraakregels wordt de uitgang **-ig** op dezelfde manier uitgesproken als **-ich** *[-içh]*: **fünfzig** *[**funf**tsiçh]*. In het zuiden van Duitsland, in Oostenrijk en in Zwitserland eindigt men met een k-klank: *[**funf**tsik]*. U kunt alvast oefenen met getallen te noemen: **zwanzig** *[**tsvan**tsiçh]* - *twintig*, **dreißig** *[**draj**siçh]* - *dertig*, **vierzig** *[**fie**ᵉtsiçh]* - *veertig*,...

③ **Einmal** - *eenmaal, een keer*; **zweimal** - *tweemaal, twee keer*; **dreimal** - *driemaal, drie keer, enz*. **Das Mal** - *de keer*.

④ Noteer dat veel leenwoorden, waaronder **der Euro** - *de euro*, hun meervoud vormen door toevoeging van **-s**: **die Euros** - *de euro's*. Toch is het **fünf Euro** - *vijf euro* (zonder **-s**)! Hoe zat die regel ook weer in elkaar: mannelijke en onzijdige woorden die een eenheidsmaat aanduiden, zijn na een aantal onveranderlijk: **das Kilo**, **die Kilos** maar **zwei Kilo**; **der Tee**, **die Tees** maar men bestelt **zwei Tee**.

9
5 – Mist ⑤, ich **ha**be kein ⑥ Geld.
6 Hast du Geld?
7 – Klar ⑦, ich be**zah**le ⑧, ich **ha**be ge**nug**. ☐

5 mist içh **haa**be kʰajn Gèlt **6** hast doe Gèlt **7** klaaᵉ içh be**tsaa**le içh **haa**be Ge**noek**

Opmerkingen

⑤ **Mist!** is een courante uitroep bij spijt of een onaangename verrassing, vergelijkbaar met ons "verdorie", ook al is de letterlijke vertaling... "mest"! Een verraderlijke "valse vriend", dus!

⑥ **Kein** - *geen*, maar let op: **Haben Sie kein Geld** (o.)**?** - *Hebt u geen geld?*; **Ich nehme keine Milch** (v.)**.** - *Ik neem geen melk.*; **Er hat keine Freunde** (mv.)**.** - *Hij heeft geen vrienden.* → in het meervoud en bij het vrouwelijk enkelvoud krijgt **kein** de uitgang **-e**.

⑦ **Klar** kan als uitroep vertaald worden met *uiteraard, natuurlijk, vanzelfsprekend,...* Op zich betekent het *helder, duidelijk*.

⑧ Er is geen verschil tussen **zahlen** en **bezahlen** - *betalen*.

***

Übung 1 – Übersetzen Sie bitte!

❶ Ich möchte bitte zahlen. ❷ Gut, zwei Bier und ein Tee, das macht sechs Euro vierzig. ❸ Wie viel Geld hast du? ❹ Sie* haben kein Glück, wir haben kein Zimmer frei. ❺ Das macht zehn Euro fünfzig.

---

* *Zonder context kunt u niet weten of het hier om de beleefdheidsvorm dan wel om de 3ᵉ persoon meervoud gaat. In het dagelijks leven zal het wel altijd duidelijk blijken.*

5 – Verdorie, ik heb geen geld.
6   Heb jij geld?
7 – Uiteraard, ik betaal, ik heb genoeg.

***

Oplossing van oefening 1

❶ Ik zou willen betalen, alstublieft. ❷ Goed, twee bier en een thee, dat maakt 6,40 euro. ❸ Hoeveel geld heb jij? ❹ U hebt / Zij hebben geen geluk, we hebben geen kamer vrij. ❺ Dat maakt 10,50 euro.

Voel u niet verplicht meteen alles te onthouden! Alle woorden duiken op een dag weer op en dan zult u ze zeker herkennen. Heb geduld!

10 Übung 2 – Ergänzen Sie bitte!

❶ Wie betaalt? Ik heb geen geld, jij hebt geen geld en hij heeft geen geld.

... . / ......? ... . kein Geld,
.. .... kein Geld und .. ... kein Geld.

❷ Dat maakt samen acht euro vijftig.

... . zusammen .... Euro ....

❸ Wat doen we? – Ik zou graag een bier[tje] willen drinken, en jij?

Was ....? – Ich möchte gern ...
.... und du?

---

10 Zehnte Lektion *[tseent*ʰ*e lèktsioon]*

Das ist nicht dumm!

1 – Was machst du **mor**gen ①, **A**nna?
2 – Ich **ge**he mit **Pe**ter in ② die Stadt.

Uitspraak
*das ist nicht doem **1** vas machst doe **mo**ᵉG'n ana **2** içh **Gee**e mit pʰ**eet**ʰeᵉ in die sjtʰat*

Opmerkingen

① **Der Morgen** (met hoofdletter) - *de morgen/ochtend* en **morgen** - *morgen*. **Bis morgen!** - *Tot morgen!*

② **Ich gehe in die Stadt.** - *Ik ga naar de stad* of *Ik ga de stad in*. Het voorzetsel **in** hoort bij "binnen" iets zijn of zich daar naartoe bewegen.

❹ Verdorie! Ze hebben hier geen braadworst.
　　. . . .! Sie haben . . . . hier.

❺ Ik betaal het bier en jij betaalt de frieten.
　Ich zahle . . . . . . und . . . . die Pommes.

Oplossing van oefening 2

❶ Wer bezahlt/zahlt – Ich habe – du hast – er hat – ❷ Das macht – acht – fünfzig ❸ – machen wir – ein Bier trinken – ❹ Mist – keine Bratwurst – ❺ – das Bier – du zahlst –

Tiende les 10

Dat is niet dom!

1 – Wat doe jij morgen, Anna?
2 – Ik ga met Peter naar de stad.

Aanwijzing bij de uitspraak
T, 1, 3, 5, 6, 7 Dubbele medeklinkers worden als een enkele medeklinker uitgesproken.

achtunddreißig [*acht*oentdrajsiçh]

10   **3** – Was **mach**t ihr ③ denn **dort**?
       4 – Ge**schäf**te **an**sehen ④.
       5 – **A**ber **mor**gen ist **Sonn**tag.
       6   Die Ge**schäf**te sind ge**schlo**ssen ⑤!
       7 – **Glück**licherweise ⑥! Wir **mü**ssen **spa**ren. □

*3 vas macht ie^e dèn do^et **4** Gesjèft^he anzee'n **5** aabe^e mo^eG'n ist **zont**^haak **6** die Gesjèft^he zint Gesjlos'n **7** Glukliçe^evajze! vie^e mus'n **sjp**^haar'n*

Opmerkingen

③ **Kinder, was macht ihr?** - *Kinderen, wat doen jullie?;* **Kommt ihr?** - *Komen jullie?;* **Ihr geht in die Stadt.** - *Jullie gaan de stad in.* **Ihr** - *jullie*, de 2ᵉ persoon meervoud, heeft als uitgang **-t**, zoals de 3ᵉ persoon enkelvoud; bij een paar werkwoorden zijn de vervoegingen echter niet dezelfde, o.a. bij **haben** (**er hat** - *hij heeft* maar **ihr habt** - *jullie hebben*) en **müssen** (**er muss** - *hij moet* maar **ihr müsst** - *jullie moeten*).

④ **Ansehen** - *bekijken, aankijken, aanzien,* van **sehen** - *zien, kijken;* **das Geschäft** - *de winkel* of *de zaak;* **Geschäfte ansehen** - *winkels bekijken.* ▶

***

Übung 1 – Übersetzen Sie bitte!

❶ Was machen Sie Sonntag, Herr und Frau Bachmann? ❷ Wir gehen in die Stadt Kaffee trinken. ❸ Das Café ist heute geschlossen. ❹ Was macht ihr morgen, Kinder? ❺ Ihr spart nicht? Das ist sehr dumm.

3 – Wat doen jullie daar dan *(dan daar)*?
4 – Winkels bekijken.
5 – Maar morgen is [het] zondag.
6 De winkels zijn gesloten!
7 – Gelukkig maar *(Gelukkigerwijs)*! We moeten sparen.

Aanwijzing bij de uitspraak

7 Maak gebruik van het woord **glücklicherweise** om ineens een aantal bijzonderheden van de Duitse uitspraak te oefenen: [**Gluk**liçhe°**vaj**ze].

▸ ⑤ **Geschlossen** - *gesloten*, voltooid deelwoord van **schließen**.
⑥ Bijvoeglijke naamwoorden behouden doorgaans hun vorm wanneer ze bijwoordelijk gebruikt worden. **Glücklich** - *gelukkig* is een van de weinige bijvoeglijke naamwoorden met een bijwoordelijke vorm, verkregen door toevoeging van **-er** + **-weise** (**die Weise** - *de wijze, manier*). **Sind Sie glücklich?** - *Bent u gelukkig?* – **Glücklicherweise, ja!** - *Gelukkig wel, ja!*

***

Oplossing van oefening 1

❶ Wat doet u zondag, meneer en mevrouw Bachmann? ❷ We gaan in de stad koffie drinken. ❸ De tea-/lunchroom is vandaag gesloten. ❹ Wat doen jullie morgen, kinderen? ❺ Jullie sparen niet? Dat is heel dom.

11 Übung 2 – Ergänzen Sie bitte!

❶ Wat doen jullie vandaag, Anna en Peter? – We leren Duits!

Was .... heute, Anna und Peter?
– ... . Deutsch!

❷ Gelukkig zijn de winkels vandaag niet gesloten.

.... sind ... .
heute nicht ....

❸ Morgen is [het] zondag en we gaan naar de stad frieten eten.

...... ist .... und ... . in die
Stad ....

---

11 Elfte Lektion [èlfᵗʰe lèktsioon]

Eine Nachricht

1 – **Hal**lo **Thor**sten, hier ist **Ja**ni**na**.
2   Sag mal ①, wo bist du ②?

Uitspraak
*aj*ne **nach**riçht **1** *ha*loo *tʰoᵉst'n hieᵉ ist janie*na **2** *zaak maal voo bist doe*

Opmerkingen

① Eigenlijk wordt de imperatief bij de 2ᵉ persoon enkelvoud gevormd door de stam + -e, maar deze -e wordt meestal weggelaten, tenzij de stam eindigt op -d, -t of -ig; hetzelfde geldt voor een aantal werkwoorden waarvan de stam eindigt op -m of -n met een voorafgaande medeklinker: **Sag(e)!** ▶

❹ Waarom ga je niet met Anna de winkels bekijken? – Ik spaar. **11**
Warum .... nicht ... Anna die
Geschäfte ....? – ... .

❺ Wat? Jullie moeten betalen en jullie hebben geen geld? O, dat is dom!
Was? Ihr ..... zahlen und ... . kein
Geld? Oh, ... dumm!

Oplossing van oefening 2

❶ – macht ihr – Wir lernen – ❷ Glücklicherweise – die Geschäfte – geschlossen ❸ Morgen – Sonntag – wir gehen – Pommes essen ❹ – gehst du – mit – ansehen – Ich spare ❺ – müsst – ihr habt – das ist –

Elfde les   11

Een bericht

1 – Hallo Thorsten, met *(hier is)* Janina.
2   Zeg eens *(-maal)*, waar ben jij?

Aanwijzing bij de uitspraak

T In **Nachricht** staan beide **ch**'s bij elkaar: *[nachriçht]*, met eerst een harde en dan een zachte ch (zie les 5).

▸ - *Zeg!*, **Komm(e)!** - *Kom!*, maar **Antworte!** - *Antwoord!*, **Entschuldige!** - *Excuseer!*
Op een imperatiefvorm volgt vaak **mal** (verkort uit **einmal** - *eenmaal* (zie les 9, opm. 3)), zoals wij *eens* gebruiken.

② Dit is de 2ᵉ persoon enkelvoud van **sein** - *zijn*: **du bist**.

3 Wann kommst du nach **Hau**se?
4 Dein **Han**dy ③ **ant**wortet ④ nicht.
5 Ich **ha**be zwei **Plä**tze ⑤ für die **O**per **heu**te Abend.
6 Ruf mich schnell **an** ⑥!
7 Ich **blei**be jetzt zu **H**aus ⑦.
8 Auf **Wie**derhören!

3 van kʰomst doe nach **hau**ze *4* dajn **hèn**di **ant**voᵉtʰet nicht
5 ich **haa**be tsvaj **plèt**se fuuᵉ die **oo**pʰeᵉ **hojt**ʰe aabent *6* roef mich sjnèl an *7* ich **blaj**be jètst tsoe haus *8* auf **vie**deᵉheur'n

Aanwijzingen bij de uitspraak
3, 7 Zowel **nach Haus** als **nach Hause**, **zu Haus** of **zu Hause** zijn mogelijk: de eind-**e** is facultatief. Let erop bij de versie met **e** de **s** (tussen twee klinkers dus) uit te spreken als een z: *[hauze]*.

Opmerkingen
③ **Das Handy** - *de gsm, het mobieltje*; meervoud: **die Handys**. Jawel, Duitsers gebruiken ook "anglicismen". Meer nog, ze vinden er uit (u weet dat een mobiele telefoon in het Engels een *mobile* is en geen "handy"!).

④ Eindigt de stam al op een **-t** of **-d**, dan dient een **e** ingelast te worden tussen de stam en de uitgang van de 2ᵉ en 3ᵉ persoon enkelvoud en van de 2ᵉ persoon meervoud: **du antwortest** - *jij antwoordt*, **er antwortet** - *hij antwoordt*, **ihr antwortet** - *jullie antwoorden*.

⑤ **Der Platz** - *de plaats,* **die Plätze** - *de plaatsen*, vergelijk met **der Mann** - *de man,* **die Männer** - *de mannen* → + ¨ en meervoudsuitgang.

3 Wanneer kom je naar huis?
4 Jouw gsm antwoordt niet.
5 Ik heb twee plaatsen voor de opera vanavond *(heden avond)*.
6 Bel me vlug *(snel)* op!
7 Ik blijf nu thuis *(te huis)*.
8 [Dààg,] tot horens *(Tot wederhoren)*!

5, 7 Vergeet niet dat de Duitse **z** als ts klinkt *[ts]*: **zwei** *[tsvaj]*; staat er een **t** voor dan hoor je die niet: **Plätze** *[plètse]*, tenzij in samengestelde woorden, waar tussenin a.h.w. even halt wordt gehouden, bijv. **achtzehn** *[acht-tseen]* - *18*.

⑥ **Ruf an!** - *bel op!*, van **anrufen** - *opbellen, oproepen;* **der Anruf** - *het telefoontje, de oproep* van **rufen** - *roepen*. Het Duits gebruikt scheidbare werkwoorden op dezelfde manier als het Nederlands: **ich rufe an**, **du rufst an**, enz.; **Rufen Sie mich schnell an!** - *Belt u me snel op!*

⑦ **Das Haus** - *het huis*, **die Häuser** - *de huizen*.
Nach Hause of **nach Haus** (de **e** is facultatief) - *naar huis*: **Ich gehe nach Haus(e)**. - *Ik ga naar huis*.; **zu Haus(e)** (lett. "te huis") - *thuis*, met een voorkeur voor **zu Hause**: **Ich bin zu Hause**. - *Ik ben thuis*.

Übung 1 – Übersetzen Sie bitte!

❶ Warum sind die Kinder nicht zu Haus? ❷ Entschuldigung, bist du Julia oder bist du Anna? ❸ Haben Sie noch Plätze für die Oper morgen? ❹ Wann müssen wir nach Hause gehen? ❺ Ich bin im Büro, rufen Sie mich an!

Übung 2 – Ergänzen Sie bitte!

❶ Waar ben je? De gsm antwoordt niet.
Wo . . . . . .? Das Handy . . . . nicht.

❷ Ze belt Thorsten op, maar hij is niet thuis.
. . . . . . Thorsten . . , aber er ist nicht . . . . . .(.) .

❸ Zeg eens, heb je een bericht van Janina?
. . . . . . , hast du . . . . von Janina?

❹ Excuseer, is de plaats vrij?
. . . . , ist . . . . frei?

❺ Hij gaat naar huis en leert Duits.
Er geht . . . .(.) und . . . . . Deutsch.

Oplossing van oefening 1

❶ Waarom zijn de kinderen niet thuis? ❷ Sorry, ben jij Julia of ben jij Anna? ❸ Hebt u nog plaatsen voor de opera morgen? ❹ Wanneer moeten we naar huis gaan? ❺ Ik ben op kantoor, belt u me op!

Oplossing van oefening 2

❶ – bist du – antwortet – ❷ Sie ruft – an – zu Haus(e) ❸ Sag mal – eine Nachricht – ❹ Entschuldigung – der Platz – ❺ – nach Haus(e) – lernt –

Dagelijks een half uurtje besteden aan uw studie, meer vragen we niet! Lees of beluister elke dag een les en herhaal meermaals (hardop) de Duitse zinnen. Het Duits vertalen in het Nederlands hoeft u nog niet te doen, het begrijpen volstaat. **Morgen ist auch noch ein Tag!** -*"Morgen komt er weer een dag!"*

12 Zwölfte Lektion [tsvëlfʰe lèktsioon]

Bist du's ①, Janina?

1 – **Gu**ten Tag! Hier ist der **An**rufbeantworter von Ja**ni**na **Fi**scher.
2   **Lei**der **ha**be ich im ② Mo**ment kei**ne Zeit ③.
3   Hinter**las**sen ④ Sie **bit**te eine **Nach**richt!

Uitspraak
bist doe's janiena **1 Goet**'n tʰaak! hieᵉ ist deeᵉ **an**roefbeantvoᵉtʰeᵉ fon janiena fisjeᵉ **2 laj**deᵉ **haa**be içh im moo**mènt** kʰajne tsajt **3** hintʰeᵉ**las**'n zie **bit**ʰe ajne **nach**riçht

Aanwijzing bij de uitspraak
2, 4, 6 De eind-**e** van de 1ᵉ persoon enkelvoud wordt vaak "ingeslikt": **hab' ich** [haap içh], **ich ruf'** [içh roef], **ich komm' gern** [içh kʰom Gèᵉn].

Opmerkingen

① Het weglatingsteken vervangt de **e** van **es** - *het*: **Bist du's?** = **Bist du es?** - *Ben jij het?* De apostrof wordt aan het voorliggende woord geschreven en sinds de laatste spellinghervorming is die zelfs overbodig en mag er als volgt gespeld worden: **Bist dus?** Merk op dat in het Duits de **-t** niet wegvalt bij inversie van werkwoord en persoonlijk voornaamwoord in de 2ᵉ persoon enkelvoud: **du bist** en **bist du?** - *jij bent* en *ben jij?*

② Let op bij het vertalen van voorzetsels: **Bist du zu Haus?** - *Ben je thuis?* (voorzetsel geïntegreerd in naamwoord bij *thuis*); **im Moment** - *op dit moment* (verschillend voorzetsel in de twee talen), enz.

▶

Twaalfde les 12

Ben jij 't, Janina?

1 – Goeiendag! Dit *(Hier)* is het antwoordapparaat *(de oproepbeantwoorder)* van Janina Fischer.
2 Helaas heb ik op dit *(in-het)* moment geen tijd.
3 Laat u alstublieft een bericht achter!

▶ ③ **Ich habe Zeit** - *ik heb tijd;* **ich habe keine Zeit** - *ik heb geen tijd:* **keine Zeit** (met **-e**) omdat **Zeit** vrouwelijk is: **die Zeit**.

④ **Hinterlassen** - *achter-, nalaten* is in het Duits een onscheidbaar werkwoord: **Sie hinterlassen viel Geld.** - *Ze laten veel geld na.* Het basiswerkwoord is **lassen** - *laten*: **Lass die Kreditkarte zu Hause, wir müssen sparen!** - *Laat de kredietkaart thuis, we moeten sparen!* In de beleefdheidsvorm: **Lassen Sie!** - *Laat u!*

12 4   Ich **ru**fe zu**rück** ⑤. **Dan**ke und bis bald!
   5 – **Ha**llo, Ja**ni**na, ich bin's, **Thors**ten.
   6   Ich **ko**mme gern **heu**te Abend **mit** ⑥.
   7   **Al**so bis **spä**ter ⑦! Tschüs. ☐

*4 içh **roe**fe tsoe**ruk**. **dank**ʰe oent bis balt 5 **ha**loo ja**nie**na içh bin's **t**ʰ**o**ᵉst'n 6 içh **k**ʰ**o**me Gèᵉn **hoj**tʰe **aa**bent mit 7 **al**zoo bis **sjp**ʰ**èèt**ʰ**e**ᵉ! tsjus*

Opmerkingen

⑤ **Anrufen** - *oproepen, opbellen*; **zurückrufen** - *terugbellen.*

⑥ Let erop dat wanneer in het Duits scheidbare werkwoorden gescheiden worden, het prefix (voorvoegsel) achteraan de zin komt!
Mit - *met*: **Kaffee mit Milch** - *koffie met melk*; **mit-** - *mee-*: **mitkommen** - *meekomen. Zonder* is **ohne**.

⑦ **Spät** - *laat*; **später** - *later*. **Bald** - *gauw, weldra, binnenkort*.

***

Übung 1 – Übersetzen Sie bitte!

❶ Warum hast du keine Zeit? ❷ Wir gehen in die Stadt, kommt ihr mit? ❸ Frau Fischer ist leider nicht zu Hause. ❹ Ich bleibe bis heute Abend hier, rufen Sie mich bitte zurück! ❺ Sind Sie's, Herr Spielberg? – Ja, ich bin's.

4 Ik bel terug. Bedankt en tot gauw!
5 – Hallo, Janina, ik ben 't, Thorsten.
6 Ik kom graag mee vanavond.
7 Dus tot later! Dààg.

Tschüs oder Auf Wiedersehen? - Dààg *of* Tot ziens? *In de jaren 1990 brak de uitroep* **tschüs!** - dààg!, doei! *door in Duitsland. Een toonaangevende krant publiceerde een artikel met als titel* **Die Deutschen nehmen Abschied vom „auf Wiedersehen"!** - De Duitsers nemen afscheid van "tot ziens"! *Lang werd* **tschüs** *beschouwd als een gemeenzaam afscheidswoord, maar tegenwoordig vervangt het helemaal* **auf Wiedersehen** - *tot ziens, zowel onder familieleden als bij de kapper of in de bank. De oorsprong van* **tschüs** *of* **tschüss** *(de spelling hangt af van de lengte van de* **ü** *die varieert van streek tot streek, of van persoon tot persoon) zou Spaans of Frans zijn want afgeleid van* "**adiós**" *of* "**adieu**"! *Adiós* → **adjos** → **adjüs** *(in het Nederduits)* → **atschüs** *(in het begin van de 20ᵉ eeuw)* → **tschüs**...

In veel streken in het zuiden van Duitsland en van Tirol, evenals in Oostenrijk wordt ter begroeting veeleer **servus** *gebruikt.*

***

Oplossing van oefening 1

❶ Waarom heb je geen tijd? ❷ We gaan de stad in, komen jullie mee? ❸ Mevrouw Fischer is helaas niet thuis. ❹ Ik blijf tot vanavond hier, belt u me alstublieft terug. ❺ Bent u 't, meneeer Spielberg? – Ja, ik ben 't.

13 Übung 2 – Ergänzen Sie bitte!

1 Hallo, Thomas, ik ben 't, Julia, bel me alsjeblieft terug!
Hallo, Thomas, ...'s, Julia, ... mich bitte ......!

2 Het antwoordapparaat antwoordt, ze zijn niet thuis.
... . antwortet, ... nicht zu Hause.

3 Helaas heeft ze zondag geen tijd.
...... hat sie Sonntag ....

4 Kom je mee een bier[tje] drinken? – Natuurlijk kom ik mee.
.... ein Bier trinken? – Natürlich ....

---

13 Dreizehnte Lektion [drajtseent^he lèktsioon]

Ferienende

1 – Wo seid ihr ①, **Kin**der?

Uitspraak
*fee*rjen**è**nde **1** voo zajt ie^e k^hinde^e

Aanwijzingen bij de uitspraak
T : Alle letters, lettergrepen en woorden moeten in het Duits duidelijk onderscheiden worden: spreek samengestelde woorden als **Ferienende** dus niet uit als *[feerjenènde]*, maar kom a.h.w. even op adem tussen elk deel: *[feerjen-ènde]*.

Opmerking

① **Sein** - *zijn* is een onregelmatig werkwoord: **ich bin, du bist, er ist, wir sind, ihr seid, sie sind**. Maar wees gerust, het is het enige werkwoord dat onregelmatig vervoegd wordt in de ▶

❺ Laat u een boodschap achter, alstublieft. Dààg en tot gauw!
.... bitte ....
Tschüs und bis ....!

Oplossing van oefening 2

❶ – ich bin – ruf – zurück ❷ Der Anrufbeantworter – sie sind – ❸ Leider – keine Zeit ❹ Kommst du mit – komme ich mit ❺ Hinterlassen Sie – eine Nachricht – bald

Dertiende les   13

Einde van de vakantie *(Vakantie-einde)*

1 – Waar zijn jullie, kinderen?

1, 2, 3, 4, 7 K-, p-, t-klank: aanblazen of niet?
- aanblazen voor een beklemtoonde klinker: **Kinder** *[kʰindeᵉ]*, **Peter** *[pʰeetʰeᵉ]*, **Taxi** *[tʰaksie]*
- zacht aanblazen voor een onbeklemtoonde klinker: **danke** *[dankʰe]*, **Oper** *[oopʰeᵉ]*, **fertig** *[fèᵉtʰiçh]*
- niet aanblazen voor een medeklinker: **möglich** *[meukliçh]*, **Krabbe** *[krabe]*, **siebzehn** *[zieptseen]*, **Antwort** *[antvoᵉt]*.

▸ meervoudsvormen van de o.t.t. Laten we meteen ook **haben** - *hebben* vervoegen: **ich habe, du hast, er hat, wir haben, ihr habt, sie haben.**

13 **2** Kommt ② schnell, das **Ta**xi **war**tet ③.
   3 – Wir sind **fer**tig, aber der **Kof**fer schließt nicht.
   4 – Wie ist das **mög**lich?
   5 Zeigt mal!
   6 Iiii, was ist das denn ④?
   7 – **Vor**sicht ⑤, das sind die **Kra**bben ⑥, die ⑦ **le**ben noch! □

*2 kʰomt sjnèl das **tʰ**aksie **vaᵉtʰ**et 3 vieᵉ zint **fèᵉtʰ**içh **aa**beᵉ deeᵉ kʰofeᵉ sjliest nicht 4 vie ist das **meu**kliçh 5 tsajkt maal 6 ieieie vas ist das dèn 7 **fo**ᵉzicht das zint die **kra**b'n die **lee**b'n noch*

Opmerkingen

② De imperatief van de 2ᵉ persoon meervoud is gewoon het werkwoord in de o.t.t., zonder persoonlijk voornaamwoord: **ihr kommt** - *jullie komen* → **Kommt!** - *Komen jullie!* U kent uit les 11, opm. 1 de imperatief van de 2ᵉ persoon enkelvoud: stam (evt. + -e) + meestal **mal** → **Komm(e) (mal)!** - *Kom (eens)!* en van de beleefdheidsvorm: werkwoord in de o.t.t. mét persoonlijk voornaamwoord → **Kommen Sie!** - *Komt u!*

③ Let op de tussen-**e** bij de 2ᵉ en 3ᵉ persoon enkelvoud en de 2ᵉ persoon meervoud: **du wartest** - *jij wacht*, **er wartet** - *hij wacht*, **ihr wartet** - *jullie wachten* (zie les 11, opm. 4).

④ **Denn** is een van die woordjes die soms louter een benadrukkende functie aannemen in een zin, dus een emotie, twijfel, ongeduld enz. versterken of juist afzwakken. Zo zagen we al het verzachtende **mal** - *eens* dat aan een imperatief wordt toegevoegd. **Denn** komt vaak voor in vragen en kan vertaald worden door *dan, nou, wel, dus, maar, eigenlijk,* enz. (veel hangt af van de toon en de context) of kan soms onvertaald blijven – wat vaak de beste oplossing is: **Wie heißen Sie denn?** - *Hoe heet u?*

2 Komen [jullie] snel, de taxi wacht.
3 – We zijn klaar, maar de koffer sluit niet.
4 – Hoe is dat mogelijk?
5 Laat eens zien *(Tonen [jullie] maal)*!
6 Eek, wat is dit nou?
7 – Voorzichtig, dit zijn de krabben, die leven nog!

Aanwijzing bij de uitspraak
6 Het tussenwerpsel **i(iiii)** drukt weerzin uit; toon en aandrang bepalen de intensiteit ervan! **Der Ton macht die Musik!** - *De toon maakt de muziek!*

▶ ⑤ **Vorsicht!**: als de uitroep *Voorzichtig!, Opgelet!, Opgepast!,...* en ook **die Vorsicht** - *de voorzichtigheid* (maar **vorsichtig** - *voorzichtig*).

⑥ Het enkelvoud van **die Krabben** - *de krabben* is **die Krabbe**, een vrouwelijk woord – zoals bij veel dieren waarvan het geslacht niet duidelijk is. Zo is er bijv. ook **die Ratte** - *de rat*, **die Katze** - *de kat* in het algemeen of *de kattin, poes* (en daarnaast **der Kater** - *de kater*). Bijna alle vrouwelijke naamwoorden voor dieren op **-e** vormen hun meervoud door toevoeging van **-n**: **die Katze** → **die Katzen**, **die Ratte** → **die Ratten**.

⑦ Tweemaal **die** in deze zin: eerst als bepaald lidwoord en dan als zelfstandig gebruikt aanwijzend voornaamwoord (zie ook les 3, opm. 1). Zo ook: **Klaus? Der ist nicht hier!** - *Klaus? Die is hier niet!*; **Die Kinder? Die sind nicht zu Hause.** - *De kinderen? Die zijn niet thuis.*

Übung 1 – Übersetzen Sie bitte!

❶ Wartet hier! Ich rufe ein Taxi. ❷ Sie haben Krabben? Zeigen Sie mal! ❸ Warum seid ihr noch nicht fertig, Kinder? ❹ Vorsicht! Dort kommt eine Krabbe. ❺ Das ist leider nicht möglich, wir haben keine Zeit.

Übung 2 – Ergänzen Sie bitte!

❶ Kinderen, waarom zijn jullie alleen, waar is mama?
Kinder, warum .... allein, .. ist Mama?

❷ Ik eet de krabben niet, die leven nog.
... . die Krabben nicht, die ..... noch.

❸ Maken jullie voort *(snel)*, de taxi komt zo.
...., das Taxi ..... gleich.

❹ Eek, wat is dit nou? Laten jullie eens zien!
Iiii, ... denn? ..... mal!

14 Vierzehnte Lektion [fie^etseent^he lèktsioon]

Wiederholung – Herhaling

1 Vervoegen (vervolg)

Zoals in het Nederlands, wordt een werkwoord vervoegd in drie personen enkelvoud: **ich** - *ik*, **du** - *jij, je* en **er/sie/es** - *hij / zij, ze / het* en drie personen meervoud: **wir** - *wij, we*, **ihr** - *jullie* en **sie** - *zij, ze*.

Er zijn evenwel twee grote verschillen met het Nederlands:
– de beleefdheidsvorm **Sie**, met **S** in hoofdletter!, wordt vervoegd in de 3^e persoon meervoud;

Oplossing van oefening 1

❶ Wachten jullie hier! Ik roep een taxi. ❷ U hebt krabben? Laat u eens zien! ❸ Waarom zijn jullie nog niet klaar, kinderen? ❹ Voorzichtig! Daar komt een krab. ❺ Dat is helaas niet mogelijk, we hebben geen tijd.

❺ De koffer is heel groot en hij sluit goed.
 . . . . ist sehr groß und . . . . gut.

Oplossing van oefening 2

❶ – seid ihr – wo – ❷ Ich esse – leben – ❸ Macht schnell – kommt – ❹ – was ist das – Zeigt – ❺ Der Koffer – er schließt –

Morgen bent u aan uw tweede herhalingsles toe. Mocht u de tijd hebben om hardop de Duitse teksten van de vorige zes lessen te herlezen, dan zou dit zeker nuttig zijn. Aarzel niet om de woordenschat op te schrijven, met bij elk nieuw zelfstandig naamwoord het passende lidwoord. De woordenlijst kan u hierbij helpen.

Veertiende les 14

– de 2ᵉ persoon meervoud **ihr** - *jullie* staat in een vervoegde vorm (dus niet in de infinitief).

Onvoltooid tegenwoordige tijd (o.t.t.)

In het enkelvoud eindigt de 1ᵉ persoon op **-e**, de 2ᵉ op **-st** en de 3ᵉ op **-t**; in het meervoud komt de 1ᵉ en 3ᵉ persoon overeen met de infinitief, en eindigt de 2ᵉ op **-t**:

14

	kommen	**warten**	**haben**	**sein**
	komen	*wachten*	*hebben*	*zijn*
ich	komm**e**	wart**e**	hab**e**	bin
du	komm**st**	wart**est**	ha**st**	bist
er/sie/es	komm**t**	wart**et**	ha**t**	ist
wir	komm**en**	wart**en**	hab**en**	sind
ihr	komm**t**	wart**et**	hab**t**	seid
sie	komm**en**	wart**en**	hab**en**	sind
Sie	komm**en**	wart**en**	hab**en**	sind

Onthoud dat in de 2ᵉ persoon meervoud **du** - *jij, je* bij inversie de **-t** niet wegvalt!

2 De nominatief (1ᵉ naamval) en zijn lidwoorden

U weet dat een naamwoord in een zin verschillende functies kan hebben, nl. die van onderwerp, lijdend of meewerkend voorwerp, en dat het ook bezit of afhankelijkheid kan aanduiden. Met elk van deze vier functies komt een "naamval" overeen, bijv.: is een naamwoord het onderwerp van de zin, dan staat het in de "nominatief" (1ᵉ naamval); fungeert een naamwoord in de zin als lijdend dan wel meewerkend voorwerp, dan staat het in de "accusatief" (4ᵉ naamval) resp. "datief" (3ᵉ naamval). Het geheel van deze naamvallen heet een "verbuiging". Wie er meteen meer over wil weten, verwijzen we door naar de grammaticale index.

We hebben gezien dat er in het Duits drie geslachten zijn, in het enkelvoud herkenbaar aan de bepaalde lidwoorden **der**, **die** en **das**, terwijl er in het meervoud alleen **die** bestaat. Makkelijk voor een Nederlandstalige!
Bij de onbepaalde lidwoorden ligt het enigszins anders: er is **ein** (en het ontkennende **kein**) voor mannelijke en onzijdige woorden, **eine** (en **keine**) voor vrouwelijke.

	Enkelvoud			Meervoud
	Mann.	Vrouw.	Onz.	
Bepaald lidwoord	der	die	das	die
Onbepaald lidwoord	ein	eine	ein	-
Ontkennend lidwoord	kein	keine	kein	keine

Uit de lessen is al gebleken dat Duitse en Nederlandse woorden helaas niet altijd hetzelfde geslacht hebben. Wel is in het Duits het geslacht altijd af te leiden van het bepaald lidwoord: **der Platz** - *de plaats*, **die Zeit** - *de tijd*, **das Taxi** - *de taxi*,… Tracht dus telkens de combinatie lidwoord + zelfstandig naamwoord te onthouden.

3 Ontkennen

We zagen net de ontkennende vorm van het onbepaald lidwoord **ein(e)**: **kein(e)** - *geen*.
Hat er ein Haus? - *Heeft hij een huis?* – **Nein, er hat kein Haus.** - *Nee, hij heeft geen huis.*

Bij een bepaald lidwoord gebeurt de ontkenning met **nicht** - *niet*.

Met **nicht** er voor wordt een woord of woordengroep ontkennend gemaakt:
Der Platz ist nicht frei. - *De plaats is niet vrij.*
Wir gehen nicht in die Oper. - *We gaan niet naar de opera.*

Nicht kan een hele zin ontkennend maken en sluit de zin dan af:
Ich mache die Übungen nicht. - *Ik maak de oefeningen niet.*

Genoeg grammatica voor vandaag! Misschien hebt u nog vragen... Maak u geen zorgen, alles op zijn tijd. Vanaf morgen zijn er weer nieuwe, interessante dialogen, met nieuwe en/of aanvullende uitleg! Nu is het tijd om te ontspannen en te genieten van de herhalingsdialoog. Niets zo belangrijk als de taal in de praktijk te brengen. **Wir wünschen Ihnen viel Vergnügen! -** We wensen u veel plezier!!

15 Herhalingsdialoog

Warum bleibt er allein?

1 – Was machst du denn heute, Thomas?
2 – Ich gehe in die Stadt.
3 – Gehst du allein?
4 – Nein, Julia kommt mit.
5 – Ihr habt Glück, ihr seid zusammen.
6   Ich bin immer allein. Warum?
7 – Also komm mit!
8 – Ja, warum nicht.
9   Was machen wir denn dort?
10 – Geschäfte ansehen, ein Bier trinken, oder zwei…
11 – Ach, ich habe kein Geld.
12   Ich bleibe zu Haus und lerne Deutsch.

---

15 Fünfzehnte Lektion
[funftseent^he lèktsioon]

Entschuldigen Sie ① bitte, ich habe eine Frage…

1 –   Wo ist **bi**tte **ei**ne U-Bahn-Sta**ti**on ② ?

Uitspraak
èn**tsjoel**diG'n zie **bit**^he içh **haa**be ajne **fraa**Ge 1 voo ist **bit**^he ajne **oe**-baan-sjt^hatsi**oon**

Opmerkingen

① Laten we nog even de imperatief herhalen. Beleefdheidsvorm: infinitief + **Sie** → **Entschuldigen Sie!** - *Excuseert u [mij]!*, **Warten Sie!** - *Wacht u!;* de jij- en jullie-vorm is zonder persoonlijk voornaamwoord → **Warte!** - *Wacht!* (zie les 11, opm. 1) en **Wartet!** - *Wachten jullie!*

Vertaling

Waarom blijft hij alleen?

1 Nou, wat doe je vandaag, Thomas? **2** Ik ga naar de stad. **3** Ga je alleen? **4** Nee, Julia komt mee. **5** Jullie hebben geluk, jullie zijn samen. **6** Ik ben altijd alleen. Waarom? **7** Kom dan mee! **8** Ja, waarom niet. **9** Wat doen we daar dan? **10** Winkels bekijken, een biertje drinken, of twee… **11** Ach, ik heb geen geld. **12** Ik blijf thuis en leer Duits.

Tschüs und bis morgen! - Dàag en tot morgen!

Vijftiende les 15

Excuseert u [mij] alstublieft, ik heb een vraag…

1 – Waar is [er] een metrostation, alstublieft?

Aanwijzing bij de uitspraak

1 Een **t** wordt voor een onbeklemtoonde **i** meestal als ts uitgesproken: **Aktion** *[aktsioon]*.

② De **U** in **U-Bahn** - *metro* komt van **der Untergrund** - *de ondergrond*. **Die Bahn** is *de baan, de (spoor)weg* en a.h.w. *de trein*. **Die U-Bahn** is dus eigenlijk "de ondergrondse trein" en **die Straßenbahn** - *de tram* "de stratentrein".

sechzig *[zèchtsiçh]* • 60

15

2 – Aber hier gibt es ③ **kei**ne U-Bahn, nur **ei**ne **Stra**ßenbahn.
3 – Ach so! Wo ist denn dann **bi**tte die **Stra**ßenbahn**hal**testelle?
4 – **Al**so ④, da ⑤ **geh**en **Sie** gerade**aus** und die **zwei**te **Stra**ße rechts,
5 dann die **er**ste **Stra**ße links und dort ⑥ **seh**en Sie schon die **Hal**testelle.
6 – **Vie**len Dank ⑦ für die **Aus**kunft ⑧.
7 – **Kei**ne **Ur**sache ⑧!

2 aabeᵉ hieᵉ Gipt ès kʰajne oe-baan noeᵉ ajne sjtraas'nbaan
3 ach zoo! vooᵉ ist dèn dan bitʰe die sjtraas'nbaanhaltʰesjtʰèle
4 alzoo daa Gee'n zie Geraadeaus oent die tsvajtʰe sjtraase rèchts 5 dan die eeᵉstʰe sjtraase links oent doᵉt zee'n zie sjoon die haltʰesjtʰèle 6 fiel'n dank fuuᵉ die auskʰoenft 7 kʰajne oeᵉzache

Aanwijzing bij de uitspraak
1, 2, 3, 4, 5 Herinner u dat **st** als woordbegin als *[sjt]* uitgesproken wordt (en **sp-** als *[sjp]*).

Opmerkingen

③ De onpersoonlijke uitdrukking **es gibt** komt overeen met *er is/zijn*. Er kan evengoed een gewone constructie met **sein** - *zijn* of een ander werkwoord gebruikt worden: **Ist hier keine U-Bahn-Station?** - *Is hier geen metrostation?* **Gibt** is eigenlijk de 3ᵉ persoon enkelvoud van **geben** - *geven*, dat onregelmatig is omdat de stamklinker verandert in de o.t.t. bij de 2ᵉ en 3ᵉ persoon enkelvoud → **ich gebe** maar **du gibst** en **er/sie/es gibt**.

④ **Also** - *dus* drukt een logisch gevolg uit, maar kan zoals **denn** als tussenwerpsel fungeren, bijv. inleidend, afsluitend of toelichtend: *nou, wel, dan,...*

2 – Maar er is hier is geen metro, alleen een tram.
3 – Ach zo! Maar waar is dan de tramhalte*(plaats)*, alstublieft?
4 – Nou, hier gaat u rechtdoor en de tweede straat rechts,
5   dan de eerste straat links en daar ziet u al de halte.
6 – Dank u wel *(Vele dank)* voor de inlichting.
7 – Geen dank *(oorzaak)*!

▶ ⑤ **Da** heeft verschillende betekenissen, o.a. *daar, hier, er* maar ook *toen, dan,...:* **Ich bin nicht da.** - *Ik ben er niet.* – **Wo denn?** - *Waar dan?* – **Da!** - *Daar!*

⑥ **Dort** - *daar, ginder* duidt echt een bepaalde plaats aan.

⑦ Het naamwoord **der Dank** - *de dank, bedanking* neemt geen eind-**e**, dit in tegenstelling tot het bijwoord **danke** - *bedankt, dank u/je*.

⑧ Laat u niet verleiden tot "letterlijke" vertalingen: **die Auskunft** - *de inlichting*, **keine Ursache** - *geen/zonder dank, graag gedaan*.

15 Übung 1 – Übersetzen Sie bitte!

❶ Entschuldigen Sie, wo ist bitte die Oper? ❷ Gehen Sie die zweite Straße links. ❸ Gibt es hier keine U-Bahn? ❹ Die Straßenbahnhaltestelle ist gleich rechts. ❺ Die U-Bahn-Station ist heute geschlossen.

Übung 2 – Ergänzen Sie bitte!

❶ Er is hier geen metro, maar een tram.
Hier .... .. keine U-Bahn, aber ....
. . . .

❷ Excuseert u mij, ik heb een vraag, waar is hier een tearoom?
. . . . , ich habe ....,
.. ... hier ein Café?

❸ U gaat rechts en dan altijd rechtdoor.
Sie gehen . . . . . . und dann immer . . . .

❹ Dank u/je wel *(Vele dank)* voor de inlichting.
Vielen .... für ... .

❺ Neemt *(Gaat)* u de tweede straat links, de opera is meteen rechts.
Gehen Sie ... . links, die
Oper ... . rechts.

Oplossing van oefening 1

① Excuseert u [mij], waar is de opera, alstublieft? ② Neemt *(Gaat)* u de tweede straat links. ③ Is er hier geen metro? ④ De tramhalte is meteen rechts. ⑤ Het metrostation is vandaag gesloten.

Oplossing van oefening 2

① – gibt es – eine Straßenbahn ② Entschuldigen Sie – eine Frage, wo ist – ③ – rechts – geradeaus ④ – Dank – die Auskunft ⑤ – die zweite Straße – ist gleich –

Wees niet te perfectionistisch in de eerste lessen. Herhaal gewoon meermaals de zinnen uit de lessen en neem genoegen met het begrijpen ervan. U hoeft zelf nog geen zinnen te vormen. Hiermee kunt u wachten tot in het tweede deel van de cursus.

16 Sechzehnte Lektion
[zèçhtseentʰe lèktsioon]

Warum vergeht die Zeit so schnell?

1 – Um wie viel Uhr ① fährt dein Zug **ab** ②?
2 – In drei Mi**nu**ten, um **sech**zehn Uhr **ach**tzehn, Gleis zwölf.
3 – Das ist hier.
4 – Komm, steig schnell **ein** ③!
5 – „**Ach**tung ④ an Gleis zwölf, die T**ü**ren **schließ**en.
6   Der Zug nach Han**no**ver fährt **ab**."

Uitspraak
vaa**roem** fèᵉ**Geet** die tsajt zoo sjnèl **1** oem vie fiel oeᵉ fèèᵗt dajn tsoek ap **2** in draj mi**noet**'n oem **zèçh**tseen oeᵉ **acht**tseen Glajs tsvëlf **3** das ist hieᵉ **4** kʰom sjtʰajk sjnèl ajn **5 acht**ʰoeng an Glajs tsvëlf die tʰuur'n **sjlie**s'n **6** deeᵉ tsoek nach ha**noo**feᵉ fèèᵗt ap

Opmerkingen

① Met **Um wie viel Uhr?** - *Hoe laat?* vraagt u naar het uur; het uur zelf wordt ingeleid met **um...** - *om...* : **um fünfzehn Uhr** - *om 15 uur*, **um fünfzehn Uhr fünf** - *om 15 uur 5*.

② **Fahren** - *rijden, gaan* (met eender welk rijtuig) en *varen*; **abfahren** - *vertrekken* (lett. "afrijden, -varen"). Merk op dat in de o.t.t. de stamklinker **a** een umlaut krijgt in de 2ᵉ en 3ᵉ persoon enkelvoud: **ich fahre** maar **du fährst**, **er/sie/es fährt**. Let er ook op dat wanneer scheidbare werkwoorden gescheiden worden het prefix altijd achteraan de zin komt.

Zestiende les 16

Waarom *(ver)*gaat de tijd zo snel?

1 – Hoe laat *(Om hoe veel uur)* vertrekt je trein?
2 – Over *(In)* drie minuten, om zestien uur achttien, spoor 12.
3 – Dat is hier.
4   Kom, stap vlug in!
5 – "Opgelet bij/op *(aan)* spoor 12, de deuren sluiten.
6   De trein naar Hannover vertrekt."

Aanwijzing bij de uitspraak
1, 4, 6 Noteer dat het scheidbaar prefix/partikel beklemtoond wordt omdat dit het werkwoord mee bepaalt.

③ Even herhalen dat de imperatief in de 2ᵉ persoon enkelvoud in de meeste gevallen overeenkomt met de stam: **Komm!** - *Kom!*; **Steig ein!** - *Stap in!* (zie les 11, opm. 1). Het tegenovergestelde van **einsteigen** is **aussteigen**: **Steig aus!** - *Stap uit!* Let erop het juiste prefix te gebruiken: **ein-** = *in-*, **aus-** = *uit-*, **ab-** = *af-* !

④ Met **Achtung!** wordt, zoals met **Vorsicht!**, aandacht, oplettendheid gevraagd; **die Achtung** - *de inachtneming* en *achting, waardering*.

sechsundsechzig • 66

7 – **Gu**te **Rei**se! Und ver**giss** ⑤ nicht: ich **lie**be dich ⑥!

8 – **War**te ⑦, gib mir noch **ei**nen Kuss ⑧!

*7 Goet*ʰ*e rajze! oent fè*ᵉ*Gis nicht ich lie*be *dich 8 va*ᵉtʰ*e Gip mie*ᵉ *noch aj*n'n kʰoes

Opmerkingen

⑤ **Vergessen** - *vergeten* is een onregelmatig werkwoord. Zoals bij **geben** - *geven* verandert de stamklinker, nl. **e** wordt **i** in de 2ᵉ en 3ᵉ persoon enkelvoud en in de imperatief enkelvoud: **Vergiss!** - *Vergeet!*, **Gib!** - *Geef!* Werkwoorden met de stamklinkerwissel **e → i** of **ie** krijgen geen eind-**e** in de imperatief: **Sieh mal!** - *Kijk eens!*

⑥ **Du** - *jij, je* wordt **dich** - *jou, je* als het lijdend voorwerp is (accusatief). **Lieben** - *houden van, liefhebben*.

⑦ Onthoud dat bij werkwoorden met een stam op -**d**, -**t** en -**ig** de eind-**e** verplicht is in de imperatief enkelvoud: **Warte!** - *Wacht!*, **Antworte!** - *Antwoord!* (zie les 11, opm. 1).

***

Übung 1 – Übersetzen Sie bitte!

❶ Um wie viel Uhr fährt der Zug nach Berlin ab? ❷ Thomas hat einen Platz für die Oper heute Abend. ❸ Gute Reise! Ruf mich von Berlin an! ❹ Gibst du mir noch einen Kuss? ❺ Warte! Ich nehme auch den Zug nach Hannover.

7 – Goede reis! En vergeet niet: ik hou van je!
8 – Wacht, geef me nog een kus!

▶ ⑧ De nominatiefvorm **ein/der Kuss** - *een/de kus, zoen* is van toepassing als hij onderwerp van de zin is: **Ein Kuss ist nicht genug.** - *Eén kus is niet genoeg.* Als lijdend voorwerp komt het lidwoord in de accusatief te staan → **ein** wordt **einen** en **der** wordt **den**: **Ich möchte bitte einen Kuss.** - *Ik zou een kus willen, alsjeblieft.*; **Nehmen Sie den Zug?** - *Neemt u de trein?* Goed nieuws: alleen het mannelijk lidwoord enkelvoud verandert bij de accusatief; het vrouwelijk en onzijdig, en de meervoudsvormen, zijn in de accusatief en de nominatief gelijk.

***

Oplossing van oefening 1

❶ Hoe laat vertrekt de trein naar Berlijn? ❷ Thomas heeft een plaats voor de opera vanavond. ❸ Goede reis! Bel me van[uit] Berlijn op! ❹ Geef je me nog een kus? ❺ Wacht! Ik neem ook de trein naar Hannover.

Übung 2 – Ergänzen Sie bitte!

❶ Opgelet, de deuren sluiten, stapt u vlug in, alstublieft!

......., die Türen ...., ...
bitte schnell ...!

❷ Vergeet me niet! Ik hou van jou!

.... mich .....! ... . dich!

❸ De trein naar Keulen vertrekt om vijftien uur tien.

... ... nach Köln ..... um fünfzehn Uhr
zehn ...

❹ We nemen de trein om zestien uur vijf, dat is over tien minuten.

Wir nehmen ... ... um .... Uhr ...,
das ist .. ..

Kent u Hannover? Deze in het noorden van Duitsland gelegen stad, zowat 300 km ten zuiden van Hamburg, werd tijdens de Tweede Wereldoorlog vernietigd. Hannover is niet zo groot, noch beroemd of mooi, maar het is de hoofdstad van een **Land** *- deelstaat. Als u een kaart van Duitsland bekijkt, vallen meteen de talrijke grenzen binnen het land op: het is de onderverdeling in 16* **Länder**, *dus autonome deelstaten van de* **Bundesrepublik Deutschland** *-* Bondsrepubliek Duitsland. *Ieder* **Land** *heeft een hoofdstad. Zo is* **Hannover** *die van* **Niedersachsen** *- Nedersaksen,* **München** *- München die van* **Bayern** *- Beieren,* **Hamburg** *die van...* **Hamburg***. Inderdaad, drie steden zijn terzelfder tijd deelstaat:* **Hamburg***,* **Bremen** *en* **Berlin** *- Berlijn. De* **Länder** *hebben hun eigen regering, maar passen principieel ook de federale wetten toe. Aan de grenzen van de* **Länder** *merkt men niets speciaals, wel bij het binnenstappen van* **eine Kneipe** *- een kroeg, café in Berlijn, Dresden, München of Frankfurt, want de verscheidenheid is echt zichtbaar en vooral hoorbaar: typische termen voor broodjes, bier en* **Schnaps** *- schnaps (soort brandewijn), andere gewoonten in de omgang, enz. Observeer eenieders eigenheid wanneer u verschillende* **Länder** *bezoekt (zie ook p. 200)!*

❺ Hoe laat *(Om hoe veel uur)* gaat u naar Hannover?
.. .. fahren Sie .... Hannover?

Oplossing van oefening 2

❶ Achtung – schließen, steigen Sie – ein ❷ Vergiss – nicht – Ich liebe – ❸ Der Zug – fährt – ab ❹ – den Zug – sechzehn – fünf – in zehn Minuten ❺ Um wie viel Uhr – nach –

17 Siebzehnte Lektion [zieptseent͡ʰe lèktsioon]

Zahlen ① machen ② müde

1 Ein Jahr hat zwölf **Mo**nate.
2 Ein **Mo**nat hat **drei**ßig oder **ein**und**drei**ßig Tage.
3 Pro Tag schläft man ③ acht **Stun**den ④.
4 **Neun**zig **Ja**hre, das macht **neun**zigmal **dreihun**dert**fünf**und**sech**zig Tage ⑤:
5 **al**so **zwei**und**drei**ßig**tau**send**acht**hundertund**fünf**zig ⑥, und man schläft ⑦…

Uitspraak
tsaal'n mach'n **muu**de **1** ajn jaaᵉ hat tsvëlf **moo**naat͡ʰe **2** ajn **moo**naat hat **draj**sich **oo**deᵉ **ajn**oent**draj**sich t͡ʰaaGe **3** proo t͡ʰaak sjlèèft man acht sjt͡ʰoend'n **4 nojn**tsich jaare das macht **nojn**tsichmaal **draj**hoendeᵉt**funf**oentzèchtsich t͡ʰaaGe **5 al**zoo tsvajoent**draj**sicht͡ʰauzentachthoendeᵉtoent**funft**sich oent man sjlèèft

Opmerkingen

① **Die Zahl** - *het getal, aantal, cijfer,* waarvan **(be)zahlen** - *betalen* is afgeleid, alsook **zählen** - *tellen* (zin 7) (en zelfs **erzählen** - *vertellen*).

② **Müde machen** - *moe maken, vermoeien,* **glücklich machen** - *gelukkig maken;* **... machen Müde** - *... maken moe, van... word men/je moe.*

③ **Man** - *men*: **Man macht das nicht.** - *Men doet dat niet.* In het Nederlands kan voor dit onbepaald voornaamwoord ook het onpersoonlijke *je* gebruikt worden.

④ **Die Stunde** - *het uur* geeft een duur aan: **Eine Stunde hat sechzig Minuten.** - *Een uur heeft zestig minuten.;* **die Uhr** is naast *het uur* ook *het horloge* en duidt het klokuur aan: **um fünf Uhr** - *om 5 uur.* Weet dat **Uhr** in het enkelvoud blijft, ▶

Zeventiende les 17

Getallen maken moe

1 Een jaar heeft twaalf maanden.
2 Een maand heeft dertig of eenendertig dagen.
3 Per dag slaapt men acht uur *(uren)*.
4 Negentig jaar *(jaren)*, dat maakt negentigmaal driehonderdvijfenzestig dagen:
5 dus tweeëndertigduizend achthonderd *(en)* vijftig, en men slaapt…

Aanwijzing bij de uitspraak
4, 5 Aantallen worden in het Duits aan elkaar geschreven, wat tot heel lange woorden kan leiden, maar daar de klemtonen vergelijkbaar zijn met het Nederlands valt het uitspreken van die getallen wel mee: **zwei**und**drei**ßigt**au**send**ach**thundert**fünf**zig. Meer hierover in les 21, punt 4.

▶ terwijl **Stunde** in het meervoud staat vanaf *anderhalf uur* - **eineinhalb Stunden**.

⑤ **Das Jahr** - *het jaar*, **der Monat** - *de maand*, **der Tag** - *de dag*, **die Stunde** - *het uur*. En in het meervoud, telkens met het lidwoord **die**: **die Jahre**, **die Monate**, **die Tage**, **die Stunden**. Maak gebruik van de woordenlijst om het geslacht en de meervoudsvorming van woorden na te gaan.

⑥ Noteer al dat in het Duits getallen helemaal aan elkaar geschreven worden. Meer hierover en over de verbindende **-und-** in les 21, punt 4.

⑦ **Schlafen** - *slapen*, vervoegd zoals **fahren** (les 16, opm. 2): **ich schlafe** maar **du schläfst**, **er/sie/es schläft**.

6 Mensch ⑧ bin ich **mü**de!
7 Ich **zäh**le **mor**gen **wei**ter ⑨.
8 **Gu**te Nacht!

6 mènsj bin içh **muu**de **7** içh **tsèè**le **mo**eG'n **vajt**ʰeᵉ **8 Goet**ʰe nacht

Opmerkingen

⑧ **Mensch** is een gemeenzaam tussenwerpsel: *Mens(en) toch!, Man (toch)!, O!,...*

⑨ **Weit** - *ver*, **weiter** - *verder*, ook figuurlijk *verder-*: **zählen** - *tellen* → **weiterzählen** - *verder tellen*; **schlafen** - *slapen* → **weiterschlafen** - *voortslapen*, **weitermachen** - *door-*, *voort-*, *verdergaan*, *-doen*.

Übung 1 – Übersetzen Sie bitte!

❶ Wir machen die Übungen morgen weiter. ❷ Ein Jahr hat zwölf Monate und dreihundertfünfundsechzig Tage. ❸ Man schläft zweihundertvierzig Stunden pro Monat. ❹ Kinder, ich zähle bis drei und dann schlaft ihr! ❺ Mensch, macht schnell, der Zug wartet nicht!

6 Mens [toch, wat] ben ik moe!
7 Ik tel morgen verder.
8 Goedenacht!

Aanwijzing bij de uitspraak
7 De **umlaut** op de **a** is het enige verschil tussen **zählen** en **zahlen**: *[tsèèl'n]* en *[tsaal'n]*; die twee puntjes zijn dus wel degelijk belangrijk, want betekenisonderscheidend: *tellen* resp. *betalen*!

Oplossing van oefening 1

❶ We maken de oefeningen morgen verder. ❷ Een jaar heeft twaalf maanden en driehonderdvijfenzestig dagen. ❸ Men slaapt tweehonderdveertig uur per maand. ❹ Kinderen, ik tel tot drie en dan slapen jullie! ❺ Mens, schiet op, de trein wacht niet!

18 **Übung 2 – Ergänzen Sie bitte!**

❶ Dat doet men niet.
   Das . . . . nicht.

❷ Ik zou graag willen slapen. Goedenacht!
   Ich möchte gern . . . . !

❸ Een dag heeft vierentwintig uur *(uren)*.
   Ein Tag hat . . . .

❹ Hij slaapt twaalf uur *(uren)* per nacht en op kantoor slaapt hij verder.
   . . . . zwölf Stunden . . . Nacht und im Büro . . . .

---

18 Achtzehnte Lektion
   [ach*t*tseent*h*e lèktsi**oon**]

Eine Postkarte aus München

1 **Lie**be ① **Mu**tti ②! Wie geht's dir?
2 Hier läuft ③ **al**les fan**tas**tisch.

Uitspraak
*aj*ne p*h*ostk*h*ae*t*he aus mun*ç*h'n **1 lie**be moe*t*hie! vie Geet's die*e*
2 hie*e* lojft ales fan*t*hast*h*isj

Opmerkingen

① **Lieb** - *lief*, van **lieben** - *liefhebben, houden van* en **Liebe** - *liefde*. **Liebe/Lieber** als aanhef betekent ook "beste"; **Lieber Stefan** - *lieve/beste Stefan*.

② **Mutti** is een afkorting van **Mutter** - *moeder*, zoals **Vati** dat is van **Vater** - *vader*.

③ **Laufen** - *lopen, gaan* of *hardlopen, rennen* vervoegd zoals **fahren** en **schlafen** (zie les 17, opm. 7). Men kan ook zeggen **Hier geht alles gut.** - *Hier gaat alles goed*.

❺ Het cijfer zeven brengt geluk.
... . sieben ...... Glück.

Oplossing van oefening 2
❶ – macht man – ❷ – schlafen – Gute Nacht ❸ – vierundzwanzig Stunden ❹ Er schläft – pro – schläft er weiter ❺ Die Zahl – bringt –

Bent u ontgoocheld door deze les omdat u dacht de accusatief te kunnen inoefenen? En u vond er geen enkele? Fout! Er stonden naamwoorden in de accusatief in, bijv.: **Ein Jahr hat zwölf Monate**. *Als u ze niet herkende, is dat omdat in de vrouwelijke, onzijdige en meervoudsvorm de accusatief niet verandert.*

Achttiende les   18

Een *(post)*kaart uit München

1   Lieve mam! Hoe gaat het [met] je?
2   Hier gaat alles fantastisch.

Aanwijzingen bij de uitspraak
Onthoud:
T au klinkt zoals onze tweeklank au *[au]*
2 äu klinkt als *[oj]*: **er läuft** *[lojft]*, **sie laufen** *[lauf'n]*.

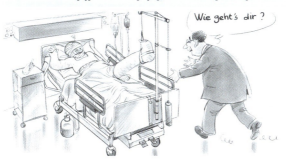

Wie geht's dir?

18 3   Mein **Zim**mer ④ ist groß und schön und die Uni ⑤ ist nicht weit.
   4   **Näch**ste ⑥ **Wo**che **se**he ich **mei**nen ⑦ Pro**fes**sor.
   5   Man sagt, er sieht gut **aus** ⑧ und ist nett.
   6   Ich bin ein **biss**chen **auf**geregt.
   7   **Vie**le ⑨ **lie**be Grüße ⑩!
   8   **Dei**ne Me**la**nie.

*3 majn **tsi**me^e ist Groos oent sjeun oent die **oe**nie ist nicht vajt*
*4 nèèçhst^he **vo**che zeee içh **maj**n'n proo**fès**o^e 5 man zaakt è^e ziet Goet aus oent ist nèt 6 içh bin ajn **bis**çh'n **auf**Gereekt*
*7 fiele liebe Gruuse 8 dajne **mee**lanie*

Opmerkingen

④ **Das Zimmer ist / Die Zimmer sind groß.** - *De kamer is / De kamers zijn groot.* U hebt wellicht al gemerkt dat **Zimmer** hetzelfde blijft in het enkelvoud en meervoud. Dat is het geval bij een aantal woorden op **-er**.

⑤ **Uni** is de afkorting van **die Universität** - *de universiteit*.

⑥ Zoals in het Nederlands staat het bijvoeglijk naamwoord voor het zelfstandig naamwoord en richt het zich ernaar: **nächst** - *volgend*, **nächste Woche** - *volgende week.*, en is het predicatief onveranderlijk: **nett** - *vriendelijk, aardig*, **nette Kollegen** - *vriendelijke collega's*, **Die Kollegen sind nett.** - *De collega's zijn aardig.*

***

Übung 1 – Übersetzen Sie bitte!

❶ Frau Bachmann sieht heute sehr gut aus. ❷ Wir fahren nächste Woche in Ferien. ❸ Wie geht es dir, Melanie? ❹ Wann siehst du deinen Professor das nächste Mal? ❺ Das Hotel ist gut, die Zimmer sind schön.

3 Mijn kamer is groot en mooi en de uni(ef) is niet ver.
4 Volgende week zie ik mijn professor.
5 Men zegt dat hij er goed uitziet *(hij ziet goed uit)* en vriendelijk is.
6 Ik ben een beetje opgewonden.
7 Vele lieve groeten!
8 *(Jouw)* Melanie.

Aanwijzingen bij de uitspraak

4 **Nächst-** wordt vaak als *[nèèkst-]* uitgesproken i.p.v. *[nèèchst-]*.
3, opm. 5 **V** klinkt doorgaans als *[f]*: **viel** *[fiel]*, **vier** *[fie^e]*, behalve in woorden van vreemde oorsprong: **Universität** *[oenivè^{e}zie-t^{h}èèt]*, **bravo** *[braavo]*.

⑦ Als **ein** - *een* **einen** wordt in de accusatief mannelijk, dan wordt **mein** - *mijn* **meinen**.

⑧ **Aussehen** - *eruitzien, ogen*, van **sehen** - *zien*. De stam-**e** verandert in **ie** in de 2e en 3e persoon en in de imperatief enkelvoud: **Du siehst müde aus.** - *Je ziet er moe uit.*; **Er/Sie sieht gut aus.** - *Hij/Zij ziet er goed/knap uit.*; **Sieh mal!** - *Kijk eens!*

⑨ **Viel** - *veel* richt zich als bijvoeglijk naamwoord naar het zelfstandig naamwoord: **Er hat viel Geld.** - *Hij heeft veel geld.*; **Viele Kollegen sprechen Niederländisch.** - *Veel collega's spreken Nederlands.*

⑩ **Der Gruß** - *de groet*; **die Grüße** - *de groeten*; **grüßen** - *(be-) groeten*.

***

Oplossing van oefening 1

❶ Mevrouw Bachmann ziet er vandaag heel goed/knap uit. ❷ We gaan volgende week op vakantie. ❸ Hoe gaat het met je, Melanie? ❹ Wanneer zie je jouw professor de volgende keer? ❺ Het hotel is goed, de kamers zijn mooi.

Übung 2 – Ergänzen Sie bitte!

❶ Waarom loop/ren je nou? Heb je geen tijd?
Warum . . . . denn? . . . . . . keine Zeit?

❷ Volgende week zien we de professor.
. . . . sehen wir . . . .

❸ Beste mevrouw Spielberg, hoe gaat het met u?
. . . . Frau Spielberg, ... Ihnen?

❹ Je ziet [er] moe uit, slaap een beetje!
. . . . müde . . . , schlaf . . . . !

❺ Tot gauw! Vele groeten, *(jouw)* Thomas.
Bis bald! . . . . , ... Thomas.

---

19 Neunzehnte Lektion
[nojntseent^he lèktsioon]

Essen? Ja gern! Aber was?

1 – Jetzt **lau**fen wir schon zwei **Stun**den.

Uitspraak
ès'n? jaa Gè^en! **aa**be^e vas **1** jètst **lauf**'n vie^e sjoon tsvaj **sjt^hoen**d'n

Oplossing van oefening 2

❶ – läufst du – Hast du – ❷ Nächste Woche – den Professor ❸ Liebe – wie geht es – ❹ Du siehst – aus – ein bisschen ❺ – Viele Grüße, dein –

Hoe schrijf je een brief naar vrienden? De klassieke begroeting is **liebe Susanne**, **lieber Paul**, **liebe Freunde**, *enz. Vlotter is* **hallo Susanne, hi Paul, wie geht's (Freunde)?** *- hoe gaat het (vrienden)? Vindt u dit nog te klassiek of niet persoonlijk genoeg, dan moet u wachten tot u in het Duits wat kunt uitvinden. Een paar voorbeelden:* **bester Freund** *- beste vriend,* **altes Haus** *- "ouwe gabber",* **kleines Mäuschen** *- kleine muis,* **geliebtes Schmusekätzchen** *"mijn geliefde snoezepoesje",...*
Afscheidsformules variëren eveneens al naargelang van de conventies, personen en de graad van affectie. Traditioneel is het **viele Grüße**. *Daarbuiten kunt u uw fantasie de vrije loop laten. Versterken qua hoeveelheid:* **tausend Grüße** *- duizend groeten,* **eine Million Grüße** *- een miljoen groeten of qua kwaliteit:* **liebe Grüße** *- lieve groeten,* **herzliche Grüße** *- hartelijke groeten, of een combinatie van beide:* **tausend herzliche Grüße**, *enz. In* **herzlich** *herkent u trouwens* **das Herz** *- het hart en kijk wat u er kunt van maken:* **viele tausend ♥-liche Grüße**. *Sowieso mag u bij het ondertekenen niet vergeten* **Dein(e)** *(meestal met hoofdletter) - jouw (m./v.) of* **Ihr(e)** *- uw (m./v.) toe te voegen.*

Negentiende les 19

Eten? Ja, graag! Maar wat?

1 – Nu lopen we al twee uur *(uren)*.

19
2 Sag mal, hast du **kei**nen **Hu**nger ①?
3 – Doch ②, na**tür**lich, und auch Durst ③.
4 – **Al**so, was **ma**chen wir?
5 – **Kau**fen wir ④ **et**was zu **es**sen!
6 – Wo denn? Hier gibt es ⑤ **kei**nen **Su**permarkt, **kei**ne **Knei**pe, nichts.
7 – **Su**chen wir **ei**ne **Tank**stelle!
8 – Wo**zu** ⑥?
9 – Dort **fin**den wir **si**cher was ⑦.

☐

2 zaak maal hast doe **kʰajn'n hoe**nge⁰ 3 doch natʰuu⁰lich oent auch doeᵉst 4 al**zoo** vas **mach'n** vieᵉ 5 **kʰauf'n** vieᵉ **èt**vas tsoe ès'n 6 voo dèn hieᵉ Gipt ès **kʰajn'n zoep**ʰeᵉ**ma**ᵉkt **kʰaj**ne **knajp**ʰe niçhts 7 **zoech'n** vieᵉ ajne **tʰanksjtʰè**le 8 voo**tsoe** 9 doᵉt **find'n** vieᵉ **zi**çheᵉ vas

Opmerkingen

① Het ontkennende **kein** - *geen* richt zich naar het naamwoord: **kein**en Hunger (m.) haben, **keine** Zeit (v.) haben, kein Geld (o.) haben, **keine** Kinder (mv.) haben - *geen honger, tijd, geld, kinderen hebben.*

② Een vraag in de ontkennende vorm kan bevestigend beantwoord worden met **doch** - *jazeker, jawel, toch (wel)*: **Heißen** Sie nicht Sonja? - *Heet u niet Sonja?* – **Doch, ich bin Sonja.** - *Jawel, ik ben Sonja.*

③ Durst - *dorst* is net als **Hunger** - *honger* mannelijk: **Er hat Durst.** - *Hij heeft dorst.*; **Er hat keinen Durst.** - *Hij heeft geen dorst.*

④ De imperatief in de 1ᵉ persoon meervoud wordt gevormd zoals die in de beleefdheidsvorm, nl. werkwoord in de o.t.t. (dus eigenlijk de infinief) + persoonlijk voornaamwoord: **Gehen wir!** - *Laten we gaan!*; **Gehen Sie!** - *Gaat u!*

▶

2 Zeg eens, heb jij geen honger?
3 – Jazeker, natuurlijk, en ook dorst.
4 – Nou, wat doen we?
5 – Laten we iets te eten kopen *(Kopen we...)*!
6 – Waar dan? Er is hier geen supermarkt, geen kroeg, niets.
7 – Laten we een tankstation zoeken *(Zoeken we...)*!
8 – Waarom *(Waartoe)*?
9 – Daar vinden we zeker wat.

▶ ⑤ Bij **es gibt** - *er is/zijn* hoort de accusatief: **Es gibt noch einen Platz.** - *Er is nog een plaats.* Hebt u trouwens gemerkt (aan de verbuiging) dat **Supermarkt** mannelijk is en **Kneipe** vrouwelijk? Voor *het café* wordt ook veel **die Wirtschaft** gebruikt, wat minder pejoratief klinkt dan **die Kneipe**.

⑥ **Wozu?** kan, afhankelijk van waarnaar verwezen wordt, verschillende vertalingen hebben: *waartoe?*, *waarvoor?*, *waarbij?*, *waarover?* maar wordt vaak vervangen door het algemener **warum?** - *waarom?* **Wozu lernen Sie Deutsch?** - *Waarom (= om welke reden) leert u Duits?* – **Ich möchte in Berlin arbeiten.** - *Ik zou in Berlijn willen werken.*

⑦ **Was** of **etwas** - *wat* of *iets*: **Möchten Sie was/etwas trinken?** - *Zou u wat/iets willen drinken?*

Übung 1 – Übersetzen Sie bitte!

❶ Hast du keinen Hunger? – Doch! ❷ Was gibt es heute zu essen? ❸ Komm, kaufen wir etwas zu trinken! ❹ Ich warte schon eine Stunde, warum kommst du so spät? ❺ Die Kneipe ist geschlossen, was machen wir jetzt?

Übung 2 – Ergänzen Sie bitte!

❶ Zou u iets willen drinken? – Zeker!
Möchten Sie . . . .? – . . . . . !

❷ Nee bedankt, ik heb geen honger.
Nein . . . . . , ich habe . . . .

❸ Laten we nog een dag blijven! – Waarvoor? Hier is *(er)* niets te zien.
Bleiben wir noch . . . .! – . . .? Hier . . . . . . nichts . . . .

❹ Is er hier geen supermarkt? Ik zoek al twee uur.
Gibt es hier . . . .? Ich suche schon . . . .

❺ Het tankstation is niet ver, daar vinden we iets te eten.
. . . . ist nicht weit, dort . . . . etwas . . . .

Oplossing van oefening 1

❶ Heb je geen honger? – Toch wel! ❷ Wat is er vandaag te eten? ❸ Kom, laten we iets te drinken kopen! ❹ Ik wacht al een uur, waarom kom je zo laat? ❺ Het café is gesloten, wat doen we nu?

Oplossing van oefening 2

❶ – etwas trinken – Sicher ❷ – danke – keinen Hunger ❸ – einen Tag – Wozu – gibt es – zu sehen ❹ – keinen Supermarkt – zwei Stunden ❺ Die Tankstelle – finden wir – zu essen

20 Zwanzigste Lektion
[**tsvan**tsiçhst*h*e lèktsi**oon**]

Am Bahnhof ①

1 – **Ha**llo **Ga**bi! Ich bin am **Bahn**hof in Köln.
2 Ich **ha**be den **An**schluss nach **Ham**burg ver**passt** ②.
3 – Oh, das ist **scha**de! **Wel**chen ③ Zug nimmst du denn jetzt?
4 – Ich **neh**me den ICE ④ um fünf vor sechs.
5 Kommst du mich ⑤ **ab**holen ⑥?

Uitspraak
am **baan**hoof **1** ha**loo** **Gaa**bie! iç̧h bin am **baan**hoof in k*h*ëln **2** iç̧h **haa**be deen **an**sjloes nach **ham**boe*e*k fè*e***p***h*ast **3** oo das ist **sjaa**de! **vèl**ç̧h'n tsoek nimst doe dèn jètst **4** iç̧h **nee**me deen ie-tsee-ee oem funf foo*e* zèks **5** k*h*omst doe miç̧h ap**hool**'n

Opmerkingen

① **Der Bahnhof** - *het (trein)station*. **Am** is de samentrekking van **an** en het lidwoord **dem**, waarop we binnenkort terugkomen.

② **Verpasst** - *gemist*, voltooid deelwoord van **verpassen**. Bij regelmatige werkwoorden eindigt het voltooid deelwoord altijd op **-t**.

③ Het vraagwoord **welch-** wordt verbogen zoals het bepaald lidwoord **der/die/das**: **welcher, welche, welches** - *welk(e)*. In de accusatief mannelijk is de uitgang **-en**: **Welchen Käse möchten Sie, d**en **aus Holland oder d**en **aus Frankreich?** - *Welke kaas zou u willen, die uit Holland/Nederland of die uit Frankrijk?*

④ **ICE** is de afkorting van **In**ter**c**ity **E**xpress, de Duitse hst (hogesnelheidstrein).

⑤ Zoals **du** in de accusatief **dich** wordt, verandert **ich** in **mich**. ▶

Twintigste les 20

In-het station

1 – Hallo, Gabi! Ik ben in-het station in Keulen.
2   Ik heb de aansluiting naar Hamburg gemist.
3 – O, dat is jammer! Welke trein neem je dan nu?
4 – Ik neem de ICE om/van vijf voor zes.
5   Kom je me afhalen?

Aanwijzingen bij de uitspraak
e als *[e] [è] [ee] [']*:
- Onbeklemtoond is een **e** dof: **schade** *[sjaade]*, **genau** *[Genau]*; in een woord-, vervoegings- of verbuigingsuitgang wordt zo een **e** zelfs a.h.w. "ingeslikt": **Übungen** *[uuboeng'n]*, **abholen** *[aphool'n]*, **welchen** *[vèlçh'n]*.
- Beklemtoond klinkt een **e** open *[è]*: **gern** *[Gè^en]*, **essen** *[ès'n]* (veelal voor twee medeklinkers) of gesloten *[ee]*: **geben** *[Geeb'n]* (veelal in een open lettergreep).
2, 3 Let op het onderscheid tussen het mannelijk bepaald lidwoord **den** *[deen]* en het bijwoord **denn** *[dèn]*.
- Een **e** gevolgd door een **h** → *[ee]* omdat een **h** de voorafgaande klinker verlengt: **nehmen** *[neem'n]*; **ee** is uiteraard ook lang: **Tee** *[t^hee]*.
ä als *[è]* of *[èè]*: **die Männer und Mädchen zählen** *[mène^e mèètch'n tsèèl'n]* (i.p.v. *[èè]* hoort men ook vaak *[ee]*).
ö als *[ë]*:
1 Als een **ö** uitgesproken wordt zoals in "freule" of in het Franse "cœur", wat enigszins vergelijkbaar is met een lange doffe **e**, hebben we gekozen voor de transcriptie *[ë]*. (Let op: **ö** klinkt soms ook als *[euj]*!)
r als *[^e]*: na een klinker klinkt een **r** als een zeer korte doffe **e**: **Verkehr** *[fè^ek^hee^e]*; doffe **e** + **r** smelten a.h.w. samen: **Zimmer** *[tsime^e]*.

▶ ⑥ **Abholen** - *afhalen, ophalen, oppikken*: **Sie holt Thomas am Bahnhof ab.** - *Ze haalt Thomas op bij het station.*; **Holen Sie mich ab?** - *Pikt u me op?*

20 6 – Natürlich **hol**e ich dich **ab**.
7 Um wie viel Uhr kommt dein Zug ge**nau an**?
8 – Ich **glau**be um **zwan**zig nach ⑦ zehn.
9 – **Pri**ma! ⑧ Ich **freu**e mich. ⑨ ☐

6 na**t**h**uu**eliçh **hoo**le içh diçh ap **7** oem vie fiel oe**e** k**h**omt dajn tsoek Ge**nau** an **8** içh **Glau**be oem **tsvan**tsiçh nach tseen **9** **prie**ma! içh **fro**je miçh

Opmerkingen

⑦ In de omgangstaal worden **nach** - *over, na* en **vor** - *voor* gebruikt (zie zin 4): **es ist zehn nach acht** - *het is 10 over 8*, **zwanzig vor sieben** - *20 voor 7* ('s morgens of 's avonds). Op de radio en de televisie zegt men eerder **acht Uhr zehn**, lett. 8 uur 10 ('s morgens), **zwanzig Uhr zehn**, lett. 20 uur 10 ('s avonds).

⑧ Er zijn wel meer uitroepen van enthousiasme: **Prima!**, **Toll!** *[t*h*ol]* - *Geweldig!*, **Super!** *[zoep*h*ee]*), **Klasse!** - *Gaaf!*,... Zoals overal is dit mode- en generatiegebonden.

⑨ **Sich freuen** - *zich verheugen, verheugd of blij zijn* is een veel gebruikt werkwoord dat later nog aan bod komt: **ich freue mich** - *ik verheug me, ben blij*.

***

Übung 1 – Übersetzen Sie bitte!

❶ Peter kommt um zwanzig nach fünf in Köln an. ❷ Nehmen Sie den ICE um achtzehn Uhr fünf! ❸ Um wie viel Uhr kommt der nächste Zug aus Hamburg an? ❹ Warten Sie am Bahnhof, ich hole Sie ab. ❺ Ich komme um sechzehn Uhr in Hannover an.

6 – Natuurlijk haal ik je af.
7 – Hoe laat komt je trein precies aan?
8 – Ik geloof om twintig over *(na)* tien.
9 – Prima! Ik verheug me [erop].

Am Bahnhof.

***

Oplossing van oefening 1

❶ Peter komt om 20 over 5 in Keulen aan. ❷ Neemt u de ICE om/van 18 uur 10! ❸ Hoe laat komt de volgende trein uit Hamburg aan? ❹ Wacht u bij het station, ik haal u op. ❺ Ik kom om 16 uur in Hannover aan.

21 Übung 2 – Ergänzen Sie bitte!

❶ Hoe laat kom je me afhalen?
.. .. kommst du mich ....?

❷ Ik geloof [dat] er twee treinen zijn naar Bonn, welke neem je?
... ., ... zwei Züge ....
Bonn, ... nimmst du?

❸ Jammer, de ICE om/van zeven uur vier rijdt vandaag niet.
......, der ICE .. .. fährt
heute nicht.

❹ Ze heeft de aansluiting gemist, ze komt een uur later aan.
Sie hat ... . verpasst, ...
eine Stunde später ...

21 Einundzwanzigste Lektion
[ajnoenttsvantsiçhstʰe lèktsioon]

Wiederholung – Herhaling

1 De o.t.t. *(Präsens)* van onregelmatige werkwoorden

Bij onregelmatige (of sterke) werkwoorden kan de klinker van de stam veranderen. In de o.t.t. gebeurt dit alleen in de 2ᵉ en 3ᵉ persoon enkelvoud. De 1ᵉ persoon enkelvoud en de meervoudsvormen zijn regelmatig (behalve bij **sein** - *zijn;* zie de vervoegingen in les 14, punt 1).
Er zijn verschillende stamklinkerwissels mogelijk:

5 We halen je natuurlijk bij het station af.
– Prima, ik ben blij.
Wir holen dich .... am Bahnhof ...
– Prima, ...

Oplossing van oefening 2

1 Um wie viel Uhr – abholen **2** Ich glaube es gibt – nach – welchen – **3** Schade – um sieben Uhr vier – **4** – den Anschluss – sie kommt – an **5** – natürlich – ab – ich freue mich

Eenentwintigste les 21

– **a** wordt **ä**: **schlafen** - *slapen* → **ich schlafe** maar **du schläfst, er/sie/es schläft**
– **au** wordt **äu**: **laufen** - *(hard)lopen* → **ich laufe** maar **du läufst, er/sie/es läuft**
– **e** wordt **i**: **geben** - *geven* → **ich gebe, du gibst, er/sie/es gibt**
– **e** wordt **ie**: **sehen** - *zien* → **ich sehe, du siehst, er/sie/es sieht**.
We zullen u op andere voorbeelden attent maken wanneer ze zich voordoen.

Een paar werkwoorden volgen iets ingewikkelder regels, maar u zal ze snel herkennen: bijv. **nehmen** - *nemen* → **du nimmst, er nimmt**.

neunzig *[nojntsiçh]* • 90

2 De imperatief

De imperatief wordt gevormd door aan de stam de uitgang **-(e)** (zie les 11, opm. 1), **-t**, of **-en** toe te voegen:
- 2ᵉ persoon enkelvoud: **Lern(e)!** - *Leer!*
- 2ᵉ persoon meervoud: **Lernt!** - *Leren jullie!*
- beleefdheidsvorm: **Lernen Sie!** - *Leert u!*
- 1ᵉ persoon meervoud: **Lernen wir!** - *Laten we leren!*

Denk er in het Duits aan bij de beleefdheidsvorm en de 1ᵉ persoon meervoud het persoonlijk voornaamwoord achter het werkwoord te zetten!

Alleen bij de werkwoorden met de stamklinkerwissel **e → i/ie** staat er in de imperatief enkelvoud ook **i** of **ie**:
Gib! - *Geef!*, **Nimm!** - *Neem!*, **Sieh!** - *Zie!*
In dat geval is er geen eind-**e**.

3 De accusatief (4ᵉ naamval) en zijn lidwoorden

Laten we even herhalen wat we tot hiertoe hebben gezien over de verbuiging:

• Een lidwoord staat in de nominatief als het naamwoord waar het bij hoort het onderwerp van het werkwoord of predicaat van het onderwerp is: **Der Professor ist ein Freund von Claudia.** - *De professor is een vriend van Claudia.*
In de nominatief zijn de bepaalde lidwoorden **der** (m.), **die** (v.), **das** (o.), **die** (mv.) en de onbepaalde lidwoorden **ein** (m.), **eine** (v.), **ein** (o.).

• Een lidwoord staat in de accusatief als het naamwoord waar het bij hoort lijdend voorwerp van het werkwoord is: **Der Student sieht den Professor.** - *De student ziet de professor.*; **Der Professor trinkt einen Kaffee.** - *De professor drinkt een koffie.*
In de accusatief is in het mannelijk enkelvoud het bepaald lidwoord **den**, het onbepaald **einen**; de andere vormen (vrouwelijk, onzijdig en meervoud) zijn in de accusatief gelijk aan de nominatief:

	Mannelijk	Vrouwelijk	Onzijdig	Meervoud
Nominatief	der/ein	die/eine	das/ein	die/ –
Accusatief	den/einen	die/eine	das/ein	die/ –

Hieraan kunnen we nog toevoegen:
- de ontkennende vorm **kein** - *geen* en
- de bezitsvormen **mein** - *mijn*, **dein** - *jouw, je,...*
die verbogen worden zoals **ein**:
Thomas hat keinen Koffer. - *Thomas heeft geen koffer.*
Er nimmt immer meinen Koffer. - *Hij neemt altijd mijn koffer.*

4 De hoofdtelwoorden

Als u op de paginanummers hebt gelet, is dit hoofdstuk niet meer dan een herhaling!

Van 1 t.e.m. 12: **eins** *[ajns]*, **zwei** *[tsvaj]*, **drei** *[draj]*, **vier** *[fie^e]*, **fünf** *[funf]*, **sechs** *[zèks]*, **sieben** *[**zie**b'n]*, **acht** *[acht]*, **neun** *[nojn]*, **zehn** *[tseen]*, **elf** *[èlf]*, **zwölf** *[tsvëlf]*

van 13 t.e.m. 19, eenheid + tien: **dreizehn, vierzehn, fünfzehn, sechzehn, siebzehn, achtzehn, neunzehn** (maar let op bij **sechzehn** en **siebzehn**)

van 20 t.e.m. 90 krijgen de tientallen de uitgang **-zig** (of **-ßig** bij 30): **zwanzig, dreißig, vierzig, fünfzig, sechzig, siebzig, achtzig, neunzig**
(de **-ig** wordt als woordeinde *[içh]* uitgesproken, behalve in de zuidelijke regio's waar het *[ik]* is)

vanaf 21 is het zoals in het Nederlands, eenheid en tiental met elkaar verbonden door **und** - *en*: **einundzwanzig, zweiundzwanzig**... t.e.m. **neunundneunzig**

100 (**hundert**): **(ein)hundertsiebenundachtzig** (*187*), **dreihundertfünfundvierzig** (*345*),...
1000 (**tausend**): **(ein)tausend** (*1.000*), **siebentausend** (*7.000*),...

21 Ein wordt vaak weggelaten voor **hundert** en **tausend**: **tausendvierhundertfünfzig** (*1.450*), maar nooit middenin een woord: **tausendeinhundertfünfzig** (*1.150*).

Merk op dat het cijfer **eins** - *één* verandert in **ein** in een getal: **einundsiebzig** (*71*) en dat het verbogen wordt als er een naamwoord op volgt: **Wir bleiben einen Tag.** - *We blijven één dag.*

Voor we afsluiten nog een "vraagje": kunt u het getal 969.897 voluit schrijven?

Antwoord:

neunhundertneunundsechzigtausendachthundertsiebenundneunzig
*[**nojn**hoende°t**nojn**oentzèçhtsiçh**t**ʰ**au**zentachthoende°t zieb'noent**nojn**tsiçh]*
alles aan elkaar dus!

We maken van de gelegenheid ook nog gebruik om een en ander over de uitspraak op te merken:
– **ei** klinkt als *[aj]*: **eins, zwei, drei**
– dat de **z** uitgesproken wordt als *[ts]* kunt u oefenen met **zwei, zehn, zwölf** (flink *sissen* - **zischen**!)
– de **v** van **vier** is eigenlijk zoals de **f** in **fünf**
– **sechs** en **Sex** worden hetzelfde uitgesproken: *[zèks]*
– in **achtzig** horen we de twee varianten van de ch-klank: de harde (achteraan in de mond uitgesproken) *[ch]* in **acht** en de zachte (vooraan) *[çh]* in de uitgang **-ig**
– een **h** na een klinker wordt nooit aangeblazen maar dient om die klinker te verlengen: **zehn** *[tseen]*, maar **hundert** *[hoende°t]*
- de **r** na een klinker of in een onbeklemtoond woord-/lettergreepeinde klinkt ongeveer als een zwakke doffe e: **hundert** *[**hoen**de°t]*, **vier** *[fie°]* (maar **drei** *[draj]*).

En nu onze wekelijkse herhalingsdialoog! Neem uw tijd, niet u loopt het risico uw trein te missen...

22 Herhalingsdialoog

Die Bahnhofsauskunft

1 – Guten Morgen, um wie viel Uhr fährt der nächste Zug nach Hamburg, bitte?
2 – Ein ICE fährt um dreizehn Uhr zweiunddreißig.
3 – Was? In sechs Stunden? So spät?
4   Gibt es keinen Zug heute Morgen?
5 – Doch, einen Schnellzug, aber der fährt in vier Minuten ab.
6 – Prima, den nehme ich.
7   Sagen Sie schnell, welches Gleis?
8 – Gleis zehn, Sie gehen rechts und dann immer geradeaus!
9 – Vielen Dank! Sie sind sehr nett.
10 – Keine Ursache, aber verpassen Sie nicht den Zug!
11   Laufen Sie! Die Zeit vergeht schnell!

---

22 Zweiundzwanzigste Lektion
[tsvajoenttsvantsiçhst^{h}e lèktsioon]

Das Geburtstagsfest

1 –   Was für eine ① Hitze!

Uitspraak
das Geboe^{e}tst^{h}aaksfèst 1 vas fuu^e ajne hitse

Vertaling

De stationsinformatie

1 Goedemorgen, hoe laat vertrekt de volgende trein naar Hamburg, alstublieft? **2** Een hst *(ICE)* vertrekt om 13 uur 32. **3** Wat? Over zes uur? Zo laat? **4** Is er geen trein vanmorgen? **5** Toch wel, een sneltrein, maar die vertrekt over vier minuten. **6** Prima, die neem ik. **7** Zegt u [me] vlug, welk spoor? **8** Spoor tien, u gaat rechts en dan steeds rechtdoor! **9** Dank u wel! U bent heel vriendelijk. **10** Geen dank, maar mist u uw *(de)* trein niet! **11** Loopt u (hard)! De tijd gaat snel!

Tweeëntwintigste les 22

Het verjaardagsfeest
(geboortedagsfeest)

1 – Wat *(voor)* een hitte!

Opmerking

① De structuur **was für ein(e)...** - *wat (voor) een...* luidt een uitroep of een vraag in: **Was für ein Tag!** - *Wat een dag!*; **Was für einen Mann suchen Sie?** - *Wat voor een man / Welk type man zoekt u?* In het meervoud uiteraard zonder **ein(e)**: **Was für Probleme hat er?** - *Wat voor problemen heeft hij?*

22 2   Die **Schü**ler ② **ha**ben Glück, sie **ha**ben **hit**zefrei .
3 – Ja, wir sind zu alt, für ③ uns ist das vor**bei**.
4 – Sag mal, wie ④ alt bist du **ei**gentlich?
5 – Ich bin **fünf**und**zwan**zig ⑤, **a**ber nicht mehr ⑥ **lan**ge.
6 – War**um**? Wann ist denn dein Ge**burts**tag?
7 – Am 4. Au**gust** ⑦ **wer**de ich **sechs**und**zwan**zig.
8 – Mensch, das ist **Sams**tag!
9   Weißt du ⑧ was, wir **ge**ben **ei**ne Ge**burts**tagsparty für dich!

*2 die **sjuule**ᵉ **haab**'n Gluk zie **haab**'n **hit**sefraj 3 jaa vieᵉ zint tsoe alt fuuᵉ oens ist das fooᵉbaj 4 zaak maal vie alt bist doe ajGentlich 5 içh bin **fun**foentt**svan**tsiçh **aabe**ᵉ niçht **mee**ᵉ **lan**ge 6 vaa**roem**? van ist dèn dajn Ge**boe**ᵉ**tst**ʰaak 7 am **fie**ᵉt'n au**Goest vee**ᵉde içh **zèks**oentt**svan**tsiçh 8 mènsj das ist **zamst**ʰaak 9 vajst doe vas vieᵉ **Geeb**'n ajne Ge**boe**ᵉ**tst**ʰaaks**p**ʰ**aa**ᵉ**t**ʰie fuuᵉ diçh*

Opmerkingen

② **Der Schüler** - *de scholier;* **die Schüler** - *de scholieren;* **die Schule** *[die **sjoe**le]* - *de school.*

③ Bij **für** - *voor* hoort de accusatief: **uns** is de accusatief van **wir**.

④ Welke vraagwoorden hebben we tot hiertoe gezien? **Wie?** - *Hoe?;* **Was?** - *Wat?;* **Wo?** - *Waar?;* **Wann?** - *Wanneer?;* **Warum?** - *Waarom?;* **Wozu?** - *Waarom/-voor/-toe...?* en het verbogen **Wer?** - *Wie?* en **Welch-** - *Welk(e)?*

⑤ **Er ist 12 Jahre alt.** - *Hij is 12 jaar (jaren!) oud.* Of gewoon **Er ist zwölf.**

⑥ **Nicht mehr** - *niet meer*: **Er arbeitet nicht mehr.** - *Hij werkt niet meer.*

2 De scholieren hebben geluk, ze hebben vrij wegens de hitte *(hittevrij)*.
3 – Ja, wij zijn te oud, voor ons is dat voorbij.
4 – Zeg eens, hoe oud ben jij eigenlijk?
5 – Ik ben vijfentwintig, maar niet lang meer *(meer lang)*.
6 – Waarom? Wanneer is jouw verjaardag dan?
7 – Op*(-de)* 4*(ᵉ)* augustus word ik zesentwintig.
8 – Maar *(Mens)* dat is zaterdag!
9   Weet je wat, we geven een verjaardagsparty voor je!

▶ ⑦ De datum wordt met een rangtelwoord gevormd; aan het punt na het getal ziet u dat het om een rangtelwoord gaat: **am 4. August** - *4 augustus* wordt gelezen als **am vierten August** - (lett. "op de vierde augustus"), **am 15. Mai** - *15 mei* als **am fünfzehnten Mai** (lett. "op de vijftiende mei"). We hebben het hier verder over in les 28, punt 5. Onthoud alvast dat met **am** (**an** + **dem**) een exacte dag wordt aangeduid.

⑧ Het werkwoord **wissen** - *weten* is bijzonder onregelmatig: **ich weiß, du weißt, er/sie/es weiß**. We komen erop terug.

Übung 1 – Übersetzen Sie bitte!

❶ Weißt du was, ich trinke nicht mehr. ❷ Wie alt sind die Kinder? ❸ Am 19. (neunzehnten) August gebe ich eine Party, kommen Sie? ❹ Was für ein Geburtstagsfest und was für eine Hitze! ❺ Samstag gibt Thorsten eine Geburtstagsparty für Janina.

Übung 2 – Ergänzen Sie bitte!

❶ Wat een dag! Waarom hebben we geen "hittevrij"?
. . . . Tag! . . . . . haben wir nicht
. . . . ?

❷ U bent niet langer *(meer)* scholiere? – Maar nee, dat is voorbij!
Sie sind . . . . Schülerin? – Aber nein,
. . . .

❸ De frieten zijn voor ons, niet voor jou alleen.
Die Pommes sind . . . . . . , nicht . . . . . .
allein.

❹ Op 16 augustus is [het] de verjaardag van Anna.
. . 16. (sechzehnten) . . . . . . ist . . . .
von Anna.

Das Geburtstagsfest

Oplossing van oefening 1

❶ Weet je wat, ik drink niet meer. ❷ Hoe oud zijn de kinderen? ❸ Op 19 augustus geef ik een party, komt u? ❹ Wat een verjaardagsfeest en wat een hitte! ❺ Zaterdag geeft Thorsten een verjaardagsparty voor Janina.

❺ Hoe oud bent u eigenlijk? Eenendertig of tweeëndertig?
 ... ... sind Sie ....? Einunddreißig oder ....?

Oplossing van oefening 2

❶ Was für ein – Warum – hitzefrei ❷ – nicht mehr – das ist vorbei ❸ – für uns – für dich – ❹ Am – August – der Geburtstag – ❺ Wie alt – eigentlich – zweiunddreißig

In tegenstelling tot wat vaak gezegd wordt, is het weer in Duitsland helemaal niet onaangenaam 's zomers. Gemiddeld is er jaarlijks minder zonneschijn dan in zuidelijker landen omdat de zomer korter uitvalt en zich beperkt tot juli en augustus. Toch kan het dan heel warm worden. In Baden-Württemberg of in Beieren haalt het kwik makkelijk meer dan 30° C. Vanaf deze temperatuur worden scholieren naar huis gestuurd "wegens de hitte". In het noorden zijn **die Hitzewellen** *- de hittegolven zeldzamer. Mensen genieten van de geringste zonnestraal. Zodra men kan, zit men in z'n (altijd netjes onderhouden) tuin. Er wordt in gewerkt, gegeten, gezonnebaad (zelfs met een winterjas aan) en gefeest:* **Gartenfest, Grillfest** *of* **Grillparty**. **Grillen** *- barbecueën brengt mensen gezellig samen.*

23 Dreiundzwanzigste Lektion
[draj**oentt**s**van**tsiçhst**h**e lèktsi**oon**]

Eine gute Organisation

1 – **Möch**test du im **Gar**ten **o**der im Haus **fei**ern?
2 – Im **Gar**ten. Ich mag ① **Gar**tenfeste.
3 – Gut! Wen ② **la**den wir **ein**?
4 – Klaus und **sei**ne ③ **Freun**din, **Son**ja und **ih**ren ④ Mann, **dei**ne **Schwes**ter und **ih**re Fa**mi**lie, **mei**ne **Brü**der ⑤, das Or**ches**ter...

Uitspraak
a**j**ne **Goet**ʰe o^eGanizatsi**oon 1** mëcht^hest doe im **Gaᵉt**'n **oo**de^e im haus **faj**eⁿn **2** im **Gaᵉt**'n. içh maak **Ga**ᵉt'nfèstʰe **3** Goet! veen **laa**d'n vie^e ajn **4** klaus oent **za**jne **frojn**din **zon**ja oent **ier**'n man **daj**ne **sjvèst**ʰe^e oent **ie**re fa**mie**lje **maj**ne **bruu**de^e das o^e**k**ʰ**èst**ʰe^e

Opmerkingen

① **Ich mag ...**, de 1e persoon o.t.t. van het modale en onregelmatige werkwoord **mögen** - *ik vind ... leuk/aardig, ik lust ..., ik eet/drink/speel enz. graag ..., ik mag ...* (dus niet te verwarren met "mogen" in de betekenis van "toestemming hebben"!). U kende **mögen** al in de voorwaardelijke wijs: **ich möchte, du möchtest, Sie möchten** - *ik, jij, u zou willen*, dus ook *ik wil/ zou graag ...*

② Het vraagwoord **wer?** - *wie?* wordt verbogen zoals het mannelijk bepaald lidwoord **der**. Als lijdend voorwerp staat **wer?** dus ook in de accusatief → **wen?: Wen laden wir ein?** - *Wie nodigen we uit?*

③ *Zijn* - **sein(e)** en *haar* - **ihr(e): Sein Geburtstag ist am 4. Mai und ihr Geburtstag ist ein Tag später.** - *Zijn verjaardag is op 4 mei en haar verjaardag is een dag later.* Let erop het bezittelijk voornaamwoord te verbuigen: **er ist dein Freund** - *hij is* ▶

Drieëntwintigste les 23

Een goede organisatie

1 – Wil *(zou-willen)* je in de tuin of binnenshuis *(in het huis)* feesten?
2 – In de tuin. Ik vind tuinfeesten leuk.
3 – Goed! Wie nodigen we uit?
4 – Klaus en zijn vriendin, Sonja en haar man, je zus en haar gezin, mijn broers, het orkest…

Aanwijzing bij de uitspraak
4 Een onbeklemtoonde **ie** in een woordeinde klinkt als *[je]* **Familie** *[famielje]*, **Brasilien** *[brazieljen]*.

▸ *jouw vriend*, **sie ist deine Freundin** - *ze is jouw vriendin*, **es ist dein Büro** - *het is jouw kantoor*, **sie sind deine Freunde** - *ze zijn jouw vrienden*.

④ Daar in deze zin alle naamwoorden lijdend voorwerp zijn van **einladen** - *uitnodigen,* staan alle bijhorende lidwoorden en voornaamwoorden in de accusatief: **Wir laden ihren Freund, seine Schwester, das Orchester und alle Freunde ein.** - *We nodigen haar vriend, zijn zus(ter), het orkest en alle vrienden uit.*

⑤ **Der Bruder → die Brüder** - *de broer, de broers*: mannelijke en onzijdige naamwoorden op **-er** hebben doorgaans in het meervoud geen bijkomende uitgang maar wel een umlaut op **a**, **o** of **u**: **der Vater → die Väter** - *de vader, de vaders*. Maar het is **die Schwester → die Schwestern - *de zus, de zussen,* met **-n**! Interessant is **die Geschwister** om in één woord *de broers en zussen* aan te duiden. Noteer ook dat **die Familie** zowel *de familie* als *het gezin* betekent.

5 – Wird ⑥ das nicht zu viel?
6   Das wird **teu**er.
7 – Nein, das wird **lus**tig ⑦.
8   **A**lle ⑧ **bri**ngen **et**was zu **es**sen oder zu **tri**nken **mit**. ☐

*5 vi³t das nicht tsoe fiel **6** das vi³t **t**ʰ**oje**ᵉ **7** najn das vi³t **loest**ʰi**çh 8 a**le **bring**'n **èt**vas tsoe **ès**'n **oo**deᵉ tsoe **trink**'n mit*

Aanwijzing bij de uitspraak
7 Standaard wordt de uitgang **-ig** als *[iç]* uitgesproken, maar u kunt ook *[ik]* horen (zie p. 34), bijv. *[loest*ʰ*ik]*.

Opmerkingen
⑥ **Werden** - *worden* is onregelmatig: **ich werde, du wirst, er/sie/es wird. Ich werde müde.** - *Ik word moe.;* **Es wird dunkel.** - *Het wordt donker.*
⑦ **Lustig** - *leuk, grappig, vrolijk,...*
⑧ **Alle** kan hier vertaald worden met *alle(n), allemaal, elkeen, iedereen.*

***

Übung 1 – Übersetzen Sie bitte!
❶ Daniels Bruder ist neunzehn und seine Schwester dreiundzwanzig. ❷ Am 5. (fünften) Mai feiern wir den Geburtstag von Anna. ❸ Klaus lädt Sonja und ihre Schwester ein. ❹ Bringt nichts mehr mit! Das wird zu viel. ❺ Sie sieht ihren Freund um fünfzehn Uhr im Café.

5 – Wordt dat niet te veel?
6 Dat wordt duur.
7 – Nee, dat wordt leuk.
8 Allen brengen iets te eten of te drinken mee.

***

Oplossing van oefening 1

❶ Daniels broer is 19 en zijn zus 23. ❷ Op 5 mei vieren we de verjaardag van Anna. ❸ Klaus nodigt Sonja en haar zus uit. ❹ Brengen jullie niets meer mee! Dat wordt te veel. ❺ Ze ziet haar vriend om 15 uur in de tearoom.

Übung 2 – Ergänzen Sie bitte!

❶ Wie nodigen jullie uit? Anna en haar broers en Thomas en zijn vriendin.

... ladet ihr ein? Anna und .... und Thomas und ....

❷ Wil *(zou willen)* je een feest in de tuin of in huis?

.... ein Fest .. .. oder .. ..?

❸ Anna en Klaus nodigen ons voor zaterdagavond uit, dat wordt zeker leuk.

Anna und Klaus ..... uns für Samstagabend ..., ... sicher lustig.

❹ Ze haalt haar broer en haar zus af bij het station.

Sie holt .... und .... am Bahnhof ab.

---

24 Vierundzwanzigste Lektion
[fie^eoenttsvantsiçhst^he lèktsioon]

Komm, wir gehen einkaufen ①!

1 – Wir **ha**ben das **Grill**fleisch, die Kar**to**ffeln und den **Ap**felsaft ②.

2 Was **brau**chen ③ wir noch?

Uitspraak
k^hom vie^e Gee'n **ajn**k^hauf'n **1** vie^e **haa**b'n das **Gril**flajsj die k^ha^e**t^ho**feln oent deen **ap**felzaft **2** vas **brau**ch'n vie^e noch

❺ Het feest wordt niet duur, allen brengen iets mee.
Das Fest .... nicht ....., alle ....
etwas ....

Oplossing van oefening 2

❶ Wen – ihre Brüder – seine Freundin ❷ Möchtest du – im Garten – im Haus ❸ – laden – ein, das wird – ❹ – ihren Bruder – ihre Schwester – ❺ – wird – teuer – bringen – mit

Vierentwintigste les 24

Kom, we gaan boodschappen doen!

1 – We hebben het barbecuevlees, de aardappelen en het appelsap.
2 Wat hebben we nog nodig?

Opmerkingen

① **Die Einkäufe** - *de inkopen, boodschappen*; **einkaufen** - *inkopen (doen), boodschappen doen* en, bij uitbreiding, *winkelen*.

② **Der Saft** - *het sap:* blijf er rekening mee houden dat het geslacht van woorden niet altijd hetzelfde is in beide talen! **Der Apfel** - *de appel*; **die Orange** *[orāzj]* - *de sinaasappel*, **der Orangensaft** - *het sinaassap*.

③ **Brauchen** is *nodig hebben* en staat met een accusatief: **Ich brauche deinen Grill.** - *Ik heb je barbecue nodig.*

24
3 – Nichts, das ist **a**lles.
4 – Gut, dann **g**ehen wir **zah**len.
5 – Halt, wir **ha**ben den Sekt ④ ver**ge**ssen ⑤.
6 – Stimmt! Ich **ho**le ⑥ ihn ⑦.
7 – O**kay**, ich **g**ehe schon mal an ⑧ die **Ka**sse und **st**ehe **S**ch**la**nge ⑨. ☐

3 niçhts das ist ales **4** Goet dan **Gee**'n vie^e **tsaal**'n **5** halt vie^e **haab**'n deen **z**èkt fè^e**Gès**'n **6** sjt^{h}imt! içh hoole ien **7** ok^{h}ee içh **Geee** sjoon maal an die **k**^{h}**a**se oent **sjt**^{h}**eee sjla**nge

Opmerkingen

④ In Duitsland hoort **der Sekt**, de Duitse schuimwijn, bij feesten. Hij is aanzienlijk minder duur dan de Franse **Champagner** [sjam**p**^{h}**a**nje^e] - *champagne*.

⑤ Het voltooid deelwoord van **vergessen** - *vergeten* is... **vergessen** - *vergeten*! Helaas komt dit zelden voor. Denk maar aan **geschlossen** - *gesloten*, van **schließen**. Weldra leren we meer over de vorming van deelwoorden. Noteer alvast dat in het Duits het voltooid deelwoord de zin afsluit: **Er hat alles erzählt.** - *Hij heeft alles verteld*.

⑥ **Holen** - *(gaan) halen*: **Ich hole Brot.** - *Ik haal brood, ga brood halen*. Met het prefix **ab-** erbij heeft het de notie verwachting of wachten op: **Freunde am Flughafen abholen** - *vrienden oppikken aan/bij de luchthaven*; **ein Paket abholen** - *een pakje afhalen*.

***

Übung 1 – Übersetzen Sie bitte!

❶ Sie brauchen Ferien, Herr Spielberg, das ist alles. ❷ Ich mag nicht Schlange stehen. ❸ Sie kauft einmal pro Woche ein. ❹ Haben Sie keinen Sekt? – Doch, ich hole ihn. ❺ Was möchten Sie? Zwei Kilo Kartoffeln?

3 – Niets, dat is alles.
4 – Goed, dan gaan we betalen.
5 – Wacht *(Halt)*, we hebben de "sekt" vergeten.
6 – Klopt! Ik haal hem.
7 – Oké, ik ga alvast *(al eens)* naar de kassa en ga in de rij staan *(sta slang)*.

⑦ In de accusatief wordt **er** - *hij* **ihn** - *hem*: **Sie liebt ihn.** - *Ze heeft hem lief (*of *houdt van hem)*. Het vrouwelijke **sie** - *zij* en het onzijdige **es** - *het* blijven onveranderd in de accusatief: **Er liebt sie.** - *Hij heeft haar lief* .; **Wo ist das Brot? – Ich hole es.** - *Waar is het brood? – Ik haal het.*

⑧ **An** - *aan, bij, op, in*: **am Bahnhof** - *in/bij het station*. **An** kan ook bij een beweging gebruikt worden en krijgt dan de vertaling *naar*: **Wir fahren an das** (of **ans**) **Meer.** - *We gaan naar zee.*

⑨ In het Duits staat men niet "in een rij", maar "slang": **Schlange stehen** is inderdaad *aanschuiven, in de rij staan* (**die Schlange** - *de slang* en **stehen** - *staan*).

***

Oplossing van oefening 1

❶ U hebt vakantie nodig, meneer Spielberg, dat is alles. ❷ Ik sta niet graag in de rij. ❸ Ze doet eenmaal per week boodschappen. ❹ Hebt u geen sekt? – Toch wel, ik haal hem. ❺ Wat zou u willen? Twee kilo aardappelen?

hundertacht *[hoende*e*tacht]*

25 Übung 2 – Ergänzen Sie bitte!

❶ Waarom heb je de aardappelen vergeten en niet het bier?
Warum hast du ... . vergessen und nicht ... .?

❷ Wat hebt u nodig? – Niets, bedankt.
... brauchen Sie? – ......, danke.

❸ Ze gaat naar de kassa en hij haalt nog snel de sekt.
Sie geht .. .., und .. .... noch schnell den Sekt.

❹ Ik zou een sinaasappelsap willen, alstublieft, en dat is alles.
Ich möchte bitte .... und das ist ......

❺ Wanneer gaan jullie boodschappen doen? Ik heb iets te drinken nodig.
Wann geht ihr ....? Ich brauche ..... zu trinken.

---

25 Fünfundzwanzigste Lektion
[funfoenttsvantsiçhst^he lèktsioon]

Ist Ihr ① Terminkalender ② auch zu voll?

1 Ich bin Vertreter für Computer.

Uitspraak
*ist ie^e t^hè^emienk^halènde^e auch tsoe fol **1** içh bin fè^etreet^he^e fuu^e k^hompjoet^he^e*

Opmerkingen

① **Ihr(e)** – met hoofdletter – is de beleefdheidsvorm van het bezittelijk voornaamwoord *uw*. **Machen Sie bitte Ihre Übungen!** - *Maakt u uw oefeningen, alstublieft.* ▶

Oplossing van oefening 2

❶ – die Kartoffeln – das Bier ❷ Was – Nichts – ❸ – an die Kasse – er holt – ❹ – einen Orangensaft – alles ❺ – einkaufen – etwas –

Staar u niet blind op de verschillen en gelijkenissen! Herlees de dialogen en herhaal de Duitse zinnen meermaals hardop. **Es ist noch kein Meister vom Himmel gefallen** (lett. "Er is nog geen meester uit de hemel gevallen") - *Niemand wordt als meester geboren!*

Vijfentwintigste les 25

Is uw agenda ook te vol?

1   Ik ben vertegenwoordiger in *(voor)* computers.

▶ ② **Der Termin**, gebruikt voor *de termijn, de datum* maar ook *de afspraak* + **der Kalender** - *de kalender* = "de afsprakenkalender", dus *de agenda*! **Der Termin** slaat op een eerder officiële afspraak, bijv. bij de dokter: **Freitag hat er einen Termin bei Doktor Schmidt.** - *Vrijdag heeft hij een afspraak bij dokter Schmidt.*

25	2 Am ③ **Mon**tag **flie**ge ich nach Barce**lo**na.
	3 **Diens**tag**nach**mittag ④ **kom**me ich zu**rück**.
	4 **Mitt**woch**vor**mittag **hab**en wir **ei**ne **Sit**zung ⑤.
	5 **Do**nnerstag **treff**e ⑥ ich **Kun**den.
	6 Ich **hoff**e, **ih**re ⑦ Ma**schi**nen ⑧ funktio**nie**ren ⑨.
	7 Am **Frei**tag **ar**beite ⑨ ich im **Bü**ro.
	8 Und am **Sams**tag repa**rie**re ich zu **Hau**se... den Com**pu**ter.

*2 am **moon**ʰaak **flie**Ge içh nach baᵉtse**loo**na 3 **dienst**ʰaak-**nach**mitʰaak **kʰo**me içh tsoe**ruk** 4 **mit**vochfooᵉmitʰaak **haab**'n vieᵉ **aj**ne **zit**soeng 5 **do**neᵉstʰaak **trè**fe içh **kʰoen**d'n 6 içh **ho**fe **ie**re ma**sjien'n** foenktsio**nier'n** 7 am **frajt**ʰaak **a**ᵉbajtʰe içh im bu**roo** 8 oent am **zamst**ʰaak reepʰa**rie**re içh tsoe **hau**ze... deen kʰom**pjoet**ʰeᵉ*

Opmerkingen

③ **Donnerstag** - *donderdag* of **am Donnerstag** - *op (de) donderdag.*

④ **Der Nachmittag** - *de namiddag;* **der Vormittag** - *de voormiddag.* Onthoud dat **nach** zowel *na* als *naar* betekent: **Er fliegt nach Barcelona.** - *Hij vliegt naar Barcelona.*

⑤ **Die Sitzung** - *de vergadering, zitting,* van **sitzen** - *zitten.* Zo zagen we ook **die Entschuldigung** - *de verontschuldiging,* van **entschuldigen** - *verontschuldigen, excuseren,* een handige substantivering door **-ung** toe te voegen aan de stam van het werkwoord. U weet dat naamwoorden op **-ung** vrouwelijk zijn en hun meervoud vormen met **-en**: **die Sitzungen** - *de vergaderingen.*

⑥ **Treffen** - *treffen, ontmoeten.*

2 *(Op-de)* Maandag vlieg ik naar Barcelona.
3 Dinsdagnamiddag kom ik terug.
4 Woensdagvoormiddag hebben we een vergadering.
5 Donderdag ontmoet ik klanten.
6 Ik hoop [dat] hun machines werken.
7 *(Op-de)* Vrijdag werk ik op*(-het)* kantoor.
8 En *(op-de)* zaterdag repareer ik thuis… de computer.

⑦ Zoals in het Nederlands is het persoonlijk voornaamwoord hetzelfde in het vrouwelijk enkelvoud en in het meervoud: **sie trinkt Kaffee** - *ze drinkt koffie*; **sie trinken Kaffee** - *ze drinken koffie*. Het bezittelijk voornaamwoord **ihr(e)** komt overeen met *haar* en *hun:* **Sie trifft ihre Freundin.** - *Ze ontmoet haar vriendin.*; **Die Kinder treffen ihre Freunde.** - *De kinderen ontmoeten hun vrienden.* U hebt gemerkt dat de stamklinker-**e** in **treffen** verandert in **i** in de 2^e en 3^e persoon enkelvoud.

⑧ **Die Maschine** - *de machine, het toestel, het apparaat.*

⑨ **Funktionieren** - *functioneren* en **arbeiten** kunnen allebei vertaald worden door *werken*.

25 Übung 1 – Übersetzen Sie bitte!

❶ Am Dienstag fahren wir nach Berlin. ❷ Haben Sie nächste Woche Zeit? ❸ Am Mittwoch arbeitet sie zu Hause. ❹ Fliegen Sie Freitagvormittag nach München? ❺ Ich möchte bitte einen Termin mit Doktor Bachmann.

Übung 2 – Ergänzen Sie bitte!

❶ Wat doet u op zaterdag? – Ik heb een vergadering.
Was machen Sie .. . .? – Ich habe
. . . .

❷ Klaus komt vrijdagavond uit Barcelona terug.
Klaus . . . . . Freitagabend aus Barcelona
. . . .

❸ Wanneer ontmoet u uw klanten? – Maandag.
Wann . . . . Kunden? – . . . .

❹ Haar computer werkt niet meer, hij repareert hem.
. . . Computer . . . . nicht mehr,
. . . . ihn.

❺ Woensdag is mijn agenda te vol, maar donderdagvoormiddag heb ik tijd.
. . . . ist mein . . . . zu voll,
aber . . . . habe ich Zeit.

De dagen van de week hebben ieder hun verhaal: **Sonntag** *is de dag van de zon -* **die Sonne** *en* **Montag** *de dag van de maan -* **der Mond**; **Dienstag** *is de dag van Tiwas of Tyr, Germaanse resp. Noorse oorlogsgod;* **Mittwoch** *is de dag in het midden -* **die Mitte** *van de week -* **die Woche**; *Donar, Germaanse god van de donder -* **der Donner** *ligt aan de basis van* **Donnerstag**; *één dag van de week,* **Freitag**, *is genoemd naar een godin, de Ger-*

Oplossing van oefening 1

❶ Dinsdag gaan we naar Berlijn. ❷ Hebt u volgende week tijd?
❸ Woensdag werkt ze thuis. ❹ Vliegt u vrijdagvoormiddag naar München? ❺ Ik zou een afspraak met dokter Bachmann willen, alstublieft.

Oplossing van oefening 2

❶ – am Samstag – eine Sitzung ❷ – kommt – zurück ❸ – treffen Sie Ihre – Montag ❹ Ihr – funktioniert – er repariert – ❺ Mittwoch – Terminkalender – Donnerstagvormittag –

maanse Frija of Freya, de godin van de vruchtbaarheid en het huwelijk (echtgenote van de Germaanse oppergod Wotan, naar wie "woensdag" verwijst); **Samstag** *(onduidelijke oorsprong, maar zeker niet afgeleid van een Germaanse god) is heel gebruikelijk in het zuiden en in het zuid-westen van Duitsland, terwijl men in het noorden kiest voor* **Sonnabend** *- (voor)avond van zondag.*

26 Sechsundzwanzigste Lektion
[zèksoenttsvantsiçhst^he lèktsioon]

Was machen wir heute Abend, Liebling ①?

1 – Hast du **Lust** ②, ins ③ The**a**ter zu **ge**hen?
2 – Nein, ich **fin**de The**a**ter zu **an**strengend.
3 – Wir **kön**nen **ei**nen Spa**zier**gang ④ **ma**chen.
4 – Ach nein, es **reg**net ⑤ **si**cher bald.
5 – Wir **neh**men **ei**nen **Re**genschirm ⑥ mit.

Uitspraak
vas **mach**'n vie^e **hojt**^he **aa**bent **liep**ling **1** hast doe loest ins t^hee**aat**^he^e tsoe **Gee**'n **2** najn ich **fin**de thee**aat**^he^e tsoe **an**sjtrèngent **3** vie^e k^h**ën**'n ajn'n sjp^h**atsie**^eGang **mach**'n **4** ach najn ès **ree**Gnet **zi**che^e balt **5** vie^e **neem**'n ajn'n **ree**G'nsji^em mit

Opmerkingen

① **Liebling** - *lieveling* is onveranderlijk, dus bruikbaar tegen een man of een vrouw, al staat het met een mannelijk lidwoord: **der Liebling**.

② Na bepaalde uitdrukkingen of werkwoorden, zoals **Lust haben** - *zin hebben*, **Zeit haben** - *tijd hebben*, **sich freuen** - *blij/verheugd zijn*, wordt de infinitief voorafgegaan door **zu** - *(om) te*: **Er hat Lust, eine Pizza zu essen.** - *Hij heeft zin om een pizza te eten*. In het Duits hoort tussen een hoofd- en een bijzin altijd een komma! Sinds de jongste spellinghervorming is de komma vòòr een infinitiefzin echter facultatief: **Ich freue mich (,) Sie zu sehen.** - *Ik ben blij u te zien*. In principe sluiten **zu** + infinitief de zin af, maar bij een scheidbaar werkwoord komt **zu** tussen prefix en basiswerkwoord te staan, aan elkaar geschreven: **Hast du Lust zurückzukommen?** - *Heb je zin om terug te komen?*

③ **Ins** is de samentrekking van het voorzetsel **in** en het lidwoord ▶

Zesentwintigste les 26

Wat doen we vanavond, lieveling?

1 – Heb je zin [om] naar-het theater te gaan?
2 – Nee, ik vind theater te vermoeiend.
3 – We kunnen een wandeling maken.
4 – Ach nee, het gaat *(regent)* zeker weldra regenen.
5 – We nemen een paraplu mee.

▶ **das**. Merk het gebruik van het voorzetsel **in** op waar wij *naar* zouden zeggen: het gaat om een beweging naar "binnen", zoals bij **in die Stadt gehen** in les 10.

④ Hebt u gezien dat **Spaziergang** mannelijk is? Als het woord onzijdig was geweest, had er **ein** gestaan en was het vrouwelijk **eine** - zo is dat met de accusatief!

⑤ Net als werkwoorden met een stam op **-t** of **-d**, lassen werkwoorden met een stam die uitgaat op een medeklinker gevolgd door **-n** of **-m** een tussen-**e** in voor de uitgang: **regnen** - *regenen* → **es regnet** - *het regent* (**regnt** zou moeilijk uit te spreken zijn...). U hebt wellicht eerder al gemerkt dat een handeling of gebeurtenis in de nabije toekomst met een o.t.t. weergegeven kan worden, zoals in het Nederlands.

⑥ **Der Regenschirm**, of kortweg **der Schirm** - *het regenscherm, de paraplu.* Let op: *de regen* is **der Regen**, maar *regenen* is **regnen**!

26 6 – Och, ich habe **kei**ne Lust.
7 – Dann **blei**ben wir zu Haus und **la**ssen ⑦ **Pi**zzas ⑧ **ko**mmen,
8   was meinst ⑨ du?
9 – Au ⑩ ja, **das** ist **ei**ne **gu**te I**dee**. □

*6 och içh **haa**be k^h**aj**ne loest 7 dan **blaj**b'n vie^e tsoe haus oent **las**'n p^h**it**sas k^hom'n 8 vas majnst doe 9 au jaa das ist **aj**ne **Goet**^he ie**dee***

Opmerking

⑦ Let bij **lassen** - *laten* op de stamklinkerwissel **a → ä**: **Lässt du deinen Regenschirm zu Haus?** - *Laat je je paraplu thuis?*; **Sie lässt ihren Computer reparieren.** - *Ze laat haar computer herstellen.*

⑧ Merk op dat bij woorden op een klinker in het Duits geen weglatingsteken voor de meervouds-s staat: **Pizzas** - *pizza's*, **Espressos** - *espresso's*.

⑨ **Meinen** - *menen, bedoelen, vinden/denken (van)*.

⑩ Het tussenwerpsel **au** wordt bij in- of toestemmen gebruikt, of bij pijn: **Au!** - *Au!*

***

Übung 1 – Übersetzen Sie bitte!

❶ Machen wir einen Spaziergang! ❷ Habt ihr keine Lust, ein Bier zu trinken? ❸ Lassen Sie bitte ein Taxi kommen. ❹ Es regnet und ich habe keinen Regenschirm. ❺ Einkaufen ist anstrengend!

6 – Och, ik heb geen zin.
7 – Dan blijven we thuis en laten pizza's brengen *(komen)*,
8   wat denk je [ervan]?
9 – O ja, dat is een goed idee.

***

Oplossing van oefening 1

❶ Laten we een wandeling maken! ❷ Hebben jullie geen zin om een biertje te drinken? ❸ Laat u alstublieft een taxi komen! ❹ Het regent en ik heb geen paraplu. ❺ Winkelen/Boodschappen doen is vermoeiend!

27 Übung 2 – Ergänzen Sie bitte!

❶ Heb je zin [om] te gaan eten? – Ja, graag.
 . . . ., essen zu gehen? – Ja, ...

❷ Kunnen we niet thuisblijven?
 Können wir nicht .. . .?

❸ Ze heeft geen tijd [om] naar het toneel te gaan.
 Sie hat . . . ., . . . Theater .. gehen.

❹ Wat zou je vanavond willen doen, lieveling?
 . . . möchtest du . . . . machen,
 . . . .?

---

27 Siebenundzwanzigste Lektion
[zieb'noenttsvantsiçhst^he lèktsioon]

Na ①, schmeckt's?

1 – Sehr gut! Das **Es**sen ② ist **wirk**lich **aus**ge**zeich**net.

Uitspraak
na sjmèkt's 1 zee^e Goet! das ès'n ist vi^ekliçh ausGetsajçhnet

Opmerkingen

① Het tussenwerpsel **na** leidt vaak een vraag in of drukt, met bijbehorende intonatie en/of mimiek, een emotie uit: *nou, wel, en,...*

❺ Het regent niet meer, we hebben geen paraplu nodig.

.. .. nicht mehr, wir brauchen ......
....

Oplossing van oefening 2

❶ Hast du Lust – gern ❷ – zu Haus bleiben ❸ – keine Zeit, ins – zu – ❹ Was – heute Abend – Liebling ❺ Es regnet – keinen Regenschirm

Zevenentwintigste les 27

En, smaakt 't?

1 – Heel lekker *(goed)*! Het eten is werkelijk uitstekend.

Aanwijzing bij de uitspraak
1 In **ausgezeichnet** ligt de hoofdklemtoon op het prefix **aus** en de secundaire op de stam **zeich-**.

▸ ② In het Duits kan men een infinitief snel onderscheiden van een zelfstandig naamwoord, dankzij de hoofdletter: **essen** - *eten* → **das Essen** - *het eten*; **lesen** - *lezen* → **das Lesen** - *het lezen*, enz. Gesubstantiveerde infinitieven zijn altijd onzijdig.

27
2 – Ja, die **Vor**speisen ③ **schme**cken **köst**lich.
3 – Und die **Haupt**speisen ④ sind noch **be**sser!
4 – **A**ber ich **fin**de die Por**tio**nen zu groß.
5 – Ich auch, ich bin schon to**tal** satt ⑤.
6 – Wie **bi**tte? Wollt ⑥ ihr **kei**nen **Nach**tisch?
7   Der Schoko**la**denkuchen ⑦ schmeckt hier so gut!
8 – Nein **dan**ke, ich kann nicht mehr.
9 – Ich auch nicht, ich **neh**me auch **kei**nen.
10 – Ich ver**ste**he euch ⑧ nicht.
11   Der **Nach**tisch ist das **Bes**te ⑨!

*2 jaa die **fo**ᵉsjpʰajz'n **sjmè**k'n **kʰëst**licʰ 3 oent die **haupt**sjpʰajz'n zint noch **bè**seᵉ 4 **aa**beᵉ ich **fin**de die pʰoᵉ**tsioo**n'n tsoe Groos 5 ich auch ich bin sjoon tʰoot**ʰaal** zat 6 vie **bit**ʰe? volt ieᵉ **kʰajn**'n **nachʰ**isj 7 deeᵉ sjookʰoo**laad**'n-kʰoech'n sjmèkt hieᵉ zoo Goet 8 najn **dank**ʰe ich kʰan nicht meeᵉ 9 ich auch nicht ich **nee**me auch **kʰajn**'n 10 ich fèᵉ**sjtʰee**eᵉ ojch nicht 11 deeᵉ **nachʰ**isj ist das **bèst**ʰe*

Opmerkingen

③ **Die Vorspeise** - *het voorgerecht;* **die Nachspeise** (of **der Nachtisch**, lett. "na-tafel", **der Tisch** - *de tafel*) - *het nagerecht* of *het dessert* - **das Dessert** [*dèsèᵉ*].

④ **Die Hauptspeise** - *het hoofdgerecht;* **das Haupt** - *het hoofd* wordt alleen nog figuurlijk gebruikt: **Opa ist das Haupt der Familie.** - *Opa is het hoofd van de familie,* of in samenstellingen waar het "belangrijkste" betekent: **der Hauptbahnhof** - *het hoofdstation,* **die Hauptstadt** - *de hoofdstad.* Het (mensen)hoofd en *de kop* is **der Kopf**.

⑤ We staan niet stil bij alle "valse vrienden", maar deze is wel bijzonder. **Sind Sie satt?** betekent *Bent u verzadigd,* dus *hebt u voldoende gegeten?* en niet "Bent u zat?"! In het Duits is het helemaal niet onbeleefd om de vraag **Wollen Sie noch ein bisschen?** - *Wilt u nog een beetje?* te beantwoorden met **Nein danke, ich bin satt.** - *Nee dank u, ik ben voldaan* ("ben verzadigd"). Daarentegen klinkt **ich bin total satt** nogal familiair.

2 – Ja, de voorgerechten smaken heerlijk *(kostelijk)*.
3 – En de hoofdgerechten zijn nog beter!
4 – Maar ik vind de porties te groot.
5 – Ik ook, ik ben al helemaal voldaan.
6 – Hoezo *(alstublieft)*? Willen jullie geen nagerecht?
7 Het chocoladegebak is *(smaakt)* hier zo lekker!
8 – Nee bedankt, ik kan niet meer.
9 – Ik ook niet, ik neem [er] ook geen.
10 – Ik begrijp *(versta)* jullie niet.
11 Het nagerecht is het beste!

Aanwijzing bij de uitspraak
6, 9 Duitsers laten vaak de eind-**e** van de 1^e persoon en zelfs de uitgang **-en** van het mannelijk lidwoord in de accusatief vallen. Zo kunt u **ich nehm' kein' Nachtisch** horen i.p.v. **ich nehme keinen Nachtisch**. In het algemeen wordt de doffe of stomme e in uitgangen ingeslikt en dus letterlijk "stom"!

▶ ⑥ **Wolt**, 2^e persoon meervoud van **wollen** - *willen,* een modaal werkwoord dat onregelmatig is in de o.t.t.

⑦ **Der Kuchen** - *de koek, het gebak, de taart, de cake:* **Magst du Apfelkuchen?** - *Lust je appeltaart?*

⑧ **Euch** - *jullie* is de accusatief (lijdend voorwerp) van **ihr** - *jullie* (onderwerp): **Kinder, wo seid ihr? Ich sehe euch nicht.** - *Kinderen, waar zijn jullie? Ik zie jullie niet.*

⑨ **Der/die/das Beste**, met hoofdletter, als zelfstandig naamwoord - *de/het beste*; in **das beste Essen**, zonder hoofdletter, is **beste** de superlatief (overtreffende trap) van **gut** - *goed*. **Gut - besser - best** - *goed - beter - best.*

27 Übung 1 – Übersetzen Sie bitte!

❶ Schmeckt der Apfelkuchen gut? ❷ Guten Tag, entschuldigen Sie, verstehen Sie Deutsch? ❸ Nein, danke, wir nehmen keinen Nachtisch. ❹ Das schmeckt köstlich, ich möchte bitte ein bisschen mehr. ❺ Ich nehme keine Vorspeise, und du?

Übung 2 – Ergänzen Sie bitte!

❶ Mevrouw Spielberg, uw chocoladetaart smaakt werkelijk uitstekend.
Frau Spielberg, ...
schmeckt wirklich ....

❷ De voorgerechten zijn hier het beste, ik neem [er] twee.
... . sind hier ... ., ...
zwei.

❸ Waarom willen jullie niet eten, kinderen? Smaakt het niet?
Warum .... nicht essen, Kinder?
.... nicht?

❹ Hij begrijpt haar niet, de porties zijn klein, maar zij vindt ze te groot.
.. .. sie nicht, ... sind
klein, aber ... . sie .. ..

❺ Dank u wel, ik neem *(zou willen)* geen nagerecht. – Ik ook niet, ik ben verzadigd.
Vielen Dank, ich möchte ....
– Ich ...., ich bin .....

Oplossing van oefening 1

❶ Smaakt de appeltaart lekker? ❷ Goedendag, excuseert u mij, verstaat/begrijpt u Duits? ❸ Nee, dank u, we nemen geen nagerecht. ❹ Dat smaakt heerlijk, ik zou een beetje meer willen, alstublieft. ❺ Ik neem geen voorgerecht, en jij?

Oplossing van oefening 2

❶ – Ihr Schokoladenkuchen – ausgezeichnet ❷ Die Vorspeisen – das Beste ich nehme – ❸ – wollt ihr – Schmeckt es – ❹ Er versteht – die Portionen – sie findet – zu groß ❺ – keinen Nachtisch – auch nicht – satt

Alvorens les 28 aan te vatten, raden we u aan de Duitse tekst van de lessen 22 tot 27 te herlezen, daar uitleg doeltreffender is met praktijkvoorbeelden...

28 Achtundzwanzigste Lektion
*[acht**oentt**s**van**tsiçhst^he lèktsi**oon**]*

Wiederholung – Herhaling

1 Persoonlijke voornaamwoorden in de accusatief

De accusatief is geen onbekende materie meer voor u. In een paar lessen bent u er al vertrouwd mee. Nu moet u hem zo veel mogelijk inoefenen. Onderstaand overzicht kan uw inspanningen ondersteunen.

	Enkelvoud		
	1ᵉ pers.	2ᵉ pers.	3ᵉ pers.
Nominatief	**ich** *ik*	**du** *jij, je*	**er/sie/es** *hij/zij, ze/het*
Accusatief	**mich** *mij, me*	**dich** *jou, je*	**ihn/sie/es** *hem/haar/het*

	Meervoud			Ev./Mv.
	1ᵉ pers.	2ᵉ pers.	3ᵉ pers.	Beleefdh.v.
Nominatief	**wir** *wij*	**ihr** *jullie*	**sie** *zij, ze*	**Sie** *u*
Accusatief	**uns** *ons*	**euch** *jullie*	**sie** *hen*	**Sie** *u*

Misschien is het overbodig, maar we herhalen even de hoofdregels:

- vrouwelijk (**sie**), onzijdig (**es**) en meervoud (**sie**) veranderen niet in de accusatief, net zo min als de beleefdheidsvorm (**Sie**) (onthoud dat de Duitse u-vorm vervoegd wordt in de 3ᵉ persoon meervoud en dat het persoonlijk voornaamwoord er alleen door de hoofdletter van te onderscheiden valt);

- zoals bij de lidwoorden, eindigt het mannelijk persoonlijk voornaamwoord enkelvoud in de accusatief op **-n**: **ihn** - *hem*.

Achtentwintigste les 28

2 Bezittelijke voornaamwoorden (bijvoeglijk gebruik)

Dit is in het Duits wat ingewikkelder dan bij ons: er dient niet alleen rekening gehouden te worden met de "bezitter", maar ook met naamval, geslacht en getal van het "bezit"!

We zagen al de volgende vormen:

1ᵉ pers. ev.:	**mein(e)**	- *mijn*
2ᵉ pers. ev.:	**dein(e)**	- *jouw, je*
3ᵉ pers. ev.:	**sein(e)**	- *zijn*
	ihr(e)	- *haar*
3ᵉ pers. mv.:	**ihr(e)**	- *hun*
beleefdheidsv.:	**Ihr(e)**	- *uw*

Bezittelijke voornaamwoorden worden in de nominatief als volgt verbogen (zelfde uitgangen voor **mein, dein, sein, ihr** en **Ihr**):

	Mann.	Vrouw.	Onz.	Meerv.
Nominatief	mein *mijn*	meine *mijn*	mein *mijn*	meine *mijn*

Mein Mann arbeitet in Berlin. - *Mijn man werkt in Berlijn.*
Wie alt ist deine Frau? - *Hoe oud is je vrouw?*
Sein Freund heißt Klaus. - *Zijn vriend heet Klaus.*
Wer ist ihr Kollege? - *Wie is haar collega* (m.)?
Mögen ihre Kinder Schokolade? - *Lusten hun kinderen chocolade?*
Was macht Ihre Kollegin? - *Wat doet uw collega* (v.)?

Merk op dat de 3ᵉ persoon vrouwelijk enkelvoud en de 3ᵉ persoon meervoud identiek zijn en de beleefdheidsvorm er alleen van verschilt door de hoofdletter:
ihr(e) - *haar, hun* en **Ihr(e)** - *uw*.

3 Vragende voornaamwoorden

- **Wer?** - *wie?* wordt verbogen zoals het mannelijk bepaald lidwoord **der**:
Wer ist das? - *Wie is dit/dat?*
Wen treffen sie um fünfzehn Uhr? - *Wie ontmoeten ze om 15 uur?*

- **Welcher, welche, welches?** - *welk(e)?* wordt verbogen zoals **der, die, das** en houdt rekening met geslacht, getal én naamval:
Welcher Zug fährt nach Bonn? - *Welke trein gaat naar Bonn?*
Welche Vorspeise nimmst du? - *Welk voorgerecht neem jij?*
Welches Essen ist das Beste? - *Welk eten is het beste?*
Welchen Freund triffst du Sonntag? - *Welke vriend ontmoet je zondag?*
Welche Kuchen magst du? - *Welke gebakjes lust je / eet je graag?*

- **Was für ein(e)...?** - *Wat voor (een)..., Welk (soort)*...wordt verbogen zoals **ein**:
Was für eine Sitzung haben Sie morgen? - *Wat voor een vergadering hebt u morgen?*
Was für ein Fest ist das? - *Wat voor feest is dat?*
Was für einen Nachtisch möchtest du? - *Wat voor nagerecht zou je graag willen?*
Vragen naar iets in het meervoud gebeurt met **Was für...?** (er is immers in het meervoud geen onbepaald lidwoord):
Was für Speisen gibt es hier? - *Wat voor gerechten hebben ze (zijn er) hier?*
Was für ein...! kan ook een uitroep inleiden:
Was für eine Idee! - *Wat 'n idee!*; **Was für ein Tag!** - *Wat een dag!*

4 Woordvolgorde in de zin

De Duitse zinsconstructie komt grotendeels overeen met de Nederlandse.

- De persoonsvorm staat meestal op de eerste plaats in bevelen, uitroepen en gesloten vraagzinnen (die met ja/nee beantwoord kunnen worden):

Machen Sie schnell! - *Haast u zich!, Schiet u op!*
Haben sie Hunger? - *Hebben ze honger?*

• De persoonsvorm komt doorgaans op de tweede plaats in mededelende zinnen:
Thomas arbeitet heute nicht. - *Thomas werkt vandaag niet.*
Heute arbeitet Thomas nicht. - *Vandaag werkt Thomas niet.*
Seine Freundin arbeitet auch nicht. - *Zijn vriendin werkt ook niet.*
Morgen Abend gehen sie in die Oper. - *Morgenavond gaan ze naar de opera.*
en in open vragen:
Um wie viel Uhr kommt Ihr Zug an? - *Hoe laat komt uw trein aan?*
Wie heißen Sie? - *Hoe heet u?*
Wer trinkt keinen Kaffee? - *Wie drinkt geen koffie?*

• Een infinitief (al dan niet voorafgegaan door **zu**) die van een persoonsvorm afhangt, sluit de zin af:
Ich möchte im Garten meinen Geburtstag feiern. - *Ik zou mijn verjaardag in de tuin willen vieren.*
Er hat keine Lust, nach Hause zu gehen. - *Hij heeft geen zin [om] naar huis te gaan.*
Die Kneipe ist heute geschlossen. - *De kroeg is vandaag gesloten.*

Let in een Duitse zin evenwel op het volgende:

• Wanneer scheidbare werkwoorden gescheiden worden, staat het prefix aan het einde van de zin:
Sie sagt, du siehst gut aus. - *Ze zegt [dat] je er goed uit ziet.*

• In principe sluiten **zu** + infinitief de zin af, maar bij een scheidbaar werkwoord komt **zu** tussen prefix en basiswerkwoord te staan, aan elkaar geschreven:
Vergiss nicht deine Kollegen am/vom Flughafen abzuholen! - *Vergeet niet je collega's af te halen aan/van de luchthaven!*

Tot zover de theorie, die in de praktijk behoorlijk zal meevallen!

5 Rangtelwoorden

Rangtelwoorden van 1 tot 19 worden gevormd door aan de hoofdtelwoorden de uitgang **-te** toe te voegen. De enige uitzonderingen zijn: **der erste** - *de eerste*, **der dritte** - *de derde* en **der siebte** - *de zevende*.

1. erste	11. elfte
2. zweite	12. zwölfte
3. dritte	13. dreizehnte
4. vierte	14. vierzehnte
5. fünfte	15. fünfzehnte
6. sechste	16. sechzehnte
7. siebte	17. siebzehnte
8. achte	18. achtzehnte
9. neunte	19. neunzehnte
10. zehnte	

Vanaf 20 wordt de uitgang **-ste**: **der zwanzigste** - *de twintigste*, **der einundzwanzigste** - *de eenentwintigste*, enz.

De uitgangen **-te** en **-ste** worden in bepaalde gevallen verbogen, bijv. in de accusatief enkelvoud, tot **-ten** resp. **sten**:
Er ist der erste (nominatief). - *Hij is de eerste.*
maar:
Er hat den ersten Platz (accusatief). - *Hij heeft de eerste plaats.*

6 De datum

Voor een datum wordt gebruik gemaakt van rangtelwoorden.
Hij kan op twee manieren uitgedrukt worden:
– met het werkwoord **sein** - *zijn*:
Heute ist Dienstag, der 25. (gelezen als "**fünfundzwanzigste**" omdat met het punt na het getal aangegeven wordt dat het om een rangtelwoord gaat) **Mai.** - *Vandaag is [het] dinsdag 25 mei (de 25e mei).*
– met het werkwoord **haben** - *hebben*:
Heute haben wir den 25. Mai. - *Vandaag hebben we de 25e mei.* waarbij "**fünfundzwanzigsten**" moet gezegd worden, met **-n** omdat de datum in de accusatief staat.

Om een datum te preciseren, is het voorzetsel **am** (**an** + **dem**) nodig:
Wann ist Ihr Geburtstag? - *Wanneer is uw verjaardag?* – **Am 3. (dritten) September.** - *Op 3 september.*

7 De maanden en de seizoenen

Dit zijn de twaalf maanden in het Duits: **Januar**, **Februar**, **März**, **April**, **Mai**, **Juni**, **Juli**, **August**, **September**, **Oktober**, **November**, **Dezember.**

En dit zijn de vier seizoenen:
der Frühling - *de lente*, **der Sommer** - *de zomer*, **der Herbst** - *de herfst* en **der Winter** - *de winter*.

> *Oefen nu met de herhalingsdialoog wat we net allemaal geleerd hebben!*

29 Herhalingsdialoog

Die Geburtstagsparty von Melanie

1 – Guten Abend, ich bin Sonja, eine Freundin von Melanie.
2   Die Party ist super, finden Sie nicht?
3 – Stimmt, aber was für eine Hitze!
4 – Ach, ich glaube, es regnet bald.
5 – Möchten Sie etwas trinken?
6 – Au ja, das ist eine gute Idee.
7 – Warten Sie, ich hole ein Glas Sekt für Sie.
8   Ich komme gleich zurück.

***

9   Hallo, wo sind Sie? Hier ist Ihr Sekt!
10 – Vielen Dank. Sie trinken keinen?
11 – Nein, ich fahre, ich trinke Apfelsaft.
12 – Sind Sie der Bruder von Melanie?
13 – Nein, ich bin ihr Kollege, wir arbeiten zusammen.
14 – Ach, Sie sind das, jetzt verstehe ich.
15 – Was verstehen Sie?
16 – Melanie findet ihren Kollegen sehr nett.
17 – Ach wirklich? Das ist lustig.
18   Sie findet ihre Freundin auch prima…

29 Neunundzwanzigste Lektion
[nojnoenttsvantsiçsthe lèktsioon]

Man kann ① nicht immer Glück haben

1 – Sag mal, ist es noch weit?

U kunt intussen al heel wat woorden perfect uitspreken. Voortaan geven we dan ook alleen nog het klankschrift van nieuwe woorden – of van woorden waarbij we het nuttig achten.

Vertaling

De verjaardagsparty van Melanie

1 Goedenavond, ik ben Sonja, een vriendin van Melanie. **2** Het feestje is super, vindt u niet? **3** Zeker *(Klopt)*, maar wat *(voor)* 'n hitte! **4** Ach, ik geloof [dat] het gauw gaat regenen *(regent)*. **5** Wilt *(Zou willen)* u iets drinken? **6** O ja, dat is een goed idee. **7** Wacht *(u)*, ik haal een glas sekt voor u. **8** Ik kom meteen terug. **9** Hallo, waar bent u? Hier is uw sekt! **10** Dank u wel. U drinkt [er] geen? **11** Nee, ik rijd, ik drink appelsap. **12** Bent u de broer van Melanie? **13** Nee, ik ben haar collega, we werken samen. **14** O, u bent het *(dat)*, nu begrijp ik [het]. **15** Wat begrijpt u? **16** Melanie vindt haar collega heel aardig. **17** O, werkelijk? Dat is grappig. **18** Zij vindt haar vriendin ook prima…

Ziet u wat voor een gesprek u al zou kunnen voeren op een **Gartenparty***?!* **Small talk** *(zoals het ook in het Duits heet) is in vele omstandigheden handig. Hoe ons verhaal afloopt, zullen we nooit weten. Wel ontmoeten wij elkaar morgen weer.* **Bis morgen!**

Negenentwintigste les 29

Men kan niet altijd geluk hebben

1 – Zeg eens, is het nog ver?

Opmerking

① **Kann**, 3ᵉ persoon enkelvoud van **können** - *kunnen*, nog een modaal werkwoord. We zullen binnenkort zien dat die hun eigen vervoeging hebben.

29   2 – Nein, viel**leicht** ② noch **fünf**zehn Kilo**me**ter.
   3 – Gott sei Dank, die Ben**zin**uhr ist auf null.
   4 – **S**eit wann? Schon **lan**ge?
   5 – **Un**gefähr **zwan**zig Kilo**me**ter ③.
   6 – Dann **kön**nen wir es theo**re**tisch **scha**ffen ④.
   7   Wa**rum** hältst du denn **an** ⑤?
   8 – Es ist Schluss ⑥, wir **ha**ben kein Ben**zin** mehr.
   9 – Ver**flixt** ⑦, **das** ist der **Un**terschied ⑧ **zwi**schen theo**re**tisch und **pra**ktisch ⑨. □

Uitspraak
2 ... fie**lajcht** ... kʰieloomeetʰeᵉ **3** Got zaj ... bèn**tsien**oeᵉ ... auf noel   **4** zajt ... **lan**ge **5** oenGefèèᵉ ... **6** ... kʰën'n ...theeooreetʰisj **sjaf'n 7** ... hèlst ... **8** ... sjloes ... **9** fèᵉ**flikst** ... oentʰeᵉsjiet **tsvi**sj'n ... **prak**tʰisj

Opmerkingen

② **Vielleicht** - *wellicht, misschien, mogelijk*.

③ We zagen dat de meeste mannelijke en onzijdige naamwoorden op **-er** hun meervoud vormen door toevoeging van een umlaut op **a/o/u**, bijv.: **der Vater → die Väter** - *de vader, vaders*. Sommige veranderen helemaal niet, bijv.: **das Zimmer → die Zimmer** - *de kamer, kamers*, **der Kilometer → die Kilometer** - *de kilometer, kilometers* (u weet dat mannelijke en onzijdige woorden die een eenheidsmaat aanduiden na een aantal onveranderlijk zijn: **zehn Euro**).

④ **Schaffen** kan op verschillende manieren vertaald worden. Hier staat het voor *halen, klaarkrijgen, -spelen, redden,...* Het is een transitief werkwoord (waar dus altijd een lijdend voorwerp bijhoort): **Er schafft die Arbeit nicht.** - *Hij krijgt het werk niet klaar.*; **Ich schaffe es nicht.** - *Het lukt me niet.* ▶

2 – Nee, wellicht nog vijftien kilometer.
3 – Godzijdank, de benzinemeter *(benzinehorloge)* staat *(is)* op nul.
4 – Sinds wanneer? Al lang?
5 – Ongeveer twintig kilometer.
6 – Dan kunnen we het theoretisch halen.
7 – Waarom stop je dan *(houd je dan aan)*?
8 – Het is afgelopen *(slot)*, we hebben geen benzine meer.
9 – Verdomme, dat is het verschil tussen theorie *(theoretisch)* en praktijk *(praktisch)*.

⑤ We kennen **halt!** - *halt!, stop!* Het werkwoord **anhalten**, of kortweg **halten** - *halt houden, stoppen,* wordt gebruikt m.b.t. een voertuig of iets in beweging. De stamklinker **a** wordt **ä** in de 2ᵉ en 3ᵉ persoon enkelvoud: **du hältst, er/sie/es hält. Nicht öffnen, bevor der Zug hält.** - *Niet openen voor(dat) de trein tot stilstand komt.*

⑥ **Der Schluss** - *het slot, einde,* van dezelfde familie als **schließen** - *sluiten* en **geschlossen** - *gesloten.* **Schluss** en **geschlossen** hebben **ss** omdat de voorafgaande klinker kort is; na een lange klinker, zoals in **schließen**, gebruikt men een **ß**.

⑦ **Verflixt!** is als uitroep vergelijkbaar met **Mist!** (les 9, opm. 5), maar wordt ook bijvoeglijk gebruikt: *vervloekt, verdomd*: **Die verflixte Benzinuhr funktioniert nicht!** - *Die (De) verdomde benzinemeter doet het niet!*

⑧ **Der Unterschied** - *het onderscheid, verschil.*

⑨ **Theoretisch** - *theoretisch, in theorie;* **praktisch** - *praktisch, in de praktijk*

Übung 1 – Übersetzen Sie bitte!

❶ Schaffen Sie das allein oder brauchen Sie mich? ❷ Seit wann funktioniert die Benzinuhr nicht mehr? ❸ Theoretisch kann er das, aber praktisch ist er zu dumm. ❹ Halten Sie bitte an, ich möchte einen Kaffee trinken. ❺ Der Unterschied zwischen „Mist" und „verflixt" ist nicht sehr groß.

Übung 2 – Ergänzen Sie bitte!

❶ Godzijdank, het is niet ver meer.
Gott sei . . . . , es ist . . . .

❷ Verdomme, ik heb geen benzine meer, en hier is geen tankstation.
Verflixt, ich habe . . . . , und hier ist . . . .

❸ Laat me, ik kan dat alleen klaarspelen.
Lass mich, ... das allein . . . .

❹ Sinds wanneer leert u Duits? – Nog niet lang, ongeveer vier weken.
. . . . lernen Sie Deutsch? – Noch nicht . . . . . , ... vier Wochen.

❺ Wanneer houden we halt? Ik zou een koffie willen drinken.
Wann . . . . ? Ich möchte . . . .

Oplossing van oefening 1

❶ Redt u het alleen of hebt u mij nodig? ❷ Sinds wanneer werkt de benzinemeter niet meer? ❸ In theorie kan hij dat, maar in de praktijk is hij te dom. ❹ Stopt u, alstublieft, ik zou een koffie willen drinken. ❺ Het verschil tussen "verdorie" en "verdomme" is niet heel groot.

Oplossing van oefening 2

❶ – Dank – nicht mehr weit ❷ – kein Benzin mehr – keine Tankstelle ❸ – ich kann – schaffen ❹ Seit wann – lange, ungefähr – ❺ – halten wir an – einen Kaffee trinken

30 Dreißigste Lektion [drajsiçhst^he lèktsioon]

Dienst ist Dienst und Schnaps ist Schnaps ①

1 – Ich **bit**te Sie, **blei**ben Sie doch noch ein **we**nig ②!
2   Es ist nicht spät.
3 – Ich weiß, **a**ber ich muss ③ **mor**gen früh **auf**stehen.
4 – Wa**rum müs**sen Sie denn ④ so früh **auf**stehen?
5 – **Mor**gen ist **Dienst**tag ⑤ und **dienst**tags ⑥ kontrol**liert** mein Chef per**sön**lich die **An**kunftszeit.

Uitspraak
dienst ... sjnaps ... 1 ... veeniçh 3 ... moes ... aufsjt^hee'n 4 ... mus'n ... 5 ... dienst^haak ... k^hontrolee^et ... sjèf p^hè^ezeunliçh ... ank^hoenftstsajt

Opmerkingen

① Deze uitdrukking houdt in dat men werk en plezier moet scheiden; **der Dienst** - *de dienst*.
② **Wenig** - *weinig*: **ein wenig** of **ein bisschen** - *een weinig, een beetje, wat, even*.
③ **Muss**, van het modaal werkwoord **müssen** - *moeten*. In de drie personen enkelvoud verandert de stam-**ü** in **u**: **ich muss, du musst, er/sie/es muss**.
④ Uit les 13, opm. 4 weet u dat het woordje **denn** vaak ingelast wordt om een of andere emotie uit te drukken.

Dertigste les 30

"Dienst is dienst en schnaps is schnaps"

1 – Toe *(Ik verzoek u)*, blijft u toch nog even *(een weinig)*!
2   Het is niet laat.
3 – Ik weet [het], maar ik moet morgen vroeg opstaan.
4 – Waarom moet u dan zo vroeg opstaan?
5 – Morgen is [het] dinsdag en dinsdags controleert mijn baas persoonlijk de aankomsttijd.

Aanwijzing bij de uitspraak
5 Ankunftszeit *[ank*ʰ*oenfts-tsajt]:* even pauzeren na de verbindings-**s** (**Ankunfts-zeit**) is bij het uitspreken van dit woord zeker nodig!

⑤ Sommigen zien in **Dienstag** "dienstdag" en in **Freitag** "vrije dag" (**frei** - *vrij*). Dat dit onterecht is, lazen we op het einde van les 25, waar de namen van dagen verklaard worden.

⑥ Let op: **Dienstag** - *dinsdag*, maar **dienstags** - *dinsdags, op dinsdag, elke dinsdag.* Door aan de naam of het deel van een dag een **-s** toe te voegen én de hoofdletter weg te laten, wordt herhaling of gewoonte uitgedrukt, bijv.: **der Morgen** - *de morgen, ochtend* → **morgens** - *'s morgens*, **Freitag** → **freitags** - *op vrijdag*, **freitagabends** - *elke vrijdagavond.*

30
6 – Aber nein, **mor**gen ist nicht **Dien**stag, **son**dern ⑦ **Mitt**woch.
7   Sie **kön**nen noch **blei**ben!
8 – Ach, **Dien**stag, **Mitt**woch oder **Don**nerstag, das ist das**sel**be ⑧ für **mei**nen Chef.
9   **Wis**sen Sie, für ⑨ ihn ist **je**der ⑩ Tag „**Dienst**-tag".

6 ... **zon**de^en ... 8 ... das**zèl**be ... 9 **vis**'n ... **jee**de^e... **dienst**t^haak

Opmerkingen

⑦ Doorgaans wordt *maar* vertaald door **aber**. Echter na een ontkennende uitlating wordt **sondern** gebruikt om het gezegde tegen te spreken: **Ich heiße nicht Claudia, sondern Anna.** - *Ik heet niet Claudia, maar Anna.*; **Er kommt nicht aus Italien, sondern aus Spanien.** - *Hij komt niet uit Italië, maar uit Spanje.*

⑧ **Dasselbe** (o.) - *hetzelfde*: **Es ist immer dasselbe!** - *Het is altijd hetzelfde!* Zo ook **derselbe** (m.) en **dieselbe** (v.) - *dezelfde*.

⑨ Onthoud dat op **für** altijd een accusatief volgt.

⑩ **Jeder, jede, jedes** - *elk(e), ieder(e)* wordt verbogen zoals het bepaald lidwoord: **jed**er **Mann**, **jed**e **Frau**, **jed**es **Kind**.
Het kan ook vertaald worden met *iedereen*: **Der Chef kennt jeden.** - *De baas kent iedereen.*

***

Übung 1 – Übersetzen Sie bitte!

❶ Sonntags essen wir nicht zu Hause. ❷ Jede Woche trifft sie einmal ihre Freundin. ❸ Es ist immer dasselbe, sie steht zu spät auf! ❹ Ich muss leider gehen, meine Frau wartet schon lange. ❺ Trinken Sie nicht zu viel Schnaps!

6 – Maar nee, morgen is [het] niet dinsdag, maar woensdag.
7 U kunt nog blijven!
8 – Och, dinsdag, woensdag of donderdag, dat is hetzelfde voor mijn baas.
9 Weet u, voor hem is elke dag "dienstdag".

***

Oplossing van oefening 1

❶ 's Zondags eten we niet thuis. ❷ Iedere week ontmoet ze eenmaal haar vriendin. ❸ Het is altijd hetzelfde, ze staat te laat op! ❹ Ik moet helaas gaan, mijn vrouw wacht al lang. ❺ Drinkt u niet te veel schnaps!

31 Übung 2 – Ergänzen Sie bitte!

❶ Hij moet naar huis gaan, het is al laat en hij heeft om zes uur dienst.

.. .... nach Haus gehen, es ist schon ....
und er hat um sechs Uhr ....

❷ Toe *(Ik verzoek je)*, blijf toch nog even *(een weinig)*, elke minuut is een genoegen voor me.

.... dich, ... doch noch ....,
.... ist ein Vergnügen ... mich.

❸ Vandaag is [het] niet woensdag, maar donderdag.
Heute ist ...., ...
Donnerstag.

---

31 Einunddreißigste Lektion

Guter ① Rat ist teuer

1 – **Tho**mas, Sie **so**llen ② zum ③ Chef **ko**mmen.

Uitspraak
... raat... **1** ... **zo**l'n tsoem...

Opmerkingen

① Als er voor een zelfstandig naamwoord geen lidwoord maar een bijvoeglijk naamwoord staat, valt doorgaans geslacht, getal (en naamval) af te leiden aan de hand van de uitgang van het adjectief (dezelfde als het bepaald lidwoord): **guter** **Rat** - *goede raad* (en geen "rat"!), **gute Laune** - *goed humeur* (zin 6) → **Rat** is dus mannelijk (**der Rat**) en **Laune** vrouwelijk (**die Laune**).

❹ Het is altijd hetzelfde: 's morgens gaat men naar *(het)* kantoor en 's avonds drinkt men bier en schnaps.
Es ist immer . . . . : . . . . geht man
ins Büro und . . . . . . trinkt man . . . . und
. . . .

❺ Staat u alstublieft op, ik moet u controleren.
. . . . bitte . . . , ... Sie
. . . .

Oplossing van oefening 2

❶ Er muss – spät – Dienst ❷ Ich bitte – bleib – ein wenig, jede Minute – für – ❸ – nicht Mittwoch, sondern – ❹ – dasselbe – morgens – abends – Bier – Schnaps ❺ Stehen Sie – auf, ich muss – kontrollieren

---

Eenendertigste les 31

Goede raad is duur

1 – Thomas, u moet bij de baas komen.

② **Sollen** - *moeten* drukt een opgelegde verplichting uit (door iemand, de maatschappij of zelfs z'n eigen moraal) en is minder dwingend dan **müssen** dat een absolute noodzaak vanuit het standpunt van de spreker inhoudt. Het verschil is niet altijd evident: **Müssen oder sollen wir Geld verdienen?** - *Moeten we (absoluut) geld verdienen of "zouden" we geld moeten verdienen / "behoren" we geld te verdienen?* We komen hier zeker nog op terug.

③ Het voorzetsel **zu** - *naar, bij* staat normaal bij een werkwoord van beweging, behalve in **zu Hause sein** - *thuis zijn*. **Zum** is de samentrekking van **zu** + **dem**. Binnenkort hebben we het over het lidwoord **dem**.

31
2 – Soll ich oder muss ich?
3 – Das **mü**ssen Sie **wi**ssen ④!
4 **Ich** weiß nur ⑤, dass ⑥ der Chef will, dass Sie **ko**mmen.
5 – Halt, **war**ten Sie, das ist nicht so **ein**fach.
6 Hat er **gu**te **Lau**ne oder **schlech**te **Lau**ne?
7 – **E**her **schlech**te **Lau**ne, **den**ke ich.
8 Er scheint ⑦ **ziem**lich nerv**ös** ⑧ zu sein.
9 – **Se**hen Sie, jetzt ist **al**les klar:
10 ich **muss hin**gehen ⑨,
11 ich **ha**be **kei**ne Wahl. □

*5 ... **ajn**fach 6 ... **lau**ne ... **sjlèçht**ʰe ... 7 eeeᵉ ... **dènk**ʰe ...*
*8 ... sjajnt **tsiem**liçh nèᵉ**veus** ... 10 ... **hien**Gee'n 11 ... vaal*

Opmerkingen

④ **Wissen** - *weten* is het enige niet-modale werkwoord dat het vervoegingsschema volgt van de modale werkwoorden. In het enkelvoud verandert de stamklinker en zijn de 1ᵉ en 3ᵉ persoon gelijk: **ich weiß, du weißt, er/sie/es weiß**. De meervoudsvormen zijn regelmatig.

⑤ **Nur** - *alleen (maar), slechts*; **allein** - *alleen*.

⑥ Verwar het voegwoord *dat* - **dass** (met dubbele **s**) niet met het voornaamwoord *dat* - **das** (met enkele **s**)! Let er ook op dat voor een voegwoord een komma hoort te staan in het Duits!

⑦ **Scheinen** - *schijnen, lijken* + **zu** + infinitief : **Sie scheint müde zu sein.** - *Ze lijkt moe (te zijn)*.

⑧ **Nervös** - *nerveus, zenuwachtig.*

⑨ Het prefix **hin** wijst op een beweging van de spreker ergens *heen, naartoe*: **Du gehst morgen in die Oper? Ich gehe auch hin.** - *Jij gaat morgen naar de opera? Ik ga [er] ook heen/naartoe* of gewoon *Ik ga ook.*

2 – Behoor ik of moet ik?
3 – Dat moet u weten!
4 Ik weet alleen dat de baas wil dat u komt.
5 – Stop, wacht u [even], dat is niet zo eenvoudig.
6 Is hij goed of slecht geluimd *(Heeft hij goede luim of slechte luim)*?
7 – Eerder slecht*(e luim)*, denk ik.
8 Hij schijnt tamelijk zenuwachtig te zijn.
9 – Ziet u, nu is alles duidelijk:
10 ik moet [er] heen gaan,
11 ik heb geen keuze.

31 **Übung 1 – Übersetzen Sie bitte!**

❶ Frau Spielberg, Sie sollen Ihren Mann anrufen!
❷ Müsst ihr wirklich schon nach Hause gehen?
❸ Sie scheinen sehr nervös zu sein, was haben Sie? ❹ Es muss leider sein, Sie haben keine Wahl.
❺ Die Kinder sollen zum Essen kommen!

Übung 2 – Ergänzen Sie bitte!

❶ Voorzichtig/Opgelet, de baas is vandaag slecht geluimd *(heeft slechte luim)*.

Vorsicht, ... hat heute ....
. . . . . .

❷ Waarom wil je niet naar het feest gaan?

Warum .... nicht ... . gehen?

❸ Dat is eenvoudig, we hebben geen keuze.

Das ist ....; wir haben ....

***

Muss es sein? - Moet het (gebeuren) *(zijn)*? – **Ja, es muss sein!** - Ja, het moet! *Het gaat om een absolute noodzaak, een onvermijdelijk iets, zonder keuzemogelijkheid. Het probleem zit 'm echter in de persoonlijke perceptie van het "absolute" van die noodzaak, hoe "onvermijdelijk" iets is. Nemen we als voorbeeld een vader tot zijn kinderen:* **Ihr müsst jetzt schlafen!** - Jullie moeten nu [gaan] slapen! *Waarop de kinderen antwoorden* **Wir müssen aber unser Spiel zu Ende machen!** - Maar we moeten ons spel afmaken! *We laten u het vervolg zelf aanvullen... Ander voorbeeld: uw partner zegt* **Wir müssen einkaufen gehen!** - We moeten boodschappen gaan doen! *U kunt natuurlijk de volgende repliek proberen:* **Muss das wirklich sein?** - Moet dat echt? *Maar luidt het antwoord* **Das muss sein!** - Het moet! *dan moet u...*

Oplossing van oefening 1

❶ Mevrouw Spielberg, u moet uw man opbellen! ❷ Moeten jullie werkelijk al naar huis gaan? ❸ U lijkt heel zenuwachtig (te zijn), wat hebt u? ❹ Het moet helaas *(zijn)*, u hebt geen keuze. ❺ De kinderen moeten komen eten *(voor het eten komen)*!

❹ Ze schijnen niet te weten dat hij tamelijk nerveus is.
... . nicht .. .., dass er
.... ist.

❺ Zou u moeten of moet u een les per dag doen?
...... oder ...... Sie eine Lektion pro Tag
......?

Oplossing van oefening 2

❶ – der Chef – schlechte Laune ❷ – willst du – zum Fest – ❸ – einfach – keine Wahl ❹ Sie scheinen – zu wissen – ziemlich nervös – ❺ Sollen – müssen – machen

***

Interessant is ook dat men tegenwoordig zegt **Ich muss arbeiten.** *- Ik moet (absoluut) werken., terwijl dat niet zo lang geleden nog klonk als* **Ich soll arbeiten.** *- Ik moet werken.* **Müssen** *vervangt steeds meer* **sollen**. *Een teken dat we de verplichtingen waarmee we te maken krijgen makkelijker aanvaarden?!*

U weet dat we u aanraden per dag een les door te nemen. U beslist zelf of dit een absolute of een relatieve verplichting inhoudt... In het eerste geval zal u zeggen **ich muss eine Lektion pro Tag machen**, *in het tweede* **ich soll eine Lektion pro Tag machen.** *Hoe dan ook zijn we blij dat u intussen al 31 lessen hebt afgewerkt. Fijne voortzetting!*

32 Zweiunddreißigste Lektion

Ein gefährliches Missverständnis ①

1 – Oh, der ist süß ②!
2   Wie alt ist der ③?
3   Darf ④ ich den **strei**cheln?
4 – Wenn Sie **wol**len.

Uitspraak
… Ge**fèè**ᵉliçhes **mis**fèᵉsjtʰèntnis *1* … zuus *3* daᵉf … **sjtraj**çheln *4* vèn …

Opmerkingen

① **Das Missverständnis** - *het misverstand* is onzijdig, wat afgeleid kan worden van de uitgang **-es** achter het bijvoeglijk naamwoord **gefährlich** - *gevaarlijk* (het onbepaald lidwoord **ein** kan immers ook bij een mannelijk naamwoord staan en dan gaat het adjectief uit op **-er**, zoals net bleek in les 31: **guter Rat** of **ein guter Rat** - *(een) goede raad*).
Let op de dubbele **s** aan het prefix **miss-** - *mis, verkeerd*. **Das Verständis** - *het begrip*; **verstehen** - *verstaan, begrijpen* → **missverstehen** - *verkeerd verstaan/begrijpen*.

② **Süß** betekent zowel *schattig, lief* als *zoet*: **Das ist ein süßes Kind.** - *Dat is een schattig kind.*; **Der Nachtisch ist zu süß.** - *Het dessert is te zoet.*

③ **Der, die** en **das** worden dikwijls aangewend als aanwijzende voornaamwoorden ter vervanging van een naamwoord. Ze ▸

Tweeëndertigste les 32

Een gevaarlijk misverstand

1 – O, hij is schattig!
2 – Hoe oud is hij?
3 – Mag ik hem aaien?
4 – Als u wilt.

▸ nemen dezelfde vormen aan als bepaalde lidwoorden (behalve in de "genitief" zoals later zal blijken). Een aanwijzend voornaamwoord wordt in plaats van een persoonlijk voornaamwoord gebruikt om iemand die of iets dat men ziet of aanwijst aan te duiden: **Wie alt ist der (er)?** - *Hoe oud is hij?*; **Darf ich den (ihn) streicheln?** - *Mag ik hem aaien?*; **Was macht die hier?** - *Wat doet zij hier?* (Zie ook les 13, opm. 7.)

④ **Darf**, 1ᵉ persoon enkelvoud van **dürfen** - *mogen*, ons zesde en laatste modaal werkwoord na **können** - *kunnen,* **mögen** - *graag...,* **müssen** - *(absoluut) moeten,* **sollen** - *(zou/zouden) moeten,* **wollen** - *willen*: **Ich darf/kann/mag/muss/soll/will in Ferien fahren.** - *Ik mag/kan/wil graag/moet/zou moeten/ wil met vakantie gaan.*

32
5 – Au, der beißt ja ⑤, au, **au**a!
6 Mensch, das tut weh!
7 **Hal**ten Sie doch **end**lich **Ih**ren Hund zu**rück**!
8 Sie **dür**fen so **ei**nen Hund nicht frei **lau**fen **las**sen ⑥!
9 Sind Sie ver**rückt**?
10 – Tut mir Leid ⑦, ich **ken**ne den Hund nicht.
11 Das ist nicht **mei**ner ⑧. □

*5 au ... bajst jaa ... **au**a 6 ... tʰoet vee 7 ... **ènt**lich ... 8 ... du**ef**'n ... 9 ... fè**e**rukt 10 ... lajt ... **kʰ**è**ne** ... 11 ... **maj**nee*

Opmerkingen

⑤ Met **ja** - *ja* kan ook een uitroep van verbazing versterkt worden: **Es regnet ja!** - *Maar het regent!*

⑥ Let op de woordorde bij **laufen lassen**, waar in het Nederlands het hoofdwerkwoord de zin afsluit: **Man muss Kinder spielen lassen.** - *Men moet kinderen laten spelen.*, **Wo kann ich bitte meine Uhr reparieren lassen?** - *Waar kan ik mijn horloge laten repareren, alsublieft?* (Zie i.v.m. **lassen** ook les 26, opm. 7).

⑦ "**Tut mir Leid**" of "**Das/Es tut mir Leid**" (lett. "(Dat/Het) doet me leed") - *Het spijt me*. Het werkwoord **tun** betekent net als **machen** *doen*. Het komt veel voor in handige uitdrukkingen, zoals ook: **Das tut weh!** - *Dat doet pijn!* ▸

***

Übung 1 – Übersetzen Sie bitte!

❶ Mama, warum dürfen wir den Apfelkuchen nicht essen? ❷ Er hat ein Handy, aber er nimmt immer meins. ❸ Achtung! Mein Hund beißt! ❹ Oh, das Kind ist süß! ❺ Tut mir Leid, Sie dürfen hier nicht telefonieren.

5 – Au, maar hij bijt, au, auw!
6 Hé, dat doet pijn!
7 Houdt u toch eindelijk uw hond tegen!
8 U mag zo een hond niet vrij laten lopen *(lopen laten)*!
9 Bent u gek?
10 – Het spijt me *(Doet me leed)*, ik ken die *(de)* hond niet.
11 Het is de mijne niet *(niet mijne)*.

▶ ⑧ **Meiner** (mannelijk), **meine** (vrouwelijk), **mein(e)s** (onzijdig) - *de/het mijne*. Het Duitse zelfstandig gebruikte bezittelijk voornaamwoord bestaat uit het bezittelijk voornaamwoord + de uitgang van het bepaald lidwoord (het richt zich dus in geslacht en getal naar het naamwoord waar het voor in de plaats staat; de naamval hangt af van de functie in de zin of van een voorzetsel): **Die Tasche dort? Ist das deine?** - *Die tas daar? Is dat de jouwe?;* **Ist das sein Kind oder ihres?** - *Is dit zijn kind of het hare?;* **Es ist ihres.** - *Het is het hare/hunne.*

***

Oplossing van oefening 1

❶ Mama, waarom mogen we de appeltaart niet [op]eten? ❷ Hij heeft een gsm, maar hij neemt altijd de mijne. ❸ Pas op! Mijn hond bijt! ❹ O, dat kind is schattig! ❺ Het spijt me, u mag hier niet telefoneren.

33 Übung 2 – Ergänzen Sie bitte!

❶ Het spijt me, mijn hond bijt iedereen.

. . . ., mein Hund . . . . . alle.

❷ Mag ik u morgen opbellen? – Als u wilt.

. . . . Sie morgen anrufen? – Wenn . . . .

❸ Bah, mijn taart is te zoet, en hoe is de jouwe?

Iiii, mein Kuchen ist . . . . . ., und wie ist . . . . . .?

❹ Mag men zijn hond vrij laten lopen?

. . . . seinen Hund frei . . . .?

---

33 Dreiunddreißigste Lektion

Die Stadtbesichtigung ①

1 – **Mei**ne **Da**men und **Her**ren,
2   **ge**gen**ü**ber ist der **Bahn**hof,
3   und links **seh**en Sie den **Köl**ner Dom ②.
4   Wir **müs**sen jetzt **aus**steigen und zu Fuß ③ **wei**tergehen ④.

Uitspraak

... **sjt**ʰatbeziçhtʰiGoeng **1** ... **daam'n** ... hèⁿn **2** **Gee**G'n-uubeᵉ ... **3** ... kʰëlneᵉ doom **4** ... tsoe foes **vajt**ʰeᵉGee'n

Opmerkingen

① U weet nog dat naamwoorden op **-ung** vrouwelijk zijn (les 25, opm. 5): **die Besichtigung** - *de bezichtiging,* van **besichtigen** - *bezichtigen.* Daarnaast is er ook **der Besuch-** *het bezoek*, van **besuchen** - *bezoeken, een bezoek brengen.* ▶

❺ Maar dat is een misverstand! Hij is niet gevaarlijk, hij is alleen een beetje gek!

Aber das ist ... .! Er ist nicht ...., er ist nur ... .!

Oplossing van oefening 2

❶ Es tut mir Leid – beißt – ❷ Darf ich – Sie wollen ❸ – zu süß – deiner ❹ Darf man – laufen lassen ❺ – ein Missverständnis – gefährlich – ein wenig verrückt

---

Drieëndertigste les 33

Het stadsbezoek *(-bezichtiging)*

1 – *(Mijne)* Dames en heren,
2 [hier] tegenover is het station
3 en links ziet u de Keulse dom.
4 We moeten nu uitstappen en te voet verdergaan.

▸ ② **Der Dom von Köln** - *de dom/kathedraal van Keulen* of **der Kölner Dom**. Meestal wordt de (onveranderlijke!) uitgang **-er** toegevoegd aan de naam van de stad (of streek) waar iets/iemand vandaan komt: **die Berliner Universität** - *de universiteit van Berlijn*, **die Frankfurter Würstchen** - *de frankfurter(worstje)s*.

③ **Der Fuß** - *de voet*; **die Füße** - *de voeten*; **zu Fuß** - *te voet*.

④ **Weitergehen** - *verder-, voort-, doorgaan*.

5 Um ⑤ den Dom ist **ei**ne **Fuß**gängerzone ⑥.
6 Wir **woll**en ⑦ zu**erst** den Dom be**sich**tigen und dann die **Alt**stadt.
7 Zum Schluss **dür**fen ⑧ Sie ein „Kölsch" ⑨ **trin**ken, das **ty**pische Bier von hier.
8 Und wer ⑩ kein Bier mag ⑪, be**ko**mmt ein Glas ⑫ **Ap**felschorle. □

5 ... foesGènge^{e}tsoone 6 ... tsoeee^{e}st ... bezicht^{h}iG'n ... altsjt^{h}at 7 ... k^{h}ëlsj ... t^{h}uup^{h}isje ... 8 ... bek^{h}omt ...Glas apfelsjo^{e}le

Opmerkingen

⑤ Hier is **um** een voorzetsel van plaats, nl. *rond, om*, waarop een accusatief volgt: **um den Dom** - *rond de dom*. Eerder zagen we **um** in tijdsaanduidingen: **um drei Uhr** - *om 3 uur*.

⑥ **Der/die Fußgänger** - *de voetganger/-s*. U herinnert zich dat veel mannelijke/onzijdige naamwoorden op **-er** niet veranderen in het meervoud, behalve toevoeging van een umlaut wanneer hun hoofdklinker die kan dragen: **der/die Arbeiter** - *de arbeider/-s*, **der/die Kirchgänger** - *de kerkganger/-s* maar **der Bruder/die Brüder** - *de broer/-s*. (Laat u niet vangen bij de vertaling van de meervoudsvorm **die Zonen** - *de zones*!)

⑦ **Wollen** - *willen* kan ook gebruikt worden in de betekenis van *zullen* om een voorstel te doen: **Wollen wir zu Fuß gehen?** - *Zullen we te voet gaan?*

⑧ **Dürfen** - *mogen* kan ook vertaald worden door *kunnen* in de betekenis van "de mogelijkheid hebben": **Sie dürfen auch einen Kaffee trinken.** - *U kunt/Ze kunnen ook een koffie drinken.*

⑨ Merk op dat men in het Duits zegt **ein/das "Kölsch"** bij een soort bier, omdat het ook **ein/das Bier** is, dus zo ook **ein/das Pils** - *een/de pils*.

⑩ **Wer** - *wie* zagen we al als vragend voornaamwoord; hier is het een betrekkelijk voornaamwoord. Ook de constructie **wer ..., der ...** - *wie ..., die ...* kan: **Wer nicht pünktlich ist, (der) bekommt nichts.** - *Wie niet stipt is, (die) krijgt niets.* ▶

5 Rond de dom is een voetgangerszone.
6 We zullen *(willen)* eerst de dom bezichtigen en dan de oude (binnen)stad.
7 Tot slot kunt *(mag)* u een "Kölsch" drinken, het typische bier van hier.
8 En wie geen bier lust, krijgt een glas "Apfelschorle".

Aanwijzing bij de uitspraak
7 Een **y** wordt standaard als een korte, scherpe u(u) uitgesproken, maar in leenwoorden blijft de oorspronkelijke uitspraak behouden, bijv. de uitgang **-y** in **Handy** *[hèndi]*, **Yoga** *[jooGa]*.

▶ ⑪ **Kein Bier mögen** - *geen bier lusten;* **ich mag keine Partys** - *ik hou niet van feestjes;* **ich mag dich** - *ik vind je aardig, mag je.* **Mögen** is dus minder sterk dan **lieben: ich liebe dich** - *ik heb je lief, hou van je.* U kent ook de voorwaardelijke vorm **ich möchte** - *ik zou (graag) willen* die aanleunt bij **ich will** - *ik wil*: **ich möchte ein Bier** - *ik zou (graag) een biertje willen*; **ich will/möchte kein Bier** - *ik wil geen bier.*

⑫ **Das Glas** - *het glas*; **die Gabel** - *de vork*; **das Messer** - *het mes*; **der Teller** - *het bord.* Ziezo, u kunt aan tafel!

33 Übung 1 – Übersetzen Sie bitte!

❶ Wir fahren nächstes Wochenende nach Köln.
❷ Wer nicht zu Fuß gehen will, nimmt die U-Bahn.
❸ Zum Schluss wollen wir den Dom besichtigen.
❹ Ich mag keine Frankfurter Würstchen und Sie?
❺ Sie müssen hier aussteigen.

Übung 2 – Ergänzen Sie bitte!

❶ Ze lust geen bier, ze zou een glas wijn willen.

... ... kein Bier, ... ein Glas Wein.

❷ We komen nu in de voetgangerszone en gaan natuurlijk te voet verder.

Wir kommen jetzt in ... . und gehen natürlich .. ... weiter.

❸ Kent u de oude (binnen)stad van Hamburg?

Kennen Sie die ....?

❹ Morgen kan ik niet, ik ga de stad bezichtigen *(doe een stadsbezichtiging)*.

Morgen .... nicht, ich mache ....

***

In tegenstelling tot cider, appelwijn - **Apfelwein** *bevat* **Apfelschorle**, *een mix van appelsap en* **Sprudel** *- spuitwater, geen alcohol. Het is zo lekker en verfrissend dat 's zomers iedereen het drinkt behalve... wie bier verkiest.*

Nergens anders dan in Duitsland is het aantal brouwerijen en het aanbod aan bieren groter (duizenden!) en nergens anders wordt er zo veel bier gedronken. Het **Reinheitsgebot** *– "Reinheidsgebod" – uitgevaardigd in 1516 door Hertog Wilhelm IV van Beieren, is nog steeds van kracht en schrijft voor dat "men om bier te maken niets anders gebruikt dan gerst, hop en water".*

Oplossing van oefening 1

❶ We gaan volgend weekend naar Keulen. ❷ Wie niet te voet wil gaan, neemt de metro. ❸ Tot slot zullen/willen we de dom bezichtigen. ❹ Ik lust geen frankfurterworstjes, en u? ❺ U moet/Ze moeten hier uitstappen.

❺ Wie de Keulse dom wil bezichtigen, moet hier uitstappen.
 . . . den Kölner Dom . . . . ,
 muss hier . . . .

Oplossing van oefening 2

❶ Sie mag – sie möchte – ❷ – die Fußgängerzone – zu Fuß – ❸ – Hamburger Altstadt ❹ – kann ich – eine Stadtbesichtigung ❺ Wer – besichtigen will – aussteigen

***

In de middeleeuwen lag het zwaartepunt van de productie van dit edele vocht noordelijk, in Hamburg en Nedersaksen, terwijl men zich in de Rijnvallei en Beieren meer op wijn richtte. Toch vielen al gauw ook deze streken voor de smaak van bier. Vanaf de 16^e eeuw werden München en Dortmund de bierhoofdsteden, maar daarnaast zijn er nog talrijke regionale, zelfs lokale bieren, bijv. **das Kölsch** *in Keulen. Dit is een licht, blond biertje -* **helles Bier**, *vergeleken met donker, bruin bier -* **dunkles Bier**.

Drink met mate, of u wordt **total betrunken** *- ladderzat!.*

hundertsechsundfünfzig • 156

34 Vierunddreißigste Lektion

Was ① man darf und was man nicht darf

1 – Man darf nicht bei Rot ② die **Stra**ße über**que**ren.
2 – Man darf nicht be**tru**nken **Fahr**rad **fah**ren ③.
3 – Man darf nicht **sa**gen, dass **je**mand ver**rückt** ist.
4 – Aber man darf in Shorts ④ spa**zie**ren **geh**en,
5 – und man darf San**da**len mit **So**cken **tra**gen!
6 – **Ei**gentlich darf man **al**les **ma**chen, was ⑤ die **an**deren nicht stört.

Uitspraak
1 ... *root* ... *uube*ᵉ**kvee***r'n* **2** ... *be**troen**k'n* **faa**ᵉ*raat* ... **3** ... **jee***mant* ... **4** ... *sjo*ᵉ*ts* **sjp**ʰ*atsier'n* ... **5** ... *zan**daal***'n* ... **zok**'*n* **traaG**'*n* **6** ... *an*de*ᵉn* ... *sj*tʰ*eu*ᵉ*t*

Aanwijzing bij de uitspraak
1 Onthoud dat in het Duits **qu** uitgesproken wordt als *[kv]*!

Opmerkingen

① Hier is **was** - *wat, hetgeen dat* een betrekkelijk voornaamwoord: **Was sie macht, ist verboten.** - *Wat ze doet, is verboden.*

② **Bei Rot gehen/fahren/überqueren** - *door (een) rood (licht) lopen/rijden / bij rood oversteken,* waar **rot** - *rood* een hoofdletter krijgt omdat het zelfstandig staat voor "de kleur rood". Noteer dat **überqueren** een onscheidbaar werkwoord is: **Er überquert die Straße.** - *Hij steekt de straat over.*

③ **Das Fahrrad** - *de fiets* wordt vaak verkort tot **das Rad** - *het rad, wiel,* vooral om herhaling te voorkomen in uitdrukkingen als **Fahrrad fahren** - *fietsen,* lett. "rijwiel rijden".

Vierendertigste les   34

Wat men mag en
wat men niet mag

1 – Men mag niet bij rood [licht] de straat oversteken.
2 – Men mag niet dronken fietsen *(fiets rijden)*.
3 – Men mag niet zeggen dat iemand gek is.
4 – Maar men mag in short gaan wandelen
5 – en men mag sandalen met sokken dragen!
6 – Eigenlijk mag men alles doen wat de anderen niet stoort.

④ Het Duits gebruikt **Shorts** alleen in de meervoudsvorm.

⑤ **Was** - *wat* wordt ook gebruikt na **alles** - *alles*, **nichts** - *niets*, **etwas** - *iets,* **das Beste** - *het beste,* enz: **Essen Sie nichts, was Sie nicht mögen!** - *Eet u niets wat/dat u niet lust!*; **Ich mache alles, was du willst.** - *Ik doe alles wat je wil*.

Vergeet de komma niet tussen hoofd- en bijzin, dus altijd voor een voegwoord (zin 3) of een betrekkelijk voornaamwoord (zin 6)!

34

7 – Ja, man darf nach zehn Uhr abends weder ⑥ laut ⑦ Musik hören noch Saxofon spielen.

8 – Kurz, man darf machen, was erlaubt ⑧ ist, und nicht machen, was verboten ist... ☐

7 ... **vee**de^e laut moe**ziek heu**^en... **zak**soofoon **sjp**^hiel'n **8** k^hoe^ets ... è^e**laupt** ... fè^e**boot**'n...

Opmerkingen

⑥ **Weder... noch...** - *noch... noch...*

⑦ **Laut** - *luid, hard, hardop* ↔ **leise** - *stil, zacht.* **Die Musik ist zu laut.** - *De musiek is te luid.*; **laut Musik hören** - *luisteren naar luide muziek, harde muziek beluisteren.* **Hören** is ook *horen.* ▶

***

Übung 1 – Übersetzen Sie bitte!

❶ Ihr dürft alles machen, was ihr wollt, Kinder.
❷ Es ist verboten, die Straße bei Rot zu überqueren.
❸ Thomas hat weder Zeit noch Lust Rad zu fahren.
❹ Man darf die anderen nicht stören. ❺ Hallo, ist hier jemand?

Übung 2 – Ergänzen Sie bitte!

❶ Draagt u sandalen met sokken?
 . . . . Sandalen . . . .?

❷ Je mag dat niet doen, dat is na tien uur niet toegestaan.
 . . . . das nicht . . . . . . , das ist . . . . nicht . . . .

❸ Zegt u toch wat u wil, dat stoort me niet.
 Sagen Sie doch, ... , das . . . . . mich . . . . . .

7 – Ja, men mag na 10 uur *('s)* avonds niet naar luide muziek luisteren *(noch luid muziek beluisteren)* noch saxofoon spelen.
8 – Kort[om], men mag doen wat toegestaan is en niet doen wat verboden is…

⑧ **Erlaubt** ↔ **verboten**, van **erlauben** - *toestaan, -laten* ↔ **verbieten** - *verbieden*. Later meer over voltooide deelwoorden.

***

Oplossing van oefening 1

❶ Jullie mogen alles doen wat jullie willen, kinderen. ❷ Het is verboden de straat bij rood licht over te steken. ❸ Thomas heeft noch tijd noch zin om te fietsen. ❹ Men mag de anderen niet storen. ❺ Hallo, is hier iemand?

❹ Hij is dronken en fietst, dat is verboden!
Er ist . . . . und . . . . , das ist
. . . .!

❺ Niet storen, alstublieft, ik wil geen ontbijt.
Bitte nicht . . . . . . , ... kein Frühstück.

Oplossing van oefening 2

❶ Tragen Sie – mit Socken ❷ Du darfst – machen – nach zehn Uhr – erlaubt ❸ – was Sie wollen – stört – nicht ❹ – betrunken – fährt Rad – verboten ❺ – stören, ich will –

hundertsechzig • 160

35 Fünfunddreißigste Lektion

Wiederholung – Herhaling

1 Modale werkwoorden en hun vervoeging

De zes modale (hulp)werkwoorden (die een bepaalde modaliteit of houding t.o.v. een handeling uitdrukken) zijn:
dürfen - *mogen, kunnen* (de mogelijkheid hebben)
können - *kunnen*
mögen - *leuk/aardig vinden, mogen, graag ..., lusten,...*
müssen - *(absoluut) moeten*
sollen - *(eigenlijk) moeten, (be)horen*
wollen - *willen, zullen* (bij een voorstel).

• **Müssen ↔ sollen**
müssen: een verplichting waaraan men zich houdt omdat men geen andere mogelijkheid ziet en men het zo beslist heeft;
sollen: omdat men zich door iemand anders of z'n eigen moraal verplicht voelt.
Zoals u ziet, is de marge niet groot en voor interpretatie vatbaar...

• Let op bij de ontkennende vorm van **müssen, dürfen** en **sollen**:
nicht müssen betekent *niet hoeven, niet verplicht zijn;*
nicht dürfen drukt een verbod of weigering uit → *niet mogen*
nicht sollen verzacht het verbod of de weigering → *eigenlijk niet mogen, niet (be)horen.*
Du musst das nicht machen. - *Je hoeft dit niet te doen.*
Du sollst das nicht machen. - *Je hoort dit niet te doen.*
Du darfst das nicht machen. - *Je mag dit niet te doen.*

• **Ich möchte** - *ik zou willen, zou graag...*, voorwaardelijke wijs van **mögen**, drukt een wil of een wens uit terwijl **ich mag** doorgaans gebruikt wordt om iets dat men (niet) graag heeft, doet, eet enz. aan te duiden:
Ich mag Schokoladenkuchen. - *Ik lust/eet graag chocoladecake.*
Ich möchte Schokoladenkuchen. - *Ik zou chocoladecake willen.*

Door te oefenen, zullen de verschillen vanzelfsprekend worden.

Vijfendertigste les 35

De modale werkwoorden hebben, samen met het (niet-modale) werkwoord **wissen** - *weten*, de volgende eigenschappen gemeen:
– de stamklinker verandert in de drie personen enkelvoud (behalve bij **sollen**).
– de 1e en 3e persoon enkelvoud zijn gelijk, hebben dus geen uitgang (geen **-e** in de 1e persoon noch **-t** in de 3e!) - de 2e persoon heeft de regelmatige uitgang **-st**.

	können	wollen	sollen	müssen	dürfen	mögen
ich	kann	will	soll	muss	darf	mag
du	kannst	willst	sollst	musst	darfst	magst
er/sie/es	kann	will	soll	muss	darf	mag
wir	können	wollen	sollen	müssen	dürfen	mögen
ihr	könnt	wollt	sollt	müsst	dürft	mögt
sie	können	wollen	sollen	müssen	dürfen	mögen

• De plaats van het modaal werkwoord (en de bijgaande infinitief) is vergelijkbaar met het Nederlands:

Er kann morgen nicht kommen. - *Hij kan morgen niet komen.*
Müssen wir morgen nach Hause gehen? - *Moeten we morgen naar huis gaan?*
Leider mag ich keinen Sekt. - *Helaas lust ik geen sekt.*
Warum dürfen wir kein Bier trinken, Mama? - *Waarom mogen we geen bier drinken, mama?*

35 2 Verbuiging van bijvoeglijke naamwoorden

Net als in het Nederlands richten bijvoeglijke naamwoorden zich in het Duits in geslacht en getal naar het zelfstandig naamwoord waar ze bij horen, maar dit alleen wanneer ze er vòòr staan:
dus **das süße Baby** - *de lieve baby*
maar **Das Baby ist süß.** - *De baby is lief.*

In het Duits dient men bovendien ook rekening te houden met wat er vòòr het bijvoeglijk naamwoord staat en dan komen de naamvallen op de proppen!

• Vòòr een zelfstandig naamwoord én voorafgegaan door een bepaald lidwoord (zoals hierboven), krijgt een bijvoeglijk naamwoord in de nominatief enkelvoud de uitgang **-e**, in het meervoud **-en**:
mannelijk (-e) **der süße Hund** - *de schattige hond*
vrouwelijk (-e) **die süße Chefin** - *de lieve bazin*
onzijdig (-e) **das süße Baby** - *de snoezige baby*
meervoud (-en) **die süßen Nachspeisen** - *de zoete nagerechten.*

• Voorafgegaan door een onbepaald lidwoord (ook in zijn ontkennende vorm) zal het bijvoeglijk naamwoord geslacht, getal en naamval van het zelfstandig naamwoord waar het vòòr staat aanwijzen, wat in de nominatief de volgende uitgangen oplevert:
mannelijk (-er) **(k)ein guter Wein** - *(g)een lekkere wijn*
vrouwelijk (-e) **(k)eine gute Marmelade** - *(g)een lekkere jam*
onzijdig (-es) **(k)ein gutes Brot** - *(g)een lekker brood*
meervoud (-en) **keine guten Äpfel** - *geen lekkere appels.*

• Zonder lidwoord ervoor is het opnieuw aan het bijvoeglijk naamwoord om geslacht, getal en naamval van het zelfstandig naamwoord waar het vòòr staat aan te wijzen, met in de nominatief de volgende uitgangen:
mannelijk (-er) **guter Wein** - *lekkere wijn*
vrouwelijk (-e) **gute Marmelade** - *lekkere jam*
onzijdig (-es) **gutes Brot** - *lekker brood*
meervoud (-e) **gute Äpfel** - *lekkere appels.*

... waaruit eigenlijk blijkt dat de verbuiging van het bijvoeglijk naamwoord interessant is: ze biedt een bijkomende mogelijkheid om het geslacht van een zelfstandig naamwoord te herkennen – en bijgevolg – te onthouden!

3 Bezittelijke voornaamwoorden (zelfstandig gebruik)

Als in het Duits een bezittelijk voornaamwoord zelfstandig wordt gebruikt, richt het zich in geslacht en getal naar het naamwoord waar het voor in de plaats staat; de naamval hangt af van de functie in de zin of van een voorzetsel. Dit gebeurt via een uitgang:

	Mann.	Vrouw.	Onz.	Meerv.
Nominatief	mein**er**	mein**e**	mein(**e**)**s**	mein**e**
Accusatief	mein**en**	mein**e**	mein(**e**)**s**	mein**e**
	de/het mijne	de/het mijne	de/het mijne	de mijne

Kannst du mir dein Fahrrad leihen? Mein(e)s ist kaputt. - *Kan je me je fiets lenen? De mijne is stuk/kapot.*
Das ist nicht Ihre Pizza, sondern meine. - *Dat is niet uw pizza, maar de mijne.*

4 De dagen van de week en momenten van de dag

Die Woche hat sieben Tage: Montag, Dienstag, Mittwoch, Donnerstag, Freitag, Samstag (oder Sonnabend) und Sonntag. - *De week telt (heeft) zeven dagen: maandag, dinsdag, woensdag, donderdag, vrijdag, zaterdag en zondag.*
Der Tag teilt sich in: der Morgen, der Vormittag, der Mittag, der Nachmittag, der Abend und die Nacht. - *De dag wordt ingedeeld (deelt zich in) in de ochtend, de voormiddag, de middag, de namiddag, de avond en de nacht.*

Om een dag aan te duiden, kan men die op zich of met het voorzetsel **am** vermelden:
(Am) Montag fahre ich nach Deutschland. - *Maandag ga ik naar Duitsland.*
(Am) Samstagabend feiere ich meinen Geburtstag. - *Zaterdagavond vier ik mijn verjaardag.*

Dag(deel) + **-s** geeft "herhaling, gewoonte" weer:
Montags arbeite ich. - *'s Maandags werk ik.*
Abends bleibe ich zu Hause. - *'s Avonds blijf ik thuis.*
Und was machen Sie sonntags? - *En wat doet u 's zondags?*
Merk het wegvallen van de hoofdletter op – behalve bij het eerste woord van de zin – omdat het naamwoord een bijwoord werd.

35

Wir wollen jetzt die Grammatik ein bisschen vergessen! Hier kommt unser Dialog! - *Laten we de grammatica even vergeten! Hier komt onze dialoog.*

Herhalingsdialoog

Ein netter Mann

1 – Sagen Sie mal, ist das Ihr Hund?
2 – Ja, das ist meiner, warum?
3 – Hunde dürfen nicht in den Dom.
4 – Aber mein Hund beißt nicht.
5 – Das macht keinen Unterschied: verboten ist verboten.
6 – Aber ich komme von weit und möchte den Dom besichtigen.
7 – Das können Sie auch, aber ohne Ihren Hund.
8   Sie haben keine Wahl.
9 – Vielleicht können Sie ihn fünf Minuten nehmen?
10 – Sind Sie verrückt? Ich bin im Dienst!
11   Und er kennt mich nicht.
12 – Das macht nichts, er mag jeden. Danke. Bis gleich! (wau, wau, wau…)
13 – Halt, halt das ist nicht so einfach, warten Sie, warten Sie doch!
14 – He, Sie da! Sprechen Sie leise!
15   Und Hunde sind hier verboten!

Vertaling

Een aardige/vriendelijke man

1 Zegt u eens, is dit uw hond? **2** Ja, het is de mijne, waarom? **3** Honden mogen niet in de dom. **4** Maar mijn hond bijt niet. **5** Dat maakt geen verschil: verboden is verboden. **6** Maar ik kom van ver en zou de dom willen bezichtigen. **7** Dat kunt u ook, maar zonder uw hond. **8** U hebt geen keuze. **9** Misschien kunt u hem vijf minuten [bij u] nemen? **10** Bent u gek? Ik ben in dienst! **11** En hij kent me niet. **12** Dat maakt niets [uit], hij mag iedereen. Dank u. Tot zo! (waf, waf, waf…) **13** Stop, stop, dit is niet zo eenvoudig, wacht u, wacht u toch! **14** Hé, u daar! Spreekt u zacht! **15** En honden zijn hier verboden!

36 Sechsunddreißigste Lektion

Eine gute Partie

1 – Guck mal, **Clau**dia, kennst du den Mann dort?
2 – Den da? Den **gro**ßen **blo**nden?
3 – Ja, den. Sprich ① doch nicht so laut!
4   Er soll ② **schreck**lich reich sein.
5 – Wo**her** ③ weißt du das?
6 – Ich **ha**be es **ges**tern ge**hört** ④.
7 – Wo denn?

Uitspraak
... p^{h}a^{e}t^{h}ie **1** Goek ... **2** ... **blon**d'n **3** ... sjpriçh ... **4** ... **sjrèk**liçh rajçh ... **5** ... voohee^e ... **6** ... Gèst^{h}e^{e}n Geheu^{e}t

Opmerkingen

① **Sprich!** is de imperatief in de 2e persoon enkelvoud (**du**-vorm) van **sprechen** - *spreken*.

② **Sollen** is hier *(zou(den)) moeten* in de betekenis van "waar zijn op grond van een gerucht/getuigenis, van hebben gehoord/gelezen": **Es soll regnen.** - *Het zou moeten/gaan regenen (er wordt gezegd dat het gaat regenen).* Hieruit blijkt nogmaals dat **sollen** meestal de inbreng van een derde partij impliceert (zie les 31, opm. 2).

③ **Woher?** - *waarvandaan?* wordt vooral gebruikt om naar herkomst, oorsprong te vragen: **Woher kommt sie?** of **Wo kommt sie her?**- *Waar komt ze vandaan?* ↔ **Wohin?** - *waarheen, waar naartoe?*: **Wohin geht sie?** of **Wo geht sie hin?** - *Waar gaat ze heen/naartoe?* (zie zin 11).

Zesendertigste les 36

Een goede partij

1 – Kijk eens, Claudia, ken jij die *(de)* man daar?
2 – Die daar? De grote blonde?
3 – Ja, die. Spreek toch niet zo luid!
4   Hij moet verschrikkelijk rijk zijn.
5 – Hoe *(Waarvandaan)* weet je dat?
6 – Ik heb het gisteren gehoord.
7 – Waar dan?

Aanwijzingen bij de uitspraak

T Partie, beklemtoond op de laatste lettergreep *[pʰaᵉtʰie]* zoals in het oorspronkelijk Franse woord, terwijl bij **Party** de klemtoon zoals in het Engels op de eerste lettergreep ligt *[pʰaaᵉtʰie]* ligt.

1, 2, 3, 7, 11 Blijf letten op de gesloten ee in **den** *[deen]* en de open e in **denn***] [dèn]*, alsook op de "ingeslikte" **e** in uitgangen *[-'n]!*

④ **Gehört** - *gehoord*, voltooid deelwoord van **hören** - *horen, (be) luisteren.* In het Duits bestaat het voltooid deelwoord van een regelmatig werkwoord meestal uit het prefix **ge-** + de stam + de uitgang **-t**: **sagen** → **ge-** + **sag** + **-t** (zin 9); eindigt de werkwoordstam op **-d** of **-t**, dan wordt de uitgang **-et**: **reden** → **ge-** + **red** + **-et** - *praten, gepraat* (zin 8). Let erop dat het voltooid deelwoord de zin afsluit.

36

8 – **Zw**ei **Mäd**chen **ha**ben im **Su**permarkt über ⑤ ihn ge**re**det ⑥.

9 – Und was **ha**ben sie ge**sagt**?

10 – Sie **fin**den, dass er **ei**ne interes**san**te **Beu**te ist: reich, **le**dig, ein **biss**chen alt, **a**ber nicht zu **häss**lich.

11 He, **war**te! Wo**hin** willst du denn?
Fortsetzung folgt

8 ... mèètᶜh'n ... uubeᵉ Gereedet 9 ... Gezaakt 10 ... intʰerèsantʰe bojtʰe ... leediçh ... hèsliçh voohien ... foᵉtzètsoeng folkt

Opmerking

⑤ Bij het voorzetsel **über** - *over* hoort in een structuur als **reden über...** of **sprechen über...** - *praten* of *spreken over...* de accusatief. We zullen zien dat naargelang van de functie van een voorzetsel een bepaalde naamval vereist is.

⑥ **Reden** en **sprechen,** verwisselbaar zoals *praten* en *spreken,* maar m.b.t. taal kan alleen **sprechen** gebruikt worden: **Ich spreche kein Spanisch.** - *Ik spreek geen Spaans.*

***

Übung 1 – Übersetzen Sie bitte!

❶ Kennen Sie die Frau dort? ❷ Seine Frau soll viel Geld haben. ❸ Wohin gehen wir heute Abend? Ins Theater oder in die Oper? ❹ Was hast du gesagt? Warum sprichst du so leise? ❺ Haben Sie gehört, wohin er fährt?

8 – Twee meisjes hebben in de supermarkt over hem gepraat.
9 – En wat hebben ze gezegd?
10 – Ze vinden dat hij een interessante buit is: rijk, ongehuwd, een beetje oud, maar niet te lelijk.
11 Hé, wacht! Waar wil je nou heen?
Wordt vervolgd (Vervolg/voortzetting volgt)

Aanwijzing bij de uitspraak
10 Interessant *[intʰerèsant]*, met voor de dubbele **s** een open **e** en een dubbele **s** om de oorspronkelijke Franse scherpe s-klank te behouden (één **s** tussen twee klinkers klinkt anders als een z).

***

Oplossing van oefening 1

❶ Kent u die *(de)* vrouw daar? ❷ Zijn vrouw moet veel geld hebben. ❸ Waar gaan we vanavond heen? Naar het toneel of naar de opera? ❹ Wat heb je gezegd? Waarom spreek je zo zacht? ❺ Hebt u gehoord waar hij heen rijdt?

37 Übung 2 – Ergänzen Sie bitte!

❶ Waar heb *(weet)* je dat vandaan? Ik heb niets gehoord.
..... wissen Sie das? Ich .... nichts
....

❷ Kijkt u eens! Dat is een goede buit.
...... Sie mal! Das ist ....

❸ We hebben over alles gepraat.
... . über alles ....

❹ Wacht u toch! Waar wil u nou heen?
.... doch! ..... wollen Sie denn?

---

37 Siebenunddreißigste Lektion

Eine gute Partie
(Fortsetzung)

1 – Sie geht **wirk**lich **hin** ①.
2   Das darf nicht wahr sein!
3   Und jetzt spricht sie ihn so**gar an**!
4   Was kann sie ihm ② **sa**gen?

Uitspraak
2 ... **vaa**ᵉ ... 3 ... zo**Gaa**ᵉ ... 4 ... iem ...

Opmerkingen

① **Hin-** - *heen, naartoe* ↔ **her-** - *vandaan,* bijv. in **hinfahren** - *gaan/rijden naar* en **herbringen** - *(naar hier) brengen*: **sie geht zu dem Tisch → sie geht hin** - *ze loopt naar de tafel, ze gaat erheen.* Merk op dat ons woordje "er" onvertaald blijft.

② **Ihm** - *hem*, de "datief" van **er** - *hij*. De datief is, na de nomi- ▶

171 • **hunderteinundsiebzig**

⑤ Spreek niet zo luid, men kan ons horen!
. . . . . . nicht . . . . . . , man kann uns . . . . .!

Oplossing van oefening 2

❶ Woher – habe – gehört **❷** Gucken – eine gute Beute **❸** Wir haben – geredet **❹** Warten Sie – Wohin – **❺** Sprich – so laut – hören

---

U vergeet niet de Duitse zinnen van de lessen en van de oefeningen te herlezen? Hardop - **Laut**? *Bravo! Luister hierbij goed naar uzelf. En als wat u hoort u maar half aanstaat, herhaalt u de zin...*

Zevenendertigste les 37

Een goede partij
(Vervolg)

1 – Ze gaat [er] werkelijk heen.
2 Dit kan *(mag)* niet waar zijn!
3 En nu spreekt ze hem zelfs aan!
4 Wat kan ze hem zeggen?

Aanwijzing bij de uitspraak
1, 3, 5 De klemtoon ligt bij scheidbare werkwoorden op het prefix: **hingehen**, **anreden** en **anbieten**.

▸ natief en de accusatief, de derde naamval die we leren kennen. Het is ook de zgn. 3ᵉ naamval, die van het meewerkend voorwerp: **Sie zeigt ihm die Stadt.** - *Ze toont hem de stad.*
→ uitgang datief mannelijk enkelvoud is **-m**, zowel voor een voornaamwoord als voor een lidwoord.

37 5 Er lacht, er **bie**tet ihr ③ **ei**nen Platz **an**.
   6 Sie setzt sich **ne**ben ihn, ganz nah!
   7 Sie ist to**tal ü**bergeschnappt ④.
   8 Sie unter**hal**ten sich, er sieht hier**her** ⑤.
   9 Was **ma**che ich nur ⑥? Sie **win**ken mir ⑦.
   10 Ich muss zu **ih**nen ⑧ **ge**hen.
   11 – **Hal**lo, **An**ja, darf ich dir **mei**nen **Va**ter **vor**stellen?
   12 Er wohnt in Bra**si**lien und ver**bringt sei**nen **Ur**laub ⑨ in Eu**ro**pa. ☐

---

*5 ... lacht ... **bieᵗʰet** ... 6 ... zètst ziçh **neeb'n** ien Gants naa 7 ... ᵗʰoᵗʰaal uubeᵉGesjnapt 8 ... oentʰeᵉhalt'n ziçh ... ziet hieᵉheeᵉ 9 ... vink'n mieᵉ 10 ... ien'n ... 11 ... anja ... dieᵉ ... **faat**ʰeᵉ ... fooᵉsjtʰèl'n 12 ... **voont** in brazieljen ... fèᵉ**bringt zajn'n** oeᵉlaup in ojroopʰa*

Opmerkingen

③ **Ihr** - *haar*, de datief van **sie** - *zij* (ev.). De uitgang van de datief vrouwelijk enkelvoud is **-r**, zoals bij het bepaald lidwoord: **Er bietet der Frau / ihr einen Kaffee an.** - *Hij biedt de vrouw / haar een koffie aan.*

④ **Überschnappen** - *gek worden, flippen:* **Bist du übergeschnappt?** - *Ben je gek geworden, aan het flippen, geschift?*

⑤ **Her** wordt gebruikt bij iets naar de spreker toe, **hin** bij iets van de spreker weg. **Her** en **hin** kunnen aan een ander bijwoord van plaats geschreven worden of deel uitmaken van een scheidbaar werkwoord: **Komm hierher!** - *Kom hierheen, naar hier!;* **herbringen** - *(naar hier) brengen.*

⑥ **Nur** - *alleen (maar)* kan ook, zoals hier, iets bijzonders onderstrepen. ▸

5	Hij lacht, hij biedt haar een plaats aan.
6	Ze gaat naast hem zitten *(zet zich naast hem)*, heel dichtbij!
7	Ze is helemaal *(totaal)* geschift.
8	Ze praten met elkaar *(onderhouden zich)*, hij kijkt *(ziet)* hierheen.
9	Wat moet ik nu doen *(doe ik)*? Ze wenken me.
10	Ik moet naar hen gaan.
11	– Hallo, Anja, mag ik je mijn vader voorstellen?
12	Hij woont in Brazilië en brengt zijn vakantie door in Europa.

Aanwijzing bij de uitspraak
12 Herinner u de Duitse uitspraak van **eu**, dus **Europa** uitgesproken als *[oj**roop**ʰa]*.

⑦ **Mir** - *mij*, de datief van **ich** - *ik*: **Gib mir bitte den Käse!** - *Geef me de kaas, alstublieft!* In zin 11 vindt u **dir** - *jou*, datief van **du** - *jij*.

⑧ **Ihnen** - *hun, (aan,...) hen*, datief van **sie** - *zij* (mv.). Op het voorzetsel **zu**, *naar, bij* volgt altijd een datief. U merkt het, sommige voorzetsels impliceren een datief andere een accusatief, zoals **für** - *voor* (les 22, opm. 3), **um** - *rond(om)* (les 33, opm. 5) en **über** - *over* (les 36, opm. 5). Sommige vereisen zelfs in het ene geval de datief, in het andere de accusatief! Geen paniek, we komen hierop terug en het went vlugger dan u denkt.

⑨ **Der Urlaub** - *de vakantie* staat in het enkelvoud; **die Ferien**, vaak gebruikt m.b.t. schoolvakanties, bijv. **Sommerferien, Herbstferien, Weihnachtsferien** - *zomer-, herfst-, kerstvakantie*, wordt altijd in het meervoud gebruikt.

37 Übung 1 – Übersetzen Sie bitte!

❶ Hallo, Thomas, wohin gehst du? ❷ Kann ich dir etwas zu trinken anbieten? ❸ Anja, kannst du bitte herkommen? ❹ Wo verbringen Sie Ihre Ferien? In Europa oder in Brasilien? ❺ Der Chef winkt mir, das darf nicht wahr sein!

Übung 2 – Ergänzen Sie bitte!

❶ Mag ik je mijn vriendin voorstellen?
   Darf ich . . . meine Freundin . . . .?

❷ Ze wenken je, je moet er heen gaan!
   . . . . dir, du musst . . . .!

❸ Ze spreekt alleen nog Duits, ze is geschift.
   . . . . nur noch Deutsch, sie ist
   . . . .

❹ Waarom gaat u niet zitten *(zet u zich niet)*? De plaats is vrij.
   Warum . . . . sich nicht? . . . .
   ist frei.

❺ Wat heb je hem gezegd?
   Was . . . . . . ihm . . . . . .?

Oplossing van oefening 1

❶ Hallo, Thomas, waar ga je naartoe? ❷ Kan ik je iets te drinken aanbieden? ❸ Anja, kan je hierheen/naar hier komen, alsjeblieft? ❹ Waar brengt u uw vakantie door? In Europa of in Brazilië? ❺ De baas wenkt me, dat kan niet waar zijn!

Oplossing van oefening 2

❶ – dir – vorstellen ❷ Sie winken – hingehen ❸ Sie spricht – übergeschnappt ❹ – setzen Sie – Der Platz – ❺ – hast du – gesagt

38 Achtunddreißigste Lektion

Alles zu seiner Zeit

1 – **Gu**ten Tag, kann ich **Ih**nen ① **hel**fen?
2 – Ja, ich **su**che **ei**nen **fest**lichen **An**zug.
3 – **Schau**en ② Sie mal, hier **ha**ben wir **ei**nen **Smo**king ③.
4   Der Preis ist sehr **güns**tig.
5 – Nein, ich will **kei**nen **Smo**king, ich **ha**be nach ④ **ei**nem **An**zug ge**fragt**!
6 – Darf ich **fra**gen, für **wel**che Ge**le**genheit?

Uitspraak
1 ... hèlf'n 2 ... fèstliçh'n antsoek 3 sjau'n ... smook^hing 4 ... prajs ... Gunst^hiçh 5 ... Gefraakt 6 ... GeleeG'nhajt

Opmerkingen

① **Ihnen** (met hoofdletter!) - *u*, datief van het persoonlijk voornaamwoord in de beleefdheidsvorm **Sie** - *u*, omdat **helfen** - *helpen* in het Duits met de datief gebruikt wordt: **Ich helfe der Frau.** - *Ik help de vrouw.*

② **Schauen** en **gucken** betekenen allebei *kijken,* waarbij **gucken** eerder in vlot en **schauen** in meer formeel taalgebruik hoort.

③ Hebt u, dankzij het lidwoord **einen**, gemerkt dat **Anzug** en **Smoking** mannelijk zijn: **der Anzug** en **der Smoking**? En wist u dat het woord voor een *mantelpak(je)* - **das Kostüm** is?

④ Noteer dat bij **fragen** - *vragen* het voorzetsel **nach** - *naar* + de datief hoort: **Die Touristen fragen nach dem Weg.** - *De toeristen vragen (naar) de weg.* U zult nog dergelijke werkwoorden tegenkomen waarbij sowieso een bepaald voorzetsel moet gebruikt worden (zie opm. 6: **gratulieren zu**). (**Tourist**, ontleend aan het Engels, wordt ook als *[t^hoerist]* uitgesproken.)

Achtendertigste les 38

Alles op zijn tijd

1 – Goedendag, kan ik u helpen?
2 – Ja, ik zoek een feestelijk pak.
3 – Kijkt u 's, hier hebben we een smoking.
4   de prijs is heel gunstig.
5 – Nee, ik wil geen smoking, ik heb naar een pak gevraagd!
6 – Mag ik vragen voor welke gelegenheid?

7 – Ich will **hei**raten ⑤.
8 – Oh, wann denn? Ich gratu**lie**re ⑥.
9 Was trägt denn **Ih**re **zu**künftige Frau ⑦?
10 – Ich weiß nicht, ich **ken**ne sie noch nicht.
11 Ich **su**che sie, wenn ⑧ ich den **An**zug **ha**be.
12 Eins ⑨ nach dem **an**deren. □

7 ... **haj**raat'n **8** ... Grat^hoe**lie**re **9** ... trèèkt ... **tsoek**^hunft^hiGe ...

Opmerkingen

⑤ **Heiraten** - *trouwen, huwen*: **Er hat eine reiche Frau geheiratet.** - *Hij heeft een rijke vrouw gehuwd.* Maar let op: *ik ben getrouwd/gehuwd* is **ich bin ver**heiratet**!

⑥ **Gratulieren** - *feliciteren, gelukwensen* wordt gebruikt met het voorzetsel **zu** + datief: **Wir gratulieren Ihnen zum Geburtstag.** - *We feliciteren u met uw verjaardag, wensen u een gelukkige verjaardag.* (**Zum** = **zu** + **dem** en **dem** is de datief van het mannelijk lidwoord **der**).

⑦ **Meine Frau/Ehefrau** - *mijn vrouw/echtgenote.*

⑧ Noteer dat het voegwoord **wenn** gebruikt wordt m.b.t. tijd → *wanneer* of in hypothetische zin → *als/wanneer*: **Ich komme, wenn ich kann.** - *Ik kom wanneer/als ik kan.* **Wann** daaren- ▸

***

Übung 1 – Übersetzen Sie bitte!

❶ Guten Abend, darf ich Ihnen meinen Mann vorstellen? ❷ Wann heiraten Sie? Nächste Woche? ❸ Sie suchen einen Anzug? Für welche Gelegenheit? ❹ Sie haben mich nach dem Weg zur Oper gefragt. ❺ Liebling, ich gratuliere dir zum Geburtstag.

7 – Ik wil trouwen.
8 – O, en wanneer? Gefeliciteerd *(Ik feliciteer)*.
9 En wat draagt uw toekomstige vrouw?
10 – Ik weet [het] niet, ik ken haar nog niet.
11 Ik zoek haar wanneer ik het pak heb.
12 [Het] ene na het andere.

tegen heeft als bijwoord altijd betrekking op tijd → *wannneer* (zie zin 8): **Wann haben Sie Zeit?** - *Wanneer hebt u tijd?;* **Ich weiß nicht, wann er kommt.** - *Ik weet niet wanneer hij komt.*

⑨ **Die eine ist Belgierin, die andere Niederländerin.** - *De ene is Belgische, de andere Nederlandse.* **Eins** of **eines** is het onzijdig onbepaald voornaamwoord **ein** - *(het) een, ene. (Het) ander(e)* is **das andere**. In de datief is de onzijdige vorm gelijk aan de mannelijke → **das** wordt **dem**: **dem anderen**, waarbij **anderen** dan de uitgang **-n** krijgt! In de komende lessen meer hierover.

***

Oplossing van oefening 1

❶ Goedenavond, mag ik u mijn man voorstellen? ❷ Wanneer trouwt u? Volgende week? ❸ U zoekt/Ze zoeken een pak? Voor welke gelegenheid? ❹ U hebt/Ze hebben me de weg naar de opera gevraagd. ❺ Lieveling, ik feliciteer je met je verjaardag / wens je een gelukkige verjaardag.

Übung 2 – Ergänzen Sie bitte!

❶ Ik weet niet wie dat is, ik ken hem niet!

... ., wer das ist, ... ihn nicht!

❷ Mag ik *(u naar)* uw naam vragen en u uitnodigen? – Niet zo snel, [het] ene na het andere.

Darf ich Sie .... fragen und Sie einladen? – Nicht so ...., eins ....

❸ Wat zoekt u? Kan ik u helpen?

Was ....? Kann ich ....?

---

39 Neununddreißigste Lektion

Die Zeiten ändern sich ①

1 – Wem ② **schre**ibst du, wenn ③ ich **fra**gen darf?

Uitspraak
... ènde⁰n ... *1 veem sjrajpst ...*

Opmerkingen

① **(Sich) ändern** - *veranderen, wijzigen*; **ändern** kan transitief (met een "veranderend, wijzigend" lijdend voorwerp) gebruikt worden: **Er ändert seine Pläne.** - *Hij wijzigt zijn plannen.* of wederkerend (als het onderwerp zelf de verandering/wijziging ondergaat): **Man muss sie nehmen, wie sie ist, sie ändert sich nicht mehr.** - *Men moet haar nemen zoals ze is, ze verandert (zich) niet meer.*

❹ Ik neem het pak, de prijs is gunstig.
Ich nehme ... ., der Preis ist ....

❺ Mag ik u mijn toekomstige vrouw voorstellen?
.... Ihnen meine ....
vorstellen?

Oplossing van oefening 2

❶ Ich weiß nicht – ich kenne – ❷ – nach Ihrem Namen – schnell – nach dem anderen ❸ – suchen Sie – Ihnen helfen ❹ – den Anzug – günstig ❺ Darf ich – zukünftige Frau –

Negenendertigste les 39

De tijden veranderen *(zich)*

1 – Aan/Naar wie schrijf je, als ik vragen mag?

② Daar het vragend voornaamwoord **wer?** - *wie?* verbogen wordt zoals het mannelijk bepaald lidwoord, wordt het in de datief **wem?** - *(aan, naar,...) wie?* De verbuigingsuitgang vervangt a.h.w. ons voorzetsel!

③ In **wenn ich fragen darf** wordt **wenn** duidelijk voorwaardelijk gebruikt: *als*. Merk op dat in een door **wenn** ingeleide bijzin het vervoegd werkwoord – en niet de infinitief – de zin afsluit. Vergeet de komma tussen hoofd- en bijzin niet!

39
2 – **Mei**nem **On**kel ④ in A**me**rika.
3 – Du hast **ei**nen **On**kel in A**me**rika? ⑤
4 – Klar, **al**le **ha**ben doch Ver**wan**dte ⑥ dort.
5 – **Au**ßer mir ⑦, ich **ha**be **nie**mand dort.
6 – Das ist **wirk**lich Pech!
7 – Wa**rum** denn? Ich ver**ste**he dich nicht.
8 – Na, wem schickst du denn **Brie**fe, wenn ⑧ du Geld brauchst?
9 – Kein Prob**lem**! Ich **schrei**be **mei**ner **Tan**te ⑨ in **Chi**na. ☐

*2 majn'm onkʰel ... ameerikʰa 4 ... fèᵉ**vant**ʰe ...*
*5 ause*ᵉ *... **nie**mant 6 ... pʰèçh 8 ... sjikst ... **brie**fe ...*
*9 ... pro**bleem** ... tʰantʰe ... **çhie**na*

Opmerkingen

④ Hier ziet u opnieuw dat in de datief ons voorzetsel vervangen wordt door een uitgang in het meewerkend voorwerp: **Er schreibt seinem Onkel.** - *Hij schrijft aan/naar zijn oom.* Net als het onbepaald lidwoord **ein** krijgen de bezittelijke voornaamwoorden **mein, dein, sein,...** de uitgang **-em** in de datief mannelijk en onzijdig enkelvoud.

⑤ U hebt wellicht al gemerkt dat een vraag vaak in de vorm van een mededelende zin geformuleerd wordt.

⑥ **Die Verwandte** - *de verwanten* zijn alle familieleden, zoals **Onkel** - *oom*, **Tante** - *tante*, **Großmutter und Großvater (die Großeltern)** - *grootmoeder en grootvader (de grootouders),...*; **die Familie** - *het gezin* is alleen **Vater, Mutter (die Eltern) und Kinder** - *vader, moeder (de ouders) en kinderen.*

⑦ Bij het voorzetsel **außer** - *behalve, buiten* hoort een datief: **Alle haben Geld, außer meinem Vater.** - *Ze hebben allemaal (Allen hebben) geld, behalve mijn vader.*

▶

183 • **hundertdreiundachtzig**

2 – Aan/Naar mijn oom in Amerika.
3 – Heb jij een oom in Amerika?
4 – Natuurlijk, iedereen heeft *(allen hebben)* toch verwanten daar.
5 – Behalve ik, ik heb niemand daar.
6 – Dat is werkelijk pech!
7 – Waarom dan? Ik begrijp je niet.
8 – Nou, aan/naar wie stuur je dan brieven wanneer je geld nodig hebt?
9 – Geen probleem! Ik schrijf aan/naar mijn tante in China.

Aanwijzing bij de uitspraak
9 Standaard wordt **China** in het Duits uitgesproken als *[**chie**na]*.

⑧ Hier wordt **wenn** m.b.t. tijd gebruikt: *(telkens) wanneer* (zie les 38, opm. 8).

⑨ De datief vrouwelijk enkelvoud eindigt altijd op **-r**, dus zowel het bepaald als het onbepaald lidwoord, als het bezittelijk voornaamwoord: **Er schreibt der/einer/seiner Freundin.** - *Hij schrijft aan/naar de/een/zijn vriendin.*

Übung 1 – Übersetzen Sie bitte!

❶ Sie ändert sich nicht mehr. ❷ Mein Onkel aus China verbringt immer seinen Urlaub in Europa. ❸ Wem schreiben Sie? Ihrem Chef? ❹ Sagen Sie mir, wenn Sie Geld brauchen. ❺ Alle außer ihm haben Verwandte in Amerika.

Übung 2 – Ergänzen Sie bitte!

❶ Mijn tante helpt me als ik geld nodig heb.
   Meine Tante ...., wenn ... .

❷ We brengen onze vakantie door in China.
   ... . unsere Ferien .. ..

❸ Ik begrijp niet wat u zegt.
   ... ., was Sie sagen.

---

40 Vierzigste Lektion

Der Autokauf ①

1 – **Gu**ten Tag, Herr **Fi**scher, **ha**ben Sie **ei**nen **neu**en ② **Wa**gen?

Uitspraak
... aut^hook^hauf **1** ... noj'n vaaG'n

Opmerkingen

① U zult al gemerkt hebben dat het Duits "vlot" woorden samenstelt (denk maar aan **Straßenbahnhaltestelle**).

Oplossing van oefening 1

❶ Ze verandert *(zich)* niet meer. ❷ Mijn oom uit China brengt zijn vakantie altijd in Europa door. ❸ Aan/Naar wie schrijft u? Aan/Naar uw baas? ❹ Zegt u mij wanneer u geld nodig hebt. ❺ Iedereen behalve hij heeft verwanten in Amerika.

❹ Aan/Naar wie schrijft u? Ken ik d(i)e persoon?
... schreiben Sie? .... die Person?

❺ Ik heb veel verwanten, maar Klaus heeft alleen een oom.
Ich habe viele ...., aber Klaus hat nur
....

Oplossing van oefening 2

❶ – hilft mir – ich Geld brauche ❷ Wir verbringen – in China ❸ Ich verstehe nicht – ❹ Wem – Kenne ich – ❺ – Verwandte – einen Onkel

---

Veertigste les 40

De [aan]koop van een auto

1 – Goeiendag, meneer Fischer, hebt u een nieuwe wagen?

② U begint ongetwijfeld vlot om te gaan met naamvallen, hier de accusatief (→ lijdend voorwerp) mannelijk (→ **der Wagen** → uitgang **-en**). Omdat het **der Wagen** is, zegt men ook **der Mercedes** *[mè℮tseedès]*, **der BMW** *[bee èm vee]*, **der Opel** *[oopel]*, **der VW** *[fau vee]*, maar het is **das Auto** - *de auto*, onzijdig zoals veel naamwoorden van vreemde oorsprong.

40 2 – Ja, den ③ **ha**be ich **letz**ten **Mo**nat ge**kauft**.
  3   Ge**fällt** ④ er **Ih**nen?
  4 – Und wie! Der ist **wirk**lich **gro**ße **Klas**se.
  5 – Den **an**deren **Freun**den ⑤ ge**fällt** er auch sehr gut.
  6 – Der ist doch **si**cher sehr **teu**er, nicht wahr?
  7 – Stimmt, er ist nicht **bil**lig.
  8   **A**ber ich **ha**be den **Wa**gen von ⑥ **mei**ner Frau ver**kauft** ⑦.
  9 – Und was macht **Ih**re Frau jetzt?
  10 – Sie hat ein **neu**es **Fahr**rad ge**kriegt** ⑧.
  11   Das ist **um**weltfreundlicher ⑨. □

2 ... lètst'n ... Gek^{h}auft   3 Gefèlt   ...   4 ... kla*se*   7 ... bi*liç*h   8 ... fè^{e}k^{h}auft   10 ... Gekriekt   11 ... oemvèltfrojntli*ç*he^e

Opmerkingen

③ I.p.v. **ich habe den gekauft** was ook **ich habe ihn gekauft** mogelijk, maar in gesproken taal wordt eerder gekozen voor een als aanwijzend voornaamwoord gebruikt bepaald lidwoord. Zie ook zinnen 4 en 6.

④ **Er gefällt mir** (meewerkend voorwerp → datief) - *hij bevalt me*, 3^e persoon enkelvoud o.t.t. van **gefallen** - *bevallen, aanstaan, leuk vinden* (ook de 2^e pers. ev. heeft een umlaut, de infinitief en overige personen hebben er geen!). Noteer dat zinnen met **gefallen** vaak beginnen met het meewerkend voorwerp: **Mir gefällt er.** Zie ook zin 5.

⑤ Meewerkend voorwerp → datief; in deze 3^e naamval is **den** de meervoudsvorm van het bepaald lidwoord **die**: **die Freunde** - *de vrienden* → **den Freunden** - *(aan) de vrienden*. Merk op dat in de datief meervoud ook naamwoorden er een **-n** bij krijgen (als ze al niet uitgaan op **-n**).

⑥ Op het voorzetsel **von** - *van* moet altijd de datief volgen.

2 – Ja, die heb ik vorige *(laatste)* maand gekocht.
3 Bevalt hij u?
4 – En hoe! Hij *(Die)* is werkelijk grote klasse.
5 – De andere vrienden bevalt hij ook heel erg *(goed)*.
6 – Hij *(die)* is *(toch)* zeker heel duur, nietwaar?
7 – Klopt, hij is niet goedkoop.
8 Maar ik heb de wagen van mijn vrouw verkocht.
9 – En wat doet uw vrouw nu?
10 – Ze heeft een nieuwe fiets *(gekregen)*.
11 Dat is milieuvriendelijker.

⑦ **Verkauft** - *verkocht*, voltooid deelwoord van **verkaufen** - *verkopen*. Net als in het Nederlands heeft het voltooid deelwoord van een onscheidbaar werkwoord nooit het prefix **ge-**. Merk op dat de 3ᵉ persoon enkelvoud eveneens **verkauft** is: **Er verkauft ihr Auto.** - *Hij verkoopt haar auto.*

⑧ **Kriegen** betekent op zich *krijgen*, maar kan ook vertaald worden met *verkrijgen, hebben, vatten,...*: **Krieg keinen Schnupfen!** - *Krijg geen verkoudheid, vat geen kou!*

⑨ **Umweltfreundlicher** - *milieuvriendelijker:* **die Umwelt** - *het milieu* (**um** - *rond(om)* + **die Welt** - *de wereld* = "de wereld aangaand") + **freundlich** - *vriendelijk, goed voor iets/iemand* + **-er**, de uitgang van de comparatief. Binnenkort meer over "vergelijken".

40 Übung 1 – Übersetzen Sie bitte!

❶ Ich finde den neuen Kollegen sehr nett, er gefällt mir. ❷ Mir gefällt er auch, er gefällt allen. ❸ Wir haben unser Auto verkauft und Fahrräder gekauft! ❹ Fahrräder sind umweltfreundlich, sie fahren ohne Benzin. ❺ Er hat von seinen Eltern zum Geburtstag einen Anzug gekriegt.

Übung 2 – Ergänzen Sie bitte!

❶ Waar is je wagen? – Ik heb hem verkocht.
.. ... dein Wagen? ... . ihn ....

❷ Wat heb je voor je *(de)* verjaardag nu gekregen?
Was .... .. denn zum Geburtstag ....?

❸ Uw pak bevalt me, meneer Berg. Waar hebt u het gekocht?
Ihr Anzug ...., Herr Berg. Wo .... den ....?

❹ Dat is duur. – Dat klopt, dat is niet goedkoop.
Das ist ...... – Das stimmt, das ist ....

❺ Brengt u mijn vrienden nog een biertje! Ik betaal.
Bringen Sie meinen .... noch ein Bier! Ich ......

Auto's spelen een belangrijke rol in Duitsland, 's werelds derde autoconstructeur, met merken als Audi, Mercedes, BMW (afkorting van **Bayrische Motoren Werke** *- "Beierse motoren fabrieken") en uiteraard VW (van* **Volkswagen**- *"wagen van het volk").*
Auto's zijn een prestigemiddel: een Duitser besteedt veel geld en aandacht aan dit "speeltje", ook aan allerlei accessoires en gadgets die hij vindt in gespecialiseerde supermarkten als **Automarkt**.

Oplossing van oefening 1

❶ Ik vind de nieuwe collega heel aardig, hij bevalt me. ❷ Mij bevalt hij ook, hij bevalt iedereen. ❸ We hebben onze auto verkocht en fietsen gekocht! ❹ Fietsen zijn milieuvriendelijk, ze rijden zonder benzine. ❺ Hij heeft van zijn ouders voor zijn *(de)* verjaardag een pak gekregen.

Oplossing van oefening 2

❶ Wo ist – Ich habe – verkauft ❷ – hast du – gekriegt ❸ – gefällt mir – haben Sie – gekauft ❹ – teuer – nicht billig ❺ – Freunden – zahle

Dat auto's goed onderhouden worden, ligt niet alleen aan de aard van hun eigenaar, maar ook aan de strenge, tweejaarlijkse keuringen door de "**TÜV**" (**Technischer Überwachungs-Verein**) *- technische keuringsdienst* waar zelfs op roestvlekjes gecontroleerd wordt!

41 Einundvierzigste Lektion

Die Stadt Dresden ist eine Reise wert ①

1 – Wir **möch**ten **Deutsch**land **bes**ser **ken**nen **ler**nen ②.
2 Wo**hin sol**len wir **fah**ren?
3 Kannst du uns **ei**nen Rat ③ **ge**ben?
4 – **Si**cher! Ihr müsst **un**bedingt nach **Dres**den **fah**ren.
5 – Wo liegt das denn?
6 – Im **Os**ten ④. **Dres**den ist die **Haupt**stadt von **Sach**sen.
7 – Und was gibt es ⑤ dort zu **seh**en?

Uitspraak
... *drees*d'n ... *vee*ᵉt **1** ... *dojtsj*lant **bè**seᵉ ... **4** ... **oen**bedingt ... **5** ... liekt ... **6** im **os**t'n. ... **haupt**sjtʰat ... **zaks**'n

Opmerkingen

① **Wert sein** - *waard zijn*: **Das ist viel/nichts wert.** - *Dat is veel/niets waard.*; **der Wert** - *de waarde*.

② **Möchten** - *zouden willen*; **kennen lernen** - *leren kennen*.

③ In onze zin staat **der Rat** - *de raad, het advies* als lijdend voorwerp in de accusatief en **uns** - *ons* als meewerkend voorwerp in de datief. Werkwoorden als **geben** - *geven* en **bringen** - *brengen* hebben vaak twee voorwerpen: **Sie gibt dem Kind einen Apfelsaft.** - *Ze geeft het kind een appelsapje* (of *Ze geeft een appelsapje <u>aan</u> het kind*, waarbij ons voorzetsel *aan* en de Duitse datiefuitgang dezelfde functie hebben, nl. aanduiden dat het om een meewerkend voorwerp gaat.) Wat de volgorde betreft: is het lijdend voorwerp een naamwoord, dan komt het meestal achter het meewerkend voorwerp, is het een voornaamwoord dan staat het er voor: **Sie gibt ihn dem Kind.** - *Ze geeft het aan het kind.*

Eenenveertigste les   41

De stad Dresden is een reis waard

1 – We zouden Duitsland beter willen leren kennen *(zouden-willen Duitsland beter kennen leren)*.
2   Waarheen moeten we gaan?
3   Kan je ons *(een)* advies geven?
4 – Zeker! Jullie moeten beslist naar Dresden gaan.
5 – Waar ligt dat dan?
6 – In het oosten. Dresden is de hoofdstad van Saksen.
7 – En wat is *(er)* daar te zien?

④ Dat **im** de samentrekking is van het voorzetsel **in** en het bepaald lidwoord **dem** wisten we al; nu kunnen we hieraan toevoegen dat **dem** gebruikt wordt in de datief mannelijk of onzijdig: **der Osten** - *het oosten*, **im Osten** - *in het oosten*. Weet dat, afhankelijk van de context, het voorzetsel van plaats **in** met verschillende naamvallen kan voorkomen: de datief bij een plaatsaanduiding, na de vraag **wo?** - *waar?*: **Wo wohnen Sie? – Im Zentrum / in der Stadt**. - *Waar woont u? – In het centrum / in de stad.*; maar de accusatief bij een richting, beweging, na de vraag **wohin?** - *waarheen?*: **Wohin fahren sie? – Ins Zentrum / in die Stadt**. - *Waar gaan jullie heen? – Naar het centrum / naar de stad.*

⑤ **Es gibt** - *er is/zijn*: **Gibt es** (onderwerp → nominatief) **hier keinen Supermarkt** (lijdend voorwerp → accusatief)**?** - *Is er hier geen supermarkt?*

41   8 – Viel. Es ist eine **al**te Ba**rock**stadt mit
   langer ⑥ Ge**schich**te.
 9 Ich **schwö**re euch ⑦, die **Rei**se lohnt ⑧
   sich.

*8 ... alt^{h}e baroksjt^{h}at ... lange^e Gesjiçht^{h}e 9 ... sjveure ojçh
... loont ziçh*

Opmerkingen

⑥ **Die Geschichte** - *de geschiedenis* maar ook *het verhaal,* zelfs *verhaaltje.* Bij het voorzetsel **mit** - *met* hoort een datief; omdat we hier geen lidwoord hebben, krijgt het bijvoeglijk naamwoord de datiefuitgang **-er**: **lang** - *lang*, maar **mit langer Geschichte** - *met een lange geschiedenis.*

⑦ **Euch** - *(aan,...) jullie,* de datief van **ihr** - *jullie.*

⑧ Het wederkerende **sich lohnen** – afgeleid van **der Lohn** - *het loon* – komt vooral voor in de uitdrukking **Das lohnt sich (nicht).** - *Dat loont de moeite (niet) / is (niet) de moeite waard.*

***

Übung 1 – Übersetzen Sie bitte!

❶ Ich möchte München besser kennen lernen.
❷ Du musst unbedingt in den "Englischen Garten" gehen. ❸ Wo liegt Sachsen? – Im Osten von Deutschland. ❹ Ich gebe euch einen Rat, erzählt mir keine Geschichten! ❺ Was gibt es denn hier zu sehen?

8 – Veel. Het is een oude barokstad met [een] lange geschiedenis.
9 Ik zweer [het] jullie, de reis loont de moeite *(zich)*.

***

Oplossing van oefening 1

❶ Ik zou Munchen beter willen leren kennen. ❷ Je moet beslist naar de "Engelse Tuin" gaan. ❸ Waar ligt Saksen? – In het oosten van Duitsland. ❹ Ik geef jullie een raad, vertel me geen verhaaltjes! ❺ Wat is er hier dan te zien?

41 Übung 2 – Ergänzen Sie bitte!

❶ We zoeken een goed restaurant, kunnen jullie ons *(een)* advies geven?

... . ein gutes Restaurant, könnt ihr ... .?

❷ Dat loont *(zich)* niet de moeite, er is daar niets te zien.

Das .... nicht, ... dort ...... zu sehen.

❸ Waar gaat u naartoe? Naar Dresden? Waar ligt dat eigenlijk?

..... fahren Sie? Nach Dresden? .. .. das denn?

❹ In het oosten van Duitsland, dat is de hoofdstad van Saksen.

... . von Deutschland, das ist ... . von Sachsen.

Besichtigen Sie Dresden! *De mooie barokstad Dresden ligt in het zuiden van Oost-Duitsland. Door zijn prachtige architectuur, zachte klimaat en vruchtbare grond spreekt men wel eens over het "Venetië van het Noorden". Gelegen aan de grens tussen het katholieke zuiden en het protestantse noorden, het Romaanse westen en het Slavische oosten, vormde het al vanaf zijn stichting zowat 800 jaar geleden een belangrijk kruispunt. Het kende een bloeiperiode tijdens de eerste helft van de 18^e eeuw, onder* **August der Starke** (August de Sterke), *graaf van Saksen en koning van Polen. Getuigen hiervan zijn schitterende barokgebouwen als de* **Dresdner Zwinger** *(voormalig paleizencomplex waar de hoffeesten plaatsvonden), het Pillnitzkasteel en de kathedraal. In het Zwinger worden in de Galerij van de Oude Meesters de kunstcollecties uit de koninklijke schatkamer tentoongesteld. Er staat ook een indrukwekkende verzameling porselein uit Japan en*

❺ Waarom heb je dat gekocht? Dat is niets waard.
   Warum . . . . das . . . .? Das ist . . . . . .
   . . . . .

Oplossing van oefening 2

❶ Wir suchen – uns einen Rat geben ❷ – lohnt sich – es gibt – nichts – ❸ Wohin – Wo liegt – ❹ Im Osten – die Hauptstadt – ❺ – hast du – gekauft – nichts wert

China naast de mooiste voorwerpen uit Meißen (waar, een 20-tal km ten noordwesten van Dresden vandaan, sinds 1708 porselein vervaardigd wordt). In de 19ᵉ eeuw groeide Dresden verder uit tot een van de rijkste steden van Duitsland, dankzij zijn (kunst)ambacht van hoogstaande kwaliteit en zijn gunstige geografische ligging. Ook nu nog vindt men er de mooiste privéhotels, luxueuze symbolen van dit bruisende verleden. Eeuwenlang doorstond de stad de tand des tijds. Hoewel oorlogen, vooral de verwoesting in de Tweede Wereldoorlog, diepe sporen nalieten, zijn deze na jarenlange wederopbouw zo goed als uitgewist. Bezichtig het vele wat Dresden te bieden heeft, en voor een onvergetelijk uitzicht over de stad en het omliggende landschap moet u zeker een tochtje maken op de Elbe, met een charmante oude stoomraderboot!

42 Zweiundvierzigste Lektion

Wiederholung – Herhaling

1 De datief (3^e naamval), zijn lidwoorden en zijn persoonlijke voornaamwoorden

De datief is, na de nominatief (onderwerp) en de accusatief (lijdend voorwerp), de derde (en voorlaatste) naamval. In eerste instantie wordt hij gebruikt om het meewerkend voorwerp aan te duiden:
der Mann gibt dem Hund den Käse - *de man geeft de hond de kaas* (of *... geeft de kaas aan de hond*) waarbij
der Mann = onderwerp → nominatief
den Käse = lijdend voorwerp ("wat" geeft de man?) → accusatief
dem Hund = meewerkend voorwerp ("aan wie/wat" geeft de man de kaas?) → datief: *(aan) de hond*.

De woordvolgorde is in het Duits vrij strikt: de datief staat altijd voor de accusatief, behalve als een van beide een persoonlijk voornaamwoord is, in welk geval dit dan voor het naamwoord komt:
der Mann gibt ihm den Käse - *de man geeft hem de kaas* of **der Mann gibt ihn dem Hund** - *de man geeft hem aan de hond*. Bij twee voornaamwoorden staat het voornaamwoord in de accusatief voor dat in de datief: **der Mann gibt ihn ihm** - *de man geeft hem (aan) hem*. Uit deze laatste vertaling blijkt dat Duits niet eens zo moeilijk is...

Ziehier de met de datief uitgebreide tabel uit les 21:

1.1 Bepaalde en onbepaalde lidwoorden (nom., acc., datief)

	Mannelijk	Vrouwelijk	Onzijdig	Meervoud
Nominatief	der/ein	die/eine	das/ein	die/ –
Accusatief	den/einen	die/eine	das/ein	die/ –
Datief	dem/einem	der/einer	dem/einem	den/ -n

Noteer:
- in de datief enkelvoud zijn mannelijk en onzijdig lidwoord gelijk;

Tweeënveertigste les 42

- in de datief meervoud krijgt zowel het lidwoord als het naamwoord er de uitgang **-n** bij (tenzij het al op **-n** uitgaat):
Die Kinder spielen im Garten. - *De kinderen spelen in de tuin.*
Der Vater gibt den Kindern Schokolade. - *De vader geeft de kinderen chocolade.*

1.2 Persoonlijke voornaamwoorden (nom., acc., datief)

	Enkelvoud		
	1e pers.	2e pers.	3e pers.
Nominatief	ich	du	er/sie/es
Accusatief	mich	dich	ihn/sie/es
Datief	mir	dir	ihm/ihr/ihm

	Meervoud			Beleefd-heidsvorm
	1e pers.	2e pers.	3e pers.	
Nominatief	wir	ihr	sie	Sie
Accusatief	uns	euch	sie	Sie
Datief	uns	euch	ihnen	Ihnen

2 Vorming van het voltooid deelwoord van regelmatige werkwoorden

De meeste werkwoorden vormen hun voltooid deelwoord met het prefix **ge-** en het voltooid deelwoord van regelmatige werkwoorden eindigt altijd op **-t** (op **-et** als de stam al uitgaat op een **-t** of **-d** omdat om fonetische redenen een **e** ingelast wordt):
ge- + werkwoordstam + **-(e)t**.

machen - *maken, doen* → **gemacht** - *gemaakt, gedaan*
sagen - *zeggen* → **gesagt** - *gezegd*
arbeiten - *werken* → **gearbeitet** - *gewerkt*
reden - *praten* → **geredet** - *gepraat*

42 Onscheidbare werkwoorden (dus werkwoorden met een prefix dat niet van de stam kan gescheiden worden) hebben geen **ge-** in hun voltooid deelwoord:
verkaufen - *verkopen* → **verkauft** - *verkocht*
erzählen - *vertellen* → **erzählt** - *verteld*.

Het voltooid deelwoord van scheidbare werkwoorden komt in de volgende lessen aan bod.

3 *Wo?* - waar?, *wohin/woher?* - waarheen/waarvandaan?

– de plaats waar men/iets zich bevindt, als antwoord op **wo?** - *waar?*:
Wo sind Sie? - *Waar bent u?*
– de plaats waar men heen gaat, als antwooord op **wohin?** - *waarheen, waar naartoe?*:
Wohin gehen Sie? of **Wo gehen Sie hin?** - *Waarheen gaat u, Waar gaat u naartoe?*
– de plaats waar men vandaan komt, als antwoord op **woher?** - *waarvandaan?*: **Er kommt hierher.** - *Hij komt hiervandaan, van hier.*; **Er kommt dorther.** - *Hij komt daarvandaan, van daar.*

Zoals u ziet, bevat het antwoord ook **hin** of **her**:
Ich bin hier/dort. - *Ik ben hier/daar.*
Ich gehe hierhin/dorthin. - *Ik ga hierheen/daarheen.*
Ich komme hierher/dorther. - *Ik kom hiervandaan/daarvandaan.*

U weet dat, afhankelijk van de context, een voorzetsel van plaats met verschillende naamvallen kan voorkomen:
de datief bij een plaatsaanduiding, na de vraag **wo?** - *waar?:*
Wo wohnen Sie? – Im Zentrum / in der Stadt. - *Waar woont u? – In het centrum / in de stad.*
maar de accusatief bij een richting, beweging, verplaatsing, na de vraag **wohin/woher?** - *waarheen/waarvandaan?:*
Wohin fahren sie? – Ins Zentrum / in die Stadt. - *Waar gaan jullie heen? – Naar het centrum / naar de stad.*

4 De vier windstreken

der Norden - het noorden

der Westen - het westen der Osten - het oosten

der Süden - het zuiden

5 Duitsland, zijn 16 *Bundesländer* (deelstaten) en hun hoofdsteden

15 Baden-Württemberg
16 Bayern
7 Berlin
6 Brandenburg
3 Bremen
2 Hamburg
14 Hessen
5 Mecklenburg-Vorpommern

13 Niedersachsen
4 Nordrhein-Westfalen
8 Rheinland-Pfalz
9 Saarland
12 Sachsen
11 Sachsen-Anhalt
1 Schleswig-Holstein
10 Thüringen

42 Herhalingsdialoog

Die Welt ist klein

1 – Thomas! Das darf nicht wahr sein!
2   Was machst du hier in Dresden im Smoking?
3   Wohin gehst du denn?
4   Woher kommst du?
5   Was hast du die ganze Zeit gemacht?
6   Wie geht's dir?
7   Hast du meine Briefe nicht gekriegt?
8   Du musst mir unbedingt sagen, wo du wohnst…
9 – Sicher, Melanie, aber warte, lass mich dir antworten.
10   Eins nach dem anderen.
11   Also: mir geht's sehr gut.
12   Ich bin mit meinem Orchester für zwei Tage hier.
13   Wir spielen heute Abend in der Oper.
14   Ich habe deine Briefe leider nicht gekriegt.
15   Wir haben die letzten sechs Monate in China gespielt.
16   Aber hör mal: ich freue mich sehr, dich zu sehen!
17   Du siehst fantastisch aus!
18   Du gefällst mir wirklich.
19   Warum lachst du? Ich bin ledig und nicht häßlich.
20   Und ich schwöre dir, bald bin ich reich.

Vertaling

De wereld is klein

1 Thomas! Dat kan niet waar zijn! **2** Wat doe jij hier in Dresden in smoking? **3** Waar ga je dan naartoe? **4** Waar kom je vandaan? **5** Wat heb je de hele tijd gedaan? **6** Hoe gaat het met je? **7** Heb je mijn brieven niet gekregen? **8** Je moet me beslist zeggen waar je woont… **9** Zeker, Melanie, maar wacht, laat me je antwoorden. **10** Het ene na het andere. **11** Dus: met mij gaat het heel goed. **12** Ik ben met mijn orkest voor twee dagen hier. **13** We spelen vanavond in de opera. **14** Ik heb je brieven helaas niet gekregen. **15** We hebben de laatste zes maanden in China gespeeld. **16** Maar luister eens: ik ben heel blij je te zien! **17** Je ziet er fantastisch uit! **18** Ik vind je werkelijk leuk. **19** Waarom lach je? Ik ben ongehuwd en niet lelijk. **20** En ik zweer je, binnenkort ben ik rijk.

43 Dreiundvierzigste Lektion

Die Mücke

1 – Warum hast du das Licht **an**gemacht ①?
2 – Ich kann nicht **schla**fen.
3 Ich **ha**be **ei**ne **Mü**cke ge**hört**.
4 – Oh nein! Wo ist sie?
5 – Sie sitzt auf der **Lam**pe ②.
6 – Schnell, gib mir die **Zei**tung! *(klatsch!)*
7 **Scha**de, zu spät, sie ist **weg**geflogen ③.
8 – Wo**hin** denn? Siehst du sie?
9 – Ja, dort, jetzt fliegt sie auf die ④ **Lam**pe zu**rück** ⑤.

Uitspraak
... muk^he 1 ... licht anGemacht 5 ... zitst ... lamp^he
6 ... tsajt^hoeng ... 7 ... vèkGeflooG'n

Opmerkingen

① **Angemacht**, voltooid deelwoord van het scheidbaar werkwoord **anmachen** - *aandoen*, waarbij **-ge-** tussen het prefix **an-** en de stam + **-t** staat, vergelijkbaar met een Nederlandse constructie. Het tegenovergestelde van **anmachen** is **ausmachen** - *uitdoen*: **Ich habe das Licht ausgemacht.** - *Ik heb het licht uitgedaan* (zie zin 13).

② **Die Lampe** maar **auf der Lampe (sitzen)**, in de datief (**wo?** - *waar?*).

③ **Weggeflogen**, voltooid deelwoord van het scheidbaar onregelmatig werkwoord **wegfliegen** - *wegvliegen* (zie opm. 1).

Drieënveertigste les 43

De mug

1 – Waarom heb je het licht aangedaan?
2 – Ik kan niet slapen.
3   Ik heb een mug gehoord.
4 – O, nee! Waar is ze?
5 – Ze zit op de lamp.
6 – Vlug, geef me de krant! *(klets!)*
7   Jammer, te laat, ze is weggevolgen.
8 – Maar waar naartoe? Zie je ze?
9 – Ja, daar, nu vliegt ze terug naar *(op)* de lamp.

④ Hier hebben we **auf die Lampe (zurückfliegen)**, in de accusatief (**wohin?** - *waarheen?* **auf die Lampe** - *op (naar) de lamp*). **Auf** is dus, net als **in**, een voorzetsel dat, afhankelijk van de context, met de 3ᵉ of de 4ᵉ naamval kan staan.

⑤ Let erop dat het prefix, als dat van het werkwoord gescheiden wordt, de zin afsluit.

43 **10** **Dies**es ⑥ Mal ent**komm**t sie mir nicht!
11 – **Vor**sicht, fall nicht **run**ter ⑦! (*klatsch!*)
12 – Ich **hab**e sie! **End**lich **hab**e ich sie.
13 – Dann **könn**en wir ja ⑧ das Licht
   ausmachen.
14 **Gu**te Nacht!

10 die*z*es maal èntk^homt ... **11** ... roent^he^e ... **13** ... **aus**mach'n ...

Aanwijzing bij de uitspraak
10 Het onscheidbaar prefix wordt nooit beklemtoond: ent**kom**men.

Opmerkingen

⑥ Het aanwijzend voornaamwoord **dieser, diese, dieses, diese** - *deze/dit* wordt verbogen zoals het bepaald lidwoord **der, die, das, die**.

⑦ **Runter** - *neer, naar beneden* (afkorting van **herunter**), scheidbaar prefix van o.a. **runterfallen** - *neer-, naar beneden vallen*, **runtergehen** - *naar beneden gaan, afdalen* (bijv. de trap), **runtergucken** - *neerkijken*.

⑧ Hier wordt **ja** opnieuw versterkend gebruikt, bij het verwachten van een instemmend antwoord: **Dann können wir ja gehen.** - *Dan kunnen we toch/dus/nu gaan.*; **Da sitzt ja eine Mücke!** - *Maar daar zit een mug!* (zie ook les 32, opm. 5).

***

Übung 1 – Übersetzen Sie bitte!

❶ Onkel Klaus sitzt mit der Zeitung im Garten.
❷ Wir fliegen nicht, wir fahren mit dem Auto nach Italien. ❸ Mach bitte das Licht aus, die Mücken kommen. ❹ Im Sommer sind sie nach Brasilien geflogen. ❺ Was machst du auf dem Auto? Komm sofort runter!

10 Deze keer ontkomt ze me niet! 43
11 – Voorzichtig, val niet neer! *(klets!)*
12 – Ik heb ze! Eindelijk heb ik ze.
13 – Dan kunnen we nu het licht uitdoen.
14 Goedenacht!

Die Mücke

***

Oplossing van oefening 1

❶ Oom Klaus zit met de krant in de tuin. ❷ We vliegen niet, we gaan met de auto naar Italië. ❸ Doe alsjeblieft het licht uit, de muggen komen. ❹ In de zomer zijn ze naar Brazilië gevlogen. ❺ Wat doe je op de auto? Kom er meteen af *(meteen naar beneden)*!

Übung 2 – Ergänzen Sie bitte!

❶ Doe alsjeblieft het licht aan, ik zie niets meer.
.... bitte das Licht .., ... nichts mehr.

❷ Waar zit de mug? – Op de lamp.
.. sitzt ... .? – Auf ... .

❸ Deze keer is ze niet weggevlogen, ik heb ze eindelijk.
.... ist sie nicht ...., ... sie endlich.

❹ Ze hebben het licht uitgedaan, ze willen slapen.
Sie haben ... ., sie wollen ....

---

44 Vierundvierzigste Lektion

Der 31. Dezember ①

1 – Es ist fünf vor zwölf ②, hol schnell den Cham**pag**ner.
2 – Wo ist er denn?

Uitspraak
... **aj**n oent**draj**siçhst^he dee**tsèm**be^e **1** ... hool sjnèl deen sjamp^hanje^e

Opmerkingen

① Vergeet het punt niet te schrijven na het cijfer van de dag, het wijst erop dat het om een rangtelwoord gaat: **der einunddreißigste Dezember**.

❺ Heb je eindelijk de krab? Let op, laat ze niet ontkomen!
.... endlich die Krabbe? ...., lass sie nicht ....!

Oplossing van oefening 2

❶ Mach – an, ich sehe – ❷ Wo – die Mücke – der Lampe ❸ Dieses Mal – weggeflogen, ich habe – ❹ – das Licht ausgemacht – schlafen ❺ Hast du – Vorsicht – entkommen

Vierenveertigste les 44

De 31ᵉ december

1 – Het is vijf voor twaalf, haal snel de champagne.
2 – Maar waar is hij?!

② **Zwölf** - *twaalf* kan eventueel verduidelijkt worden: **zwölf Uhr mittags** - *12 uur 's middags* (**der Mittag** - *de middag*) en **zwölf Uhr nachts** - *12 uur 's nachts,* **Mitternacht** - *middernacht* of **vierundzwanzig Uhr** - *24 uur* (**die Nacht** - *de nacht*).

zweihundertacht • 208

3 – Er steht na**tür**lich im **Kühl**schrank.
4 – Da ist er nicht, ich **ha**be **ü**berall **nach**gesehen ③.
5 – Das kann nicht sein! ④
6 – Liegt er oder steht er im **Kühl**schrank?
7 – Ich bin **sich**er, ich **ha**be ihn in die Tür vom **Kühl**schrank ge**stellt** ⑤.
8 – In der Tür steht nur eine **Fla**sche Oli**ven**öl.
9 Seit wann stellst du Öl in den **Kühl**schrank?
10 – Ach, jetzt weiß ich, wo**hin** ich den Cham**pag**ner ge**stellt ha**be ⑥!

3 ... sjtʰeet ... **kʰuul**sjrank **4** ... **uub**eral **nach**Gezee'n **6** liekt ... **7** ... **tʰuu**ᵉ ... Ge**sjt**ʰ**èlt** **8** ...**fla**sje o**liev**'neul

Aanwijzing bij de uitspraak
8 De **v** in **Olive** wordt als *[v]* uitgesproken omdat het een Romaans leenwoord is.

Opmerkingen
③ **Nachgesehen**, voltooid deelwoord van **nachsehen** - *nakijken*.
④ **Das kann nicht sein!** - *Dat kan niet (zijn)!, Dat is niet mogelijk!*
⑤ **Gestellt**, voltooid deelwoord van **stellen** - *zetten, plaatsen, stellen*, dat het verplaatsen van iets inhoudt → accusatief: **Er stellt die Flasche in die Kühlschranktür / auf den Tisch.** - *Hij zet de fles in de koelkastdeur / op de tafel*. Maar: **Die Eier liegen in der Kühlschranktür/ die Flaschen stehen auf dem Tisch.** - *De eieren liggen in de koelkastdeur / de flessen staan op de tafel* → datief.
⑥ **Wohin habe ich den Champagner gestellt?** - *Waar heb ik de champagne gezet?;* **Ich weiß nicht, wohin ich den Champagner gestellt habe.** - *Ik weet niet waar ik de champagne gezet heb.* Let op de komma tussen hoofd- en bijzin!

3 – Hij staat natuurlijk in de koelkast.
4 – Daar is hij niet, ik heb overal *(na)*gekeken.
5 – Dat kan niet *(zijn)*!
6 – Ligt hij of staat hij in de koelkast?
7 – Ik weet *(ben)* zeker [dat] ik hem in de deur van de koelkast heb gezet.
8 – In de deur staat alleen een fles olijfolie.
9 – Sinds wanneer zet jij olie in de koelkast?
10 – O, nu weet ik waar*(heen)* ik de champagne gezet heb!

44 Übung 1 – Übersetzen Sie bitte!

❶ Wohin habt ihr die Flaschen gestellt? ❷ Kannst du bitte nachsehen, wie viel Uhr es ist? ❸ Wo ist die Zeitung? Liegt sie auf dem Kühlschrank? ❹ Es ist fünf vor sechs und wir haben noch kein Brot geholt. ❺ Holen wir Champagner, wir müssen das feiern!

Übung 2 – Ergänzen Sie bitte!

❶ Zet de fles in de koelkast voor vanavond.
. . . . . die Flasche . . . . für
. . . .

❷ Hoe laat is onze afspraak? – Wacht u, ik moet [het] nakijken.
. . . . ist unser Termin? – . . . . . .
. . ., ich muss . . . .

❸ Ik weet niet meer waar ik de champagne gezet heb.
. . . . . . nicht mehr, ... ich den
Champagner . . . .

❹ Ik ben [er] zeker [van], de aardappelen liggen in de kast.
Ich bin . . . . . . , die Kartoffeln . . . .
. . . .

Oplossing van oefening 1

❶ Waar hebben jullie de flessen gezet? **❷** Kan je alsjeblieft kijken hoe laat het is? **❸** Waar is de krant? Ligt hij op de koelkast? **❹** Het is vijf voor zes en we hebben nog geen brood gehaald. **❺** Laten we champagne halen, we moeten dit vieren!

❺ Breng me vlug de krant! – Sinds wanneer ben jij mijn baas?
... mir .... die Zeitung! – ....
bist du ....?

Oplossing van oefening 2

❶ Stell – in den Kühlschrank – heute Abend **❷** Um wie viel Uhr – Warten Sie – nachsehen **❸** Ich weiß – wohin – gestellt habe **❹** – sicher – liegen im Schrank **❺** Bring – schnell – Seit wann – mein Chef

> *Begint het te vlotten met de naamvallen? Het is een kwestie van gewoonte!*
>
> *Inmiddels hebt u al kennisgemaakt met een groot aantal bijzonderheden van de Duitse taal.*

45 Fünfundvierzigste Lektion

In der letzten Minute

1 – Wo warst ① du denn so **la**nge?
2 – Auf dem Klo ② war ③ eine **Schla**nge.
3 – **Hof**fentlich ④ hat das Stück noch nicht **an**gefangen ⑤.
4 – Wo **sit**zen wir? **Un**ten **o**der **o**ben?
5 – **Un**ten, ganz vorn ⑥, in der **zwei**ten **Rei**he. Komm!
6 – Oh, es ist schon **dun**kel.
7 – Ich **gla**ube, hier sitzt **nie**mand.
8   **Set**zen ⑦ wir uns bis zur ⑧ **Pau**se **hier**hin.

Uitspraak
1 ... vaaᵉst ... 2 ... kloo vaaᵉ ... 3 *hof*entliçh ... *an*Gefang'n
4 ... *oent*'n ... *oob*'n 5 ... foᵉn ... *raa*je 8 zèts'n ... bis tsoeᵉ pʰauze ...

Opmerkingen

① **Warst**, 2ᵉ persoon enkelvoud in de onvoltooid verleden tijd (o.v.t.) van **sein** - *zijn*.

② **Das Klo** of **die Toilette**: **Ich muss aufs** (= **auf das**) **Klo** of **Ich muss auf (die) Toilette**. - *Ik moet naar het toilet*. **Klo** is een verkorting van **Klosett**, van het Engelse *water-closet* (waar trouwens ook **WC** *[vee tsee]* van afgeleid is). Let weer op de verschillende vertalingen van een voorzetsel: **auf dem Klo** - *aan/bij/op het toilet* (**wo?** → datief), **aufs/zur Klo** - *naar het toilet* (**wohin?** → accusatief).

③ **War**, 3ᵉ persoon enkelvoud in de verleden tijd van **sein**: **er/sie/es war** - *hij/zij/het was*.

④ **Hoffentlich** - *hopelijk*, bijwoord afgeleid van **hoffen** - *hopen*.

⑤ **Angefangen**, voltooid deelwoord van **anfangen** - *beginnen*, ▶

Vijfenveertigste les 45

Op het *(In de)* **laatste moment** *(minuut)*

1 – Waar was je toch zo lang?
2 – Aan/Bij het toilet stond *(was)* een rij.
3 – Hopelijk is *(heeft)* het stuk nog niet begonnen.
4 – Waar zitten we? Beneden of boven?
5 – Beneden, helemaal vooraan, op de tweede rij. Kom!
6 – O, het is al donker.
7 – Ik geloof [dat] hier niemand zit.
8   Laten we hier gaan zitten *(Zetten we ons)* tot aan de pauze.

▶ *aanvangen.* **Das Stück hat wieder angefangen.** - *Het stuk is opnieuw begonnen.*

⑥ **Unten** - *beneden, onder(aan)* ↔ **oben** - *boven(aan);* **vorn** - *voor(aan)* ↔ **hinten** - *achter(aan).*

⑦ **Sich setzen** - *zich (neer)zetten,* dus *gaan zitten*, een wederkerend werkwoord. Het wederkerend voornaamwoord voor de 3^e persoon is **sich** - *zich,* de overige wederkerende voornaamwoorden komen overeen met de persoonlijke voornaamwoorden in de accusatief: **ich setze mich, du setzt dich, er/sie/es setzt sich, wir setzen uns, ihr setzt euch, sie setzen sich**, **Sie setzen sich**.

⑧ **Bis** - *tot*; **bis zu** - *tot aan/bij/...*; **zur** = **zu** + **der**. Herinner u dat op **zu** altijd de datief volgt, dus is het **die Pause** (v.) - *de pauze.*

45
9 – **Hil**fe! Oh, ent**schul**digen Sie **bit**te!
10 – Pst! **Kön**nen Sie nicht still sein? **Ru**he, **bit**te!
11 – Was war ⑨ denn?
12 Wa**rum** hast du ge**schrien** ⑩?
13 – Auf **mei**nem Platz hat schon **je**mand ge**ses**sen ⑪!

9 hilfe ... **10** ... sjtʰil ... **roe**e ... **12** ... Ge**s**jrie'n **13** ... **jee**mant Ge**zès**'n

Opmerkingen

⑨ Noteer dat de onvoltooid verleden tijd van **sein** vrij veel gebruikt wordt in het Duits.

⑩ **Geschrien**, voltooid deelwoord van **schreien** - *schreeuwen, gillen*. De klinkerwissel van **ei** in de infinitief naar **ie** in het voltooid deelwoord komt meer voor.

⑪ **Gesessen**, voltooid deelwoord van **sitzen** - *zitten*. In Zuid-Duitsland, Oostenrijk en Zwitserland wordt i.p.v. **hat gesessen** bij voorkeur **ist gesessen** gebruikt.

***

Übung 1 – Übersetzen Sie bitte!

❶ Ich bin müde, ich setze mich fünf Minuten hierhin. ❷ Können wir anhalten? Ich muss aufs (auf das) Klo. ❸ Komm schnell, hoffentlich gibt es keine Schlange. ❹ Thomas hat ganz allein unten gesessen und Musik gehört. ❺ Kommt da jemand? – Nein, da kommt niemand.

9 – Help *(Hulp)*! O, excuseert u me, alstublieft!
10 – Sst! Kunt u niet stil zijn? Stilte *(Rust)*, alstublieft!
11 – Maar wat is er gebeurd *(was)*?
12 – Waarom heb je gegild?
13 – Op mijn plaats zat al iemand *(heeft gezeten)*!

***

Oplossing van oefening 1

❶ Ik ben moe, ik ga hier vijf minuten zitten / zet me hier vijf minuten neer. ❷ Kunnen we stoppen? Ik moet naar het toilet. ❸ Kom vlug, hopelijk staat er geen rij. ❹ Thomas heeft helemaal alleen beneden gezeten en muziek beluistert. ❺ Komt er iemand? – Nee, er komt niemand.

Übung 2 – Ergänzen Sie bitte!

❶ Ik geloof [dat] het stuk al begonnen is.

... ., das Stück ... schon ....

❷ Ga niet op mijn plaats zitten / Zet je niet op mijn plaats of ik gil!

.... nicht auf .... oder ... .!

❸ Excuseert u mij, u zit op mijn plaats.

...., Sie sitzen ... .

---

46 Sechsundvierzigste Lektion

„Der Mensch denkt und Gott lenkt"

1 – **Ha**ben Sie **schö**ne Ferien ver**bracht** ①, Herr Sturm?
2 – Nein, das kann man nicht **sa**gen.
3 – Oh, das tut mir Leid für Sie.
4 Was ist denn pas**siert** ②?

Uitspraak
... lènkt **1** ... fè^e**bracht** ... sjt^hoe^em **4** ... p^ha**sie**^et

Opmerkingen

① **Verbracht**, "totaal" onregelmatig voltooid deelwoord van **verbringen** - *doorbrengen*: het scheidbaar prefix **ver-** neemt de plaats in van het gebruikelijke **ge-** terwijl het voltooid

❹ Waar was je? Nu moeten we tot aan de pauze wachten.
   Wo ....? Jetzt müssen wir ... ...
   ..... warten.

❺ Help! – Maar waarom hebt u geschreeuwd? Hopelijk gaat het goed met u.
   .....! – Warum .... denn .... ?
   .... geht es Ihnen gut.

Oplossing van oefening 2

❶ Ich glaube – hat – angefangen ❷ Setz dich – meinen Platz – ich schreie ❸ Entschuldigen Sie – auf meinem Platz ❹ – warst du – bis zur Pause – ❺ Hilfe – haben Sie – geschrien – Hoffentlich –

Zesenveertigste les 46

"De mens wikt *(denkt)* en God beschikt *(stuurt)*"

1 – Hebt u [een] fijne vakantie *(mooie vakanties)* doorgebracht, meneer Sturm?
2 – Nee, dat kan men niet zeggen.
3 – O, het spijt me voor u.
4   Wat is [er] dan gebeurd?

▶ deelwoord van het basiswerkwoord **bringen** - *brengen* wel degelijk **gebracht** is en dat van **mitbringen** - *meebrengen* **mitgebracht** is!

② **Passiert,** voltooid deelwoord van **passieren** - *gebeuren*, zonder het prefix **ge-** omdat werkwoorden op **-ieren** (vaak van Latijnse oorsprong) dat niet krijgen.

46

5 – Wir sind in die **Ber**ge ge**fah**ren wie ③ **je**des Jahr um **die**se **Z**eit

6 Nor**ma**lerweise ist im **Ju**ni ④ das **Wet**ter sehr schön.

7 **A**ber **die**ses Jahr hat es in den **Ber**gen ⑤ nur ge**reg**net.

8 Die **ers**ten **Ta**ge sind wir **trotz**dem **raus**gegangen ⑥.

9 **A**ber nach vier **Ta**gen **R**egen **hat**ten ⑦ wir ge**nug**.

10 Wir sind nach **Hau**se ge**fah**ren.

11 Und kaum zu **Hau**se **an**gekommen, war der **Him**mel blau und das **Wet**ter **herr**lich ⑧!

---

5 ... *bè^eGe Gefaar'n ...jeedes ...* 6 *no^emaale^evajze ...joenie ... vèt^he^e...* 7 ... *GereeGnet* 8 ... *trotsdeem rausGeGang'n* 9 ... *reeG'n hat'n ... Genoek* 11 ... *k^haum ... anGek^hom'n ... himel blau ... hè^eliçh*

Opmerkingen

③ **Wie** is naast het vraagwoord *hoe* ook het voegwoord *zoals*.

④ **Im Juni**: namen van maanden zijn mannelijk en worden na het voorzetsel **in** altijd met het lidwoord gebruikt.

⑤ **In den Bergen** - *in de bergen*, datief meervoud: **der Berg** - *de berg*, **die Berge** - *de bergen*, maar zowel lidwoord als naamwoord krijgen in de datief meervoud de uitgang **-n**, en de datief is hier van toepassing omdat we in de bergen zijn (**wo?**). In zin 5 is het **in die Berge**, accusatief omdat we naar de bergen gaan (**wohin?**).

⑥ **Rausgegangen,** voltooid deelwoord van **rausgehen** - *naar buiten gaan, uitgaan*. **Raus** is in de spreektaal een verkorte vorm van **heraus** - *naar buiten, uit-* net zoals **runter** dat is van **herunter** - *naar beneden, neer-* (zie les 43, opm. 7).

5 – We zijn naar de bergen gegaan zoals ieder jaar rond deze tijd.
6 Gewoonlijk *(Normalerwijs)* is het in juni heel mooi weer *(is in-de juni het weer heel mooi)*.
7 Maar dit jaar heeft het in de bergen alleen maar geregend.
8 De eerste dagen zijn we toch naar buiten gegaan.
9 Maar na vier dagen regen hadden we [er] genoeg [van].
10 We zijn naar huis gereden.
11 En nauwelijks thuis aangekomen, was de hemel blauw en het weer prachtig!

⑦ **Wir hatten** - *we hadden*, o.v.t. van **haben** - *hebben*. De volledige vervoeging staat in les 49, punt 3. Goed om weten op dit ogenblik is dat er geen verschil in betekenis is tussen de onvoltooid verleden tijd en de voltooid tegenwoordige tijd: **wir hatten genug** of **wir haben genug gehabt.** Het heeft alleen met stijl te maken: de o.v.t. wordt eerder verhalend en in de schrijftaal gebruikt; in de spreektaal wordt meestal de v.t.t. gebruikt, met uitzondering van **haben** - *hebben*, **sein** - *zijn* en de modale werkwoorden die ook in de spreektaal graag in de o.v.t. worden gebruikt.

⑧ **Herrlich** - *heerlijk* en ook *prachtig*.

46 Übung 1 – Übersetzen Sie bitte!

❶ Ich habe meine Ferien zu Hause verbracht. ❷ Wir sind wie jedes Jahr nach Italien gefahren. ❸ Wir hatten herrliches Wetter. ❹ In den Bergen hat es die ganze Zeit geregnet. ❺ Diese Woche bin ich nicht rausgegangen.

Übung 2 – Ergänzen Sie bitte!

❶ Helaas kan men dat niet zeggen.
 . . . . . . kann man das . . . .

❷ Ze zijn in juni naar de bergen gegaan.
 . . . . . . im Juni . . . .

❸ Waar heb je de nacht doorgebracht? Wat is er toch gebeurd?
Wo . . . . . . die Nacht . . . . ? Was ist denn . . . . ?

❹ Nauwelijks aangekomen, zijn ze weer naar huis gereden.
Kaum . . . . , sind sie wieder . . . . gefahren.

Oplossing van oefening 1

❶ Ik heb mijn vakantie thuis doorgebracht. ❷ We zijn zoals ieder jaar naar Italië gegaan. ❸ We hadden prachtig weer / hebben prachtig weer gehad. ❹ In de bergen heeft het de hele tijd geregend. ❺ Deze week ben ik niet naar buiten gegaan.

❺ In de bergen was het weer prachtig, maar in München heeft het alleen maar geregend.

.. .. war das Wetter ....,
aber in München ... es nur ....

Oplossing van oefening 2

❶ Leider – nicht sagen ❷ Sie sind – in die Berge gefahren ❸ – hast du – verbracht – passiert ❹ – angekommen – nach Hause – ❺ In den Bergen – herrlich – hat – geregnet

Wat vindt u van uw vorderingen? **Herrlich**, *toch?! Blijf de Duitse zinnen meermaals herlezen en hardop herhalen. Het is dankzij uw doorzetting dat u zonder al te veel moeite alles zult assimileren.*

47 Siebenundvierzigste Lektion

Im Vorzimmer des Chefs ①

1 – **Gu**ten Tag, ich **möch**te **bit**te Herrn ②
   Doktor ③ **Han**sen spre**chen** ④.
2 – Ja, **gu**ten Tag, wen darf ich **mel**den?
3   Ich bin **Dok**tor **Büch**ner von der **Fir**ma
   Schneider & Co.
4   Ich **ha**be um 14 (**vier**zehn) Uhr mit ihm
   eine Ver**ab**redung ⑤.
5 – **Set**zen Sie sich doch **bit**te! Ich bin gleich
   zu**rück**.

Uitspraak
... **foo**ᵉtsimeᵉ dès sjèfs **1** ... hèᵉn **dok**tʰooᵉ hans'n ... **2**
... **mèld**'n **3** ... **buch**neᵉ ... **fi**ᵉma **sjnaj**deᵉ oent kʰoo **4** ...
fèᵉ**ap**reedoeng

Opmerkingen

① **Des Chefs** is een genitief, die een bezits- of afhankelijkheidsrelatie uitdrukt. In de genitief mannelijk enkelvoud
is het bepaald lidwoord **des** en krijgt het naamwoord zelf ook
de uitgang **-s**: **der Chef** - *de baas, chef* → **des Chefs** - *van de
baas, chef*. Een genitief wordt evenwel vaak vervangen door
de contructie **von** + datief, waardoor men dus ook kon zeggen
das Vorzimmer vom (von dem) Chef - *de wachtkamer van de
baas*.

② **Herr** - *meneer* heeft hier de accusatiefuitgang **-n** (zie ook
opm. 4): **Herr Büchner ist ein Kollege.** - *Meneer Büchner
is een collega.*, maar **Kennen Sie Herrn Büchner?** - *Kent u
meneer Büchner?* Een aantal mannelijke naamwoorden krijgt
de uitgang **-n** of **-en** in alle naamvallen, behalve in de nominatief enkelvoud. We zullen deze zgn. "zwakke naamwoorden"
een voor een tegenkomen.

Zevenenveertigste les 47

In de wachtkamer *(voorkamer)* van de baas

1 – Goeiendag, ik zou *(meneer)* dr. Hansen willen spreken, alstublieft.
2 – Ja, goeiendag, wie mag ik [aan]melden?
3 Ik ben dr. Büchner van de firma Schneider & Co.
4 Ik heb om 14 uur met hem een afspraak.
5 – Gaat u toch zitten, alstublieft! Ik ben zo terug.

③ **Doktor** - *dokter* of *doctor*. In Duitstalige landen worden titels geïntegreerd in de aanspreking: **Herr/Frau + Doktor/Professor/...** + familienaam. Men vermeldt zijn titel wanneer men zich voorstelt en verwacht van de anderen dat ze er rekening mee houden wanneer ze u aanspreken.

④ **Sprechen** - *spreken* in de betekenis van "spreken met/tot" wordt gevolgd door de accusatief: **Der Chef will dich sprechen.** - *De baas wil (met) je spreken*.

⑤ **Die Verabredung** wordt gebruikt voor een *afspraak* in het algemeen; **der Termin** is (meestal) een zakelijke afspraak, ook bij een arts, advocaat, notaris enz., waarbij datum en tijdstip zijn vastgelegd.

47   6   Herr **Dok**tor **Han**sen, **Dok**tor **Büch**ner ist ge**ra**de ⑥ ge**kom**men.
   7 – Oh, ich **ha**be mein **Ves**perbrot noch nicht ge**ges**sen.
   8   **Ge**ben Sie mir noch eine **Vier**telstunde.

***

   9 – Herr **Dok**tor **Büch**ner, tut mir Leid, **Dok**tor **Han**sen ist noch nicht vom **Mit**tagessen ⑦ zu**rück**gekommen.
  10   **Kön**nen Sie sich **bit**te **ei**nen **Au**genblick ⑧ ge**dul**den ⑨? □

7 ... fèsp^{h}e^{e}broot ... GeGès'n   8 ... fie^{e}t^{h}elsjt^{h}oende   9 ... mit^{h}aakès'n ...   10 ... auG'nblik Gedoeld'n

Opmerkingen

⑥ **Gerade** - *net, pas, juist*: **Ich bin gerade angekommen.** - *Ik ben net aangekomen.*

⑦ **Das Mittagessen** - *het middageten, -maal*, **das Abendessen** - *het avondeten, -maal*; **vom** = **von** + **dem** (op **von** volgt altijd een datief, weet u nog?).

Übung 1 – Übersetzen Sie bitte!

❶ Unsere Verabredung ist um 16 Uhr. ❷ Frau Büchner ist leider noch nicht da. ❸ Setzen Sie sich bitte, der Chef kommt gleich zurück. ❹ Wen möchten Sie sprechen? Herrn Hansen? ❺ Gedulden Sie sich bitte eine Viertelstunde.

6 *(Meneer)* dr. Hansen, dr. Büchner is net [aan] gekomen.
7 – O, ik heb mijn "lunch" nog niet gegeten.
8 Geeft u me nog een kwartier.

***

9 – *(Meneer)* dr. Büchner, het spijt me, dr. Hansen is nog niet van het middageten teruggekomen.
10 Kunt u *(zich)* alstublieft [nog] een ogenblik geduld hebben?

⑧ **Der Augenblick** - *het ogenblik* of **der Moment** - *het moment*. Merk op dat de tijdsaanduiding in de accusatief staat: **Ich bleibe nur einen Augenblick/Moment.** - *Ik blijf maar even.*

⑨ **Sich gedulden** - *geduld oefenen/hebben*, in het Duits een wederkerend werkwoord: **Ich muss mich gedulden.** - *Ik moet geduld hebben.*

Oplossing van oefening 1

❶ Onze afspraak is om 16 uur. ❷ Mevrouw Büchner is er helaas nog niet. ❸ Gaat u zitten alstublieft, de baas komt zo terug. ❹ Wie zou u willen spreken? Meneer Hansen? ❺ Hebt u een kwartier geduld, alstublieft.

48 Übung 2 – Ergänzen Sie bitte!

❶ Ik heb een kwartier gewacht, ik kom morgen terug.
Ich habe .... gewartet, ...
..... morgen ....

❷ De wagen van de baas is nog niet aangekomen, hebt u een moment geduld alstublieft!
Der Wagen ... . ist noch nicht
..........., ... bitte einen
Moment!

❸ Kan ik meneer Schneider spreken, alstublieft? – Het spijt me, hij is net naar buiten gegaan.
Kann ich bitte ..... Schneider ....?
– ... ..., er ist ...... rausgegangen.

Aanvankelijk was **das Vesper** *een tussenmaaltijd in de namiddag.* **Vesper** *kan ook verwijzen naar* vespers, *avondmis. Het woord is trouwens afgeleid van het Latijn "vespera", de tijd na 18 uur. In Oostenrijk en in het zuiden van Duitsland wordt* **Vesper** *gebruikt voor "avondmaal":* **das Abendbrot** *(lett. "avondbrood") dat vanaf 18 uur genuttigd wordt. Lange tijd werd in Duitstalige landen het avondmaal als minder belangrijk beschouwd en at men gewoon nog iets kleins, zoals het spreekwoord zegt:* **"Morgens essen wie ein Kaiser, mittags wie ein König und abends wie ein Bettelmann"** *('s Morgens eten als een keizer, 's middags als een koning*

48 Achtundvierzigste Lektion

Ein schwieriger Samstagmorgen

1 – Wo **kom**men nur **al**le **die**se **Au**tos her?

Uitspraak
... **sj**vie*riGe*ᵉ ...

❹ Hoe laat is onze afspraak? Om vijftien uur?
Um wie viel Uhr ist ....? .. fünfzehn ...?

❺ Gaat u toch zitten, ik meld u meteen aan.
.... doch, ich .... gleich.

Oplossing van oefening 2

❶ – eine Viertelstunde – ich komme – zurück ❷ – des Chefs – angekommen, gedulden Sie sich – ❸ – Herrn – sprechen – Tut mir Leid – gerade – ❹ – unsere Verabredung – Um – Uhr ❺ Setzen Sie sich – melde Sie –

en 's avonds als een bedelaar). *Hoewel deze traditie in veel gezinnen standhoudt, met alleen soep of brood met charcuterie of kaas als avondmaal, is bij andere intussen veel veranderd. Hier zijn verschillende redenen voor. Zo is* **das Mittagessen** - de lunch *geen gezamenlijke maaltijd meer, althans in de week. Ook al gaan de kinderen enkel 's morgens naar school, ze komen niet terzelfder tijd naar huis en duiken vaak een voor een de koelkast in. Bij de volwassenen blijkt slechts een op zes 's middags thuis te eten, een op vier eet in de kantine, een op tien gaat naar een restaurant of eet fast-food en voor twee op vijf is de maaltijd van thuis meegebracht (de anderen eten niets…). Bijgevolg heeft men 's avonds blijkbaar nog honger. Daarnaast geldt ook dat steeds meer mensen buitenshuis werken en geen zin hebben om twee warme maaltijden per dag klaar te maken.*

Achtenveertigste les   48

Een moeilijke zaterdagmorgen

1 – Waar komen al deze auto's toch vandaan?

48 **2** Warum müssen alle Leute ① am Samstagmorgen einkaufen fahren?
3 – Wahrscheinlich aus demselben ② Grund wie wir, Papa.
4 – Werde nicht frech! Ich parke jetzt hier.
5 – Aber das geht nicht, das ist die Ausfahrt der Polizei ③.
6 – Das ist mir egal.
7 Samstags arbeiten die sowieso nicht, und wir sind in einer halben Stunde zurück.

8 *Zehn Minuten später im Großmarkt.*
9 – Der Besitzer des Fahrzeugs ④ HH ⑤–DY–349 soll bitte sofort seinen Wagen wegfahren.

3 vaaᵉ**sjajn**liçh … deem**zèlb**'n Groent … pʰapʰa **4** vee**ᵉ**de … freçh … pʰaᵉkʰe … **5** … **aus**faaᵉt … pʰolie**tsaj 6** … ee**Gaal**
7 … zoovie**zoo** … **halb**'n … **8** … **Groos**maᵉkt **9** … be**zit**seᵉ dès **faa**ᵉtsojks haa haa dee **up**silon … **vèk**faar'n

Opmerkingen

① **Alle Leute** - *alle mensen, iedereen*.

② Herinnert u zich **dasselbe** - *hetzelfde* uit les 30? **Derselbe, dieselbe, dasselbe** - *de-/hetzelfde:* bepaald lidwoord **der, die, das** + **selb-** - *zelfde*, maar hoewel men ze aan elkaar schrijft, worden beide elementen verbogen alsof ze apart stonden. Het is **aus demselben Grund** omdat **der Grund** - *de reden* mannelijk is en op het voorzetsel **aus** de datief volgt (**dem** als datief mannelijk + **selb-** met de uitgang **-en** die het in alle naamvallen krijgt behalve in de drie nominatiefvormen enkelvoud waar de uitgang **-e** is). Oef, de uitleg is soms ingewikkelder dan de praktijk! De verbuiging van het bijvoeglijk naamwoord komt in les 56 aan bod… en tegen die tijd zal ze al veel eenvoudiger lijken!

③ **Der Polizei** is hier de genitief van **die Polizei** - *de politie*. De genitief vrouwelijk is dus gelijk aan de datief vrouwelijk.

2 Waarom moeten alle mensen op zaterdagmorgen gaan winkelen doen?
3 – Waarschijnlijk om dezelfde reden als wij, papa.
4 – Wees *(Word)* niet brutaal! Ik parkeer intussen hier.
5 – Maar dat gaat niet, dat is de uitrit voor *(van)* de politie.
6 – Dat kan me niet schelen *(is me gelijk)*.
7 's Zaterdags werken die sowieso niet en we zijn in/over een halfuur terug.

8 *10 minuten later in de hypermarkt (groothandel).*
9 – De eigenaar van het voertuig [met nummerplaat] HH– DY–349 wordt verzocht *(moet alstublieft)* onmiddellijk zijn wagen te verplaatsen *(wegrijden)*.

Ein schwieriger Samstagmorgen

④ **Des Fahrzeugs**, genitief van **das Fahrzeug** - *het voertuig*. De genitief onzijdig is gelijk aan de genitief mannelijk: lidwoord op **-es** en naamwoord krijgt uitgang **-s**, bijv. **(das Ende) des Regenwetters** - *(het einde) van het regenweer, regenachtige weer*. Meer uitleg volgt in les 49, punt 1.

⑤ De eerste letters van de nummerplaat verwijzen naar de stad waar het voertuig geregistreerd is. Zo staat **HH** voor de initialen van "**Hansestadt Hamburg**" (*Hanzestad Hamburg*).

48 10   Sein **Fahr**zeug blo**ckiert** die **Ein**fahrt der Poli**zei**wagen ⑥!

10 ... blo**kʰie**ᵉt ... **ajn**faaᵉt ... pʰolie**tsaj**vaaG'n

Opmerking

⑥ Hier is **der Polizeiwagen** een genitief meervoud: het lidwoord van de genitief meervoud is **der**; het naamwoord verandert niet. De nominatief enkelvoud is eveneens **der Polizeiwagen** daar **der Wagen** mannelijk is. Verwarring is evenwel onmogelijk, want voor genitieven staat altijd een ander naamwoord.

***

Übung 1 – Übersetzen Sie bitte!

❶ Hier dürfen Sie nicht parken, das ist eine Ausfahrt! ❷ Werden Sie nicht frech, oder ich rufe die Polizei! ❸ Die Freunde der Kinder kommen in einer halben Stunde. ❹ Eine alte Frau ist die Besitzerin des Großmarkts. ❺ Samstags bleibe ich aus demselben Grund wie Sie zu Hause.

Übung 2 – Ergänzen Sie bitte!

❶ De moeder van mijn vriendin gaat 's maandags boodschappen doen.

Die Mutter . . . . geht montags

. . . .

❷ De politiewagen blokkeert de inrit van de hypermarkt.

. . . . blockiert die Einfahrt . . .

. . . .

❸ U hebt/Ze hebben dezelfde wagen als wij. Dat kan me niet schelen (is me gelijk).

Sie haben . . . . wie wir. Das ist

. . . .

10   Zijn voertuig blokkeert de inrit van de politiewagens!   **48**

***

Oplossing van oefening 1

❶ Hier mag u niet parkeren, dit is een uitrit! ❷ Wees *(Word u)* niet brutaal of ik roep de politie! ❸ De vrienden van de kinderen komen over een halfuur. ❹ Een oude dame (vrouw) is de eigenares van de groothandel. ❺ 's Zaterdags blijf ik om dezelfde reden als u thuis.

❹ Waarom ben je zo brutaal? Je bent de baas van de firma niet.
Warum bist du so . . . . .? Du bist nicht . . . . der Firma.

❺ De eigenaar van het voertuig is waarschijnlijk in de supermarkt.
. . . . des Fahrzeugs ist . . . . im Supermarkt.

Oplossing van oefening 2

❶ – meiner Freundin – einkaufen ❷ Der Polizeiwagen – des Großmarkts ❸ – denselben Wagen – mir egal ❹ – frech – der Chef – ❺ Der Besitzer – wahrscheinlich –

49 | *Heel lang regelde* **das Ladenschlussgesetz** - *de "winkelsluitingwet" de openingsuren. Die waren zodanig dat een Duits gezin quasi verplicht was zijn wekelijkse boodschappen op zaterdagmorgen te doen: van maandag tot vrijdag sloten winkels om 18u of 18.30u en 's zaterdags – behalve de eerste zaterdag van de maand – om 13 of 14u. In de week deden de vrouwen, van wie de meeste "huisvrouwen" waren, hun dagelijkse boodschappen nadat ze de kinderen naar school hadden gebracht of 's namiddags voor het avondmaal (dat uiterlijk om 18.30u of 19u werd genomen).*

49 Neunundvierzigste Lektion

Wiederholung – Herhaling

1 De genitief (2ᵉ naamval) en zijn lidwoorden

De genitief is de laatste van onze vier naamvallen. Hij wordt vooral gebruikt om een bezits- of afhankelijkheidsrelatie aan te duiden:
der Wagen des Chefs - *de wagen van de baas*
das Büro der Chefin - *het kantoor van de bazin*
(ons voorzetsel *van* wordt dan a.h.w. in het Duitse lidwoord geïntegreerd).

Ziehier de volledige verbuigingstabel van de lidwoorden:

	Mannelijk	Vrouwelijk	Onzijdig	Meervoud
Nominatief	**der/ein**	**die/eine**	**das/ein**	**die/** –
Accusatief	**den/einen**	**die/eine**	**das/ein**	**die/** –
Datief	**dem/einem**	**der/einer**	**dem/einem**	**den/–n**
Genitief	**des/eines -s**	**der/einer**	**des/eines -s**	**der/** –

We vestigen uw aandacht op de drie volgende punten:

Sinds het begin van de 20ᵉ eeuw mogen winkels langer en op zaterdag openblijven, wat supermarkten meestal doen. Maar een mentaliteit, vooral in kleinere stadjes of op het platteland, verandert niet noodzakelijkerwijs samen met de wet, ook al werd die aangepast om het leven eenvoudiger te maken... dus blijven veel gezinnen hun boodschappen doen op zaterdagochtend.

Negenenveertigsgte les 49

• In het enkelvoud zijn de lidwoorden van de genitief mannelijk en onzijdig gelijk en krijgen hun bijbehorende naamwoorden de uitgang **-(e)s**:

- de meeste naamwoorden krijgen alleen een **-s** toegevoegd:
der Erste des Monats (genitief mannelijk van **der Monat**) - *de eerste van de maand*
die Tür des Büros (genitief onzijdig van **das Büro**) - *de deur van het kantoor*

- eenlettergrepige naamwoorden op **-d**, **-t**, **-sch**, **-st** of **-ch** krijgen meestal de uitgang **-es**:
der gute Rat des Freundes - *de goede raad van de vriend*
das Fahrrad des Kindes - *de fiets van het kind*

- bij naamwoorden op **-s**, **-ß**, **-tsch**, **-tz**, **-x**, **-z**, **-zt** is omwille van de uitspraak **-es** nodig als uitgang:
die Tür des Hauses - *de deur van het huis.*

• In de vrouwelijke vorm is het lidwoord van de genitief gelijk aan dat in de datief en verandert het naamwoord niet:
das Kind der (genitief) **Frau** - *het kind van de vrouw*
Er spricht mit der (datief) **Frau.** - *Hij spreekt met de vrouw.*

49 • In het meervoud is het lidwoord van de genitief **der** hetzelfde als het lidwoord mannelijk nominatief en als de vrouwelijke datief en genitief. Er is echter geen verwarring mogelijk: de genitief hangt altijd af van het voorafgaande naamwoord:
der Tag der Männer - *de dag van de mannen*
der Tag der Frauen - *de dag van de vrouwen*
der Tag der Kinder - *de dag van de kinderen*.

Maak u geen zorgen, het is minder ingewikkeld dan het lijkt. Temeer daar de genitief doorgaans vervangen wordt door de constructie voorzetsel **von** + datief: **das Büro von dem (vom) Chef** - *het kantoor van de baas*.

2 Het voltooid deelwoord

2.1 Het voltooid deelwoord van regelmatige werkwoorden

Bij regelmatige (of zwakke) werkwoorden wordt het voltooid deelwoord gevormd door het prefix **ge-** + de werkwoordstam + de uitgang **-t**:
parken → geparkt, kaufen → gekauft;
eindigt de werkwoordstam op **-t** of **-d**, dan wordt de uitgang **-et**:
warten → gewartet, melden → gemeldet.

2.2 Het voltooid deelwoord van onregelmatige werkwoorden

Het voltooid deelwoord van onregelmatige (of sterke) werkwoorden eindigt meestal op **-en**.

Standaard is de vorming **ge-** + werkwoordstam + **-en**:
fahren → gefahren, kommen → gekommen, schlafen → geschlafen
maar bij sommige onregelmatige werkwoorden verandert de stamklinker, bijv.:
bleiben → geblieben, finden → gefunden

en andere zijn helemaal onregelmatig, bijv.:
gehen → gegangen, sitzen → gesessen, kennen → gekonnt.

We verwachten van u niet dat u meteen het voltooid deelwoord van alle onregelmatige werkwoorden onthoudt. Naarmate u ze tegenkomt, zult u ze ook assimileren.

2.3 Het voltooid deelwoord van scheidbare werkwoorden

Bij scheidbare werkwoorden krijgt het voltooid deelwoord -**ge**- ingelast na het prefix:

anmachen → **an**ge**macht**
runterfallen → **runter**ge**fallen**
zurückkommen → **zurück**ge**kommen**.

Nog even vermelden:
- bij deze werkwoorden staat het prefix, wanneer het van het basiswerkwoord wordt gescheiden, achteraan een zin in de tegenwoordige tijd: **Ich mache das Licht an.** - *Ik doe het licht aan.*
- omdat zo'n prefix het werkwoord bepaalt, wordt het beklemtoond: **Ich habe das Licht aus**gemacht**. - *Ik heb het licht uitgedaan.*

2.4 Het voltooid deelwoord van onscheidbare werkwoorden

Onscheidbare werkwoorden krijgen in hun voltooid deelwoord geen extra prefix **ge-**:

bekommen → **bekommen**
erlauben → **erlaubt**
verbieten → **verboten**.

Werkwoorden op **-ieren** vormen hun voltooid deelwoord zonder **ge**:

studieren → **studiert**
telefonieren → **telefoniert**.

3 De o.v.t. van *sein* (zijn) en *haben* (hebben)

	sein	haben
ich	war	hatte
du	warst	hattest
er/sie/es	war	hatte
wir	waren	hatten
ihr	wart	hattet
sie	waren	hatten

49 In het Duits gebruikt men voor gebeurtenissen of handelingen in het verleden de o.v.t. (onvoltooid verleden tijd - **Präteritum**) of de v.t.t. (voltooid tegenwoordige tijd - **Perfekt**). De o.v.t. wordt eerder verhalend en in de geschreven taal gebruikt, terwijl in de spreektaal meestal de v.t.t. gebruikt wordt. Algemeen kan men stellen dat de v.t.t. steeds meer de o.v.t. vervangt. Bij **sein**, **haben** en de modale werkwoorden blijven evenwel vooral de o.v.t.-vormen gebruikelijk.
Meer over de verleden tijd in de volgende lessen.

4 Voorzetsels van plaats met de datief/accusatief

Ich wohne in Deutschland. - *Ik woon in Duitsland.*
Ich fahre nach Deutschland. - *Ik ga/rijd naar Duitsland.*

In het Duits is er niet alleen de keuze van een voorzetsel, maar is het ook belangrijk de actie te bepalen.

Gaat het over "een plaats waar iemand/iets zich bevindt", dan kan de vraag **wo?** - *waar?* gesteld worden:
Die Kinder sind zu Hause. - *De kinderen zijn thuis.*
Is er sprake van "beweging of verplaatsing in de richting van een plaats", dan biedt de vraag **wohin/woher?** - *waarheen/waarvandaan?*) uitkomst:
Die Kinder gehen nach Hause. - *De kinderen gaan naar huis.*

Dit onderscheid is belangrijk bij een aantal voorzetsels, nl. **an, auf, hinter, in, neben, über, unter, vor** en **zwischen**. Deze kunnen immers met verschillende naamvallen staan, al naargelang het gaat over "een plaats waar iemand/iets zich bevindt" (→ datief) of er sprake is van "beweging of verplaatsing in de richting van een plaats" (→ accusatief):
Wir sitzen im / in dem (datief) **Garten.** - *We zitten in de tuin,*
Gehen wir in den (accusatief) **Garten.** - *Laten we in de tuin gaan.*

Het verschil in naamval kan in sommige situaties handig zijn:
in der Stadt - *in de stad* (er zich bevinden)
in die Stad - *de stad in, naar de stad* (er heen gaan).

Zo kan het werkwoord van beweging ook weggelaten worden met een modaal werkwoord:
Es ist fünf vor acht, ich muss schnell ins Büro (acc.). - *Het is 5 voor 8, ik moet snel naar kantoor.*

5 De aanwijzende voornaamwoorden *dieser, diese, dieses, diese* - **deze/dit**

De aanwijzende voornaamwoorden zijn:

enkelvoud:
- mannelijk: **dieser**
- vrouwelijk: **diese**
- onzijdig: **dieses**

meervoud: **diese**.

Ze worden verbogen zoals het bepaald lidwoord:
Ich habe diesen Mann noch nicht gesehen. - *Ik heb deze man nog niet gezien.*

In de spreektaal wordt het aanwijzend voornaamwoord vaak vervangen door het bepaald lidwoord:
Ich habe den Mann noch nicht gesehen.
waarbij **den** dan benadrukt wordt.

Genoeg grammatica voor vandaag! Naar de dialoog om uw opgedane kennis van de vorige zes lessen in de praktijk om te zetten...

49 Herhalingsdialoog

Gesagt ist gesagt

1 – Du bist sicher, dass der Besitzer des Hauses nicht da ist?
2 – Ganz sicher, der verbringt seine Ferien immer im Juni in den Bergen.
3 – Ich weiß nicht. Wie viel, sagst du, liegt im Geldschrank?
4 – Jedes Jahr um diese Zeit ist der Geldschrank bis oben voll.
5 Er ist gerade aus Südamerika zurückgekommen
6 und hat einen Koffer voll Geld mitgebracht.
7 – Und wo steht der Geldschrank?
8 – Auf dem Klo, gleich neben der Tür.
9 – Um Gottes willen! Warum hat er ihn dorthin gestellt?
10 – Er glaubt sicher, niemand sucht ihn dort.
11 Ich schwöre dir, es ist wirklich nicht schwierig.
12 – Ach nein, lass mal, ich will nicht wieder anfangen.
13 – Mensch, nur noch dieses Mal: einmal ist keinmal.
14 – Nein, tut mir Leid, ich kann wirklich nicht.
15 Wir haben eine herrliche Zeit zusammen verbracht.
16 Aber ich habe der Mutter meiner Kinder gesagt, ich fange nicht wieder an.

Vertaling

Gezegd is gezegd

1 Je bent er zeker van dat de eigenaar van het huis er niet is? **2** Helemaal zeker, die brengt zijn vakantie altijd in juni in de bergen door. **3** Ik weet het niet. Hoeveel, zeg je, ligt er in de kluis *(geldkast)*? **4** Ieder jaar rond deze tijd zit de kluis boordevol *(tot boven vol)*. **5** Hij is net uit Zuid-Amerika teruggekomen **6** en heeft een koffer vol geld meegebracht. **7** En waar staat de kluis? **8** In het toilet, vlak naast de deur. **9** Om godswil! Waarom heeft hij hem daar gezet? **10** Hij gelooft zeker dat niemand hem daar zal zoeken *(zoekt)*. **11** Ik zweer je dat het echt niet moeilijk is. **12** O nee, laat maar *(maal)*, ik wil niet opnieuw beginnen. **13** Man *(Mens)*, alleen nog deze keer: eenmaal is geenmaal. **14** Nee, het spijt me, ik kan [het] echt niet. **15** We hebben een heerlijke tijd samen doorgebracht. **16** Maar ik heb de moeder van mijn kinderen gezegd dat ik niet opnieuw begin.

De tweede golf

Tot vandaag vroegen we u genoegen te nemen met lezen (zo mogelijk hardop) en/of luisteren, met herhalen en met Duits vertalen naar Nederlands. Deze fase, die wij de "passieve" fase noemen, loopt ten einde. Vanaf de volgende les beginnen we met de "actieve" fase. Wat houdt die in? Dat is eenvoudig. U zult "op een actieve manier" toepassen wat u "op een passieve manier" hebt geassimileerd. U zult dus in de andere richting vertalen. Vanaf morgen keert u bij elke nieuwe les terug naar een eerdere les, vanaf de eerste, en vertaalt u de dialoog en oefening 1 van het Nederlands in het Duits – waarbij de Duitse tekst verborgen blijft… en uiteraard hardop. Zo herhaalt u de woordenschat en de grammatica in minder dan 10 minuten per dag – een oefening die zeker zal lonen! U zult zich rekenschap geven van de afgelegde weg en versteld staan van de zogoed als moeiteloos geboekte vooruitgang. We zullen u telkens de te herhalen les meedelen. **Viel Spaß!** - Veel plezier!

50 Fünfzigste Lektion

Anzeigen ① für Ferienwohnungen

1 – Hör mal, wie **fin**dest du das?
2 **Wun**derschöne **Lu**xus-**Fe**rienwohnung in **Spa**nien zu ver**mie**ten ②.
3 **Herr**lich an der **Küs**te ge**le**gen.
4 **So**nniges ③, **gro**ßes **Wohn**zimmer, **zwe**i **Schlaf**zimmer, **he**lle **Kü**che und Bad.
5 **Gro**ßer Bal**kon** (**Süd**seite) mit **schö**ner ④ **Au**ssicht auf das Meer ⑤.
6 Sie **brau**chen kein **Spa**nisch.

Uitspraak
antsajG'n ... feerjenvoonoeng'n **2** voende^esjeune loeksoes ... fè^emiet'n **3** ... k^hust^he GeleeG'n **4** zoniGes ... voontsime^e ... sjlaaftsime^e hèle k^huuçhe ... baat **5** ... balk^hong (zuutzajt^he) ... auszicht ... mee^e **6** ... sjp^haanisj

Opmerkingen

① **Die Anzeige** - *de advertentie* of **die Annonce**. Onthoud dat de meeste naamwoorden op **-e** vrouwelijk zijn en doorgaans hun meervoud vormen door het toevoegen van **-n**: **die Anzeigen**, **die Annoncen** - *de advertenties*.

② **Zu vermieten** - *te huur* (lett. "te verhuren").

③ U weet dat attributieve bijvoeglijke naamwoorden zich richten naar het zelfstandig naamwoord waarop ze betrekking hebben, tevens rekening houdend met de aan- of afwezigheid van een lidwoord. Zonder lidwoord vooraf geeft de adjectiefuitgang het geslacht van het substantief aan: **sonniges** (met **-es**) wijst op het onzijdige **Wohnzimmer**: **das Wohnzimmer**, ▸

Vijftigste les 50

Advertenties voor vakantiewoningen

1 – Luister 's, wat *(hoe)* vind je hiervan *(dit)*?
2   Schitterende *(Wondermooie)* luxevakantie-
    woning in Spanje te huur *(verhuren)*.
3   Prachtig aan de kust gelegen.
4   Zonnige, grote woonkamer, twee slaapkamers,
    lichte keuken en bad[kamer].
5   Groot balkon (zuidkant) met mooi uitzicht op
    de zee.
6   U hebt geen Spaans nodig.

Aanwijzingen bij de uitspraak

2 In **wunderschön** ligt de hoofdklemtoon op de eerste lettergreep, maar ook **schön** kan ter versterking beklemtoond worden.

5, 8 In woorden van Franse oorsprong ligt de klemtoon op de laatste lettergreep: **Balkon** *[balkong* (met nasale o)*/balk^{h}oon]* en **Frisör** *[friseu^e]*.

▸ **helle** op het vrouwelijke **Küche**: **die Küche**; en in de volgende zin **großer** op het mannelijke **Balkon**: **der Balkon**.

④ Er staat geen lidwoord voor het bijvoeglijk naamwoord, dus neemt dit laatste de geslachts- en naamvalsuitgang aan: **schön** in de datief vrouwelijk **-er** omdat op het voorzetsel **mit** de datief volgt en **die Aussicht** - *het uitzicht* vrouwelijk is. Had er een lidwoord gestaan, dan had dit in de datief gestaan, en eindigde het bijvoeglijk naamwoord op **-en**, de "zwakke" adjectiefuitgang: **mit ein**er **schön**en **Aussicht** - *met en mooi uitzicht*. We komen hier nog op terug.

⑤ Let op: **das Meer** is *de zee* en **der See** is *het meer*!

50

7 Die **Spa**nier ⑥ **spre**chen sehr gut Deutsch.
8 Es gibt so**gar e**inen **deu**tschen **Zahn**arzt und Fri**sör**.
9 – Das klingt gut, **a**ber sie **sa**gen nicht, wie viel die **Woh**nung ⑦ **kos**tet.
10 **Au**ßerdem **möch**te ich nach **Spa**nien, um **Spa**nisch zu **ler**nen…

7 … sjpʰaanjeᵉ … 8 … dojtsj'n tsaana(a)ᵉtst … friseuᵉ 10 auseᵉdeem …

Aanwijzing bij de uitspraak
8 Arzt kan met lange of korte a uitgesproken worden: *[a(a)ᵃtst]*; let ook op de spelling/uitspraak van de eindklank: in *[tst]* zit de *[ts]* van de **z** + **t**.

Opmerkingen

⑥ **Der Spanier** - *de Spanjaard*, **die Spanierin** - *de Spaanse*, **die Spanier** - *de Spanjaarden* en **das Spanisch** - *het Spaans*, **einen spanischen Frisör** - *een Spaanse kapper*.
Der Deutsche - *de Duitser*, **die Deutsche** - *de Duitse*, **die Deutschen** - *de Duitsers* (zie ook opm. 2 volgende les) en **das Deutsch** - *het Duits*, **eine deutsche Frisörin** - *een Duitse kapster*.
Der Niederländer - *de Nederlander*, **die Niederländerin** - *de Nederlandse*, **die Niederländer** - *de Nederlanders* en **das Niederländisch** - *het Nederlands*, **die niederländische Sprache** - *de Nederlandse taal*, **die Niederlande** - *Nederland*.

***

Übung 1 – Übersetzen Sie bitte!

❶ Meine Wohnung hat ein großes Wohnzimmer. ❷ Er geht nach Südamerika, um Spanisch zu lernen. ❸ Zu vermieten: großes Haus am Meer mit vier Schlafzimmern. ❹ Unser Zahnarzt wohnt jetzt in Spanien. ❺ Er hat ein Haus mit herrlicher Aussicht auf das Meer gekauft.

7 De Spanjaarden spreken zeer goed Duits.
8 Er is zelfs een Duitse tandarts en kapper.
9 – Dat klinkt goed, maar ze zeggen niet hoeveel de woning kost.
10 Bovendien wil ik graag naar Spanje om Spaans te leren…

▶ **Der Belgier** - *de Belg*, **die Belgierin** - *de Belgische*, **die Belgier** - *de Belgen* en **die belgische Schokolade** - *de Belgische chocolade*, **Belgien** - *België;* **der Flame** - *de Vlaming*, **die Flamin/Flämin** - *de Vlaamse*, **die Flamen** - *de Vlamingen* en **die flämische Gemeinschaft** - *de Vlaamse gemeenschap*, **Flandern** - *Vlaanderen*.

⑦ **Die Wohnung** had in deze les ook vertaald kunnen worden door *het appartement, de flat*.

***

Oplossing van oefening 1

❶ Mijn woning heeft een grote woonkamer. ❷ Hij gaat naar Zuid-Amerika om Spaans te leren. ❸ Te huur: groot huis aan zee met vier slaapkamers. ❹ Onze tandarts woont nu in Spanje. ❺ Hij heeft een huis met prachtig uitzicht op de zee gekocht.

Übung 2 – Ergänzen Sie bitte!

❶ Hoeveel kamers heeft hun woning? – Een grote woonkamer en vijf slaapkamers.
Wie viele Zimmer hat .... ? – Ein ...... Wohnzimmer und fünf ....

❷ En bovendien hebben ze een groot balkon met een prachtig uitzicht.
Und außerdem haben sie .... mit ....

❸ Het huis is aan de kust gelegen en kost niet veel.
Das Haus ... an der Küste .... und ...... nicht viel.

---

51 Einundfünfzigste Lektion

Eine Radiosendung

1 – **Gu**ten **A**bend, **mei**ne **Da**men und **Her**ren!
2 **Herz**lich will**kom**men bei **un**serer ①
    Sendung „Ber**ühm**te **Deu**tsche ②".

Uitspraak
... **raa**dioo**zèn**doeng **2** ... vil**kʰ**om'n ... be**ruum**tʰe ...

Opmerkingen

① Het voorzetsel **bei** kan op verschillende manieren vertaald worden: *bij, in* enz. en wordt altijd gevolgd door een datief. We zagen dat het vrouwelijk lidwoord **die** in de datief **der** wordt en zo krijgt **unsere** (v.) - *onze, ons* eveneens de uitgang **-r** in de datief enkelvoud: **bei unserer Sendung**. ▶

④ Wij verhuren onze luxewoning in Spanje in mei en juni.
... . unsere Luxuswohnung ..
.... im Mai und .....

⑤ Ik heb Spaans nodig om in Spanje een reis te maken.
Ich brauche ...., .. in Spanien eine
Reise .. ..

Oplossing van oefening 2

① – ihre Wohnung – großes – Schlafzimmer ② – einen großen Balkon – einer herrlichen Aussicht ③ – ist – gelegen – kostet – ④ Wir vermieten – in Spanien – Juni ⑤ – Spanisch, um – zu machen

Tweede golf: 1ᵉ les

Eenenvijftigste les 51

Een radio[-uit]zending

1 – Goedenavond, *(mijne)* dames en heren!
2   Hartelijk welkom in onze uitzending "Beroemde Duitsers".

► ② Staat er voor het bijvoeglijk naamwoord geen lidwoord, dan eindigt het in de nominatief meervoud op **-e** (zoals **die**, het bepaald lidwoord meervoud): **berühmte Deutsche** - *beroemde Duitsers*; met **die** ervoor krijgt het bijvoeglijk naamwoord de "zwakke" uitgang **-en**: **die berühmten Deutschen** - *de beroemde Duitsers*. Op dit ogenblik volstaat het de verschillende adjectiefuitgangen te herkennen; u zult ze geleidelijk aan spontaan zelf toepassen.

51

3 Wir **möch**ten **Ih**nen **heu**te **ei**nen sehr be**deu**tenden **Dich**ter ③ **vor**stellen.

4 Er ist im **Jah**re ④ 1749 (**sieb**zehn**hun**dert**neun**und**vier**zig) in F**rank**furt ge**bo**ren.

5 Er hat in **Straß**burg und **Leip**zig **Ju**ra stu**diert**.

6 Mit **sei**nem **ers**ten Ro**man** *Die Leiden* ⑤ *des jungen Werther* ist er be**rühmt** ge**wor**den ⑥.

7 **A**ber sein **Le**benswerk war *Faust*.

8 Er **hat**te viel **Ein**fluss auf **sei**ne Genera**ti**on und die Genera**ti**onen da**nach** ⑦.

9 Die **deu**tsche **Klas**sik hat mit ihm **auf**gehört ⑧.

10 Er ist am 22. (**zwei**und**zwan**zigsten) März 1830 (**acht**zehn**hun**dert**drei**ßig) ⑨ in **Wei**mar ge**stor**ben ⑩.

*3 ... be**doj**t'nd'n **dicht**ʰeᵉ ... 4 ... Ge**boo**r'n 5 ... **sjtraas**boeᵉk ... **lajpt**siçh **joe**ra sjtʰoe**die**ᵉt 6 ... ro**maan** ... **lajd**'n dès **joeng**'n **vè**ᵉtʰeᵉ ... Ge**vo**ᵉd'n 7 ... **leeb**'nsvèᵉk ... faust 8 ... **ajn**floes ... Geene**rat**si**oon** ... 9 ... **kla**sik ... **auf**Ge**heu**ᵉt 10 ... **mè**ᵉts ... **vaj**maᵉ Ge**sjt**ʰ**o**ᵉb'n*

Opmerkingen

③ **Der Dichter** - *de dichter* wordt ook wel gebruikt voor *de schrijver*.

④ De eind-**e** in **im Jahr(e)** - *in het jaar* is facultatief (het is een oude datiefuitgang). Om een jaartal aan te geven, leidt men het in met **im Jahr(e)** of zegt men alleen het jaar, zonder voorzetsel: **Ich bin 1982 (neunzehnhundertzweiundachtzig) geboren.** - Ik ben *[in] 1982 geboren*.

⑤ **Die Leiden**, meervoud van **das Leid** - *het leed, de pijn*.

⑥ **Geworden**, voltooid deelwoord van **werden** - *worden*.

3 We willen u vandaag graag een heel belangrijke dichter voorstellen.
4 Hij is in het jaar 1749 in Frankfurt geboren.
5 Hij heeft in Straatsburg en Leipzig rechten gestudeerd.
6 Met zijn eerste roman *Het lijden van de jonge Werther* is hij beroemd geworden.
7 Maar zijn levenswerk was *Faust*.
8 Hij had veel invloed op zijn generatie en de generaties erna.
9 Het Duitse classicisme is *(heeft)* met hem opgehouden.
10 Hij is op 22 maart 1830 in Weimar gestorven.

---

⑦ **Danach** - *erna, daarna, vervolgens*: **Ich gehe ins Kino und danach gehe ich nach Hause.** - *Ik ga naar de bioscoop en daarna ga ik naar huis.*

⑧ **Aufgehört**, voltooid deelwoord van **aufhören** - *ophouden, stoppen (met)*, met als basiswerkwoord **hören** - *horen, luisteren*... of hoe prefixen betekenisbepalend kunnen zijn!

⑨ Doorgaans staat in een Duitse zin een tijdsbepaling voor een plaatsbepaling. (En er zit een foutje in deze tijdsaanduiding: Goethe stierf in 1832!)

⑩ **Gestorben**, voltooid deelwoord van **sterben** - *sterven, overlijden*.

51 Übung 1 – Übersetzen Sie bitte!

❶ Darf ich mich vorstellen? Ich bin Thomas Büchner.
❷ Ihre Kinder sind groß geworden! ❸ Wann sind Sie geboren? Am 1. April? ❹ Es hat seit drei Wochen nicht aufgehört zu regnen. ❺ Ich lerne eine Viertelstunde Deutsch und danach gehe ich essen.

Übung 2 – Ergänzen Sie bitte!

❶ Hartelijk welkom in onze stad!
 . . . . in unserer Stadt!

❷ Deze radio-uitzending was zeer interessant.
 . . . . sehr interessant.

❸ Deze man is heel belangrijk en hij heeft veel invloed.
 Dieser Mann ist . . . . und er hat
 . . . .

❹ Mijn grootmoeder is [in] 1917 geboren en [in] 1998 gestorven.
 Meine Großmutter ist 1917* . . . . und
 1998** . . . .

❺ Goedenavond meneer Hansen, mag ik u mijn vrouw voorstellen?
 . . . . Herr Hansen, darf ich . . . . .
 meine Frau . . . .?

* *neunzehnhundertsiebzehn*
** *neunzehnhundertachtundneunzig*

Oplossing van oefening 1

① Mag ik me voorstellen? Ik ben Thomas Büchner. **②** Uw kinderen zijn groot geworden! **③** Wanneer bent u geboren? Op 1 april? **④** Het heeft sinds drie weken niet opgehouden met *(te)* regenen. **⑤** Ik leer een kwartier Duits en daarna ga ik eten.

Oplossing van oefening 2

① Herzlich willkommen – **②** Diese Radiosendung war – **③** – sehr bedeutend – viel Einfluss **④** – geboren – gestorben **⑤** Guten Abend – Ihnen – vorstellen

| 52 | Johann Wolfgang von Goethe is ongetwijfeld een van de belangrijkste figuren in de Duitse literatuur. In Duitsland heeft iedere stad wel **ein Goetheplatz**, **eine Goethestraße** of **eine Goetheschule**. Goethe was een universeel genie. Hij was niet alleen een groot schrijver en essayist, maar ook een filosoof die Oost en West samen bracht, en tevens advocaat, minister, raadsman, toneeldirecteur, tekenaar, geoloog, fysicus en naturalist. Naast zijn romans, toneelstukken en gedichten, schreef hij wetenschappelijk werk over o.a. planten en kleuren. Zijn "kleurenleer" (**Farbenlehre**) is vandaag nog van toepassing. Hij leefde voor en door de wetenschap, die toen gold als de hoofdbron voor het menselijk geluk. Het is dus verwonderlijk dat hij in Faust, zijn meesterwerk, de waarde van wetenschappelijke kennis in vraag stelt. Hij laat zijn held zeggen |

52 Zweiundfünfzigste Lektion

Pünktlichkeit ① ist die Höflichkeit der Könige

1 – Was ist denn pass**iert**?
2 Du bist nicht **zu**verlässig.
3 Wir **wa**ren um **Vier**tel vor acht ②
 ver**ab**redet ③.
4 Und du kommst fünf nach acht.

Uitspraak
p^hunktliçhk^hajt ... **hëf**liçhk^hajt ... k^heuniGe 2 ... **tsoe**fè^elèsiçh
3 ... **fie**^etel ... fè^e**ap**reedet

Opmerkingen

① Sommige zelfstandige naamwoorden worden afgeleid van een bijvoeglijk naamwoord door toevoeging van **-keit**: **pünktlich** - *punctueel, stipt (op tijd)* → **die Pünktlichkeit**; **höflich** - *hoffelijk* → **die Höflichkeit** - ze zijn vrouwelijk en krijgen er in ▶

„**Ich habe, ach, Philosophie, Juristerei* und Medizin, und leider auch Theologie, durchaus studiert, mit heißem Bemühen. Da steh' ich nun, ich armer Tor, und bin so klug als wie zuvor.**" - "Ik heb, ach, filosofie, rechten en geneeskunde, en helaas zelfs ook theologie gestudeerd, uiterst gedreven. Hier sta ik nu, arme stumper, even wijs als voorheen." *In zijn wanhoop sluit Faust een pact met de duivel, Mephistopheles, belooft hem zijn ziel als hij erin slaagt hem van het leven te laten houden...*

*Door de uitdrukking **die Juristerei** *te gebruiken i.p.v.* **die Jura** *spot Goethe met de term "recht".*

Tweede golf: 2ᵉ les

Tweeënvijftigste les 52

Stiptheid is de hoffelijkheid van de koningen

1 – Wat is [er] toch gebeurd?
2   Je bent niet betrouwbaar.
3   We hadden *(waren)* om kwart voor acht afgesproken.
4   En je komt [om] vijf na acht.

▸ het meervoud **-en** bij (zoals die op **-ung**); bijvoeglijke naamwoorden op **-lich** zijn meestal afgeleid van een zelfstandig naamwoord: **der Punkt** - *het punt, de stip* en **der Hof** - *het hof.*

② **Viertel vor/nach acht** - *kwart voor / na, over acht.*
③ **Verabredet sein** - *afgesproken / een afspraak hebben.*

zweihundertzweiundfünfzig

52
5 – Ich weiß, ent**schul**dige bitte.
6   Ich **konn**te ④ erst ⑤ halb acht ⑥ aus dem **Bü**ro weg.
7   Dann **wa**ren na**tür**lich über**all** die **Stra**ßen ver**stopft** ⑦.
8   Und **schließ**lich ⑧ bin ich 10 (zehn) Mi**nu**ten her**um**gefahren ⑨, um **ei**nen **Par**kplatz zu **fin**den.
9 – Wo**hin** hast du denn das **Au**to ge**stellt**?
10 – Mach dir **kei**ne **Sor**gen, es ist **al**les in **Ord**nung.
11   Komm, die **las**sen **nie**mand mehr rein ⑩, wenn es **ein**mal **an**gefangen hat ⑪.
(Fortsetzung folgt)

---

6 ... *kʰonʰe* ... *vèk* **7** ... *fè°sjtʰopft* **8** ... **sjlies**/iç ... *hèroemGefaar'n* ... *pʰaᵉkplats* ... **10** ... **zoᵉG'n** ... *oᵉtnoeng* **11** ... *rajn* ...

Opmerkingen

④ **Ich konnte** - *ik kon*, o.v.t. van **können** - *kunnen*. Weet dat de 1ᵉ en 3ᵉ persoon enkelvoud gelijk zijn: **er/sie/es konnte** - *hij/zij/het kon*.

⑤ **Erst** - *pas, (nog) maar*: **Er ist erst um 10 Uhr gekommen.** - *Hij is pas/maar om 10 uur (aan)gekomen.*; **Es ist erst 3 Uhr.** - *Het is pas / nog maar 3 uur.*

⑥ **Halb acht**, **halb drei**, **halb elf**, in twee woorden - *halfacht, halfdrie, halfelf*.

⑦ **Verstopft sein** - *verstopt/geblokkeerd zijn, vastzitten*: **Die Autobahn war verstopft.** - *De autsnelweg zat vast.*

5 – Ik weet [het], sorry *(excuseer alsjeblieft)*.
6 Ik kon pas [om] halfacht van *(uit)* het kantoor weg.
7 Dan waren natuurlijk overal de straten geblokkeerd *(verstopt)*.
8 En tenslotte heb *(ben)* ik 10 minuten rondgereden om een parkeerplaats te vinden.
9 – Waar*(heen)* heb je de auto dan gezet?
10 – Maak je geen zorgen, het is allemaal in orde.
11 Kom, ze *(die)* laten [er] niemand meer in wanneer het eenmaal begonnen is *(heeft)*.
(Wordt vervolgd)

⑧ **Schließlich** - *tenslotte, uiteindelijk*.

⑨ **Herumfahren** of korter **rumfahren** - *rondrijden*.

⑩ **Rein** wordt in de spreektaal gebruikt voor **herein** of **hinein**, **her** bij dichterbij komen, **hin** bij verwijdering, wat soms moeilijk te bepalen is, zoals blijkt uit onze zin: **die lassen niemand mehr herein** (vanuit het standpunt van wie in de zaal is) of **die lassen niemand mehr hinein** (voor wie buiten staat).

⑪ **Angefangen haben** - *begonnen zijn*: in les 45 zagen we al dat Duits en Nederlands bij het vervoegen van dit werkwoord in de v.t.t. niet hetzelfde hulpwerkwoord gebruiken.

Übung 1 – Übersetzen Sie bitte!

❶ Natürlich waren am Sonntag alle Autobahnen verstopft. ❷ Um wie viel Uhr waren wir verabredet? ❸ Er ist schließlich um neun Uhr gekommen. ❹ Wir sind eine Stunde rumgefahren, um das Hotel zu finden. ❺ Wir lassen Sie nicht rein, wenn Sie nicht pünktlich kommen.

Übung 2 – Ergänzen Sie bitte!

❶ Maakt u zich geen zorgen, hij is betrouwbaar, hij komt altijd stipt op tijd.
Machen Sie sich ...., er ist ...., er kommt immer ....

❷ Wat is er toch gebeurd? – Niets, alles is in orde.
Was ist denn ....? – Nichts, alles ist .. ..

❸ Ik heb (ben) om halfzes afgesproken met Meneer Hansen. – Het spijt me, hij is al weg.
Ich bin um .... mit Herrn Hansen .... – Tut mir Leid, ... schon ....

❹ Niemand mag binnen wanneer het eenmaal begonnen is (heeft).
.... darf ...., wenn es einmal ....

Oplossing van oefening 1

❶ Natuurlijk zaten op zondag alle autosnelwegen vast. ❷ Hoe laat hadden we afgesproken? ❸ Hij is uiteindelijk om 9 uur (aan)gekomen. ❹ We hebben een uur rondgereden om het hotel te vinden. ❺ We laten u niet binnen als u niet stipt op tijd komt.

❺ Uiteindelijk is ze om kwart voor vier gekomen.
.... ist sie um .... gekommen.

Oplossing van oefening 2

❶ – keine Sorgen – zuverlässig – pünktlich ❷ – passiert – in Ordnung ❸ – halb sechs – verabredet – er ist – weg ❹ Niemand – rein – angefangen hat ❺ Schließlich – Viertel vor vier –

53 | **Pünktlichkeit und Zuverlässigkeit** - stiptheid en betrouwbaarheid *(alsook werklust)* zijn eigenschappen waarmee traditioneel en volgens de statistieken Duitstalige landen geassocieerd worden. Het houdt ons verband met elkaar: wie te laat komt, is niet betrouwbaar! Krijgt u een uitnodiging voor een etentje of een feestje, wees dan op tijd, tenzij er "c. t." (cum tempore) vermeld staat. Dit is een officiële manier om u een kwartier vertraging toe te staan. Anders wordt ieder laattijdig aankomen beschouwd als slordigheid of, nog erger, een gebrek aan respect tegenover de gastheer of -vrouw. Laatkomers krijgen problemen, niet alleen op het werk, maar ook privé: verbroken vriendschapsbanden, ja huwelijken! Toch is ons tijdsbesef vrij recent. Eeuwenlang werd het leven geregeld door het ritme van dag en nacht... toen kwamen er klokken, eerst om aan het

53 Dreiundfünfzigste Lektion

Er ist nicht auf den Mund gefallen ①
(Fortsetzung)

1 – Ich bin schon **la**nge nicht mehr in **ei**nem so **gu**ten ② Konz**ert** gew**e**sen ③.

Uitspraak
... moent ... **1** ... kʰontsèᵉt Geveez'n

Opmerkingen

① **Gefallen**, voltooid deelwoord van **fallen** - *vallen*.
② Op het voorzetsel **in** volgt hier de datief omdat het met het werkwoord **sein** - *zijn* om een "plaatsaanduiding" gaat (het concert). **Das Konzert** is onzijdig en de datief van het onbe- ▶

biduur te herinneren, later om het dorps- of stadsleven beter te organiseren. Stipt op tijd zijn, werd belangrijk zodra men de mensen ging betalen voor de tijd die ze werkten aan iets en niet alleen voor het resultaat. Vanaf dan werd **Zeit** *- tijd* **Geld** *- geld. Rond het einde van de 19ᵉ eeuw besloten de meeste landen samen de tijd te standaardiseren. En sinds dan leven we met de wekker. Van Germanen wordt zelfs gezegd dat ze die in hun hoofd hebben!*

*Weet u trouwens wie het had over "***Pünktlichkeit ist die Höflichkeit der Könige***"? Geen Duitser, maar de Franse koning Lodewijk XVIII!*

Tweede golf: 3ᵉ les

Drieënvijftigste les   53

Hij is niet op zijn mondje *(de mond)* gevallen (Vervolg)

1 –   Ik ben al lang niet meer naar zo'n *(in een zo)* goed concert geweest.

▸   paald lidwoord **ein** is **einem**. Daar het lidwoord geslacht en naamval aangeeft, krijgt het bijvoeglijk naamwoord **gut** de "zwakke" uitgang **-en**: **in einem guten Konzert**. (zie les 50, opm. 4).

③ **Sein - war - gewesen** - *zijn - was - geweest*.

53   **2**   Hat es dir auch ge**fall**en ①?
     3 – Ja, es war **traum**haft ⑤.
     4 – Komm, ich **ha**be **ei**nen **Bä**ren**hu**nger ⑥.
     5   Dort steht **un**ser **Au**to.
     6 – **Gu**ten **A**bend, Poli**zei**! Ist das Ihr **Wa**gen?
     7 – Der hier? Eh, nein, den **ha**be ich nie ge**se**hen. Wa**rum** denn?
     8 – **Sei**en ⑦ Sie froh, für den Be**sitz**er wird das **teu**er.
     9 – Ach ja? Der **Ar**me ⑧! Na dann, **gu**te Nacht!
   10 – Du bist gut, und wie **fah**ren wir nach **Hau**se?
   11 – Das weiß ich im **Au**genblick noch nicht.
   12   **Ge**hen wir erst ⑨ mal **es**sen.
   13   Mit **lee**rem ⑩ **Ma**gen kann ich nicht **nach**denken. ☐

*3 ... **traum**haft 4 ... **bèè**ᵉ'**nhoenge**ᵉ 8 **zaj**en ... froo ... 9 ... aᵉme ... 13 ... **leer**'m **maaG**'n ... **na**chdènk'n*

Opmerkingen

① Het voltooid deelwoord van **fallen** - *vallen* en **gefallen** - *bevallen, leuk/fijn/... vinden* is hetzelfde, maar u kunt ze niet met elkaar verwarren, daar ze de v.t.t. met een verschillend hulpwerkwoord vormen, nl. **sein** voor **fallen** en **haben** voor **gefallen**: **Er ist aus dem Fenster gefallen.** - *Hij is uit het venster/raam gevallen.*; **Der Film hat mir gefallen.** - *De film is me bevallen.*

⑤ In **traumhaft** zit **der Traum** - *de droom* en **-haft**, een uitgang waarmee van een zelfstandig naamwoord of een werkwoord een bijvoeglijk naamwoord afgeleid kan worden: **Das Kind ist lebhaft.** - *Het kind is levendig/druk.*

⑥ **Der Bär** - *de beer* en **der Hunger** - *de honger* geeft "berenhonger" of *honger als een... paard.*

2 Vond je het ook leuk *(Heeft het je ook bevallen)*?
3 – Ja, het was fantastisch.
4 – Kom, ik heb reuzehonger *(een berenhonger)*.
5 Daar staat onze auto.
6 – Goedenavond, politie! Is dit uw wagen?
7 – Deze hier? Euh, nee, die heb ik nooit gezien. Waarom?
8 – Wees*(t u)* blij, voor de eigenaar wordt dit duur.
9 – O ja? De stakker *(arme)*! Nou, goeienacht!
10 – Jij bent goed, en hoe gaan we naar huis?
11 – Dat weet ik op dit ogenblik nog niet.
12 Laten we eerst *(eens)* gaan eten.
13 Met [een] lege maag kan ik niet nadenken.

⑦ **Seien Sie!**, imperatief in de beleefdheidsvorm van **sein** - *zijn*.

⑧ Bij **der Arme** - *de arme* krijgt het bijvoeglijk naamwoord **arm** - *arm* een hoofdletter omdat het "gesubstantiveerd", dus een zelfstandig naamwoord wordt. "Gesubstantiveerde bijvoeglijke naamwoorden" worden verbogen zoals bijvoeglijke naamwoorden. In de accusatief zou men dus zeggen **den Armen** (met **-n**).

⑨ **Erst** komt hier van **zuerst** - *(voor)eerst*.

⑩ Het is **mit leerem Magen** omdat **der Magen** - *de maag* mannelijk is en op **mit** de datief volgt. Weet dat als er een lidwoord voor staat dit de datiefuitgang krijgt en het bijvoeglijk naamwoord "zwak" verbogen wordt: **mit einem leeren Magen** - *met een lege maag*

53 Übung 1 – Übersetzen Sie bitte!

❶ Bist du schon in Deutschland gewesen? ❷ Er kann zu Hause nicht nachdenken. ❸ Kennen Sie diesen Mann? – Den da? Nein. ❹ Wann essen wir? Ich habe einen Bärenhunger! ❺ Hat Ihnen dieser Abend gefallen? – Ja, es war traumhaft.

Übung 2 – Ergänzen Sie bitte!

❶ Waar staat onze wagen? Ik zie hem niet.
. . . . unser Wagen? Ich sehe . . . nicht.

❷ Ik weet [het] niet meer, ik moet nadenken.
. . . . mehr, ich muss . . . .

❸ Het concert was fantastisch, maar nu heb ik *(een)* reuzehonger.
Das Konzert war . . . ., aber jetzt habe ich . . . .

❹ Waar*(heen)* hebt u de champagne gezet? Ik zoek hem al lang.
. . . . den Champagner . . . .? Ich suche ihn . . . .

❺ Wees blij, u hebt geen lege maag.
. . . ., Sie haben keinen . . . .

Oplossing van oefening 1

❶ Ben je al in Duitsland geweest? ❷ Hij kan thuis niet nadenken. ❸ Kent u deze man? – Die daar? Nee. ❹ Wanneer eten we? Ik heb reuzehonger! ❺ Is deze avond u bevallen? – Ja, het was fantastisch.

Oplossing van oefening 2

❶ Wo steht – ihn – ❷ Ich weiß nicht – nachdenken ❸ – traumhaft – einen Bärenhunger ❹ Wohin haben Sie – gestellt – schon lange ❺ Seien Sie froh – leeren Magen

U bent enorm opgeschoten. En dat is niet vanzelf gegaan. Gefeliciteerd! Laat u niet ontmoedigen door de verbuiging van het bijvoeglijk naamwoord die, inderdaad, wat complex is. Intussen kunt u doen wat veel Duitsers doen: de uitgangen inslikken...

Tweede golf: 4ᵉ les

54 Vierundfünfzigste Lektion

Kopf hoch!

1 **Ha**nd **a**ufs ① **He**rz, Sie **ha**ben die **Na**se voll?
2 Man hat **Ih**nen Sand in die **Au**gen ge**streut** und **gol**dene **Ber**ge ver**spro**chen ②?
3 Und Sie **ha**ben den Kopf ③ ver**lo**ren ④?
4 Jetzt **schä**men Sie sich und **den**ken na**tür**lich, dass **al**les zu **En**de ist?
5 **Hö**ren Sie, wir **wol**len uns ja nicht in **Ih**re **An**gelegenheiten **mi**schen...

Uitspraak
kʰopf hooch **1** hant aufs hèᵉts ... **naa**ze fol **2** ... **za**nt ... **au**G'n Ge**sj**trojt ... **Gol**dene ... fèᵉ**sj**proch'n **3** ... fèᵉ**loor**'n **4** ... **sjèè**m'n ... **5** ... **an**GeleeG'nhajt'n **mi**sj'n

Opmerkingen

① **Aufs** is de samentrekking van **auf** + **das**. **Hand aufs Herz** - *met de hand op het hart* of *oprecht, eerlijk gezegd*. **Ich lege die Hand auf das Herz.** - *Ik leg de hand op het hart.;* **Die Hand liegt auf dem Herz.** - *De hand ligt op het hart.* Noteer dat het voorzetsel **auf** met verschillende naamvallen kan staan: de accusatief met bijv. het werkwoord **legen** - *leggen* (beweging) en de datief met bijv. **liegen** - *liggen* (plaats).

② **Versprochen**, voltooid deelwoord van **versprechen** - *beloven* (en van **sich versprechen** - *zich verspreken*); **gesprochen**, voltooid deelwoord van **sprechen** - *spreken*. Het belang van prefixen... ▶

Vierenvijftigste les 54

Kop op *(hoog)*!

1 [Met de] hand op het hart, hebt u [er] de buik *(neus)* [van] vol?
2 Men heeft u zand in de ogen gestrooid en gouden bergen beloofd?
3 En u hebt het hoofd verloren?
4 Nu schaamt u zich en denkt natuurlijk dat alles ten einde is?
5 Luister*(t u)*, we willen ons nu niet met uw zaken bemoeien *(in uw aangelegenheden mengen)*…

③ **Der Kopf** - *het hoofd, de kop* en **der Mund** - *de mond* zijn mannelijk, **die Nase** - *de neus* is vrouwelijk en **das Auge** - *het oog* onzijdig; meervoud: **die Köpfe**, **die Münder**, **die Nasen**, **die Augen**.

④ **Verloren**, voltooid deelwoord van **verlieren** - *verliezen, kwijtraken*.

54

6 **A**ber **Träu**me **häng**en an ⑤ **e**inem **sei**denen ⑥ **Fa**den, der kann leicht **rei**ßen.
7 Dann **spi**nnt man **ei**nen **neu**en!
8 Sie **mei**nen, wir **ha**ben nichts ka**piert** ⑦?
9 Sie **ir**ren sich, wir **ha**ben Sie sehr gut ver**stan**den, denn ⑧ auch wir sind schon **trau**rig und ver**zwei**felt ge**we**sen.
10 **Ma**chen Sie also **kein** Ge**sicht** wie **drei Ta**ge **Re**gen**wet**ter, **son**dern **gie**ßen Sie sich einen **hin**ter die **Bin**de ⑨.
11 Bald **lä**chelt For**tu**na ⑩ **wie**der, aber **Vor**sicht, dass Sie **mor**gen keinen **Ka**ter ⑪ **ha**ben!

*6 ... tro*j*me* **hèng**'n *... zajden'n* **faad**'n *... lajçht* **rajs**'n *7 ... sjp^{h}int ... 8 ... k^{h}ap^{h}ie^{e}t 9 ... ir'n ... trauriçh ... fè^e*tsvajfelt *... 10 ... Geziçht ... Gie*s'n *... hint^{h}e^e ... binde 11 ... lèçhelt fo^{e}t^{h}oena ... k^{h}aat^{h}e^e ...*

Opmerkingen

⑤ **Das Bild hängt an der Wand.** - *De afbeelding hangt aan de muur.*, maar **Er hängt das Bild an die Wand.** - *Hij hangt het schilderij aan de wand.* (Zie les 56, punt 4.)

⑥ **Seiden**, bijvoeglijk naamwoord afgeleid van **die Seide** - *de zijde*, met alleen de uitgang **-en** omdat in het onbepaald lidwoord **einem** de datief mannelijk zit, aangevend dat **der Faden** mannelijk is.

⑦ **Kapieren** is het gemeenzame woord voor **verstehen** - *begrijpen, verstaan*. **Er kapiert sehr schnell.** - *Hij snapt [het] heel vlug.*
U hebt al gemerkt dat het voegwoord **dass** soms weggelaten wordt en er dan twee hoofdzinnen naast elkaar komen te staan. Dit kan in het Duits bij "meedelende" zinnen, na werkwoorden die hoop, wens, verlangen, verwachting, mening, veronderstelling, overtuiging of gevoelsuiting weergeven, zoals **denken, erwarten, finden, glauben, hoffen, meinen,**

6 Maar dromen hangen aan een zijden draad[je] dat makkelijk kan afbreken *(scheuren)*.
7 Dan spint men een nieuw!
8 U denkt [dat] we niets gesnapt hebben?
9 U vergist zich, we hebben u zeer goed begrepen, want ook wij zijn al treurig en wanhopig *(vertwijfeld)* geweest.
10 Zet u dus geen zuur gezicht op *(Maakt u dus geen gezicht als drie dagen regenweer)*, maar giet u [er] zich een in de kraag *(achter de stropdas)*.
11 Weldra lacht Fortuna [u] weer [toe], maar voorzichtig, dat u morgen geen kater hebt!

---

sagen, sich vorstellen, wissen, wünschen, bijv.: **Ich hoffe, ihre Maschinen funktionieren** (les 25), **Ich glaube, hier sitzt niemand** (les 45).

⑧ Hier is **denn** het voegwoord van reden *want* of *omdat*: **Sie lächelt, denn er hat ihr goldene Berge versprochen.** - *Ze glimlacht, want hij heeft haar gouden bergen beloofd.*

⑨ **Die Binde** - *de band, het verband*, van **binden** - *(vast-, ver-)binden*. Het is een oud woord voor een "stropdas", die tegenwoordig **die Krawatte** heet.

⑩ **Fortuna** is de Romeinse godin van het toeval, bijgevolg van geluk of ongeluk; wanneer ze u toelacht, hebt u geluk…
Lachen - *lachen*; **lächeln** - *glimlachen, iemand toelachen*.

⑪ **Der Kater** - *de kater*; **die Katze** - *de kattin, poes*. Onthoud dat men in het Duits de vrouwelijke vorm gebruikt als het geslacht van het dier niet bekend is. Maar *(dikwijls/soms) een kater hebben* is mannelijk: **(oft/manchmal) einen Kater haben**!

54 Übung 1 – Übersetzen Sie bitte!

❶ Es ist besser, nicht den Kopf zu verlieren. ❷ Ich bin sicher, dass du nichts kapiert hast. ❸ Irren Sie sich nicht, er lächelt immer, aber er ist oft traurig. ❹ Ich finde, dass er dir zu viel Sand in die Augen streut. ❺ Hand aufs Herz, haben Sie manchmal die Nase voll von Deutsch?

Übung 2 – Ergänzen Sie bitte!

❶ Opgelet, het schilderij hangt alleen aan een draad, het kan neervallen!

Achtung, das Bild . . . . . nur . . . . ,
es kann . . . . !

❷ U vergist zich, hij heeft het hoofd niet verloren, hij is altijd zo geweest!

. . . . , er hat nicht . . . . . .
verloren, ... immer so . . . .!

❸ Zet niet zo'n zuur gezicht op, niets is ten einde!

Mach . . . . wie drei Tage
. . . . , nichts ist . . . . . .!

❹ Hij belooft haar gouden bergen en ze glimlacht.

. . . . ihr goldene Berge und . . .
. . . .

Oplossing van oefening 1

❶ Het is beter het hoofd niet te verliezen. ❷ Ik ben er zeker van dat je niets gesnapt hebt. ❸ Vergist u zich niet, hij glimlacht altijd, maar hij is vaak treurig. ❹ Ik vind dat hij je te veel zand in de ogen strooit. ❺ Oprecht, hebt u soms de buik vol van Duits?

❺ Gisteren was hij wanhopig, want hij heeft veel geld verloren, en vandaag heeft hij een kater.

Gestern war er . . . . , denn . . . . . viel Geld . . . . , und heute hat er . . . .

Oplossing van oefening 2

❶ – hängt – an einem Faden – runterfallen ❷ Sie irren sich – den Kopf – er ist – gewesen ❸ – kein Gesicht – Regenwetter – zu Ende ❹ Er verspricht – sie lächelt ❺ – verzweifelt – er hat – verloren – einen Kater

Tweede golf: 5ᵉ les

55 Fünfundfünfzigste Lektion

„Der Apfel fällt nicht weit vom Stamm"

1 – Wa**rum** hast du dich in **mei**nen Ses**s**el ge**setzt** ①, **Da**niel?
2   Los ②! Steh auf!
3   Du weißt ge**nau**, das ist mein **Ses**sel, wenn wir **fern**sehen ③.
4 – Wa**rum** denn? <u>Ich</u> **sit**ze **heu**te hier. Dort steht ein **an**derer Stuhl.
5 – Mach **kei**nen Quatsch und hau ab ④!
6 – Nee, der Film fängt gleich **an**, und ich **blei**be hier **sit**zen.

Uitspraak
... **ap**fel ... sjtʰam **1** ... **zè**sel Ge**zètst daa**njèl **2** loos! sjtʰee auf **3** ... **fèe**nzee'n **4** ... **an**dereᵉ sjtʰoel **5** ... kvatsj ... hau **ap** **6** nee ... film ...

Opmerkingen

① **Sich in einen Sessel setzen** - *zich in een zetel zetten (in Vlaanderen), in een fauteuil gaan zitten (in Nederland).*

② **Los!** zet aan tot actie en/of spoed: **Es ist spät, los!** - *Het is laat, komaan! / vooruit! / haast je!...*

③ In **fernsehen** - *tv kijken* is **fern** - *ver* een scheidbaar partikel: **Wir sehen heute fern.** - *We kijken vandaag tv*. In een bijzin hangt het partikel, hier **fern**, aan het basiswerkwoord omdat met het voegwoord **wenn** het werkwoord de zin afsluit: **wenn wir fernsehen**.

Vijfenvijftigste les 55

"De appel valt niet ver van de boom *(stam)*"

1 – Waarom heb je je in mijn zetel gezet / ben je in mijn fauteuil gaan zitten, Daniel?
2   Vooruit! Sta op!
3   Je weet heel goed *(precies)* [dat] dit mijn zetel is wanneer we tv kijken *(verzien)*.
4 – Waarom dan wel? Ik zit vandaag hier. Daar staat een andere stoel.
5 – Kraam *(Maak)* geen onzin uit en hoepel op!
6 – Nee, de film begint zo en ik blijf hier zitten.

Aanwijzing bij de uitspraak
6 In **nee**, de courante maar gemeenzame vorm van **nein**, kan men de **ee** naar keuze rekken om een of ander gevoel te benadrukken: weigering, verbazing, afkeer,...!

④ **Abhauen** - *ophoepelen, opkrassen* is uiteraard gemeenzaam taalgebruik. **Hauen** betekent op zich *houwen, hakken, slaan*. Eleganter dan **Hau ab!** is **Geh bitte!** - *Ga alsjeblieft weg!* of **Gehen Sie bitte!** - *Gaat u alstublieft weg!*

7 – Das **wer**den wir gleich **s**ehen ⑤!
8 – Spinnst ⑥ du? Hör auf mich zu **schla**gen!
   Lass mich in **Frie**den!
   Au, **a**ua, **a**u, **a**u!
9 – Was ist denn hier los ⑦? Seid ihr ver**rückt**
   ge**wor**den?
10   Hört so**fort** mit **eu**rem ⑧ Ge**schrei** auf!
11 – Oh, **hal**lo, **Pa**pa, du bist schon zu**rück**?
12 – Ja, wie ihr seht. Steh auf, **A**lex, du weißt
   ge**nau**, dass das mein **Ses**sel ist!   ☐

8 sjpʰinst ... **sjlaa**G'n ... **frie**d'n! **10** ...**oj**rem Ge**sjraj** ... **12**
... **aa**leks ...

Opmerkingen

⑤ Vaak wordt om een handeling of gebeurtenis in de toekomst uit te drukken de o.t.t. gebruikt, maar hier hebben we een "echte" toekomende tijd: een vorm van **werden** + de infinitief van het hoofdwerkwoord, met **werden** op de plaats waar gewoonlijk het vervoegd werkwoord staat en de infinitief aan het einde van de zin: **Wir werden das Futur in Lektion 56 sehen.** - *We zullen de toekomende tijd in les 56 zien.*

⑥ De eerste betekenis van **spinnen** is *spinnen* (van garen), zoals in de vorige les; figuurlijk staat het voor *niet goed snik zijn*. **Die Spinne** is *de spin*.

⑦ Hier is **los** niet aansporend (zie opm. 2) maar een deel van de uitdrukking **los sein**: **Was ist los?** - *Wat is er aan de hand? Wat gebeurt er?* **Los** wordt ook vertaald door *weg*: **Wir müssen los!** - *We moeten weg!* en komt zo vaak voor als (scheidbaar) partikel in een werkwoord: **loslaufen** - *wegrennen*.

⑧ Als de bezittelijke voornaamwoorden **euer** - *jullie* en **unser** - *onze, ons* de uitgang **-em** of **-en** krijgen, kan de **e** voor of achter de **r** wegvallen: **euerem/eurem/euerm, unseren/unsren/ unsern.**

7 – Dat zullen we meteen zien! 55
8 – Ben je niet goed snik *(Spin je)*? Hou op me te slaan! Laat me met rust *(in vrede)*!
Au, aau, au, au!
9 – Wat is er hier nou aan de hand? Zijn jullie gek geworden?
10 Houden jullie onmiddellijk op met jullie geschreeuw!
11 – O, hallo, papa, ben je al terug?
12 – Ja, zoals jullie zien. Sta op, Alex, je weet best dat dit mijn zetel is!

Daniel und Alex spinnen, sie sehen den ganzen Tag fern.

55 Übung 1 – Übersetzen Sie bitte!

❶ Setzt euch ins Auto! Wir müssen los! ❷ Komm! Wir müssen schnell abhauen! ❸ Die Kinder wissen genau, dass das der Sessel ihres Vaters ist. ❹ Dieses Geschrei muss sofort aufhören! ❺ Daniel und Alex spinnen, sie sehen den ganzen Tag fern.

Übung 2 – Ergänzen Sie bitte!

❶ Halen *(Doen)* jullie geen onzin uit, kinderen, jullie ouders zullen weldra terug zijn.

. . . . , Kinder, ... Eltern . . . . . . bald . . . .

❷ Laten jullie me met rust *(in vrede)*, Alex en Daniel, ik wil tv kijken.

Lasst mich . . . ., Alex und Daniel, ich will . . . .

❸ Staan jullie op, kinderen, het is al halfzeven.

. . . ., Kinder, es ist schon . . . .

We herhalen - misschien tot vervelens toe, maar in uw eigen belang - hoe belangrijk het is het geslacht van woorden te kennen. We willen dat u dit zelf kunt afleiden. In deze les staan er echter twee waarbij dit niet lukt, omdat er geen aanwijzingen zijn: **der Frieden** *- de vrede is mannelijk en* **das Geschrei** *- het geschreeuw is onzijdig. Hebt u het geslacht kunnen achterhalen van* **Sessel, Stuhl** *en* **Quatsch***?*

- **Sessel** *is mannelijk:* **der Sessel** *omdat Axel zegt* **du hast dich in meinen Sessel gesetzt** *- je bent in mijn zetel gaan zitten daar* **meinen** *een mannelijke accusatiefuitgang (voorzetsel* **in** *+ beweging) heeft.*

Oplossing van oefening 1

❶ Gaan jullie in de auto zitten! We moeten weg! ❷ Kom! We moeten vlug opkrassen! ❸ De kinderen weten best dat dit de fauteuil van hun vader is. ❹ Dit geschreeuw moet onmiddellijk ophouden! ❺ Daniel en Alex zijn niet goed snik, ze kijken de hele dag tv.

❹ Gaat *(Zet)* u vlug zitten, de film is al begonnen.
 . . . . sich schnell, der Film . . . schon
 . . . .

❺ Wat is daar aan de hand? – Dat zullen jullie meteen zien.
 . . . . . . dort . . .? – Das . . . . gleich . . . . . .

Oplossing van oefening 2

❶ Macht keinen Quatsch – eure – werden – zurück sein ❷ – in Frieden – fernsehen ❸ Steht auf – halb sieben ❹ Setzen Sie – hat – angefangen ❺ Was ist – los – werdet ihr – sehen

---

- **Stuhl** *is mannelijk:* **der Stuhl** *omdat Daniel zegt* **dort steht ein anderer Stuhl** - *daar staat een andere stoel met de mannelijke nominatiefuitgang* **-er** *(onderwerp met onbepaald lidwoord en het bijvoeglijk naamwoord dat de kenmerkende uitgang draagt)*
- *bij een vrouwelijk woord is het* **eine andere** *en bij een onzijdig* **ein anderes**.
- **Quatsch** *is mannelijk:* **der Quatsch** *want Axel zegt* **mach keinen Quatsch**, *een mannelijke accusatief (lijdend voorwerp met ontkennend en kenmerkend lidwoord).*

Makkelijk, toch!

Tweede golf: 6ᵉ les

56 Sechsundfünfzigste Lektion

Wiederholung – Herhaling

1 Verbuiging van het bijvoeglijk naamwoord

Voor een zelfstandig naamwoord wordt een bijvoeglijk naamwoord verbogen in functie van een voorafgaand lidwoord:
bepaalt het lidwoord al het zelfstandig naamwoord via een uitgang voor geslacht, getal en naamval, dan eindigt het bijvoeglijk naamwoord gewoon op **-e** of **-en** - dit is de zgn. "zwakke" verbuiging;
draagt het lidwoord geen aanwijzingen of is er helemaal geen lidwoord, dan neemt het bijvoeglijk naamwoord de kenmerken aan.

1.1 Bijvoeglijk naamwoord voorafgegaan door een bepaald lidwoord (dat altijd de kenmerken draagt)

	Mannelijk	Vrouwelijk
Nominatief	**der alte Mann** *de oude man*	**die junge Frau** *de jonge vrouw*
Accusatief	**den alten Mann**	**die junge Frau**
Datief	**dem alten Mann**	**der jungen Frau**
Genitief	**des alten Mann(e)s**	**der jungen Frau**

	Onzijdig	Meervoud
Nominatief	**das kleine Kind** *het kleine kind*	**die guten Freunde** *de goede vrienden*
Accusatief	**das kleine Kind**	**die guten Freunde**
Datief	**dem kleinen Kind**	**den guten Freunden**
Genitief	**des kleinen Kind(e)s**	**der guten Freunde**

Zesenvijftigste les 56

Dus: voorafgegaan door een bepaald lidwoord eindigt een bijvoeglijk naamwoord altijd op **-en**, behalve in de nominatief enkelvoud van de drie geslachten en in de accusatief enkelvoud vrouwelijk en onzijdig waar de uitgang **-e** is (zwakke verbuiging).

1.2 Bijvoeglijk naamwoord voorafgegaan door het onbepaald lidwoord *ein* of het ontkennende *kein* of een bezittelijk voornaamwoord

De uitgang is altijd **-en**, behalve in de nominatief enkelvoud van de drie geslachten en in de accusatief enkelvoud vrouwelijk en onzijdig waar het bijvoeglijk naamwoord de uitgang van een bepaald lidwoord aanneemt:

	Mannelijk	Vrouwelijk
Nominatief	(k)ein alter Mann	(k)eine junge Frau
	(g)een oude man	*(g)een jonge vrouw*
Accusatief	(k)einen alten Mann	(k)eine junge Frau
Datief	(k)einem alten Mann	(k)einer jungen Frau
Genitief	(k)eines alten Mann(e)s	(k)einer jungen Frau

	Onzijdig	Meervoud
Nominatief	(k)ein kleines Kind	keine guten Freunde
	(g)een klein kind	*geen goede vrienden*
Accusatief	(k)ein kleines Kind	keine guten Freunde
Datief	(k)einem kleinen Kind	keinen guten Freunden
Genitief	(k)eines kleinen Kind(e)s	keiner guten Freunde

1.3 Bijvoeglijk naamwoord zonder lidwoord of voornaamwoord ervoor

Het bijvoeglijk naamwoord krijgt de uitgangen van een bepaald lidwoord (zie tabel onder 1.1), behalve in de genitief enkelvoud mannelijk en onzijdig waar het **-en** is:

	Mannelijk	Vrouwelijk
Nominatief	**alter Mann** *oude man*	**junge Frau** *jonge vrouw*
Accusatief	**alten Mann**	**junge Frau**
Datief	**altem Mann**	**junger Frau**
Genitief	**alten Mann(e)s**	**junger Frau**

	Onzijdig	Meervoud
Nominatief	**kleines Kind** *klein kind*	**gute Freunde** *goede vrienden*
Accusatief	**kleines Kind**	**gute Freunde**
Datief	**kleinem Kind**	**guten Freunden**
Genitief	**kleinen Kind(e)s**	**guter Freunde**

2 Toekomende tijd - *Futur*

Een gebeurtenis of handeling in de toekomst wordt vaak met een tegenwoordige tijd uitgedrukt, vooral wanneer er al een tijdsindicatie aanwezig is:

Er kommt bald zurück. - *Hij komt weldra terug.*

Wir fahren nächstes Jahr nach Italien. - *We gaan volgend jaar naar Italië.*

Om het "toekomende" te verduidelijken, wordt een toekomende tijd gebruikt: een vorm van **werden** + de infinitief van het hoofdwerkwoord:

gehen	ich werde gehen	wir werden gehen
	du wirst gehen	ihr werdet gehen
	er/sie/es wird gehen	sie/Sie werden gehen

Let erop dat de infinitief de zin altijd afsluit:

Es wird morgen regnen. - *Het zal morgen regenen.*
Sie werden es selbst sehen. - *U zult / Ze zullen het zelf zien.*

Naast hulpwerkwoord om de toekomst uit te drukken, zoals ons *zullen*, is **werden** op zich ook *worden*:

Es wird dunkel. - *Het wordt donker.*

Bijgevolg is de toekomende tijd van **werden**:

Es wird bald dunkel werden. - *Het zal weldra donker worden.*

56 3 Bijvoeglijk gebruikte bezittelijke voornaamwoorden (vervolg)

In les 28 zagen we alle bezittelijke voornaamwoorden, behalve de 1ᵉ en 2ᵉ persoon meervoud: **unser** - *onze, ons* en **euer** - *jullie.*

Mannelijk:
Unser König ist nicht euer König. - *Onze koning is niet jullie koning.*

Vrouwelijk:
Unsere Welt ist nicht eure Welt. - *Onze wereld is niet jullie wereld.*

Onzijdig:
Aber euer Glück ist unser Glück. - *Maar jullie geluk is ons geluk.*

Meervoud:
Und eure Freunde sind auch unsere Freunde. - *En jullie vrienden zijn ook onze vrienden.*

Dit is dan de volledige tabel:

Enkelvoud		Meervoud	
(ich)	mein	(wir)	unser
(du)	dein	(ihr)	euer
(er)	sein	(sie)	ihr
(sie)	ihr	(Sie)	Ihr
(es)	sein		

Ze worden verbogen zoals het onbepaald lidwoord **ein** in het enkelvoud en zoals het ontkennend lidwoord **kein** in het meervoud.

Bij **unser** en **euer** valt doorgaans de **e** voor de **r** weg als er een uitgang op volgt: **unsre/unsrem/unsren/unsrer** en **eure/eurem/...**

4 Werkwoorden van "toestand" en van "beweging", voorzetsels en naamvallen

4.1 Werkwoorden van "toestand"

Dit zijn werkwoorden die de (aanhoudende) toestand of plaats van iemand/iets aangeven:

stehen - *staan*
liegen - *liggen*
sitzen - *zitten*
hängen - *hangen*
→ **wo?** - *waar?*

Die Tasse steht auf dem Tisch. - *Het kopje staat op de tafel.*
Der Mann liegt in seinem Bett. - *De man ligt in zijn bed.*
Die Frau sitzt auf dem Stuhl. - *De vrouw zit op de stoel.*
Das Kind hängt am Trapez. - *Het kind hangt aan de trapeze.*

Bij dergelijke werkwoorden volgt op het voorzetsel van plaats de datief.

Nog iets: deze werkwoorden zijn intransitief (kunnen dus geen lijdend voorwerp hebben) en onregelmatig.

Hier hebt u ze met hun voltooid deelwoord:

stehen - gestanden
liegen - gelegen
sitzen - gesessen en
hängen - gehangen.

4.2 Werkwoorden van "beweging"

Deze werkwoorden drukken een beweging of verplaatsing van iemand/iets uit:

stellen - *stellen, plaatsen*
legen - *leggen*
setzen - *zetten*
hängen - *(op)hangen*
→ **wohin/woher?** - *waarheen/waarvandaan?*

56 **Das Kind stellt die Puppe auf den Boden.** - *Het kind plaatst de pop op de grond* (waar die nu "staat").
Das Kind legt die Puppe in das Bett. - *Het kind legt de pop in het bed* (waar die nu "ligt").
Das Kind setzt die Puppe auf den Stuhl. - *Het kind zet de pop op de stoel* (waar die nu "zit").
Das Kind hängt die Puppe über sein Bett. - *Het kind hangt de pop boven zijn/haar bed* (waar die nu "hangt").

U ziet dat met elk werkwoord van toestand een van beweging overeenkomt.

Bij deze werkwoorden volgt op het voorzetsel van beweging, verplaatsing of richting de accusatief.

De voorgestelde werkwoorden zijn transitief (hebben dus altijd een lijdend voorwerp) en zijn regelmatig.

Dit zijn ze met hun voltooid deelwoord:
stellen - gestellt
legen - gelegt
setzen - gesetzt en
hängen - gehängt.

Merk dus op dat bij het werkwoord **hängen** het voltooid deelwoord verschillend is naargelang van de betekenis!

Oef! **Kopf hoch!** *De grammatica zit erop voor vandaag! U hoeft alleen nog de dialoog te beluisteren om te beseffen hoeveel kennis u hebt opgedaan!*

56 Herhalingsdialoog

Traum und Wirklichkeit

1 – Hand aufs Herz, haben Sie schon eine so wunderschöne Aussicht gesehen?
2 Ich liebe diese Aussicht: blaues Meer, blauer Himmel, goldene Berge in der Sonne.
3 Was braucht man mehr?
4 Nur diese Leute überall, ich kann sie nicht mehr sehen.
5 Ich bin 1957 (neunzehnhundertsiebenundfünfzig) geboren, da war kein Mensch hier.
6 Generationen haben hier ruhig und in Frieden gelebt.
7 Dann sind die ersten Touristen gekommen.
8 Unser traumhaftes Plätzchen ist berühmt geworden.
9 Und jetzt sind die Straßen verstopft.
10 Man muss Stunden herumfahren, um einen Parkplatz zu finden.
11 – Ja, das ist verrückt. Sie haben immer hier gewohnt?
12 – Natürlich nicht. Mit 20 bin ich abgehauen, ich hatte die Nase voll.
13 Hier war nichts los, keine Arbeit, keine Kneipe, kein Kino…
14 Ich bin 25 (fünfundzwanzig) Jahre nicht hier gewesen.
15 – Wo wohnen Sie denn jetzt?
16 – Hier. Ich bin der Besitzer dieses Hotels.
17 Ich besitze noch drei andere Hotels hier.
18 Wollen Sie etwas trinken?
19 Kommen Sie, ich lade Sie ein.

Vertaling

Droom en werkelijkheid

1 Eerlijk, hebt u al zo'n prachtig uitzicht gezien? **2** Ik hou van dit uitzicht: blauwe zee, blauwe hemel, gouden bergen in de zon. **3** Wat heeft men meer nodig? **4** Alleen deze mensen overal, ik kan ze niet meer zien. **5** Ik ben in 1957 geboren, hier was toen geen mens. **6** Generaties hebben hier rustig en in vrede geleefd. **7** Dan zijn de eerste toeristen gekomen. **8** Ons droomplekje is beroemd geworden. **9** En nu zitten de straten vast. **10** Men moet uren rondrijden om een parkeerplaats te vinden. **11** Ja, dat is gek. Hebt u hier altijd gewoond? **12** Natuurlijk niet. Op mijn 20ᵉ *(Met 20)* ben ik er vandoor gegaan, ik had er de buik van vol. **13** Hier was niets te beleven, geen werk, geen kroeg, geen bioscoop… **14** Ik ben hier 25 jaar niet geweest. **15** Waar woont u nu dan? **16** Hier. Ik ben de eigenaar van dit hotel. **17** Ik bezit nog drie andere hotels hier. **18** Wilt u iets drinken? **19** Komt u, ik nodig u uit.

Tweede golf: 7ᵉ les

57 Siebenundfünfzigste Lektion

Wer wird das alles essen?

1 – **Mö**gen Sie **Mo**zartkugeln?
2 **Wis**sen Sie, **die**se **run**den **Nou**gatpra**li**nen, die so **hei**ßen, weil **Mo**zart sie so gern ge**ges**sen hat?
3 **We**nigstens sagt man das, aber **lei**der kann es nicht **stim**men.
4 **Mo**zart war **näm**lich ① schon **lan**ge tot, als ② der **Salz**burger Kon**di**tor **Pau**l Fürst 1890 (**acht**zehn**hun**dert**neun**zig) das „**Mo**zartbonbon" er**fun**den hat.
5 Die **größ**te ③ **Mo**zartkugel-**Schach**tel hat **ei**nen **In**halt von 2500 (**zwei**tausend**fünf**hundert) Stück und al**lein** der **De**ckel wiegt 120 (**ein**hundert**zwan**zig) **Ki**logramm.

Uitspraak
1 ... mootsa^e^tk^h^oeGeln 2 ... roend'n noeGatpralien'n ... GeGès'n 3 ... veenikst^h^ens ... 4 ... nèèmlich ... t^h^oot ... zalsboe^e^Ge^e^ k^h^ondit^h^oo^e^ p^h^aul fu^e^st ... -bongbong ê^e^foend'n ... 5 ... Greust^h^e ... -sjacht^h^el ... inhalt ... dèkel viekt ... k^h^ielooGram

Opmerkingen

① **Nämlich** - *namelijk, immers* leidt een verklaring van het gezegde in en is vergelijkbaar met **denn** - *want, omdat*. Maar let op: in tegenstelling tot het voegwoord **denn** volgt op **nämlich** nooit een verantwoording; meestal staat het na het werkwoord: **Er weiß das; er war nämlich da.** - *Hij weet dat; hij was daar namelijk.* = **Er weiß das, denn er war da.** - *Hij weet dat omdat hij daar was.*

Zevenenvijftigste les 57

Wie zal dit allemaal eten?

1 – Vindt u "Mozartkugeln" *(Mozartbollen, -kogels)* lekker?
2   Weet u [wel], die *(deze)* ronde nogapralines/ -bonbons die zo heten omdat Mozart ze zo graag at *(gegeten heeft)*?
3   Tenminste dat zegt men, maar helaas kan het niet kloppen.
4   Mozart was namelijk al lang dood toen de Salzburgse banketbakker Paul Fürst [in] 1890 de "Mozartbonbon" uitvond *(uitgevonden heeft)*.
5   De grootste "Mozartkugel"-doos heeft een inhoud van 2.500 stuk[s] en alleen het deksel weegt 120 kilogram.

▸ ② Het voegwoord **als** - *toen* hoort bij een eenmalige gebeurtenis of tijdsblok in het verleden: **Wir haben in Salzburg gewohnt, als ich Kind war.** - *We woonden in Salzburg toen ik kind was.*

③ **Größte** is de superlatief (overtreffende trap) van **groß** - *groot*. Meestal wordt een superlatief gevormd door de uitgang **-st** toe te voegen aan het bijvoeglijk naamwoord, maar let erop dat hij voor een zelfstandig naamwoord ook de adjectiefuitgang moet krijgen: **der größte Fluss** - *de grootste rivier*. Omdat **groß** eindigt op **-ß** (dat een dubbele **s** vervangt na een lange klinker) wordt geen **s** meer toegevoegd. Veel eenlettergrepige adjectieven met de stamklinker **a, o** of **u** voegen ook een umlaut toe: **kalt → kältest** - *koud, koudst*. En u merkt dat ook een **e** ingelast kan worden, nl. bij adjectieven op **-d, -t** of **-s**.

57

6   Noch viel **schwer**er ④ ist **a**ber die **höch**ste ⑤ **Eis**torte ⑥ der Welt (sie ist drei **Me**ter **vier**zig hoch!).
7   Ein **Eis**kon**di**tormeister und **sei**ne Ge**sel**len **ha**ben sie in **sie**ben **Ta**gen bei **mi**nus 30 (**drei**ßig) Grad ⑦ ge**baut**.
8   **Den**ken Sie jetzt **a**ber nicht, dass sich in **deut**schen **Lan**den ⑧ **al**les um das **Es**sen dreht ⑨!   □

6 ... sjvee**re**ᵉ ... heuçhstʰe ajstʰoᵉtʰe ... 7 ... ajskʰon**die**tʰoᵉ**majs**tʰeᵉ ... Gezèl'n ... **mie**noes ... Graat Ge**baut** 8 ... **doj**tsj'n **land**'n ... dreet

Opmerkingen

④ **Schwerer,** de comparatief (vergrotende trap) van **schwer** - *zwaar* (letterlijk en figuurlijk), die gevormd wordt door aan het bijvoeglijk naamwoord **-er** toe te voegen; zoals bij de superlatief kan ook een umlaut nodig zijn (zie opm. 3): **groß - größer, schön - schöner**.

⑤ **Höchste**, superlatief van **hoch** - *hoog*, met een regelmatige uitgang **-st**, maar toch een van de vijf onregelmatige bijvoeglijke naamwoorden omdat bij **hoch** de **c** wegvalt in de comparatief: **höher**. Bent u benieuwd naar de andere, ga dan naar de volgende herhalingsles, punt 2.1.

⑥ **Falls Sie das Rezept *[retsèpt]* interessiert: Sie brauchen 1200 Liter *[lietʰeᵉ]* Milch, 155 Liter Sahne, 27 Kilogramm Kakao *[kʰakʰau]*, 85 kg Schokolade, über 100 kg Erdbeeren *[èᵉtbeer'n]* und ungefähr 15 kg Himbeeren *[hiembeer'n]*!** - *Ingeval het recept u interesseert: u hebt nodig: 1.200 l melk, 155 l room, 27 kg cacao, 85 kg chocolade, meer dan (over [de]) 100 kg aardbeien en ongeveer 15 kg frambozen!*

⑦ **Der Grad** - *de graad* blijft in het enkelvoud als er een eenheid voor staat. Het gaat hier om graden Celsius.

6 Nog veel zwaarder is echter de hoogste ijstaart van de wereld (ze is 3,40 m hoog!).
7 Een meesterijsbereider en zijn gezellen hebben haar in zeven dagen bij min 30 graden *(graad)* gebouwd.
8 Maar denkt u nu niet dat *(zich)* in Duits[talig]e landen alles om *(het)* eten draait!

Aanwijzing bij de uitspraak
6 Höchste kan ook uitgesproken worden als *[heukstʰe]*.

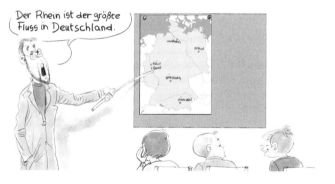

⑧ Het gebruikelijke meervoud van **das Land** - *het land* is **die Länder**; **Lande** is een poëtisch meervoud dat vooral voorkomt in de groep **in deutschen Landen** (de eind-**n** wijst op de datief meervoud) teneinde verwarring te vermijden tussen "de Duitstalige landen" en de "**Länder** (*deelstaten*) van Duitsland".

⑨ **Sich drehen um...** (+ acc.) - *draaien om* in de betekenis van *"zich toespitsen op"*, een wederkerend werkwoord dat voornamelijk in deze onpersoonlijke constructie gebruikt wordt: **es dreht sich um...** - *het draait/gaat om, betreft...*

57 Übung 1 – Übersetzen Sie bitte!

❶ Was ist schwerer? Ein Kilo Sand oder ein Kilo Papier? ❷ Mozart ist im Jahr siebzehnhunderteinundneunzig gestorben. ❸ In unserer Familie dreht sich alles um die Kinder. ❹ Es hat nicht geregnet, weil es bei minus 4 Grad nicht regnet. ❺ Der Rhein ist der größte Fluss in Deutschland.

Übung 2 – Ergänzen Sie bitte!

❶ Hoe heten die *(deze)* ronde nogabonbons/-pralines die u zo graag eet?

... . diese ...... Nougatpralinen, die Sie so ....?

❷ Wat denk je? Bij min 30° eet men geen ijs!

Was ....? ... . 30 Grad isst man .... ..!

❸ Weet u wie de "Mozartkugeln" uitgevonden heeft?

...., ... die Mozartkugeln ....?

❹ Vandaag draait alles *(zich)* om geld; tenminste zegt men dat.

Heute .... alles .. das Geld; .... sagt man das.

❺ Mijn grootvader was al lang dood toen ik geboren ben.

Mein Großvater ... schon lange ..., ... ich .... bin.

Oplossing van oefening 1

❶ Wat is zwaarder? Een kilo zand of een kilo papier? ❷ Mozart is in het jaar 1791 overleden. ❸ In ons gezin draait alles om de kinderen. ❹ Het heeft niet geregend, omdat het bij min 4 graden niet regent. ❺ De Rijn is de grootste rivier in Duitsland.

Oplossing van oefening 2

❶ Wie heißen – runden – gern essen ❷ – denkst du – Bei minus – kein Eis ❸ Wissen Sie, wer – erfunden hat ❹ – dreht sich – um – wenigstens – ❺ – war – tot, als – geboren –

Tweede golf: 8ᵉ les

58 Achtundfünfzigste Lektion

Een verhaal wordt doorgaans verteld in de o.v.t. Wetende dat de gebroeders Grimm veel moeite hebben gedaan om toegankelijke teksten te schrijven, zijn we hier zo vrij geweest alles in de v.t.t. te

Der Hase und der Igel
(Nach einem Märchen der Brüder Grimm)

1 An **ei**nem **schö**nen **Sonn**tagmorgen **ha**ben sich der **I**gel und der **Ha**se auf **ei**nem Feld ge**trof**fen ①.
2 Der **I**gel hat **höf**lich ge**grüßt** und den **Ha**sen gefragt ②:
3 „Ach, Sie **ge**hen auch bei **die**sem **schö**nen **Wet**ter spa**zie**ren ③?"

Uitspraak
... haaze ... ie**G**el ... (... **mèè**ᵉch'n ... **bruu**deᵉ Grim) **1** ... fèlt Ge**trof**'n **2** ... Ge**Gruust** ... **haaz**'n Ge**fraakt**

Opmerkingen

① **Getroffen**, voltooid deelwoord van **treffen** - *treffen, ontmoeten*, hier wederker<u>end</u> gebruikt: **sich treffen** - *elkaar ontmoeten* (dus wederker<u>ig</u> in het Nederlands): **Wir haben uns um 15 Uhr getroffen.** - *We hebben elkaar om 15 uur ontmoet.*

② **Fragen** - *vragen*, met de persoon aan wie men iets vraagt in de accusatief: **Er fragt den Hasen mit zu gehen.** - *Hij vraagt de haas mee te gaan.* Noteer dat **der Hase** - *de haas* een van de mannelijke "zwakke" naamwoorden is (zie les 47, opm. 2).

Achtenvijftigste les 58

zetten, een tijd die vooral in de spreektaal van toepassing is.
Merk op dat Duitsers de directe rede inleiden met dubbele aanhalingstekens onderaan en ze afsluiten bovenaan!

De haas en de egel
(Naar een sprookje van de gebroeders Grimm)

1 Op *(Aan)* een mooie zondagmorgen hebben de egel en de haas elkaar *(zich)* op een veld ontmoet.
2 De egel heeft hoffelijk gegroet en de haas gevraagd:
3 "O, gaat u ook wandelen met *(bij)* dit mooie weer?"

③ *(Gaan) wandelen* is **spazieren gehen** (**spazieren** alleen wordt nagenoeg niet meer gezegd): **Wir gehen jeden Sonntagmorgen spazieren.** *We gaan iedere zondagmorgen wandelen.* (Zie ook les 34, zin 4.)

58 4 Der **Ha**se hat das sehr **lus**tig ge**fun**den und ge**ant**wortet: „Ja, ich **ge**he spa**zie**ren, **a**ber was **ma**chen Sie mit **Ih**ren **krum**men **Bei**nen ④?"

5 **Die**se **Wor**te ⑤ haben den **I**gel tief ver**letzt**:

6 „Was **wol**len Sie da**mit sa**gen?", hat er ge**ru**fen. „Ich kann **schnel**ler **lau**fen als ⑥ Sie!"

7 Da hat der **Ha**se laut ge**lacht**:

8 „Sie? **Schnel**ler **lau**fen als ich? Da ⑦ **la**che ich mich ja tot."

9 „Okay", hat der **I**gel ge**sagt**, „**wet**ten wir, dass ich **schnel**ler **lau**fe als Sie!"

10 Der **Ha**se ist vor **La**chen fast er**stickt**: „**Ein**verstanden ⑧, **ma**chen wir **ei**nen **Wett**lauf, und wer ge**winnt**, be**kommt ei**nen **Gold**taler und **ei**ne **Fla**sche Schnaps.

4 ... Geantvoᵉtʰet ... **kroem'n bajn'n 5** ... voᵉtʰe ... tʰieffèᵉlètst
6 ... Geroef'n ... **9** ... **vèt'n** ... **10** ... fast êᵉ**sjtʰikt**
ajnfèᵉ**sjt**ʰand'n ... **vèt**lauf ... Ge**vint** ... **Golt**ʰaaleᵉ ...

Opmerkingen

④ **Das Bein** - *het been* maar ook *de poot*.

⑤ **Das Wort** - *het woord* heeft twee meervoudsvormen: **die Worte** voor de woorden die men "gebruikt": **Welche schöne Worte!** - *Wat 'n mooie woorden!* en **die Wörter** voor woorden "in de taalkunde": **ein Satz mit sechs Wörtern** - *een zin met zes woorden*.

⑥ Het woordje **als** heeft verschillende functies:
- In de vorige les (zin 4 en opm. 2) zagen we het als het voegwoord *toen*: **Als der Hase das gehört hat, ist er vor Lachen fast erstickt.** - *Toen de haas dat heeft gehoord, is hij bijna gestikt van het lachen.*

4 De haas heeft dit heel grappig gevonden en geantwoord: "Ja, ik wandel, maar wat doet u met uw kromme poten *(benen)*?"
5 Deze woorden hebben de egel diep gekwetst:
6 "Wat wilt u daarmee zeggen?", heeft hij geroepen. "Ik kan sneller lopen dan *(als)* u!"
7 Toen heeft de haas hard gelachen:
8 "U? Sneller lopen dan ik? Dan lach ik me wel dood."
9 "Oké", heeft de egel gezegd, "laten we wedden dat ik sneller loop dan u!"
10 De haas is van het *(voor)* lachen bijna gestikt: "Afgesproken, laten we een wedren houden *(doen/maken)* en wie wint, krijgt een goudstuk *(-daalder)* en een fles schnaps.

▶ - In een ongelijke vergelijking komt **als** overeen met ons *dan*: **Ich laufe schneller als du.** - *Ik loop sneller dan jij.*; **Er ist kleiner als ich.** - *Hij is kleiner dan ik.* (Uit les 48, zin 3 weet u nog dat bij een gelijke vergelijking ons *als* overeenkomt met **wie**: **dasselbe wie wir** - *hetzelfde als wij.*)

⑦ U hebt gemerkt dat **da** naar een plaats of een moment kan verwijzen.

⑧ **Einverstanden!** - *Afgesproken!, Akkoord!;* **einverstanden sein** - *akkoord gaan, het eens zijn.*

58 11 **Fan**gen wir gleich **an**!"
12 „Halt, **ei**nen Mo**ment**", hat der **I**gel er**wi**dert ⑨, „ich muss nur schnell nach **Hau**se und **mei**ner Frau Be**scheid sa**gen ⑩.
13 Ich bin gleich zu**rück**."
(Fortsetzung folgt)

12 ... è^e**vie**de^et ... be**sjajt** ...

Opmerkingen

⑨ **Erwidern** en **antworten** - *antwoorden, maar* **antworten** wordt veel meer gebruikt; van **erwidern** maakt men vooral gebruik als het gaat om het beantwoorden van een vraag, brief,... en van gevoelens: **einen Gruß, ein Lächeln, einen Blick, Gefühle erwidern** - *een groet, glimlach, blik, gevoelens beantwoorden.*

⑩ **Bescheid sagen/geben** is het courante equivalent van *het/iets laten weten* in de betekenis van *verwittigen, inlichten,...*: **Wenn ich zurück bin, sage ich dir Bescheid.** - *Wanneer ik terug ben, laat ik het je weten.*; **Geben Sie uns Bescheid, wenn Sie mehr wissen.** - *Verwittig ons als u meer weet.*

***

Übung 1 – Übersetzen Sie bitte!

❶ Sie haben sich auf der Terrasse eines Cafés getroffen. ❷ Er ist kleiner als seine Schwester, aber er läuft schneller als sie. ❸ Können Sie mir bitte Bescheid geben, wenn Sie zurück sind? ❹ Der Igel war tief verletzt, weil der Hase sich fast totgelacht hat. ❺ Dieser Mann hat mich gegrüßt, aber ich kenne ihn nicht.

11 Laten we meteen beginnen!"
12 "Wacht, een ogenblik", heeft de egel geantwoord, "ik moet even *(alleen)* vlug naar huis mijn vrouw op de hoogte brengen *(en mijn vrouw bescheid zeggen)*.
13 Ik ben zo terug."
(Wordt vervolgd)

***

Oplossing van oefening 1

❶ Ze hebben elkaar ontmoet op het terras van een tearoom. ❷ Hij is kleiner dan zijn zus, maar hij loopt sneller dan zij. ❸ Kunt u mij alstublieft verwittigen als u terug bent? ❹ De egel was diep gekwetst omdat de haas zich bijna doodgelachen heeft. ❺ Deze man heeft me gegroet, maar ik ken hem niet.

58 Übung 2 – Ergänzen Sie bitte!

1 Wedden we dat ik sneller loop dan jij?

...., dass ich .... laufe ... ..?

2 Ontmoeten we elkaar volgende vrijdag in dezelfde tearoom? – Afgesproken.

.... nächsten Freitag in demselben Café? – ....

3 We laten het u weten wanneer we beginnen.

... . Ihnen ...., wenn ... .

4 We moeten snel naar huis omdat we gewed hebben dat we de eersten thuis zijn.

Wir müssen schnell ...., weil ... ., dass wir die ersten .. .. sind.

5 Ze heeft hem gevraagd hoe hij heet, maar hij heeft niet geantwoord.

Sie hat ... ., wie er ....., aber er hat nicht ....

Oplossing van oefening 2

❶ Wetten wir – schneller – als du ❷ Treffen wir uns – Einverstanden ❸ Wir sagen – Bescheid – wir anfangen ❹ – nach Hause – wir gewettet haben – zu Hause – ❺ – ihn gefragt – heißt – geantwortet

De broers Jacob en Wilhelm Grimm – beiden briljante germanisten – publiceerden hun eerste sprookjes in 1812. Jacob was bibliothecaris van de koning van Westfalen en doceerde middeleeuwse geschiedenis in Göttingen, waar ook zijn één jaar jongere broer Wilhelm werkte, als assistent-bibliothecaris.
Als kinderen luisterden ze graag naar volksverhalen. Later, gedreven door hun interesse voor dergelijke verhalen uit de Germaanse middeleeuwen, begonnen ze die te verzamelen en te herschrijven in een eenvoudiger, voor iedereen toegankelijke taal, maar wel zo getrouw mogelijk aan het origineel. Ze zagen het als cultureel erfgoed dat absoluut gered diende te worden vooraleer het in een vergeethoek belandde. Dat de gebroeders Grimm de voorkeur gaven aan een minder literaire stijl dan hun tijdgenoten, leverde hun van sommigen kritiek op, maar het publiek was laaiend enthousiast en is dat nog steeds.
Het grote succes van hun sprookjes overschaduwt zelfs het wetenschappelijke werk van de Grimms over de Duitse taal en haar oorsprong. Men zou haast vergeten dat ze ook een grammatica- en woordenboek Duits publiceerden.

Tweede golf: 9ᵉ les

59 Neunundfünfzigste Lektion

Der Hase und der Igel
(Fortsetzung)

1 Der **I**gel ist schnell nach **Hau**se ge**lau**fen ①.
2 **Sei**ne Frau war beim **Ko**chen ②, als er zu **Hau**se **an**gekommen ist.
3 **A**ber er hat nur ge**ru**fen: „Lass das, Frau, zieh dich an ③ und komm schnell mit!
4 Ich **ha**be mit dem **Ha**sen ge**wet**tet, dass ich **schnel**ler **lau**fen kann ④ als er."
5 „Oje, oje", hat da die Frau ge**ja**mmert.

Uitspraak
2 ... bajm k^hoch'n ... **3** ... tsie dich an ... **5** ojee ... Geja**mee**t

Opmerkingen

① **Gelaufen**, voltooid deelwoord van **laufen** - *lopen*. Noteer dat in het Duits alle werkwoorden die een verandering van plaats uitdrukken de v.t.t. vormen met het hulpwerkwoord **sein** - *zijn*: **Ich bin gelaufen, weil es geregnet hat.** - *Ik heb (ben) gelopen omdat het regende (geregend heeft).*

② **Kochen** - *koken*, zoals in het Nederlands zowel "tot het kookpunt brengen" als "eten klaarmaken". **Der Koch** is *de kok* en **die Köchin** *de kokkin.* Voor een gesubstantiveerde infinitief komt **beim** (of **bei dem**) overeen met ons *aan het*: **Wir waren beim Essen, als Freunde angerufen haben.** - *We waren aan het eten toen vrienden gebeld hebben.* En **beim** voor een zelfstandig naamwoord: **beim Essen** - *tijdens het eten*, **beim Laufen** - *al lopend*, **beim Feuer** - *bij het vuur.*

Negenenvijftigste les 59

De haas en de egel
(Vervolg)

1 De egel is vlug naar huis gelopen.
2 Zijn vrouw was aan *(bij)* het koken toen hij thuis aangekomen is.
3 En *(Maar)* hij heeft alleen geroepen: "Laat dat, vrouw[tje], kleed je aan en kom snel mee!
4 Ik heb met de haas gewed dat ik sneller kan lopen dan hij."
5 "O jee, o jee", heeft zijn *(de)* vrouw toen gejammerd.

③ **Sich anziehen** - *zich aankleden, iets aantrekken*: **ich ziehe mich an** - *ik kleed me aan, trek iets aan* (van **anziehen** - *aantrekken*). Imperatief 2e persoon enkelvoud: stam zonder voornaamwoord noch uitgang **-st**: **Zieh dich an!**

④ Merk op dat in een bijzin ingeleid door een onderschikkend voegwoord (hier **dass**) het vervoegd werkwoord achteraan staat: ...**laufen kann**.

dreihundert • 300

6 „**Hab**e **kei**ne Angst! Wenn du mir hilfst ⑤, geht **al**les gut", hat der Igel sie be**ru**higt.

7 „Siehst du den **groß**en **A**cker ⑥ dort?

8 Wir **lau**fen dort **un**ten los ⑦, der **Ha**se in **ei**ner **Fur**che und ich in **ei**ner **an**deren.

9 Du ver**steckst** dich **o**ben am Acker, und wenn der Hase **an**kommt, dann rufst du: Ich bin schon da!

10 Hast du ver**stan**den?"

11 Die **I**gelfrau hat nur mit dem Kopf ge**nickt** ⑧.

12 „Gut, **al**so geh schnell auf **dei**nen Platz, der **Ha**se **war**tet auf ⑨ mich."

(Fortsetzung folgt)

---

6 ... angst ... be**roe**iekt **7** ziest ... ak**ʰ**eᵉ ... **8** ... **foe**ᵉçhe ...
9 ... fèᵉ**sjtʰèkst** ... **11** ... **ie**Gelfrau ... Ge**nikt**

Opmerkingen

⑤ Bij **helfen** hoort een datief: **jemandem helfen** - *iemand helpen* ("aan" iemand hulp bieden); **Sie hilft ihrer Mutter.** - *Ze helpt haar moeder.*

⑥ **Der Acker** - *de akker, het bewerkte veld*; **das Feld** - *het veld* in het algemeen.

⑦ **Los** drukt als bijwoord of als scheidbaar partikel bij een werkwoord (af)scheiding of begin, vertrek uit: **Um wie viel Uhr fahren wir los?** - *Hoe laat rijden/gaan we weg?*; **Es ist spät, wir müssen los!** - *Het is laat, we moeten weg!* (Zie ook les 55, opm. 2 en 7.)

6 "Wees niet bang *(Heb geen angst)*! Als je me helpt, gaat alles goed", heeft de egel haar gerustgesteld.
7 "Zie je de grote akker daar?
8 We beginnen te rennen *(lopen los)* daar beneden, de haas in een vore en ik in een andere.
9 Jij verstopt je bovenaan de akker en wanneer de haas aankomt, *(dan)* roep je: Ik ben er al!
10 Heb je [het] begrepen?"
11 Het egelvrouwtje *(De egelvrouw)* heeft alleen *(met de kop)* geknikt.
12 "Goed, ga dus vlug naar *(op)* je plaats, de haas wacht op me."
(Wordt vervolgd)

⑧ **Mit dem Kopf nicken** of gewoon **nicken** is *knikken (met het hoofd)* ter instemming ↔ **mit dem Kopf schütteln** is *(met) het hoofd schudden* ter ontkenning of afkeuring.

⑨ Blijf letten op het juiste voorzetselgebruik! **Warten auf jemanden/etwas** (acc. → lijdend voorwerp) - *op iemand/iets wachten*: **Er wartet auf seinen Freund/den Bus.** - *Hij wacht op zijn vriend/de bus.*; **auf einen Platz** (acc. → beweging) **gehen** - *naar een plaats gaan (op een plaats gaan staan/zitten/ liggen).*

59 Übung 1 – Übersetzen Sie bitte!

❶ Wenn wir um acht Uhr losfahren, kommen wir um zwölf Uhr an. ❷ Die Kinder waren beim Fernsehen, als die Mutter sie gerufen hat. ❸ Ich muss los, meine Kollegen warten auf mich. ❹ Ich kann mich nicht allein anziehen, kannst du mir bitte helfen? ❺ Als ich sie gefragt habe: „Sprechen Sie Deutsch?", hat sie genickt.

Übung 2 – Ergänzen Sie bitte!

❶ Wacht op me! Ik kan niet zo snel lopen!
....! Ich kann nicht so ....!

❷ Als u akkoord gaat *(bent)*, knikt u met het hoofd.
.... Sie .... sind, nicken Sie ... ...

❸ "Wees niet bang *(Hebt u geen angst)*, ik help u", heeft hij haar gerustgesteld.
„Haben Sie ...., ... Ihnen", hat er sie ....

❹ De hond heeft zich onder de zetel verstopt, zie je hem niet?
Der Hund ... ... unter dem Sessel ...., ... ihn nicht?

❺ Terwijl ze zich aankleedde *(Bij het aankleden)*, heeft ze *Die Kleine Nachtmusik* van Mozart beluisterd.
.... hat sie *Die Kleine Nachtmusik* ... Mozart ....

Oplossing van oefening 1

❶ Als we om 8 uur vertrekken (wegrijden), komen we om 12 uur aan. ❷ De kinderen waren tv aan het kijken toen hun *(de)* moeder ze riep *(geroepen heeft)*. ❸ Ik moet weg, mijn collega's wachten op me. ❹ Ik kan me niet alleen aankleden, kan je me alsjeblieft helpen? ❺ Toen ik haar gevraagd heb "Spreekt u Duits", heeft ze geknikt.

Oplossing van oefening 2

❶ Warte auf mich – schnell laufen ❷ Wenn – einverstanden – mit dem Kopf ❸ – keine Angst, ich helfe – beruhigt ❹ – hat sich – versteckt, siehst du – ❺ Beim Anziehen – von – gehört

Tweede golf: 10ᵉ les

60 Sechzigste Lektion

Der Hase und der Igel
(Fortsetzung und Ende)

1 „Hier bin ich **wie**der, wir **kön**nen **an**fangen."
2 „Gut, **fan**gen wir **an**", hat der Hase ge**sagt** und **an**gefangen, bis drei zu **zäh**len ①: eins, zwei…
3 Bei drei ist er **los**gelaufen so schnell wie ② er **konn**te.
4 Der **I**gel da**ge**gen hat nur ein paar ③ **Schrit**te ge**macht**.
5 Dann ist er **sit**zen ge**blie**ben und hat **ru**hig ge**war**tet.
6 Als der **Ha**se **o**ben **an**gekommen ist, hat die **I**gelfrau ge**ru**fen: „Ich bin schon da!"
7 „Noch **ein**mal", hat der **Ha**se to**tal** ver**wirrt** ge**schrien**.
8 Aber **un**ten **an**gekommen hat der Igel ge**ru**fen: „Ich bin schon da!"

Uitspraak
2 … ts**èè**l'n … 4 … da**Gee**G'n … pʰaaᵉ sjritʰe … 5 … Ge**blieb**'n … 7 … fêᵉ**vi**ᵉt…

Opmerkingen

① Verwar **zählen** - *tellen* niet met **zahlen** - *betalen*!
② Vergelijken: bij gelijkheid zegt men **so … wie** - *zo/even … als*: **Ich bin so groß wie du.** - *Ik ben zo/even groot als jij.*; bij ongelijkheid, dus de vergrotende/verkleinende trap is het **…er als** ▸

305 • dreihundertfünf

Zestigste les 60

De haas en de egel
(Vervolg en einde)

1. "Hier ben ik weer, we kunnen beginnen."
2. "Goed, laten we beginnen", heeft de haas gezegd en [is] begonnen tot drie te tellen: één, twee…
3. Bij drie is hij zo snel als hij kon weggerend.
4. De egel daarentegen heeft maar een paar stappen gezet *(gedaan)*.
5. Dan is hij blijven zitten en heeft rustig gewacht.
6. Toen de haas boven aangekomen is, heeft het egelvrouwtje geroepen: "Ik ben er al!"
7. "Nog eens", heeft de haas helemaal in de war *(verward)* geschreeuwd.
8. Maar beneden aangekomen, heeft de egel geroepen: "Ik ben er al!"

▸ - *...er dan*: **Der Junge ist viel jünger als das Mädchen.** - *De jongen is veel jonger dan het meisje.* (Zie ook les 58, opm. 6.)

③ **Ein paar ...** - *een paar ...* is onveranderlijk, zoals **ein bisschen ...** en **ein wenig ...** - *een beetje/weinig ...* ; **das Paar**, met hoofdletter, is *het paar, koppel*.

60   **9**   Der **Ha**se, der **im**mer **wü**tender ④ ge**wor**den ist, ist **drei**und**sieb**zigmal ⑤ ge**lau**fen.

10   Beim **vier**und**sieb**zigsten Mal ist er vor Er**schöp**fung tot **um**gefallen ⑥.

11   Der **I**gel und **sei**ne Frau sind ver**gnügt** ⑦ nach **Haus** ge**gan**gen.

12   Ja, was **nüt**zen die **läng**sten ⑧ **Bei**ne, wenn man **ei**nen **kur**zen Ver**stand** hat? ☐

9 ... **vut**ʰ**ende**ᵉ ... **10** ... **è**ᵉ**sjëp**foeng ... **oem**Gefal'n
11 ... fèᵉ**Gnuukt** ... Ge**Gang**'n **12** ... **nutz**'n ... **lèng**st'n ... kʰ**oe**ᵉts'n fèᵉ**sjt**ʰ**ant** ...

Opmerkingen

④ **Wütend** - *woedend,* van het werkwoord **wüten** - *woedend zijn* en het naamwoord **die Wut** - *de woede.* **Immer** + comparatief = *steeds, al(s)maar* + comparatief.

⑤ Zoals bij **einmal** - *eenmaal, een keer* wordt **mal** aan het aantal geschreven, ook al is dit heel groot en bijgevolg... heel lang. Het is evenwel **ein zweites Mal** - *een tweede maal,* **ein anderes Mal** - *een andere keer.*

***

Übung 1 – Übersetzen Sie bitte!

❶ Warum läufst du immer schneller? ❷ Der Hase war ganz verwirrt, als er die Igelfrau gesehen hat. ❸ Er hat längere Beine als sie, aber einen kürzeren Verstand. ❹ Seine Freundin hat am Bahnhof auf ihn gewartet. ❺ Bei diesem schönen Wetter können wir nicht zu Hause sitzen bleiben.

9 De haas, die steeds woedender geworden was *(is)*, heeft *(is)* 73 keer gelopen.
10 Bij de 74ᵉ keer is hij van uitputting dood*(om)*gevallen.
11 De egel en zijn vrouw zijn blij naar huis gegaan.
12 Nou, wat baten de langste benen als men een klein *(kort)* verstand heeft?

▶ ⑥ **Tot umfallen** - *doodvallen*; **umfallen** op zich is *om(ver)vallen*.
⑦ Herinnert u zich **das Vergnügen** - *het plezier, genoegen*?
⑧ **Lang** - *lang*, **länger** - *langer*, **längst** - *langst*, met de gebruikelijke verbuiging: **der längste Fluss Europas** - *de langste rivier van Europa*; **die längsten Flüsse der Welt** - *de langste rivieren van de wereld*.

***

Oplossing van oefening 1

❶ Waarom loop je steeds sneller? ❷ De haas was helemaal in de war toen hij het egelvrouwtje zag *(gezien heeft)*. ❸ Hij heeft langere benen/poten dan zij, maar een kleiner/korter verstand. ❹ Zijn vriendin heeft bij het station op hem gewacht. ❺ Bij dit mooie weer kunnen we niet thuis blijven zitten.

60 Übung 2 – Ergänzen Sie bitte!

❶ Ik tel tot drie en dan lopen we weg! Hebben jullie [het] begrepen?

.... bis drei, und dann .... !
Habt ihr .... ?

❷ Het baat niet(s) woedend te worden, jullie hebben verloren.

Es ..... nichts, ... zu ......, ihr
....

❸ Hij heeft zo hard geschreeuwd als hij kon, maar niemand is gekomen.

.. ... so laut .... er konnte,
aber niemand ... .

❹ Wanneer bent (hebt) u begonnen Duits te leren?

Wann ...., Deutsch zu
..... ?

❺ Ze zijn blij thuisgekomen omdat de haas doodgevallen is.

... ... vergnügt zu Haus ....,
weil der Hase ... .

Ondanks het sprookje van de gebroeders Grimm beschouwen Duitsers de haas eerder als een intelligent en sympathiek dier. Zo is hij, bijvoorbeeld, in kinderboeken **Meister Lampe**, *de leraar.*
Ook werd de haas eeuwenlang bewonderd om zijn reproductiecapaciteit. Bij de Grieken, Romeinen en Germanen was hij een attribuut van de godinnen van de vruchtbaarheid en de liefde. Bijgevolg veroordeelde de katholieke kerk hem later als symbool voor "ontucht" en "wulpsheid". In middeleeuwse taferelen duikt hij soms op aan de voeten van de Heilige Maagd als teken van de overwonnen wellust. Een paus ging in de 8^e eeuw zo ver dat hij de consumptie van haas verbood! Langoor werd evenwel in de 17^e eeuw gerehabiliteerd, toen men hem in bepaalde regio's ging associëren met het paasfeest in de lente, nl. als **Osterhase** *- paas-*

Oplossing van oefening 2

❶ Ich zähle – laufen wir los – verstanden ❷ – nützt – wütend – werden – habt verloren ❸ Er hat – geschrien wie – ist gekommen ❹ – haben Sie angefangen – lernen ❺ Sie sind – angekommen – tot umgefallen ist

haas *die* **die Ostereier** - de paaseieren *brengt. Geen gek idee trouwens: je ziet hem zelden, hij is sneller dan een hen en zelfs kinderen weten dat kippen geen gekleurde eieren leggen. Maar hij had concurrenten: de vos in Brandeburg, de koekoek in Berlijn en de haan in Thuringen. In het overwegend katholieke zuiden van Duitsland beweerde men dan weer dat de klokken op Goede Vrijdag naar Rome vlogen om op Pasen terug te keren met de eieren. Uiteindelijk heeft de* **Osterhase** *zijn tegenstanders kunnen verdringen; niemand durft zijn bestaan nog te betwisten: jaarlijks wordt meer dan 12.000 ton* **Schokoladenosterhasen** *verkocht!*

Tweede golf: 11ᵉ les

61 Einundsechzigste Lektion

Ein überzeugendes ① Argument

1 – Restau**rant Schloss**garten, **gu**ten Tag.
2 – **Gu**ten Tag, ich **möch**te für **Dien**stagabend **nächs**ter **Wo**che **ei**nen Tisch reser**vie**ren.
3 – Für wie **vie**le ② Per**so**nen?
4 – Für zwei Per**so**nen. Ist es **mög**lich, **drau**ßen zu **sit**zen?
5 – Selbstver**ständ**lich ③, wenn uns das **Wet**ter **kei**nen Strich ④ durch die **Rech**nung macht.
6   Um wie viel Uhr **wün**schen Sie zu **es**sen?
7 – Um neun Uhr.

Uitspraak
... uube^e**tsoj**G'ndes a^eGoe**mènt 1** ... **sjlos**Ga^et'n ...
2 ... reezè^e**vier**'n **3** ... p^hè^e**zoo**n'n **5** ... zèlpstfè^e**sjt^hènt**lich ... sjtrich doe^ech ... **rèch**noeng ...

Opmerkingen

① **Überzeugend**, onvoltooid deelwoord van **überzeugen** - *overtuigen*. Doorgaans wordt het onvoltooid deelwoord gevormd door **-d** toe te voegen aan de infinitief. Wordt het onvoltooid deelwoord bijvoeglijk gebruikt, dan moet het zoals alle adjectieven verbogen worden: **das Argument** is onzijdig, dus **ein überzeugendes Argument** (zie les 56, punt 1).

② **Viel** - *veel* wordt verbogen: **viel Zeit** - *veel tijd*; **viele Argumente** - *veel/vele argumenten*. Ook **wie viel** - *hoeveel* kan verbogen worden, maar dit hoeft niet: **Wie viel Uhr ist es?** - *Hoe laat is het?*; **Wie viel(e) Leute sitzen draußen?** - *Hoeveel mensen zitten buiten?*

Eenenzestigste les 61

Een overtuigend argument

1 – Restaurant Schlossgarten *(Slottuin)*, goeiendag.
2 – Goeiendag, ik zou voor dinsdagavond volgende week een tafel willen reserveren.
3 – Voor hoeveel personen?
4 – Voor twee personen. Is het mogelijk buiten te zitten?
5 – Uiteraard, als het weer ons geen parten speelt *(streep door de rekening maakt)*.
6   Hoe laat wenst u te eten?
7 – Om 9 uur.

③ **Selbstverständlich**: **selbst** - *zelf, op zich* (**ich mache das selbst** - *ik maak/doe dat zelf*) + **verständlich** - *begrijpelijk, verstaanbaar* → **Das ist selbstverständlich.** (lett. "Dat is op zich begrijpelijk") - *Dat spreekt voor zich, (is) vanzelfsprekend, uiteraard.*

④ **Einen Strich machen** - *een streep trekken* (niet "een strik maken"!); het figuurlijke **einen Strich durch die Rechnung machen** - *een streep door de rekening halen/zijn* betekent "dwarsbomen", "parten spelen". **Die Rechnung**, van **rechnen** - *rekenen*.

8 – Das ist **et**was ⑤ spät, die **Kü**che schließt in der **Wo**che um 22 (**zwei**undzwanzig) Uhr 30 (**drei**ßig).
9 – Und das ist **scha**de, wenn Sie **ei**nen **un**serer **köst**lichen **Nach**tische ver**su**chen ⑥ **wol**len.
10 – Wenn wir um 20 Uhr 30 **kom**men, ist der **Nach**tisch nicht mehr in Ge**fahr**?
11 – Nein, dann **ha**ben wir ge**nug** Zeit. Auf **wel**chen **Na**men ⑦ darf ich reser**vie**ren?
12 – Mein **Na**me ist Ralf **Buch**holz.
13 – Gut, Herr **Buch**holz, der Tisch ist für 20 Uhr 30 reser**viert**. **Al**so bis **Dien**stag.
14 – Ich **dan**ke Ihnen ⑧, auf **Wie**derhören. ☐

*9 ... fè^e**zoech**'n ... 10 ... Ge**faa**^e 12 ... ralf **boech**holts*

Opmerkingen

⑤ **Etwas** is zowel *iets* als *wat*.

⑥ **Versuchen** is *proberen*, niet te verwarren met *verzoeken* - **bitten** (zie les 30)!

⑦ **Der Name** - *de naam*, een mannelijk zwak naamwoord.

⑧ Bij **danken** - *(be)danken* hoort de datief (het is a.h.w. "dank zeggen tegen"): **Wir danken unseren Freunden.** - *We danken onze vrienden*; op **für** - *voor* volgt een accusatief, dus: **Ich danke Ihnen für die Auskunft.** - *Ik dank u voor de inlichting.*

Übung 1 – Übersetzen Sie bitte!

❶ Deine Argumente überzeugen mich leider nicht. ❷ Das Wetter hat uns einen Strich durch die Rechnung gemacht. ❸ Ich danke dir für deine Hilfe. ❹ Selbstverständlich können Sie draußen essen, wenn Sie es wünschen. ❺ Auf welchen Namen haben Sie reserviert?

8 – Dat is wat laat, de keuken sluit in de week om 22 uur 30.
9 En dat is jammer als u een van onze heerlijke desserts wil proberen.
10 – Als we om 20 uur 30 komen, is het dessert [dan] niet meer in gevaar?
11 – Nee, dan hebben we genoeg tijd. Op welke naam mag ik reserveren?
12 – Mijn naam is Ralf Buchholz.
13 – Goed, meneer Buchholz, de tafel is om *(voor)* 20 uur 30 gereserveerd. Dus tot dinsdag.
14 – Ik dank u, tot wederhoren.

Oplossing van oefening 1

❶ Jouw argumenten overtuigen me helaas niet. ❷ Het weer heeft ons parten gespeeld. ❸ Ik dank je voor je hulp. ❹ Uiteraard kunt u buiten eten als u het wenst. ❺ Op welke naam hebt u gereserveerd?

Übung 2 – Ergänzen Sie bitte!

❶ Goedenavond, voor hoeveel personen hebt u gereserveerd?
Guten Abend, ...
haben Sie ....?

❷ Dat is geen overtuigend argument, we moeten proberen een beter te vinden.
Das ist ...., wir
müssen ...., ein besseres .. ..

❸ We danken u voor uw hulp. – Geen dank *(Ik verzoek u)*, dat is toch vanzelfsprekend!
... . für Ihre Hilfe. – ... .
Sie, das ist doch ....!

❹ Als u niet onmiddellijk komt, hebben we niet genoeg tijd.
Wenn ... nicht sofort ......, ...
nicht ..... Zeit.

---

62 Zweiundsechzigste Lektion

Eine schlaue Verkäuferin im Reisebüro

1 – **Gu**ten Tag, ich **möch**te **ei**ne **Rei**se in die **Son**ne **bu**chen ①.

Uitspraak
... *sjlaue fè^ek^hojferin* ... **1** ... **boech'n**

❺ Brengt u alstublieft de rekening, we zouden willen betalen!
Bringen Sie bitte ... ., wir möchten
......!

Oplossing van oefening 2

❶ – für wie viele Personen – reserviert ❷ – kein überzeugendes Argument – versuchen – zu finden ❸ Wir danken Ihnen – Ich bitte – selbstverständlich ❹ – Sie – kommen, haben wir – genug – ❺ – die Rechnung – zahlen

---

Vergeet niet dagelijks een eerdere les door te nemen! Lees ze hardop en, vooral, vertaal de Nederlandse tekst van de dialoog en de eerste oefening in het Duits – wat wij "de actieve fase" noemen! Een woord meermaals tegenkomen helpt u het te onthouden, maar nu moet u het ook gebruiken. **Wir hoffen, dieses Argument überzeugt Sie.** - We hopen dat dit argument u overtuigt!

Tweede golf: 12ᵉ les

Tweeënzestigste les   62

Een slimme verkoopster in het reisbureau

1 – Goeiendag, Ik zou een reis naar de zon willen boeken.

Opmerking

① **Eine Reise in die Sonne buchen** - *een reis naar de zon boeken* (**wohin?** → accusatief), maar **in der Sonne liegen** - *in de zon liggen* (**wo?** → datief).

62 **2** – Oh, da kann ich **Ih**nen **ei**nige **Schnäpp**chen ② **an**bieten.
3 Wie **lan**ge **wol**len Sie denn **blei**ben und wann **wol**len Sie **los**fliegen?
4 – **Flie**gen? Wer hat denn von **Flie**gen ge**spro**chen?
5 – Ach, Sie **flie**gen nicht gern ③?
6 – Nicht gern? Ich **has**se es!
7 **Wis**sen Sie nicht, wie **vie**le **Flug**zeuge **letz**tes Jahr **ab**gestürzt ④ sind?
8 – Nein, und ich **möch**te es **lie**ber ⑤ nicht **wis**sen.
9 Ich **flie**ge **näm**lich **ü**bermorgen in die **Son**ne, nach **Ku**ba, zu ⑥ **ei**nem fan**tas**tischen Preis!

2 ... **sjnèp**ch'n **an**biet'n 4 ... Ge**sj**proch'n 6 ... **ha**se ... 7 ... **floek**tsojGe ... ap**Ge**sjtʰueˢtst ... 8 ... **lie**beᵉ ... 9 ... **uu**beᵉmoᵉG'n ... **kʰoe**ba ...

Opmerkingen

② **Das Schnäppchen** is een *koopje, buitenkansje* - een kans die u moet "grijpen"... en dat is **schnappen**!

③ **Gern** of ook **gerne**: **ich reise gern(e)** - *ik reis graag*.

④ **Abstürzen** - *neerstorten*, van **stürzen** - *storten* of *vallen*: **Er ist von seinem Rad gestürzt.** - *Hij is van zijn fiets gevallen.*

⑤ **Lieber** - *liever*, comparatief van **gern(e)** - *graag*: **Ich reise lieber mit dem Zug als mit dem Flugzeug.** - *Ik reis liever met de trein dan met het vliegtuig.*

⑥ **Zu** wordt als voorzetsel gebruikt om een verhouding uit te drukken: *voor, à, tegen*.

2 – O, daar kan ik u enkele koopjes aanbieden.
3 Hoe lang wil u blijven en wanneer wil u *(weg)*-vliegen?
4 – Vliegen? Wie heeft er van vliegen gesproken?
5 – O, u vliegt niet graag?
6 – Niet graag? Ik haat het!
7 Weet u niet hoeveel vliegtuigen vorig jaar neergestort zijn?
8 – Nee, en ik zou het liever niet *(willen)* weten.
9 Ik vlieg namelijk overmorgen naar de zon, naar Cuba, voor een fantastische prijs!

10 **Stell**en Sie sich vor ⑦, **all**es **in**begriffen: Flug, **Un**terkunft mit **Voll**pension, so**gar** die Fahrt vom **Flug**hafen zum Ho**tel**.
11 – Das klingt **wirk**lich interes**sant**!
12 – Ja, das ist **un**ser **bes**tes ⑧ **An**gebot, aber **scha**de, für Sie kommt es nicht in **Fra**ge.
13 – **War**ten Sie mal, viel**leicht** kann ich **ein**mal **ei**ne **Aus**nahme **ma**chen.
14 **Schließ**lich ist **Flie**gen laut Sta**tis**tik am **si**chersten ⑨. □

*10 ... **in**beGrif'n ... **oent**ʰeᵉkʰoenft ... **fol**pangsioon ... **floek**haaf'n ... 12 ... **bèst**ʰes **an**Geboot ... 13 ... **aus**naame ... 14 ... laut sjtʰatʰistʰik am zicheᵉst'n*

Opmerkingen

⑦ Wanneer **sich vorstellen** gebruikt wordt in de betekenis van *zich iets inbeelden,* staat het wederkerend voornaamwoord in de datief: **Stell dir vor, wir gewinnen!** - *Stel je voor, we winnen!*; bij **sich vorstellen** in de betekenis van *zich bekendmaken als* hoort het voorwerp in de accusatief te staan: **Darf ich mich vorstellen?** - *Mag ik me voorstellen?* (Zie ook les 37, zin 11 en les 51, zin 3.)

***

Übung 1 – Übersetzen Sie bitte!

❶ Wir haben zu einem fantastischen Preis eine Reise nach Marokko gebucht. ❷ Nehmen Sie lieber den Zug oder das Auto, um in die Ferien zu fahren? ❸ Er ist gestern Nachmittag auf der Straße gestürzt. ❹ Haben Sie keine Angst, wenn Sie fliegen? ❺ Unsere Schnäppchen sind die besten, die es auf dem Markt gibt.

10 Stelt u zich voor, alles inbegrepen: vlucht, logies *(onderkomen)* met volpension, zelfs de rit van de luchthaven *(vlieghaven)* naar het hotel.
11 – Dat klinkt werkelijk interessant!
12 – Ja, dat is ons beste aanbod, maar helaas, voor u komt het niet in aanmerking *(vraag)*.
13 – Wacht u even, misschien kan ik eens een uitzondering maken.
14 Tenslotte is vliegen volgens [de] statistiek[en] *(aan)* het veiligste.

Aanwijzing bij de uitspraak
10 Vollpension kan ook uitgesproken worden als *[folpʰènsioon]*.

⑧ **Gut - besser - best** - *goed - beter - best*: **das bessere Angebot (von zwei)** - *de beste aanbieding (van [de] twee);* **das beste Angebot von allen** - *het beste aanbod van allemaal.*

⑨ De structuur **am …sten** komt overeen met ons *het …ste*: **Am sichersten ist es zu Hause zu bleiben.** - *Het zekerste/veiligste is thuis te blijven.*

***

Oplossing van oefening 1

❶ We hebben voor een fantastische prijs een reis naar Marokko geboekt. ❷ Neemt u liever de trein of de auto om op vakantie te gaan? ❸ Hij is gisternamiddag op straat gevallen. ❹ Bent u niet bang wanneer u vliegt? ❺ Onze buitenkansjes zijn de beste die er op de markt zijn.

63 Übung 2 – Ergänzen Sie bitte!

❶ Dit is de slimste verkoopster die men zich kan voorstellen.
Das ist ... ., die man .... kann.

❷ Ik zou een kamer met volpension willen boeken voor het weekend.
... . ein Zimmer ... . für das Wochenende ....

❸ Drinkt u liever bier of schnaps?
.... Bier oder ....?

❹ Vlucht, logies en zelfs de drank[jes] zijn in de prijs inbegrepen.
...., ... und ..... die Getränke sind im Preis ....

63 Dreiundsechzigste Lektion

Wiederholung – Herhaling

1 Onregelmatige (of sterke) werkwoorden en hun voltooid deelwoord

Er zijn verschillende types van onregelmatige werkwoorden. Bij sommige verandert de stamklinker in de tegenwoordige tijd en/of hun voltooid deelwoord.

1.1 Onregelmatige werkwoorden met als stamklinker *a*

De **a** verandert in **ä** in de o.t.t. van de 2ᵉ en 3ᵉ persoon enkelvoud, maar blijft **a** in het voltooid deelwoord:
schlafen - *slapen* → **schläfst, schläft / geschlafen**
fahren - *rijden, gaan (met voertuig)* → **fährst, fährt / gefahren**.

❺ Uw aanbod klinkt heel goed, maar mijn man vliegt helaas niet graag.
... . klingt ...., aber mein Mann ...... leider nicht .....

Oplossing van oefening 2

❶ – die schlauste Verkäuferin – sich vorstellen – **❷** Ich möchte – mit Vollpension – buchen **❸** Trinken Sie lieber – Schnaps **❹** Flug, Unterkunft – sogar – inbegriffen **❺** Ihr Angebot – sehr gut – fliegt – gern

Tweede golf: 13ᵉ les

Drieënzestigste les

1.2 Onregelmatige werkwoorden met als stamklinker *e*

- De **e** verandert in **i** of **ie** in de o.t.t. van de 2ᵉ en 3ᵉ persoon enkelvoud, maar blijft **e** in het voltooid deelwoord:
geben - *geven* → **gibst, gibt** / **gegeben**
sehen - *zien, kijken* → **siehst, sieht** / **gesehen**;

- de **e** verandert in **i** in de o.t.t. van de 2ᵉ en 3ᵉ persoon enkelvoud en in **o** in het voltooid deelwoord:
helfen - *helpen* → **hilfst, hilft** / **geholfen**
sprechen - *spreken* → **sprichst, spricht** / **gesprochen**.

1.3 Onregelmatige werkwoorden met als stamklinker *ei*

- De **ei** verandert in **ie** in het voltooid deelwoord, maar blijft staan in de o.t.t.:
schreien - *schreeuwen, gillen* → **geschrien**;

- de **ei** verandert in **i** in het voltooid deelwoord, maar blijft staan in de o.t.t.:
beißen - *bijten* → **gebissen**.

1.4 Onregelmatige werkwoorden met als stamklinker *i*

- De **i** verandert in **u** in het voltooid deelwoord, maar blijft staan in de o.t.t.:
trinken - *drinken* → **getrunken**
finden - *vinden* → **gefunden**;

- de **i** verandert in **o** in het voltooid deelwoord, maar blijft staan in de o.t.t.:
beginnen - *beginnen* → **begonnen**.

1.5 Onregelmatige werkwoorden met als stamklinker *ie*

De **ie** verandert in **o** in het voltooid deelwoord, maar blijft staan in de o.t.t.:
fliegen - *vliegen* → **geflogen**
verbieten - *verbieden* → **verboten**.

1.6 Onregelmatige werkwoorden "buiten categorie"

Deze volgen geen van de vorige modellen:
kommen - *komen* → **gekommen**
sein - *zijn* → **gewesen**
liegen - *liggen* → **gelegen**
sitzen - *zitten* → **gesessen**
stehen - *staan* → **gestanden** enz.

De onregelmatige werkwoorden "buiten categorie" zijn vrij talrijk. U zult ze uit het hoofd moeten leren, wat niet betekent dat u dagelijks een lijstje te verwerken krijgt! Dankzij onze methode zult u ze een voor een leren kennen, aangeboden in verschillende contexten, zodat u ze vanzelf onthoudt na ze een paar keer tegengekomen te zijn.

2 Vergelijken

2.1 Vorming van de comparatief en superlatief

- **Algemene regel**
- comparatief (vergrotende en verkleinende trap):
  bijvoeglijk naamwoord + uitgang **-er**
- superlatief (overtreffende trap):
  bijvoeglijk naamwoord + uitgang **-st**

+ verbuigingsuitgang, want ook de comparatief- en superlatiefvormen van bijvoeglijke naamwoorden (voor een zelfstandig naamwoord) worden verbogen (zie les 56, punt 1): **das schnellste** Auto - *de snelste auto*, **die schnellsten** Autos - *de snelste auto's*.

schnell - *snel/vlug* → **schneller** - *sneller/vlugger* → **schnellst** - *snelst/vlugst*
schön - *mooi* → **schöner** - *mooier* → **schönst** - *mooist*
klein - *klein* → **kleiner** - *kleiner* → **kleinst** - *kleinst*.

- **Bijzondere gevallen**

- Veel eenlettergrepige woorden krijgen ook een umlaut toegevoegd:
jung - *jong* → **jünger** - *jonger* → **jüngst** - *jongst*
arm - *arm* → **ärmer** - *armer* → **ärmst** - *armst*
en zo ook bij **groß** - *groot*, **dumm** - *dom/stom*, **stark** - *sterk*, **schwach** - *zwak*, **kalt** - *koud*, **warm** - *warm*, **lang** - *lang*, **kurz** - *kort*, **alt** - *oud* enz.

- Bijvoeglijke naamwoorden die eindigen op een beklemtoonde lettergreep op **-d, -t, -s, -ß, -x** of **-z** lassen een **e** in voor de superlatiefuitgang **-st** om de uitspraak te vergemakkelijken:
berühmt - *beroemd* → **berühmter** - *beroemder* → **berühmtest** - *beroemdst*
heiß - *heet* → **heißer** - *heter* → **heißest** - *heetst*;

na **-sch** is deze tussen-**e** facultatief:
frisch - *fris/vers* → **frischer** - *frisser/verser* → **frisch(e)st** - *frist/verst*,

maar: **groß** - *groot* → **größer** - *groter* → **größt** - *grootst*.

- Bij bijvoeglijke naamwoorden op **-el** of **-er** valt de **e** veelal weg in de comparatief:
dunkel - *donker* → **dunkler** - *donkerder* → **dunkelst** - *donkerst*
teuer - *duur* → **teurer** - *duurder* → **teuerst** - *duurst*.

63 • **Onregelmatige vormen**

Er zijn er maar een paar:
gut - *goed* → **besser** - *beter* → **best** - *best*
viel - *veel* → **mehr** - *meer* → **meist** - *meest*
gern - *graag* → **lieber** - *liever* → **am liebsten** - *liefst* (let op: **lieber** is ook de comparatief van **lieb** - *lief*, **lieber, liebst**)
hoch - *hoog* → **höher** - *hoger* → **höchst** - *hoogst*
nah - *dichtbij* → **näher** - *dichterbij* → **nächst** - *meest dichtbij* (ook *volgend*).

2.2 Gebruik van de comparatief en superlatief

• De comparatief wijst op:

• gelijkheid → *zo/even ... als* - **so** (of **ebenso**) ... **wie**:
Er ist ebenso schlau wie du. - *Hij is even slim als jij.*
Daniel ist noch nicht so groß wie sein Vater. - *Daniel is nog niet zo groot als zijn vader.*

• ongelijkheid: *...er dan* - **...er als**:
Wiegst du mehr oder weniger als ich? - *Weeg jij meer of minder dan ik?*
Der Eiffelturm ist höher als der Turm von dem Kölner Dom. - *De Eiffeltoren is hoger dan de toren van de dom van Keulen.*

• De superlatief laat een element het ander/de andere "overtreffen":
Daniel ist der Größte von allen. - *Daniel is de grootste van allemaal.*
Der Kölner Dom ist die größte gotische Kathedrale in Deutschland. - *De dom van Keulen is de grootste gothische kathedraal in Duitsland.*

Opmerking: m.b.t. een werkwoord is er ook de bijwoordelijke superlatiefvorm **am** + bijvoeglijk naamwoord + **-sten**:
Wer von uns läuft am schnellsten? - *Wie van ons loopt het snelst?*
Von allen Frauen kocht meine Mutter am besten. - *Van alle vrouwen kookt mijn moeder het best.*
Du bist der Beste / am besten. - *Jij bent de beste.*
Deine Augen sind die Schönsten / am schönsten - *Jouw ogen zijn de mooiste.*

3 *Als, wenn* of *wann*?

• **als** - *toen* wordt als voegwoord gebruikt om een eenmalige toestand, gebeurtenis, handeling of tijdsblok in het verleden in te leiden:
Als ich am Bahnhof angekommen bin, haben meine Freunde auf mich gewartet. - *Toen ik bij het station aankwam (aangekomen ben), wachtten (hebben gewacht) mijn vrienden op mij.*
Als er jung war, hat er ein Jahr in Amerika gearbeitet. - *Toen hij jong was, heeft hij een jaar in Amerika gewerkt.*

• **wenn** - *wanneer, als* is het voegwoord bij:
– een gebeurtenis of handeling in het heden/verleden die meermaals plaatsvindt/plaatsvond (u zou ook kunnen zeggen **jedes Mal, wenn** - *telkens wanneer, als*):
Jedes Mal, wenn / Wenn er nach Amerika fliegt, holen ihn seine Freunde am Flughafen ab. - *(Telkens) Wanneer hij naar Amerika vliegt, halen zijn vrienden hem af van de luchthaven.*
Jedes Mal, wenn / Wenn sie sich getroffen haben, waren sie glücklich. - *Telkens wanneer / Wanneer ze elkaar ontmoetten (ontmoet hebben), waren ze gelukkig.*

– het inleiden van een bijzin m.b.t. iets of een mogelijkheid in de tegenwoordige of toekomende tijd:
Ruf mich an, wenn du in Köln bist! - *Bel me als je in Keulen bent!*
Wenn Sie ihn sehen, grüßen Sie ihn von mir. - *Doet u hem de groeten van mij wanneer u hem ziet.*

• **wann** - *wanneer* dient om naar een tijdstip te vragen:
Wann kommt ihr Zug an? - *Wanneer komt jullie trein aan?*
Ich frage mich, wann wir uns wiedersehen. - *Ik vraag me [af] wanneer we elkaar terugzien.*

Vond u dit grammaticaal "tussendoortje" wat zwaar? Nou, het dient alleen ter verduidelijking van bepaalde zaken. U kunt ook de grammaticale bijlage en index raadplegen of terugbladeren naar (herhalings)lessen waarin bepaalde (moeilijk lijkende) elementen uit de spraakkunst behandeld worden. Aarzel niet om die bladzijden te herlezen.

63 *In plaats van onze gebruikelijke herhalingsdialoog, stellen wij u vandaag een tweede sprookje naar de gebroeders Grimm voor. Voordat u uw pas verworven kennis gaat toetsen, nog vier nieuwe*

***

Herhalingsoefening

Hans im Glück
(nach den Brüdern Grimm)

1. Hans hatte sieben Jahre bei einem Meister gearbeitet, als er zu ihm gesagt hat: „Ich bin gern hier, aber ich möchte meine Mutter wiedersehen, die immer älter wird."
2. Der Meister hat ihm für seine Dienste ein Goldstück gegeben, das so groß wie der Kopf von Hans war, und Hans hat sich damit so schnell wie er konnte auf den Weg gemacht.
3. Aber das Gold war so schwer, dass er vor Erschöpfung fast umgefallen ist.
4. Gott sei Dank hat er einen Mann mit einem Pferd getroffen, der ihn freundlich gegrüßt hat.
5. „Sie haben mehr Glück als ich. Sie haben nämlich ein Pferd", hat er zu ihm gesagt, „und so sind Sie viel schneller als ich und weniger müde."
6. „Ich mache dir ein Angebot", hat der Mann geantwortet, „ich gebe dir mein Pferd, wenn du mir dein Goldstück gibst."
7. „Nichts lieber als das", hat Hans erwidert und hat sich sofort auf das Pferd gesetzt.
8. „Ich bin der glücklichste Mensch auf der Welt", hat er sich gesagt und hat lustig „hopp, hopp!" geschrien.

woorden: **das Pferd** - het paard, **die Kuh** - de koe, **melken** - melken *en* **das Schwein** - het zwijn, varken.

Vertaling

***

Gelukkige Hans *(in het geluk)*
(naar de gebroeders Grimm)

1 Hans had zeven jaar bij een meester gewerkt toen hij hem zei: "Ik ben hier graag, maar ik zou graag mijn moeder terugzien die steeds ouder wordt." **2** De meester gaf hem voor zijn diensten een goudstuk dat zo groot als het hoofd van Hans was, en Hans begaf er zich zo snel als hij kon mee op pad. **3** Maar het goud was zo zwaar dat hij bijna omviel van uitputting. **4** Godzijdank ontmoette hij een man met een paard die hem vriendelijk groette. **5** "U hebt meer geluk dan ik. U hebt immers een paard", zei hij hem, "en zo bent u veel sneller dan ik en minder moe." **6** "Ik doe je een aanbod", antwoordde de man, "ik geef je mijn paard als jij me je goudstuk geeft." **7** "Niets liever dan dat", antwoordde Hans en zette zich meteen op het paard. **8** "Ik ben de gelukkigste mens op de wereld", zei hij bij zichzelf en riep vrolijk "Ju, ju!".

9 Da ist das Pferd so schnell losgelaufen, dass Hans runtergefallen ist.
10 In diesem Moment ist ein Mann mit einer Kuh gekommen.
11 „Sie haben Glück", hat Hans gerufen, „eine Kuh ist ruhiger als ein Pferd und außerdem gibt sie Milch."
12 „Wenn du willst, nehme ich dein Pferd für meine Kuh", hat der Mann angeboten.
13 Hans war sofort einverstanden und beim Weitergehen hat er sich gesagt: „Ich bin wirklich der glücklichste Mensch auf der Erde."
14 Ein paar Stunden später hatte er großen Durst.
15 Also ist er mit der Kuh stehen geblieben und hat versucht, die Kuh zu melken.
16 Aber die Kuh ist immer wütender geworden und hat ihm Angst gemacht.
17 In diesem Augenblick hat Hans einen Mann gesehen, der mit seinem Schwein zum Markt gegangen ist.
18 „Schade", hat er zu ihm gesagt, „ich möchte auch lieber ein Schwein haben als eine so dumme Kuh."
19 Sie können sich sicher vorstellen, wie die Geschichte weitergeht…
20 Als Hans nach Hause gekommen ist, hatte er nichts mehr, aber er war überzeugt, der glücklichste Mensch auf der Welt zu sein.

9 Toen is het paard zo snel gaan rennen dat Hans eraf viel. **10** Op dat ogenblik kwam er een man met een koe. **11** "U hebt geluk", riep Hans, "een koe is rustiger dan een paard en bovendien geeft ze melk." **12** "Als je wil, neem ik jouw paard [in ruil] voor mijn koe", bood de man aan. **13** Hans ging onmiddellijk akkoord en zijn weg voortzettend zei hij bij zichzelf "Ik ben werkelijk de gelukkigste mens ter wereld". **14** Een paar uur later had hij grote dorst. **15** Dus bleef hij met de koe staan en probeerde de koe te melken. **16** Maar de koe werd alsmaar woedender en maakte hem bang. **17** Op dat ogenblik zag Hans een man die met zijn varken naar de markt ging. **18** "Jammer", zei hij hem, "ik zou ook liever een varken hebben dan zo'n stomme koe." **19** U kunt zich ongetwijfeld voorstellen hoe het verhaal verdergaat... **20** Toen Hans thuiskwam, had hij niets meer, maar hij was overtuigd de gelukkigste mens ter wereld te zijn.

(Zoals u ziet, gebruikt het Nederlands soms de o.v.t. waar het Duits een v.t.t. kiest.)

Bis morgen! - Tot morgen!

Tweede golf: 14ᵉ les

64 Vierundsechzigste Lektion

Berlin,
die Hauptstadt der Bundesrepublik Deutschland

1 – Berlins ① Vergangenheit ist – wie Sie wissen – sehr außergewöhnlich.
2 Fast dreißig Jahre lang war diese Stadt durch eine Mauer in zwei geteilt.
3 Am 9. (neunten) November 1989 ② fiel ③ die Mauer.
4 Ost- und Westberliner ④ konnten ⑤ sich endlich wieder in ihrer Stadt frei bewegen.

Uitspraak
... **boen**desreep^hoebliek ... **1** bè^eliens fè^e**Gang**'nhajt ... ause^eGeveunliçh **2** ... maue^e ... Get^hajlt **3** ... fiel ... **4** ... bevee**G**'n

Opmerkingen

① Deze genitiefvorm wordt alleen toegepast bij eigennamen, die dus een eind-**s** krijgen: **Giselas Vergangenheit** - *Gisela's verleden*. Met een lidwoord erbij staat de eigennaam achter het zelfstandig naamwoord: **die Vergangenheit Giselas** - *het verleden van Gisela*. En, zoals altijd, kan de genitief vervangen worden door het voorzetsel **von** (+ datief): **die Vergangenheit von Gisela**. (Let erop dat in het Duits geen weglatingsteken gebruikt wordt!)

② De datum: men gebruikt rangtelwoorden voor de dag → **am neunten November, der dritte Oktober;** voor 2000 werd het jaartal in honderdtallen uitgedrukt → **neunzehnhundertneunundachtzig** (*1989*), **neunzehnhundertneunzig** (*1990*), maar sinds het derde millenium werd het eenvoudiger → **zweitausendeins** (*2001*), **zweitausendachtzehn** (*2018*).

Vierenzestigste les 64

Berlijn,
de hoofdstad van de Bondsrepubliek Duitsland

1 – Berlijns verleden is – zoals u weet – heel buitengewoon.
2 Bijna dertig jaar lang was deze stad door een muur in twee gedeeld.
3 Op 9 november 1989 viel de muur.
4 Oost- en West-Berlijners konden zich eindelijk weer vrij bewegen in hun stad.

▶ ③ **Fiel**, o.v.t. 3ᵉ persoon enkelvoud van het onregelmatige **fallen** - *vallen*. Deze tijd wordt vooral in de schrijftaal gebruikt (verhalen, verslagen, artikels enz.); we hebben het in les 70, punt 1 over de vorming. Noteer voorlopig alleen dat in de o.v.t. bij onregelmatige werkwoorden de stamklinker verandert en er op de stam een uitgang volgt (dezelfde als in de o.t.t.!) in alle personen behalve de 1ᵉ en 3ᵉ enkelvoud: **fa**llen - **fie**l, **fie**lst, **fie**l, **fie**len, **fie**lt, **fie**len.

④ Meestal wordt voor de naam van inwoners (m.) van steden **-er** aan de stadsnaam toegevoegd: **der Berliner** - *de Berlijner*, **die Berlinerin** - *de Berlijnse*, **die Berliner** - *de Berlijen;* bij sommige steden valt de **e** uit de laatste lettergreep weg: **München** → **ein Münchner**, **Dresden** → **ein Dresdner** of verandert de uitgang **-en** in **-er**: **Bremen** → **ein Bremer**, **eine Bremerin**. Merk op dat hier het streepje na **Ost** een weglatingsstreepje is (ter vervanging van **berliner**) en geen koppelteken: in het Duits schrijf je immers samengestelde plaatsnamen aan elkaar: **Ostberliner** - *Oost-Berlijner,* **Südamerika** - *Zuid-Amerika.*

⑤ **Konnten**, o.v.t. 3ᵉ persoon meervoud van **können** - *kunnen;* in die tijd valt bij modale werkwoorden de umlaut weg en is de uitgang dezelfde als die bij regelmatige werkwoorden (zie volgende opm.): **können** → **ko**nnte, **ko**nntest, **ko**nnte, **ko**nnten, **ko**nntet, **ko**nnten.

5	Ein Jahr **spä**ter, am 3. (**dri**tten) Ok**to**ber 1990 **fei**erte ⑥ man die Ver**ei**nigung von **Ost-** und **West**deutschland.
6	Seit**her** ⑦ ist der **dri**tte Ok**to**ber der **deut**sche Natio**nal**feiertag.
7	Ber**lin wur**de ⑧ die **Haupt**stadt der **neu**en **Bun**desrepublik.
8	**Heu**te ist **die**se Stadt **gleich**zeitig ein Sym**bol** für Zer**stö**rung und **Wie**deraufbau, **Tren**nung und Ver**ei**nigung.
9	**Zö**gern Sie nicht, nach Ber**lin** zu **kom**men.
10	Mit **je**dem Schritt er**le**ben Sie ein Stück Ge**schich**te, **Welt**geschichte!

*5 ... **faje**ᵉtʰe ... **fèᵉajnie**Goeng ... 6 zaj**theeᵉ** ... natsioo**naal**fajeᵉtʰaak 7 ... **voeᵉ**de ... **haupt**sjtʰat ... **boen**desreepʰoebliek 8 ... **Glajch**tsajtʰiçh ... zum**bool** ... tsèᵉ**sjtʰeu**roeng ... **viede**ᵉaufbau **trè**noeng ... 9 **tseu**Geᵉn ... 10 ... èᵉ**leeb**'n ...*

Opmerkingen

⑥ **Feierte**, o.v.t. van het regelmatige **feiern**. Deze tijd wordt bij regelmatige werkwoorden gevormd door aan de stam een uitgang toe te voegen: **feierte, feiertest, feierte, feierten, feiertet, feierten** (u merkt dat zowel de 1ᵉ als de 3ᵉ persoon enkelvoud de uitgang **-te** aannemen).

⑦ **Seither** - *sindsdien*, komt als bijwoord overeen met **seit dieser Zeit** - *sinds/sedert die tijd* (bij het voorzetsel **seit** hoort de datief).

⑧ **Wurde,** 3ᵉ – en dus ook de 1ᵉ – persoon enkelvoud o.v.t. van **werden** - *worden*.

5 Een jaar later, op 3 oktober 1990, vierde men de hereniging *(vereniging)* van Oost- en West-Duitsland.
6 Sindsdien is de 3ᵉ oktober de Duitse nationale feestdag *(nationaalfeestdag)*.
7 Berlijn werd de hoofdstad van de nieuwe bondsrepubliek.
8 Vandaag is deze stad tegelijk *(gelijktijdig)* een symbool voor vernietiging en wederopbouw, scheiding en vereniging.
9 Aarzelt u niet naar Berlijn te komen.
10 Met iedere stap beleeft u een stuk geschiedenis, wereldgeschiedenis!

Aanwijzing bij de uitspraak
8 De letter **y** – die men **ypsilon** *[**up**silon]* noemt – klinkt als *[u]*: **Symbol** *[**zu**mbool]*.

Übung 1 – Übersetzen Sie bitte!

❶ Ich habe das noch nie gehört, das ist eine außergewöhnliche Geschichte. ❷ Meine Mutter ist mit 5 Jahren nach Westdeutschland gekommen. ❸ Wissen Sie, warum der 3. Oktober der Nationalfeiertag Deutschlands ist? ❹ Claudias Bruder fiel von einer Mauer und konnte sich nicht mehr bewegen. ❺ Berlin ist ein Symbol für die Vereinigung zwischen Ost und West.

Übung 2 – Ergänzen Sie bitte!

❶ Zoals u weet, is Berlijn de hoofdstad van Duitsland
... ..., ist Berlin ... . Deutschlands.

❷ Oost- en West-Berlijn waren bijna dertig jaar door een muur in twee gedeeld.
... - und .... waren fast dreißig Jahre .... in zwei ....

❸ Gisela's zus is Berlijnse; ze woont sinds 1990 in Berlijn.
.... Schwester ist ....; sie wohnt .... in Berlin.

❹ Ze aarzelt [om] nog een stuk taart te nemen.
... ., noch ... . Kuchen .. nehmen.

❺ Het verleden van deze man is buitengewoon; hij heeft werkelijk veel beleefd.
... . dieses Mannes ist ....; .. ... wirklich viel ....

Oplossing van oefening 1

❶ Ik heb dat/dit nog nooit gehoord, het is een buitengewoon verhaal. ❷ Mijn moeder is op haar 5ᵉ naar West-Duitsland gekomen. ❸ Weet u waarom de 3ᵉ oktober de nationale feestdag van Duitsland is? ❹ Claudia's broer viel van een muur en kon zich niet meer bewegen. ❺ Berlijn is een symbool voor de hereniging tussen Oost en West.

Oplossing van oefening 2

❶ Wie Sie wissen – die Hauptstadt – ❷ Ost – Westberlin – durch eine Mauer – geteilt ❸ Giselas – Berlinerin – seit neunzehnhundertneunzig – ❹ Sie zögert – ein Stück – zu – ❺ Die Vergangenheit – außergewöhnlich; er hat – erlebt

In 2009 werden twee voor de Duitse natie belangrijke historische gebeurtenissen gevierd: de 60ᵉ verjaardag van Duitsland als bondsrepubliek (staatsvorm die bekrachtigd werd door een nieuwe grondwet – **das Grundgesetz)** *en de 20ᵉ verjaardag van de val van de muur -* **der Mauerfall** *(het openen van de grens - een echte "muur" - tussen Oost- en West-Duitsland leidde tot de hereniging van de twee staten na meer dan 40 jaar scheiding). Bij de elf* **Länder** *van de Bondsrepubliek Duitsland (BRD - "West-Duitsland") werden in 1990 vijf* **Länder** *uit de voormalige Duitse Democratische Republiek (DDR - "Oost-Duitsland") gevoegd: Brandenburg (waar Berlijn en Potsdam liggen), Mecklenburg-Vorpommern ("land van duizend meren"), Saksen (met als hoofdstad Dresden), Saksen-Anhalt (geboorteplek van Martin Luther, Otto von Bismarck, Georg Friedrich Haendel en Kurt Weill) en Thuringen (met de beroemde stad Weimar). (Voor de* **Länder** *zie kaart les 42, punt 5.) Sinds de eenwording op 3 oktober is die datum een nationale feest-*

---

65 Fünfundsechzigste Lektion

Wie wird man reich?
Loriot verrät uns das Geheimnis ①

1 – Das Ge**heim**nis, war**um** nur so **we**nige ②
reich sind, ist **ei**gentlich **kei**nes ③.

Uitspraak
... lori**oo** fè**ᵉrèèt** ... Ge**haj**mnis **1** ... kʰ**ajn**'s

Opmerkingen

① **Ein Geheimnis verraten** - *een geheim verklappen;* **verraten** betekent ook *verraden.*

② **Wenige** veronderstelt **Leute/Personen: Nur wenige haben Glück im Leben.** - *Slechts weinigen / weinig mensen hebben geluk in het leven.*

dag, **der Tag der deutschen Einheit** - de dag van de Duitse eenheid. *Duitsland is een federale staat, wat betekent dat de 16* **(Bundes) Länder** *in zekere zin onafhankelijke deelstaten zijn. Het hoofd van de* **Bundesrepublik Deutschland** - Bondsrepubliek Duitsland *is de* **Bundespräsident** - bondspresident, *die voor 5 jaar benoemd wordt door de Bondsvergadering en vooral een vertegenwoordigende functie bekleedt. De nationale en internationale politiek wordt bepaald door* **der Bundestag** - het Duits parlement, *dat om de 4 jaar verkozen wordt door het volk. De* **Bundestag** *verkiest de* kanselier - **Bundeskanzler**, *die op zijn/haar beurt het kabinet samenstelt,* de federale regering - **die Bundesregierung**. *Sinds 2001 zetelen* **Bundestag** *en* **Bundesregierung** *niet meer in Bonn, hoofdstad van het toenmalige West-Duitsland, maar in Berlijn, in de* **Reichstag** - Rijksdag[gebouw], *bij de Brandenburgse Poort.*

Tweede golf: 15ᵉ les

Vijfenzestigste les 65

Hoe wordt men rijk?
Loriot verklapt ons het geheim

1 – Het geheim waarom maar zo weinig mensen *(weinigen)* rijk zijn, is [er] eigenlijk geen!

Aanwijzingen bij de uitspraak
T Loriot is een Franse naam en wordt ook zo uitgesproken.
1 De **e** is (bijna) onhoorbaar in de uitgang van **keines** en wordt dan ook als **keins** of **keines** gespeld.

③ **Kein**es (of **kein**s) - *geen* is onzijdig omdat het naar het onzijdige **das Geheimnis** verwijst.

2 **Je**der ver**steht** mit ein **biss**chen Über**le**gung, dass reich **wer**den Geld **kos**tet.
3 **Des**halb ④ sind **näm**lich nur **we**nige reich.
4 Wenn ich **ei**nen Fri**seur**salon er**öff**nen will ⑤, **brau**che ich nicht nur ein Di**plom**, **ei**nen Kamm und **gu**ten Willen ⑥, **son**dern auch Kapi**tal**.
5 Wenn das Kapi**tal** fehlt, muss ich **mei**ne **Kun**den auf dem **Geh**weg oder im Wald ⑦ fri**sie**ren.
6 Und das ist **stre**ssig ⑧.
7 Ich wieder**ho**le **al**so: Man muss reich sein, um es zu **wer**den.
8 Ich emp**feh**le **Ih**nen **des**halb, bei **Ih**rer Ge**burt** reich zu sein.
9 **Je**der **an**dere Ver**such** ⑨ reich zu **wer**den, ist sehr **müh**sam und kann **Ih**nen die **Lau**ne und die Ge**sund**heit ver**der**ben. □

2 ... uube^eleeGoeng ... 3 dèshalp ... 4 ... friezeu^ezalō è^eëfn'n ... dieploom ... k^ham ... vil'n ... k^hap^hit^haal 5 ... feelt ... Geeveek ... valt friezier'n 6 ... sjtrèsiçh 7 ... viede^ehoole ... 8 ... èmpfeele ... 9 ... fè^ezoech ... muuzaam ... Gezoenthajt fè^edè^eb'n

Opmerkingen

④ **Deshalb** - *derhalve*, *daarom* als antwoord op **warum?** of **weshalb?** - *waarom?*

⑤ Onthoud dat in bijzinnen die beginnen met **wenn** - *als, wanneer* het vervoegd werkwoord die bijzin afsluit: **wenn du nicht kommen kannst...** - *als je niet kunt komen...*

⑥ **Der Wille** - *de wil*, een mannelijk zwak naamwoord, krijgt **-n** in alle naamvallen behalve de nominatief enkelvoud (zie les 47, opm. 2).

2 Elkeen begrijpt, met een beetje overweging, dat rijk worden geld kost.
3 Daarom zijn [er] namelijk maar weinigen rijk.
4 Als ik een kapsalon wil openen, heb ik niet alleen een diploma, een kam en goede wil nodig, maar ook kapitaal.
5 Als het kapitaal ontbreekt, moet ik mijn klanten op de stoep *(gaweg)* of in het bos kappen.
6 En dat is stresserend.
7 Ik herhaal dus: Men moet rijk zijn [om] het te worden.
8 Ik beveel u daarom aan bij uw geboorte rijk te zijn.
9 Elke andere poging [om] rijk te worden, is zeer moeizaam en kan uw humeur bederven en gezondheid schaden *(u de luim en de gezondheid bederven)*.

Aanwijzingen bij de uitspraak
4 Der Friseur of **Frisör**; **der Salon** kan op z'n Frans *[salō]* of z'n Duits *[zaloon]* uitgesproken worden.

⑦ **Der Wald** - *het bos, woud* is mannelijk en wordt **die Wälder** in het meervoud. Denkt u er af en toe aan het geslacht en het meervoud van naamwoorden te controleren?!

⑧ **Stressig** - *stresserend, stressy, stress veroorzakend.*

⑨ **Der Versuch** - *de poging, de proef,* van **verzuchen** - *proberen* (zie les 61).

65 Übung 1 – Übersetzen Sie bitte!

❶ Wenn Sie nicht verstehen, müssen Sie es sagen. ❷ Reisen kostet Geld, deshalb bleibe ich zu Hause. ❸ Sie können sehen, dass dieses Problem eigentlich keins ist. ❹ Wir können noch kein Restaurant eröffnen: das Kapital fehlt uns. ❺ Mit dem Fahrrad darf man nicht auf dem Gehweg fahren.

Übung 2 – Ergänzen Sie bitte!

❶ Ik mag jullie dit niet verklappen; dit is een geheim.
Ich darf euch das nicht . . . .; das ist . . . .

❷ Weet u hoe men rijk wordt? – Met een beetje overweging en goede wil!
Wissen Sie, ... reich wird? – . . . ein bisschen . . . . und gutem . . . . . . !

❸ Als het kapitaal ontbreekt, baat elke andere poging ook niet(s).
. . . . das Kapital . . . . . , nützt . . . . auch nichts.

❹ Herhaalt u [even] alstublieft, ik geloof [dat] ik [het] niet juist begrepen heb.
. . . . bitte, ich glaube, ... nicht richtig . . . .

❺ Ik raad u aan mijn humeur niet (me niet de luim) te bederven!
Ich empfehle . . . . . , mir nicht . . . . zu . . . . !

Oplossing van oefening 1

❶ Als u [het] niet begrijpt, moet u het zeggen. ❷ Reizen kost geld, daarom blijf ik thuis. ❸ U kunt/Ze kunnen zien dat dit probleem [er] eigenlijk geen is. ❹ We kunnen nog geen restaurant openen: het kapitaal ontbreekt ons. ❺ Met de fiets mag men niet op de stoep rijden.

Oplossing van oefening 2

❶ – verraten – ein Geheimnis ❷ – wie man – Mit – Überlegung – Willen ❸ Wenn – fehlt – jeder andere Versuch – ❹ Wiederholen Sie – ich habe – verstanden ❺ – Ihnen – die Laune – verderben

Mit dem Fahrrad darf man nicht auf dem Gehweg fahren.

> Loriot was een in Duitsland heel bekend cabaretier, schrijver en cartoonist, die als pseudoniem de Franse benaming voor de wielewaal in het familiewapen koos. Zijn echte naam was Bernhard Victor Christoph Carl von Bülow (1923 - 2011). Als zoon van een Pruisisch officier zag Loriot dat zijn overigens zeer ernstige en gedistingeerde vader kon lachen met zijn eigen waardigheid en de eruit voortvloeiende mislukkingen. Dit leidde tot zijn hoofdpersonnage – een dik mannetje met een knollenneus - **das Knollennasenmännchen**, waarin Loriot het prototype van de gemiddelde Duitser herkent. Het leverde hem in het begin veel kritiek op, daar sommige Duitsers zich door hem belachelijk gemaakt voelden, maar nadat Loriot in de jaren 1970 in een tv-reeks die rol zelf ging spelen, kreeg hij duizenden brieven van mensen die hem

66 Sechsundsechzigste Lektion

Ein perfekter Ehemann ①

1 – **Gu**ten **A**bend, Schatz! Bin ich froh, **end**lich zu **Hau**se zu sein!
2 Ich **ha**tte **ei**nen sehr **an**strengenden Tag ②. Und wie gehts dir?

Uitspraak
... pʰèˑeˑ**fèkt**ʰeˑe **ee**eman **1** ... **sja**ts ... **2** ... **an**sjtrèng'nd'n ...

Opmerkingen

① **Die Ehe** is *het huwelijk, de echt,* dus "het in de echt verbonden zijn, de gehuwde toestand": **eine gute Ehe führen** - *een goed huwelijk vormen (*lett. *leiden);* **die Hochzeit** (zin 6) slaat op "in de echt verbonden worden", dus *het huwelijk(sfeest), de bruiloft.*

② **Ein anstrengender Tag** - *een vermoeiende dag* is letterlijk "een dag die veel inspanningen vraagt": **die Anstrengung** - *de inspanning,* **(sich) anstrengen** - *(zich) inspannen.*

vroegen hoe hij wist wat zich bij hen afspeelde. Zijn typetjes waren ernstig, wat naïef, maar altijd van goede wil... wat onvermijdelijk op rampen uitdraait. Net dit genre – waar komedie en tragedie samengaan – maakt Duitsers aan het lachen. Loriot heeft zijn films nooit willen exporteren, omdat ze specifiek bedacht waren voor het Duitse publiek, als spiegel voor typisch kleinburgerlijk gedrag, in de hoop dat daar na het zien van zijn films of karikaturen... mee kon gelachen worden en het verandering teweeg zou brengen. De moeite van het bekijken zeker waard!

Tweede golf: 16ᵉ les

Zesenzestigste les 66

Een perfecte echtgenoot

1 – Goeienavond, schat! Ben ik blij eindelijk thuis te zijn!
2 Ik heb *(had)* een zeer vermoeiende dag gehad. En hoe gaat het met jou?

3 – Och, ich **ha**be die **Na**se **ziem**lich voll.
4 – Wa**rum** denn? Was ist denn los?
5 – Seit **Ta**gen ver**su**che ich im Restau**rant Schloss**garten **an**zurufen ③, **a**ber es ist **im**mer be**setzt**.
6 Ich **woll**te **ei**nen Tisch für **un**seren **Hoch**zeitstag **ü**bermorgen reser**vie**ren,
7 da**mit** ④ wir ihn dort **fei**ern, wo wir uns **ken**nen ge**lernt ha**ben ⑤.
8 **Heu**te **A**bend ist das Restau**rant** ge**schlos**sen und **mor**gen ist es **si**cher zu spät.
9 – Na**tür**lich bist du jetzt **fürch**terlich ent**täuscht**, nicht wahr?
10 – Klar, ich **hat**te mich so da**rauf** ge**freut** ⑥, mit dir **wie**der dort**hin** zu **ge**hen.
11 – Also, wenn es nur das ist, mein **Lieb**ling, dann hast du **kei**nen Grund **trau**rig zu sein!
12 Hast du ver**ges**sen, dass du mit **ei**nem **Su**permann ver**hei**ratet bist?

5 ...be**zètst 6** ...**hoch**tsajtstʰaak ... **9** ...**fu**ᵉ**çh**tʰeᵉ**liç**h ènttʰ**ojs**jt ... **10** ... daa**rauf** Ge**frojt** ...**12** ... **zoe**pʰeᵉman fèᵉ**haj**raatʰet ...

Opmerkingen

③ **Versuchen** - *proberen, trachten* is een van de werkwoorden waar een infinitief + **zu** - *(om) te* bij hoort. Gaat het, zoals hier **anrufen** - *(op)bellen*, om een infinitief met scheidbaar partikel, dan staat **zu** tussen partikel en basiswerkwoord - aan elkaar - geschreven: **Er versucht anzurufen, aber niemand antwortet.** - *Hij probeert op te bellen, maar niemand antwoordt.*

④ Het voegwoord **damit** - *zodat* kan ook vertaald worden met *opdat*, waar in het Duits geen voorwaardelijke wijs op volgt.

3 – Ach, ik ben het wat beu *(heb de neus tamelijk vol)*.
4 – Hoezo *(Waarom dan)*? Wat is er aan de hand?
5 – Al *(Sinds)* dagen probeer ik *(naar het)* restaurant Schlossgarten op te bellen, maar het is altijd bezet.
6   Ik wou een tafel reserveren voor onze huwelijks[verjaar]dag overmorgen,
7   zodat we hem daar vieren waar we elkaar hebben leren kennen *(ons kennen geleerd hebben)*.
8   Vanavond is het restaurant gesloten en morgen is het vast te laat.
9 – Natuurlijk ben je nu verschrikkelijk teleurgesteld, nietwaar?
10 – Zeker, ik had me er zo op *(zo daarop)* verheugd met jou weer daarheen te gaan.
11 – Wel, als het alleen maar dat is, *(mijn)* lieveling, dan heb je geen reden [om] droevig te zijn!
12   Ben *(Heb)* je vergeten dat je met een "superman" getrouwd bent?

⑤ **Sich kennen lernen** - *elkaar leren kennen.*
⑥ **Sich freuen** - *zich verheugen, blij zijn*: **Ich freue mich, Sie zu sehen.** - *Ik ben blij u te zien.*; **sich auf etwas freuen** - *zich op iets verheugen*: **Ich freue mich darauf, Sie morgen zu treffen.** - *Ik verheug me erop u morgen te ontmoeten.* (**Darauf** vervangt **auf das** - *op dat/dit.*)

66 13 Ich habe **näm**lich schon vor ⑦ **ei**ner **Wo**che ge**nau** dort **ei**nen Tisch reser**viert**… ☐

Opmerking

⑦ **Vor** verwijst hier naar een eerder tijdstip: **vor einer Woche** - *een week geleden;* **vor Tagen** - *dagen geleden;* **Vor einer Stunde war sein Telefon besetzt.** - *Een uur geleden was zijn telefoon bezet.* Bij een tijdsbepaling staat **vor** met de datief.

***

Übung 1 – Übersetzen Sie bitte!

❶ Sie hat ihren Freund vor drei Jahren in Berlin kennen gelernt. ❷ Die Kinder freuen sich auf die nächsten Ferien. ❸ Sie haben keinen Grund, enttäuscht zu sein. ❹ Seit Wochen hat er sehr anstrengende Tage. ❺ Wann haben Sie versucht mich anzurufen?

Übung 2 – Ergänzen Sie bitte!

❶ Ik ben heel blij *(verheug me zeer)* u te leren kennen.
 … …… mich sehr, Sie …… zu …… .

❷ Ze hebben elkaar zes weken geleden leren kennen, en vandaag vieren ze al [hun] huwelijk.
Sie haben sich … sechs …… kennen gelernt, und heute …… … schon
……… .

❸ Hij is blij eindelijk thuis te zijn, de dag was verschrikkelijk vermoeiend.
Er ist …. , …… zu Haus .. …… , der Tag war ………… ………… .

347 • dreihundertsiebenundvierzig

13 Ik heb namelijk al een week geleden *(voor een week)* precies daar een tafel gereserveerd…

***

Oplossing van oefening 1

❶ Ze heeft haar vriend drie jaar geleden in Berlijn leren kennen. ❷ De kinderen verheugen zich op de volgende vakantie. ❸ U hebt/Ze hebben geen reden om ontgoocheld te zijn. ❹ Sinds weken heeft hij zeer vermoeiende dagen. ❺ Wanneer hebt u geprobeerd me op te bellen?

❹ Opdat ze niet teleurgesteld/ontgoocheld of droevig zou zijn *(is)*, belt hij haar iedere avond op.

. . . . nicht . . . . oder . . . .
ist, ... er sie jeden Abend . . .

❺ Als het alleen maar dat is, dan heeft hij geen reden [om] al *(sinds)* dagen niet met haar te spreken.

. . . . es nur das . . . , dann hat er . . . .
. . . . nicht mit ihr . . . .

Oplossing van oefening 2

❶ Ich freue – kennen – lernen ❷ – vor – Wochen – feiern sie – Hochzeit ❸ – froh, endlich – zu sein – fürchterlich anstrengend ❹ Damit sie – enttäuscht – traurig – ruft – an ❺ Wenn – ist – keinen Grund seit Tagen – zu sprechen

Tweede golf: 17ᵉ les

67 Siebenundsechzigste Lektion

Und was ist für Sie das Paradies?

1 – **Al**so, Sie sind der **Mei**nung ①, dass es **zwi**schen ② den Nationali**tä**ten **kei**ne **Un**terschiede gibt?
2   Ich ver**ste**he Sie nicht. Da bin ich ganz **an**derer **Mei**nung.
3   **Ken**nen Sie nicht die Ge**schich**t vom Para**dies** und der **Höl**le?
4 – **Wel**che ③ **mei**nen Sie? Er**zäh**len Sie mal!

Uitspraak
... p^hara**dies 1** ... **mai**noeng ... natsioonalit^h**èèt**'n ... **3** ... **hë**le

Opmerkingen

① Dit is de genitief vrouwelijk van **die Meinung** - *de mening*: **Ich bin Ihrer Meinung.** - *Ik deel (ben van) uw mening.* Zoals de meeste naamwoorden op **-ung** is **Meinung** afgeleid van een werkwoord: **meinen** - *menen, denken, bedoelen* (zin 4).

② Hier staat **zwischen** - *tussen* met de datief: **Zwischen dir und mir gibt es einen großen Unterschied.** - *Tussen jou en mij is er een groot verschil.*

③ **Welche-** - *welk(e)* kan ook vertaald worden door *hetwelk, dewelke*.

Zevenenzestigste les 67

En wat is voor u het paradijs?

1 – Dus u bent van *(de)* mening dat er tussen de nationaliteiten geen verschillen zijn?
2 Ik begrijp u niet. Daar heb ik een heel andere mening over *(ben ik gans van-andere mening)*.
3 Kent u het verhaal van het paradijs en de hel niet?
4 – Welk bedoelt u? Vertelt u eens!

5 – Das Para**dies** ist dort, wo der Koch Franzose ④, der **Au**tomechaniker **Deut**scher ⑤, der Ban**kier Schwei**zer, der **Lieb**haber Ita**lie**ner und der Poli**zist Eng**länder ist.

6 – Ah ja ⑥? Das ist ja sehr interes**sant**. Aber wa**rum** denn?

7 – **War**ten Sie, die Ge**schich**te ist noch nicht zu **En**de ⑦.

8 Die **Höl**le ist da**ge**gen dort, wo der Koch **Eng**länder, der **Au**tomechaniker Franzose, der Ban**kier** Ita**lie**ner, der **Lieb**haber **Schwei**zer und der Poli**zist Deu**tscher ist.

9 – Ach, **wis**sen Sie, für mich ist das Para**dies** da, wo **mei**ne **Mut**ter kocht, **un**ser **Nach**bar **Au**tomechaniker ist, wo es **kei**ne Poli**zei** gibt, und ich selbst Ban**kier** und **Lieb**haber bin... ☐

5 ... kʰoch fran**tsoo**ze ... autʰomee**çhaa**nikʰeᵉ **dojt**sjeᵉ ... ban**kiee sjvaj**tseᵉ ... **liep**haabeᵉ ietʰa**lie**eneᵉ ... pʰoolie**tsist èng**lèndeᵉ **9** ... **nach**baaᵉ ...

Opmerkingen

④ Namen van nationaliteiten worden op verschillende manieren gevormd: **der Engländer** - *de Engelsman*, **der Schweizer** - *de Zwitser*, **der Italiener** - *de Italiaan*, maar **der Franzose** - *de Fransman* en **der Deutsche** - *de Duitser*. Meer hierover in de herhalingsles.

⑤ Let op! **Der Deutsche** - *de Duitser* is een zelfstandig naamwoord dat zoals een bijvoeglijk verbogen wordt: **ein Deutscher** - *een Duitser* en **eine Deutsche** - *een Duitse*. Onthoud ook dat van een nationaliteit afgeleide bijvoeglijke naamwoorden geen hoofdletter hebben in het Duits: **die deutsche Sprache** - *de Duitse taal* (lett. *spraak*).

5 – Het paradijs is daar waar de kok Fransman, de automonteur *(automecanicien)* Duitser, de bankier Zwitser, de minnaar *(liefhebber)* Italiaan en de politieagent Engelsman is.
6 – O ja? Dat is wel heel interessant. Maar waarom dan?
7 – Wacht u [even], het verhaal is nog niet afgelopen.
8 De hel is daarentegen daar waar de kok Engelsman, de automonteur Fransman, de bankier Italiaan, de minnaar Zwitser en de politieagent Duitser is.
9 – O, weet u, voor mij is het paradijs daar waar mijn moeder kookt, onze buurman automonteur is, waar er geen politie is en ik zelf bankier en minnaar ben...

Aanwijzingen bij de uitspraak
5 In **Bankier** wordt **Bank-** op z'n Duits/Nederlands uitgesproken *[bank]* en **-ier** op z'n Frans *[iee]*: *[ban**kiee**]*.

⑥ **Ah ja?** drukt, afhankelijk van de intonatie, verbazing of twijfel uit; **Ah ja!** of **Ach ja!** geeft aan dat men het (eindelijk) begrepen heeft. In een zin kan **ja** ook een bevinding versterken of twijfel scheppen zodat, al naargelang van de toon, **Sie sind ja intelligent!** een echt compliment dan wel pure ironie kan zijn.

⑦ **Das Ende** - *het einde*, **zu Ende sein** - *ten einde zijn, afgelopen zijn*, maar: **am Ende sein** - *uitgeput/op/ten einde raad zijn*. We kunnen het belang van voorzetsels niet genoeg benadrukken...

Übung 1 – Übersetzen Sie bitte!

❶ Sie möchte einen Bankier heiraten, weil sie Geld liebt. ❷ Engländer und Franzosen sind oft ganz anderer Meinung. ❸ Meinen Sie, dass es zwischen den Ländern große Unterschiede gibt? ❹ Meine Mutter kochte sehr gut, meine Frau leider nicht! ❺ Man sagt, die Deutschen leben, um zu arbeiten, und die Franzosen arbeiten, um zu leben.

Übung 2 – Ergänzen Sie bitte!

❶ Ze heeft de keuze tussen een Duitser en een Italiaan; maar ze zou een Zwitser willen.

... ... die Wahl zwischen ....
und ....; aber sie möchte
....

❷ Laten we even wachten! Het schijnt dat dit verhaal nog niet afgelopen is.

.... ein bisschen! Es scheint, dass .....
.... noch nicht .. .... ist.

❸ Ik ben van (de) mening dat er tussen de hel en het paradijs een groot verschil is.

Ich bin ... ., dass es ....
..... und ... . einen großen
Unterschied gibt.

❹ Wat vertel je daar? Dat begrijp ik niet.

Was .... da? Das ....
nicht!

❺ Welke taal bevalt u het meest (beter)? Engels of Duits?

...... Sprache gefällt ..... besser? ....
oder ....?

Oplossing van oefening 1

❶ Ze zou een bankier willen huwen omdat ze van geld houdt. ❷ Engelsen en Fransen hebben vaak een heel andere mening. ❸ Denkt u dat er tussen de landen grote verschillen zijn? ❹ Mijn moeder kookte heel lekker, mijn vrouw helaas niet! ❺ Men zegt [dat] de Duitsers leven om te werken en de Fransen werken om te leven.

Oplossing van oefening 2

❶ Sie hat – einem Deutschen – einem Italiener – einen Schweizer ❷ Warten wir – diese Geschichte – zu Ende – ❸ – der Meinung – zwischen der Hölle – dem Paradies – ❹ – erzählst du – verstehe ich – ❺ Welche – Ihnen – Englisch – Deutsch

Tweede golf: 18^e les

68 Achtundsechzigste Lektion

Zehn Fragen zu Ihrer Allgemeinbildung ①

1 Wer er**fand** ② die Relati**vitäts**theo**rie**?
   a. **New**ton
   b. **Ein**stein
   c. Gali**lei**

2 Wen **nann**te ③ man den **ei**sernen **Kanz**ler?
   a. **O**tto von **Bis**marck
   b. **Kon**rad **A**denauer
   c. **Hel**mut Kohl

3 Wem **brach**ten ④ die **Grie**chen ein Pferd vor die **Stadt**tore ⑤?
   a. den Ger**ma**nen
   b. den Tro**ja**nern
   c. den **Rö**mern

Uitspraak
...alGe**majn**bildoeng **1** ...è^e**fant** ...relat^{h}ieviet^h**èèts**theeoo**rie 2** ... nant^{h}e ... **aj**ze^{e}n'n k^{h}antsle^e ... **3** ... **bracht**'n ... **Grie**ch'n ... pfee^{e}t... sjt^{h}att^{h}oore ... Gè^e**maan**'n ... troo**jaan**'n ... **reu**me^{e}n

Aanwijzing bij de uitspraak
1 Duitstaligen trachten vreemde eigennamen zoals in de oorspronkelijke taal uit te spreken: **Isaac Newton** dus als *[iezaak njoet'n]*.

Hebt u de verschillende vormen van **wer** *- wie opgemerkt:*
- *in vraag 1* **wer** → nominatief (onderwerp)
- *in vraag 2* **wen** → accusatief (lijdend voorwerp)
- *in vraag 3* **wem** → datief (meewerkend voorwerp).

Achtenzestigste les 68

Tien vragen naar uw algemene kennis

1. Wie vond de relativiteitstheorie uit?
   a. Newton
   b. Einstein
   c. Galilei

2. Wie noemde men de ijzeren kanselier?
   a. Otto von Bismarck
   b. Konrad Adenauer
   c. Helmut Kohl

3. Bij wie brachten de Grieken een paard [tot] voor de stadspoorten?
   a. de Germanen
   b. de Trojanen
   c. de Romeinen

Opmerkingen

① **Allgemein** - *algemeen*; **die Bildung** - *de ontwikkeling, vorming, opleiding*; **die Allgemeinbildung** - *de algemene kennis/ontwikkeling*.

② **Erfand**, o.v.t. 3ᵉ persoon enkelvoud van **erfinden** - *uitvinden*. Op school leert men de onregelmatige werkwoorden in hun drie basisvormen, infinitief, o.v.t. en voltooid deelwoord: **erfinden - erfand - erfunden**. Een goed idee, niet?

③ **Nannte**, o.v.t. 3ᵉ persoon enkelvoud van het onregelmatige **nennen** - *noemen*; **nennen - nannte - genannt**.

④ **Brachten**, o.v.t. 3ᵉ persoon meervoud van **bringen** - *brengen*; **bringen - brachte - gebracht**.

⑤ **Das Tor** - *de poort*; **das Brandenburger Tor** - *de Brandenburgse poort*; **die Tür** is *de deur*.

4 Wessen ⑥ Frau war die **Kai**serin „**Sis**si"?
  a. **Kai**ser Franz **Jo**sephs
  b. **Phi**lipps des **Zwei**ten ⑦
  c. **Pe**ters des **Gro**ßen

5 Wann **ka**men die **Gar**tenzwerge ⑧ nach **Deutsch**land?
  a. im 18. Jahr**hun**dert
  b. im 19. Jahr**hun**dert
  c. im 20. Jahr**hun**dert

6 Wo saß ⑨ die Lore**lei**?
  a. in **ei**nem Schiff
  b. auf **ei**nem **Fel**sen
  c. am **U**fer

7 Wo**her stamm**ten ⑩ die Teu**to**nen?
  a. aus **Süd**deutsch**land** und der Schweiz
  b. aus **Ost**deutsch**land** und **Po**len
  c. aus **Nord**deutsch**land** und **Dä**nemark

4 vès'n ... kʰajzerin ... kʰajzeᵉ frants joozèfs ... fielips dès tsvajt'n ... pʰeetʰeᵉs ... 5 ... kʰaam'n ... Gaᵉt'ntsvèᵉGe ... achttseent'n jaaᵉhoendeᵉt ... 6 ... zaas ... loorelaj ... sjif ... fèlz'n ... oefeᵉ 7 ... sjtʰamt'n ... tʰojtʰoon'n ... sjvajts ... pʰool'n ... dèènemaaᵉk

Opmerkingen

⑥ **Wessen?** - *van wie?, wiens?, wier?,* de genitief van de vraagvorm **wer?**: **Wessen Buch ist das?** - *Wiens boek is dat/dit?, Van wie is dat/dit boek?*

⑦ **Philipp II.** klinkt in de nominatief als **Philipp der Zweite**, "Filip de tweede". In een zin wordt het cijfer verbogen zoals een rangtelwoord: **Elisabeth war die Frau Philipps II. (des Zweiten).** - *Elisabeth was de vrouw van Filips II.;* **Sie war mit Philipp II. (dem Zweiten) verheiratet.** - *Ze was getrouwd met Filips II.*

4 Wiens vrouw was *(de)* keizerin Sissi?
   a. van keizer Frans-Jozef
   b. van Filips II
   c. van Peter de Grote

5 Wanneer kwamen de tuinkabouters naar Duitsland?
   a. in de 18^e eeuw
   b. in de 19^e eeuw
   c. in de 20^e eeuw

6 Waar zat *(de)* Lorelei?
   a. in een boot
   b. op een rots
   c. aan de oever

7 Waar kwamen *(stamden)* de Teutonen vandaan?
   a. uit Zuid-Duitsland en *(het)* Zwitserland
   b. uit Oost-Duitsland en Polen
   c. uit Noord-Duitsland en Denemarken

---

⑧ **Kamen**, o.v.t. 3^e persoon meervoud van **kommen** - *komen*; **kommen - kam - gekommen. Der Zwerg** - *de dwerg*.

⑨ **Saß**, o.v.t. 3^e persoon enkelvoud van **sitzen** - *zitten*; **sitzen - saß - gesessen**. Daar met dit werkwoord geen beweging, verplaatsing gepaard gaat, staan de voorzetsels erbij in de datief: **sie sitzt am (= an dem) Ufer** - *ze zit aan de oever*.

⑩ **Stammten**, o.v.t. 3^e persoon meervoud van **stammen** - *afstammen, afkomstig zijn, komen van/uit*.

8 **Wel**che der **fol**genden **O**pern komp**onier**te ⑪ **Beet**hoven?
a. *Fidelio*
b. *Die **Zau**berflöte*
c. *Die **Lus**tige **Wit**we* ☐

Die Antworten finden Sie am Ende dieser Lektion.

8 ... kʰompʰooniᵉtʰe **beet**hoof'n ... **tsau**beᵉfleutʰe ... **loes**tʰiGe **vit**ve

***

Übung 1 – Übersetzen Sie bitte!

❶ Die Kaiserin Elisabeth lebte von achtzehnhundertsiebenunddreißig bis achtzehnhundertachtundneunzig. ❷ Wem haben Sie die Blumen gebracht? Der Frau des Kanzlers? ❸ Mozart, der aus Salzburg stammte, komponierte *Die Zauberflöte*. ❹ Die Lorelei saß auf einem Felsen und kämmte ihre langen, blonden Haare. ❺ Können Sie mir sagen, wessen Ehemann Philipp der Zweite war?

8 Welke van de volgende opera's componeerde Beethoven?
a. *Fidelio*
b. *De Toverfluit*
c. *De Vrolijke Weduwe*

De antwoorden vindt u op het einde van deze les.

Opmerking

⑪ De o.v.t. van werkwoorden op **-ieren** is regelmatig. Bijgevolg eindigt de 3ᵉ persoon enkelvoud op **-te**: **er komponierte** - *er componeerde*.

***

Oplossing van oefening 1

❶ *(De)* Keizerin Elisabeth leefde van 1837 tot 1898. ❷ Wie hebt u de bloemen gebracht? De vrouw van de kanselier? ❸ Mozart, die uit Salzburg afkomstig was, componeerde *De Toverfluit*. ❹ *(De)* Lorelei zat op een rots en kamde haar lange, blonde haren. ❺ Kunt u me zeggen wiens echtgenoot Filips II was?

69 Übung 2 – Ergänzen Sie bitte!

❶ Weet u misschien wie de tuinkabouters uitvond en in welke eeuw?

Wissen Sie vielleicht, ... die Gartenzwerge
...... und in ....?

❷ Waar kwamen *(stamden)* jullie grootouders vandaan? Uit Duitsland of uit (het) Zwitserland?

Woher .... eure Großeltern? Aus
.... oder aus ... .?

❸ Welke van de symfonieën van Beethoven vindt u de mooiste? – Ik houd het meeste van de vijfde *(mag de vijfde het liefste)*.

...... der Symphonien .... finden
Sie .. ..? – Ich mag ... .
am liebsten.

❹ Wie noemde je Sissi toen je klein was? Peters vriendin of Helmuts zus?

... . Sissi, ... du klein warst?
...... Freundin oder .... Schwester?

---

69 Neunundsechzigste Lektion

Man nimmt sich niemals genug in Acht ①

1 – Ent**schul**digen Sie, ich **su**che den **Haus**meister.

Opmerking

① **Sich in Acht nehmen** - *voorzichtig zijn* in de betekenis van "zich hoeden voor"; **die Acht** - *de (aand)acht* zit ook vervat in **die Achtung** - *de achting;* **Achtung!** - *Aandacht!, Opgelet!* (zie les 16). **Niemals** zagen we in les 53 al verkort tot **nie** - *nooit*.

361 • dreihunderteinundsechzig

❺ De Grieken brachten een paard [tot] voor de stadspoorten, zodat de Trojanen uit de stad kwamen.
Die Griechen .... ein Pferd ... ..., damit ... . aus der Stadt ......

Oplossing van oefening 2

❶ – wer – erfand – welchem Jahrhundert ❷ – stammten – Deutschland – der Schweiz ❸ Welche – Beethovens – am schönsten – die fünfte – ❹ Wen nanntest du – als – Peters – Helmuts – ❺ – brachten – vor die Stadttore – die Trojaner – kamen

Antworten zu Lektion 68: 1 b. 2 a. 3 b. 4 a. 5 c. 6 b. 7 c. 8 a.

Tweede golf: 19ᵉ les

Negenenzestigste les 69

Men kan niet voorzichtig genoeg zijn
(neemt zich nooit genoeg in acht)

1 – Excuseert u mij, ik zoek de concierge *(huismeester)*.

2 – Da **ha**ben Sie Pech , es gibt schon **lan**ge **kei**nen ② mehr bei uns.
3 – So was **Dum**mes ③! Ich muss **drin**gend mit **ei**nem **Mie**ter **spre**chen.
4 – Zu wem **wol**len Sie denn?
5 – Zu Herrn **Wör**le, **ken**nen Sie ihn?
6 – Mmm…, der **Na**me ist mir nicht ganz **un**bekannt.
7   Was **wol**len Sie denn von ihm?
8 – Das ist ver**trau**lich, das darf ich ihm nur per**sön**lich **sa**gen.
9 – Ich ver**ste**he. Ist es **et**was sehr **Schlim**mes?
10 – Schlimm? **A**ber nein! **G**anz im **Ge**genteil!
11   **Un**ter uns – **a**ber sagen Sie es **nie**mandem **wei**ter – er hat im **Lo**tto gewonnen ④.

Uitspraak
3 … **drin**gent … **miet**ʰeᵉ … *5* … **vë**ᵉle … *8* … fèᵉ**trau**liçh … pʰèᵉ**zeun**liçh … *9* … **sjlim**es *10* … **GeeG'nt**ʰajl *11* … **lot**ʰoo …

Opmerkingen

② **Keinen** - *geen*, de accusatief mannelijk van het onbepaald voornaamwoord **keiner, keine, keins**.

③ In de uitdrukking **So was (etwas) Dummes!** - *Wat dom/stom/vervelend!* (lett. "Zo iets stoms/doms") wordt het bijvoeglijk naamwoord **dumm** - *dom, stom* (onzijdig) gesubstantiveerd (en dus met hoofdletter geschreven). Evenzo in zin 9: **etwas Schlimmes** - *iets ergs* (niet iets "slims"!).

④ **Gewonnen**, voltooid deelwoord van **gewinnen** - *winnen*, waarbij **ge-** niet het prefix voor de verleden tijd is, maar gewoon de eerste lettergreep van de infinitief: **gewinnen - gewann - gewonnen**. **Wer wagt, gewinnt!** - *Wie waagt, wint!*

2 – Dan hebt u pech, er is [er] al lang geen meer bij ons.
3 – Wat vervelend *(Zo iets stoms)*! Ik moet dringend *(met)* een huurder spreken.
4 – Naar wie wilt u dan?
5 – Naar Meneer Wörle, kent u hem?
6 – Mmm…, de naam is me niet helemaal onbekend.
7 Wat wilt u dan van hem?
8 – Dat is vertrouwelijk, dat mag ik hem alleen persoonlijk zeggen.
9 – Ik begrijp [het]. Is het iets heel ergs?
10 – Erg? Maar nee! Juist *(Gans)* integendeel *(in-het tegendeel)*!
11 Onder ons – maar zegt u het verder [tegen] niemand – hij heeft in de lotto gewonnen.

69 12 – Was **sa**gen Sie da? **Hö**ren Sie, ich bin Herr **Wör**le.
13 Wie viel ist es denn?
14 – **Lei**der nicht viel, Herr **Wör**le, ver**zei**hen Sie mir **bit**te die **Lü**ge!
15 In **Wahr**heit **kom**me ich **näm**lich ⑤ vom Fi**nanz**amt ⑥ und muss mich mit **Ih**nen ein **biss**chen unter**hal**ten. □

14 ... fè*e*tsaj'n ... luuGe **15** ... vaa*e*hajt ... fienantsamt ...

Opmerkingen

⑤ U weet dat **nämlich**, net als **denn**, versterkend of verklarend werkt: **Das darf ich nicht sagen, das ist nämlich vertraulich = denn das ist vertraulich.** - *Dat mag ik niet zeggen, het is namelijk/immers vertrouwelijk = omdat het vertrouwelijk is* (zie les 57, opm. 1).

***

Übung 1 – Übersetzen Sie bitte!

❶ Was suchen Sie? Einen Zahnarzt? Hier gibt es keinen mehr. ❷ Was ich Ihnen jetzt sage, ist vertraulich! ❸ Der Name ist mir leider unbekannt. ❹ Nimm dich in Acht! Der Mann scheint vom Finanzamt zu kommen. ❺ Ich muss Sie dringend persönlich sprechen.

12 – Wat zegt u daar? Weet *(Hoort)* u, ik ben *(meneer)* Wörle!
13 Nou, hoeveel is het?
14 – Helaas niet veel, meneer Wörle, vergeeft u mij alstublieft de leugen!
15 In werkelijkheid *(waarheid)* kom ik namelijk van het belastingkantoor en moet [ik] met u even een gesprek hebben *(moet me met u een beetje onderhouden)*.

⑥ **Das Amt** staat voor een officieel, openbaar kantoor of een dienst van de overheid: **das Arbeitsamt** - *het arbeidsbureau*, **das Zollamt** - *het douanekantoor,* enz.

***

Oplossing van oefening 1

❶ Wat zoekt u? Een tandarts? Hier is er geen meer. ❷ Wat ik u nu zeg, is vertrouwelijk! ❸ De naam is me helaas onbekend. ❹ Wees voorzichtig! Die man lijkt van het belastingkantoor te komen. ❺ Ik moet u dringend persoonlijk spreken.

Übung 2 – Ergänzen Sie bitte!

❶ Excuseert u [ons], we zoeken de concierge; is er hier geen?
...., wir suchen ...
..........; gibt es hier ......?

❷ Dat is een leugen! Wees voorzichtig *(Neemt u zich in acht)*, we kennen namelijk allemaal de waarheid.
Das ist ....! Nehmen Sie sich .. ....,
wir kennen nämlich alle ... .

❸ Ik moet dringend naar meneer Wörle. Kent u hem?
Ich muss .... Wörle. ......
... ...?

---

70 Siebzigste Lektion

Wiederholung – Herhaling

1 De o.v.t. *(Präteritum)*

1.1 Gebruik van de o.v.t.

Voor handelingen of gebeurtenissen in het verleden zijn in het Duits de v.t.t. (**Perfekt**) en de o.v.t. (**Präteritum**) gebruikelijk. In de spreektaal verdringt de v.t.t. steeds meer de o.v.t., terwijl deze laatste de voorkeur blijft genieten in geschreven taalgebruik.

1.2 Vervoegen in de o.v.t.

Onthoud dat in de Duitse o.v.t. alleen de 1ᵉ en de 3ᵉ persoon dezelfde vorm hebben, terwijl in het Nederlands de drie personen gelijk zijn.

❹ Ik moet u persoonlijk spreken, ik heb u iets heel interessants te zeggen.
Ich muss Sie . . . . , ich habe Ihnen . . . . zu sagen.

❺ Ik weet dat ze in de lotto gewonnen heeft, maar dat moet onder ons blijven.
Ich weiß, dass . . . im Lotto . . . . , aber das muss . . . . bleiben.

Oplossing van oefening 2

❶ Entschuldigen Sie – den Hausmeister – keinen ❷ – eine Lüge – in Acht – die Wahrheit ❸ – dringend zu Herrn – Kennen Sie ihn ❹ – persönlich sprechen – etwas sehr Interessantes – ❺ – sie – gewonnen hat – unter uns –

Tweede golf: 20ᵉ les

Zeventigste les   70

• **Regelmatige (of zwakke) werkwoorden**

Aan de werkwoordstam worden de volgende o.v.t.-uitgangen toegevoegd: **-te**, **-test**, **-te**, **-ten**, **-tet** en **-ten**; eindigt de stam al op **-t** of **-d**, of op **-m** of **-n** voorafgegaan door een medeklinker, dan moet een **-e-** ingelast worden tussen stam en uitgang:

	fragen - *vragen*	**antworten -** *antwoorden*	**öffnen -** *openen*
ich	frag-te	antwort-e-te	öffn-e-te
du	frag-test	antwort-e-test	öffn-e-test
er/sie/es	frag-te	antwort-e-te	öffn-e-te
wir	frag-ten	antwort-e-ten	öffn-e-ten
ihr	frag-tet	antwort-e-tet	öffn-e-tet
sie	frag-ten	antwort-e-ten	öffn-e-ten

• Onregelmatige (of sterke) werkwoorden

De o.v.t. van Duitse onregelmatige werkwoorden is complexer dan die in het Nederlands: dat er een stamklinkerwissel optreedt is herkenbaar, maar dat er ook uitgangen toegevoegd worden, meer bepaald die van de o.t.t. (behalve bij de 1e en 3e persoon enkelvoud) lijkt in theorie moeilijk. Concreet is alleen de vorming van de 2e persoon verschillend van het Nederlands:

	kommen - *komen*	**gehen** - *gaan*	**nehmen** - *nemen*	**ziehen** - *trekken*
ich	kam	ging	nahm	zog
du	kamst	gingst	nahmst	zogst
er/sie/es	kam	ging	nahm	zog
wir	kamen	gingen	nahmen	zogen
ihr	kamt	gingt	nahmt	zogt
sie	kamen	gingen	nahmen	zogen

In de vorige herhalingsles toonden we verschillende modellen van stamklinkerwissels van de infinitief van onregelmatige werkwoorden naar hun voltooid deelwoord. We kunnen nu de o.v.t.-vorm aanvullen. Een lijst van veel gebruikte onregelmatige werkwoorden vindt u in de grammaticale bijlage van dit boek, samen met hun o.v.t.-vorm en voltooid deelwoord. Een voorproefje:

schlafen - *slapen*	**schlief**	**geschlafen**
geben - *geven*	**gab**	**gegeben**
sprechen - *spreken*	**sprach**	**gesprochen**
bleiben - *blijven*	**blieb**	**geblieben**
trinken - *drinken*	**trank**	**getrunken**
beginnen - *beginnen*	**begann**	**begonnen**
verbieten - *verbieden*	**verbot**	**verboten**

Omdat de stamklinkerwissels niet aan regels gebonden zijn, raden we u aan de werkwoorden een voor een te onthouden.

• **Gemengde werkwoorden**
Deze hebben een stamklinkerwissel (zoals onregelmatige werkwoorden) én krijgen o.v.t.-uitgangen (zoals regelmatige werkwoorden). Wees gerust, er zijn er slechts acht:
bringen - *brengen* → **ich brachte, du brachtest**, …
en zo ook **denken** - *denken*
nennen - *noemen* → **ich nannte, du nanntest**, …
en zo ook **brennen** - *branden*, **kennen** - *kennen* en **rennen** - *rennen*
wenden - *wenden* → **ich wandte, du wandtest**, … (ook **ich wendete**)
en zo ook **senden** - *zenden*.

Merk op dat deze werkwoorden hun voltooid deelwoord vormen met **ge-** + de o.v.t.-stam + **-t**: **gebracht** - *gebracht*, **genannt** - *genoemd*, **gewandt** - *gewend,…*

• **Modale hulpwerkwoorden +** *wissen*
De modale hulpwerkwoorden en het werkwoord **wissen** krijgen in de o.v.t. de uitgangen van regelmatige werkwoorden en verliezen hun eventuele umlaut (terwijl ze in de o.t.t. de uitgangen van onregelmatige werkwoorden krijgen - zie les 35, punt 1):

Infinitief	1ᵉ persoon o.v.t.	1ᵉ persoon o.t.t.
können - *kunnen*	**ich konnte**	**ich kann**
müssen - *(abs.) moeten*	**ich musste**	**ich muss**
sollen - *(eig.) moeten*	**ich sollte**	**ich soll**
dürfen - *mogen, kunnen*	**ich durfte**	**ich darf**
wollen - *willen*	**ich wollte**	**ich will**
mögen - *graag...*	**ich mochte***	**ich mag**
wissen - *weten*	**ich wusste**	**ich weiß**

*Let erop de o.v.t. van **mögen**, **mochte** - *wilde, wou* uit te spreken met **o** + harde **ch** *[mochʰe]*, en niet te verwarren met de voorwaardelijke wijs **möchte** - *zou willen* *[mëçhʰe]*.

2 De vragende voornaamwoorden *wer?*, *was?* en *welcher?*

• **Wer?** - *wie?* wordt verbogen zoals het bepaald lidwoord in de mannelijke vorm (behalve de genitief):

- nominatief: **wer?** - *wie?* (onderwerp) → **Wer bist du? – Karl.** - *Wie ben jij? – Karl.*

- accusatief: **wen?** - *wie?* (lijdend voorwerp) → **Wen liebst du? – Sylvia.** - *Wie heb je lief? – Sylvia.*

- datief: **wem?** - w*ie?* → **Wem zeigst du die Stadt? – Sylvia.** - *Wie toon je de stad? – Sylvia.*

- genitief: **wessen?** - van w*ie, wiens, wier?* → **Wessen Freund bist du? – Sylvias Freund / der Freund von Sylvia.** - *Wiens vriend ben jij? – Sylvia's vriend / De vriend van Sylvia.*

Wer? vraagt doorgaans naar iemands naam. Een eigennaam wordt niet verbogen, tenzij in de genitief met **-s**: **Sylvias Freund** - *Sylvia's vriend* (zonder weglatingsteken in het Duits!).

Gaat het niet om een eigennaam, dan neemt het lidwoord de naamval van het vragend voornaamwoord aan:
Wer spricht gut Deutsch? - *Wie spreekt goed Duits?*
– Der Onkel aus Amerika. - *De oom uit Amerika.*
Wen treffen Sie um 15 Uhr? - *Wie ontmoet u om 15 uur?*
– Den Onkel aus Amerika. - *De oom uit Amerika.*
Wem schreiben Sie einen Brief? - *Naar wie schrijft u een brief?*
– Dem Onkel aus Amerika. - *Naar de oom uit Amerika.*
Wessen Auto ist das? - *Wiens auto is dat?*
– Das Auto des Onkels* aus Amerika of **Das Auto von dem Onkel aus Amerika.** - *De auto van de oom uit Amerika.*

* Bij de genitief, de naamval die een bezits- of afhankelijkheidsrelatie aangeeft, staat altijd een naamwoord (hier **das Auto**).

• Het onzijdige **was?** - *wat?* bestaat alleen in de nominatief en de accusatief en vraagt naar een dier, zaak of idee:

Was ist das? - *Wat is dit/dat?* **– Die Hölle.** - *De hel.*
Was essen Sie? - *Wat eet u?* **– Hasenfrikassee.** - *Hazenfricassee.*

- **welcher?/welche?/welches?** - *(de)welk(e)?/(het)welk?* wordt verbogen zoals het bepaald lidwoord (de genitief van **welcher** is in onbruik geraakt).

Welcher von beiden ist dein Freund? - *Welke van beiden is jouw vriend?* – **Der Linke.** - *De linker.*
Welche der Frauen ist deine Tante? - *Welke van de vrouwen is jouw tante?* – **Die Rechte.** - *De rechter.*
Welches der Bücher hast du noch nicht gelesen? - *Welk van de boeken heb je nog niet gelezen?* – **Das Dickste.** - *Het dikste.*

In een vraagzin in de indirecte rede staat het vervoegde werkwoord achteraan:
Frag Papa, wen man „Sissi" nannte. - *Vraag [aan] papa wie men "Sissi" noemde.*
Wissen Sie, wessen Freundin sie ist? - *Weet u wiens vriendin ze is?*
Er will wissen, welches der Bücher am interessantesten ist. - *Hij wil weten welk van de boeken het interessantst is.*

Een tip:
Wilt u buiten uw vaste dagelijkse Assimil-sessie af en toe stilstaan bij een of ander lijstje of regeltje? Kopieer het en hang het naast de spiegel in de badkamer... of op een plaats naar keuze, waar het u regelmatig onder ogen komt. U kunt het zelfs al zingend van buiten leren, "rappend" onder de douche... in welk geval we u aanraden het lijstje te plastificeren!
Nogmaals, onze uitleg is louter informatief. Wij verwachten geenszins van u dat u alles (meteen) onthoudt. Wat we beogen is u geleidelijk aan de mysteries van deze mooie taal te ontsluieren. En u, laat u er van doordringen!

70 3 Landen en hun inwoners

Meestal zijn de namen voor landen, continenten,... onzijdig. Ze staan zonder lidwoord tenzij een bijvoeglijk naamwoord of een bijzin ze nader bepaalt, bijvoorbeeld:

England - *Engeland*, **Belgien** - *België*, **Preußen** - *Pruisen*, **Europa** - *Europa*

Österreich liegt im Süden Mitteleuropas. Es hat neun Bundesländer. - *Oostenrijk ligt in het zuiden van Midden-Europa. Het heeft negen* **Bundesländer** - *deelstaten.*
Das Europa, das wir aufbauen, wird immer stärker. - *Het Europa dat we opbouwen, wordt alsmaar sterker.*
Das alte Preußen war eine Konkurrenz für Bayern. - *Het oude Pruisen was een concurrentie voor Beieren.*

De volgende landen vormen een uitzondering op de regel:

– mannelijk: **der Libanon** - *Libanon*, **der Sudan** - *Soedan*, **der Irak** - *Irak*, **der Iran** - *Iran*

– vrouwelijk: **die Bundesrepublik** - *de Bondsrepubliek*, **die Tschechische Republik** (of **Tschechien**) - *de Tsjechische Republiek (Tsjechië)*, **die Slowakische Republik** (of **die Slowakei**) - *de Slowaakse Republiek (Slowakije)*, **die Schweiz** - *Zwitserland*, **die Türkei** - *Turkije*, **die Antarktis** - *Antarctica*

– onzijdig: **das Elsass** - *de Elzas*, **das Engadin** - *het Engadin*, **das Tessin** - *Tessin*

– in het meervoud: **die Antillen** - *de Antillen*, **die USA** = **die Vereinigten Staaten** - *de Verenigde Staten*, **die Niederlande** - *Nederland*.

Wat de namen van *inwoners* - **Einwohner** betreft, ligt het wat moeilijker, omdat er verschillende categorieën zijn en nog meer uitzonderingen. Ziehier een paar grote richtlijnen:

• De meeste naamwoorden voor mannelijke inwoners van landen eindigen op **-er**, zowel in het enkelvoud als in het meervoud: **der Italiener, der Spanier, der Äthiopier, der Engländer, der Thailänder, der Japaner, der Schweizer, der Norweger, der Österreicher, der Amerikaner, der Iraner, der Brasilianer,** enz.;

voor hun vrouwelijke vorm wordt in het enkelvoud **-in** en in het meervoud **-innen** toegevoegd: **die Italienerin/Italienerinnen, die Engländerin/Engländerinnen, die Japanerin/Japanerinnen, die Peruanerin/Peruanerinnen,** enz.

• Een paar naamwoorden voor mannelijke inwoners van landen eindigen op **-i** in het enkelvoud en voegen een **s** toe in het meervoud: **der Israeli(s), der Pakistani(s)** (of **der Pakistaner**), **der Somali(s)**;
voor hun vrouwelijke vorm moet in het enkelvoud **-n** en in het meervoud **-nnen** toegevoegd: **die Israelin, die Israelinnen**.

• Veel naamwoorden voor mannelijke inwoners van landen eindigen op **-e**, en omdat het zwakke naamwoorden zijn krijgen ze er in alle naamvallen (behalve de nominatief enkelvoud dus) een **-n** bij: **der Franzose, der Chinese, der Rumäne, der Pole, der Senegalese, der Grieche, der Ungar, der Schwede, der Finne**, enz.;
voor hun vrouwelijke vorm valt de eind-**e** weg (zo die er is) en wordt **-in** (enkelvoud) of **-innen** (meervoud) toegevoegd: **die Französin** (let op de umlaut!), **die Chinesin, die Polin, die Ungarin, die Finnin, die Russin**, enz.

• Een uitzondering op deze regels vormen de gesubstantiveerde adjectieven m.b.t. Duitsers: **der Deutsche, die Deutsche** en het meervoud **die Deutschen**. Een gesubstantiveerd adjectief wordt verbogen zoals een bijvoeglijk naamwoord.
Is er een grammaticaal verschil tussen **der Deutsche** en **der Schwede**? Met een onbepaald lidwoord erbij is het meteen duidelijk: **ein Schwede** maar **ein Deutscher, eine Schwedin** maar **eine Deutsche**. Dus:
der Deutsche - *de Duitser* → **ein Deutscher** - *een Duitser*
die Deutsche - *de Duitse* → **eine Deutsche** - *een Duitse*
die Deutschen - *de Duitsers* → **Deutsche** - *Duitsers*
In het meervoud is er geen vrouwelijke vorm en moet u een omschrijving gebruiken: **die deutschen Frauen** - *de Duitse vrouwen*.

En nu, als beloning voor uw doorzetten, onze dialoog, waarin u de theorie kunt omzetten in de praktijk.

70 Herhalingsdialoog

Woher stammen eigentlich die Germanen?

1 – Viele Deutsche fahren in den Ferien nach Italien, Frankreich, Griechenland oder Spanien.
2 Ich habe das auch fast zwanzig Jahre lang gemacht.
3 Ich dachte, man erlebt mehr, wenn man in ein anderes Land fährt.
4 Heute bin ich anderer Meinung.
5 Eigentlich habe ich es schon immer anstrengend gefunden, am Meer zu sitzen und nichts zu tun.
6 Meine Frau hat das nie verstanden, im Gegenteil!
7 Wenn sie am Meer saß, Zeitung las und Eis aß, fühlte sie sich wie im Paradies.
8 Aber als wir vor zwei Jahren nach Mallorca gefahren sind, war sie auch enttäuscht.
9 Sie sagte: „Wenn alle Nachbarn Deutsche sind, kann ich ebenso gut in Deutschland bleiben."
10 Deshalb wollen meine Frau und ich unseren 24. Hochzeitstag nicht auf den Balearen feiern, sondern im Teutoburger Wald.
11 Dort hat nämlich der Germane Hermann – die Römer nannten ihn Arminius – mit ein bisschen Überlegung die Römer geschlagen.
12 Ja, die Römer hatten Pech.
13 Unsere Geschichte ist wirklich sehr interessant.
14 Ich kann Ihnen nur empfehlen, auch Ihre nächsten Ferien in Deutschland zu verbringen.
15 Außerdem ist es sehr gut für die Allgemeinbildung…

Vertaling

Waar komen de Germanen eigenlijk vandaan?

1 Veel Duitsers gaan in de vakantie naar Italië, Frankrijk, Griekenland of Spanje. **2** Ik heb dat ook bijna twintig jaar lang gedaan. **3** Ik dacht [dat] men meer beleeft als men naar een ander land gaat. **4** Vandaag ben ik een andere mening toegedaan *(van andere mening)*. **5** Eigenlijk heb ik het altijd al vermoeiend gevonden aan zee te zitten en niets te doen. **6** Mijn vrouw heeft dat nooit begrepen, integendeel! **7** Wanneer ze aan zee zat, *(de)* krant las en *(een)* ijs[je] at, voelde ze zich zoals in het paradijs. **8** Maar toen we twee jaar geleden naar Mallorca gegaan zijn, was ze ook teleurgesteld. **9** Ze zei: "Als alle buren Duitsers zijn, kan ik evengoed in Duitsland blijven." **10** Daarom willen mijn vrouw en ik onze 24e huwelijks(verjaar)dag niet op de Balearen vieren, maar in het Teutoburgerwoud. **11** Daar heeft immers de Germaan Hermann – de Romeinen noemden hem Arminius – met wat overweging de Romeinen verslagen. **12** Ja, de Romeinen hadden pech. **13** Onze geschiedenis is werkelijk heel interessant. **14** Ik kan u alleen maar aanraden ook uw volgende vakantie in Duitsland door te brengen. **15** Bovendien is het zeer goed voor de algemene ontwikkeling…

Der Teutoburger Wald *is een middelhoge bergketen (***ein Mittelgebirge***) in Westfalen, in het noordwesten van Duitsland, tussen Kassel en Hannover. Om de overwinning te herdenken van de Germanen op de Romeinen in het jaar 9 n.C., bouwde men er op de Grotenburg, een 386 m hoge berg,* **das Hermannsdenkmal** - *het Hermannsgedenkmonument. Het beeld van Hermann (of Armi-*

71 Einundsiebzigste Lektion

„Vater werden ist nicht schwer, Vater sein dagegen sehr."

1 – **Kin**der, wacht auf ①!
2 Es ist halb **sie**ben ②, ihr müsst **auf**stehen.
   *Nach **ei**ner **Vier**telstunde*
3 Wo bleibt ihr denn? Ich **ha**be euch vor **ei**ner **Vier**telstunde ge**weckt** ③.

Uitspraak
1 ... vacht auf *3* ... Ge**vèkt**

Opmerkingen

① *Ontwaken* heeft in het Duitse **aufwachen** het scheidbaar prefix **auf**-: **ich wache auf** - *ik ontwaak*, zoals **aufstehen** - *opstaan:* **wir stehen auf** - *we staan op. Wakker worden* is **wach werden**: **Wann bist du wach geworden?** - *Wanneer ben je wakker geworden*?

② **Halb sieben** (in 2 woorden) - *halfzeven* (in 1 woord), **morgen früh** - *morgenvroeg*,... Blijf letten op deze verschilpunten (zie ook zinnen 8 en 13)!

③ *Iemand wekken* is **jemanden (auf)wecken**; *wakker maken* is **wach machen**. **Der Wecker** - *de wekker*.

nius), met geheven zwaard, weegt meer dan 40 ton en domineert met zijn hoogte van bijna 53,5 m het zicht op de bergen. Het werd in 1875 onthuld in aanwezigheid van keizer Willem I en trekt nog altijd veel toeristen.

Tweede golf: 21ᵉ les

Eenenzeventigste les

"Vader worden is niet moeilijk, vader zijn daarentegen wel *(zeer)*."

1 – Kinderen, wakker worden *(ontwaak)*!
2   Het is halfzeven, jullie moeten opstaan.

Na een kwartier

3   Waar blijven jullie toch? Ik heb jullie een kwartier geleden gewekt.

4 Los, raus aus den **Bet**ten, sonst kann ich euch nicht in die **Schu**le **mit**nehmen!

5 Be**eilt** euch! Ich muss **spä**testens ④ zehn nach **sie**ben los ⑤.

6 *Zehn Mi**nu**ten spä**ter***.

Hört mal! Es ist fast **sie**ben und ihr habt euch noch nicht mal ⑥ ge**wa**schen.

7 Ich ver**ste**he nicht, was mit euch los ist.

8 Habt ihr **kei**ne Lust **auf**zustehen oder seid ihr **ein**fach **wie**der **ein**geschlafen ⑦?

9 – Nee, **Pa**pa, das ist es nicht.

10 – So? Was ist es denn dann?

11 – Wir **ge**hen ab **heu**te nicht mehr in die **Schu**le.

12 – Wie **bit**te? Wann habt ihr denn das be**schlos**sen ⑧?

13 – **Ges**tern **A**bend, als du uns er**klärt** hast, dass das **Le**ben die **bes**te **Schu**le ist.

14 Wir **fin**den das auch. ☐

---

*4 … **bèt'n** zonst … **sjoe**le … 5 be**ajlt** … **sjpʰèèt**ʰ**est'ns** …*
*6 … **Ge**vasj'n   8 … **ajn**Gesjlaaf'n   12 … be**sjlo**s'n*
13 … èᵉklèeᵉt …

Opmerkingen

④ **Spätestens** - *ten laatste, uiterlijk*; zo ook **früh(e)stens** - *ten vroegste*, **erstens** - *ten eerste*, **höchstens** - *hoogstens*, enz.

⑤ Met een modaal werkwoord staat **los** voor *weg, voort, verder*: **Wir müssen los.** - *We moeten weg.*

⑥ Let op! **Nicht mal** (spreektaal) of **nicht einmal** betekent *niet eens*, en niet "niet een (enkele) keer (dus "geen enkele/enige keer")" dat **nicht ein einziges Mal** is. ▶

379 • **dreihundertneunundsiebzig**

4 Vooruit, uit bed *(buiten uit de bedden)*, anders kan ik jullie niet meenemen naar *(de)* school.
5 Haast jullie! Ik moet ten laatste [om] tien over zeven weg.
6 *Tien minuten later.*

Luister 's! Het is bijna zeven [uur] en jullie hebben je nog niet eens gewassen.
7 Ik begrijp niet wat [er] met jullie aan de hand is.
8 Hebben jullie geen zin om op te staan of zijn jullie gewoon weer in slaap gevallen *(ingeslapen)*?
9 – Nee, papa, dat is het niet.
10 – Zo? Wat is het dan wel?
11 – We gaan [van]af vandaag niet meer naar *(de)* school.
12 – Pardon? Wanneer hebben jullie dit dan besloten?
13 – Gisteravond, toen jij ons uitgelegd *(verklaard)* hebt dat het leven de beste school is.
14 Wij vinden dat ook.

▶ ⑦ **Einschlafen** - *inslapen, in slaap vallen*: **ich schlafe ein** - *ik slaap in, val in slaap.*

⑧ **Beschlossen**, voltooid deelwoord van **beschließen** - *beslissen.* Herinner u **schließen** - *sluiten*, met als voltooid deelwoord **geschlossen**.

71 Übung 1 – Übersetzen Sie bitte!

❶ Er ist um halb fünf aufgewacht, aber gleich wieder eingeschlafen. ❷ Ich finde nicht, dass Deutsch schwer ist. ❸ Beeilen Sie sich bitte! Wir müssen in fünf Minuten los. ❹ Können Sie mich bitte morgen früh um Viertel vor sieben wecken? ❺ Sie haben mir nicht einmal „Guten Tag" gesagt!

Übung 2 – Ergänzen Sie bitte!

❶ Hoe laat zijn jullie vandaag opgestaan?
Um wie viel Uhr .... heute ....?

❷ Haast je, anders komen we te laat.
...., ... kommen wir zu spät.

❸ Komaan, jullie moeten opstaan, het is al halfacht.
..., ihr müsst ...., es ist schon ....

❹ Wanneer hebt u besloten niet meer naar *(het)* kantoor te gaan?
Wann ...., nicht mehr ins Büro .. ..?

❺ Drie dagen geleden kon ik niet wakker worden en vandaag kan ik niet inslapen, begrijp jij dat?
... . konnte ich nicht .... und heute kann ich nicht ...., ...?

Oplossing van oefening 1

❶ Hij is om halfvijf wakker geworden *(ontwaakt)*, maar meteen weer ingeslapen. ❷ Ik vind niet dat Duits moeilijk is. ❸ Haast u zich, alstublieft! We moeten over vijf minuten weg. ❹ Kunt u me alstublieft morgenvroeg om kwart voor zeven wekken? ❺ U hebt/Ze hebben me niet eens "Goeiendag" gezegd!

Oplossing van oefening 2

❶ – seid ihr – aufgestanden ❷ Beeil dich, sonst – ❸ Los – aufstehen – halb acht ❹ – haben Sie beschlossen – zu gehen ❺ Vor drei Tagen – aufwachen – einschlafen, verstehst du das

Tweede golf: 22ᵉ les

72 Zweiundsiebzigste Lektion

Dreimal dürfen Sie raten

1 Wer ist der **Schrift**steller,
2 a – der oft **ei**ne **Bas**kenmütze trug ①, ob**wohl** ② er **Deut**scher war?
3 b – den **kei**ne **Un**gerechtigkeit **gleich**gültig ließ ③?
4 c – dem man 1972 (**neun**zehn**hun**dert-**zwei**und**sieb**zig) den No**bel**preis für Litera**tur** verlieh ④?
5 d – **de**ssen ⑤ **Kriegs**erzählungen **Tau**sende zu Pazi**fis**ten **mach**ten ⑥?

Uitspraak

1 ... sjriftsjtʰèleᵉ 2 aa ... bask'nmutse troek... opvool 3 bee ... oenGerèçhtʰiçhkʰajt GlajçhGultʰiçh lies 4 tsee ... noobèl-prajs ... lietʰeratʰoeᵉ fèᵉlie 5 dee dès'n krieksèᵉtsèèloeng'n ... tʰauz'nde pʰatsiefist'n ...

Opmerkingen

① **Trug**, o.v.t. 3ᵉ pers. ev. van **tragen** - *dragen;* volledige vervoeging: **ich trug, du trugst, er trug, wir trugen, ihr trugt, sie/Sie trugen**. In het voltooid deelwoord staat de oorspronkelijke stamklinker er terug: **tragen - trug -getragen**. Let erop dat in de o.t.t. 2ᵉ en 3ᵉ pers. ev. de **a** een umlaut krijgt: **ich trage, du trägst, er trägt, wir tragen, ihr tragt, sie/Sie tragen**.

② Verwar **obwohl** - *hoewel* niet met *ofwel* - **oder**!

③ **Ließ**, o.v.t. 3ᵉ pers. ev. van **lassen** - *laten* dat in het voltooid deelwoord zijn oorspronkelijke stamklinker terugvindt: **lassen - ließ -gelassen**. Houd er rekening mee dat in de o.t.t. 2ᵉ en 3ᵉ pers. ev. de **a** een umlaut krijgt en **ss** vervangen wordt door **ß** na een lange klinker: **ich lasse, du läßt, er läßt, wir lassen, ihr laßt, sie/Sie lassen**. Nog even de o.v.t.: **ich ließ, du ließest** (let op de ingelaste tussen-**e**!), **er ließ, wir ließen, ihr ließt, sie/Sie ließen**. ▸

Tweeënzeventigste les 72

U mag drie keer raden

1 Wie is de schrijver
2 a – die vaak een Baskenmuts droeg hoewel hij Duitser was?
3 b – die geen ongerechtigheid onverschillig liet
4 c – aan wie *(die)* men [in] 1972 de Nobelprijs voor Literatuur toekende?
5 d – wiens oorlogsverhalen duizenden tot pacifisten maakten?

④ De infinitief van **verlieh** is **verleihen**, het voltooid deelwoord **verliehen**.

⑤ In het enkelvoud komen de betrekkelijke voornaamwoorden overeen met de bepaalde lidwoorden, behalve in de genitief: **dessen** - *wiens* (m.), **deren** - *wier* (v.) en **dessen** (o.): **Das ist ein Schriftsteller, dessen Bücher niemanden gleichgültig lassen.** - *Dit is een schrijver wiens boeken niemand onverschillig laten.*

⑥ **Jemanden zu etwas machen** - *iemand tot iets maken, van iemand iets maken*: **Sie machte ihn zu ihrem Liebhaber.** - *Ze maakte van hem haar minnaar.* U weet dat op het voorzetsel **zu** altijd een datief volgt.

6 Wer ist die **blon**de **Schau**spielerin,
7 a – die als **Lo**la in dem Film *Der blaue Engel* be**rühmt wur**de?
8 b – die nicht nur die **Män**ner, **son**dern auch **vie**le **Frau**en ver**göt**terten?
9 c – der die **größ**ten Regis**seu**re **Haupt**rollen **an**boten ⑦?
10 d – **de**ren **Stim**me noch **heu**te leicht zu er**ken**nen ist, weil sie ein **we**nig „**rau**chig ⑧" klingt?

11 Wie **hei**ßen die **bei**den ⑨ **deut**schen **Dich**ter,
12 a – die sich **Hun**derte von **Brie**fen **schrie**ben?
13 b – die man „die **gro**ßen **deut**schen **Kla**ssiker" nennt?
14 c – von **de**nen ⑩ **a**lle **Schul**kinder **min**destens ⑪ ein Werk stu**die**ren **müs**sen?
15 d – **de**ren **Sta**tue vor dem Theater in **Wei**mar steht?

Die Lösungen finden Sie am Ende der Lektion.

6 ... **sjau**sjp^{h}ielerin **7** ... **èn**gel **8** fè^e**Gët**^{h}e^{e}t'n **9** ... reezjie**seu**re **haupt**rol'n **an**boot'n... **10** ... **sjt**^{h}ime ... **rau**chiçh ... **11** **bajd**'n **12** ... **hoen**de^{e}t^{h}e ...**14** ... **sjoelk**^{h}inde^e **min**dest'ns ... **15** ... **sjt**^{h}**atoe**-e ... **vaj**maa^e ... / ... **leu**zoeng'n ...

Opmerkingen

⑦ **Anboten**, o.v.t. 3^e pers. mv. van **anbieten** - *aanbieden*; **anbieten - bot an - angeboten**: **Der Kaffee, den er uns anbot, war gut.** - *De koffie die hij ons aanbood, was lekker.*

⑧ **Rauchig**, lett. "rok(er)ig", van **rauchen** - *roken*.

6 Wie is de blonde actrice *(schouwspeelster)*
7 a – die als Lola beroemd werd in de film *De Blauwe Engel*?
8 b – die niet alleen de mannen, maar ook veel vrouwen verafgodden?
9 c – aan wie de grootste regisseurs hoofdrollen aanboden?
10 d – wier stem vandaag nog gemakkelijk te herkennen is, omdat ze een beetje "hees" klinkt?

11 Hoe heten de beide Duitse dichters
12 a – die elkaar *(zich)* honderden *(van)* brieven schreven?
13 b – die men "de grote Duitse klassieken" noemt?
14 c – van wie alle schoolkinderen minstens één werk moeten [be]studeren?
15 d – wier standbeeld voor het theater in Weimar staat?

De oplossingen vindt u aan/op het einde van de les.

Aanwijzing bij de uitspraak
9 Regisseur, net als **Regie** aan het Frans ontleend, uitgesproken met de **g** als *[zj]: [reezjieseuᵉ], [reezjie]*.

⑨ **Die beiden** - *de beide* kan ook zonder lidwoord gebruikt worden: **beide**.
⑩ **Denen**, datief meervoud van het betrekkelijk voornaamwoord.
⑪ **Mindestens** - *minstens, ten minste.*

72 Übung 1 – Übersetzen Sie bitte!

❶ Sie erkennt sofort die Stimme des jungen Mannes, der sie anruft. ❷ Wissen Sie, wer den letzten Nobelpreis für Literatur bekommen hat? ❸ Heinrich Böll wurde durch seine Kriegserzählungen berühmt. ❹ Wie heißt der deutsche Dichter, dessen Namen alle Schulkinder kennen? ❺ Marlene Dietrich, deren Geburtsstadt Berlin ist, ist in Paris gestorben.

Übung 2 – Ergänzen Sie bitte!

❶ Wie is de vrouw wier foto op je bureau *(schrijftafel)* staat?

Wer ist . . . ., ... auf deinem Schreibtisch . . . . .?

❷ De acteur, wiens naam ik vergeten ben *(heb)*, heeft in veel films de hoofdrol gespeeld.

. . . ., ... Namen ich vergessen habe, hat in vielen Filmen . . . .

❸ Wie was de schrijver die *Faust* geschreven heeft?

. . . war . . . ., . . . *Faust* . . . . hat?

❹ Hij heeft vandaag nog vrienden naar wie *(die)* hij minstens eenmaal in het jaar een brief schrijft.

Er hat . . . . Freunde, ... er . . . . einmal im Jahr . . . . schreibt.

Oplossing van oefening 1

❶ Ze herkent meteen de stem van de jongeman die haar opbelt.
❷ Weet u wie de laatste Nobelprijs voor Literatuur heeft gekregen?
❸ Heinrich Böll werd door zijn oorlogsverhalen beroemd. ❹ Hoe heet de Duitse dichter wiens naam alle schoolkinderen kennen?
❺ Marlene Dietrich, wier geboortestad Berlijn is, is in Parijs gestorven.

❺ Hoewel ze nooit gerookt heeft, heeft ze een stem die men "rokerig" noemt.
 . . . . . . sie nie . . . . , hat sie . . . .
 . . . . . . , . . . man „ . . . . " nennt.

Oplossing van oefening 2

❶ – die Frau, deren Foto – steht ❷ Der Schauspieler, dessen – die Hauptrolle gespielt ❸ Wer – der Schriftsteller, der – geschrieben – ❹ – heute noch – denen – mindestens – einen Brief – ❺ Obwohl – geraucht hat – eine Stimme, die – rauchig –

73 **Heinrich Böll** *(1917-1985) behoort, samen met Günter Grass en Christa Wolf, tot de meest bekende Duitse schrijvers van de na-oorlogse generatie, en kreeg in 1972 de Nobelprijs voor Literatuur. Schrijverschap was voor hem onlosmakelijk verbonden met politiek en sociaal engagement. Hij kwam op voor vrede, tolerantie en individuele vrijheid, met aandacht voor de burgerplicht. Zo werd hij een symbool van integriteit voor veel West-Duitse jongeren die, in een wereld na het nazisme, volop in economische herstelperiode, op zoek waren naar spirituele waarden.*

Bekende publicaties zijn: oorlogsverhalen in **Der Zug war pünktlich** *(1949) - De trein had geen vertraging; de roman* **Wo warst du Adam?** *(1951) - Adam, waar ben je? over de* zinloosheid - **Sinnlosigkeit** *van sterven in de oorlog of van oorlog tout court, en de moeite om opnieuw een leven op te bouwen waarin men kan geloven.*

Heel zijn leven bleef Heinrich Böll aandacht hebben voor "de gewone mensen", de (anti)helden in romans als **Billiard um halb zehn** - Biljarten om halftien, **Ansichten eines Clowns** - Meningen

73 Dreiundsiebzigste Lektion

Ein Tierfreund ①

1 – Wenn ich **rich**tig ver**stan**den **ha**be, **spre**chen Sie **al**so zwölf **Fremd**sprachen **flie**ßend ②?

Uitspraak
... *t*ʰ*ie*ᵉ*frojnt* **1** ... *frèmtsjpraach'n flie*sent

Opmerkingen

① **Der Tierfreund** - *de dierenvriend*, en zo ook **der Menschenfreund,...** of **der Musikfreund** - *de muziekliefhebber,* **der Käsefreund,...**

van een clown, **Gruppenbild mit Dame** - Groepsfoto met dame *(dat ooit verfilmd werd, met Romy Schneider in de hoofdrol)* of **Die verlorene Ehre der Katharina Blum** - De verloren eer van Katharina Blum*)*.

> *U ziet uw woordenschat gestaag toenemen. Ga rustig verder en stel u niet te veel vragen. In de volgende lessen blijven we nieuwe elementen verwerken tussen bekende materie - hoe meer u deze tegenkomt, hoe vlotter u ze onthoudt.*

Oplossingen: **1**. *Heinrich Böll* **2**. *Marlene Dietrich* **3**. *Johann Wolfgang von Goethe und Friedrich Schiller.*

Tweede golf: 23ᵉ les

Drieënzeventigste les   73

Een dier[en]vriend

1 – Als ik [het] goed *(juist)* begrepen heb, spreekt u dus vloeiend twaalf vreemde talen?

② **Fließend**, voltooid deelwoord van **fließen** - *vloeien*; het kan ook bijwoordelijk of bijvoeglijk gebruikt worden: **Sie spricht fließend Englisch.** - *Ze spreekt vloeiend Engels.*, **Er antwortet mir in fließendem Deutsch.** - *Hij antwoordt me in vloeiend Duits.* **Die Fremdsprache** (in één woord) - *de vreemde taal* (die niet de moedertaal is).

73 2   Darf ich Sie nach **Ih**rem **Wun**dermittel **fra**gen ③?
3 – **Wun**dermittel **ha**be ich gar keins ④.
4   **Mei**ne Me**tho**de ist die **ein**fachste, die man sich **vor**stellen kann:
5   Sie **spre**chen, **hö**ren, **le**sen und **den**ken – das ist sehr **wich**tig – nur in der **Spra**che, die Sie **ler**nen.
6 – Sie **mei**nen, Sie **fah**ren in das Land, **des**sen ⑤ **Spra**che Sie **ler**nen?
7 – **A**ber nein! Ich **blei**be zu **Hau**se, ich bin doch nicht von **ges**tern!
8   Wo**zu le**ben wir in **ei**ner Welt, in der ⑥ es **Ka**belfernsehen und **In**ternet gibt?
9 – O**kay**, **a**ber wie **ma**chen Sie das kon**kret** im **All**tag?
10   Ich **stel**le mir das **schwie**rig vor ⑦.

*2 ... **voen**de^emiet^hel ... 3 ... Gaa^e ... 4 ... mee**thoo**de ... 5 ... **vicht**^hich ... 8 ... k^haabelfê^enzee'n ... ient^he^enèt ... 9 ... k^hon**kreet** ... **alt**^haak*

Opmerkingen

③ U weet dat bij **fragen** - *vragen* de bevraagde persoon in de accusatief staat: **sie fragt den Mann / die Frau** - *ze vraagt (aan) de man / de vrouw*. Hetgene waarnaar gevraagd wordt, staat na het voorzetsel **nach** in de datief: **Sie fragt die Frau nach dem Weg.** - *Ze vraagt de vrouw (naar) de weg.*

④ **Gar** versterkt een ontkenning en kan vertaald worden met *helemaal*. Het onbepaald voornaamwoord **kein(e)s** verwijst hier naar een onzijdig naamwoord: **das Wundermittel**.

2 Mag ik u naar uw wondermiddel vragen?
3 – Ik heb helemaal geen wondermiddel.
4 Mijn methode is de eenvoudigste die men zich kan voorstellen:
5 u spreekt, luistert, leest en denkt – dat is heel belangrijk – alleen in de taal die u leert.
6 – U bedoelt [dat] u naar het land gaat waarvan u de taal *(wiens taal u)* leert?
7 – Maar nee! Ik blijf thuis, ik ben toch niet van gisteren!
8 Waarom leven we in een wereld waarin *(in de[welke])* er kabeltelevisie en internet is?
9 – Oké, maar hoe doet u dat concreet in het alledaagse leven *(alledaag[se])*?
10 Ik stel me voor dat dat moeilijk is *(stel me dat moeilijk voor)*.

⑤ Het betrekkelijk voornaamwoord **dessen** wordt dus zowel m.b.t. personen (*wiens*) als voorwerpen (*waarvan*) gebruikt.

⑥ I.p.v. **in der** wordt ook **worin** gezegd: *waarin*.

⑦ **Du stellst dich vor.** - *Je stelt je voor.*, maar **Stell dir mal sein Gesicht vor!** - *Stel je z'n gezicht 's voor!* In de tweede zin staat het wederkerend voornaamwoord in de datief en wat men zich voorstelt in de accusatief (zie les 62, opm. 7 en les 77, punt 2).

dreihundertzweiundneunzig

73
11 – Da **ha**ben Sie ganz Recht ⑧!
12 **Mei**ne **ers**te Frau ist mir **weg**gelaufen, als ich Ita**li**enisch ge**lernt ha**be, und **mei**ne **zwei**te, als ich **an**gefangen **ha**be ⑨, Chi**ne**sisch zu **ler**nen.
13 Ich **ha**be mir dann **ei**nen Papa**gei** ge**kauft**, der be**geis**tert ⑩ ist, wenn ich mit mir selbst **re**de. □

11 ... reçht **12** ... iet^ha**ljee**nisj ... çhie**nee**zisj ... **13** ... p^hap^ha**Gaj** ... be**Gaj**st^he^et ...

Opmerking

⑧ **Das Recht** - *het recht* of *het gelijk*, **das Unrecht** - *het onrecht* of *het ongelijk*. Zoals in het Nederlands valt het lidwoord weg in de uitdrukkingen **Recht haben** - *gelijk hebben* en **Unrecht haben** - *ongelijk hebben*.

⑨ Er zijn maar een paar werkwoorden waar Nederlands en Duits niet hetzelfde hulpwerkwoord gebruiken, **anfangen** is er een van: **angefangen** haben - *begonnen zijn*.

⑩ **Begeistert** - *enthousiast, opgetogen, begeesterd, heel blij.*

***

Übung 1 – Übersetzen Sie bitte!

❶ Sie haben vor zehn Wochen angefangen, Deutsch zu lernen. ❷ Unser Großvater hat fünf Sprachen gelernt, als er Kind war. ❸ Es ist schwierig, sich ein Leben ohne Fernsehen und Internet vorzustellen. ❹ Sie hat sich diese Schuhe in dem Geschäft gekauft, dessen Besitzer der Vater ihres Freundes ist. ❺ Er hat mich in fließendem Chinesisch nach dem Weg gefragt.

11 – Daar hebt u helemaal gelijk [in]!
12 Mijn eerste vrouw is van me weggelopen toen ik Italiaans leerde *(geleerd heb)*, en mijn tweede toen ik begonnen ben *(heb)* Chinees te leren.
13 Ik heb (me) dan een papegaai gekocht die opgetogen *(begeesterd)* is wanneer ik in *(met)* mezelf praat.

Aanwijzing bij de uitspraak
13 Papegei kan ook met de klemtoon op de eerste lettergreep uitgesproken worden: *[pʰapʰaGaj]*.

***

Oplossing van oefening 1
❶ U bent/Ze zijn tien weken geleden begonnen Duits te leren. ❷ Onze grootvader heeft vijf talen geleerd toen hij kind was. ❸ Het is moeilijk zich een leven zonder televisie en internet voor te stellen. ❹ Ze heeft zich deze schoenen gekocht in de winkel waarvan de eigenaar de vader van haar vriend is. ❺ Hij heeft me in vloeiend Chinees *(naar)* de weg gevraagd.

74 Übung 2 – Ergänzen Sie bitte!

❶ Om een taal vloeiend te spreken, moet men naar het land gaan waarvan men de taal leert.
Um eine Sprache . . . . zu sprechen, muss man in . . . . fahren, ... man lernt.

❷ Hij is van gisteren; hij kent noch kabeltelevisie noch internet.
Er ist . . . .; er kennt weder . . . . noch Internet.

❸ Ik ben heel blij te horen dat uw man nog niet van u weggelopen is.
Ich bin . . . . zu hören, dass Ihr Mann . . . . . noch nicht . . . .

---

74 Vierundsiebzigste Lektion

„Ich bin von Kopf bis Fuß auf Liebe eingestellt"

Dit is een regel uit het bekende liedje dat Marlene Dietrich als Lola zingt in **Der Blaue Engel** *- De blauwe Engel. Het gaat verder met* **… und das ist meine Welt, und sonst gar nichts!** *- …en dat is mijn wereld, en anders helemaal niets.*

1 – Stell doch mal ① das **Ra**dio ab und den **Fern**sehapparat ② an ③!

Opmerkingen

① Met **doch mal** erbij wordt de imperatief verzacht, klinkt hij meer als een vraag dan een bevel.

④ Denk je niet dat steeds meer mensen in *(met)* zichzelf praten?
– Ja, daar heb je gelijk [in].
. . . . nicht, dass immer mehr Leute mit
sich . . . .? – Ja, da . . . .

⑤ Waarom doet u dat? Als ik u goed *(juist)* begrepen heb, is dat helemaal niet belangrijk.
. . . . machen Sie das? Wenn ich Sie . . . .
verstanden habe, ist das . . . nicht . . . .

Oplossing van oefening 2

❶ – fließend – das Land – dessen Sprache – ❷ – von gestern – Kabelfernsehen – ❸ – begeistert – Ihnen – weggelaufen ist ❹ Denkst du – selbst reden – hast du Recht ❺ Wozu – richtig – gar – wichtig

Tweede golf: 24ᵉ les

Vierenzeventigste les 74

"Ik ben van top/kop tot teen *(voet)* op liefde ingesteld"

1 – Zet toch eens de radio af/uit en het televisietoestel aan?

▶ ② **Der Fernsehapparat** - *het televisietoestel* (lett. "ver-zie-apparaat"), meestal verkort tot **der Fernseher** - *de televisie, de tv*.

③ **An**stellen - *aanzetten* en **ab**stellen - *afzetten*, of **an**machen - *aandoen* en **aus**machen - *uitdoen* (zie les 43, opm. 1).

dreihundertsechsundneunzig • 396

74

2 Im **Zwei**ten ④ kommt gleich **ei**ne **Sen**dung über Mar**le**ne **Diet**rich, die ich gern **se**hen **möch**te.

3 – Hat die nicht die *Kameliendame* ge**spielt**?

4 – Nein, du ver**wech**selst sie mit **Gre**ta **Gar**bo, **ih**rer ⑤ **größ**ten Ri**va**lin.

5 – Ach ja, jetzt weiß ich, wer das ist: ihr hat der **Schwa**nenfedermantel ge**hört** ⑥, den wir im **Film**museum ge**se**hen **ha**ben.

6 – Ja, ganz **rich**tig. Aber es ist er**staun**lich, dass du dich noch an den **Man**tel er**inn**erst ⑦.

Uitspraak

2 ... ma^e**leene die**triçh ... 3 ... k^ha**meel**jendaame ... 4 ... fè^e**vèk**selst ... **Greet**^ha **Gaa**^eboo ... rie**vaa**lin 5 ... **sjvaa**n'n**fee**de^e**mant**^hel ... **fielm**moezeeoem ... 6 ... è^e**sjt**^h**aun**liçh ... è^e**in**e^est

Opmerkingen

④ Men zegt **im zweiten Programm** of **im Zweiten** - *op (in) de tweede (zender)* of **im ZDF**, de afkorting van **im Zweiten Deutschen Fernsehen** - *op (in) het tweede Duitse televisiekanaal*.

⑤ **Ihrer**, een datief (v.) vanwege het voorzetsel **mit**, ook al wordt dit niet herhaald.

⑥ Omdat de infinitief **gehören** - *toebehoren, zijn van* al met het prefix **ge-** begint, is het voltooid deelwoord ervan hetzelfde als dat van **hören** - *horen, (be)luisteren*: **gehört**. Verwarring is onmogelijk daar bij **gehören** in de betekenis van *toebehoren* altijd een voorwerp in de datief staat: **das Buch gehört mir** - *het boek behoort mij [toe], is van mij*. ▶

2 Op de tweede [zender] komt zo meteen een uitzending over Marlene Dietrich die ik graag zou willen zien.
3 – Heeft die niet *De dame met de camelia's* gespeeld?
4 – Nee, je verwart *(verwisselt)* haar met Greta Garbo, haar grootste rivale.
5 – O ja, nu weet ik wie dat is: de zwanenverenmantel die we in het filmmuseum gezien hebben was van haar *(haar heeft de zwanenveermantel ... toebehoord)*.
6 – Ja, helemaal juist. Maar het is verbazingwekkend dat je je *(aan)* de mantel nog herinnert.

⑦ **Sich an etwas/jemanden erinnern** - *zich iets/iemand herinneren,* waar dus in het Duits het voorzetsel **an** bij gebruikt moet worden.

74
7 Du warst **da**mals ⑧ erst acht **Jah**re alt.
8 – Ich er**in**nere mich auch an das **fleisch**farbene ⑨ Kleid, das sie **un**ter dem **Man**tel ge**tra**gen hat.
9 Wenn sie **ih**ren **Man**tel **auf**gemacht ⑩ hat, hat man zu**erst** ge**dacht**, sie ist nackt da**run**ter ⑪.
10 – Ja, das war be**ein**druckend.
11 **Al**lerdings ist das, was sie in **ih**rem **Le**ben ge**leis**tet hat, noch be**ein**druckender.
12 Ich **glau**be, sie war **wirk**lich sehr **mu**tig. ☐

*7 ... daamals ... 8 ... flajsjfaa^ebene klajt ... 9 ... nakt da^e **oent**^he^e 10 ... be**ajn**droek^hent 11 **al**e^edings ... Ge**lajst**^het ... 12 ... **moet**^hiç*h

Opmerkingen

⑧ **Damals** - *toen, destijds.*

⑨ **Das Fleisch** - *het vlees*; **-farben** - *-kleurig,* dat alleen in samenstellingen voorkomt, is afgeleid van **die Farbe** - *de kleur.* Ook kleurig zijn **die Gemüse** - *de groenten.*

***

Übung 1 – Übersetzen Sie bitte!

❶ Gleich kommt eine interessante Sendung über die österreichische Literatur. ❷ Er hat im Kino mit seiner Schwester *den Blauen Engel* gesehen. ❸ Er erinnert sich nicht an *die Kameliendame*, obwohl ihm dieser Film gut gefallen hat. ❹ Ich glaube, Sie verwechseln diesen Mann mit einem anderen. ❺ Wem gehörte der Mantel, der aus Schwanenfedern gemacht war?

7	Je was toen pas acht jaar oud.	
8 –	Ik herinner me ook *(aan)* de vleeskleurige jurk *(kleed)* die ze onder de mantel droeg *(gedragen heeft)*.	
9	Toen ze haar mantel open deed *(opengemaakt heeft)*, dacht *(heeft gedacht)* men eerst [dat] ze naakt was *(is)* daaronder.	
10 –	Ja, dat was indrukwekkend.	
11	*(Dat)* Wat ze in haar leven gepresteerd heeft, is echter nog indrukwekkender.	
12	Ik denk [dat] ze echt heel moedig was.	

⑩ **Auf**machen - *openmaken, -doen,* **zu**machen - *toe-/dichtmaken, -doen,* synoniemen van **öffnen** - *openen* resp. **schließen** - *sluiten*.

⑪ **Darunter** - *daar-/eronder,* het voorzetsel **unter** - *onder* voorafgegaan door **da** (+ **r** als het voorzetsel met een klinker begint); zo ook **daran** - *daar-/eraan,* **damit** - *daar-/ermee,...*

***

Oplossing van oefening 1

❶ Zo meteen komt [er] een interessante uitzending over de Oostenrijkse literatuur. ❷ Hij heeft in de bioscoop met zijn zus *De blauwe Engel* gezien. ❸ Hij herinnert zich *De Dame met de camelia's* niet, hoewel deze film hem goed bevallen is. ❹ Ik geloof dat u deze man met een andere verwisselt. ❺ Van wie was de mantel die uit zwanenveren gemaakt was?

74 Übung 2 – Ergänzen Sie bitte!

❶ Kunt u me zeggen waarom zo veel mensen "rechts" en "links" door elkaar halen *(verwisselen)*?

.... sagen, warum so viele Leute „rechts" und „links" ....?

❷ Wie behoort de mantel met de zwanenveren toe? Jou of je zus?

Wem ...... der Mantel mit ... .?
... oder ....?

❸ Waarom heb je de deur niet opengedaan? – Ik was naakt.

Warum .... .. nicht die Tür ....? –
Ich war ......

❹ Herinner je je *(aan)* de acteur die de hoofdrol in de film *M van moordenaar* gespeeld heeft?

.... den Schauspieler, ... die Hauptrolle in dem Film *M der Mörder* ....?

❺ Mag ik het televisietoestel aanzetten? Ik zou een uitzending over Heinrich Böll willen zien.

Darf ich ... .?
Ich möchte .... über Heinrich Böll ......

Oplossing van oefening 2

❶ Können Sie mir – verwechseln ❷ – gehört – den Schwanenfedern – Dir – deiner Schwester ❸ – hast du – aufgemacht – nackt ❹ Erinnerst du dich an – der – gespielt hat ❺ – den Fernsehapparat anstellen – eine Sendung – sehen

Nog steeds wordt Marlene Dietrich (Berlijn 1901 - Parijs 1992) beschouwd als Duitslands grootste internationale ster. Ze wordt vergeleken met Marylin Monroe, beiden blonde schoonheden, die mede door hun bijzondere charmes zowel mannen al vrouwen bekoorden. Marlene - uit haar dubbele voornaam Marie Magdalene - kreeg in 1930 van Josef von Sternberg de hoofdrol aangeboden in zijn film **Der Blaue Engel**. *Die maakte haar op slag beroemd en meteen na de première in Berlijn volgde ze von Sternberg naar de Verenigde Staten. Ondanks talrijke pogingen van de nazi's, die in haar een Duits toonbeeld zagen, wilde ze niet terug naar Duitsland; in 1939 liet ze zich zelfs tot Amerikaanse naturaliseren. Tijdens de oorlog trad ze op voor de geallieerde soldaten, met o.a. Lale Andersons lied* Lili Marleen. *Na de oorlog ontving ze de hoogste militaire onderscheiding van de Verenigde Staten, "The Medal of Freedom", en van Frankrijk het officierschap bij het "Légion d'honneur". In 1960 bracht haar Europese tournee haar voor de laatste keer in Berlijn, waar ze als verraadster uitgejoeld werd. In 1976 vestigde ze zich in Parijs. Haar levenslange bekommernis om haar imago deed haar op 77-jarige leeftijd beslissen om haar appartement niet meer uit te komen en het nemen van foto's van haar te verbieden. Ze overleed in 1992 in Parijs en werd, als een gebaar van verzoening, begraven in Berlijn. Het is ook in het Berlijnse filmmuseum dat het grootste deel van haar bezittingen ondergebracht is en zo de meest volledige collectie van een artiest uit de 20ᵉ eeuw voorstelt: haar garderobe, correspondentie met collega's, vrienden en minnaars en minnaressen,...*
Mis de kans niet mocht u een van haar films te zien krijgen!

Tweede golf: 25ᵉ les

75 Fünfundsiebzigste Lektion

„Was der Bauer nicht kennt, isst er nicht."

1 – Sie **kom**men auch aus **Nord**deutschland, nicht wahr? Ich **hö**re es an ① **Ih**rem Ak**zent**.
2 – Ja, ich **kom**me aus Kiel, **a**ber ich **woh**ne schon ② zehn **Jah**re hier in **Mün**chen.
3 – Ach, schon so **lan**ge? Ich bin erst zwei **Jah**re hier.
4 Ich bin **mei**nem Mann ge**folgt** ③, als er die **Fir**ma ge**we**chselt hat ④.
5 – Sie **schei**nen da**rü**ber nicht **glück**lich zu sein, **ha**ben Sie sich hier nicht gut **ein**gelebt ⑤?

Uitspraak
... **bau**eᵉ ... **1** ... ak**tsènt** **2** ... kʰiel ... **4** ... **fi**ᵉma Ge**vèk**selt ... **5** ... **Gluk**liçh ... **ajn**Geleept

Opmerkingen

① **Hören an** + datief: **Ich höre es an deiner Stimme.** - *Ik hoor het aan je stem.*

② **Schon** - *al* ↔ **erst** - *pas, (nog) maar*: **Er wohnt schon zwanzig Jahre in Kiel, aber sie wohnt erst fünf Jahre dort.** - *Hij woont al twintig jaar in Kiel, maar zij woont daar nog maar vijf jaar.*

③ Bij **folgen** staat het gevolgde voorwerp in de datief: **Er folgt dem Mann.** - *Hij volgt de man.*

Vijfenzeventigste les 75

"Wat de boer niet kent, eet hij niet."

1 – U komt ook uit Noord-Duitsland, nietwaar? Ik hoor het aan uw accent.
2 – Ja, ik kom uit Kiel, maar ik woon al tien jaar hier in München.
3 – O, al zo lang? Ik ben pas twee jaar hier.
4   Ik ben mijn man gevolgd toen hij veranderd is van firma *(de firma gewisseld heeft)*.
5 – U lijkt daarmee *(-over)* niet gelukkig te zijn, hebt u zich hier niet goed aangepast *(ingeleefd)*?

④ **Wechseln** betekent hier *veranderen van*: **Er hat die Firma gewechselt.** - *Hij is van firma veranderd / heeft de firma geruild [voor een andere].*
⑤ **Sich einleben** - *zich inleven,* dus zich aanpassen aan het leven waar men woont: **Er hat sich schnell in dem neuen Land eingelebt.** - *Hij heeft zich vlug aan het nieuwe land aangepast.*

vierhundertvier • 404

75

6 – Na ja, wie Sie **wiss**en ist es für **Nord**deutsche nicht leicht **un**ter ⑥ **Ba**yern zu **le**ben.

7 – Oh, ich **ha**be mich schnell an die **bay**rische **Le**bensart ge**wöhn**t ⑦.

8   Ich **tra**ge zwar **im**mer noch **kei**ne **kur**zen **Le**derhosen ⑧, **a**ber zum **Bei**spiel auf **Weiß**würste oder **Schweins**haxen **möch**te ich nicht mehr ver**zich**ten.

9 – Was? Sie **ess**en **die**se „Schweine**rei**en" ⑨? Das ist ja **ek**lig!

10 – **Ha**ben Sie schon **ein**mal **ei**ne **Weiß**wurst pro**biert** ⑩? Nein? Das **ha**be ich mir ge**dacht** ⑪.

11   **Kom**men Sie, wir **ge**hen in den **Bier**garten ⑫ hier. Ich **la**de Sie ein.

12   Wir **trin**ken **ein** oder, **bes**ser noch, zwei **Weiß**bier da**zu**.

13   Und ich garan**tie**re Ihnen, Sie **wer**den die **Ba**yern mit **an**deren **Au**gen **se**hen. ☐

6 ... baje^e n ... 7 ... bajrisje leeb'nsa^e t Geveunt 8 ... tsvaa^e ... leede^e hooz'n ... tsoem bajsjp^h iel ... vajsvu^e st^h e ... sjvajnshaks'n ... fè^e tsiçht'n 9 ... sjvajneraj'n ... eekliçh 11 ... bie^e Ga^e t'n ... 12 ... vajsbie^e ... 13 ... Garant^h iere ...

Opmerkingen

⑥ Het voorzetsel **unter** kan letterlijk gebruikt worden voor "beneden, lager dan iets" en ook, zoals hier, voor *onder* dus "tussen, te midden van", in welk geval de datief volgt: **Wir waren unter Freunden.** - *We waren onder vrienden.*

⑦ **Sich** (wederkerend) **an etwas** (acc.) **gewöhnen** - *wennen aan iets*: **Sie kann sich nicht an die deutsche Küche gewöhnen.** - *Ze kan niet aan de Duitse keuken wennen.* ▶

6 – Och ja, zoals u weet, is het voor Noord-Duitsers niet gemakkelijk om onder Beiers te leven.
7 – O, ik wende *(heb me gewend)* snel aan de Beierse levenswijze.
8 Ik draag weliswaar nog altijd geen korte lederhosen, maar bijvoorbeeld van witte worsten of varkenspoten zou ik niet meer willen afzien.
9 – Wat? U eet die "zwijnerijen/viezigheid"? Maar dat is walgelijk!
10 – Hebt u al eens een witte worst geproefd? Nee? Dat dacht ik al *(heb ik me gedacht)*!
11 Komt u [mee], we gaan naar de "biertuin" hier. Ik nodig u uit.
12 We drinken een of, beter nog, twee witbier[tjes] daarbij.
13 En ik verzeker u [dat] u de Beiers met andere ogen zult bekijken.

▶ ⑧ **Die Lederhose**, lett. "lederbroek", is de traditionele mannenkledij in Beieren en Tirol, in combinatie met de vilthoed versierd met pluim (van gemzenhaar); vrouwen dragen de **Dirndl**, de typische bonte jurk.

⑨ Dit is een woordspel: **die Schweinerei** staat voor *de viezigheid,* ook al is er hier sprake van allerlei "zwijnen-/varkensvlees" dat **alles vom Schwein** genoemd wordt.

⑩ **Probieren** betekent zowel *proberen* als *proeven*.

⑪ **Sich denken** (dat.) - *denken* in de betekenis van " vermoeden, zich voorstellen".

⑫ **Der Biergarten** (lett. "biertuin") is een soort café in de openlucht, waar drank en streekgerechten geserveerd worden zodra het weer het toelaat.

Übung 1 – Übersetzen Sie bitte!

❶ Mein Mann war sehr glücklich über die Lederhosen, die ich ihm mitgebracht habe. ❷ Sie war die einzige Süddeutsche unter den Leuten, die eingeladen waren. ❸ Erinnerst du dich an den Biergarten, wo wir unsere erste Weißwurst gegessen haben? ❹ Er wohnt zwar schon zehn Jahre hier, aber er scheint die Stadt nicht gut zu kennen. ❺ Es ist nicht immer leicht, sich an andere Lebensarten zu gewöhnen.

Übung 2 – Ergänzen Sie bitte!

❶ Ik verzeker u [dat] hij uit Zuid-Duitsland komt *(is)*; dat hoort men aan zijn accent.

Ich garantiere . . . . . , er ist . . . . ;
das . . . . seinem Akzent.

❷ In München moet u het witbier proeven en daarbij een witte worst eten.

. . . . müssen Sie das Weißbier . . . .
und dazu . . . . essen.

❸ Toen ik van firma veranderd ben *(gewisseld heb)*, is mijn vrouw me gevolgd naar Noord-Duitsland.

. . . ich die Firma . . . . , ist . . .
meine Frau nach Norddeutschland . . . .

Oplossing van oefening 1

❶ Mijn man was heel gelukkig met de lederhosen die ik (voor) hem meegebracht heb. ❷ Ze was de enige Zuid-Duitse onder de mensen die uitgenodigd waren. ❸ Herinner je je de "Biergarten" waar we onze eerste witte worst gegeten hebben? ❹ Hij woont hier weliswaar al tien jaar, maar hij lijkt de stad niet goed te kennen. ❺ Het is niet altijd gemakkelijk om aan andere levenswijzen te wennen.

❹ Ze heeft *(zich)* vlug aan de Duitse levenswijze gewend, hoewel ze uit Zuid-Europa komt.
... ... schnell .. die deutsche Lebensart ...., obwohl sie ... . kommt.

❺ Ze wonen nog maar zes maand hier, maar ze hebben zich al goed aangepast.
Sie wohnen .... sechs Monate ...., aber .... schon gut ....

Oplossing van oefening 2

❶ – Ihnen – aus Süddeutschland – hört man an – ❷ In München – probieren – eine Weißwurst – ❸ Als – gewechselt habe – mir – gefolgt ❹ Sie hat sich – an – gewöhnt – aus Südeuropa – ❺ – erst – hier – sie haben sich – eingelebt

Tweede golf: 26ᵉ les

76 Sechsundsiebzigste Lektion

Im Dunkeln ① geschehen komische ② Dinge

1 – Na, wie hat dir der Film gefallen ③?
2 – Ich habe ihn ziemlich lang gefunden, um nicht zu sagen langweilig ④.
3 – Ich gar nicht! Das ist der spannendste Krimi ⑤, den ich seit langem gesehen habe.
4 Bis zur letzten Minute habe ich mich gefragt, ob ⑥ es wirklich Selbstmord war.
5 Das Ende hat mich total überrascht, auch wenn es mir jetzt ganz logisch erscheint ⑦.
6 – Ich glaube, ich muss mir den Film ein zweites Mal ansehen.
7 Ich habe von dem, was passiert ⑧ ist, nicht viel mitgekriegt ⑨.

Uitspraak
... doenkʰeln Gesjee'n kʰoomisje dinge 2 ... langvajliçh 3 ... sjpʰan'ntstʰe kriemie ... 4 ... zèlpstmoᵉt ... 5 ... uuberasjt ... looGisj èᵉsjajnt 7 ... mitGekriekt

Opmerkingen

① **Das Dunkel** is het gesubstantiveerd bijvoeglijk naamwoord **dunkel** - *donker, duister*. **Im Dunkeln**, met de uitgang **-n** omdat ook een gesubstantiveerd adjectief verbogen wordt. Men zegt ook **die Dunkelheit** - *de donkerheid, duisternis*.

② **Komisch** is zowel *komisch, grappig* als *raar, eigenaardig*.

③ **Wie gefällt dir...?** of **Wie findest du...?** - *Hoe vind je...?, Wat vind je van...?*

④ **Langweilig** - *langdradig, vervelend*, van **sich langweilen** - *zich vervelen*: **Er hat sich den ganzen Abend gelangweilt.** - *Hij heeft zich de hele avond verveeld.*

Zesenzeventigste les 76

In het donker gebeuren rare dingen

1 – Wel, hoe vond je de film *(hoe heeft jou de film bevallen)*?
2 – Ik vond *(heb gevonden)* hem tamelijk lang, om niet te zeggen langdradig.
3 – Ik helemaal niet! Dit is de spannendste krimi die ik sinds lang gezien heb.
4   Tot *(aan-)*de laatste minuut heb ik me [af]-gevraagd of het echt zelfmoord was.
5   Het einde heeft me totaal verrast, ook als het me nu helemaal logisch lijkt.
6 – Ik geloof [dat] ik *(me)* de film een tweede keer moet bekijken.
7   Ik heb van *(dat)* wat gebeurd is niet veel kunnen volgen/meegekregen.

⑤ **Der Krimi** is de afkorting van **der Kriminalfilm** - *de misdaadfilm* of **der Kriminalroman** - *de misdaadroman*.
⑥ Ons voegwoord *of* wordt bij een keuzemogelijkheid vertaald door **oder**; om, zoals hier, een indirecte vraag in te leiden, gebruikt het Duits **ob**: **Ich frage mich, ob...** - *Ik vraag me [af] of...*; **Ich weiß nicht, ob...** - *Ik weet niet of...*; **Ich will wissen, ob...** - *Ik wil weten of...* Denk aan de komma tussen hoofd- en bijzin.
⑦ **Erscheinen** - *lijken;* **scheinen** - *schijnen, lijken.*
⑧ **Passieren** of **geschehen** (zie titel; lett. "geschieden"): **Was ist denn passiert/geschehen?** - *Wat is er gebeurd?*
⑨ **Mitkriegen** (lett. "meekrijgen") wordt in de omgangstaal ook figuurlijk gebruikt voor *kunnen volgen, snappen.*

8 **Je**des Mal, wenn du mich ge**weckt** hast, **wa**ren **ir**gendwelche ⑩ Schläge**rei**en im Gang.

9 Sag mal, hast du mich nicht **schla**fen **las**sen ⑪, weil du Angst **hat**test?

10 – Quatsch! Ich **ha**be nicht ein**mal** ge**merkt**, dass du ge**schla**fen hast.

11 – Was sagst du da? Wer hat mich denn dann **je**des Mal am Ohr ge**kit**zelt?

12 – Ich wars ⑫ auf **al**le **Fäl**le nicht. □

*8 ... i^eGentvèlçhe sjlèèGeraj'n ... Gang 10 ... Gemèèkt ...
11 ... oo^e Gek^hitselt 12 ... fèle ...*

Opmerkingen

⑩ **Irgend-** voor een onbepaald lidwoord of sommige voornaam-woorden (**einer, eine, welche, wer, was, jemand**, enz.) wijst op vaagheid, onduidelijkheid zoals bij *een of ander(e), ergens, enigerlei,*...: **Ich habe gestern irgendeinen Krimi gesehen.** - *Ik heb gisteren een of andere krimi gezien.*

⑪ Let erop dat bij dubbele infinitief-constructies **lassen** en modale hulpwerkwoorden de zin afsluiten in het Duits: **Er hat sich gehen lassen.** - *Hij heeft zich laten gaan.*; **Er hat nicht kommen können.** - *Hij is (heeft) niet kunnen komen.*

***

Übung 1 – Übersetzen Sie bitte!

❶ Jedes Mal, wenn man mich kitzelt, glaube ich zu sterben. ❷ Es ist schon dunkel und ich habe das nicht einmal gemerkt. ❸ Alle haben sich gefragt, ob es Mord oder Selbstmord war. ❹ Welchen Film willst du sehen? – Irgendeinen Krimi, der spannend ist. ❺ Warum haben Sie mich so lange schlafen lassen?

8 Elke keer dat *(wanneer)* je me gewekt hebt, waren [er] ergens*(welke)* vechtpartijen aan *(in)* de gang.
9 Zeg eens, heb je me niet laten slapen omdat je bang was?
10 – Onzin! Ik heb niet eens gemerkt dat je sliep *(geslapen hebt)*.
11 – Wat zeg je daar? Wie heeft me dan telkens *(elke maal)* aan mijn *(het)* oor gekieteld?
12 – Ik was 't in ieder geval *(alle gevallen)* niet.

⑫ **Wars**, of met weglatingsteken **war's**, samentrekking van **war es**: **ich war es** - *ik was het/'t*. U herinnert zich **Wie geht es / geht's / gehts?** - *Hoe gaat het/'t?*

***

Oplossing van oefening 1

❶ Telkens wanneer men me kietelt, denk ik te sterven. ❷ Het is al donker en ik heb dat niet eens gemerkt. ❸ Iedereen heeft zich afgevraagd of het moord of zelfmoord was. ❹ Welke film wil je zien? – Een of andere krimi die spannend is. ❺ Waarom hebt u me zo lang laten slapen?

Übung 2 – Ergänzen Sie bitte!

❶ Mij is *(heeft)* de film heel goed bevallen. En hoe is *(heeft)* hij u bevallen?

Mir hat ... . sehr gut .... Und ... hat er ....?

❷ Ik heb je driemaal gevraagd of je deze film wou zien of *(ergens)* een andere.

Ich habe .... dreimal ...., .. du diesen Film sehen wolltest oder .... anderen.

❸ In ieder geval *(alle gevallen)* zie ik liever films zonder vechtpartijen.

... . sehe ich lieber Filme ohne ....

---

77 Siebenundsiebzigste Lektion

Wiederholung – Herhaling

1 Betrekkelijke voornaamwoorden

1.1 De betrekkelijke voornaamwoorden *der*, *die* en *das*

Deze komen overeen met het bepaald lidwoord, behalve in de datief meervoud en alle genitiefvormen:

❹ Sinds lang heb ik niet meer zulke rare dingen gezien, ik heb niet eens de helft kunnen volgen/meegekregen.

.... habe ich nicht mehr so .... gesehen, ... nicht mal die Hälfte ....

❺ Dit is de langdradigste film die ik in de laatste jaren gezien heb.

Das ist ... ., den ... in den letzten Jahren ....

Oplossing van oefening 2

❶ – der Film – gefallen – wie – Ihnen gefallen ❷ – dich – gefragt, ob – irgendeinen – ❸ Auf alle Fälle – Schlägereien ❹ Seit langem – komische Dinge – ich habe – mitgekriegt ❺ – der langweiligste Film – ich – gesehen habe

Tweede golf: 27ᵉ les

Zevenenzeventigste les 77

	Mannelijk	Vrouwelijk	Onzijdig	Meervoud
Nominatief	der	die	das	die
Accusatief	den	die	das	die
Datief	dem	der	dem	denen
Genitief	dessen	deren	dessen	deren

77 Der, die of das?

Hierbij moet met twee zaken rekening gehouden worden:

• enerzijds richt het betrekkelijk voornaamwoord zich in geslacht en getal naar het woord waarop het betrekking heeft:
Der Schriftsteller, **der** die Blechtrommel schrieb, war Günter Grass. - *De schrijver die* De blikken trommel *schreef, is (was) Günter Grass.*
Die Schauspielerin, **die** so gut spielt, heißt Hildegard Knef. - *De actrice die zo goed speelt, heet Hildegard Knef.*
Das Mädchen, **das** einen roten Pullover trägt, ist meine Schwester. - *Het meisje dat een rode pullover draagt, is mijn zus.*
Die meisten Leute, **die** in München leben, sprechen fließend bayrisch. - *De meeste mensen die in München leven/wonen, spreken vloeiend Beiers.*

• anderzijds staat het betrekkelijk voornaamwoord in de naamval die hoort bij zijn functie in de bijzin (onderwerp, lijdend of meewerkend voorwerp, voorzetselvoorwerp,…):
Der Film, den (acc. m.) **wir gesehen haben, hat uns gut gefallen.** - *De film die we gezien hebben, is ons goed bevallen.*
Die Frau, der (dat. v.) **ich gerade Guten Tag gesagt habe, ist unsere Hausmeisterin.** - *De vrouw aan wie ik net goeiendag gezegd heb, is onze concierge.*
Der Schriftsteller, dessen (gen. m.) **Namen ich immer vergesse, ist in Köln geboren.** - *De schrijver wiens naam ik altijd vergeet, is in Keulen geboren.*

1.2 Het betrekkelijk voornaamwoord *was*

Het gebruik van **was** is vergelijkbaar met het Nederlandse *wat*, om te verwijzen naar iets impliciets of zelfs de hele hoofdzin, naar een zelfstandig gebruikt bijvoeglijk naamwoord in de overtreffende trap, na woorden als **alles**, **etwas**, **nichts**, **vieles**:

Ich habe leider nicht verstanden, was Sie gesagt haben. - *Ik heb helaas niet begrepen wat u gezegd hebt.*
Das Beste, was ich in den Ferien gegessen habe, war die Schweinshaxe. - *Het beste wat ik in de vakantie gegeten heb, was de varkenspoot.*

Denk aan de komma voor een betrekkelijk voornaamwoord!

2 Wederkerende voornaamwoorden

2.1 Verbuiging van het wederkerend voornaamwoord

Een wederkerend voornaamwoord kan in twee naamvallen voorkomen:

- de accusatief als het lijdend voorwerp is,
- de datief als het werkwoord al een lijdend voorwerp heeft.

Het heeft dezelfde vorm als het persoonlijk voornaamwoord, behalve in de 3e persoon, waar het wederkerend voornaamwoord een eigen vorm aanneemt: **sich** - *zich*.

	Enkelvoud			Meervoud		
Accusatief	mich	dich	sich	uns	euch	sich
Datief	mir	dir	sich	uns	euch	sich

sich waschen - *zich wassen* (wederkerend vnw. in de accusatief):

ich wasche mich - *ik was me*
du wäschst dich - *jij/je was je*
Claudia wäscht sich - *zij/ze wast zich*
wir waschen uns - *wij/we wassen ons*
ihr wascht euch - *jullie wassen je*
sie waschen sich - *zij/ze wassen zich*

sich etwas waschen - *zich iets wassen* (wederkerend vnw. in de datief):

ich wasche mir die Augen - *ik was mijn ogen*
du wäschst dir die Haare - *je wast je haren*
Claudia wäscht sich das Gesicht - *Claudia wast haar gezicht*
wir waschen uns die Hände - *we wassen onze handen*
ihr wascht euch die Füße - *jullie wassen jullie voeten*
sie waschen sich die Ohren - *ze wassen hun oren*

(Merk op dat in het Duits bij het verwijzen naar een lichaamsdeel vaak de constructie wederkerend vnw. + bepaald lidwoord gebruikt wordt, waar in het Nederlands een bezittelijk voornaamwoord gebruikelijk is.)

2.2 Plaats van het wederkerend voornaamwoord

Deze is vergelijkbaar met het Nederlands:

Er erinnert sich gut an seine erste Freundin. - *Hij herinnert zich goed zijn eerste vriendin.* → na het werkwoord

Nach vielen Jahren erinnert er sich noch an seine erste Freundin. - *Na vele jaren herinnert hij zich zijn eerste vriendin nog.* → na het persoonlijk vnw. als dit op het werkwoord volgt

2.3 Wederkerende werkwoorden in het Duits ↔ Nederlands

Sommige werkwoorden zijn wederkerend in het Duits maar niet in het Nederlands.
Een paar voorbeelden:

sich ändern - *veranderen*: **Die Zeiten haben sich geändert.** - *De tijden zijn veranderd.*

sich bewegen - *bewegen*: **Hat er sich bewegt?** - *Heeft hij bewogen?*

sich denken - *denken*: **Was hattest du dir gedacht!** - *Wat had jij dan gedacht?!*

sich gedulden - *geduld hebben*: **Können Sie sich bitte gedulden?** - *Kunt u alstublieft geduld hebben?*

sich an etwas gewöhnen - *wennen aan*: **Ich kann mich nicht daran gewöhnen.** - *Ik kan er niet aan wennen.*

sich lohnen - *lonen, de moeite waard zijn*: **Das lohnt sich nicht.** - *Dat is niet de moeite waard.*

sich treffen - *elkaar ontmoeten*: **Wann treffen wir uns?** - *Wanneer ontmoeten we elkaar?*

sich kennen lernen - *elkaar leren kennen*: **Wann haben sie sich kennen gelernt?** - *Wanneer hebben ze elkaar leren kennen?*

3 Het vertalen van "of": *oder* of *ob*?

• *Of* bij een keuzemogelijkheid is **oder**,

• *of* om een indirecte vraag in te leiden is **ob**:

Wissen Sie, ob der Goetheplatz rechts oder links von uns liegt?
- *Weet u of de Goetheplatz rechts of links van ons ligt?*

Er zögert, ob es besser ist, den Zug zu nehmen oder das Flugzeug.
- *Hij aarzelt of het beter is de trein te nemen of het vliegtuig.*

Tip: om te weten of het om een indirecte vraag gaat, kunt u **oder nicht** - *of niet* toevoegen:

Sie fragt sich, ob er verheiratet ist (oder nicht).
- *Ze vraagt zich af of hij getrouwd is (of niet).*

> *Om de herhalingsles af te sluiten, stellen we u het volgende voor: een verhaal over "een droom". Beluister het (en/of lees het hardop) en u zult merken hoeveel u deze week weer geleerd hebt!*

77 Herhalingsdialoog

Manchmal können noch Wunder geschehen

1 Als Klaus um halb fünf am Morgen aufwachte, wusste er nicht mehr, wo er war.
2 Er konnte sich weder an das Zimmer noch an die Person, die neben ihm schlief, erinnern.
3 Langsam gewöhnten sich seine Augen an die Dunkelheit.
4 Aber alles, was er sah, war ihm fremd.
5 Nein! Nicht alles! Dort an der Tür hing der Schwanenfedermantel von Marlene Dietrich.
6 In diesem Moment erinnerte er sich wieder an das Wunder, das ihm passiert war.
7 Er war gestern Abend allein im Biergarten gewesen.
8 An einem anderen Tisch saßen ein paar Männer, die schon ziemlich viel getrunken hatten.
9 Unter ihnen war eine einzige Frau, die sich zu langweilen schien.
10 Sie war wunderschön und sehr blond.
11 Er glaubte zu träumen, aber als er den Schwanenfedermantel sah, den sie trug, war er sicher:
12 Es war die Schauspielerin Marlene Dietrich, die er vergötterte!
13 Eine Verwechslung war unmöglich.
14 Er hatte zwar schon zwei Bier getrunken, aber sein Kopf war immer noch klar.
15 Und dann… ist die Frau aufgestanden und zu ihm gekommen!
16 „Guten Abend", hat sie mit ihrer rauchigen Stimme gesagt, „darf ich mich zu Ihnen setzen?"

Vertaling

Af en toe kunnen [er] nog wonderen gebeuren

1 Toen Klaus om halfvijf in de ochtend wakker werd, wist hij niet meer waar hij was. **2** Hij kon zich noch *(aan)* de kamer noch *(aan)* de persoon die naast hem sliep herinneren. **3** Langzaam wenden *(zich)* zijn ogen aan de duisternis. **4** Maar alles wat hij zag was hem vreemd. **5** Nee! Niet alles! Daar aan de deur hing de zwanenverenmantel van Marlene Dietrich. **6** Op dat *(dit)* moment herinnerde hij zich weer *(aan)* het wonder dat hem overkomen *(gebeurd)* was. **7** Hij was gisteravond alleen in de "Biergarten" geweest. **8** Aan een andere tafel zaten een paar mannen die al tamelijk veel gedronken hadden. **9** Onder hen was een vrouw alleen die zich leek te vervelen. **10** Ze was wondermooi en heel blond. **11** Hij dacht te dromen, maar toen hij de zwanenverenmantel zag die ze droeg, was hij zeker: **12** Het was de actrice Marlene Dietrich die hij verafgoodde! **13** Er was geen verwarring mogelijk *(Een verwisseling was onmogelijk)*. **14** Hij had weliswaar al twee biertjes gedronken, maar zijn hoofd was nog altijd helder. **15** En dan… stond *(is opgestaan)* de vrouw op en kwam *(is gekomen)* naar hem toe! **16** "Goeienavond", zei *(heeft gezegd)* ze met haar hese stem, "mag ik bij u komen zitten *(me bij u zetten)*?"

78
17 „Aber natürlich, gern", hat er überrascht und glücklich geantwortet.
18 Sie sprach fließend Deutsch, aber mit leichtem amerikanischen Akzent.
19 Sie haben eine Viertelstunde geredet und am Ende hat sie einfach gesagt: „Kommen Sie! Ich nehme Sie mit zu mir."
20 Und er hat sich nicht lang gefragt, ob er ihr folgen sollte...
21 Alles war also ganz logisch.
22 Vorsichtig bewegte er sich im Bett und sagte zu der Frau, deren blonde Haare ihn an der Nase kitzelten: „Marlene, Liebling!"
23 „Wach auf, Klaus! Es ist halb sieben.
24 Du musst die Kinder in die Schule mitnehmen."

78 Achtundsiebzigste Lektion

Der Vorteil flexibler Arbeitszeiten

1 – **Mahl**zeit ① und bis **spä**ter ②.
2 – Was? Du machst schon **Mit**tagspause?
3 Wie spät ② ist es denn?

Uitspraak
... fo*ᵉtʰ*ajl flè**ksieble**ᵉ **a**ᵉbajtstsajt'n **1 maal**tsajt ...

Opmerkingen

① **Die Mahlzeit** - *de maaltijd*; **das Mahl** - *het maal*: **Das war eine ausgezeichnete Mahlzeit.** - *Dit was een uitstekende/ heerlijke maaltijd.*

421 • **vierhunderteinundzwanzig**

17 "Maar natuurlijk, graag", antwoordde *(heeft geantwoord)* hij verrast en gelukkig. **18** Ze sprak vloeiend Duits, maar met [een] licht Amerikaans accent. **19** Ze praatten *(hebben gepraat)* een kwartier en op het einde zei *(heeft gezegd)* ze gewoon: "Kom[t u]! Ik neem u mee naar huis *(mij)*." **20** En hij vroeg *(heeft gevraagd)* zich niet lang [af] of hij haar zou volgen… **21** Alles was dus heel logisch. **22** Voorzichtig bewoog hij zich in bed en zei tegen de vrouw, wier blonde haren zijn neus *(hem aan de neus)* kietelden: "Marlene, lieverd!" **23** "Wakker worden, Klaus! Het is halfzeven. **24** Je moet de kinderen naar *(de)* school brengen *(meennemen)*.

Ziet u wat een lange weg u hebt afgelegd sinds het begin van uw studie?! Gefeliciteerd hiervoor!

Schönen Tag und bis morgen! - [Nog] een mooie dag en tot morgen!

Tweede golf: 28^e les

Achtenzeventigste les 78

Het voordeel [van] flexibele werktijden

1 – Smakelijk eten *(Maaltijd)* en tot straks.
2 – Wat? Neem *(Maak)* je al middagpauze?
3   Hoe laat is het dan?

▸ **Mahlzeit!** wordt tijdens lunchtijd gebruikt als groet, vooral onder collega's, en ook gezegd wanneer men aan tafel gaat of van tafel opstaat.

② **Spät** - *laat;* **Bis später!** - *Tot later!, Tot straks!;* **Wie spät ist es?** of **Wie viel Uhr ist es?** - *Hoe laat is het?*

4 – Es ist fünf vor halb zwölf ③, aber ich **ha**be schon um **sie**ben **an**gefangen.

5 Nach **vier**einhalb **Stun**den ④ **Ar**beit tut mir der Kopf weh ⑤ und **auß**erdem knurrt mein **Ma**gen.

6 Ich **brau**che **drin**gend **fri**sche Luft und was ⑥ zu **es**sen.

7 – **Fri**sche Luft? **Da**von gibt es **drau**ßen ⑦ ge**nug** bei der **Käl**te!

8 Ich **ge**he bei dem **Sau**wetter ⑧ nicht raus: mir ist hier **drin**nen schon kalt.

9 – Auch nicht, wenn ich dir **sa**ge, dass ich zu **Hen**kels ⑨ in die „**Alte Müh**le" **ge**he, und dass es bei **de**nen ⑩ **heu**te **haus**gemachte Kar**tof**felknödel ge**füllt** mit **Le**berwurst gibt?

5 *fie^e ajnhalp ... knoe^e t ... maaG'n* **6** *... loeft ...* **7** *... k^h èlt^h e* **8** *... zauvèt^h e^e ... drin'n ...* **9** *... hènk^h els ... muule ... haus Gemaçht^h e k^h a^e t^h ofel kneu del Gefult ... leebe^e voe^e st ...*

Opmerkingen

③ **Fünf (Minuten) vor halb zwölf** - *vijf (minuten) voor halftwaalf* (met **halb zwölf** in twee woorden) wordt meer gezegd dan **fünfundzwanzig nach elf** - *25 na/over 11.*

④ **Viereinhalb** (in één woord) **Stunden** (in het meervoud) - *vierenhalf uur.* U weet nog dat **die Stunde** voor de duur van 60 minuten gebruikt wordt, terwijl **die Uhr** het juiste tijdstip aangeeft: **Es ist ein Uhr dreißig.** - *Het is 1u30.*, maar **Sie wartet schon eineinhalb Stunden.** - *Ze wacht al anderhalf uur.*

⑤ **Wehtun** - *pijn doen*: **Der Kopf tut mir weh.** - *Mijn hoofd doet pijn.* Herinner u dat m.b.t. lichaamsdelen in het Duits meer de constructie bepaald lidwoord + wederkerend voornaamwoord gebruikt wordt dan een bezittelijk voornaamwoord.

4 – Het is vijf voor halftwaalf, maar ik ben *(heb)* al om zeven [uur] begonnen.
5 Na vierenhalf uur werk doet mijn *(me het)* hoofd pijn en bovendien knort mijn maag.
6 Ik heb dringend frisse lucht nodig en wat te eten.
7 – Frisse lucht? Daarvan is er buiten genoeg bij de[ze] koude!
8 Ik ga met dit rotweer *(bij het zeugweer)* niet naar buiten: voor mij is [het] hier binnen al koud.
9 – Ook niet als ik je zeg dat ik naar [de] Henkels in de "Oude Molen" ga, en dat er bij hen vandaag huisgemaakte aardappelknoedels gevuld met leverworst zijn?

⑥ **Was** of **etwas** - *wat, iets*. Zo ook in zin 10: **was anderes** of **etwas anderes** - *wat/iets anders*.

⑦ Voor *buiten* hebben we nu al drie vertalingen: **draußen** - *buiten,* **heraus/raus** - *(naar) buiten, uit-* (les 46) en **außer** - *buiten, behalve* (les 39).

⑧ **Das Sauwetter**, met **die Sau** - *de zeug,* maar ook **das Hundewetter** - *het hondenweer.* Ook **saukalt** - *"berekoud".*

⑨ Net als in het Nederlands wordt een -**s** toegevoegd aan de familienaam om "de familie Henkel" of "meneer en mevrouw Henkel" aan te duiden, maar in het Duits is geen lidwoord nodig: **Henkels sind gute Freunde von uns.** - *De Henkels zijn goede vrienden van ons.*

⑩ **Bei denen** - *bij hen,* met het als aanwijzend voornaamwoord gebruikt bepaald lidwoord in de datief om te verwijzen naar de Henkels (de zo zelfstandig gebruikte aanwijzende voornaamwooren **der/die/das** worden verbogen zoals een bepaald lidwoord, behalve in de datief meervoud → **denen** en in de genitief enkelvoud en meervoud). Het voorzetsel **bei** vereist een datief (zie ook zinnen 7 en 8). In deze les blijkt opnieuw dat voorzetsels niet altijd letterlijk vertaald mogen worden.

10 – Das ist natürlich was anderes.
11 Warum hast du das nicht gleich gesagt?
12 Halt mir einen Platz frei! Ich komme in zehn Minuten nach.

***

Übung 1 – Übersetzen Sie bitte!

❶ Um wie viel Uhr haben Sie angefangen zu arbeiten? ❷ Sie haben eineinhalb Stunden Mittagspause, von zwölf bis halb zwei. ❸ Seit Tagen tut ihr der Kopf weh, sie braucht dringend Ruhe. ❹ Ich muss was essen; mein Magen hört nicht auf zu knurren. ❺ Ist Ihnen kalt? Soll ich das Fenster schließen?

Übung 2 – Ergänzen Sie bitte!

❶ Wat is er vandaag te eten? Mijn maag knort al.
. . . . heute . . . .? Mein Magen
. . . .

❷ Laten we binnen blijven, buiten is het berekoud *(zeugkoud)*.
Lass uns . . . . bleiben, ... ist es
. . . .

❸ Kunt u me alstublieft een plaats vrijhouden?
Können Sie . . . bitte . . . .
. . . .?

❹ Waarom hebt u niet meteen gezegd dat u knoedels niet lust?
. . . . nicht gleich . . . . . . , dass
Sie . . . . . . nicht mögen?

❺ Bij deze koude ga ik niet naar buiten. – Ook niet als ik meekom?
Bei dieser Kälte . . . . nicht . . . . .

– . . . . ich mitkomme?

10 – Dat is natuurlijk iets anders.
11 Waarom heb je dat niet meteen gezegd?
12 Houd voor mij een plaats vrij! Ik kom over tien minuten *(na)*.

***

Oplossing van oefening 1

❶ Hoe laat bent u begonnen te werken? ❷ U hebt/Ze hebben anderhalf uur middagpauze, van twaalf uur tot halftwee. ❸ Al dagen doet haar hoofd pijn, ze heeft dringend rust nodig. ❹ Ik moet wat eten; mijn maag houdt niet op te knorren. ❺ Hebt u het koud? Zal ik het raam sluiten?

Oplossing van oefening 2

❶ Was gibt es – zu essen – knurrt schon ❷ – drinnen – draußen – saukalt ❸ – mir – einen Platz freihalten ❹ Warum haben Sie – gesagt – Knödel – ❺ – gehe ich – raus – Auch nicht wenn –

Die Kartoffel - de aardappel *is voor Duitsland wat de rijst is voor Azië of pasta voor Italië. Zonder is de Duitse keuken ondenkbaar. De knol werd in het midden van de 16ᵉ eeuw in Europa geïmporteerd door de Spaanse conquistadores, die hem ontdekt hadden bij de Indianen in de Andes. Eerst wekte hij interesse bij botanici met zijn mooie witte of paarse bloempjes, waarmee prinselijke tuinen werden versierd. Halfweg de 18ᵉ eeuw beval Frederik de Grote overal in Pruisen aardappelen te telen teneinde de hongersnood in zijn koninkrijk te bestrijden. Sinds dan vormt de aardappel het basisvoedsel. Ook al daalde in onze welvaartmaatschappij de individuele consumptie van "gewone" (dus "gekookte") aardappelen, het algemene verbruik lijkt stabiel te blijven door de toenemende*

79 Neunundsiebzigste Lektion

Auf der Autobahn

1 – Bis jetzt **ha**ben wir Glück ge**habt**, **Kin**der.
2 Drückt die **Dau**men ①, dass ② es so **wei**ter geht.
3 Wenn kein Stau ③ kommt, sind wir in fünf **Stun**den am Strand.

Uitspraak
... **aut**ʰoobaan **2** drukt ... **dau**m'n ... **3** ... sjtʰau ... sjtrant

Opmerkingen

① **Die Daumen drücken** (lett. "de duimen drukken") - *duimen, de vingers kruisen*: **ich drücke dir die Daumen** wordt vaak gezegd i.p.v. **ich wünsche dir viel Glück**.

② **Dass** of **damit** - *dat, zodat, opdat*: **Beeilen wir uns, damit/dass wir nicht zu spät kommen.** - *Laten we ons haasten zodat we niet te laat komen.*

andere aardappelbereidingen: **Bratkartoffeln** - gebakken aardappelen, **Pommes** - frieten, **Pellkartoffeln** - aardappelen in de schil, **Kartoffelsalat** - aardappelsalade, **Chips** - chips,...
En maak u geen zorgen, van aardappelen wordt men niet dik, integendeel, en ze zijn een bron van vitamines, o.a. vitamine C. Let vooral op alles wat voor hun bereiding wordt toegevoegd!

Tweede golf: 29ᵉ les

Negenenzeventigste les 79

Op de autosnelweg

1 – Tot nu [toe] hebben we geluk gehad, kinderen.
2   Duimen jullie *(Drukken [jullie] de duimen)* dat het zo doorgaat.
3   Als [er] geen file komt, zijn we over vijf uur aan het strand.

③ **Der Stau** - *de file*, met het meervoud op **-s**, zoals veel naamwoorden die op een klinker uitgaan (behalve die op **-e**): **die Staus** - *de files*, **die Autos** - *de auto's*, maar **die Toiletten** - *de toiletten*.

79
4 – Du, Karl, ich weiß, es ist nicht der **Mo**ment, **a**ber kannst du **bit**te an der **nächs**ten **Rast**stätte ① kurz **an**halten?
5   Ich muss **drin**gend auf Toi**le**tte.
6 – Ist das **wirk**lich **nö**tig? Seit wir auf der **Au**tobahn sind, **fah**re ich im Schnitt ⑤ **hun**dert**fünf**zig ⑥.
7   Kannst du nicht **war**ten, bis wir an der **Gren**ze sind?
8 – Papa, wir **müs**sen aber auch mal ⑦!
9 – Es ist zum Ver**rückt**werden ⑧! So**bald** wir auf die **Au**tobahn **ko**mmen, muss **al**le Welt ⑨ aufs Klo.
10 Könnt ihr nicht ein **ein**ziges Mal zu **Hau**se **da**ran **den**ken?

*4 ... $k^h a^e l$ ... **rast**$sj t^h è t^h e$ ... 5 ... $t^h oj$**lèt**$^h e$ 6 ... **neut**^{h}ich ... sjnit ...*
*7 ... **Grèn**tse ... 9 ... $fè^e$**rukt**$vee^e d'n!$ zoo**balt** ...*

Opmerkingen

① **Die Raststätte** (**die Rast** - *de rust* + **die Stätte** - *de plaats*) is een plek langs de autosnelweg met eet- en tankgelegenheid; zonder eetgelegenheid is het **der Rastplatz** of **der Parkplatz**.

⑤ **Im Schnitt** is de verkorting van **im Durchschnitt**: **der Durchschnitt** - *de doorsnee,* van **durch** - *door* + **der Schnitt** - *de snee,* van **schneiden** (**schnitt** - **geschnitten**) - *snijden*.

⑥ Duitsland kent op de meeste autosnelwegen geen *snelheidsbeperking* - **die Geschwindigkeitsbegrenzung**.

⑦ **Ich muss mal** is een "verkorting" van **ich muss mal auf (die) Toilette / aufs Klo (gehen)**. Zegden we niet dat **müssen** een absolute noodzaak uitdrukt?!

4 – *(Jij)*, Karl, ik weet [het], het is niet het moment, maar kan je alsjeblieft aan het volgende rustplek even stoppen?
5 Ik moet dringend naar het *(op)* toilet.
6 – Is dat echt nodig? Sinds we op de autosnelweg zijn, rijd ik gemiddeld *(in de [door]snee)* 150.
7 Kun je niet wachten tot we aan/bij de grens zijn?
8 – Maar, papa, wij moeten ook *(eens)*!
9 – Het is om gek van te worden! Zodra we op de autosnelweg komen, moet iedereen *(heel-de wereld)* naar het toilet.
10 Kunnen jullie niet [voor] een enkele keer thuis daaraan denken?

▶ ⑧ **Das Verrücktwerden** is de gesubstantiveerde infinitief (+ bepaling) van **verrückt werden** - *gek worden*. Noteer dat zo een woord onzijdig is: **das Fahrradfahren** - *het fietsen*, **das Autowaschen** - *de carwash*, **das Insbettgehen** - *het slapengaan ("inbedgaan")*,...

⑨ **Alle Welt** (lett. "heel de wereld") - *iedereen*.

vierhundertdreißig • 430

11 – Reg dich doch nicht auf ⑩, **Pa**pa! Wir **kom**men **des**halb nicht **spä**ter an.
12 Lass **Ma**ma **da**nach **fah**ren, die holt die ver**lo**rene Zeit schnell **wie**der auf.

*11 reek ... 12 ... fèᵉ**loo**ᵉne ...*

Opmerking

⑩ **Sich aufregen** - *zich opwinden*, maar **aufholen** - *inhalen*: tweemaal het scheidbaar prefix **auf**, doch met twee verschillende equivalenten in het Nederlands.

***

Übung 1 – Übersetzen Sie bitte!

❶ An vielen Grenzen in Europa muss man nicht mehr anhalten. ❷ Ich habe dir den ganzen Morgen die Daumen gedrückt. ❸ Die Deutschen fahren auf der Autobahn so schnell sie können. ❹ Regen Sie sich nicht auf! Der Stau ist nicht lang. ❺ Sobald Papa vor dem Fernsehapparat sitzt, schläft er ein.

11 – Wind je toch niet op, papa! We komen daarom niet later aan.
12 Laat mama daarna rijden, die haalt de verloren tijd snel weer in.

***

Oplossing van oefening 1

❶ Aan/Bij veel grenzen in Europa hoeft men niet meer te stoppen. ❷ Ik heb de hele morgen voor jou geduimd. ❸ De Duitsers rijden op de autosnelweg zo snel [als] ze kunnen. ❹ Wind u zich niet op! De file is niet lang. ❺ Zodra papa voor het televisietoestel zit, valt hij in slaap.

Übung 2 – Ergänzen Sie bitte!

❶ Wind je niet op! We hebben nog een keer geluk gehad.
... ... nicht ...! ... . noch einmal Glück ....

❷ We stoppen aan/bij de volgende rustplek zodat iedereen naar het toilet kan gaan.
Wir halten .. ... nächsten .... an, ... alle ... ... / .... gehen können.

❸ Als dit zo doorgaat, kunnen we de verloren tijd nooit meer *(weer)* inhalen.
.... das so ...., können wir ... . nie wieder ....

❹ Zodra we uit *(de)* vakantie terug zijn, bel ik u op.
...... wir ... ... zurück sind, ... ich Sie ...

80 Achtzigste Lektion

Eine positive oder negative Antwort?

1 **Mann**heim, den 8. (**ach**ten) Sep**tem**ber 2010. ①
2 *Ihre Bewerbung* ②

Uitspraak
... **pʰ**oo*zietʰ*ieve ... **nee**Ga*tʰ*ieve ... **1 man**hajm ... **2** ... be**vè**ᵉboeng

Opmerkingen

① Plaats + komma + datum + punt. De datum staat meestal in de accusatief met een lidwoord en een rangtelwoord, dus met

❺ Tot aan de grens ging alles goed; daarna kwam [de] ene file na de andere.

... ... ging ....; ...... kam ... . nach dem anderen.

Oplossing van oefening 2

❶ Reg dich – auf – Wir haben – gehabt ❷ – an der – Raststätte – damit – auf die Toilette/aufs Klo – ❸ Wenn – weiter geht – die verlorene Zeit – aufholen ❹ Sobald – aus den Ferien – rufe – an ❺ Bis zur Grenze – alles gut; danach – ein Stau –

Goed zo! Blijf - liefst dagelijks - een nieuwe les doornemen én een eerdere les van het Nederlands naar het Duits vertalen. U staat toch versteld van wat u allemaal hebt geleerd!

Tweede golf: 30ᵉ les

Tachtigste les

Een positief of negatief antwoord?

1 Mannheim, 8 september 2010.
2 *Uw sollicitatie*

Voortaan gebruiken we alleen bij nieuwe elementen of zaken waarop we uw aandacht willen vestigen nog () en [].

▸ een punt achter het getal. Ook als de maand met een getal wordt weergegeven, moet er een punt achter staan: **Berlin, den 1. 1. 2015** leest men als **Berlin, den ersten ersten zweitausendfünfzehn** (zie les 28).

② **Die Bewerbung** - *de sollicitatie*, afgeleid van **sich bewerben für/um** + acc. - *solliciteren naar...* (zin 5): **Sie bewirbt sich für/um diese Stelle.** - *Ze solliciteert naar deze plaats.*

80
3   Sehr ge**ehr**te ③ Frau **Spren**ger,
4   wir **freu**en uns, dass Sie sich für **ei**ne **Mit**arbeit in **un**serem Unter**neh**men interes**sie**ren.
5   **Lei**der ist je**doch** ④ die **Stel**le ⑤, für die Sie sich be**wor**ben **ha**ben, inzwischen schon be**setzt**.
6   Da ⑥ wir aber in **na**her **Zu**kunft **wei**tere ⑦ **Mit**arbeiter für **ähn**liche **Auf**gaben **su**chen, **möch**ten wir Sie **trotz**dem gern **ken**nen **ler**nen.
7   **Könn**ten Sie uns am **Mitt**woch, dem 15. (**fünf**zehnten) Sep**tem**ber, um 10 (zehn) Uhr zu **ei**nem per**sön**lichen **G**espräch be**su**chen?

3 ... Geee^et^he ... 4 ... mit^ha^ebajt ... oent^he^eneem'n ...
*5 ... jee**doch** ... bevo^eb'n ... intsvisj'n ... 6 ... tsoek^hoenft ...*
*èènliçhe **auf**Gaab'n ...*

Opmerkingen

③ **Geehrt**, bijvoeglijk gebruikt voltooid deelwoord van **ehren** - *eren, achten*. Om zich tot een man te richten, schrijft men **Sehr geehrter Herr Sprenger!** (I.p.v. het uitroepteken kan een komma gebruikt worden waarna, zoals in zin 3, de eigenlijke brief met een kleine letter begint.) Wanneer men zich tot een vrouw richt, wordt ook wel **verehrte** (eveneens in de betekenis van *geacht*) gebruikt: **Sehr verehrte Frau Sprenger** en wanneer men een publiek aanspreekt, wordt altijd **verehrt** i.p.v. **geehrt** gebruikt: **Meine sehr verehrten Damen und Herren**.

④ **Jedoch** - *echter, evenwel*.

⑤ **Die Stelle** slaat op een "plaats" in brede betekenis: hier gaat het eigenlijk om **die Arbeitsstelle** - *de arbeidsplaats, baan*; ▶

3 *(Zeer)* Geachte mevrouw Sprenger,
4 Het verheugt *(We verheugen)* ons dat u zich voor een medewerking met *(in)* onze onderneming interesseert.
5 Helaas is echter de plaats voor dewelke u heeft gesolliciteerd intussen al bezet.
6 Daar we niettemin in [de] nabije toekomst meer medewerkers voor gelijkaardige functies *(opgaven)* zoeken, zouden we u toch graag leren kennen.
7 Zou u naar ons toe kunnen komen *(ons bezoeken)* op woensdag 15 september, om 10 uur, voor een persoonlijk gesprek?

▶ in les 19 hadden we **die Tankstelle** - *de "tankplaats",* dus *het tankstation.*

⑥ **Da** is hier het redengevend voegwoord *daar, omdat* (vergelijkbaar met **weil**) en niet het bijwoord **da** - *daar, er,...*

⑦ **Weitere**, lett. "verdere", staat hier voor *meer* in de betekenis van "extra".

8 Herr Dr. ⑧ Schulz, der **Lei**ter der Ab**tei**lung Infor**ma**tik, hat **die**sen Ter**min** ⑨ für Sie reser**viert**.

9 Bitte ⑩ infor**mie**ren Sie uns kurz, ob **Ih**nen **die**ser Ter**min** passt **o**der ob Sie **ei**nen **an**deren **vor**ziehen.

10 Selbstver**ständ**lich über**neh**men wir **Ih**re **Aus**lagen ⑪ für die **Rei**se.

11 Mit **freund**lichen **Grü**ßen ⑫

12 *Ihre ⑬ Katrin Ziegler*
    (Perso**nal**leiterin)

8 ... sjoelts ... lajtʰeᵉ ... aptʰajloeng ienfoᵉmatʰik... 9 ... ienfoᵉmier'n ... pʰast ... foᵉtsie'n 10 ... uubeᵉneem'n ... auslaaG'n ... 12 ... kʰatrin tsieGleᵉ (pʰèᵉzoonaallajtʰerin)

Opmerkingen

⑧ Meneer Schulz is geen dokter, maar gebruikt de titel **Doktor** - *doctor* bij zijn familienaam.

⑨ **Der Termin** is de termijn waarbinnen iets moet klaar zijn, de datum waarop iets moet gebeuren, m.a.w. een officiële *afspraak*: **ein Termin beim Arzt** - *een afspraak bij de arts*.

***

Übung 1 – Übersetzen Sie bitte!

❶ Sie haben eine positive Antwort bekommen? Das freut mich! ❷ Bitte informieren Sie mich, ob die Stelle des Mechanikers schon besetzt ist. ❸ Wenn Sie uns besuchen möchten, können wir Ihnen am Donnerstag einen Termin reservieren. ❹ Sehr geehrte Frau Ziegler, da ich eine Reise ins Ausland machen muss, passt mir leider der 15. September nicht. ❺ Ich habe mir jedoch den Freitag reserviert, um Herrn Dr. Schulz zu treffen.

8   Meneer *(doctor)* Schulz, het hoofd *(de leider)*
       van de informatica-afdeling, heeft deze datum
       (afspraak) voor u voorbehouden.
9   Gelieve ons snel *(kort)* te laten weten
       (informeren) of deze datum u schikt *(past)* of
       (of) u een andere verkiest.
10 Het spreekt voor zich dat *(Vanzelfsprekend)* wij
       uw reiskosten *(uitgaven voor de reis)* voor onze
       rekening nemen *(overnemen)*.
11 Met vriendelijke groeten,

12 *Katrin Ziegler*
       (Personeelshoofd)

⑩ **Bitte...** kunnen we hier vertalen door *Gelieve (te)...*.

⑪ **Die Auslagen** zijn *uitgaven, kosten* (die terugbetaald kunnen worden), bijv. reiskosten naar *het buitenland* - **das Ausland**. Merk op dat **übernehmen** onscheidbaar is!

⑫ **Mit freundlichen Grüßen / Mit freundlichem Gruß** zijn de gebruikelijke formules om een officiële brief af te sluiten. Voor een informeel afsluiten is **viele Grüße!** courant.

⑬ Voor de naam van de briefschrijver/-ster kan **Ihr** (m.) / **Ihre** (v.) - *uw* gezet worden in een formeel schrijven. **Dein/deine** - *jouw, je* zagen we al als informeel equivalent.

***

Oplossing van oefening 1

❶ U hebt een positief antwoord gekregen? Dat doet me plezier! ❷ Gelieve me te laten weten of de baan als *(van de)* monteur al bezet is. ❸ Als u naar ons toe zou willen komen, kunnen we voor u op donderdag een afspraak regelen *(reserveren)*. ❹ Geachte mevrouw Ziegler, daar ik een reis naar het buitenland moet maken, schikt 15 september me helaas niet. ❺ Ik heb *(me)* evenwel de vrijdag voorbehouden om meneer Schulz te ontmoeten.

Übung 2 – Ergänzen Sie bitte!

❶ Waarom solliciteert u niet voor de baan als afdelingshoofd (m.)?

Warum .... nicht ... ... des Abteilungsleiters?

❷ Informeert u me alstublieft snel of deze datum u schikt.

.... mich bitte schnell, ... dieser Termin ....

❸ Het personeelshoofd (m.) zou u graag leren kennen.

... . möchte Sie gern ....

❹ Onze onderneming neemt graag uw kosten voor haar rekening *(over)* wanneer u ons bezoekt.

.... übernimmt gern ...., wenn Sie uns ....

---

81 Einundachtzigste Lektion

Ein nicht ganz alltägliches ① Vorstellungsgespräch

1 – **Gu**ten Tag, Herr **Dok**tor Schulz.
2 – **Gu**ten Tag, Frau **Spren**ger. Ich **freu**e mich, Sie **ken**nen zu **ler**nen ②.

Uitspraak
... alt^hèèkliches foo^esjt^hèloengsGesjprèèch

Opmerkingen

① **Alltäglich** - *alledaags*, van **der Alltag** - *het alledaagse/dagelijkse leven* (les 73).

❺ Hoewel de plaats al bezet is, zou meneer Schulz u voor een persoonlijk gesprek willen ontmoeten.
Obwohl ... . schon .... ist,
möchte Herr Schulz Sie .. ..
.... treffen.

Oplossing van oefening 2

❶ – bewerben Sie sich – für die Stelle – ❷ Informieren Sie – ob Ihnen – passt ❸ Der Personalleiter – kennen lernen ❹ Unser Unternehmen – Ihre Auslagen – besuchen ❺ – die Stelle – besetzt – zu einem persönlichen Gespräch –

Tweede golf: 31ᵉ les

Eenentachtigste les   81

Een niet echt alledaags sollicitatiegesprek
(niet gans alledaags voorstellingsgesprek)

1 – Dag, meneer *(doctor)* Schulz.
2 – Dag, mevrouw Sprenger. Het verheugt *(Ik verheug)* me u te leren kennen.

② Voor **sich freuen** kennen we verschillende vertalingen: **wir freuen uns dass...** - *het verheugt ons dat...* (in de vorige les), **ich freue mich** - *ik verheug me (erop), ik kijk ernaar uit* (les 20) en hier **ich freue mich...** - *het verheugt me...* of *ik ben blij...*

3 **Set**zen Sie sich **bit**te!
4 Sie **ha**ben **al**so E**lek**trotechnik stu**diert** und sich auf Infor**ma**tik speziali**siert** ③?
5 – Ja, nach **Ab**schluss **mei**nes **Stu**diums **ha**be ich mich bei dem **größ**ten **deut**schen **IT-Un**ternehmen ④ be**wor**ben.
6 Dort war ich fast fünf **Jah**re **an**gestellt ⑤, ge**nau**er ge**sagt** bis zur Ge**burt mei**ner **Toch**ter.
7 Nach der Ge**burt ha**be ich dann als **Selbst**ständige ⑥ ge**ar**beitet, was mir er**laub**te, mich um **mei**ne **Toch**ter zu **küm**mern.
8 **A**ber jetzt fällt mir **lang**sam ⑦ die **Dec**ke auf den Kopf, und **au**ßerdem fehlt mir der **Aus**tausch mit den Kol**le**gen **im**mer mehr…

4 … ee**lèk**troot^hè**ç**hniek … sjp^heetsialie**sie**^et **5** … ap**sj**loes … **sjt**^h**oe**dioems … **6** … **an**Gesjt^hèlt … **t**^h**oçh**t^he^e **7** … **zèlpst**-sjt^hèndiGe … **k**^h**u**me^en **8** … fèlt … **lang**zaam … **dèk**^he … feelt … **aust**^hausj …

Opmerkingen

③ Herinner u dat het voltooid deelwoord van een werkwoord op **-ieren** zonder het prefix **ge-** gevormd wordt. Let op het voorzetsel: **Sich auf etwas spezialisieren** - *zich in iets specialiseren*.

④ **Das Unternehmen** - *de onderneming*, de onzijdige gesubstantiveerde infinitief van **unternehmen** - *ondernemen*. **IT** is de Engelse afkorting van *Information Technology*.

⑤ **Angestellt sein** - *aangesteld, tewerkgesteld* of *in dienst zijn*; **der/die Angestellte** - *de bediende, employé/-ee*.

441 • **vierhunderteinundvierzig**

3 Gaat u alstublieft zitten!
4 U hebt dus elektrotechniek gestudeerd en zich in *(op)* informatica gespecialiseerd?
5 – Ja, na het beëindigen *(afsluiting)* van mijn studie heb ik bij het grootste Duitse IT-bedrijf gesolliciteerd.
6 Daar was ik bijna vijf jaar in dienst *(aangesteld)*, beter *(preciser)* gezegd tot aan de geboorte van mijn dochter.
7 Na de geboorte heb ik dan als zelfstandige gewerkt, wat me toeliet voor mijn dochter te zorgen *(om ... te bekommeren)*.
8 Maar nu komen langzaam[aan] de muren op me af *(valt me het plafond op het hoofd)* en bovendien mis ik *(ontbreekt me)* het contact *(uitwisseling)* met de collega's steeds meer…

▶ ⑥ **Selbstständig** - *zelfstandig*, hier het tegengestelde van **angestellt**, maar het kan ook breder aangewend worden: **Die Kinder sind selbstständig; man braucht sich nicht mehr um sie zu kümmern.** - *De kinderen zijn zelfstandig; men hoeft zich niet meer om hen te bekommeren.*

⑦ **Langsam** - *langzaam(aan), stilaan*: **Ich habe langsam Hunger.** - *Ik krijg stilaan honger.*; **Es wird langsam dunkel.** - *Het wordt stilaan donker.*

81

9 – Ich hab's ⑧! **Lau**ra Busch!
10 – Ver**zei**hung ⑨, was **mei**nen Sie?
11 – Sie sind **Lau**ra Busch, nicht wahr?
12 – Ja, in der Tat, mein **Vor**name ⑩ ist **Lau**ra und Busch ist mein **Mäd**chenname. **A**ber **wo**her **wi**ssen Sie das?
(Fortsetzung folgt)

9 ... **lau**ra boesj **10** fè^e**tsa**joeng ... **12** ... t^haat ... **foo**^enaame ... **mèè**tch'nnaame ...

Opmerkingen

⑧ **Ich hab's!** of **Ich habe es!** - *Ik heb 't!*, verkorting van **Ich hab's gefunden!** - *Ik heb 't gevonden, ik weet 't!*

⑨ **Verzeihung**, gebruikt als synoniem van **Entschuldigung** - *pardon, sorry, excuus* hoewel **verzeihen** *verschonen, vergeven* betekent en **(sich) entschuldigen** - *(zich) excuseren*.

⑩ **Der Vorname** - *de voornaam* en **der Nachname** - *de achternaam* of **der Familienname** - *de familienaam*.

***

Übung 1 – Übersetzen Sie bitte!

❶ Verzeihung, ich bin ein bisschen nervös. ❷ Er arbeitet als Selbstständiger, um keinen Chef zu haben. ❸ Nach der Geburt ihres dritten Kindes hat sie eine Frau angestellt. ❹ Unser Personalleiter hat seine Frau bei einem Vorstellungsgespräch kennen gelernt. ❺ Da er Elektrotechnik studiert hat, bewirbt er sich bei einem IT-Unternehmen.

9 – Ik heb 't! Laura Busch!
10 – Pardon *(Verschoning)*, wat bedoelt u?
11 – U bent Laura Busch, nietwaar?
12 – Ja, inderdaad *(in de daad)*, mijn voornaam is Laura en Busch is mijn meisjesnaam. Maar hoe weet u dat?
(Wordt vervolgd)

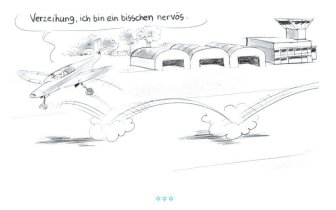

***

Oplossing van oefening 1

❶ Sorry, ik ben een beetje zenuwachtig. ❷ Hij werkt als zelfstandige om geen baas te hebben. ❸ Na de geboorte van haar derde kind heeft ze een vrouw in dienst genomen. ❹ Ons personeelshoofd heeft zijn vrouw bij een sollicitatiegesprek leren kennen. ❺ Omdat hij elektrotechniek gestudeerd heeft, solliciteert hij bij een IT-bedrijf.

Übung 2 – Ergänzen Sie bitte!

❶ Daar ze informatica gestudeerd heeft, is ze in een IT-bedrijf tewerkgesteld.

.. sie Informatik ...., ist sie in einem IT-Unternehmen ....

❷ Sorry! Ik ben je voornaam vergeten. O nee, ik heb 't! Je heet Julia!

..........! Ich habe .... vergessen. Ach nein, ... ' .! Du heißt Julia!

❸ Na het beëindigen van zijn studie heeft hij bij vijf bedrijven gesolliciteerd.

Nach .... hat er sich ... . beworben.

❹ Na het werk drinkt hij iets. – Hoe weet je dat?

.... trinkt er etwas. – .... du das?

82 Zweiundachtzigste Lektion

Ein nicht ganz alltägliches Vorstellungsgespräch (Fortsetzung)

1 – Er**kennst** du mich nicht? Ich bin Jo**ha**nnes.

Uitspraak
1 ... joohanes

5 Bekommert u zich niet om haar zaken! Ze zorgt daar zelf voor.
.... nicht .. ihre Sachen! ...
.... selbst darum.

Oplossing van oefening 2

1 Da – studiert hat – angestellt **2** Verzeihung – deinen Vornamen – ich hab's – **3** – Abschluss seines Studiums – bei fünf Unternehmen – **4** – nach der Arbeit – Woher weißt – **5** Kümmern Sie sich – um – Sie kümmert sich –

Verzeihen Sie uns bitte die Frage, aber vergessen Sie auch nicht, jeden Tag eine Lektion zu übersetzen? Heute ist die Lektion 32 dran... Neem ons de vraag alstublieft niet kwalijk, maar vergeet u ook niet iedere dag een les te vertalen? Vandaag is les 32 aan de beurt...

Tweede golf: 32ᵉ les

Tweeëntachtigste les 82

Een niet echt alledaags sollicitatiegesprek (Vervolg)

1 – Herken je me niet? Ik ben Johannes.

82 2 – Johannes Schulz. Na**tür**lich! Wa**rum ha**be ich dich nicht gleich **wie**der er**kannt** ①?

3 – Wir sind **äl**ter ge**wor**den ② und **hab**en uns ver**än**dert ③.

4 – In der Tat! Du scheinst mit **dei**ner Kar**rie**re ④ zu**frie**den zu sein?

5 – Er**in**nerst du dich noch an das **Mär**chen von **Ber**tolt Brecht?

6 – Du meinst die Ge**schich**te von dem **Prin**zen ⑤, der es **lieb**te, auf einer **Wie**se **na**he dem Schloss zu **lie**gen und von **wei**ßen, sehr **wei**ßen **Schlös**sern mit **ho**hen **Spie**gelfenstern zu **träu**men?

7 – Ja, … denn auf **die**ser **Wie**se **blüh**ten die **Blu**men **grö**ßer und **schö**ner als sonst **ir**gendwo.

2 … è^e**k**^h**ant 3** … fè^e**èn**de^et **4** … k^haa**rie**ere … **5** … **bè**^et^holt brèçht **6** … **prin**ts'n … **vie**ze **naa**e … sjlos … **vajs**'n **sjlë**se^en … **sjp**^h**ie**Gelfènst^he^en … **7** … **bluut**'n … **bloe**m'n … **ie**^eGentvoo

Opmerkingen

① *Herkennen* is **erkennen** wanneer het gaat om het identificeren van iemand/iets: **Ich habe dich auf dem Foto nicht erkannt.** - *Ik heb je op de foto niet herkend.*; **wieder erkennen** wordt gebruikt wanneer men iemand/iets terugziet / weer hoort: **Sie haben sich gleich wieder erkannt, obwohl sie sich 5 Jahre nicht gesehen hatten.** - *Ze hebben elkaar meteen herkend, hoewel ze elkaar 5 jaar niet gezien hadden.*

② **Alt/älter werden** - *oud/ouder worden*, **dick/dicker werden** - *dik/dikker worden*, **groß/größer werden** - *groot/groter worden*, **jünger werden** - *jonger worden,*…

③ Het wederkerende **sich (ver)ändern** betekent *veranderen, anders worden* (zie ook les 39); het niet wederkerende **(ver)ändern** is *veranderen, anders maken, wijzigen.*

▶

2 – Johannes Schulz! Natuurlijk! Waarom heb ik je niet meteen *(weer)* herkend?

3 – We zijn ouder geworden en zijn *(hebben ons)* veranderd.

4 – Inderdaad! Je lijkt met je carrière tevreden te zijn?

5 – Herinner jij je nog *(aan)* het sprookje van Bertolt Brecht?

6 – Je bedoelt het verhaal van de prins die het fijn vond in *(op)* een weide dichtbij het kasteel te liggen en van witte, heel witte kastelen met hoge spiegelramen te dromen?

7 – Ja, ... want in die weide bloeiden de bloemen groter en mooier dan waar elders ook *(anders ergens-waar)*.

▶ ④ In het Duits klinkt **die Karriere** automatisch schitterend...

⑤ **Der Prinz** - *de prins* is een mannelijk zwak naamwoord, dus krijgt het de uitgang **-en** in alle naamvallen behalve de nominatief.

82
8 – Dann starb **plötz**lich der **al**te **Kö**nig und der Prinz **wur**de sein **Nach**folger.
9 – Und der **jun**ge **Kö**nig stand ⑥ nun oft auf den Ter**ras**sen von **wei**ßen, sehr **wei**ßen **Schlös**sern mit **ho**hen **Spie**gelfenstern…
10 – und **träum**te von **ei**ner **klei**nen **Wie**se, auf der die **Blu**men **grö**ßer und **schö**ner **blüh**ten als **sonst**wo ⑦.
11 – **Siehst** du, ich **ha**be **da**mals auf **mei**nem **al**ten, **gel**ben **Fahr**rad da**von** ge**träumt**, die **spie**gelblanken **Fens**ter der **dic**ken Limou**si**nen von **in**nen ⑧ zu **se**hen.
12 Und **heu**te **träu**me ich **hin**ter den **Fens**tern der Limou**si**ne von **mei**nem **gel**ben **Fahr**rad, auf dem ich die **Vö**gel **sin**gen **hör**te.

*8 … sjtʰaaᵉp **plëts**liçh… **nach**folGeᵉ 9 … noen … tʰèras'n 10 … **zonst**voo 11 … **Gèlb**'n … liemoe**zien**'n … **in**'n …12 … **feu**Gel **zing**'n …*

***

Übung 1 – Übersetzen Sie bitte!

❶ Träumen Sie auch davon, in der Sonne zu liegen, da, wo die Apfelbäume blühen? ❷ Jeden Samstag wäscht er seine Limousine, bis sie spiegelblank ist. ❸ Irgendwo auf der Welt gibt's ein kleines bisschen Glück für jeden. ❹ Er hat sich gar nicht verändert, obwohl er heute Direktor eines großen Unternehmens ist. ❺ Erinnert ihr euch noch an das weiße Schloss, das wir besichtigt haben?

8 – Dan stierf plotseling de oude koning en de prins werd zijn opvolger.
9 – En de jonge koning stond nu vaak op de terrassen van witte, heel witte kastelen met hoge spiegelramen…
10 – en droomde van een kleine weide waarin de bloemen groter en mooier bloeiden dan waar ook.
11 – Zie je, ik heb er toen op mijn oude, gele fiets van gedroomd de spiegelblanke ramen van de dikke limousines van binnen te zien.
12 En tegenwoordig droom ik achter de ramen van de limousine van mijn gele fiets, waarop ik de vogels hoorde zingen.

Opmerkingen

⑥ We maken van deze les gebruik om de onregelmatige o.v.t.-vorm van de werkwoorden van toestand te bekijken: **stehen - stand**, **liegen - lag**, **sitzen - saß, hängen - hing** (zie ook les 56, punt 4).

⑦ **Sonstwo** is de verkorte vorm van **sonst irgendwo** - *waar (elders) ook, waar dan ook*: **sonst** - *anders* en **irgendwo** - *ergens* (op een of andere plaats).

⑧ **Von innen** - *van(af) binnen* en in les 78 **drinnen** - *binnen(in), (er)binnen*.

***

Oplossing van oefening 1

❶ Droomt u er ook van in de zon te liggen, daar waar de appelbomen in bloei staan? ❷ Iedere zaterdag wast hij zijn limousine, tot ze blinkt als een spiegel *(spiegelblank is)*. ❸ Ergens op de wereld is er een klein beetje geluk voor elkeen. ❹ Hij is helemaal niet veranderd, hoewel hij tegenwoordig directeur van een groot bedrijf is. ❺ Herinneren jullie je nog dat witte kasteel dat we bezichtigd hebben?

83 Übung 2 – Ergänzen Sie bitte!

① Ik zoek mijn kleine spiegel; hij ligt ergens.
   Ich suche ....; der
   ....

② Inderdaad, ik heb haar meteen herkend want ze is helemaal niet veranderd.
   .. .., ... sie sofort wieder
   ...., denn ... ... gar nicht
   ....

③ Ze lijkt met haar nieuwe baan heel tevreden te zijn.
   ... . mit ihrer neuen Stelle sehr
   ....

④ Hij houdt ervan in een weide te liggen en daar van verre landen te dromen.
   Er liebt es, ... zu liegen und
   dort ... fernen Ländern .. ..

---

83 Dreiundachtzigste Lektion

Genial oder verrückt?

1 – Zu dumm! Es ① **blei**ben ② uns nur zwei **Ta**ge für **Süd**deutschland, be**vor** wir nach Bra**si**lien zu**rück**fliegen.

Uitspraak
Geenieaal ... 1 ... tsoerukflieG'n

Opmerkingen

① Vergelijkaar met ons "er", dient **es** hier alleen om de zin in te leiden: **es fehlen fünf Personen** - *er ontbreken vijf personen* = **fünf Personen fehlen** - *vijf personen ontbreken*. ▶

⑤ Sinds hij iedere dag met zijn fiets gaat rijden *(wandelen)*, is hij veel afgevallen *(dunner geworden)*.
Seit er jeden Tag … …… …… spazieren fährt, … .. viel dünner ……….

Oplossing van oefening 2

① – meinen kleinen Spiegel – liegt irgendwo ② In der Tat, ich habe – erkannt – sie hat sich – verändert ③ Sie scheint – zufrieden zu sein ④ – auf einer Wiese – von – zu träumen ⑤ – mit seinem Fahrrad – ist er – geworden

Denk erom dat u een lijst met onregelmatige werkwoorden kunt raadplegen in de grammaticale bijlage in dit boek. Mocht u zich de infinitief van een Duits werkwoord niet herinneren, dan vindt u die makkelijk terug door naar de woorden die met dezelfde (mede)klinker(s) beginnen te kijken, immers alleen de stamklinker verandert. Het is bovendien ook altijd nuttig deze werkwoorden nog eens door te nemen. Hoe vaker u woorden tegenkomt, des te sneller u ze definitief onthoudt!

Tweede golf: 33ᵉ les

Drieëntachtigste les

Geniaal of gek?

1 – Wat *(Te)* stom! Er resten ons slechts twee dagen voor Zuid-Duitsland voordat we naar Brazilië terugvliegen.

▸ ② **Bleiben** - *resten, (over)blijven* staat in het meervoud omdat het onderwerp **zwei Tage**, en niet **es** is.

2 – Das **nächs**te Mal **müs**sen wir uns mehr Zeit **neh**men.

3 – Wo**hin sol**len wir **fah**ren? Was **ra**ten ③ Sie uns?

4 – Oh, da muss ich **ei**nen Mo**ment** laut **nach**denken, bevor ④ ich **ant**worten kann: der **Schwarz**wald, der **Bo**densee, **Mün**chen, die **Al**pen, das **Do**nautal… **al**les ist **se**henswert.

5 **A**ber halt! Na**tür**lich! Falls ⑤ Sie noch nicht die **Schlös**ser von **Lud**wig dem **Zwei**ten be**sich**tigt **ha**ben, dann **müs**sen Sie **un**bedingt **dort**hin ⑥ **fah**ren.

6 – Sind das nicht die **Schlö**sser von dem **Kö**nig, der **geis**teskrank war?

7 – Das steht in den **Schul**büchern, **a**ber dar**ü**ber **strei**ten sich ⑦ die His**to**riker.

4 … sjva^{e}tsvalt … bood'nzee … alp^h'n … doonaut^{h}aal … zee'nsvee^{e}t 5 … fals … loetviçh … 6 … Gajst^{h}eskrank … 7 … sjoelbuuçhe^{e}n … sjtrajt'n … hist^{h}ooriek^{h}e^e

Opmerkingen

③ **Raten** betekent zowel *raden* als *aanraden*.

④ **Bevor** is het voegwoord *voor(dat)* (zie ook zin 1) ↔ **nachdem** - *nadat* (zie zin 8). *Tijdens* is **während**.

⑤ Het voegwoord **falls** vertaalden we in les 57 opm. 6 met *ingeval*, nu dus met *indien*.

⑥ U weet het nog: **Er wohnt dort.** - *Hij woont daar.*; **Er fährt dorthin.** - *Hij gaat daarheen, rijdt er naartoe.*

⑦ **Sich streiten** - a.h.w. "elkaar bestrijden": **sich streiten über** (+ acc.) - *twisten over*; **sich streiten um** (+ acc.) - *ruziën om*: **Die Kinder streiten sich um die Schokoladensoße.** - *De kinderen ruziën om de chocoladesaus.*

2 – De volgende keer moeten we *(ons)* meer tijd nemen.
3 – Waar moeten we naartoe rijden? Wat raadt u ons [aan]?
4 – O, nu moet ik een ogenblik hardop nadenken voor ik kan antwoorden: het Zwarte Woud, het Bodenmeer, München, de Alpen, de Donauvallei… alles is de moeite waard *(bezienswaardig)*.
5 Maar wacht! Natuurlijk! Indien u de kastelen van Lodewijk II nog niet bezichtigd hebt, dan moet u daar beslist heen gaan.
6 – Zijn dat niet de kastelen van de koning die geestesziek was?
7 – Dat staat in de schoolboeken, maar daarover twisten *(strijden zich)* de historici.

83

8 – **Nachdem** Ludwig II. **hohe Schul**den ge**macht ha**tte ⑧, um **sei**ne **Schlö**sser zu finan**zie**ren, **ha**tte er **vie**le **Fein**de **un**ter **sei**nen Mi**nis**tern.

9 – **Sicher** ist, dass die **Bayern die**sem „ver**rück**ten" König **ihre schön**sten **Schlö**sser ver**dan**ken ⑨...

10 – ... und wahr**schein**lich auch **ei**nige **O**pern von **Ri**chard **Wag**ner, **des**sen Mäzen er war.

8 nach**deem** ... **sjoel**d'n ... fienant**sier**'n ... **fajn**de ... mie**niest**ʰeᵉn **9** ... fèᵉ**dank**'n **10** ... vaaᵉ**sjajn**lich ... **rie**chaᵉt **vaa**Gneᵉ ... mè**tseen** ...

Opmerkingen

⑧ **Nachdem er Schulden gemacht hatte,...** - *Nadat hij schulden gemaakt had,...* : hier maken we kennis met de voltooid verleden tijd (v.v.t. - **Plusquamperfekt**), gevormd met de o.v.t. van **haben** of **sein** + het voltooid deelwoord van het hoofdwerkwoord. Hij wordt gebruikt in zinnen waar twee handelingen of gebeurtenissen in voorkomen: de oudste staat in de v.v.t., de recentste in de o.v.t. of v.t.t. Noteer evenwel dat in de spreektaal meer en meer de v.t.t. gebruikt wordt in beide zins- ▶

***

Übung 1 – Übersetzen Sie bitte!

❶ Nach dem Tod seines Vaters wurde Ludwig der Zweite mit 18 Jahren König von Bayern. ❷ In der Zeitung steht, dass sich die Minister über die Arbeitszeiten streiten. ❸ Nachdem sie das Schloss besichtigt hatten, gingen sie im Schlosspark spazieren. ❹ Was können wir für Sie tun? Wir verdanken Ihnen so viel! ❺ Ich rate Ihnen, nicht um Mitternacht in dieses Schloss zu gehen.

8 – Nadat Lodewijk II hoge schulden gemaakt had om zijn kastelen te financieren, had hij veel vijanden onder zijn ministers.
9 – Zeker is dat de Beiers aan deze "gekke" koning hun mooiste kastelen te danken hebben...
10 – ... en waarschijnlijk ook enkele opera's van Richard Wagner, wiens mecenas hij was.

delen: **Nachdem wir das Schloß besichtigt hatten, gingen wir essen.** - *Nadat we het kasteel bezichtigd hadden, gingen we eten.* → **Nachdem wir das Schloss besichtigt haben, sind wir essen gegangen**. - *Nadat we het kasteel bezichtigd hebben, zijn we gaan eten.*

⑨ **Jemandem etwas verdanken** - *iets aan iemand te danken hebben*, maar **jemandem für etwas danken** - *iemand voor iets bedanken.* Bij zowel **verdanken** als **danken** is de datief nodig: **Er verdankt ihm viel.** - *Hij heeft veel aan hem te danken.*; **Ich danke Ihnen für Ihre Hilfe.** - *Ik dank u voor uw hulp.*

***

Oplossing van oefening 1

❶ Na de dood van zijn vader werd Lodewijk II op zijn 18ᵉ koning van Beieren. ❷ In de krant staat dat de ministers twisten over de arbeidstijden. ❸ Nadat ze het kasteel bezichtigd hadden, gingen ze in het kasteelpark wandelen. ❹ Wat kunnen we voor u doen? We hebben zo veel aan u te danken! ❺ Ik raad u aan niet om middernacht in dit kasteel te gaan.

83 Übung 2 – Ergänzen Sie bitte!

❶ Denkt u een ogenblik na voordat u antwoordt; neemt u de *(zich)* tijd.

.... einen Moment ...., ... Sie antworten; .... Zeit.

❷ Hij heeft ons aangeraden de kastelen van Lodewijk II te bezichtigen.

Er hat ... geraten, ... von Ludwig dem Zweiten .. ..

❸ Er resten ons drie uur voor onze trein vertrekt.

.. .. uns drei Stunden ..... unser Zug abfährt.

Lodewijk II van Beieren, de koning met de sprookjeskastelen, besteeg de troon op 18-jarige leeftijd, na de plotselinge dood van zijn vader Maximiliaan II. 22 jaar later, in juni 1886, verdronk hij op mysterieuze wijze samen met zijn psychiater, twee dagen nadat hij gek was verklaard en uit de macht ontzet ten voordele van zijn oom Leopold. Weinig koningen spraken zo veel tot de verbeelding en wekten dermate controverse. Zijn bijzondere persoonlijkheid ontstemde de behoudsgezinden in zijn entourage. Men verweet hem o.a. nooit getrouwd te zijn, liever 's nachts te leven, officiële aangelegenheden te mijden, meer van kunst dan van wat ook te houden, maar vooral enorme schulden aangegaan te zijn om kastelen te bouwen – althans dat is wat verteld wordt. De waarheid is dat hij niet meer schulden had dan andere vorsten of dan de huidige regeringen...

Het eerste kasteel dat hij liet bouwen - en dat nooit voltooid werd - is Neuschwanstein. Slechts 15 van de zowat 200 voorziene kamers werden ingericht! De bouw van Neuschwanstein was nauwelijks begonnen toen Lodewijk II na een bezoek aan Versailles besloot

❹ Ik raad je beslist aan daarheen te gaan indien je je voor geschiedenis interesseert.
.... unbedingt .... zu gehen,
..... du dich für Geschichte ....

❺ Nadat hij veel schulden gemaakt had, had Richard Wagner het grote geluk Lodewijk II te leren kennen.
Nachdem er .... gemacht hatte,
hatte Richard Wagner ... .,
Ludwig den Zweiten ...... zu ....

Oplossing van oefening 2

❶ Denken Sie – nach bevor – nehmen Sie sich – ❷ – uns – die Schlösser – zu besichtigen ❸ Es bleiben – bevor – ❹ Ich rate dir – dorthin – falls – interessierst ❺ – viele Schulden – das große Glück – kennen – lernen

z'n eigen Versailles op te trekken: Herrenchiemsee, op het grootste meer van Beieren, Chiemsee. Hij verbleef er niet eens een week! Dan droomde hij van een Byzantijns paleis, maar koos in de plaats daarvan voor een "koninklijke villa", Linderhof genaamd. Dit is het enige kasteel dat tijdens zijn leven afgewerkt werd en waar hij werkelijk in heeft gewoond.
Heeft hij zelf niet echt geprofiteerd van zijn kastelen, dan konden inmiddels toch miljoenen bezoekers ze bewonderen. Misschien maakt u er zelf binnenkort deel van uit...

Tweede golf: 34ᵉ les

84 Vierundachtzigste Lektion

Wiederholung – Herhaling

1 Voorzetsels met de accusatief en/of de datief

1.1 Voorzetsels waarbij één bepaalde naamval hoort

• Voorzetsels* die altijd met de accusatief staan:
bis - *tot*, **durch** - *door*, **für** - *voor*, **gegen** - *tegen*, **ohne** - *zonder*, **um** - *(rond)om*.

• Voorzetsels* die altijd met de datief staan:
aus - *uit*, **bei** - *bij*, **mit** - *met*, **nach** - *naar, na*, **seit** - *sinds*, **von** - *van*, **zu** - *naar, bij*.

1.2 Voorzetsels die met twee naamvallen kunnen staan

Helaas is het voor de voorzetsels die niet in het vorige punt voorkomen iets ingewikkelder: afhankelijk van hun toepassing kunnen ze met de accusatief of de datief staan. (Zie ook les 49, punt 4.)

• De voorzetsels* van plaats **an** - *aan*, **auf** - *op*, **hinter** - *achter*, **in** - *in*, **neben** - *naast*, **über** - *over, boven*, **unter** - *onder*, **vor** - *voor*, **zwischen** - *tussen* staan met:

- de accusatief om te verwijzen naar de plaats waar men heen gaat of vandaan komt (denk aan de vraag **wohin/woher?** - *waarheen/waarvandaan?*)

- de datief voor de plaats waar men zich bevindt of al bereikt heeft (**wo?** - *waar?*):

Die Fliege fliegt auf den Apfel. - *De vlieg vliegt naar de appel.*

Die Fliege sitzt auf dem Apfel. - *De vlieg zit op de appel.*

Die Fliege geht auf dem Apfel spazieren. - *De vlieg maakt een wandeling (gaat wandelen) op de appel.* (ze verplaatst zich op de appel, dus is de vraag **Wo geht sie spazieren?** en niet **Wohin?**)

Vierentachtigste les 84

• De voorzetsels* van tijd (met de vraag **wann?** - *wanneer?*) **an** - *op*, **vor** - *voor*, **in** - *in* en **zwischen** - *tussen* staan met de datief:

An deinem Geburtstag machen wir ein großes Fest. - *Op je verjaardag houden we een groot feest.*

Vor den Ferien ist kein Termin mehr frei. - *Voor de vakantie is er geen datum meer vrij.*

Im Oktober fahren wir nach Berlin. - *In oktober gaan we naar Berlijn.*

Zwischen den Osterferien und Pfingsten liegen viele Feiertage. - *Tussen de paasvakantie en Pinksteren liggen veel feestdagen.*

• Bij een werkwoord staat **vor** altijd met een datief, **über** altijd met een accusatief, maar **an, auf, in** kunnen met de accusatief of de datief. Let dus goed op welk voorzetsel bij een werkwoord hoort, en bijgevolg op de vereiste naamval:

Erinnerst du dich an ihn? (accusatief) - *Herinner jij je hem?*

Natürlich, ich hänge an ihm. (datief) - *Natuurlijk, ik hang aan hem / ben aan hem gehecht.*

* We geven hier alleen de hoofdbetekenis van de voorzetsel.

1.3 Werkwoorden met een vast voorzetsel

Onderstaande werkwoorden met een vast voorzetsel en bijbehorende naamval kent u al.
Let erop dat het voorzetsel niet altijd (letterlijk) vertaald kan worden!*

warten auf (+ acc.) - *wachten op*: **Warte auf mich!** - *Wacht op me!*

träumen von (+ dat.) - *dromen van*: **Sie träumen von dem Meer.** - *Ze dromen van de zee.*

sich erinnern an (+ acc.) - *zich herinneren*: **Erinnern Sie sich an Herrn Schwab?** - *Herinnert u zich meneer Schwab?*

sich kümmern um (+ acc.) - *zich bekommeren om, zorgen voor*:
Er kümmert sich um alles. - *Hij zorgt voor alles.*

sich interessieren für (+ acc.) - *zich interesseren voor*:
Interessieren sie sich für Musik? - *Hebben ze interesse voor muziek?*

aufhören mit (+ dat.) - *ophouden met*:
Hört mit eurem Quatsch auf! - *Houden jullie op met jullie onzin!*

sich bewerben um/für (+ acc.) - *solliciteren voor*:
Er hat sich um/für eine neue Stelle beworben. - *Hij heeft naar een nieuwe baan gesolliciteerd.*

sprechen von (+ dat.) of **über** (+ acc.) - *spreken van/over*:
Sie spricht immer von der / über die Arbeit. - *Ze spreekt altijd over het werk.*

denken an (+ acc.) - *denken aan*:
Denke an uns! - *Denk aan ons!*

fragen (+ acc.) **nach** (+ dat.) - *vragen naar*:
Fragen wir jemanden nach der Adresse! - *Laten we (aan) iemand (naar) het adres vragen!*

* Let bijgevolg ook op de vertaling van voornaamwoordelijke bijwoorden gevormd met **da-** - *daar, er* (of **dar-** voor een klinker) + voorzetsel:

Du träumst vom Meer? Ich träume auch davon. - *Je droomt van de zee? Ik droom er ook van.*

Ich erinnere mich gut an den Garten der Großeltern. Erinnerst du dich auch daran? - *Ik herinner me de tuin van de grootouders goed. Herinner jij je die ook?*

Er interessiert sich für Autos. Dafür interessiere ich mich gar nicht. - *Hij interesseert zich voor auto's. Daarvoor heb ik helemaal geen interesse.*

Genoeg over voorzetsels!
We hebben nog andere zaken te behandelen.

2 Nevenschikkende en onderschikkende voegwoorden

2.1 Nevenschikkende voegwoorden

Nevenschikkende voegwoorden (**und** - *en*, **aber** - *maar*, **oder** - *of*, **denn** - *omdat, want, daar*) verbinden gelijkwaardige zinnen.

2.2 Onderschikkende voegwoorden

Onderschikkende voegwoorden verbinden een hoofdzin met een bijzin (waarin doorgaans het vervoegd werkwoord op het einde staat).

Merk op dat de zinsconstructie en het gebruik van tijden veelal vergelijkbaar is met het Nederlands.

2.3 Veel gebruikte voegwoorden

• Voegwoorden van tijd:

• **bevor** - *voor(dat)* en **nachdem** *nadat*:
Bevor wir das Schloss besichtigen, können wir einen Spaziergang im Park machen. - *Voor we het kasteel bezichtigen, kunnen we een wandeling in het park maken.*
Nachdem sie das Schloss besichtigt hatten, gingen sie essen. - *Nadat ze het kasteel bezichtigd hadden, gingen ze eten.*

• **sobald** - *zodra*:
Sobald eine Stelle in unserem Unternehmen frei ist, stellen wir Sie ein. - *Zodra er een plaats in ons bedrijf vrij is, nemen we u in dienst.*

• **bis** - *tot* en **seit** (of **seitdem**) - *sinds*:
Wir warten hier, bis der Regen aufhört. - *We wachten hier tot de regen ophoudt.*
Seit(dem) sie mit ihm zusammen ist, hat sie sich sehr verändert. - *Sinds ze met hem samen is, is ze erg veranderd.*

84 (Let op: **bis** (+ acc.), **bis zu** (+ dat.) en **seit** (+ dat.) kunnen ook de voorzetsels *tot* en *sinds* zijn:

Sie müssen bis nächstes Jahr warten. - *U moet/Ze moeten tot volgend jaar wachten.*
Bis zur Raststätte sind es noch 10 km. - *Tot aan de rustplek is (zijn) het nog 10 km.*
Seit wann arbeiten Sie in diesem Unternehmen? – Seit dem 1. Januar. - *Sinds wanneer werkt u in dit bedrijf? – Sinds 1 januari.*)

• <u>Voegwoorden van oorzaak</u>:

• **weil** (beantwoordt doorgaans de vraag **warum?** - *waarom?*) en **da** (leidt een uitleg in) - *omdat, daar*:

Warum bleibt ihr zu Hause? – Weil draußen ein Sauwetter ist. - *Waarom blijven jullie thuis? – Omdat het buiten (een) rotweer is.*
Da ein Sauwetter ist, bleiben wir zu Hause. - *Daar het (een) rotweer is, blijven we thuis.*

• **denn** - *omdat, want, daar*:

Ludwig II. war der Mäzen von Richard Wagner, denn er liebte seine Opern. - *Lodewijk II was de mecenas van Richard Wagner, omdat hij van zijn opera's hield.*

• <u>Een voegwoord van toegeving</u>:

• **obwohl** - *hoewel*:

Obwohl sie Karriere gemacht hat, scheint sie nicht zufrieden zu sein. - *Hoewel ze carrière gemaakt heeft, lijkt ze niet tevreden te zijn.*

• <u>Voegwoorden van doel</u>:

• **dass** (of **so dass**) - *zodat*:

Fahr schneller, (so) dass wir ankommen, bevor es dunkel wird!
- *Rijd sneller, zodat we aankomen voor het donker wordt!*

• **damit** - *opdat, zodat, teneinde*:

Damit wir uns besser kennen lernen, möchte ich Sie ins Restaurant einladen. - *Opdat we elkaar (ons) beter [zouden] leren kennen / Teneinde elkaar (we ons) beter [te] leren kennen, zou ik u in een restaurant willen uitnodigen.*

(Als het onderwerp hetzelfde is in de hoofd- en bijzin kan **damit** vervangen worden door **um… zu**:

Was kann man tun, <u>damit man schnell Deutsch lernt?</u> = …, um schnell Deutsch zu lernen? - *Wat kan men doen om snel Duits te leren?*)

Laten we meteen uw opgedane kennis toepassen in de volgende herhalingsdialoog!

84 Herhalingsdialoog

Mittagspause

1 – Mahlzeit! Ist hier noch ein Platz frei?
2 – Sicher, setz dich, Johannes! Ich freue mich, dich wieder zu sehen.
3 – Nicht möglich, Thomas, du bists! Ich habe dich nicht wieder erkannt.
4 – Das ist verständlich, seit Abschluss des Studiums haben wir uns nicht mehr gesehen!
5 – Ja, seit mehr als fünfzehn Jahren! Mensch, erzähl mal, was machst du?
6 – Ich arbeite immer noch für das Unternehmen, bei dem ich schon damals während des Studiums angestellt war, und du?
7 – Ich habe mich selbstständig gemacht.
8 Sag mal, ist das dein Magen oder meiner, der so knurrt?
9 – Das ist deiner, der knurrte damals schon immer, wenn du Hunger hattest.
10 – Ja, ich muss unbedingt was essen.
11 Aber erzähl mal weiter, was machen die anderen Studienkollegen? Bachmann, Busch, Schwab?
12 – Bachmann ist noch ganz der Alte, man weiß nie, ob er genial oder einfach verrückt ist,
13 von Busch und Schwab habe ich leider schon lange nichts mehr gehört.
14 – Und Katrin? Erinnerst du dich an sie? Wie war doch ihr Nachname?
15 – Ziegler.
16 – Natürlich, Ziegler, du warst der einzige unter uns, der sich nicht für sie interessierte.
17 Ich dagegen habe oft an sie gedacht.

Vertaling

Middagpauze

1 Smakelijk eten! Is hier nog een plaats vrij? **2** Zeker, ga zitten, Johannes! Ik ben blij je weer te zien. **3** Dat is niet mogelijk, Thomas, jij bent 't! Ik heb je niet herkend. **4** Dat is begrijpelijk, sinds we afstudeerden *(beëindiging van de studie)* hebben we elkaar niet meer gezien. **5** Ja, sinds meer dan vijftien jaar! Man, vertel eens, wat doe je? **6** Ik werk nog altijd voor het bedrijf waar*(bij)* ik toen al tijdens mijn *(de)* studie in dienst was, en jij? **7** Ik ben zelfstandige geworden *(heb me zelfstandig gemaakt)*. **8** Zeg eens, is dat jouw maag of de mijne die zo knort? **9** Dat is de jouwe, die knorde toen al altijd wanneer je honger had. **10** Ja, ik moet beslist wat eten. **11** Maar vertel eens verder, wat doen de andere studiegenoten *(studiecollega's)*? Bachmann, Busch, Schwab? **12** Bachmann is nog helemaal de oude, men weet nooit of hij geniaal of gewoon gek is, **13** van Busch en Schwab heb ik helaas al lang niets meer gehoord. **14** En Katrin? herinner jij je haar nog? Hoe was ook alweer haar achternaam? **15** Ziegler. **16** Natuurlijk, Ziegler, je was de enige onder ons die zich niet voor haar interesseerde. **17** Ik daarentegen heb dikwijls aan haar gedacht.

18 Schade, die verlorene Zeit kann man nicht aufholen.
19 Na ja, sie hat sich sicher inzwischen verändert, ist dicker geworden…
20 – Das finde ich eigentlich nicht.
21 – Warum? Siehst du sie noch?
22 – Jeden Tag… Katrin und ich sind verheiratet und haben eine Tochter.
23 Komm uns doch mal besuchen, wenn du Zeit hast.
24 Katrin wird sich freuen, dich wieder zu sehen.

---

85 Fünfundachtzigste Lektion

Wie wird das Frühstücksei gegessen? (Benimmregeln ① zum Köpfen eines weichen Eies)

1 Das Pro**blem** mag ② **Ih**nen **lä**cherlich er**schei**nen, **a**ber – **glau**ben Sie uns – es ist **tod**ernst ③.

Uitspraak
… *fruusjtʰuksaj* … *benimreeGeln* … *kʰëpf'n* … *vajçh'n ajs* **1**
… *lècheeliç h* … *tʰootʰèenst*

Opmerkingen

① In **der Benimm** (synoniem van **die (guten) Manieren** - *de goede manieren,* dus *het zich weten te gedragen, de wellevendheid*) herkennen we de imperatief enkelvoud van **sich benehmen** - *zich gedragen*: **Benimm dich!** - *Gedraag je!*

18 Jammer, de verloren tijd kan men niet inhalen. **19** Nou ja, ze is intussen zeker veranderd, is dikker geworden... **20** Dat vind ik eigenlijk niet. **21** Waarom? Zie je haar nog? **22** Iedere dag... Katrin en ik zijn getrouwd en hebben een dochter. **23** Maar kom ons eens opzoeken wanneer je tijd hebt. **24** Katrin zal blij zijn je terug te zien.

Wir werden uns freuen, Sie morgen wieder zu treffen!
We verheugen ons erop u morgen weer te ontmoeten!

Tweede golf: 35ᵉ les

Vijfentachtigste les

Hoe wordt het "ontbijtei" gegeten?
(Wellevendheidsregels voor het "onthoofden" van een zacht ei)

1   Het probleem kan/mag u belachelijk lijken,
    maar – gelooft u ons – het is doodernstig.

▶ ② **Das mag lächerlich erscheinen** - *het mag / kan belachelijk lijken*, met **mögen** in de betekenis van "het kan zijn dat".

③ **Toternst** - *doodernstig*: **ernst** - *ernstig* en **der Ernst** - *de ernst*.

85

2 Durch **schlech**te Ma**nie**ren kann **näm**lich **ei**ne Kar**rie**re bru**tal** be**en**det **wer**den – **o**der das **Ge**genteil!

3 **Stel**len Sie sich zum **Bei**spiel vor, Sie be**glei**ten **Ih**ren **neu**en Chef auf **ei**ner Ge**schäfts**reise.

4 Am **Mor**gen **kom**men Sie na**tür**lich **pünkt**lich zum **Früh**stück, wie es sich ge**hört** ④,

5 und da steht es di**rekt** vor **Ih**nen: das **Früh**stücksei!

6 Für **ei**nen **Au**genblick **se**hen Sie das **strah**lende Ge**sicht Ih**res **Soh**nes vor sich, als er das **letz**te Mal beim „**Ei**eraufschlagen" ⑤ ge**won**nen hat.

7 Die **Spiel**regeln sind **ein**fach: die **Ei**er **wer**den gegenei**nan**der ⑥ ge**schla**gen,

8 und **der**jenige ⑦, **des**sen Ei zu**erst** ka**putt** ⑧ geht, hat ver**lo**ren.

2 ... manier'n ... broet^haal beèndet ... 3 ... beGlajt'n ... 6 ... sjtraal'nde ... zoones ... aje^eaufsjlaaG'n ... 7 ... sjp^hielreeGeln ... GeeG'najnande^e GesjlaaG'n 8 ... dee^ejeeniGe ... k^hap^hoet ...

Opmerkingen

④ **Das gehört sich** - *dat hoort (zo)*, van **sich gehören** - *horen*.

⑤ Het meervoud van **das Ei** is **die Eier** (met ons "eieren" lijken we weer een dubbele meervoudsvorm te hebben). **Eier aufschlagen** - *eieren openslaan*, gesubstantiveerd tot **das Eieraufschlagen**.

⑥ **Gegeneinander** - *tegen elkaar,* in het Duits in één woord, en zo ook: **miteinander** - *met elkaar*, **hintereinander** - *achter elkaar*, **übereinander** - *over/boven elkaar*,... ▶

2 Door slechte manieren kan namelijk een carrière bruut beëindigd worden – of het tegendeel!

3 Stelt u zich bijvoorbeeld voor [dat] u uw nieuwe baas vergezelt *(begeleidt)* op een zakenreis.

4 's Morgens komt u natuurlijk stipt op tijd naar het ontbijt, zoals het *(zich)* hoort,

5 en daar staat het vlak *(direct)* voor u: het ontbijtei!

6 Even *(Voor een ogenblik)* ziet u het stralende gezicht van uw zoon voor u *(zich)*, toen hij de laatste keer bij het "eierenopenslaan" gewonnen heeft.

7 De spelregels zijn eenvoudig: de eieren worden tegen elkaar geslagen

8 en degene wiens ei als eerste stuk gaat, heeft verloren.

---

⑦ Het voornaamwoord **derjenige** - *degene* wordt alleen gebruikt als er een betrekkelijk voornaamwoord op volgt: **derjenige, dessen/der…** - *degene wiens/die…* De voornaamwoorden **der, die, das** vervangen vaak **derjenige, diejenige, dasjenige**.

⑧ **Kaputt** - *stuk, kapot;* **kaputt gehen/sein** - *stukgaan / kapot zijn:* **Es geht kaputt / Er ist kaputt.** - *Het gaat stuk / Hij is kapot* (letterlijk en figuurlijk).

9   Doch, **Him**mel, wie wird das **wei**che Ei **an**ständig ge**ges**sen?
(Fortsetzung folgt)

9 ... **an**sjtʰèndiçh ...

***

Übung 1 – Übersetzen Sie bitte!

❶ Es mag dir lächerlich erscheinen, aber so sind die Regeln. ❷ Er wird nicht eingeladen, er hat wirklich keine Manieren. ❸ Stellen Sie sich vor, Sie haben im Lotto gewonnen! ❹ Wie werden Krabben gegessen, wissen Sie das vielleicht? ❺ Das Problem mit Eiern ist, dass sie leicht kaputt gehen.

Übung 2 – Ergänzen Sie bitte!

❶ Zou u een zacht ei bij het ontbijt willen? – Graag, maar niet te zacht, alstublieft.
Möchten Sie ... . zum Frühstück? – Gern, ... nicht zu ....., bitte.

❷ Ik vind wellevendheidsregels belachelijk, maar veel mensen geloven in goede manieren.
Ich finde .... lächerlich, aber viele Leute .... an ....

❸ Wanneer ik met mijn collega's op zakenreis ben, wordt [er] veel gelachen.
Wenn ich mit meinen Kollegen ... . bin, ... viel ....

9 Maar, hemel[tje]/verdorie, hoe wordt het zachte ei fatsoenlijk gegeten?
(Wordt vervolgd)

***

Oplossing van oefening 1

❶ Het kan/mag je belachelijk lijken, maar zo zijn de regels. ❷ Hij wordt niet uitgenodigd, hij heeft echt geen manieren. ❸ Stelt u zich voor dat u gewonnen hebt in de loto! ❹ Hoe worden krabben gegeten, weet u dat misschien? ❺ Het probleem met eieren is dat ze gemakkelijk stukgaan.

❹ Degenen die niet stipt op tijd komen, krijgen niets te eten.
. . . . , . . . nicht . . . . kommen, kriegen nichts . . . .

❺ De spelregels zijn heel eenvoudig: alle kaarten moeten gespeeld worden.
. . . . sind ganz . . . .: alle Karten müssen . . . .

Oplossing van oefening 2

❶ – ein weiches Ei – aber – weich – ❷ – Benimmregeln – glauben – gute Manieren ❸ – auf Geschäftsreise – wird – gelacht ❹ Diejenigen, die – pünktlich – zu essen ❺ Die Spielregeln – einfach – gespielt werden

> **86** *Een eitje koken voor het ontbijt is in Duitsland een serieuze zaak:* **ein weiches Ei** *of* **weichgekochtes Ei** *- een zacht(gekookt) ei is* **geen hartes Ei** *of* **hartgekochtes Ei** *- hard(gekookt) ei. Ieder z'n smaak! Zowel thuis als in goede hotels vraagt men hoe u uw eitje lust: drie, drieënhalve of vier minuten gekookt... En nee,* **das ist wirklich nicht lächerlich**, *dat is echt niet belachelijk! Wat vindt u ervan als men u een stuk vlees half doorbakken serveert terwijl u het helemaal doorbakken vroeg?*

Tweede golf: 36ᵉ les

86 Sechsundachtzigste Lektion

Wie wird das Frühstücksei gegessen? (Fortsetzung)

1 Zehn Mi**nu**ten **spä**ter zeigt Ihr Chef **im**mer noch **kei**nerlei ① **Ab**sicht, sein Ei **es**sen zu **wol**len.
2 Er scheint **kei**ne **Ei**er zu **mö**gen, **scha**de!
3 Sie ent**schei**den, auch auf Ihr Ei zu ver**zich**ten.
4 Doch **plötz**lich fällt Ihr Blick auf die **vor**nehme **Da**me am **Nach**bartisch, die ge**ra**de ihr Ei isst!

Uitspraak
1 ... kʰajneᵉlaj apziçht ... 3 ... èntsjajd'n ... fèᵉtsiçht'n 4 ... blik ... fooᵉneeme ... nachbaaᵉtʰisj ...

Zesentachtigste les 86

Hoe wordt het "ontbijtei" gegeten? (Vervolg)

1 Tien minuten later toont uw baas nog altijd geen enkele intentie zijn ei te willen eten.
2 Hij lijkt geen eieren te lusten, helaas!
3 U besluit ook van uw ei af te zien.
4 Maar plots valt uw blik op de voorname dame aan de tafel naast u *(buurtafel)* die net haar ei eet!

Opmerking

① **Keinerlei** - *geen enkel(e), generlei* is in het Duits onveranderlijk.

86

5 Zuerst wird von ihr ② die **Scha**le mit dem **Ei**erlöffel **rund**herum **auf**geschlagen,
6 dann wird **vor**sichtig das **Ei**hütchen **ab**gehoben ③,
7 es ④ wird ein **biss**chen Salz da**rauf** ge**streut** und…
8 Das **Was**ser läuft **Ih**nen im Mund zu**sam**men, gie**rig** ⑤ **grei**fen ⑥ Sie nach **Ih**rem Ei…
9 **A**ber da hält Sie im **letz**ten Mo**ment** Ihr Chef zu**rück**, in**dem** ⑦ er sagt:
10 „**War**ten Sie, Herr **Schnei**der! **Las**sen Sie ⑧ uns „**Ei**eraufschlagen" **spie**len!
11 **Wis**sen Sie, ich **pfei**fe ⑨ auf **Knig**ge und **sei**ne Be**nimm**regeln.
12 Ich **lie**be **die**ses Spiel und ich **war**ne Sie, ich ge**win**ne **im**mer!"   □

5 … sjaale … aje^elëfel roentheroem … 6 … ajhutch'n apGehoob'n 7 … zalts … Gesjtrojt … 8 … vase^e … moent … Gierich Grajf'n … 9 … indeem … 11 … pfajfe … knieGe … 12 … va^ene …

Opmerkingen

② In de passieve (of lijdende) vorm wordt de uitvoerder van de actie ingeleid door het voorzetsel **von** (+ datief): **Von wem wird die Schokolade gegessen?** (lett. "Van wie…") - *Door wie wordt de chocolade gegeten?*; **Die Schokolade wird von den Kindern gegessen.** - *De chocolade wordt door de kinderen gegeten.*

③ Het partikel **ab** wijst veelal op een weghalen. Op zich betekent **heben** - *heffen, tillen*: **er hebt den Arm** - *hij tilt/heft zijn/de arm (op)*, terwijl **abheben** *afhalen, wegnemen* betekent.

④ Een passieve vorm kan ingeleid worden met **es** - *er*, wat niet het onderwerp is, dat is hier immers **ein bisschen Salz**, dus had ▸

5	Eerst wordt door *(van)* haar de schaal met de eierlepel rondom opengetikt *(-geslagen)*,	
6	dan wordt [er] voorzichtig het eierhoedje afgehaald,	
7	er wordt een beetje zout *(er)*op gestrooid en…	
8	Het water loopt u in de mond *(tesamen)*, gretig grijpt u naar uw ei…	
9	Maar dan, op het laatste nippertje, houdt uw baas u tegen terwijl hij zegt:	
10	"Wacht *(u)*, meneer Schneider! Laten we *(Laat u ons)* "eierenopenslaan" spelen!	
11	Weet u, ik heb lak aan *(fluit op)* Knigge en zijn wellevendheidsregels.	
12	Ik hou van dit spel en ik waarschuw u, ik win altijd!"	

▸ men ook kunnen zeggen **ein bisschen Salz wird daraufgestreut** - *een beetje zout wordt erop gestrooid*.

⑤ Let op: **gierig** betekent *gretig*!

⑥ **Nach etwas greifen** - *naar iets grijpen* (met **nach** + dat.), bijv. **nach den Sternen greifen** - *naar de sterren grijpen*, dus "hoog grijpen, mikken".

⑦ Het voegwoord **indem** - *terwijl* kan ook gelijktijdigheid of een middel weergeven: *door(dat)*, bijv.: **Er warnt seinen Freund, indem er dreimal pfeift.** - *Hij waarschuwt zijn vriend door drie keer te fluiten.*

⑧ De imperatief in de 1e persoon meervoud kan op twee manieren gevormd worden: door inversie van onderwerp en werkwoord, **Essen wir!**, of met de imperatief van **lassen**: **Lass uns essen!** Tegenover verschillende personen: **Lasst uns essen!** - *Laten jullie ons eten!* en in de beleefdheidsvorm: **Lassen Sie uns essen!** - *Laat u ons eten!*

⑨ **Pfeifen - pfiff - gepfiffen** - *fluiten*, maar **auf etwas pfeifen** is letterlijk *fluiten op* en figuurlijk *lak hebben aan iets*: **Ich pfeife darauf.** - *Ik heb daar lak aan.*

Übung 1 – Übersetzen Sie bitte!

❶ Entschuldigen Sie bitte, ich hatte keinerlei Absicht zu gewinnen. ❷ Gierig greift er noch einmal nach der Flasche, aber er wird von seinen Freunden zurückgehalten. ❸ Wenn man die Absicht hat, ein paar Worte zu sagen, wird mit dem Löffel an ein Glas geschlagen. ❹ Zuerst werden die Spaghettis genommen, dann die Tomatensoße, und zuletzt wird Käse daraufgestreut. ❺ Mach das nicht noch einmal oder ich vergesse meine guten Manieren.

Übung 2 – Ergänzen Sie bitte!

❶ Ik had helemaal niet de *(generlei)* bedoeling iets te kopen, toen ik plotseling deze pullover gezien heb.

Ich hatte .... etwas zu kaufen, als ich .... diesen Pullover ....

❷ Mijn buurman lijkt zijn honden te mogen, ze worden vaak door hem geaaid.

Mein Nachbar .... seine Hunde .. .., sie werden oft ... ... gestreichelt.

❸ Plotseling is de politie gekomen, maar Thomas heeft ons gewaarschuwd door luid te fluiten.

.... ist die Polizei gekommen, aber Thomas ... uns ...., ... er laut ....

❹ Voorzichtig kijkt ze naar de tafel naast haar *(buurtafel)* waar de voorname dame zit.

.... sieht sie ...., wo ... . sitzt.

Oplossing van oefening 1

① Excuseert u mij, ik had geenszins de bedoeling te winnen. ② Gretig grijpt hij nog eens naar de fles, maar hij wordt door zijn vrienden tegengehouden. ③ Wanneer men de bedoeling heeft een paar woorden te zeggen, wordt met de lepel tegen *(aan)* een glas getikt *(geslagen)*. ④ Eerst wordt de spaghetti *(mv.)* genomen, dan de tomatensaus, en tot slot wordt er kaas op gestrooid. ⑤ Doe dat niet nog eens of ik vergeet mijn goede manieren.

Om u zelf de verschilpunten te laten afleiden, beperken we voortaan de () en [] tot zaken die niet eerder uitgelegd werden en/of waarop we uw aandacht (nog eens) willen vestigen.

⑤ Het water is me in de mond *(samen)*gelopen, maar ik heb besloten van de chocolade af te zien.

... . ist mir .. .... zusammengelaufen, aber ich habe entschieden, ... die Schokolade .. ..

Oplossing van oefening 2

① – keinerlei Absicht – plötzlich – gesehen habe ② – scheint – zu mögen – von ihm – ③ Plötzlich – hat – gewarnt, indem – gepfiffen hat ④ Vorsichtig – nach dem Nachbartisch – die vornehme Dame – ⑤ Das Wasser – im Mund – auf – zu verzichten

87 **Freiherr Adolf (von) Knigge, die Referenz für gute Manieren** - Baron Adolf (van) Knigge, de referentie voor goede manieren. *Wanneer Duitsers van iemand zeggen* **er hat Knigge nicht gelesen** - hij heeft Knigge niet gelezen *weet iedereen dat bedoeld wordt "die heeft geen manieren". Toch zou de arme baron Knigge (1751-1796) zich omkeren in zijn graf mocht hij weten dat zijn naam een soort referentie, een synoniem is geworden van de "bijbel van de goede manieren", want in tegenstelling tot wat veel Duitsers denken, gaf hij nooit om etiquette. Hoewel het boek dat hem bekend maakte, getiteld is* **Über den Umgang mit dem Menschen** *(*Over de omgang met mensen*), staat er helemaal niets in over tafelmanieren of dat het al dan niet gepast is witte sokken te dragen onder een maatpak... Knigge gaf wel advies m.b.t. intermenselijke relaties, in de hoop het gewone volk te helpen beter opgewassen te zijn tegen de aristocratie, die hij fel bekritiseerde (zo liet hij trouwens het adellijke* **von** *uit zijn familienaam weg).*

---

87 Siebenundachtzigste Lektion

Willkommen auf der Wies'n ①!

1 – Sieh da! Hier in der **Zei**tung steht **ei**n Be**ri**cht **ü**ber das Ok**to**berfest.
2 Das **We**tter soll ② schon **lan**ge nicht mehr so schön ge**we**sen sein.

Uitspraak
... *viez'n* **1** ... *beri̧cht* ...

Opmerkingen

① **Die Wies'n** is de Münchense afkorting van **die Theresienwiese**, *de Theresiaweide*, waar jaarlijks in oktober het bierfeest gehouden wordt, dit sinds 1810, toen kroonprins Lodewijk I ▸

Hoe is deze verwarring er gekomen? Wel, zijn boek, dat vanaf het verschijnen in 1788 succesvol was, werd in de 19ᵉ eeuw herschreven door een geestelijke, wiens bedoeling het was de mensen wellevendheidsregels op te leggen... en het werkte! Het is pas in 1999, bij de heruitgave van de eerste - de originele - versie, dat de "misleiding" is uitgekomen. Toen was het te laat! Er zijn "Knigges" voor van alles en nog wat: wilt u op vakantie, raadpleeg dan eerst de **Urlaubsknigge***; de perfecte sollicitatiebrief schrijft u dankzij de* **Bewerbungsknigge***, iemand versieren leer je in de* **Flirtknigge***, enz.*

Tweede golf: 37ᵉ les

Zevenentachtigste les   87

Welkom op de "weide"!

1 – Kijk! Hier in de krant staat een artikel *(bericht)* over het Oktoberfeest.
2   Het weer moet al lang niet meer zo mooi geweest zijn.

◆ – grootvader van Lodewijk II – huwde met Theresia van Saksen-Hildeburghausen. De titel van de les had dus ook kunnen zijn **Willkommen beim Oktoberfest** - *Welkom op het "Oktoberfeest".*

② **Sollen** - *moeten*, hier om te rapporteren wat men heeft gehoord of gelezen: **Es soll morgen regnen.** - *Het zou morgen moeten / schijnt morgen te gaan regenen.*

vierhundertachtzig • 480

87 **3** „**Gäs**te und **Schau**steller **wur**den ③ beim Ok**to**berfest durch ein **traum**haftes **We**tter ver**wöhnt**", steht hier.

4 – **Da**von habe ich nichts ge**merkt**; als ich dort war, hat es **Bind**fäden ge**regnet** ④.

5 – Man kann nicht **im**mer Glück **ha**ben, aber **ra**te mal, wie **vie**le Per**so**nen da **wa**ren.

6 – **Kei**ne **Ah**nung ⑤, **meh**rere Milli**o**nen ver**mu**tlich.

7 – Ja, mehr als 6,5 (sechs **Ko**mma fünf) Milli**o**nen Be**su**cher sind aus der **gan**zen Welt ge**kom**men.

8 **Ins**gesamt **wur**den fast 6 Milli**o**nen Maß ⑥ Bier ge**trun**ken, und 350 000 (**drei**hundert**fünf**zig**tau**send) **Brat**hähnchen, 80 000 (**acht**zig**tau**send) **Schweins**haxen und 80 **Och**sen ge**ges**sen.

3 Gèst^he ... sjausjt^hèle^e ... fè^eveunt ... 4 ... bintfèèd'n ... 6 ... aanoeng ... meerere miljoon'n fè^emoetliçh 7 ... k^homa ... bezoeche^e ... 8 ...insGezamt ... maas ... braathèènçh'n ... oks'n ...

Opmerkingen

③ In de verleden tijd wordt de passieve vorm verkregen met de o.v.t. van **werden: Er wird verwöhnt.** - *Hij wordt verwend.* → **Er wurde von seiner Mutter sehr verwöhnt.** - *Hij werd door zijn moeder erg verwend.* (Merk op dat men zegt **von seiner Mutter** - *door zijn moeder*, omdat het om een persoon gaat, maar **durch das entsetzliche Wetter** - *door het vreselijke weer*, omdat **durch** "hoe?" of "door middel van" weergeeft.)

④ **Es regnet Bindfäden** - *het regent pijpenstelen* (lett. "binddraden"); **der Faden** - *de draad*; **der Bindfaden** - *het bindgaren*. ▶

3 "Gasten en exposanten werden tijdens het Oktoberfeest door een fantastisch weer verwend", staat hier.
4 – Daarvan heb ik niets gemerkt; toen ik daar was, heeft het pijpenstelen *(binddraden)* geregend.
5 – Men kan niet altijd geluk hebben, maar raad eens hoeveel personen er waren.
6 – Geen benul, meerdere miljoenen vermoedelijk.
7 – Ja, meer dan 6,5 miljoen*(en)* bezoekers zijn uit de hele wereld gekomen.
8 Alles bij elkaar werden bijna de 6 miljoen*(en)* "1l-pullen" bier gedronken, en 350.000 braadkippen, 80.000 varkenspoten en 80 runderen *(ossen)* [op]gegeten.

⑤ **Keine Ahnung** - *geen benul, geen idee*; van **ahnen** - *vermoeden*.

⑥ In het zuiden van Duitsland en in Oostenrijk is **die Maß** de grote bierpul van één liter, maar algemeen is **das Maß** *de maat*: **Trinken Sie mit Maßen!** - *Drink(t u) met mate!*

87

9 Und – na **so** was! ⑦ – 168 000 (**hun**dert**acht**und**sech**zig**tau**send) Be**such**er **hab**en ver**sucht**, **ei**nen **Bier**krug als Souve**nir mit**gehen zu **la**ssen.
10 **A**ber der Krug **wur**de **ih**nen am **Bier**zelt-**Aus**gang **ab**genommen.
11 Sag mal, wo**her** kommt **ei**gentlich der **Bier**krug, aus dem ich **trin**ke?
12 – Tja, wie du selbst ge**ra**de ge**sagt** hast, man kann nicht **im**mer Glück **hab**en, **a**ber **manch**mal…

9 ... bie^ekroek ... zoeve**nie**^e ... 10 ... bie^etsèlt^h**aus**Gang **ap**Genom'n

***

Übung 1 – Übersetzen Sie bitte!

❶ In den Ferien wurde ich von meinen Großeltern immer sehr verwöhnt. ❷ Raten Sie mal, wie viel Liter Bier auf dem letzten Oktoberfest getrunken wurden? ❸ Mehrere Millionen Besucher kommen jedes Jahr zum Oktoberfest nach München. ❹ In der Zeitung stand, dass viele Besucher versuchten, einen Bierkrug mitzunehmen. ❺ Nur einen Nachmittag hat es Bindfäden geregnet; an den anderen Tagen ist das Wetter sehr schön gewesen.

9 En – nee maar! – 168.000 bezoekers hebben geprobeerd een bierkruik als souvenir mee te jatten *(mee te laten gaan)*.
10 Maar de kruik werd hen bij de biertentuitgang afgenomen.
11 Zeg eens, waar komt eigenlijk de bierkruik waaruit ik drink vandaan?
12 – Nou ja, zoals je zelf net gezegd hebt, kan men niet altijd geluk hebben, maar af en toe…

Opmerking

⑦ **Na so was!** - *Nee maar!, Nou zeg!,...*

***

Oplossing van oefening 1

❶ In de vakantie werd ik door mijn grootouders altijd erg verwend. ❷ Raad u eens hoeveel liter bier er op het laatste Oktoberfeest gedronken werd? ❸ Verscheidene miljoenen bezoekers komen ieder jaar voor het Oktoberfeest naar München. ❹ In de krant stond dat veel bezoekers probeerden een bierkruik mee te nemen. ❺ Slechts één namiddag heeft het pijpenstelen geregend; op de andere dagen is het weer heel mooi geweest

88 Übung 2 – Ergänzen Sie bitte!

❶ Hoeveel mensen zijn naar München gekomen om het Oktoberfeest te vieren?

... . Leute .... nach München
........, um ... . zu feiern?

❷ 80 ossen en verscheidene honderduizend[en] braadkippen werden op het feest opgegeten. – Nee maar!

80 Ochsen und .... hunderttausend
Brathähnchen ...... auf dem Fest ....
– .. ..!

❸ Weet u waarom men niet altijd geluk kan hebben? – Geen benul.

Wissen Sie, ... man ..... immer .....
..... kann? – Keine ....

---

88 Achtundachtzigste Lektion

Unsere Vorfahren, die Affen

1 – Jetzt ist mir **end**lich klar, wa**rum** wir **Män**ner so **viel ar**beiten **müs**sen ①.

Uitspraak
... *foo^efaar'n* ... *af'n*

④ Welkom in München! U wordt door het mooie weer verwend, gisteren heeft het nog pijpenstelen *(binddraden)* geregend.

.... in München! ... . durch das schöne Wetter ...., gestern hat es noch ....

⑤ Deze keer werd*(en)* [er] meer dan 6 miljoen liter*(s)* bier door de bezoekers, die uit de hele wereld kwamen, gedronken.

Dieses Mal ...... mehr als 6 Millionen Liter Bier ... ..., die ... ... kamen, ...

Oplossing van oefening 2

❶ Wie viele – sind – gekommen – das Oktoberfest – ❷ – mehrere – wurden – gegessen – Na so was ❸ – warum – nicht – Glück haben – Ahnung ❹ Willkommen – Sie werden – verwöhnt – Bindfäden geregnet ❺ – wurden – von den Besuchern – aus der ganzen Welt – getrunken

Tweede golf: 38ᵉ les

Achtentachtigste les 88

Onze voorouders, de apen

1 – Nu is me eindelijk duidelijk waarom wij mannen zo veel moeten werken.

Opmerking

① Blijf erop letten dat het vervoegd werkwoord in een bijzin de zin afsluit, ook bij een indirecte vraag: **Mir ist nicht klar, warum du so hart arbeiten musst.** - *Het is me niet duidelijk waarom jij zo hard moet werken.*

2 Hier steht es schwarz auf weiß:
3 **Un**ser ge**ne**tisches **Erb**gut ist zu fast 100 Pro**zent** mit dem der Schim**pan**sen i**den**tisch.
4 – Ja und? Ich ver**ste**he dich nicht. Wo ist der Zu**sam**menhang?
5 – Hast du das Experi**ment** mit den **A**ffen ver**ges**sen, das in A**me**rika ② **durch**geführt **wor**den ist ③?
6 Bei **die**sem Experi**ment konn**ten sich die **A**ffen Ro**si**nen ver**die**nen ④.
7 – Ach ja, jetzt er**in**nere ich mich **wie**der, du warst ent**setz**lich scho**ckiert**,
8 weil die Affen**männ**chen wie die **Dum**men ⑤ ge**ar**beitet **ha**ben, **wäh**rend die **Weib**chen den **gan**zen Tag ge**schla**fen **ha**ben.

2 ... sjvaᵉts ... 3 ... Geeneetʰisjes èᵉpGoet ... prootsènt ... sjimpʰants'n iedèntʰisj 4 ... tsoezam'nhang 5 ... ekspʰeeriemènt ... 6 ... rozien'n ... 7 ... èntzètsliçh sjookʰieᵉt 8 ... af'nmènçh'n ... doem'n ... wèèrent ... vajpçh'n ...

Opmerkingen

② Met **Amerika** bedoelt men veelal de Verenigde Staten, bijv. **ich bin nach Amerika geflogen** om te zeggen dat men het vliegtuig naar de VS heeft genomen. Voor andere delen van Amerika wordt meer gepreciseerd: **Südamerika** - *Zuid-Amerika*, **Mittelamerika** - *Midden-Amerika*, **Kanada** - *Canada*,…

③ **... das durchgeführt worden ist** - *dat uitgevoerd (geworden) is*: **werden** - **wurde** - **geworden** - *worden* - *werd* - *geworden*, maar in de passieve vorm valt het prefix **ge-** van het voltooid deelwoord van **werden** weg → **worden** - *geworden* (terwijl in het Nederlands *geworden* overbodig is). Meer hierover in de volgende les.

2 Hier staat het zwart op wit:
3 Ons genetisch materiaal *(erfgoed)* is voor bijna 100 % identiek met dat van de chimpansees.
4 – Ja, en? Ik begrijp je niet. Waar is het verband?
5 – Ben *(Heb)* je het experiment met de apen vergeten dat in Amerika is uitgevoerd *(geworden)*?
6 Bij dat experiment konden de apen *(zich)* rozijnen verdienen.
7 – O ja, nu herinner ik [het] me weer, je was ontzettend gechoqueerd,
8 omdat de apenmannetjes als *(de)* idioten werkten, terwijl de wijfjes de hele dag sliepen.

▶ ④ **Etwas verdienen** - *iets verdienen* (zowel door arbeid als verdienste). Zoals veel werkwoorden wordt **verdienen** met een wederkerend voornaamwoord gebruikt, hoewel dit overbodig is: **Er hat (sich) mit diesem Geschäft Millionen verdient.** - *Hij heeft met deze zaak miljoenen verdiend.*

⑤ Denk eraan dat een gesubstantiveerd adjectief verbogen wordt: **der Dumme** - *de dommerik*, **ein Dummer** - *een stommeling, stommerik*, **die Dummen** - *de idioten*, enz.

9 – Genau! Und jetzt **wiss**en wir, wa**rum** es **e**wig so **wei**ter gehen wird.

10 – Nicht so schnell! Die Ge**schich**te war **da**mit noch nicht zu **En**de!

11 Zwei **For**scherinnen **ka**men auf die Idee, die **Aff**en nachts ⑥ zu be**o**bachten und...

12 sie ent**deck**ten, dass die **Männ**chen so viel **ar**beiteten, **um** bei den **Weib**chen **bess**ere **Chan**cen zu **ha**ben!

13 Die **ließ**en ⑦ sich **näml**ich **ih**re **Lie**besdienste von den **Männ**chen be**zah**len...!

14 – Das ist es ja! Seit **An**fang der **Mensch**heit hat sich nichts ge**än**dert, und es ⑧ wird sich nichts **än**dern. ☐

---

9 ... *eeviçh* ... **11** ... *foᵉsjerin'n* ... *beoobacht'n* ... **12** ... *èntdèkt'n* ... *sjäs'n* (nasaal uitgesproken zoals in het Frans) ... **14** ... *mènsjhajt* ...

Opmerkingen

⑥ **Nachts** - *'s nachts* of **in der Nacht** - *in/tijdens de nacht*.

⑦ **Etwas machen lassen** - *iets laten doen, gebeuren*: **Lass die Eier nicht länger als drei Minuten kochen!** - *Laat de eieren niet langer dan drie minuten koken!*

⑧ **Es** is hier, zoals *er*, een "vals" onderwerp, daar het eigenlijke onderwerp **nichts** - *niets* is, dus ook mogelijk was **nichts wird sich ändern** - *niets zal veranderen*. Meer hierover in de volgende herhalingsles.

9 – Precies! En nu weten we waarom het eeuwig zo zal doorgaan.
10 – Niet zo vlug! Het verhaal was daarmee nog niet afgelopen!
11 Twee onderzoeksters kwamen op het idee de apen 's nachts te observeren en…
12 ze ontdekten dat de mannetjes zo veel werkten om bij de wijfjes betere kansen te hebben!
13 Die lieten zich namelijk voor hun liefdesdiensten door de mannetjes betalen…
14 – Dat is 't nou! Sinds [het] begin van de mensheid is er *(heeft zich)* niets veranderd, en er zal *(zich)* niets veranderen.

Übung 1 – Übersetzen Sie bitte!

① Seit Anfang der Menschheit hat sich nichts geändert. ② Für dieses Experiment sind zwanzig Affen drei Jahre lang von zehn Forschern beobachtet worden. ③ Die Affenweibchen haben den ganzen Tag geschlafen, aber in der Nacht haben sie hart gearbeitet. ④ Eines Tages hat er entdeckt, dass man nicht wie ein Dummer zu arbeiten braucht, um viel Geld zu verdienen. ⑤ Stimmt es, dass unser genetisches Erbgut fast dasselbe wie das der Schimpansen ist?

Übung 2 – Ergänzen Sie bitte!

① Waar komen uw vorouders vandaan? – O, dat is een lang verhaal dat niemand begrijpt.
Woher kommen . . . .? – Oh, das ist . . . ., die niemand . . . .

② Vorige week is door ons dag en nacht gewerkt *(geworden)*, dat moet *(zich)* veranderen!
Letzte Woche ist . . . . . . Tag und Nacht . . . ., das muss sich . . . . . .!

③ Niet zo snel! Waar is het verband? Het slot is me niet duidelijk.
Nicht so . . . .! Wo ist . . . .?
Der . . . . nicht . . . . .

Oplossing van oefening 1

❶ Sinds het begin van de mensheid is er niets veranderd. ❷ Voor dit experiment zijn twintig apen drie jaar lang door tien onderzoekers geobserveerd *(geworden)*. ❸ De apenwijfjes hebben de hele dag geslapen, maar tijdens de nacht hebben ze hard gewerkt. ❹ [Op] een dag heeft hij ontdekt dat men niet als een idioot dient te werken om veel geld te verdienen. ❺ Klopt het dat ons genetisch materiaal bijna hetzelfde is als dat van de chimpansees?

❹ Door wie is ontdekt *(geworden)* dat er tussen de apen en de mensen slechts twee procent verschil is?
Von wem ... ., dass es zwischen ... . und ... . nur .... Unterschied gibt?

❺ Waarom wilt u meer verdienen? Wanneer bent u op dit idee gekomen?
Warum wollen Sie ....? Wann sind Sie ... . gekommen?

Oplossing van oefening 2

❶ – Ihre Vorfahren – eine lange Geschichte – versteht ❷ – von uns – gearbeitet worden – ändern ❸ – schnell – der Zusammenhang – Schluss ist mir – klar ❹ – ist entdeckt worden – den Affen – den Menschen – zwei Prozent – ❺ – mehr verdienen – auf diese Idee –

Tweede golf: 39ᵉ les

89 Neunundachtzigste Lektion

Ein Interview im Radio mit Herrn „Stöffche", dem Apfelwein-König

1 – Zuerst ei**nmal** „**herz**liche **Glück**wünsche zum Ge**burts**tag", Herr **Rae**der ①.
2   Sie sind **näm**lich **ges**tern 75 (**fünf**undsiebzig) **Jah**re alt ge**wor**den ②, nicht wahr?
3 – Ja, **dan**ke schön, das ist sehr nett von **Ih**nen.
4 – **Sa**gen Sie mal, wo**ran** ③ denkt man an so **ei**nem Tag?
5 – Tja, an nichts Be**son**deres, außer dass man dem Leben **dank**bar ist, dass man trotz des **Al**ters **im**mer noch **ei**ne der **größ**ten und **äl**testen **Kel**tereien in **Hes**sen **lei**ten kann.

Uitspraak
... int^{h}ee^{e}vjoe ... **raa**dio ... sjt^{h}ëf**çh**e ... **1** ... **Gluk**vunsje ... **rèède**^{e} **4** ... vo**ran** ... **5** ... be**zon**deres ... **dank**baa^e ... **alt**^{h}e^{e}s ... k^{h}èlt^{h}e**raj**'n ... **hès**'n **lajt**'n ...

Opmerkingen

① De lettercombinaties **ae**, **oe** en **ue** komen overeen met **ä**, **ö** en **ü** en worden op dezelfde manier uitgesproken. Oorspronkelijk werden deze klanken met een twee letters weergegeven, maar sinds de drukpers werd plaats bespaard door eerst de **e** klein boven de andere letter te zetten, later de **e** te vervangen door twee streepjes, die evolueerden tot twee puntjes: de umlaut.

② **Geworden**, het voltooid deelwoord van **werden** in de actieve (of bedrijvende) vorm.

Negenentachtigste les 89

Een interview op de radio met meneer "Stöffche", de ciderkoning

1 – Allereerst *(eens)* "hartelijk gefeliciteerd met uw *(hartelijke gelukwensen voor de)* verjaardag" meneer Raeder!
2   U bent namelijk gisteren 75 jaar *(jaren oud)* geworden, nietwaar?
3 – Ja, dank u wel, dat is heel aardig van u.
4 – Zegt u eens, waaraan denkt men op zo een dag?
5 – Nou ja, aan niets bijzonders, behalve dat men het leven dankbaar is dat men ondanks de leeftijd nog altijd een van de grootste en oudste fruitpersbedrijven in Hessen kan leiden.

③ **Wo** (+ **r** bij een voorzetsel dat met een klinker begint) + voorzetsel, bijv.: **woran** - *waaraan*, **wofür** - *waarvoor*. Opgelet: bij een persoon is het, zoals in het Nederlands, **an/für wen** - *aan/voor wie*.

89

6 **Se**hen Sie, **un**ser Unter**neh**men ist 1799 (**sieb**zehn**hun**dert**neun**und**neun**zig) von **mei**nem **Ur-ur-ur**großvater ④ ge**grün**det **wor**den ⑤.

7 Heute **wer**den von uns **et**wa 25 Milli**o**nen **Li**ter **Ap**felwein und **Ap**felsaft pro Jahr produ**ziert** ⑥.

8 **Da**rauf darf man stolz sein ⑦, **mei**nen Sie nicht?

9 – Ge**wiss**! Wenn ich **rich**tig ver**ste**he, **den**ken Sie nicht da**ran** ⑧, in **Ren**te zu **ge**hen?

10 – Nein, ich **wer**de ⑨ erst **auf**hören zu **ar**beiten, wenn ich mich alt **füh**le.

11 **Heu**te ist das – toi, toi, toi ⑩ – noch nicht der Fall.

6 ... *oe^e-oe^e-oe^e-Groosfaat^he^e GeGrundet* ... **7** ... *ètva* ... *prodoetsie^et* **8** ... *sjt^holts* ... **9** *Gevis* ... *rènt^he* ... **10** ... *fuule* **11** ... *t^hoj* ...

Opmerkingen

④ Het prefix **ur-** wordt gebruikt zoals ons *oer-*: **die Urzeit(en)** - *de oertijd*, **uralt** - *oeroud*. Verwar **ur-** (zonder **h**) niet met **die Uhr** - *het uur, horloge*, of **die Urzeit** niet met **die Uhrzeit** - *de tijd, het klokuur*: **Zu Urzeiten kannte man keine Uhrzeiten.** - *In de oertijd kende men geen tijd.*

⑤ **Worden**, het voltooid deelwoord van **werden** dat in het Duits gebruikt wordt in een passieve zin waarin een handeling of gebeurtenis benadrukt wordt: **Die Firma ist 2002 gegründet worden.** - *De firma is in 2002 opgericht (geworden).*

⑥ Hier hebben we een passieve constructie waarin **werden** als hulpwerkwoord optreedt, met **produziert** als voltooid deelwoord van **produzieren** (werkwoord op -ieren → zonder **ge-**!): **Wie viel wird von Ihnen pro Jahr produziert?** - *Hoeveel wordt door u per jaar geproduceerd?*

6 Ziet u, ons bedrijf is in 1799 door mijn betoudovergrootvader *(oer-oer-oergrootvader)* opgericht *(geworden)*.
7 Tegenwoordig wordt door ons zowat 25 miljoen liter cider en appelsap per jaar geproduceerd.
8 Daarop mag men trots zijn, vindt u niet?
9 – Zeker! Als ik [het] goed begrijp, denkt u er niet aan met *(in)* pensioen te gaan ?
10 – Nee, ik zal pas stoppen met *(te)* werken wanneer ik me oud voel.
11 Vandaag is dat – toitoitoi – nog niet het geval.

⑦ **Stolz sein auf...** (+ acc.) - *trots zijn op...*: **Worauf sind Sie stolz?** - *Waarop bent u trots?* (zie opm. 3) – **Auf unsern Fußballclub.** - *Op onze voetbalclub.* – **Ich bin auch stolz darauf.** - *Ik ben daar ook trots op.*

⑧ **Denken an...** (+ acc.) - *denken aan...*: **Ich denke nicht daran.** - *Ik denk daaraan niet, ik denk er niet aan.*; **Die Kinder denken nicht daran, ins Bett zu gehen.** - *De kinderen denken er niet aan naar bed te gaan.*

⑨ Merk op dat **werden** hier ook als hulpwerkwoord fungeert, maar wel met een infinitief, dus gaat het om een toekomende tijd!

⑩ **Toi, toi, toi** wordt gezegd om moed én (blijvend) geluk te wensen, vgl. met "hout vasthouden", "vingers kruisen", "afkloppen".

89

12 – **Ei**ne **letz**te **Fra**ge, Herr **Rae**der: wa**rum** **wer**den Sie Herr „**Stöff**che" ge**nannt**?

13 – Ach, die **Ant**wort ist ganz **ein**fach, hier in **Hes**sen **sa**gen wir nicht „**Ap**felwein" wie auf **Hoch**deutsch, **son**dern „**Äp**pelwoi" oder „**Stöff**che"…

14 – Herr **Stöff**che, ich **dan**ke **Ih**nen ⑪, dass Sie ge**kom**men sind.

13 … **hooch**dojtsj … èp^helvoj …

Opmerking

⑪ Onthoud dat **danken** met een datief staat: **ich danke dir/ Ihnen** - *ik dank je/u,* **Ich danke Ihnen, dass Sie mir geholfen haben.** - *Ik dank u dat u me geholpen hebt.*

***

Übung 1 – Übersetzen Sie bitte!

❶ Woran denken Sie? – An nichts Besonderes. ❷ Am Ende des Jahres werde ich aufhören zu arbeiten. ❸ Meine Urgroßmutter hat nicht daran gedacht, Hochdeutsch zu sprechen. ❹ Wenn Hessisch gesprochen worden ist, habe ich nicht viel verstanden. ❺ Mein Vorname ist Hans, aber früher bin ich von allen Hänschen genannt worden.

12 – Een laatste vraag, meneer Raeder: waarom wordt u meneer "Stöffche" genoemd?
13 – Ach, het antwoord is heel eenvoudig, hier in Hessen zeggen we niet "Apfelwein" zoals in [het] Hoogduits, maar "Äppelwoi" of "Stöffche"…
14 – Meneer Stöffche, ik dank u dat u gekomen bent.

***

Oplossing van oefening 1

❶ Waaraan denkt u? – Aan niets bijzonders. ❷ Aan/Op het einde van het jaar zal ik stoppen met werken. ❸ Mijn overgrootmoeder dacht er niet aan Hoogduits te spreken. ❹ Wanneer er Hessisch werd gesproken, heb ik niet veel begrepen. ❺ Mijn voornaam is Hans, maar vroeger werd ik door iedereen Hänschen/Hansje genoemd.

Übung 2 – Ergänzen Sie bitte!

❶ Door wie is het bedrijf opgericht? – Door mijn overgrootvader.
Von wem ... das Unternehmen ....
......? – ... .

❷ Hartelijk gefeliciteerd met je *(Hartelijke gelukwensen voor de)* verjaardag! Hoe oud ben je eigenlijk geworden?
.... zum Geburtstag!
Wie alt .... .. eigentlich ....?

❸ Heb ik het goed *(juist)* begrepen dat u morgen op de radio een interview geeft?
Habe ich .... verstanden, dass Sie morgen
.. .. ein Interview .....?

Sprechen Sie Hochdeutsch? - Spreekt u Hoogduits? *Jawel! Het Duits dat overal aangeleerd wordt en de officiële taal is van Duitsland, Oostenrijk en Liechtenstein en een van de officiële talen is in o.a. Zwitserland, Luxemburg en België heet* **das Hochdeutsch** *- het Hoogduits of standaard Duits. Onder elkaar spreken veel mensen evenwel hun dialect -* **der Dialekt** *of* **die Mundart** *(de "mondaard").*

In eerste instantie verschillen dialecten vooral in accent: **ich**, *bijvoorbeeld, is* **ick** *in Berlijn,* **isch** *in het Saksisch en gewoon* **i** *in het Beiers. Er is daarnaast ook een verschil in woordenschat, vooral wat eten en drinken betreft. Zo heet het broodje, dat in het Hoogduits* **das Brötchen** *is, in Beieren en in Oostenrijk* **die Semmel**, *in het zuiden van Duitsland* **der Weck(en)** *en in Berlijn* **die Schrippe**.

④ Ik heb nog een laatste vraag: hoeveel liter cider wordt door u ieder jaar geproduceerd?
Ich habe noch ....: wie viele Liter Apfelwein ...... von Ihnen jedes Jahr ....?

⑤ Ik ben u erg dankbaar dat u er niet aan denkt met pensioen te gaan.
... ... Ihnen sehr ...., dass ... nicht ...., in Rente .. ..

Oplossing van oefening 2

① – ist – gegründet worden – Von meinem Urgroßvater ② Herzliche Glückwünsche – bist du – geworden ③ – richtig – im Radio – geben ④ – eine letzte Frage – werden – produziert ⑤ Ich bin – dankbar – Sie – daran denken – zu gehen

Als u in een streek verblijft, pikt u vanzelf wel typische woorden op. Mocht u iets niet begrijpen, dan zegt u **Entschuldigen Sie, ich bin nicht von hier!** - *Excuseert u mij, ik ben niet van hier!, en uw gesprekspartner zal snel overschakelen naar* **Hochdeutsch**, *dat op school onderwezen wordt en dus door iedereen gesproken wordt.*

Tweede golf: 40ᵉ les

90 Neunzigste Lektion

Ein perfekter Plan

1 – **Ach**tung, Jungs ①, in ein paar Mi**nu**ten ist es so**weit** ②.
2   Unser **Kön**nen wird **die**ses Mal auf **ei**ne **har**te **Pro**be ge**stellt wer**den ③.
3 – Nur **kei**ne **Pa**nik, Boss! Wir sind **schließ**lich **kei**ne **An**fänger!
4 – Ich weiß schon ④, **a**ber **heu**te **ha**ben wir es zum **ers**ten Mal mit so **ho**hen **Tie**ren zu tun.
5   Es **han**delt sich **im**merhin um ⑤ **ei**nige der **wich**tigsten und **reichs**ten Vertre**ter** aus Poli**tik** und **Wirt**schaft, die im **ers**ten Stock ⑥ ver**sam**melt sind.

Uitspraak
... plaan **1** ... joengs ... zo**vajt 2** ... kʰën'n ... **proo**be ...**3** ... **pʰ**a**a**nik bos ... an**fènge**ᵉ **5** ... **han**delt ... ime**ᵉ**hien ... pʰooli**tʰiek** ... **viᵉt**sjaft ... sjtʰok fèᵉ**zam**elt

Opmerkingen

① **Die Jungs** is een familiaire afkoring van **die Jungen** - *de jongens*.
② **Soweit** - *zover*: **Es ist soweit.** - *Het is zover.*; **Ich bin soweit.** - *Ik ben zover.* **Wie weit bist du?** - *Hoever ben/sta je?*
③ Hier hebben we een passieve vorm in de toekomende tijd, waarvoor tweemaal het werkwoord **werden** nodig is: een keer voor de passieve vorm (ook *worden* in het Nederlands) en een keer voor de toekomende tijd (*zullen* in het Nederlands): **es wird gesungen werden** - *het/er zal gezongen worden.* Er is dus niets mis met **Sie fragt, wann gesungen werden wird.**

Negentigste les 90

Een perfekt plan

1 – Opgelet, jongens, over een paar minuten is het zover.
2   Ons kunnen zal deze keer zwaar op de *(op een harde)* proef gesteld worden.
3 – Maar vooral *(alleen)* geen paniek, boss! We zijn tenslotte geen beginners!
4 – Ik weet [het] wel, maar vandaag hebben we *(het)* voor de eerste keer met zo hoge pieten *(dieren)* te maken.
5   Het gaat *(handelt zich)* toch om enkele van de belangrijkste en rijkste vertegenwoordigers uit [de] politiek en [het] bedrijfsleven die op *(in)* de eerste verdieping verzameld zijn.

▶ - *Ze vraagt wanneer [er] gezongen zal worden.* Aarzel echter niet om i.p.v. de toekomende tijd de o.t.t. te gebruiken als in de zin al een verwijzing naar de toekomst staat.

④ **Ich weiß schon**, met **schon** als tegenwerping, komt overeen met *Ik weet het wel*.

⑤ **Es handelt sich um** (+ acc.) - *het gaat om/over, het betreft…*: **Worum handelt es sich bitte?** - *Waarom/-over gaat het, alstublieft?* Onthoud de constructie **wo** (+ verbindings-**r**) + voorzetsel (zie les 89, opm. 3).

⑥ **Der Stock** - *de verdieping*, met als meervoud **die Stockwerke**, of **die Etage** (uitgesproken zoals in het Frans).

fünfhundertzwei • 502

6 Es muss höchst profession**nel vor**gegangen **wer**den, wenn **al**les **kla**ppen soll, wie ge**plant**.
7 – Wird schon **al**les schief **ge**hen ⑦!
8 – Mal nicht den **Teu**fel an die Wand!
9 **Al**so, zu**erst** wird 20 Se**kun**den vor **Mit**ternacht von Karl der Strom **ab**gestellt.
10 Von den **an**deren **wer**den die **Tü**ren be**wacht** und die **Gäs**te in Schach ⑧ ge**hal**ten.
11 Erst auf mein **Zei**chen **wer**den die **Ker**zen **an**gezündet.
12 Dann wird schnell **hin**tereinander ⑨ mit der **Tor**te in den Saal ge**lau**fen, ⑩

*6 ... profèsio**nèl fo**e*GeGang'n *...klap'n ... Geplant 7 ... sjief ... 8 ... t*h*ojfel ... vant 9 ... sek*h*oend'n ... sjtroom ... 10 ... be**vacht** ... **Gès**t*h*e ... sjach ... 11 ... tsajçh'n ... k*h*è*e*ts'n* **an***Getsundet 12 ... hint*h*e*e*ajnande*e* ... t*h***o**e*t*h*e... zaal ...*

Opmerkingen

⑦ **Schief gehen** - *scheeflopen, verkeerd/fout lopen, misgaan* ↔ **klappen** - *lukken*. **Wird schon schief gehen** of **Es wird schon schief gehen** wordt gezegd om het geluk aan te trekken en het ongeluk af te houden, want "het dreigt te mislukken". In de omgang wordt **es** dikwijls weggelaten: **(Es) ist nicht so schlimm.** - *(Het) is niet zo erg.*

⑧ **Das Schach(spiel)** - *het schaakspel*.

6	Er moet hoogst professioneel te werk gegaan worden om alles te laten *(als alles moet)* lukken zoals gepland.
7 –	Alles zal wel scheeflopen!
8 –	Tart het lot niet *(Schilder niet de duivel op de muur)*!
9	Dus, eerst wordt 20 seconden voor middernacht door Karl de stroom afgesloten.
10	De anderen bewaken de deuren en houden de gasten onder controle *(Door de anderen worden de deuren bewaakt en de gasten in schaak gehouden)*.
11	Pas op mijn teken worden de kaarsen aangestoken.
12	Dan loopt iedereen snel, achter elkaar, met de taart in de zaal *(word snel ... gelopen)*,

⑨ **Hintereinander** - *achter elkaar,* in het Duits in één woord geschreven, zoals **gegeneinander** - *tegen elkaar,* **übereinander** - *over/boven elkaar,...* (zie les 85).

⑩ Merk in deze les op hoe de passieve vorm aangewend wordt om beleefd/vriendelijk een bevel te geven: **Kinder, jetzt werden endlich die Hausaufgaben gemacht!** - *Kinderen, nu wordt eindelijk het huiswerk (de huistaken) gemaakt!*

13 und **da**bei wird von **al**len aus **vol**lem Hals ⑪ „Zum Ge**burt**stag viel Glück ⑫, Herr Gene**ral**direktor ⑬" ge**su**ngen!

14 **A**lles klar? □

13 ... hals ... Geenee**raal**dirèkt^ʰo^ᵉ Ge**zoe**ng'n

Opmerkingen

⑪ **Der Hals** wordt zowel voor *de hals* als voor *de keel* gebruikt.

⑫ Overal wordt dit bekende *verjaardagslied* - **das Geburtstagslied** op hetzelfde deuntje gezongen, nl. dat van "*Happy birthday to you*", ook in het Duits: **„Zum Geburtstag viel Glück, zum Geburtstag viel Glück, alles Gute zum Geburtstag, zum Geburtstag viel Glück"**.

⑬ **Der Generaldirektor** staat aan het hoofd van een bedrijf.

***

Übung 1 – Übersetzen Sie bitte!

❶ Es wird sicher klappen, ihr seid schließlich keine Anfänger! ❷ Seit heute Morgen wird das Hotel von der Polizei bewacht. ❸ Von wem wird „Zum Geburtstag viel Glück" gesungen? Von allen? ❹ Wenn professionnel vorgegangen wird, kann nichts schief gehen. ❺ Achtung, keine Panik! Der Strom wird in ein paar Minuten wieder angestellt werden.

13 en daarbij zingt iedereen uit volle borst "Gelukkige verjaardag, meneer de algemeen directeur *(wordt door allen uit volle hals "Voor de geboortedag veel geluk, meneer algemeen-directeur" gezongen)*!".
14 Alles duidelijk?

> Achtung, keine Panik!
> Der Strom wird in ein paar Minuten wieder angestellt werden.

***

Oplossing van oefening 1

❶ Het zal zeker lukken, jullie zijn tenslotte geen beginners! ❷ Sinds vanmorgen wordt het hotel door de politie bewaakt. ❸ Door wie wordt „Zum Geburtstag viel Glück" gezongen? Door iedereen? ❹ Als er professioneel te werk gegaan wordt, kan niets fout lopen. ❺ Opgelet, geen paniek! De stroom zal over een paar minuten weer aangesloten worden.

91 Übung 2 – Ergänzen Sie bitte!

❶ Voor de eerste keer werd zijn kunnen zwaar op de *(op een harde)* proef gesteld!

... . wurde .... auf eine ..... Probe ....!

❷ Op welke verdieping woont u? Op het negende? Dan wonen we boven elkaar!

.. .. wohnen Sie? Im neunten? Dann wohnen wir ....!

❸ We zijn zover, de ganse familie is verzameld: er kan gezongen worden.

Wir sind ......, die ganze Familie ist ....: es kann ....

❹ Als de stroom afgesloten wordt, zal alles scheeflopen.

Wenn der Strom ...., wird alles ....

---

91 Einundneunzigste Lektion

Wiederholung – Herhaling

1 De passieve vorm

1.1. De passieve vorm bij een toestand of een actie

Naast de actieve (of bedrijvende) vorm, waarin het onderwerp van de zin de handeling verricht, is er de passieve (of lijdende) vorm, waarbij het onderwerp van de zin de handeling ondergaat.

In het Duits zijn er twee passieve vormen: die bij toestand of eindresultaat en die bij actie (gebeurtenis of handeling). Beide worden gevormd met het voltooid deelwoord, maar de gebruikte hulpwerkwoorden zijn **sein** resp. **werden**:

❺ Dus jongens, we moeten met elkaar spreken, jullie weten wel waarover het gaat *(waarom het zich handelt)*, nietwaar?

Also ....., wir müssen .... sprechen, ... schon, worum .. .., nicht wahr?

Oplossing van oefening 2

❶ Zum ersten Mal – sein Können – harte – gestellt **❷** In welchem Stock – übereinander **❸** – soweit – versammelt – gesungen werden **❹** – abgestellt wird – schief gehen **❺** – Jungs – miteinander – ihr wisst – es sich handelt –

Gefeliciteerd met uw doorzetting: het Duitse werkwoord **werden** *hebt u achter de kiezen! Twijfelt u af en toe nog over het juiste gebruik? Geen paniek! Naarmate u het tegenkomt, zult u het beter kunnen plaatsen en, wees gerust, dat zal dikwijls gebeuren.*

Tweede golf: 41ᵉ les

Eenennegentigste les 91

• de passieve vorm bij een toestand of het resultaat van een actie → vorm van het hulpwerkwoord **sein** + voltooid deelwoord van het hoofdwerkwoord:

- tegenwoordige tijd: **Die Kerzen sind angezündet.** - *De kaarsen zijn aangestoken.*

- verleden tijd: **Die Kerzen waren schon angezündet, als ich in das Zimmer gekommen bin.** - *De kaarsen waren al aangestoken toen ik de kamer binnenkwam (ingekomen ben).*

91 • de passieve vorm voor het uitdrukken van een aan de gang zijnde of bijna aflopende actie → vorm van het hulpwerkwoord **werden** + voltooid deelwoord van het hoofdwerkwoord:

- tegenwoordige tijd: **Die Kerzen werden um Mitternacht angezündet.** - *De kaarsen worden om middernacht aangestoken.*

- verleden tijd: **Die Kerzen wurden angezündet, als ich in das Zimmer gekommen bin.** - *De kaarsen werden aangestoken toen ik de kamer binnenkwam (in de kamer gekomen ben).*

1.2 Vervoeging en tijden bij de passieve vorm

Onthoud i.v.m. **werden**:
- het is een onregelmatig werkwoord
- het wordt vervoegd met het hulpwerkwoord **sein**
- het voltooid deelwoord **geworden** verliest in de passieve vorm het prefix **ge-** en wordt **worden**.

Ich werde von meinem Vater verwöhnt.
Ik word door mijn vader verwend.

Ich wurde von meinem Vater verwöhnt.
Ik werd door mijn vader verwend.

Ich bin von meinem Vater verwöhnt worden.
Ik ben door mijn vader verwend (geworden).

Ich war von meinem Vater verwöhnt worden.
Ik was door mijn vader verwend (geworden).

Ich werde von meinem Vater immer verwöhnt werden.
Ik zal door mijn vader altijd verwend worden.

- degene die de actie uitvoert of veroorzaakt, wordt ingeleid met het voorzetsel **von** (+ datief): **von meinem Vater** - door mijn vader;

- zaken krijgen **durch** (+ acc.): **Er ist durch eine E-Mail informiert worden.** - *Hij is door (middel van) een e-mail geïnformeerd (geworden).*

1.3 Gebruik van de passieve vorm

Het gebruik hangt af van gewoontes, maar ook van de context: waartoe dient de informatie?
Op de vraag **Was macht der Kellner?** luidt het antwoord **Der Kellner bringt den Kaffee.**
Maar op de vraag **Wo bleibt denn der Kaffee?** zal het antwoord eerder zijn **Der Kaffee wird gerade gebracht.**

Verder is de passieve vorm ook praktisch:

- men hoeft niet te zeggen "door wie" iets gedaan wordt:
Machen Sie sich keine Sorgen, die Arbeit wird gemacht. - *Maakt u zich geen zorgen, het werk wordt gedaan.*
Die Rechnungen müssen bezahlt werden. - *De rekeningen moeten betaald worden.*

- in korte berichten, zelfs zonder hulpwerkwoord:
10 Millionen Euro (wurden) gestohlen - *10 miljoen euro gestolen*
Affen (wurden) von Forschern getestet - *Apen (werden) door onderzoekers/vorsers getest*

- in onpersoonlijke zinnen waarin **es** als fictief onderwerp fungeert:
Es wird in zehn Minuten gegessen! - *Er wordt over 10 minuten gegeten!*
Es darf nicht geschrien werden! - *Er mag niet geschreeuwd worden!*

- voor een beleefd of vriendelijk bevel:
Jetzt wird geschwiegen! - *Nu wordt er gezwegen!*
Es werden keine Dummheiten gemacht, Kinder! - *Er worden geen stommiteiten uitgehaald, kinderen!*
bijv. om richtlijnen te geven: **Wie werden Bratäpfel gemacht?** - *Hoe maak je / maakt men gebakken appelen (worden braadappelen gemaakt)?*; **Zuerst werden die Äpfel gewaschen.** - *Was eerst de appelen (Eerst worden de appelen gewassen).*; **Dann wird in die Mitte ein bisschen Zucker und Butter gesteckt.** - *Stop dan in het midden wat suiker en boter (Dan wordt in het midden een beetje suiker en boter gestopt).*; **Und schließlich werden sie eine halbe Stunde gebacken.** - *Bak ze een halfuur (En tenslotte worden ze een half uur gebakken).*

2 *Es* - er

Deze **es** kan alleen als eerste woord van een zin optreden (en kan nooit vervangen worden door **das**):

• in een onpersoonlijke passieve structuur:

Es wird am Sonntag nicht gearbeitet. = Am Sonntag wird nicht gearbeitet. - *Er wordt op zondag niet gewerkt. = Op zondag wordt [er] niet gewerkt.*
Es wurde nicht geraucht. - *Er werd niet gerookt.*
(In het laatste voorbeeld kan de zin trouwens alleen met **es** beginnen.)

• om het onderwerp te benadrukken:

Es kommen viele Leute zum Oktoberfest nach München. = Viele Leute kommen zum Oktoberfest nach München.
Beide zinnen betekenen hetzelfde, maar in de eerste wordt het onderwerp benadrukt: *Er zijn veel mensen die naar München komen voor het Oktoberfeest*, i.p.v. *Veel mensen komen naar München voor het oktoberfeest.*

3 *Erst* en *nur*

Erst - *pas, (nog) maar* houdt een tijdsbeperking in,
nur - *alleen (maar), slechts* is definitief:

Sie haben erst ein Kind. - *Ze hebben pas een kind.*
Sie haben nur ein Kind. - *Ze hebben slechts één kind.*

Erst wenn du kommst, essen wir.
Pas wanneer jij komt, eten we.
Nur wenn du kommst, gehe ich auf das Fest.
Alleen als jij komt, ga ik naar het feest.

Ich weiß nicht, warum ich so müde bin, ich habe beim Essen nur zwei Maß getrunken! - *Ik weet niet waarom ik zo moe ben, ik heb bij het eten slechts twee "Il-pullen" gedronken!*
Ich habe erst zwei Maß getrunken, ich brauche dringend noch ein drittes! - *Ik heb nog maar twee "Il-pullen" gedronken, ik heb dringend nog een derde nodig!*

Zoals uit het laatste voorbeeld blijkt, wordt **erst** vaak subjectief gebruikt; het tegenovergestelde is dan **schon** - *al*:

Was, du hast schon zwei Maß getrunken? Das ist mehr als genug! - *Wat, je hebt al twee "Il-pullen" gedronken? Dat is meer dan genoeg!*

> *Als ontspanning nodigen we u nu uit om samen met ons de verjaardag van meneer Schulz te vieren!*

91 Herhalingsdialoog

Die Rede von Generaldirektor Schulz

1 – Verehrte Gäste, liebe Freunde!
2 Seien Sie herzlich willkommen!
3 Ich danke Ihnen, dass Sie trotz des entsetzlichen Wetters gekommen sind.
4 Wie Sie wissen, sind wir hier versammelt, um meinen Geburtstag zu feiern, der in ein paar Minuten beginnt.
5 Ich wurde nämlich vor sechzig Jahren in dieser Stadt geboren.
6 Es war an einem Sonntag, und außerdem war das Wetter traumhaft.
7 Von meiner Mutter wurde mir erzählt, dass meine Urgroßmutter sofort gesagt hat:
8 „Dieses Kind ist ein Sonntagskind, es wird viel Glück haben."
9 Und wirklich, ich bin vom Leben sehr verwöhnt worden.
10 Ich hatte zum Beispiel keinerlei Absicht, Karriere zu machen.
11 Im Gegenteil, ich habe auf Geld und Titel gepfiffen.
12 Und heute stehe ich hier vor Ihnen als einer der wichtigsten und reichsten Männer dieser Stadt.
13 Eigentlich verstehe ich selbst nicht, wie ich Generaldirektor geworden bin.
14 Für die Zukunft kann ich nur hoffen, dass mich das Glück weiter auf meinem Weg begleitet – toi toi toi!
15 In einer Minute ist Mitternacht.
16 Lassen Sie uns die Gläser heben und auf unser Glück trinken!

Vertaling

De toespraak van directeur-generaal Schulz

1 Geachte gasten, beste vrienden! **2** Van harte *(Wees hartelijk)* welkom! **3** Ik dank u dat u ondanks het vreselijke weer gekomen bent. **4** Zoals u weet, zijn we hier verzameld om mijn verjaardag te vieren die over een paar minuten begint. **5** Ik werd immers 60 jaar geleden in deze stad geboren. **6** Het was op een zondag en bovendien was het weer prachtig. **7** Door mijn moeder werd me verteld dat mijn overgrootmoeder meteen gezegd heeft: **8** "Dit kind is een zondagskind, het zal veel geluk hebben." **9** En werkelijk, ik ben door het leven erg verwend geworden. **10** Ik had bijvoorbeeld geenszins de bedoeling carrière te maken. **11** In tegendeel, ik had lak aan geld en titels. **12** En vandaag sta ik hier voor u als een van de belangrijkste en rijkste mannen van deze stad. **13** Eigenlijk begrijp ik zelf niet hoe ik algemeen directeur geworden ben. **14** Voor de toekomst kan ik alleen maar hopen dat het geluk me verder op mijn weg begeleid – toitoitoi! **15** Over een minuut is het middernacht. **16** Laten we de glazen heffen en op ons geluk drinken!

17 Himmel, was ist denn los? Warum ist der Strom abgestellt worden?
18 Machen Sie bitte sofort das Licht wieder an!
19 – Johannes, Liebling, ich habe Angst! Wo bist du denn?
20 – Bitte, bleiben Sie ruhig! Keine Panik! Alles ist in Ordnung!

***

21 – Wir wünschen viel Glück zum Geburtstag, Herr Generaldirektor!

92 Zweiundneunzigste Lektion

Der verständnisvolle Blumenhändler

1 – Ent**schul**digen Sie, **hät**ten ① Sie schnell mal **ei**ne Marge**ri**te für mich?
2 – Ja, wir **ha**ben Marge**ri**ten, **wei**ße und **gel**be, aber nur in **Sträu**ßen.
3 – Wie viel **kos**ten die denn?

Uitspraak
... fè*ᵉ***sjtʰènt**nisfole **bloe**m'nhèntle*ᵉ* **1** ... hèt'n ... ma*ᵉ*Ge**riet**ʰe ...
2 ... **sjtroj**s'n

Opmerking

① **Hätten** is een conjunctiefvorm van **haben**, nl. de **Konjunktiv II**. Jawel, het Duits heeft twee vormen van de conjunctief (aanvoegende wijs): de **Konjunktiv I** (o.t.t. van de conjunctief) die vooral gebruikt wordt in de indirecte rede (om iemands woorden indirect weer te geven) en de **Konjunktiv II** (o.v.t. van de conjunctief) om een mogelijkheid, onwerkelijkheid/ onwaarschijnlijkheid, een beleefd verzoek of een wens uit ▸

17 Hemeltje/Verdorie, wat is er aan de hand? Waarom werd de stroom afgesloten? **18** Doet u alstublieft onmiddellijk het licht weer aan! **19** Johannes, lieverd, ik ben bang! Waar ben je toch? **20** Blijft u alstublieft rustig! Geen paniek! Alles is in orde!
21 Hartelijk gefeliciteerd met uw verjaardag, meneer de algemeen directeur!

Tweede golf: 42ᵉ les

Tweeënnegentigste les

De begripvolle bloemenhandelaar

1 – Excuseer, zou u vlug *(eens)* een margriet voor me hebben?
2 – Ja, we hebben margrieten, witte en gele, maar alleen in bossen.
3 – Maar hoeveel kosten die?

▶ te drukken. We beginnen met de **Konjunktiv II**. Zo ziet hij eruit voor **haben: hätte, hättest, hätte, hätten, hättet, hätten**, dus de werkwoordstam in de o.v.t. **hatt-** + de uitgang **-e, -est, -e, -en, -et, -en** + een umlaut op de stamklinker. **Sie hatten Lust, ins Kino zu gehen** (o.v.t.). - *Ze hadden zin om naar de bioscoop te gaan.* → **Sie hätten Lust, ins Kino zu gehen** (**Konjunktiv II**). - *Ze zouden zin hebben om naar de bioscoop te gaan.* Alleen de umlaut onderscheidt de o.v.t. van de aanvoegende wijs II. (Noteer dat de **Konjunktiv II** ook dienst doet als onze voorwaardelijke wijs of conditionalis.)

4 – **Sie**ben **Eu**ro **ach**tzig.
5 – **Könn**te ② ich nicht nur **ei**ne **ein**zige **ha**ben, **bit**te? Ich **ha**be nicht **ge**nug Geld.
6 – Das kann ich **lei**der nicht **ma**chen, dann **wä**ren ③ in **ei**nem Strauß nur noch neun.
7 – **Könn**ten Sie mir dann viel**leicht ei**ne Marge**ri**te **lei**hen?
8 Das **wä**re echt nett von **Ih**nen.
9 – **Ih**nen **ei**ne **lei**hen? Wie **mei**nen Sie das? **Blu**men kann man nicht ver**lei**hen ④.
10 – Ich **brau**che **a**ber ganz **dri**ngend **ei**ne, ich **bit**te ⑤ Sie!
11 – Na ja, **mei**netwegen ⑥ **neh**men Sie sich **ei**ne.
12 – Ich **dan**ke **Ih**nen **viel**mals: Sie liebt mich, von **Her**zen, mit **Schmer**zen, ein **biss**chen, viel, gar nicht…

5 kʰënt'e … **6** … **vèèr**'n … sjtraus … **7** … **laj**'n **8** … èçht …
9 … fèᵉlaj'n **11** … **majnetveeG'**n … **12** … **fiel**maals …

Opmerkingen

② De **Konjunktiv II** van modale werkwoorden wordt op dezelfde manier gevormd, dus werkwoordstam in de o.v.t. + uitgang **-e, -est, -e, -en, -et, -en** + umlaut op de stamklinker, bijv.: **wir** <u>**konnten**</u> - *we konden* → **wir könnten** - *we zouden kunnen*. (Let op bij **sollen** en **wollen** die geen umlaut krijgen: **ich sollte** = *ik moest* of *ik zou moeten;* **du wolltest** = *jij wou* of *jij zou willen*! De context brengt wel duidelijkheid.)

③ De **Konjunktiv II** van **sein**: **wäre, wär(e)st, wäre, wären, wär(e)t, wären**.

4 – 7,80 euro.
5 – Zou ik [er] niet maar een enkele kunnen hebben, alstublieft? Ik heb niet genoeg geld.
6 – Dat kan ik helaas niet doen, dan zouden [er] in een bos maar negen zijn.
7 – Zou u me dan misschien een margriet kunnen lenen?
8 Dat zou echt aardig zijn van u.
9 – [Er] u een lenen? Hoe bedoelt u *(dat)*? Bloemen kan men niet uitlenen.
10 – Maar ik heb [er] heel dringend een nodig, ik smeek u!
11 – Nou ja, mij goed, neemt u er maar *(zich)* een.
12 – Heel erg bedankt *(Ik dank u veelmaals)*: ze houdt van me, ze houdt niet van me, ze houdt van me *(van harte, met pijnen, een beetje, veel, helemaal niet)*…

④ **Etwas leihen** - *iets lenen*: **Ich leihe dir Geld.** - *Ik leen je geld.* Om te verduidelijken wie aan/van wie leent: **Ich leihe von dir Geld.** - *Ik leen geld van je.* **Etwas verleihen** is *iets uitlenen*.

⑤ **Bitten** hebben we hier in de betekenis van *smeken*.

⑥ **Meinetwegen, deinetwegen, seinetwegen, ihretwegen, unsretwegen, euretwegen, u.s.w.** - *wat mij/jou/... betreft, voor mijn/jouw/... part* zijn bijwoorden, waarvan alleen **meinetwegen** als een positief (maar weinig enthousiast) antwoord kan dienen: **Gehen wir einen trinken?** - *Gaan we [er] een drinken?* – **Meinetwegen.** - *Mij goed.*

13 Ach, **se**hen Sie, das **ha**be ich be**fürch**tet: sie liebt mich nicht **wirk**lich.
14 Ich **hof**fe, Sie sind mir nicht **bö**se ⑦?
15 – Ist schon gut, mein **Jun**ge, ich **wünsch**te ⑧ nur, ich **hät**te das**sel**be ge**macht**, als ich so jung war wie du ⑨!

13 ... be**fu**ᵉ**çh**ᵗ**et** ... **14** ... **beu**ze

Opmerkingen

⑦ **Jemandem böse sein** - *op iemand boos zijn*: **Sei mir nicht böse!** - *Wees niet boos op me!* Opgelet, want het bijvoeglijk naamwoord **böse** betekent ook *stout*, *slecht*: **ein böser Mensch** - *een slecht mens*.

⑧ Algemene regel voor de **Konjunktiv II** van regelmatige werkwoorden: werkwoordstam in de o.v.t. + uitgang -e, -est, -e, -en, -et, -en, bijv. **wir machten** - *we deden/maakten* → **wir machten** - *we zouden doen/maken*. Bijgevolg heeft de **Konjunktiv II** en o.v.t. bij de meeste regelmatige werkwoorden dus dezelfde vorm: **ich wünschte** - *ik zou wensen* en *ik wenste*. Om verwarring te vermijden, wordt vaak gebruik gemaakt van de "alternatieve" **Konjunktiv II** (**würden** + infinitief), zoals in de volgende les zal blijken. Onthoud ook dat tijden veelal, maar niet altijd exact overeenkomen tussen Nederlands en Duits. ▶

***

Übung 1 – Übersetzen Sie bitte!

❶ Hättest du ein bisschen Zeit? Wir könnten auf der Wiese Margeriten suchen. ❷ Ich hätte niemals von ihm Geld leihen sollen. ❸ Sie wäre eine sehr gute Händlerin, sie hat noch nie einen Euro zu viel bezahlt. ❹ Könnten Sie mir bitte morgen Ihr Auto leihen? ❺ Ich wünschte, ich hätte auch einen so freundlichen Blumenhändler getroffen.

13 Ach, kijk *(ziet u)*, dat vreesde ik: ze houdt niet echt van me.
14 Ik hoop [dat] u niet boos bent op mij?
15 – 't Is al goed, *(mijn)* jongen, ik wou *(wenste/zou wensen)* alleen [dat] ik hetzelfde gedaan had toen ik zo jong was als jij!

⑨ Merk op hoe van de beleefdheidsvorm **Sie** overgeschakeld wordt op het gemoedelijker **du**.

***

Oplossing van oefening 1

❶ Heb je *(Zou je hebben)* een beetje tijd? We zouden op de weide margrieten kunnen zoeken. ❷ Ik had nooit geld van hem *(zou hebben)* moeten lenen. ❸ Ze zou een heel goede handelaarster zijn, ze heeft nog nooit een euro te veel betaald. ❹ Zou u me morgen uw auto kunnen lenen, alstublieft? ❺ Ik wou *(wenste)* dat ik ook zo'n vriendelijke bloemenhandelaar ontmoet had *(zou hebben ontmoet)*.

92 Übung 2 – Ergänzen Sie bitte!

❶ Wees alsjeblieft niet boos op me, maar helaas moet ik je zeggen dat ik niet meer van je houd (je niet meer liefheb).
– 't Is al goed.

Sei mir bitte nicht ...., aber ...... muss ich dir sagen, dass ... dich nicht mehr ......
– Ist schon ....

❷ Zou u geen zin hebben om me een grote bos bloemen te schenken, meneer Schulz?

.... nicht Lust, mir ..... großen .... zu schenken, Herr Schulz?

❸ Dat kost 68 euro, ik hoop [dat] we genoeg geld hebben.

... . achtundsechzig Euro, ..., wir haben ..... Geld.

Er liebt mich, er liebt mich nicht... - Hij houdt van me, hij houdt niet van me... *u kent wellicht de proef met het madeliefje (dat eigenlijk een kleine margriet is!). Kent u ook het meest bekende literaire personnage dat "madeliefblaadjes plukte"? Inderdaad, de jonge Margarete (Margriet) in Goethes* Faust*, beter bekend als Gretchen. Op een zondag, onderweg naar de kerk met haar moeder, kwam de jonge, vrome Margarete de oude, verleidelijke geleerde Faust tegen. Hun blikken kruisten even en bij Faust was het liefde op het eerste gezicht. Gretchen werd ook verliefd op hem, als gevolg van Fausts pact met de duivel (zie les 51). En het was tijdens hun eerste wandeling dat Gretchen bij het plukken de pech had aan het laatste bloemblaadje uit te komen op* **er liebt mich** - hij houdt van me. *Hierdoor verzekerd gaf ze zich aan hem, waarna heel wat ongeluk haar deel werd: ze vergiftigde haar moeder, begroef haar door haar minnaar vermoorde broer, wurgde het kind geboren uit*

❹ Zou je me 100 euro kunnen lenen? – Ik wou *(wenste)* [dat] ik ze had.
 .... mir hundert Euro ......?
 – ... ., ich hätte sie.

❺ U ben heel begripvol geweest, ik dank u zeer.
 ... . sehr .... gewesen,
 ich .... vielmals.

Oplossing van oefening 2

❶ – böse – leider – ich – liebe – gut ❷ Hätten Sie – einen – Blumenstrauß – ❸ Das kostet – ich hoffe – genug – ❹ Könntest du – leihen – Ich wünschte – ❺ Sie sind – verständnisvoll – danke Ihnen –

haar relatie met Faust, die haar lafhartig had verlaten. Opgesloten en ter dood veroordeeld werd Gretchen gek. Ze stuurde Faust, die haar uit de gevangenis trachtte te bevrijden, weg. Omdat ze uiteindelijk het rechte pad terugvond, kreeg God medelijden met haar. Sinds dan vertegenwoordigt Gretchen het jeugdige, pure, soms wat naïeve Duitse meisje... ook al draagt ze zelden het **Gretchenfrisur** *- Gretchenkapsel met twee mooie vlechten en gelooft ze niet meer blindelings in de madeliefjesproef.*

Tweede golf: 43ᵉ les

93 Dreiundneunzigste Lektion

Bewahren Sie die Ruhe, wenn möglich!

1 — Was würden ① Sie machen, wenn…
2 wenn Sie einen Nachbarn hätten ②, mit dem Sie sich nicht verstehen würden ③?
3 Wenn dieser Nachbar ④ die unmöglichsten Dinge machen würde, um Sie zu ärgern?
4 Wenn er zum Beispiel seinem Papagei beibringen ⑤ würde, hundertmal pro Tag Ihren Namen zu schreien?
5 Sie denken, so etwas ⑥ könnte nie passieren? Falsch!
6 Einem englischen Geschäftsmann ⑦ ist diese Geschichte wirklich passiert.

Uitspraak
bevaar'n … 1 … vu^ed'n … 3 … oenmeuGliçhst'n … è^eGe^en
6 … Gesjèftsman …

Opmerkingen

① Hier hebben we de meest voorkomende **Konjunktiv II**-vorm (de "alternatieve" dus) van regelmatige werkwoorden: een vorm van **würden** + infinitief van het hoofdwerkwoord: **ich würde machen, du würdest machen, u.s.w.** - *ik zou doen/ maken, jij zou doen/maken, enz.* Grammaticaal bekeken, is **würde** de **Konjunktiv II** van **werden**.

② Bij voorwaardelijke zinnen staat het werkwoord in de door **wenn** - *indien, als* ingeleide zin normaal gezien in de **Konjunktiv II**, terwijl in de hoofdzin een **würden**-constructie of de **Konjunktiv II** gebruikt wordt: **Wenn ich Zeit hätte, würde ich dich besuchen.** - *Indien ik tijd had, zou ik je een bezoek brengen.* Noteer dat de **würden**-constructie vermeden wordt bij **haben, sein** en modale werkwoorden, die meestal in ▸ de **Konjunktiv II** staan (**hätte, wäre, möchte,…**).

Drieënnegentigste les 93

Bewaart u uw *(de)* kalmte, indien mogelijk!

1 – Wat zou u doen indien…
2 indien u een buurman zou hebben met wie u niet opschiet *(zich niet zou verstaan)*?
3 Indien deze buurman de onmogelijkste dingen zou doen om u te ergeren?
4 Indien hij bijvoorbeeld zijn papegaai zou bij brengen honderdmaal per dag uw naam te roepen?
5 U denkt [dat] zoiets nooit zou kunnen gebeuren? Fout!
6 Dit verhaal is een Engelse zakenman werkelijk overkomen.

---

③ Algemene regel voor de **Konjunktiv II** van onregelmatige werkwoorden: werkwoordstam in de o.v.t. + uitgang **-e, -est, -e, -en, -et, -en** + umlaut op de stamklinker als dat een **a**, **o** of **u** is, bijv.: **du fuhrst** - *jij reed/ging* → **du führest** - *jij zou rijden/gaan*, **Sie verstanden** - *u verstond* → **Sie verständen** - *u zou verstaan*. Maar ook de **würden**-constructie is mogelijk bij onregelmatige werkwoorden: **du würdest fahren** - *jij zou rijden/gaan*, **Sie würden verstehen** - *u zou verstaan*.

④ Merk op dat **Nachbar** een **-n** krijgt in alle naamvallen, behalve de nominatief enkelvoud, omdat het mannelijk "zwak" is.

⑤ **Jemandem etwas beibringen** - *iemand iets bij brengen* of *(aan)leren*: **Wer hat Ihnen Deutsch beigebracht?** - *Wie heeft u Duits geleerd?* **Bringen - brachte - gebracht**.

⑥ **So etwas** - *zo iets, zoiets*: **Ich habe so etwas noch nie gehört.** *Ik heb zoiets nog nooit gehoord.*

⑦ Ook als de zin begint met **einem Geschäftsmann** is de datief nodig: *aan een zakenman…*

93

7 Und da er ein **Gen**tleman war, ist ihm der **Kra**gen erst nach vier **Jah**ren ge**platzt** ⑧.

8 **N**ach **ei**ner **schlaf**losen Nacht ist er beim **Nach**barn **ein**gebrochen ⑨, **wäh**rend **die**ser bei der **Ar**beit war,

9 und **oh**ne viel **Fe**derlesen zu **ma**chen, hat er dem **ar**men **Vo**gel, der ihn mit **sei**nem **Na**men be**grüß**te, ... den Hals **um**gedreht.

10 Da**nach hat**te er zwar ⑩ **sei**ne **Ru**he, **a**ber die **Ru**he war **teu**er be**zahlt**.

11 Er ist **näm**lich vom Ge**richt** zu einer **Stra**fe von 1 500 **Eu**ro ver**ur**teilt **wor**den.

---

*7 ...dzjènt^{h}elmen...kraaG'n...Geplatst 8 ...sjlaaflooz'n...ajn-Gebroch'n ... 9 ...feed^eleez'n...beGruust^{h}e...oemGedreed 11 ... Ge**riçht** ... sjtraafe ... fè^{e}oe^{e}t^{h}ajlt ...*

Opmerkingen

⑧ **Es platzt mir der Kragen** - *het hangt me de keel (kraag) uit* of **mir platzt der Kragen** - (lett. "mij springt de kraag open") - *ik spring uit m'n vel,...*

***

Übung 1 – Übersetzen Sie bitte!

❶ Mein Vater hat mir das Radfahren beigebracht, und was hat Ihnen Ihr Vater beigebracht? ❷ Wenn ich viel Geld hätte, würde ich mir ein Haus am Meer kaufen. ❸ Wenn dieser verflixte Papagei nicht sofort aufhört zu schreien, drehe ich ihm den Hals um. ❹ Nach einer schlaflosen Nacht platzt vielen Leuten leicht der Kragen. ❺ Du denkst, es ist leicht, in dieses Haus einzubrechen? Falsch!

7 En daar hij een gentleman was, is hij pas na vier jaar uit z'n vel gesprongen *(is hem de kraag opengesprongen)*.

8 Na een slapeloze nacht is hij bij de buurman ingebroken terwijl die aan het werk was

9 en, zonder veel omhaal *(vederplukken te doen)*, heeft hij de arme vogel, die hem met zijn naam begroette, ... de nek omgedraaid.

10 Daarna had hij weliswaar *(zijn)* rust, maar die rust was duur betaald.

11 Hij is namelijk door het gerecht tot een boete *(straf)* van 1.500 euro veroordeeld.

---

⑨ **Eingebrochen**, voltooid deelwoord van **einbrechen** - *inbreken*: **Sie brechen bei den Nachbarn ein.** - *Ze breken in bij de buren.* **Brechen**, **brach**, **gebrochen**.

⑩ **Zwar..., aber...** - *wel(iswaar)..., maar...* : **Deutsch ist zwar nicht leicht, aber man kann es lernen.** - *Duits is weliswaar niet gemakkelijk, maar men kan het leren.*

***

Oplossing van oefening 1

❶ Mijn vader heeft me leren fietsen en wat heeft uw vader u bijgebracht? ❷ Indien ik veel geld had, zou ik me een huis aan zee kopen. ❸ Als deze verdomde papegaai niet meteen ophoudt met roepen, draai ik hem de nek om. ❹ Na een slapeloze nacht springen veel mensen gemakkelijk uit hun vel. ❺ Jij denkt dat het gemakkelijk is in dit huis in te breken? Fout!

93 Übung 2 – Ergänzen Sie bitte!

❶ Als ze de/hun kalmte zouden bewaren, zou [dat] beter zijn, maar helaas springen ze gemakkelijk uit hun vel.

Wenn ... die Ruhe ...., ... besser, aber leider ...... ihnen leicht ... .

❷ Ze denken misschien [dat] ik dat niet zou doen? Fout! Ik heb dat al dikwijls gedaan.

... . vielleicht, ... das nicht ......? ......! Ich habe das .... gemacht.

❸ Mijn moeder heeft me goede manieren geleerd en mijn vader hoe men een stoute jongen de arm omdraait.

Meine Mutter ... mir gute Manieren ...., und mein Vater, wie man .... den Arm ....

❹ Mijn buurman is heel sympathiek, hij is een gentleman die altijd de/zijn kalmte bewaart.

.... ist sehr sympathisch, ...
ein Gentleman, der immer ... .

❺ Indien iemand bij mij zou inbreken, zou ik zo luid gillen dat niemand meer/nog zou kunnen slapen.

Wenn jemand bei mir ....,
.... so laut ...., dass niemand
mehr ....

Oplossing van oefening 2

❶ – sie – bewahren würden, wäre das – platzt – der Kragen ❷ Sie denken – ich würde – machen – Falsch – schon oft – ❸ – hat – beigebracht – einem bösen Jungen – umdreht ❹ Mein Nachbar – er ist – die Ruhe bewahrt ❺ – einbrechen würde, würde ich – schreien – schlafen könnte

---

Hebt u nog twijfels over de **Konjunktiv II**? **Bewahren Sie bitte die Ruhe!** - Bewaar alstublieft uw kalmte! *Vergeet nooit dat men dezelfde structuren vaak meermaals moet herhalen vooraleer ze helemaal duidelijk worden en men ze spontaan toepast. Met de volgende lessen wordt alles ook duidelijk! Mocht u intussen zin hebben om te oefenen, dan stellen wij u voor te beginnen met minstens één keer per dag te zeggen* **Wie wäre es, wenn…** - Hoe zou het zijn indien…: **Wie wäre es, wenn ich heute ein bisschen Deutsch lernen würde?** - Als ik vandaag 's een beetje Duits zou leren? *Of, in andere omstandigheden, bijvoorbeeld* **Wie wäre es, wenn wir ein Bier trinken würden?** - En als we 's een biertje zouden drinken?

Tweede golf: 44ᵉ les

94 Vierundneunzigste Lektion

Noch einmal Glück gehabt!

1 – **War**ten Sie, wir **dür**fen noch nicht **ü**ber die **Stra**ße **ge**hen ①, es ist rot!
2 – Ich **ge**he ja ② gar nicht, ich **war**te ja.
3 – Ja, **a**ber ich **wet**te, wenn ich nichts ge**sagt hät**te, **wä**ren Sie ge**gan**gen③④.
4 – Na und? Was **wä**re **da**ran schlimm ge**we**sen, es ist kein Auto ge**kom**men.
5 – **Da**rum geht es nicht ⑤.
6 – **Wo**rum geht es denn dann?
7 – Bei Rot darf ⑥ man nicht **ge**hen.

Opmerkingen

① Het is gebruikelijker **über die Straße gehen** te zeggen dan **die Straße überqueren**. Zo ook: **über eine Brücke / einen Platz gehen** - *een brug/plein oversteken*, enz.

② Het versterkende **ja** kan op verschillende manieren vertaald worden (zie lessen 32, 43 en 98, punt 3).

③ Om een ongerealiseerde voorwaarde uit te drukken, maakt men gebruik van de **Konjunktiv II** van de hulpwerkwoorden **sein** of **haben** + voltooid deelwoord van het hoofdwerkwoord: **Wenn ich nichts gesagt hätte, hätten Sie die Straße überquert.** - *Als ik niets gezegd zou hebben, was u overgestoken/ zou u de straat overgestoken zijn.* Onthoud dat in het Duits de **Konjunktiv II** van toepassing is in beide zinsdelen, de hoofdzin én de bijzin die begint met **wenn**!

④ Hier hebben we te maken met de **Konjunktiv II**. Even herhalen: **haben** → **ich habe** - *ik heb*, **ich hatte** - *ik had*, **ich habe gehabt** - *ik heb gehad*, **ich hatte gehabt** - *ik had gehad,* **ich hätte/würde haben** - *ik zou hebben*, **ich hätte gehabt** - *ik zou gehad hebben*; **sein** → **ich bin** - *ik ben*, **ich war** - *ik was*, **ich bin gewesen* - ▸

Vierennegentigste les 94

Nog een keer geluk gehad!

1 – Wacht u, we mogen de straat nog niet over gaan, het is rood!
2 – Maar ik ga helemaal niet [over], ik wacht toch.
3 – Ja, maar ik wed [dat] als ik niets gezegd zou hebben, u overgestoken *(gegaan)* zou zijn.
4 – Nou en? Wat zou daar erg aan geweest zijn, er is geen auto gekomen.
5 – Daarover gaat het niet.
6 – Waarover gaat het dan wel?
7 – Bij rood mag men niet oversteken.

▶ *ik ben geweest*, **ich war gewesen** - *is was geweest*, **ich wäre/ würde sein** - *ik zou zijn*, **ich wäre gewesen** - *ik zou geweest zijn*.

⑤ **Es geht um...** of **es handelt sich um...** - *het gaat om/over...*, vandaar **darum geht es nicht** - *daarover gaat het niet, het gaat daar niet om;* **warum dann?** - *waarover, om wat dan?*

⑥ U weet het nog: **dürfen** - *mogen* (of *kunnen* in de betekenis van "de mogelijkheid hebben").

8 Gesetz ⑦ ist Gesetz, und Ver**kehrs**regeln sind Gesetze, sie **müssen** be**ach**tet **wer**den.
9 **Se**hen Sie, jetzt **dürf**en wir **ge**hen, jetzt ist die **Fuß**gängerampel grün.
10 – Halt! **Vor**sicht! Mann, Sie **wä**ren fast über**fah**ren ⑧ **wor**den!
11 **Hab**en Sie mir **ei**nen **Schre**cken **ein**gejagt ⑨!
12 Wie **konn**ten Sie denn den **Last**wagen nicht **se**hen?
13 – Der muss bei Rot **durch**gefahren sein!
14 – Scheint so, **a**ber Gott sei Dank hat **we**nigstens Ihr **Schutz**engel die **Au**gen **of**fen ge**hal**ten.
15 An **Ih**rer **Stel**le **wür**de ich ihm ein **herz**liches **Dan**keschön **sa**gen.

Uitspraak
8 Ge**zèts** ... fè*ᵉkʰee*ᵉs*reeGeln ... be**ach**tʰet ... **9** ... *foes*Gènge*ᵉamp*ʰel Gruun **10** ... uubeᵉ**faar'n** ... **11** ... **sjrèk'n ajn**Gejaakt **12** ... **last**vaaG'n ... **13** ... **doeᵉçh**Gefaar'n ... **14** ... **sjoets**èngel ...

Opmerkingen

⑦ **Gesetz** is onzijdig.

⑧ Het partikel **über** kan van een basiswerkwoord gescheiden worden of niet. Wat met bijv. **überfahren** - *overrijden*? Er zijn twee onfeilbare aanwijzingen bij een onscheidbaar partikel: het voltooid deelwoord heeft geen **ge-** en **über** is niet beklemtoond. Ter vergelijking nemen we **durchgefahren** (zin 13), waar **durch** scheidbaar is: **Sieh mal, der fährt bei Rot durch!** - *Kijk eens, die rijdt bij rood door!* Maar: **Vorsicht! Überfahr nicht die Katze!** - *Let op! Overrijd die kat niet, rijd die kat niet over/omver!* Ook **überqueren** (les 34) en **übernehmen** (les 80) zijn onscheidbaar.

8 Wet is wet, en verkeersregels zijn wetten, ze moeten nageleefd worden.
9 Ziet u, nu mogen we oversteken, nu is het verkeerslicht voor voetgangers groen.
10 – Stop! Voorzichtig! Man, u werd bijna overreden *(zou overreden geworden zijn)*!
11 Hebt u mij [een] schrik aangejaagd!
12 Hoe kon u toch de vrachtwagen niet zien?!
13 – Die moet door *(bij)* rood gereden zijn!
14 – Zo lijkt [het], maar godzijdank heeft tenminste uw beschermengel de ogen open gehouden.
15 In *(Aan)* uw plaats zou ik hem een hartelijke dank-u-wel zeggen.

⑨ **Jemandem einen Schrecken einjagen** - *iemand (een) schrik aanjagen*. **Der Schrecken** kan in vergelijking met **die Angst** een plots of verschrikkelijk gevoel (of beide samen) zijn. Door het werkwoord aan het begin van de zin te zetten, wordt de uitroep benadrukt: **Hab' ich Angst gehabt!** - *Ben ik bang geweest!*

Übung 1 – Übersetzen Sie bitte!

❶ Erst wenn die Ampel für die Fußgänger grün ist, dürfen wir über die Straße gehen. ❷ Wenn sie nicht geschrien hätte, hätte er nicht den Lastwagen gesehen. ❸ Die Gesetze sind gemacht worden, damit man sie achtet. ❹ An deiner Stelle würde ich nicht bei Rot durchfahren, das ist verboten. ❺ Halten Sie die Augen offen, wenn Sie über die Straße gehen!

Übung 2 – Ergänzen Sie bitte!

❶ Wacht, we mogen de straat niet overgaan, het licht is rood!
. . . . ., ... nicht . . . . gehen, die Ampel ist . . .!

❷ Indien ik in uw plaats was *(zou zijn)*, zou ik dat niet doen.
Wenn ich . . . . wäre, ... ich das nicht . . . .

❸ Als zijn beschermengel niet opgepast had *(zou hebben)*, zou hij door de vrachtwagen overreden (geworden) zijn.
Wenn . . . . nicht aufgepasst hätte, ... von dem Lastwagen . . . .

❹ Hij leeft geen wet meer na! Hij moet gek geworden zijn!
. . . . kein Gesetz mehr! . . . . . . verrückt geworden . . . .!

Oplossing van oefening 1

❶ Pas wanneer het verkeerslicht voor de voetgangers groen is, mogen we de straat oversteken. ❷ Indien ze niet gegild had, zou hij de vrachtwagen niet gezien hebben. ❸ De wetten zijn gemaakt opdat men ze zou naleven *(naleeft)*. ❹ In jouw plaats, zou ik niet door rood rijden, dat is verboden. ❺ Houd u uw ogen open wanneer u de straat oversteekt!

❺ Waarover gaat het, alstublieft? – U bent bij rood doorgereden. – Is dat erg?

. . . . , bitte? – Sie sind . . . . . .
. . . . – Ist das . . . .?

Oplossing van oefening 2

❶ Warte, wir dürfen – über die Straße – rot ❷ – an Ihrer Stelle – würde – machen ❸ – sein Schutzengel – wäre er – überfahren worden ❹ Er achtet – Er muss – sein ❺ Worum geht es – bei Rot durchgefahren – schlimm

Tweede golf: 45ᵉ les

95 Fünfundneunzigste Lektion

Wenn sie das gewusst hätte…

1 – Herr **O**ber ①, wir **wür**den gern **zah**len!
2 – Selbstver**ständ**lich, **zah**len Sie ge**trennt** oder zu**sam**men?
3 – Zu**sam**men.
4 – Gut, ich **brin**ge **Ih**nen die **Rech**nung so**fort**.
5 – Hör mal, es kommt **ü**berhaupt ② nicht in Frage, dass du schon **wie**der be**zahlst**.
6 – **Heu**te bin ich dran ③, das war so **un**ter uns **aus**gemacht ④.
7 – Das ist mir neu ⑤.

Uitspraak
*2 … Getrènt … 5 … **uu**beᵉhaupt … 6 … dran … **aus**Gemacht*

Opmerkingen

① Met **Herr Ober** spreekt men in een restaurant de ober aan. Er is geen vrouwelijke vorm voor! Wordt u door een vrouw bediend, dan zegt u **Entschuldigung** of **bitte**, eventueel met een handgebaar erbij… Dit, of **hallo**, geldt ook in **eine Kneipe**, waar *de ober* **der Kellner** en *de dienster* **die Kellnerin** is.

② Zoals **gar** werkt **überhaupt** voor een ontkenning versterkend: **ich mag ihn nicht** - *ik mag hem niet*, **ich mag ihn überhaupt** (of **gar**) **nicht** - *ik mag hem helemaal/absoluut niet*.

Vijfennegentigste les 95

Als ze dat geweten had...

1 – Meneer *(Ober)*, we zouden graag betalen!
2 – Natuurlijk, betaalt u apart *(gescheiden)* of samen?
3 – Samen.
4 – Goed, ik breng u meteen de rekening.
5 – Luister 's, er is absoluut geen sprake van *(het komt helemaal niet in vraag)* dat jij alweer betaalt.
6   Vandaag ben ik aan de beurt *(eraan)*, dat was zo onder ons afgesproken *(uitgemaakt)*.
7 – Dat is nieuw voor me!

③ **Ich bin dran** is de verkorting van **ich bin an der Reihe** - *ik ben aan de beurt* (lett. "aan de rij").

④ **Etwas ausmachen** (of **abmachen**) - *iets afspreken*; **einen Termin ausmachen** - *een afspraak maken*, maar **das Licht ausmachen** - *het licht uitdoen*. Uiteraard bent u er zich van bewust dat sommige (werk)woorden verschillende betekenissen hebben.

⑤ **Das ist mir neu.** - *Dat is nieuw voor me, is me nieuw.*

95

8 – **Tu**e nicht so ⑥, als ob du das ver**gess**en **hä**ttest, du hast doch sonst ein so **gu**tes Ge**däch**tnis!

9 – Ich **sch**wöre dir, ich kann mich an nichts er**inn**ern.

10 – **Hä**tte ⑦ ich das ge**wusst**, dann **hä**tte ich nichts ge**ge**ssen und schon gar **kei**nen Cham**pa**gner ge**trun**ken!

11 – Das **wä**re **scha**de gewesen, umso mehr als ⑧ das **E**ssen **wirk**lich ausge**zeich**net war, **fin**dest du nicht?

12 – Hol' ⑨ dich der **Teu**fel!

13 – **Lie**ber nicht, sonst ⑩ **müss**test du al**lein** zu Fuß nach **Hau**se **geh**en! □

*8 ... tʰoe-e ... als op ... Ge**dèch**tnis 11 ... **oem**zoo ...*

Opmerkingen

⑥ Na **(so) tun, als ob** - *doen alsof* staat het werkwoord in de conjunctief omdat het een naar voor geschoven hypothese betreft: **Er tut (so), als ob er krank wäre.** - *Hij doet alsof hij ziek is (zou zijn).* **Als ob** kan ook verkort worden tot **als**, in welk geval het werkwoord niet meer op het einde van de zin, maar na **als** staat: **Er tut (so), als wäre er krank.**

⑦ In een voorwaardelijke zin kan men **wenn** weglaten en dan met het werkwoord beginnen: **Wenn es nicht so spät wäre, könnten wir noch spazieren gehen.** = **Wäre es nicht so spät, könnten wir noch spazieren gehen.** - *Als het niet zo laat was (zou zijn), zouden we nog kunnen gaan wandelen.*

⑧ **Umso mehr als...** - *des te meer omdat...* ; **umso weniger als...** - *des te minder omdat...*

⑨ **Hol'**, verkorting van **hole**, is hier de 3ᵉ persoon enkelvoud van de **Konjunktiv I**: **der Teufel hole dich!** - *Dat de duivel je hale!, Moge de duivel je halen!* In de 1ᵉ en 3ᵉ persoon wordt deze tijd gevormd met de werkwoordstam + **e** (behalve bij ▶

8 – Doe niet *(zo,)* alsof je dat vergeten had *(zou hebben)*, jij hebt anders toch zo een goed geheugen!
9 – Ik zweer je, ik kan me er niets van herinneren *(aan niets herinneren)*.
10 – [Als] ik dat geweten had *(zou hebben)*, dan zou ik niets gegeten hebben en al helemaal geen champagne gedronken [hebben].
11 – Dat zou jammer geweest zijn, des te meer omdat het eten werkelijk uitstekend was, vind je niet?
12 – Loop naar *(Haal je)* de duivel!
13 – Liever niet, anders zou je alleen te voet naar huis moeten gaan!

sein: sei - *wees*, zie les 94, zin 14). De **Konjunktiv I** wordt o.a. gebruikt om een wens of een verzoek uit te drukken.

⑩ **Sonst** - *anders*, zowel in de betekenis van "op andere tijden of in andere omstandigheden" als "in het tegenovergestelde geval" (zin 8): **Komisch, die Rechnung ist sonst nicht so teuer.** - *Eigenaardig, de rekening is anders niet zo hoog (duur).*; **Ich trinke keinen Champagner mehr, sonst habe ich morgen einen Kater.** - *Ik drink geen champagne meer, anders heb ik morgen een kater.*; **Was wünschen Sie sonst?** - *Wat wenst u anders [nog]?*

Übung 1 – Übersetzen Sie bitte!

❶ Sie geht gern mit ihm aus, umso mehr als er immer Champagner bestellt. ❷ Es wäre wirklich schade, wenn dich der Teufel holen würde. ❸ Könnten wir für nächste Woche einen Termin ausmachen? ❹ Warum bin ich immer dran, wenn bezahlt werden muss? ❺ Bitte tun Sie nicht so, als ob Sie sich nicht erinnern würden!

Übung 2 – Ergänzen Sie bitte!

❶ We hadden voor vandaag om 15 uur een afspraak gemaakt, maar ik zou liever morgen komen.

... . für heute 15 Uhr einen Termin ...., aber ... . morgen ......

❷ Ze heeft een uitstekend geheugen, ze herinnert zich alles.

Sie hat ... ., ... sich .. alles.

❸ Ze zweert dat ze gisteren om middernacht de duivel in [eigen] persoon gezien heeft *(zou gezien hebben).*

... ., dass sie gestern um Mitternacht ... . in Person ....

Oplossing van oefening 1

❶ Ze gaat graag met hem uit, des te meer omdat hij altijd champagne bestelt. ❷ Het zou echt jammer zijn al je naar de duivel zou lopen. ❸ Zouden we voor volgende week een afspraak kunnen maken? ❹ Waarom ben ik altijd aan de beurt als er betaald moet worden? ❺ Alstublieft, doet u niet alsof u zich niets herinnert *(zou herinneren)*!

❹ Hij doet alsof dat nieuw voor hem is *(zou zijn)*, maar hij wist *(heeft geweten)* dat sinds lang!

.. .., als ob ihm das ... ., aber .. ... das seit langem ....

❺ Er is geen sprake van *(Het komt niet in vraag)* dat u alweer de rekening betaalt, des te meer omdat u bijna niets gegeten hebt.

.. .. nicht .. .., dass Sie schon wieder ... . bezahlen, ... Sie fast nichts ....

Oplossing van oefening 2

❶ Wir hatten – ausgemacht – ich würde lieber – kommen ❷ – ein ausgezeichnetes Gedächtnis, sie erinnert – an – ❸ Sie schwört – den Teufel – gesehen hätte ❹ Er tut so – neu wäre – er hat – gewusst ❺ Es kommt – in Frage – die Rechnung – umso mehr als – gegessen haben

Tweede golf: 46^e les

96 Sechsundneunzigste Lektion

Auf Regen folgt Sonnenschein

1 – Du, ich **ha**be **ei**ne **gu**te und **ei**ne **schlech**te **Nach**richt, mit **wel**cher soll ① ich **an**fangen?
2 – **Lie**ber mit der **schlech**ten.
3 – Gut, wie **aus**gemacht **ha**be ich **heu**te **Mor**gen im Ho**tel Ad**lon **an**gerufen, um für Sil**ves**ter und **Neu**jahr ein **Zim**mer zu reser**vie**ren.
4   **Lei**der **wur**de mir ge**sagt**, dass **al**le **Do**ppelzimmer schon be**legt sei**en ②.
5 – Das kann nicht sein! **Pet**ra und Max **ha**ben er**zählt**, sie **hät**ten ③ erst Ende des **Jah**res reser**viert**.
6 – Ja, **a**ber der Herr am Em**pfang** hat mir er**klärt**, dass das Ho**tel die**ses Jahr schon seit **la**ngem für Sil**ves**ter **aus**gebucht sei,

Uitspraak
... **zon'**nsjajn 3 ... **nach**richt ... 3 ... **aad**lon ... zil**vèst**ʰeᵉ ... **noj**jaaᵉ ... 4 ... **doʰ**eltsimeᵉ ... be**leekt zaj'**n ... 4 ... **èmpfang** ... **aus**Geboeçht ...

Opmerkingen
① **Sollen** wordt hier gebruikt om een voorstel uit te drukken: **Soll ich dir helfen?** - *Zal ik je helpen?*
② **Sie seien**, de **Konjunktiv I** (zie vorige les) van **sein**. In principe moet de **Konjunktiv I** of **II** gebruikt worden bij indirecte rede, dus om andermans woorden weer te geven: **er sagt, dass er müde** sei - *hij zegt dat hij moe is* ("zij"), maar verheug u, deze regel wordt steeds minder toegepast en vervangen door ▶

Zesennegentigste les 96

Na regen komt *(Op regen volgt)* **zonneschijn**

1 – Hé *(Jij)*, ik heb *(een)* goed en *(een)* slecht nieuws, met hetwelk zal ik beginnen?
2 – Liever met het slechte.
3 – Goed, zoals afgesproken, heb ik vanmorgen naar het Adlon Hotel gebeld om voor oudejaar en Nieuwjaar een kamer te reserveren.
4 Helaas werd me gezegd dat alle tweepersoonskamers *(dubbelkamers)* al bezet zijn *(belegd wezen)*.
5 – Dat kan niet *(zijn)*! Petra en Max hebben verteld [dat] zij pas [op het] einde van het jaar gereserveerd *(zouden)* hebben.
6 – Ja, maar de heer aan de receptie heeft me uitgelegd dat het hotel dit jaar al sinds lang voor oudejaar volgeboekt is *(zij)*,

de indicatief (aantonende wijs): **Er sagt, er ist krank.** - *Hij zegt dat hij ziek is* (waarbij **dass** facultatief wordt en het werkwoord bij het onderwerp staat) - zie ook zinnen 5 en 6.

③ Ook hier een indirecte rede, dus staat het werkwoord in de conjunctief. In de 3ᵉ persoon meervoud geeft men de voorkeur aan de **Konjunktiv II**, omdat de **Konjunktiv I** gelijk is aan de indicatief (behalve bij **sein**).

	7	und dass man das nie im **Vor**aus **wi**ssen **kön**ne ④.
	8 –	Das ist **wirk**lich **scha**de, ich **ha**be mich so da**rauf** ⑤ ge**freut**, ein paar **Ta**ge im **Lu**xus zu **schwi**mmen.
	9	**Weiß**t du, im **Ad**lon **ste**hen ein **Schwimm**bad und ein **Fit**ness-**Stu**dio **kos**tenlos zur Ver**fü**gung ⑥.
	10	Ich **hät**te ein **biss**chen **Hin**tern ⑦ ver**lie**ren **kön**nen ⑧ und du ein **biss**chen Bauch…
	11	Na ja, was soll's! **A**ber sag mal: was ist die **gu**te **Nach**richt?
	12 –	**Al**les ist nicht ver**lo**ren: ich **ha**be **um**gehend **ei**ne Pau**schal**reise nach Gran Ca**na**ria ge**bucht**.
	13	Du wirst **se**hen, wir **wer**den in Top-Form ins **neu**e Jahr **rut**schen ⑨!

7 … **for**aus … 8 … **loek**soes … **sjvi**m'n 9 … **sjvim**baat … **fit**nès-**sjtʰoe**dio … **kʰost**'nloos … **fèᵉfuu**Goeng 10 … **hintʰe**ᵉn … **bauch** 12 … **oem**Gee'nt … **pʰau****sjaal**rajze … Gran **kʰa**naaria … 13 … **tʰop**-**foᵉm** … **roe**tsj'n

Opmerkingen

④ Dit is een (regelmatige) **Konjunktiv I**, aangewend omdat het een indirecte rede betreft, in de 3ᵉ persoon enkelvoud, gevormd met de werkwoordstam + **e: er/sie/es könne** - *dat hij/zij/het kunne.*

⑤ **Sich freuen auf** (+ acc.) - *zich verheugen op* (in het perspectief van iets): **Ich freue mich auf deinen Besuch.** - *Ik verheug me op je bezoek.*, maar **sich freuen über** (+ acc.) voor iets dat aan de gang is: **Ich freue mich über Ihren Besuch.** - *Ik ben blij met uw bezoek* (nu).

7 en dat men dat nooit bij voorbaat kan *(kunne)* weten.

8 – Dat is echt jammer, ik heb me er zo op verheugd een paar dagen in *(de)* luxe te baden *(zwemmen)*.

9 Weet je, in het Adlon is *(staat)* een zwembad en een fitnesscenter gratis *(kosteloos)* ter beschikking.

10 Ik zou een beetje achterwerk hebben kunnen verliezen, en jij een beetje buik...

11 Nu ja, wat zou het?! Maar zeg 's: wat is het goede nieuws?

12 – Alles is niet verloren: ik heb onmiddellijk *(omgaand)* een all-inreis naar Gran Canaria geboekt.

13 Je zal zien, we zullen in topvorm het nieuwe jaar in glijden!

⑥ **Zur Verfügung stehen** - *ter beschikking staan*: **Haben Sie noch Fragen? Wir stehen Ihnen gern zur Verfügung.** - *Hebt u nog vragen? We staan graag tot uw beschikking.*

⑦ **Der Hintern** - *het achterste, achterwerk, de bibs.*

⑧ Onthoud dat bij een "dubbele infinitief" het hulpwerkwoord de zin afsluit: **Er hat nicht schlafen können.** - *Hij heeft niet kunnen slapen.*

⑨ **Gutes, neues Jahr!** - *Gelukkig Nieuwjaar!* en **Guten Rutsch ins neue Jahr!** - *Prettige jaarwisseling!, Een goed begin!* ("een goede glij/schuif in het nieuwe jaar").

Übung 1 – Übersetzen Sie bitte!

❶ Leider kann man nie im Voraus wissen, was passiert. ❷ Für Neujahr sind alle Einzelzimmer belegt, aber wir haben noch ein Doppelzimmer frei. ❸ Er hat mir erzählt, dass er ins Fitness-Studio geht, um ein bisschen Bauch zu verlieren. ❹ Wie am Telefon ausgemacht, steht Ihnen unser Haus für Silvester zur Verfügung. ❺ Sie schreiben, sie würden uns einen „Guten Rutsch ins Neue Jahr" wünschen.

Übung 2 – Ergänzen Sie bitte!

❶ We hebben slecht nieuws voor u, zullen we het u meteen zeggen? – Liever later.

Wir haben .... für Sie, sollen wir sie ..... sofort .....?
– ...... später.

❷ Nee, we betalen niet voor het zwembad, u hebt me aan de telefoon gezegd [dat] het gratis is *(zij)*.

Nein, wir bezahlen für ... . nicht, Sie haben mir am Telefon gesagt, es sei
....

❸ Waarom heb je geen hotelkamer voor me gereserveerd, zoals afgesproken *(heb je niet, zoals afgesproken, een kamer in het hotel voor me gereserveerd)*?

Warum .... .. nicht, ..., ein Zimmer im Hotel für mich ....?

❹ Ze hebben gezegd dat ze zich er erg op verheugden *(verheugen zouden)* binnenkort naar Gran Canaria te vliegen.

... ., dass ... sich sehr darauf ...., bald nach Gran Canaria ..
....

Oplossing van oefening 1

① Helaas kan men nooit bij voorbaat weten wat er zal gebeuren *(gebeurt)*. ② Voor Nieuwjaar zijn alle eenpersoonskamers *(enkelkamer)* bezet, maar we hebben nog een tweepersoonskamer vrij. ③ Hij heeft me verteld dat hij naar het fitnesscenter gaat om wat buik kwijt te raken. ④ Zoals aan de telefoon afgesproken, staat ons huis voor oudejaar tot uw beschikking. ⑤ Ze schrijven dat ze ons een "goede overgang naar het nieuwe jaar" wensen.

⑤ Indien u nog vragen hebt, staan wij graag tot uw beschikking!
.... Sie noch ...., ...
Ihnen gern ... .!

Oplossing van oefening 2

① – eine schlechte Nachricht – Ihnen – sagen – Lieber – ② – das Schwimmbad – kostenlos ③ – hast du – wie ausgemacht – reserviert ④ Sie haben gesagt – sie – freuen würden – zu fliegen ⑤ Wenn – Fragen haben, stehen wir – zur Verfügung

> Hotel Adlon bevindt zich in Berlijn, tegenover de **Brandenburger Tor**, op de **Pariser Platz**. Het werd in het begin van de 20ᵉ eeuw opgericht door Lorenz Adlon, met de hulp van keizer Willem II, en positioneerde zich al gauw als meest prestigieuze plek van Berlijn (**Unter den Linden 1** - Onder de Linden). U moet weten dat bij de inhuldiging, in 1907, alle kamers beschikten over elektriciteit en warm water! Naar het schijnt, verkozen sommige klanten zelfs het hotel boven hun paleis! Alle "groten der aarde" verbleven er: koningen, tsaars en maharadja's, politici, artiesten, wetenschappers, enz. In 1929 stond in een Berlijnse krant te lezen dat men in de lobby van hotel Adlon de talen van alle rijke landen door elkaar kon hoorden".

97 Siebenundneunzigste Lektion

Wenn es doch nur ① schneien würde!

1 – Im **Wet**terbericht **ha**ben sie vo**raus**gesagt, dass es noch **wär**mer **wer**den wird ②.
2   **Scha**de, **Weih**nachten **oh**ne Schnee ist kein **rich**tiges **Weih**nachten!
3 – Tja ③, das **Kli**ma ist nicht mehr so wie es **ein**mal war.

Uitspraak
... **sjnaj**'n ... 1 ... **vèt**ʰeᵉbericht ... vo**raus**Gezaakt ... 2 ... **vaj**nacht'n ... sjnee ... 3 ... **klie**ma ...

Opmerkingen

① **Doch nur** helpt een wens te formuleren. Ook mogelijk was **Wenn es doch schneien würde!** of **Wenn es nur schneien würde!**
② In de vorige les zegden we dat de conjunctief bij een indirecte rede hoort, maar dat deze regel in de spreektaal steeds minder toegepast wordt. Hier hebben we het bewijs! In klassiek Duits had men gezegd **..., dass es wärmer werden würde** (en niet **wird**).

Tijdens de Tweede Wereldoorlog deed het dienst als militair hospitaal, na de restauratie ging het opnieuw open als hotel en in de jaren '70 was het een opvangtehuis voor jongeren in opleiding. Pas in 1997 kreeg het zijn oorspronkelijke luxe terug.
Een bezoek loont de moeite, zowel omwille van zijn roemrijke verleden als voor zijn marmeren trappen, wintertuin, gourmetrestaurant en uiteraard om er de clientèle zoals die van weleer te ontmoeten.

Tweede golf: 47ᵉ les

Zevenennegentigste les

Als het toch maar zou sneeuwen!

1 – In het weerbericht hebben ze voorspeld dat het nog warmer zal worden.
2 Jammer, Kerstmis zonder sneeuw is geen echt Kerstmis!
3 – Tja, het klimaat is niet meer wat het *(zo als het eens)* was.

③ **Tja** dient om een zekere reserve of berusting te uiten: **Tja, ich gehe nicht nach draußen, es schneit!** - *Nou/Wel/Ach/Tja, dan ga ik niet naar buiten, het sneeuwt!*

4 Hast du be**merkt**, dass die **Blau**meisen, die **ei**gentlich **Zug**vögel sind, **die**sen **Win**ter hier ge**blie**ben sind?

5 – Ja, und es wird da**mit** ge**rech**net ④, dass die Er**wär**mung der **Er**de **wei**ter **zu**nimmt.

6 In ein paar **Jah**ren **fei**ern wir **drau**ßen im **Ba**deanzug Heili**ga**bend!

7 – Umso **bes**ser, das Meer ist dann viel**leicht** auch schon **nä**her, wo doch ⑤ das **Was**ser in den **O**zeanen steigt…

8 – Ja, **un**sere **Zu**kunft sieht **ro**sig aus.

9 Aber wie dem auch sei ⑥, wir **las**sen uns nicht die **Lau**ne ver**der**ben!

10 Wir **wi**ssen ja, der Mensch passt sich **al**lem ⑦ an.

*4 … **blau**majz'n … **tsoek**veuGel … 5 … è^e**vè**^emoeng … ee^ede … **tsoe**nimt 6 … **baa**deantsoek … **haj**liçhaabent 7 … **nèè**e^e … **oo**tseeaan'n sjtʰajkt 8 … **roo**ziçh …*

Opmerkingen

④ **Rechnen mit** - *rekening houden* (lett. *rekenen*) *met* in de betekenis van *verwachten*: **Am Sonntag muss auf der Autobahn mit Stau gerechnet werden.** - *Zondag moet op de autosnelweg rekening gehouden worden met file[vorming], verwacht men file[s].*

⑤ **Wo… doch…** kan verschillende betekenissen aannemen, bijv.: **Hören wir auf zu tanzen, wo du doch keine Lust mehr hast.** - *Laten we ophouden met dansen aangezien je toch geen zin meer hebt.*; **Warum ziehst du den dicken Pullover an, wo es doch heute so warm ist?** - *Waarom trek je die dikke pullover aan terwijl het vandaag zo warm is?*

⑥ **Wie dem auch sei** - *hoe het ook is (zij) / moge zijn*, en zo ook **wer es auch sei** - *wie het ook is*, **was es auch sei** - *was het ook is*,…

4 Heb je bemerkt dat de pimpelmezen, die eigenlijk trekvogels zijn, deze winter hier gebleven zijn?
5 – Ja, en er wordt verwacht *(ermee gerekend)* dat de opwarming van de aarde verder toeneemt.
6 Over een paar jaar vieren we buiten in *(het)* badpak kerstavond *(heiligavond)*.
7 – Des te beter, de zee is dan misschien ook al dichter[bij], aangezien het water in de oceanen stijgt…
8 – Ja, onze toekomst ziet [er] rooskleurig uit!
9 Maar hoe het ook zij, we laten ons humeur niet bederven!
10 We weten toch dat de mens zich [aan] alles aanpast.

⑦ **Sich anpassen** kan met het voorzetsel **an** (+ acc.) gebruikt worden: **Wir müssen uns an das neue Klima anpassen.** - *We moeten ons aan het nieuwe klimaat aanpassen.* of, om tweemaal **an** te vermijden, met een datief: **Er passt sich nie den anderen an.** - *Hij past zich nooit aan de anderen aan.*

11 Die Entwicklung der Menschheit hat es gezeigt: je weniger ⑧ der Mensch kletterte, desto kürzer wurden seine Arme!
12 Oder andersrum gesagt: je mehr er laufen musste, umso länger wurden seine Beine.
13 Die Natur findet immer eine Strategie, die dem Menschen das Überleben ermöglicht.
14 – Na ja, ich weiß nicht recht ⑨, ich würde ja gern deinen Optimismus teilen, aber stell dir mal den Weihnachtsmann in der Badehose vor!

11 ... èntvikloeng ... jee ... klèt^he^et^he dèst^hoo ... 12 ... ande^esroem ... oemzoo ... 13 ... nat^hoe^e ... sjtrat^heeGie ... uube^eleeb'n è^emeuGlicht 14 ... opt^hiemiesmoes ... vajnachtsman ... baadehooze ...

Opmerkingen

⑧ **Je** (+ comparatief)... **desto/umso** (+ comparatief) - *hoe... des te...* : **Je mehr ich denke, desto/umso weniger weiß ich.** - *Hoe meer ik denk, des te minder ik weet.* Let erop dat na **je** het werkwoord achteraan staat en dat er na **desto** of **umso** inversie hoort.

***

Übung 1 – Übersetzen Sie bitte!

❶ Je wärmer die Erde wird, desto höher steigt das Wasser in den Ozeanen. ❷ Wenn ich Sie recht verstehe, müssen wir damit rechnen, dass das Klima sich in den nächsten Jahren ändert? ❸ Wer sich nicht anpassen kann, hat keine rosige Zukunft. ❹ Warum bist du schlechter Laune, wo doch das Wetter so schön ist? ❺ Tja, wenn es weiter schneit, dann wird der Weihnachtsmann nicht pünktlich kommen.

11 De evolutie *(ontwikkeling)* van de mensheid heeft het [aan]getoond: hoe minder de mens klom, des te korter werden zijn armen!
12 Of andersom *(gezegd)*: hoe meer hij moest lopen, des te langer werden zijn benen.
13 De natuur vindt altijd een strategie die het de mens mogelijk maakt te overleven *(de mens het overleven mogelijk-maakt)*.
14 — Ach, ik weet [het] niet goed, ik zou wel graag jouw optimisme delen, maar stel je eens de kerstman in *(de)* zwembroek voor!

⑨ **Recht** komt vaak voor i.p.v. **richtig** - *juist*, *goed*. Maar: **die rechte Hand** is *de rechterhand* (van **rechts** - *rechts*) en **Recht haben** is *gelijk hebben*.

***

Oplossing van oefening 1

❶ Hoe warmer de aarde wordt, des te hoger stijgt het water in de oceanen. ❷ Als ik u goed begrijp, moeten we er rekening mee houden dat het klimaat in de volgende jaren verandert? ❸ Wie zich niet kan aanpassen, heeft geen rooskleurige toekomst. ❹ Waarom ben je slecht geluimd terwijl het weer zo mooi is? ❺ Tja, als het doorsneeuwt, dan zal de kerstman niet op tijd komen.

97 Übung 2 – Ergänzen Sie bitte!

❶ Waarom deel je mijn optimisme niet? Ik zweer je, de toekomst zal mooi zijn!
Warum .... nicht ....?
Ich schwöre dir, ... wird schön sein!

❷ Kinderen, jullie moeten snel van *(jullie)* strategie veranderen, aangezien de kerstman over een paar dagen komt!
Kinder, ihr solltet schnell ....
wechseln, ... der Weihnachtsmann .. ...
.... kommt!

❸ Hoe het ook zij, of het sneeuw of warm is, we passen ons aan elk klimaat aan.
... ..., ob .. .. oder ....
ist, ... uns .. jedes Klima ...

❹ De pimpelmees behoort tot de trekvogels, hij blijft in de winter niet hier.
Die Blaumeise gehört zu ... ., sie
bleibt .. .. nicht .....

❺ Hoe meer de mensen groenten eten, des te minder komen ze aan *(nemen ze toe)*, hebt u dat al bemerkt?
.. .... die Menschen Gemüse essen, ...
.... nehmen sie zu, ... das schon
.......?

Oplossing van oefening 2

❶ – teilst du – meinen Optimismus – die Zukunft – ❷ – eure Strategie – wo doch – in ein paar Tagen – ❸ Wie dem auch sei – es schneit – warm – wir passen – an – an ❹ – den Zugvögeln – im Winter – hier ❺ Je mehr – desto weniger – haben Sie – bemerkt

Der Heiligabend - *kerstavond, op 24 december, bij het vallen van de avond, vanaf zowat 17 uur, verzamelt de familie zich rond de kerstboom. Er worden cadeautjes uitgedeeld, liedjes gezongen en gebakjes gegeten die klaargemaakt werden tijdens* de adventtijd - **die Adventszeit** *(de vier weken voor kerst).*

Tweede golf: 48ᵉ les

98 Achtundneunzigste Lektion

Wiederholung – Herhaling

1 De conjunctief

Met de Duitse conjunctief wordt een hypothese, een wens, een mogelijkheid of een gebod weergegeven.
Bij Duitse schoolkinderen heet deze aanvoegende wijs ook wel **die Möglichkeitsform** - de "mogelijkheidsvorm", naast de aantonende wijs of indicatief die ze dan **die Wirklichkeitsform** - de "werkelijkheidsvorm" noemen. Het verklaart waarom de **Konjunktiv I** of **II** gebruikt worden in, bijvoorbeeld, de indirecte rede (althans volgens de klassieke grammaticaregels): kan men zeker zijn van wat men van een derde verneemt?! En het toont de logica van het gebruik van de **Konjuktiv II** als voorwaardelijke wijs: zolang aan een voorwaarde niet is voldaan, blijft de toestand "hypothetisch"!

1.1 Vorming van de twee conjunctiefvormen

• **Konjunktiv I**

- De **Konjunktiv I** wordt gevormd met de werkwoordstam + de uitgang **-e**, **-est**, **-e**, **-en**, **-et** of **-en**, bijv.:
gehen - *gaan*: **ich gehe, du gehest, er/sie/es gehe, wir gehen, ihr gehet, sie gehen**.

- Zoals gewoonlijk is **sein** - *zijn* een uitzondering:
ich sei, du sei(e)st, er/sie/es sei, wir seien, ihr seiet, sie seien.

Merk op dat de 1e en 3e persoon altijd identiek zijn.

• **Konjunktiv II**

Bij de conjunctief II wordt een onderscheid gemaakt tussen regelmatige en onregelmatige werkwoorden.

• Onregelmatige werkwoorden

- Ze vormen hun conjunctief II met de stam van de o.v.t. (**Präteritum**) + dezelfde uitgangen van de conjunctief I (**-e**, **-est**, **-e**, **-en**, **-et**, **-en**), bijv.:

Achtennegentigste les 98

gehen - *gaan* → o.v.t.-stam **ging-** → **Konjunktiv II**:
ich ginge, du gingest, er ginge, wir gingen, ihr ginget, sie gingen.

- Is de klinker in de o.v.t.-stam een **a, o** of **u**, dan krijgt die een umlaut (behalve bij **sollen** - *moeten* en **wollen** - *willen*), bijv.:
sein - *zijn* → o.v.t.-stam **war** → **Konjunktiv II**:
ich wäre, du wärest, er wäre, wir wären, ihr wäret, sie wären.

• Regelmatige werkwoorden

- hun conjunctief II komt overeen met de o.v.t., bijv.:
kaufen - *kopen*: **ich kaufte, du kauftest, er kaufte, wir kauften, ihr kauftet, sie kauften.**

- om verwarring te voorkomen, is er de "alternatieve" **Konjunktiv II** met een vorm van **würden** + infinitief:
ich würde kaufen, du würdest kaufen, er würde kaufen, wir würden kaufen, ihr würdet kaufen, sie würden kaufen.

In het dagelijks taalgebruik wordt deze **würden**-constructie steeds meer aangewend, ook voor onregelmatige werkwoorden. Niemand zegt nog **Wenn ich Zeit hätte, flöge ich nach Teneriffa...** maar **würde ich... fliegen.** - *Als ik tijd had (zou hebben), zou ik naar Tenerife vliegen.*
De **Konjunktiv II** van **haben** en **sein** (**wäre** en **hätte**) en van de modale werkwoorden is nog wel gebruikelijk, maar kan vervangen worden door **würde sein/haben/...**

1.2 Gebruik van de *Konjunktiv I* en *II*

• **Konjunktiv I**

Traditioneel was de conjunctief I van toepassing voor verzoeken, wensen, aanbevelingen enz., en vooral in de indirecte rede, maar hij wordt steeds minder gebruikt, zeker in de gesproken taal (hij wordt vrijwel alleen nog in de 3e persoon enkelvoud of met **sein** gehoord).

98   De **Konjunktiv I** blijft overeind:

- in een paar courante formules van toegeving zoals:
es sei denn, dass... - *tenzij...* of **wie dem auch sei** - *hoe het ook zij*

- in wensen die vaste uitdrukkingen geworden zijn zoals:
Gott sei Dank! - *godzijdank!* of **Hol' ihn der Teufel!** - *Loop naar de duivel!*

- in met opzet "ouderwets" aandoende bevelen/aanbevelingen, bijv.: **Man nehme ein leeres Glas, eine große Serviette, sage „hokuspokus fidipus, dreimal schwarzer Kater", und... das Glas ist voll!** *Men neme een leeg glas, een grote servet, zegge "hocus pocus pas" (driemaal zwarte kater) en... het glas is vol!*

- soms, in literair taalgebruik, na bepaalde voegwoorden:
Noch ein bisschen Schlangenei, damit die Hexensuppe besser schmecke! - *Nog wat slangenei zodat de heksensoep beter smaakt (smake)!*

Zoals u ziet, is dit geen dagelijks taalgebruik en kunnen alle voorbeelden uitgedrukt worden zonder de conjunctief I: wensen met het modaal werkwoord **sollen** (**Soll ihn der Teufel holen!** ("De duivel moet hem halen"), (aan)bevelen met de imperatief (**Nehmen Sie...!** - *Neemt u...!*) en in de andere gevallen aan de hand van de indicatief... dus hadden we hem kunnen overslaan!

Maar nee! **Wie dem auch ist**... - *Hoe het ook zij...*, vooraleer de conjunctief I definitief af te voeren, raden wij u aan aandachtig punt 1.3 over de indirecte rede te lezen!

• Konjunktiv II

- De conjunctief II wordt vooral gebruikt om een voorwaarde uit te drukken, zowel in de hoofdzin als in de bijzin (die begint met **wenn** - *indien, als*):

Wenn er viel Geld hätte, würde er endgültig aufhören zu arbeiten. - *Indien hij veel geld had (zou hebben), zou hij definitief stoppen met werken.*
Wenn du früher gekommen wärest, hättest du mich gesehen. - *Als je vroeger was gekomen (zou gekomen zijn), zou je me gezien hebben.*

Aangezien het werkwoord in de conjunctief II op zich al wijst op een hypothetische en geen werkelijke toestand, kan **wenn** weggelaten worden en staat het vervoegd werkwoord dan vooraan:

Würde die Sonne scheinen, wäre ich glücklich. - *[Als] de zon scheen (zou schijnen), zou ik gelukkig zijn.*

De conjunctief II wordt ook gebruikt voor:

- een wens, vaak met **gern, lieber** of **am liebsten**:

Ich würde jetzt gern ein Eis essen, und du? - *Ik zou nu graag een ijsje eten, en jij?*
Ich möchte* lieber ein Bier trinken. - *Ik zou liever een biertje drinken.*

*Lang geleden zagen we **ich möchte** - *ik zou (graag) willen...* Nu weten we zeker dat dit de conjunctief II is van **mögen** - *(graag) mogen, graag willen/eten/...*, terwijl de o.v.t. **ich mochte** (zonder umlaut) - *ik mocht (graag), had graag....* is.
Let dus op het umlautgebruik en de bijhorende uitspraak!

- een spijtgevoel, dat vaak versterkt wordt met **doch** of **nur** (of beide):

Hätte ich doch nur mehr Geld! - *Had (Zou hebben) ik toch maar meer geld!*
Wäre ich doch zu Hause geblieben! *Was ik maar thuis gebleven (zou gebleven zijn)!*

- een mogelijkheid:

Wir könnten nach Dresden fahren. - *We zouden naar Dresden kunnen gaan.*

- een beleefd verzoek:

Würden Sie mir bitte das Salz reichen? - *Zou u me alstublieft het zout willen aanreiken?*

De conjunctief II zal dus niet gauw verdwijnen.
Bovendien speelt hij eveneens een belangrijke rol in de indirecte rede, zoals blijkt in het volgende punt!

1.3 De indirecte rede

Volgens de klassieke grammaticaregels moet de **Konjunktiv** (**I** of **II**) gebruikt worden bij het indirect weergeven van door anderen of uzelf geuite woorden. In het Nederlands kan dat gewoon in de indicatief.

De **Konjunktiv** (**I** of **II**) - tegenwoordige tijd is aangewezen voor het weergeven van woorden die in de tegenwoordige tijd uitgesproken worden (terwijl de hoofdzin in de tegenwoordige of verleden tijd kan staan):

– directe rede: **Max sagt: „Ich bin in Berlin."** - *Max zegt: "Ik ben in Berlijn."*
– indirecte rede: **Max sagt, dass* er in Berlin sei/wäre**. - *Max zegt dat hij in Berlijn is.*

– directe rede: **Gisela hat gesagt: „Ich habe keine Zeit."** - *Gisela zei / heeft gezegd: "Ik heb geen tijd."*
– indirecte rede: **Gisela hat gesagt, dass* sie keine Zeit habe/hätte**. - *Gisela zei / heeft gezegd dat ze geen tijd heeft.*

en de **Konjunktiv** (**I** of **II**) - verleden tijd is aangewezen voor het weergeven van woorden die in het verleden uitgesproken werden:

– directe rede: **Max sagt: „Ich bin in Berlin gewesen."** - *Max zegt: "Ik was in Berlijn / ben in Berlijn geweest."*
– indirecte rede: **Max sagt, dass* er in Berlin gewesen sei/wäre**. - *Max zegt dat hij in Berlijn was / geweest is.*

– directe rede: **Gisela hat gesagt: „Ich habe keine Zeit gehabt."** - *Gisela zei / heeft gezegd: "Ik had geen tijd / heb geen tijd gehad."*
– indirecte rede: **Gisela hat gesagt, dass* sie keine Zeit gehabt habe/hätte**. - *Gisela zei / heeft gezegd dat ze geen tijd had gehad.*

*Het voegwoord **dass** kan weggelaten worden, in welk geval het werkwoord naast het onderwerp staat: **Max sagt, er sei in Form**.

In de indirecte rede zijn **Konjunktiv I** en **II** onderling verwisselbaar en kan nu ook de indicatief gebruikt worden, dus zijn mogelijk: **Peter sagt, er sei müde** of
Peter sagt, er wäre müde of
Peter sagt, er ist müde.

1.4 *Als ob*

Eén voegwoord vereist het gebruik van de conjunctief, nl. **als ob** - *alsof*.

Doorgaans is dat de **Konjunktiv II**, zelden (en dan in geschreven taal) de **Konjuktiv I**:

Er benimmt sich, als ob er der Chef sei/wäre. - *Hij gedraagt zich alsof hij de baas was.*

Als ob kan verkort worden tot **als** alleen, waarop dat meteen het werkwoord volgt:

Er benimmt sich, als sei/wäre er der Chef. - *Hij gedraagt zich als was hij de baas.*

Onthoud de volgende, handige uitdrukking: **(so) tun, als ob...** - *doen alsof...*:

Er tut so, als ob er das zum ersten Mal hören würde. - *Hij doet alsof hij dat voor de eerste keer hoort.*

2 Vergelijken

U herinnert zich **je..., desto/umso...** - *hoe..., des te...*, dat gevormd wordt als volgt:

je + comparatief + werkwoord achteraan, **desto** of **umso** + comparatief + inversie.

Je schneller ihr lauft, desto früher kommt ihr an. - *Hoe vlugger jullie lopen, des te vroeger komen jullie aan.*
Je kälter der Winter ist, desto schöner scheint der Sommer. - *Hoe kouder de winter is, des te mooier lijkt de zomer.*

Er is ook de structuur met **mehr** - *meer* en **weniger** - *minder*:

Je mehr ich trinke, desto weniger Durst habe ich. - *Hoe meer ik drink, des te minder dorst ik heb.*

Maak van de gelegenheid gebruik om de comparatief te herhalen (zie les 63, punt 2)!

3 Nuttige woordjes

Zoals in het Nederlands worden sommige "woordjes" niet alleen in hun hoofdbetekenis, maar vaak ook anders gebruikt, afhankelijk van de context, de toon en de lichaamstaal. Zo, bijvoorbeeld, **denn** - *dan* en **ja** - *ja*:

Ja

Ja op zich betekent *ja*:
Kommst du mit? – Ja, natürlich! - *Kom je mee? – Ja, natuurlijk!*

maar u vindt het ook in o.a. de volgende toepassingen:

- op het einde van een zin, gevolgd door een vraagteken, om er zich van te vergewissen dat de gesprekspartner instemt:
Du kommst mit, ja? - *Je komt mee, niet?*

- geïntegreerd in een repliek:

in de betekenis van "zie je / ziet u wel", "weet je/u wel",...:
Es ist rot, du musst warten! – Ich warte ja! - *Het is rood, je moet wachten! – Maar ik wacht toch!*

als versterking bij verbazing, ongeduld, een aansporing, waarschuwing,... :
Wir haben ja keine Zeit! - *We hebben echt geen tijd!*
Es schneit ja! - *Maar het sneeuwt!*
Mach das ja nicht noch einmal! - *En doe dat niet nog een keer!*

Denk ook aan **Na ja!** en **Tja!**:

Könnte ich bitte eine einzige Margerite haben? – Na ja, nimm dir eine! - *Zou ik alstublieft een enkele margriet kunnen hebben? – Ach ja, neem (je) er een!*

Ich sage Ihnen, das ist kein Problem! – Tja, wenn Sie meinen. - *Ik zeg u dat [het] geen probleem is! – Tja, als u [het] zegt!*

Die Alte Mühle ist geschlossen! – Tja, dann essen wir eine Pizza beim Italiener! - *De "Oude Molen" is gesloten! – Nou, dan eten we een pizza bij de Italiaan!*

Schon

Schon op zich betekent *al*:
Es ist schon vier Uhr! - *Het is al 4 uur!*

maar het komt ook in combinaties voor, bijvoorbeeld:

- **schon wieder** - *alweer*:
Es regnet schon wieder! - *Het regent alweer!*
(Vergelijk met **Es regnet ja!** - *Maar het regent!*)

- **schon gar nicht** - *al helemaal niet*:
Ich am Sonntag arbeiten? Das schon gar nicht! - *Ik werken op zondag? Dat al helemaal niet!*

(Ist) schon gut. of **Das ist nicht schlimm.** - *'t Is oké.* of *Het is niet erg.*

En nu wat praktijk!
Laten we, voor de laatste keer, de belangrijke elementen uit de vorige zes lessen herhalen in onze dialoog...

98 Herhalingsdialoog

Sie denken, es gibt keine verständnisvollen Polizisten? Falsch!

1 – Du, die Ampel war rot!
2 – Welche Ampel? Ich habe keine Ampel gesehen.
3 – Das habe ich bemerkt, Liebling!
4 Ich wünschte nur, die Polizei wäre nicht direkt hinter uns!
5 – Oh nein! Hol sie der Teufel!
6 Ich bin sicher, wenn ich angehalten hätte, wären sie nicht da gewesen!
7 – Mit „hätte" und „wäre" kommen wir nicht weiter, mein Schatz, jetzt brauchen wir dringend unsere gute, alte Strategie!
8 – Guten Tag! Polizei! Könnte ich mal Ihre Papiere sehen?
9 – Selbstverständlich! Hier bitte! Ich hoffe, es ist nichts Schlimmes?
10 – Na ja, Sie sind bei Rot durchgefahren!
11 – Das kann nicht sein! Ich schwöre Ihnen, das ist mir noch nie passiert!
12 – Wie dem auch sei, Sie müssen mit einer hohen Strafe rechnen.
13 – Was heißt das?
14 – Das kostet Sie wenigstens 250 Euro!
15 – Also dieses Mal platzt mir endgültig der Kragen!
16 Hundertmal habe ich dir gesagt, dass Verkehrsregeln genau beachtet werden müssen.
17 Es kommt überhaupt nicht in Frage, dass ich schon wieder für dich bezahle!
18 Außerdem kannst du zu Fuß nach Hause gehen und am besten schnell, bevor ich dir den Hals umdrehe!

Vertaling

U denkt dat er geen begripvolle politiemannen zijn? Fout!

1 Hé *(Jij)*, het (verkeers)licht was rood! **2** Welk (verkeers)licht? Ik heb geen (verkeers)licht gezien! **3** Dat heb ik opgemerkt, lieverd! **4** Ik wou *(wenste)* alleen dat de politie niet vlak achter ons was *(zou zijn)*! **5** O nee! Dat ze naar de duivel lopen! **6** Ik weet *(ben)* zeker dat, als ik gestopt was *(zou hebben)*, ze er niet waren geweest *(zouden geweest zijn)*. **7** Met "zou hebben" en "zou zijn" komen we niet verder, schat, nu hebben we dringend onze goede, oude strategie nodig! **8** Goeiendag! Politie! Zou ik uw papieren eens mogen zien? **9** Natuurlijk! Alstublieft! Ik hoop dat het niets ergs is? **10** Nou, u bent door rood gereden! **11** Dat kan niet! Ik zweer u, dat dit me nog nooit overkomen! **12** Hoe dan ook, u moet zich aan een hoge boete verwachten *(met... rekenen)*. **13** Wat betekent *(heet)* dat? **14** Dat kost u minstens 250 euro! **15** Wel deze keer spring ik definitief uit m'n vel! **16** Honderdmaal heb ik je gezegd dat verkeersregels stipt nageleefd moeten worden! **17** Er is helemaal geen sprake van dat ik alweer voor jou betaal! **18** Bovendien kan je te voet naar huis gaan en best vlug, voor ik je de nek omdraai!

19 – Hören Sie mal, so schlimm ist es nun auch nicht, bewahren Sie die Ruhe!
20 Ein Gentleman sind Sie ja nicht gerade!
21 Und Sie, hören Sie auf zu weinen: die Ampel war ja vielleicht noch gelb!
22 Also auf Wiedersehen und passen Sie in Zukunft besser auf!
23 – Oh, ich danke Ihnen vielmals! Das ist wirklich sehr nett von Ihnen!

***

24 – Na, wie war ich?
25 – Ich würde sagen, fast zu perfekt!
26 Du hast mir wirklich einen Schrecken eingejagt, als du gesagt hast, du würdest mir gern den Hals umdrehen!

---

99 Neunundneunzigste Lektion

Ohne Fleiß kein Preis

1 – Sei es in **ei**nem Jahr **o**der in zwei, ich **wer**de es **scha**ffen!
2 – Klar doch, so **flei**ßig ① und **tüch**tig wie Sie sind!
3 – Na ja, ich weiß nicht, ob ich be**son**ders **tüch**tig bin, **a**ber ich **wer**de nicht **auf**geben, das ist **si**cher!

Uitspraak
… *flajs* … **2** … *flajsiçh* … *tʰuçhtʰich* … **3** … *auf*Geeb'n …

19 Luistert u 's, zo erg is het nu ook niet, bewaart u uw kalmte! **20** Een gentleman bent u ook niet echt! **21** En u, stopt u met wenen/huilen: het (verkeers)licht was misschien toch nog oranje *(geel)*! **22** Dus tot ziens en let u in de toekomst beter op! **23** O, heel erg bedankt! Dat is echt heel aardig van u!
24 En, hoe was ik? **25** Ik zou zeggen bijna te perfect! **26** Je hebt me echt schrik aangejaagd toen je zei dat je me graag de nek zou omdraaien!

Ziezo! Uw laatste herhalingsles zit erop. Maar u hebt nog twee nieuwe lessen te goed! **Also, bis morgen!**

Tweede golf: 49ᵉ les

Negenennegentigste les

IJver wordt beloond
(Zonder vlijt geen prijs)

1 – Zij het in één jaar of in twee, ik zal het klaarspelen!
2 – Maar natuurlijk, zo vlijtig en ijverig als u bent!
3 – Nou ja, ik weet niet of ik bijzonder gedisciplineerd ben, maar ik zal niet opgeven, dat is zeker.

Opmerking

① **Fleißig** en **tüchtig** zijn nagenoeg synoniemen. Iemand die **fleißig** of **tüchtig** (of beide) genoemd wordt, is dus "een nauwgezet werker".

4 – Warum sollten ② Sie? Es wäre wirklich dumm jetzt aufzugeben, wo ③ das Schwerste hinter Ihnen liegt.
5 – Woher wissen Sie das?
6 – Es ist ein offenes Geheimnis, dass der Anfang das Schwerste ist.
7 Am Anfang braucht man viel Mut und Ausdauer, weil man auf so viele Dinge gleichzeitig aufpassen ④ muss.
8 – Komisch ⑤, das ist mir gar nicht aufgefallen.
9 – Umso besser! Die Hauptsache ist, am Ball zu bleiben und nicht die Geduld zu verlieren.
10 – Ja, mit der Zeit klärt sich alles auf ⑥.
11 Mir hat es jedenfalls großen Spaß gemacht.
12 Und deshalb werde ich auch weitermachen, egal was ⑦ kommt!
13 Mindestens eine halbe Stunde pro Tag…, solange bis ich fließend Deutsch spreche! □

*7 … moet … **aus**daue^e … **auf**p^h as'n … 8 … **auf**Gefal'n 9 … **haupt**zache … bal … Ge**doel**t … 11 … **jeed**'nfals … 13 … zoo**lange** …*

Opmerkingen

② Daar er bij **sollen** op de stamklinker geen umlaut staat in de **Konjunctiv II** komen de werkwoorden in die tijd overeen met die in de o.v.t. (zie les 92, opm. 2).

③ **Wo** - *waar* is hier vergelijkbaar met **wo doch** - *terwijl, aangezien* (zie les 97, opm. 5).

④ Bij *letten op* heeft het Duits tweemaal **auf**: het partikel in **auf-passen** - *opletten* + het voorzetsel **auf**, dus: **Passt ihr auf euer Geld auf!** - *Letten jullie op je geld!*

4 – Waarom zou u? Het zou echt dom zijn nu op te geven, terwijl het zwaarste achter de rug is *(achter u ligt)*.
5 – Hoe weet u dat?
6 – Het is een publiek *(open)* geheim dat het begin het moeilijkste is.
7 In het begin heeft men veel moed en uithouding[svermogen] nodig, omdat men op zo veel dingen tegelijk moet *(op)*letten!
8 – Vreemd, dat is me helemaal niet opgevallen.
9 – Des te beter! *(De)* Hoofdzaak is aan de bal te blijven en het geduld niet te verliezen.
10 – Ja, met de tijd wordt alles duidelijk *(klaart zich alles op)*.
11 Mij heeft het in ieder geval veel plezier bezorgd *(groot plezier gedaan)*.
12 En daarom zal ik ook verder doen, gelijk wat [er] komt!
13 Minstens een halfuur per dag… *(zolang)* tot ik vloeiend Duits spreek!

⑤ U hebt gemerkt dat **komisch**, met als eerste betekenis *komisch, grappig*, veel gebuikt wordt voor "gek", "vreemd", "bizar", "eigenaardig",...

⑥ **Alles klärt sich auf** - *alles "klaart/heldert zich op, lost vanzelf op", wordt* dus *duidelijk.*

⑦ **Egal was…** - *gelijk wat…* vervangt in de spreektaal dikwijls **was auch…** - *wat ook…* : **Ich mache weiter, egal was / was auch kommt** (zie les 97, opm. 6).

Übung 1 – Übersetzen Sie bitte!

❶ Die Hauptsache ist, nicht den Mut zu verlieren und weiterzumachen! ❷ Vielen Dank, allein hätte ich das nie geschafft! ❸ Es ist ein offenes Geheimnis, dass ihr Mann nicht besonders tüchtig ist. ❹ Haben Sie bitte ein wenig Geduld, morgen wird sich alles aufklären. ❺ Sie sollten fleißig jeden Tag eine Lektion lesen und übersetzen!

Übung 2 – Ergänzen Sie bitte!

❶ Gelijk wat er gebeurt *(komt)*, ik zal niet opgeven, dat is zeker!

Egal ... ., ich werde nicht ...., das ist ......!

❷ In het begin moet men op zo veel dingen letten, dat is echt niet gemakkelijk.

.. .. muss man ... so viele Dinge ...., das ist .... nicht leicht.

❸ Men heeft veel moed en uithoudingsvermogen nodig om aan de bal te blijven.

Man braucht .... und ...., um .. .... zu ....

❹ Het zou jammer zijn niet verder te doen, terwijl het toch veel *(groot)* plezier bezorgt.

.. .. schade nicht ...., wo es doch .... macht.

❺ Het is hem niet opgevallen dat het bijzonder moeilijk is Duits te leren.

Es ist ihm nicht ...., dass es .... ist, ... zu lernen.

Oplossing van oefening 1

❶ Hoofdzaak is de moed niet te verliezen en door te gaan! ❷ Dank u/je wel, alleen zou ik dit nooit klaargespeeld hebben! ❸ Het is een publiek geheim dat haar man niet bijzonder ijverig is. ❹ Hebt u alstublieft een beetje geduld, morgen zal alles duidelijk worden. ❺ U zou vlijtig elke dag een les moeten lezen en vertalen!

Oplossing van oefening 2

❶ – was kommt – aufgeben – sicher ❷ Am Anfang – auf – aufpassen – wirklich – ❸ – viel Mut – Ausdauer – am Ball – bleiben ❹ Es wäre – weiterzumachen – großen Spaß – ❺ – aufgefallen – besonders schwer – Deutsch –

> *Als beloning en om in stijl te eindigen, bundelen we in de laatste les de grammaticale toppers: (werk)woordvolgorde, superlatief, passieve vorm, voorzetsels, conjunctief, partikels en, uiteraard, een paar verbuigingen! Aarzel niet om wat nog niet helemaal duidelijk is te herhalen. Blader terug naar de herhalingslessen en opmerkingen of raadpleeg de grammaticale bijlage. De grammaticale index verwijst u naar de plaats waar het item in het boek behandeld wordt.*

Tweede golf: 50ᵉ les

100 Hundertste Lektion

Als letzte Lektion erzählen wir Ihnen eine wahre Geschichte!

Ende gut, alles gut

1 – **Ha**llo **An**ne,
   seit mehr als zwei **Jah**ren **ha**ben wir nichts
   vonei**nan**der ge**hört** – **hof**fentlich hat sich
   deine E-Mail-A**dres**se in**zwi**schen nicht
   ge**än**dert!
2 Wie geht es dir und **dei**nem Mann? Lebt ihr
   immer noch in der Stadt mit dem **höchs**ten
   Kirchturm der Welt?
3 Die **schö**ne Zeit, die ich mit euch vor
   drei **Jah**ren ver**bracht ha**be, ist mir
   unvergesslich ge**blie**ben.
4 **Um**so mehr als ich **eu**retwegen ①
   be**gon**nen **ha**be, Deutsch zu **ler**nen.
5 Da**für möch**te ich mich bei euch **heu**te
   herzlich be**dan**ken, denn, **oh**ne es
   zu **wis**sen, wart ihr **mei**nes **Glü**ckes
   Schmied ②!

Uitspraak
1 ... fonajnande^e ... ie-meejl ... 2 ... kʰiᵉçhtʰoeᵉm ... 3 ... oenfè^eGèsliçh ... 5 ... Glukʰes sjmiet

Honderdste les 100

Als laatste les vertellen we u een waar[gebeurd] verhaal!

Eind goed al goed

1 – Hallo Anne,
   sinds meer dan twee jaar hebben we niets van elkaar gehoord – hopelijk is *(heeft zich)* je e-mailadres intussen niet veranderd!
2 Hoe gaat het met jou en je man? Wonen jullie nog altijd in de stad met de hoogste kerktoren ter *(van de)* wereld?
3 De mooie tijd die ik met jullie drie jaar geleden heb doorgebracht, is voor mij onvergetelijk *(gebleven)*.
4 Des te meer omdat ik dankzij jullie begonnen ben *(heb)* Duits te leren.
5 Daarvoor zou ik *(me bij)* jullie vandaag hartelijk willen bedanken, want, zonder het te weten, waren jullie de smid van mijn geluk *(mijn geluksmid)*!

Opmerkingen

① **Meinetwegen, deine-, seine-,...** (zie les 92, opm. 6) kunnen we ook vertalen met *door/dankzij mij, jou, hem,...*

② Eigenlijk luidt het spreekwoord **jeder ist seines Glückes Schmied** - *ieder is de smid van zijn geluk*.

6 Und das kam so: im Mai **letz**ten **Jah**res **ha**be ich am **A**bend schnell noch Brot **ho**len **wo**llen, be**vor** die Ge**schäf**te **schlie**ßen.

7 Ich **ha**be vor der **Bäck**erei ge**parkt** und beim **Aus**steigen ist es pas**siert**!

8 Ein **ar**mer **Rad**fahrer, der ge**ra**de in **die**sem Mo**ment** vorbeifuhr, **mach**te **ei**nen **Sal**to **ü**ber sein **Lenk**rad!

9 Ich bin **fürch**terlich er**schro**cken und zu dem auf der **Stra**ße **lie**genden Mann ge**lau**fen.

10 Und stell dir vor! Ich **wur**de von **ei**nem Schwall **deut**scher **Schimpf**wörter ③ emp**fan**gen ④! (**Glück**licherweise ver**stand** ich nur „Mist" und „Idi**o**tin"!)

11 To**tal** über**rascht** fiel mir nichts **an**deres ein ⑤ als „Noch **ein**mal Glück ge**habt**!" zu **sa**gen (das war der **Ti**tel einer **Lek**tion in **mei**nem **Deutsch**buch…).

12 Er **muss**te da**rauf**hin **herz**haft **la**chen und das war der **An**fang von **un**serer **Lie**besgeschichte ⑥.

7 … **bèk**ʰ**eraj** … 8 … **raatfaare**ᵉ … **zalt**ʰ**oo** … **lènkraat** 9 … **fu**ᵉ**çht**ʰ**e**ᵉ**liçh èntsjrok'n**… 10 … **sjval sjimpfv**ë**ᵉt**ʰ**e**ᵉ … **iedioot**ʰ**in** … 11 …**uube**ᵉ**rasjt** … 12 … **hè**ᵉ**tshaft** …

Opmerkingen

③ **Das Schimpfwort** - *het schimp-* of *scheldwoord*.

④ **Von (einem)… empfangen werden** - *op (een)… onthaald/ getrakteerd worden*: **Sie wurden mit Champagner empfangen.** - *Ze werden op champagne onthaald/getrakteerd.*

6 En dat kwam zo: vorig jaar in mei heb ik 's avonds vlug nog brood willen halen voor de winkels sloten *(sluiten)*.

7 Ik heb voor de bakkerij geparkeerd en bij het uitstappen is het gebeurd!

8 Een arme fietser, die net op dat moment voorbijreed, maakte een salto over zijn stuur*(wiel)*!

9 Ik ben vreselijk geschrokken en naar de op de straat liggende man gelopen.

10 En stel je voor! Ik werd op *(voor)* een stortvloed [aan] Duitse schimpwoorden onthaald! (Gelukkig begreep ik alleen "verdorie" en "idiote"!)

11 Totaal verrast, schoot me niets anders te binnen *(viel ... in)* dan "[Je hebt] nog een keer geluk gehad!" te zeggen (dat was de titel van een les in mijn boek Duits *(Duitsboek)*…

12 Hij moest daar hartelijk om lachen en dat was het begin van onze liefdesgeschiedenis.

---

⑤ **Etwas fällt jemandem ein** - *iets schiet iemand te binnen*: **Mir fällt ihr Name nicht ein.** - *Haar naam schiet me niet te binnen.*; **Was fällt Ihnen ein, wenn Sie das Wort „Glück" hören?** - *Waaraan denkt u als u het woord "geluk" hoort?* Let echter op met de uitdrukking **Was fällt Ihnen ein!** op verwijtende toon: *Wat bezielt u?*

⑥ **Die Liebesgeschichte** - *het liefdesverhaal* of *de -geschiedenis*.

100 13 Für **un**seren **nächs**ten Urlaub haben wir vor ⑦, die „Ro**man**tische **Stra**ße" von **Würz**burg nach **Füs**sen ent**lang** zu **ra**deln ⑧ – 350 **Ki**lometer!
14 **Augs**burg ist **an**scheinend nicht weit von Ulm ent**fernt**, wir **könn**ten **ei**nen **Ab**stecher **ma**chen und euch be**su**chen.
15 Ich **wür**de mich sehr **freu**en, euch **wie**derzusehen.
16 Lass schnell von dir **hö**ren!

Liebe **Grü**ße an euch **bei**de!

Deine Miriam

13 ... roo**mant**ʰisje ... **vuᵉts**boeᵉk ... **fu**s'n ... **raa**deln ... **14 auks**boeᵉk ... **an**sjajnent ... oelm ... **èntfè**ᵉnt ... ap**sjt**ʰèçheᵉ ...

***

Übung 1 – Übersetzen Sie bitte!

❶ Weißt du noch, wo der höchste Kirchturm der Welt steht? ❷ Wenn man genug Zeit hat, kann man die ganze „Romantische Straße" entlang radeln. ❸ Warum kommen Sie nicht zu einem Glas Wein vorbei? ❹ Glücklicherweise geht es ihm heute viel besser als gestern. ❺ Die wunderschönen Tage, die wir hier verbracht haben, werden uns unvergesslich bleiben.

13	Voor onze volgende vakantie zijn we van plan *(hebben we voor)* langs de "Romantische Route *(Straat)*" van Würzburg naar Füssen te fietsen – 350 kilometer!	
14	Augsburg is blijkbaar niet ver van Ulm *(verwijderd)*, we zouden een omweg kunnen maken en jullie een bezoek brengen.	
15	Ik zou heel blij zijn jullie weer te zien.	
16	Laat snel van je horen!	

Lieve groeten aan jullie beiden!

(Jouw) Miriam

Opmerkingen

⑦ **Vorhaben** - *van plan zijn*: **Was habt ihr heute Abend vor?** - *Wat zijn jullie vanavond van plan?*

⑧ **Radeln** of **Rad fahren** - *fietsen*.

***

Oplossing van oefening 1

❶ Weet je nog waar de hoogste kerktoren ter wereld staat? ❷ Wanneer men genoeg tijd heeft, kan men langs de hele "Romantische Route" fietsen. ❸ Waarom komt u niet langs *(voorbij)* voor een glas wijn? ❹ Gelukkig gaat het met hem vandaag veel beter dan gisteren. ❺ De wondermooie dagen die we hier doorgebracht hebben, zullen *(ons)* onvergetelijk blijven.

Übung 2 – Ergänzen Sie bitte!

1 Ze zijn van plan hun vrienden in Ulm te bezoeken voordat ze naar Würzburg verderrijden.

... ., ihre Freunde in Ulm .. .., ... sie nach Würzburg weiterfahren.

2 Wanneer u langs de "Romantische Route" fietst, rijdt u langs/voorbij het kasteel Neuschwanstein.

Wenn Sie die „Romantische Straße" ...., fahren Sie am Schloss Neuschwanstein ....

3 Ik heb al lang niets meer van Miriam gehoord; ik hoop dat het haar goed gaat.

.. ... schon lange nichts mehr ... Miriam ......; ich hoffe, ... ihr ....

4 Toen hij de trein uitstapte *(Bij het uitstappen uit de trein)* maakte hij een salto over zijn koffer, maar gelukkig is hem niets overkomen.

.... aus dem Zug machte er .... über seinen Koffer, aber .... ist ... nichts passiert.

5 Ze was totaal verrast toen de op de straat zittende man haar op een stortvloed aan Duitse woorden onthaalde.

Sie war total ...., als der ... ... Mann sie mit einem Schwall .... empfing.

Oplossing van oefening 2

❶ Sie haben vor – zu besuchen, bevor – ❷ – entlang radeln – vorbei ❸ Ich habe – von – gehört – es geht – gut ❹ Beim Aussteigen – einen Salto – glücklicherweise – ihm – ❺ – überrascht – auf der Straße sitzende – deutscher Wörter –

Goed zo! U bent aan het einde van onze cursus aanbeland. We kunnen u alleen maar feliciteren en aansporen de tweede golf af te werken. Deze werkelijk actieve fase, waarin u de dialogen van les 50 tot 100 vertaalt van het Nederlands naar het Duits, verstevigt uw nu al verworven kennis. We hopen dat het parcours dat we samen hebben afgelegd u even veel plezier heeft bezorgd als ons, en zeggen u met spijt...

Auf Wiedersehen!

Grammaticale bijlage

Inhoud

1	**Zelfstandige naamwoorden**	581
2	**Lidwoorden**	582
3	**De vier naamvallen**	582
4	**Verbuiging**	583
5	**Meervoud van zelfstandige naamwoorden en lidwoorden**	584
6	**Voornaamwoorden**	585
6.1	Persoonlijke voornaamwoorden	585
6.2	Wederkerende voornaamwoorden	585
6.3	Aanwijzende voornaamwoorden	585
6.4	Vragende voornaamwoorden	587
6.5	Betrekkelijke voornaamwoorden	587
6.6	Onbepaalde voornaamwoorden	587
6.7	Bezittelijke voornaamwoorden	588
7	**Werkwoorden**	589
7.1	Regelmatige of zwakke werkwoorden	589
7.2	Onregelmatige of sterke werkwoorden	590
7.3	Gemengde werkwoorden	592
7.4	**Sein, haben, werden**	592
7.5	Modale hulpwerkwoorden	596
7.6	Voltooid en onvoltooid deelwoord	597
7.7	Gesubstantiveerde infinitief	597
7.8	Scheidbare en onscheidbare werkwoorden	598
7.9	Werkwoorden met een vast voorzetsel	599
8	**Passieve vorm**	601
9	**Voorwaardelijke wijs**	602
10	**Waar?, waarheen?, waarvandaan?**	603
11	**Voegwoorden**	604
11.1	Nevenschikkende voegwoorden	604
11.2	Onderschikkende voegwoorden	604
12	**Betrekkelijke bijzinnen**	605

1 Zelfstandige naamwoorden

Net als het Nederlands kent het Duits drie geslachten: mannelijk, vrouwelijk en onzijdig.
U doet er goed aan zelfstandige naamwoorden met hun lidwoord te onthouden: **der Tisch** - *de tafel*, **die Reise** - *de reis*, **das Buch** - *het boek*.
Hier volgen een paar algemene regels:

• namen voor mannelijke resp. vrouwelijke personen en dieren zijn meestal mannelijk resp. vrouwelijk, heel jonge mensen of dieren worden meestal als onzijdig beschouwd: **der Mann** - *de man*, **der Onkel** - *de oom*, **die Frau** - *de vrouw*, **die Großmutter** - *de grootmoeder*, **der Stier** - *de stier*, **die Kuh** - *de koe*, maar **das Kind** - *het kind*, **das Kalb** - *het kalf*;

• namen van dagen, maanden en seizoenen zijn mannelijk: **der Sonntag** - *de zondag*, **der Mai** - *de [maand] mei*, **der Winter** - *de winter*;

• namen van bomen, vruchten en bloemen zijn doorgaans vrouwelijk: **die Eiche** - *de eik*, **die Birne** - *de peer*, **die Rose** - *de roos* (maar: **der Baum** - *de boom*, **der Apfel** - *de appel*, **der Pfirsich** - *de perzik,…*);

• namen van landen en steden zijn meestal onzijdig, behalve o. a. **die Schweiz** - *Zwitserland*, **die Türkei** - *Turkije*, **der Libanon** - *Libanon*, **der Iran** en **der Irak**, **die Vereinigten Staaten** (m. mv.) - *de Verenigde Staten*.

Aan bepaalde uitgangen herkent men het geslacht van een zelfstandig naamwoord:
• naamwoorden op **-er** die afgeleid zijn van een werkwoord en naamwoorden op **-ling** of **-ismus** → mannelijk:
löschen - *blussen* → **der Feuerlöscher** - *de brandblusser*
der Liebling - *de lieveling*
der Optimismus - *optimisme*

• naamwoorden op **-ung**, **-heit**, **-keit**, **-schaft** → vrouwelijk:
die Wohnung - *de woning*
die Freiheit - *de vrijheid*

die Freundlichkeit - *de vriendelijkheid*
die Wirtschaft - *het bedrijfsleven*

• naamwoorden op **-chen**, **-lein** en gesubstantiveerde infinitieven → onzijdig:
das Mädchen - *het meisje*
das Tischlein - *het tafeltje*
das Essen - *het eten.*

Vergeet niet alle zelfstandige naamwoorden met een hoofdletter te schrijven.

2 Lidwoorden

• Bepaalde lidwoorden: **der** (m.), **die** (v.), **das** (o.), **die** (mv. m./v./o.) - *de/het*.

• Onbepaalde lidwoorden: **ein** (m.), **eine** (v.), **ein** (o.) - *een*, met ook de ontkennende vormen **kein**, **keine**, **kein** (*geen*).

De vorm van het lidwoord hangt af van drie zaken m.b.t. het zelfstandig naamwoord waar het bij staat:
– het geslacht (mannelijk, vrouwelijk of onzijdig, zie ook punt 1),
– het aantal (enkelvoud of meervoud, zie ook punt 5),
– de naamval (zie punt 3 en 4).

3 De vier naamvallen

Met "naamval" bedoelt men een (buigings)vorm van een woord die zijn betrekking tot andere woorden in de zin aangeeft. In het Duits worden de volgende naamvallen gebruikt:
• de nominatief (voor het onderwerp)
• de accusatief (voor het lijdend voorwerp)
• de datief (voor het meewerkend voorwerp)
• de genitief (om bezit of afhankelijkheid aan te geven).

Mein Freund (onderwerp → nominatief) **kennt den Weg** (lijdend voorwerp → accusatief). - *Mijn vriend kent de weg.*
Das Buch gehört meinem Freund (meewerkend voorwerp → datief). - *Het boek behoort aan mijn vriend toe.*
Der Freund meiner Schwester (afhankelijkheid → genitief) **ist nett.** - *De vriend van mijn zus is aardig.*

Merk op hoe wij in het Nederlands soms gebruik maken van voorzetsels waar het Duits naamvallen aanwendt.

Let op: heel vaak hoort bij een bepaald werkwoord een bepaalde naamval, bijv.:

- **helfen** - *helpen* → datief:
Kann ich dir helfen? - *Kan ik je helpen?*

- **fragen** - *vragen* → accusatief:
Fragen Sie Ihren Lehrer! - *Vraagt u [het] uw leraar!* (zie les 58, opm. 2)

De vormverandering van een woord (veelal in de uitgang) naar geslacht, getal en naamval noemen we "verbuiging".

4 Verbuiging

Hieronder vindt u de volledige verbuiging van de lidwoorden:

	Enkelvoud		
	Mannelijk	Vrouwelijk	Onzijdig
Nominatief	**der/ein Tisch**	**die/eine Reise**	**das/ein Buch**
Accusatief	**den/einen Tisch**	**die/eine Reise**	**das/ein Buch**
Datief	**dem/einem Tisch**	**der/einer Reise**	**dem/einem Buch**
Genitief	**des/eines Tisch(e)s**	**der/einer Reise**	**des/eines Buch(e)s**

Meervoud	
Nom.	**die/keine Tische/Reisen/Bücher**
Acc.	**die/keine Tische/Reisen/Bücher**
Dat.	**den/keinen Tischen/Reisen/Büchern**
Gen.	**der/keiner Tische/Reisen/Bücher**

Let erop dat bij twee naamvallen ook het naamwoord verandert:

• **-s** of **-es** in de genitief enkelvoud mannelijk en onzijdig

• **-n** in de datief meervoud, behalve bij naamwoorden die al op **-n** of **-s** uitgaan: **die Autos**, **den Autos**.

In de andere gevallen worden in principe naamwoorden niet verbogen. Een paar mannelijke naamwoorden staan evenwel met een **-n** of **-en** in alle naamvallen, behalve in de nominatief (wat dan de "zwakke verbuiging" heet), bijv.:
der Herr - *de heer*, **den Herrn, dem Herrn, des Herrn**
der Präsident - *de president, voorzitter*, **den Präsidenten, dem Präsidenten, des Präsidenten**.

Ook een bijvoeglijk naamwoord wordt verbogen:
der nette Mann, ein netter Mann - *de/een aardige man*
die nette Frau, eine nette Frau - *de/een aardige vrouw*
das nette Kind, ein nettes Kind - *het/een aardig kind*.

Predicatief gebruikte bijvoeglijke naamwoorden worden niet verbogen: **Der Mann ist nett, die Frau ist nett, sie sind nett.**

Zie les 56, punt 1 voor de verbuigingstabellen.

5 Meervoud van zelfstandige naamwoorden en lidwoorden

Van de verschillende manieren om een meervoud te vormen, zij de volgende de meest gebruikelijke:

– toevoegen van een umlaut: **der Bruder** - *de broer* → **die Brüder**

– toevoegen van een umlaut + **-e**: **die Hand** - *de hand* → **die Hände**

– toevoegen van **-e**: **der Hund** - *de hond* → **die Hunde**

– toevoegen van **-er**: **das Kind** - *het kind* → **die Kinder**

– toevoegen van een umlaut + **-er**: **der Mann** - *de man* → **die Männer**

– toevoegen van **-n**: **das Auge** - *het oog* → **die Augen**

– toevoegen van **-en**: **die Wohnung** - *de woning* → **die Wohnungen**

– niets toevoegen: **das Zimmer** - *de kamer* → **die Zimmer**.

Een goede raad: onthoud bij een nieuw woord meteen ook zijn meervoudsvorm!

Net als in het Nederlands is er geen onbepaald lidwoord in het meervoud: **ein Mann** - *een man*, **Männer** - *mannen*.
Wel maakt het Duits bij het onbepaald lidwoord onderscheid naar geslacht én getal: **ein Mann, eine Frau, ein Kind**,
en heeft het voor de ontkennende vorm een meervoud: **keine Männer/Frauen/Kinder**.

6 Voornaamwoorden

6.1 Persoonlijke voornaamwoorden

Persoonlijke voornaamwoorden worden vooral in de nominatief, accusatief en datief gebruikt (de genitiefvormen komen in de omgangstaal nauwelijks nog voor).

Nom.	ich	du	er/sie/es	wir	ihr	sie/Sie
Acc.	mich	dich	ihn/sie/es	uns	euch	sie/Sie
Dat.	mir	dir	ihm/ihr/ihm	uns	euch	ihnen/Ihnen

6.2 Wederkerende voornaamwoorden

Wederkerende voornaamwoorden worden gebruikt in de accusatief en in de datief. Ze komen overeen met de persoonlijke voornaamwoorden, behalve de 3e persoon enkel- en meervoud (en dus ook de beleefdheidsvorm) die telkens **sich** is:

Acc.	mich	dich	sich/sich/sich	uns	euch	sich/sich
Dat.	mir	dir	sich/sich/sich	uns	euch	sich/sich

Er wäscht sich. - *Hij wast zich.*
Waschen Sie sich die Hände im Bad! - *Wast u uw handen in de badkamer!*
Ich möchte mir die Hände waschen. - *Ik zou mijn handen willen wassen.*

6.3 Aanwijzende voornaamwoorden

6.3.1 Bijvoeglijk gebruikte aanwijzende voornaamwoorden

• **dieser/diese/dieses/diese** - *deze/dit* wordt verbogen zoals het bepaald lidwoord:
Ist dieser Mann arm? - *Is deze man arm?*
Ich sehe diesen Mann oft. - *Ik zie deze man vaak.*
Gib diesem Mann kein Geld mehr! - *Geef deze man geen geld meer!*

• **jener/jene/jenes/jene** - *die/dat* wordt op dezelfde manier verbogen:
Dieser Mann ist mein Großvater und jener Mann unser Nachbar. - *Deze man is mijn grootvader en die man is mijn buurman.*

In de omgangstaal worden beide vormen echter eerder vervangen door het - benadrukte - bepaald lidwoord: **Der Mann (da) ist mein Großvater und der Mann (dort) unser Nachbar.**

6.3.2 Zelfstandig gebruikte aanwijzende voornaamwoorden

Er zijn er verschillende:

• **der/die/das/die** komt overeen met het bepaald lidwoord, behalve in de genitief en datief meervoud:

	Enkelvoud			Meervoud
	Mannelijk	Vrouwelijk	Onzijdig	
Nom.	der	die	das	die
Acc.	den	die	das	die
Dat.	dem	der	dem	denen
Gen.	dessen	deren	dessen	deren

Kennst du die beiden? Denen gehört die halbe Stadt. - *Kent u die twee? De halve stad behoort hun toe.*

• **dieser/diese/dieses/diese** - *deze/dit* en **jener/jene/jenes/jene** - *die/dat* komt overeen met de bijvoeglijk gebruikte aanwijzende voornaamwoorden in punt 6.3.1:
Dieser ist mein Freund, aber jenen dort habe ich nie gesehen. - *Dit is mijn vriend, maar die daar heb ik nooit gezien.*

• **derselbe/dieselbe/dasselbe/dieselbe** - *dezelfde(n)/hetzelfde* en **derjenige/diejenige/dasjenige/diejenige** - *degene(n)/hetgene* (waarop meestal een betrekkelijk voornaamwoord volgt) wordt als volgt verbogen: het **der/die/das**-gedeelte zoals het bepaald lidwoord en het **selbe-/jenige**-gedeelte zoals het bijvoeglijk naamwoord:
Er hat denselben Pullover wie du. - *Hij heeft dezelfde pull als jij.*
Sie wohnt in demselben Haus wie ich. - *Ze woont in hetzelfde huis als ik.*
Diejenigen, die zu spät kommen, kriegen nichts mehr. - *Degenen die te laat komen, krijgen niets meer.*

6.4 Vragende voornaamwoorden

• **wer?** - *wie?* wordt verbogen zoals het mannelijk bepaald lidwoord; **was?** - *wat?* is onveranderlijk en bestaat alleen in de nominatief en de accusatief:
- nom.: **Wer sind Sie?** - *Wie bent u?;* **Was machen Sie?** - *Wat doet u?*
- acc.: **Wen zeichnen Sie?** - *Wie tekent u?;* **Was zeichnen Sie?** - *Wat tekent u?*
- dat.: **Wem gehört das neue Auto?** - *Van wie is de nieuwe auto?*
- gen.: **Wessen Papiere sind das?** - *Wiens papieren zijn dit?*

• **welcher/welche/welches/welche** - *welk(e)* wordt verbogen zoals het bepaald lidwoord, maar komt in de genitief nog weinig voor:
Welcher König hat Neuschwanstein bauen lassen? - *Welke koning heeft Neuschwanstein laten bouwen?*
Welchen Film haben Sie gestern gesehen? - *Welke film hebt u gisteren gezien?*
Ich habe zwei Stück Kuchen. Welches möchtest du? - *Ik heb twee stukken cake. Welk wil je?*

6.5 Betrekkelijke voornaamwoorden

Deze komen overeen met de zelfstandig gebruikte aanwijzende voornaamwoorden **der**, **die**, **das**, **die** (zie tabel bij 6.3.2 en die bij les 77, punt 1):

Der Film, den ich sehen möchte, spielt im Kino Panorama. - *De film die ik zou willen zien, loopt in bioscoop Panorama.*
Die Freunde, mit denen wir in Urlaub fahren, kennen wir schon lange. - *De vrienden met wie we op vakantie gaan, kennen we al lang.*

6.6 Onbepaalde voornaamwoorden

• **einer**, **eine**, **eines** - *een*, *iemand* en **keiner**, **keine**, **kein(e)s** - *geen*, *niemand* worden verbogen zoals het bepaald lidwoord:
Einer von uns beiden muss das machen. - *Een van ons beiden moet het doen.*
Ich habe kein(e)s von diesen Büchern gelesen. - *Ik heb geen van deze boeken gelezen.*

• **man** - *men, je* komt alleen in de nominatief voor:
Man hat das noch nie gesehen. - *Men heeft dit nog nooit gezien.*
In de datief en accusatief gebruikt men **einem** resp. **einen**:
Liebe macht einem das Leben leichter. - *Liefde maakt (iemand/ je) het leven makkelijker.*
Mit seinen Fragen kann er einen verrückt machen - *Met zijn vragen kan hij iemand/je gek maken.*

6.7 Bezittelijke voornaamwoorden

6.7.1 Bijvoeglijk gebruikte bezittelijke voornaamwoorden

Ze worden verbogen zoals het onbepaald lidwoord **ein/keine** en moeten in geslacht, getal en naamval overeenkomen met het zelfstandig naamwoord waar ze bijhoren:

• enkelvoud:

ich → mein/meine: mein Bruder - *mijn broer,* **meine Schwester** - *mijn zus,* **mein Kind** - *mijn kind,* **meine Eltern** - *mijn ouders*

du → dein/deine: dein Bruder - *jouw broer,* **deine Schwester** - *jouw zus,* **dein Kind** - *jouw kind,* **deine Eltern** - *jouw ouders*

er → sein/seine: sein Bruder - *zijn broer,* **seine Schwester** - *zijn zus,* **sein Kind** - *zijn kind,* **seine Eltern** - *zijn ouders*

sie → ihr/ihre: ihr Bruder - *haar broer,* **ihre Schwester** - *haar zus,* **ihr Kind** - *haar kind,* **ihre Eltern** - *haar ouders*

es → sein/seine: sein Bruder - *zijn/haar broer,* **seine Schwester** - *zijn/haar zus,* **sein Kind** - *zijn/haar kind,* **seine Eltern** - *zijn/haar ouders*

• meervoud:

wir → unser/unsere: unser Bruder - *onze broer,* **unsere Schwester** - *onze zus,* **unser Kind** - *ons kind,* **unsere Eltern** - *onze ouders*

ihr → euer/eu(e)re: euer Bruder - *jullie broer,* **eure Schwester** - *jullie zus,* **euer Kind** - *jullie kind,* **eu(e)re Eltern** - *jullie ouders*

sie → ihr/ihre: ihr Bruder - *hun broer,* **ihre Schwester** - *hun zus,* **ihr Kind** - *hun kind,* **ihre Eltern** - *hun ouders*

en de beleefdheidsvorm **Sie → Ihr/Ihre: Ihr Bruder** - *uw broer,* **Ihre Schwester** - *uw zus,* **Ihr Kind** - *uw kind,* **Ihre Eltern** - *uw ouders.*

6.7.2 Zelfstandig gebruikte bezittelijke voornaamwoorden

Meiner, deiner, seiner,... - *de mijne, de jouwe, de zijne,...* wordt gevormd door aan het bijvoeglijk gebruikt bezittelijk voornaamwoord (zie hierboven) de uitgang van het bepaald lidwoord toe te voegen:

Dein Pullover ist sehr schön, meiner **ist nicht so schön.** - *Jouw pullover is heel mooi, de mijne is niet zo mooi.*
Mit eurem **Auto könnt ihr überall parken, mit** unserem **ist das nicht möglich.** - *Met jullie auto kunnen jullie overal parkeren, met de onze is dat niet mogelijk.*

7 Werkwoorden

7.1 Regelmatige of zwakke werkwoorden

Een werkwoord is "regelmatig" of "zwak" als de stamklinker in geen enkele tijd verandert, bijv.:

• **hören** - *horen, luisteren*

Indicatief/aantonende wijs - **Indikativ**

(o.t.t. - **Präsens** (les 14); o.v.t. - **Präteritum** (les 70); v.t.t. - **Perfekt** (les 49); v.v.t. - **Plusquamperfekt** (les 83); o.tk.t. - **Futur** (les 56)):

Präsens	Präteritum	Perfekt	Plusquam-perfekt	Futur
ich höre	hörte	habe gehört	hatte gehört	werde hören
du hörst	hörtest	hast gehört	hattest gehört	wirst hören
er/sie/es hört	hörte	hat gehört	hatte gehört	wird hören
wir hören	hörten	haben gehört	hatten gehört	werden hören
ihr hört	hörtet	habt gehört	hattet gehört	werdet hören
sie hören	hörten	haben gehört	hatten gehört	werden hören
Sie hören	hörten	haben gehört	hatten gehört	werden hören

Imperatief/gebiedende wijs - **Imperativ**:

Hör(e)! - *Luister!*; **Hören wir!** - *Laten we luisteren!*; **Hört!** - *Luisteren jullie!*; **Hören Sie!** - *Luistert u!*

We herinneren eraan dat aan de imperatief vaak **mal** (vergelijkbaar met ons *"eens"*) toegevoegd wordt:

Sieh mal! Seht mal! Sehen Sie mal!

Conjunctief/aanvoegende wijs - **Konjunktiv** (zie les 98):

Tegenwoordige tijd		Verleden tijd	
Konj. I	**Konj. II**	**Konj. I**	**Konj. II**
ich höre	hörte = würde hören	habe gehört	hätte gehört
du hörest	hörtest = würdest hören	habest gehört	hättest gehört
er/sie/es höre	hörte = würde hören	habe gehört	hätte gehört
wir hören	hörten = würden hören	haben gehört	hätten gehört
ihr höret	hörtet = würdet hören	habet gehört	hättet gehört
sie hören	hörten = würden hören	haben gehört	hätten gehört

7.2 Onregelmatige of sterke werkwoorden

Een werkwoord is "onregelmatig" of "sterk" als de stamklinker bij het vervoegen verandert.

Er zijn heel wat onregelmatige werkwoorden. Die moet u uit het hoofd leren, daar hun vorming niet altijd voorspelbaar is! Voor mogelijke veranderingen van de stamklinker verwijzen we naar de herhalingslessen 21 (o.t.t.), 63 (v.t.t.) en 70 (o.v.t.). U vindt ook een lijst met veel gebruikte onregelmatige werkwoorden op het einde van het grammaticale gedeelte. Voorbeeld:

- **sehen** - *zien, kijken*

Indikativ:

Präsens	Präteritum	Perfekt	Plusquamperfekt	Futur
ich sehe	sah	habe gesehen	hatte gesehen	werde sehen
du siehst	sahst	hast gesehen	hattest gesehen	wirst sehen
er/sie/es sieht	sah	hat gesehen	hatte gesehen	wird sehen
wir sehen	sahen	haben gesehen	hatten gesehen	werden sehen
ihr seht	saht	habt gesehen	hattet gesehen	werdet sehen
sie sehen	sahen	haben gesehen	hatten gesehen	werden sehen
Sie sehen	sahen	haben gesehen	hatten gesehen	werden sehen

Imperativ:
Sieh! - *Kijk!*; **Sehen wir!** - *Laten we kijken!*; **Seht!** - *Kijken jullie!*; **Sehen Sie!** - *Kijkt u!*

Konjunktiv (zie les 98):

Tegenwoordige tijd		Verleden tijd	
Konj. I	Konj. II	Konj. I	Konj. II
ich sehe	sähe = würde sehen	habe gesehen	hätte gesehen
du sehest	sähest = würdest sehen	habest gesehen	hättest gesehen
er/sie/es sehe	sähe = würde sehen	habe gesehen	hätte gesehen
wir sehen	sähen = würden sehen	haben gesehen	hätten gesehen

| ihr sehet | sähet = würdet sehen | habet gesehen | hättet gesehen |
| sie sehen | sähen = würden sehen | haben gesehen | hätten gesehen |

7.3 Gemengde werkwoorden

Dit zijn werkwoorden die bij het vervoegen eigenschappen vertonen van zowel regelmatige als onregelmatige werkwoorden: hun o.v.t. en hun voltooid deelwoord krijgt dezelfde uitgang als regelmatige werkwoorden maar daarbij treedt ook een verandering van de stamklinker op.

Er zijn er niet veel; u vindt ze terug in les 70.

7.4 *Sein, haben, werden*

• **sein** - *zijn*

Indikativ:

Präsens	Präteritum	Perfekt	Plusquamperfekt	Futur
ich bin	war	bin gewesen	war gewesen	werde sein
du bist	warst	bist gewesen	warst gewesen	wirst sein
er/sie/es ist	war	ist gewesen	war gewesen	wird sein
wir sind	waren	sind gewesen	waren gewesen	werden sein
ihr seid	wart	seid gewesen	wart gewesen	werdet sein
sie sind	waren	sind gewesen	waren gewesen	werden sein
Sie sind	waren	sind gewesen	waren gewesen	werden sein

Imperativ:
Sei froh! - *Wees blij!*; **Seien wir froh!** - *Laten we blij zijn!*; **Seid froh!** - *Wees blij* (mv.)*!*; **Seien Sie froh!** - *Wees blij* (beleefdheidsv.)*!*

Konjunktiv (zie les 98):

Tegenwoordige tijd		Verleden tijd	
Konj. I	Konj. II	Konj. I	Konj. II
ich sei	wäre = würde sein	sei gewesen	wäre gewesen
du seiest	wärest = würdest sein	seiest gewesen	wärest gewesen
er/sie/es sei	wäre = würde sein	sei gewesen	wäre gewesen
wir seien	wären = würden sein	seien gewesen	wären gewesen
ihr seiet	wäret = würdet sein	seiet gewesen	wäret gewesen
sie seien	wären = würden sein	seien gewesen	wären gewesen

• **haben** - *hebben*

Indikativ:

Präsens	Präteritum	Perfekt	Plusquam-perfekt	Futur
ich habe	hatte	habe gehabt	hatte gehabt	werde haben
du hast	hattest	hast gehabt	hattest gehabt	wirst haben
er/sie/es hat	hatte	hat gehabt	hatte gehabt	wird haben
wir haben	hatten	haben gehabt	hatten gehabt	werden haben
ihr habt	hattet	habt gehabt	hattet gehabt	werdet haben

sie haben	hatten	haben gehabt	hatten gehabt	werden haben
Sie haben	hatten	haben gehabt	hatten gehabt	werden haben

U merkt dat de **b** uit de stam verdwijnt in de 2ᵉ en 3ᵉ persoon enkelvoud o.t.t. en in de o.v.t. Verder is de vervoeging van **haben** niet moeilijk, zelfs de imperatief is regelmatig:

Imperativ:

Hab(e) Geduld! - *Heb geduld!*; **Haben wir Geduld!** - *Laten we geduld hebben!*; **Habt Geduld!** - *Hebben jullie geduld!*; **Haben Sie Geduld** - *Hebt u geduld!*

Konjunktiv (zie les 98):

Tegenwoordige tijd		Verleden tijd	
Konj. I	Konj. II	Konj. I	Konj. II
ich habe	hätte = würde haben	habe gehabt	hätte gehabt
du habest	hättest = würdest haben	habest gehabt	hättest gehabt
er/sie/es habe	hätte = würde haben	habe gehabt	hätte gehabt
wir haben	hätten = würden haben	haben gehabt	hätten gehabt
ihr habet	hättet = würdet haben	habet gehabt	hättet gehabt
sie haben	hätten = würden haben	haben gehabt	hätten gehabt

• **sein** of **haben** bij de vorming van de **Perfekt** - v.t.t.?

De voltooid tegenwoordige tijd wordt gevormd met de tegenwoordige tijd van **sein** - *zijn* of **haben** - *hebben* + voltooid deelwoord van het hoofdwerkwoord.
Het gebruik van deze hulpwerkwoorden komt doorgaans met het Nederlands overeen.

- **haben** wordt gebruikt bij transititieve werkwoorden (waarbij een lijdend voorwerp kan staan), bij wederkerende, modale en onpersoonlijke werkwoorden en bij intransitieve werkwoorden (waarbij geen lijdend voorwerp kan staan), mits deze de duur van een handeling of toestand uitdrukken en géén beweging weergeven
- **sein** wordt gebruikt bij intransitieve werkwoorden die een verandering van toestand uitdrukken, bij werkwoorden van beweging die een verandering van plaats uitdrukken en bij **sein**, **bleiben**, **werden**.

(Belangrijke werkwoorden waarbij het Duits **haben** en het Nederlands *zijn* gebruikt: **abnehmen, anfangen, aufhören, beginnen, gefallen, heiraten, zunehmen**.)

• **werden** - *worden* doet ook dienst als hulpwerkwoord bij het vormen van de toekomende tijd

Indikativ:

Präsens	Präteritum	Perfekt	Plusquamperfekt	Futur
ich werde	wurde	bin geworden	war geworden	werde werden
du wirst	wurdest	bist geworden	warst geworden	wirst werden
er/sie/es wird	wurde	ist geworden	war geworden	wird werden
wir werden	wurden	sind geworden	waren geworden	werden werden
ihr werdet	wurdet	seid geworden	wart geworden	werdet werden
sie werden	wurden	sind geworden	waren geworden	werden werden

Merk op hoe de toekomende tijd gevormd wordt met de tegenwoordige tijd van **werden** + infinitief van het hoofdwerkwoord, ook al is dit eveneens **werden**! Twee keer **werden** na elkaar komt echter zelden voor, enerzijds omdat de toekomende tijd weinig gebruikt wordt, anderzijds omdat de infinitief pas aan het einde van de zin staat: **Die Menschen werden immer größer werden!** - *De mensen zullen steeds groter worden!*

Imperativ:
Werde nicht frech! - *Word niet brutaal!*
Werdet nicht frech!, Werden Sie nicht frech!

Konjunktiv (zie les 98):

Tegenwoordige tijd		Verleden tijd	
Konj. I	Konj. II	Konj. I	Konj. II
ich werde	würde*	sei geworden	wäre geworden
du werdest	würdest	seiest geworden	wärest geworden
er/sie/es werde	würde	sei geworden	wäre geworden
wir werden	würden	seien geworden	wären geworden
ihr werdet	würdet	seiet geworden	wäret geworden
sie werden	würden	seien geworden	wären geworden

* **würde** = **würde werden**, **würdest** = **würdest werden**, enz.

7.5 Modale hulpwerkwoorden

Deze geven een houding of beoordeling t.o.v. een handeling aan. Het Duits kent zes modale hulpwerkwoorden:

dürfen - *mogen, kunnen* (de mogelijkheid hebben)
können - *kunnen*
mögen - *graag doen/willen/..., leuk/aardig vinden, lusten*
müssen - (absoluut) *moeten*
sollen - (eigenlijk) *moeten, behoren*
wollen - *willen, zullen.*

Wollen Sie mitkommen? - *Wilt u meekomen?*
Wir müssen heute bis 19 Uhr arbeiten. - *We moeten vandaag tot 19 uur werken.*

Let erop dat in het Duits het modale hulpwerkwoord de bijzin afsluit:

Das ist das Kleid, das ich haben will. - *Dit is de jurk die ik hebben wil/wil hebben.*

Meer uitleg over vervoeging, betekenis en gebruik vindt u in les 35, punt 1.

7.6 Voltooid en onvoltooid deelwoord

• Het voltooid deelwoord wordt doorgaans gevormd door aan de stam het prefix **ge-** en de uitgang **-t** of **-et** toe te voegen:

schmücken - *versieren* → **geschmückt** - *versierd*

Wer hat den Weihnachtsbaum geschmückt? - *Wie heeft de kerstboom versierd?*

• Het onvoltooid deelwoord bestaat meestal uit de infinitief + **-d**:

weinen - *wenen, huilen* → **weinend** - *wenend, huilend*

Das Kind kommt weinend nach Hause. - *Het kind komt wenend/huilend naar huis.*

Beide deelwoorden kunnen bijvoeglijk gebruikt worden:

der geschmückte Weihnachtsbaum - *de versierde kerstboom*
Er gibt dem weinenden Kind Schokolade. - *Hij geeft (aan) het wenende/huilende kind chocolade.*

7.7 Gesubstantiveerde infinitief

Door het met een hoofdletter te schrijven, kan van een werkwoord in de infinitief of van een (on)voltooid deelwoord een zelfstandig naamwoord gemaakt worden:

lachen - *lachen* → **Sein Lachen gefällt mir.** - *Zijn lachen bevalt me.*

lachend - *lachend* → **Der zuletzt Lachende lacht am besten** (lett. "De ten laatste lachende lacht het beste"). - *Wie laatst lacht, best lacht.*

angestellt - *aangesteld, in dienst genomen* → **die Angestellten der Firma...** - *de werknemers van firma...*

7.8 Scheidbare en onscheidbare werkwoorden

Voor een "basiswerkwoord" kan een prefix/partikel staan dat het verder bepaalt:
gehen - *gaan* → **weggehen** - *weggaan*
sprechen - *spreken* → **aussprechen** - *uitspreken*
of het zelfs helemaal laat veranderen van betekenis:
fangen - *vangen* → **anfangen** - *aanvangen, beginnen*
kommen - *komen* → **bekommen** - *bekomen, (ver)krijgen.*

Er zijn twee mogelijkheden:
- bij een scheidbaar werkwoord kan het prefix van het basiswerkwoord gescheiden worden, bijv.: **ich gehe weg** - *ik ga weg*
(de afscheidbare voorvoegsels kunnen doorgaans op zichzelf voorkomen als voorzetsel of bijwoord, bijv. **ab-, an-, auf-, aus-, bei-, mit-, nach-, zu-, zurück-**);
- bij een onscheidbaar werkwoord moet het prefix voor het basiswerkwoord blijven staan, bijv.: er **bekommt einen Brief** - *hij krijgt een brief*
(de niet afscheidbare voorvoegsels komen niet als woorden op zich voor en zijn gewoon lettergrepen: **be-, emp-, ent-, er-, ge-, miß-, ver-, zer-**).

Vijf prefixen kunnen wel of niet afgescheiden worden al naargelang ze concreet resp. figuurlijk gebruikt worden: **wieder, um, durch, über** en **unter**.
Unterbrechen Sie mich nicht! - *Onderbreekt u me niet!*
Das Boot geht unter! - *De boot zinkt* (lett. "gaat onder").

Bij scheidbare werkwoorden:
- wordt het prefix beklemtoond
- komt in het voltooid deelwoord -**ge**- tussen prefix en werkwoordstam: **Der Film hat schon angefangen** - *De film is al begonnen.*;
bij onscheidbare werkwoorden:
- wordt het prefix nooit beklemtoond
- komt **ge** niet voor in het voltooid deelwoord: **Ich habe heute keine E-Mail bekommen.** - *Ik heb vandaag geen e-mail ontvangen.*

Meer uitleg vindt u in herhalingsles 49, punt 2.3.

7.9 Werkwoorden met een vast voorzetsel

Bij sommige werkwoorden hoort een bepaald voorzetsel dat met een zekere naamval staat, bij andere werkwoorden kunnen verschillende voorzetsels staan. Dit is iets moeilijks in het Duits! **Wer die Wahl hat, hat die Qual!** (lett. "Wie de keuze heeft, heeft de kwelling!") - *Kiezen is moeilijk!* Onthoud een werkwoord dus steeds met zijn voorzetsel(s)!
Een paar voorbeelden:

• Werkwoorden met een voorzetsel en de accusatief:
denken an - *denken aan*, **bitten um** - *vragen om*, **danken für** - *bedanken voor*, **sich erinnern an** - *zich herinneren*, **lachen über** - *lachen met*, **schreiben an** - *schrijven naar*, **sich verlieben in** - *verliefd worden op*, **warten auf** - *wachten op*, enz.

• Werkwoorden met een voorzetsel en de datief:
 abhängen von - *afhangen van*, **anfangen/aufhören mit** - *beginnen/eindigen met*, **fragen nach** - *vragen naar*, **sich beschweren bei** - *zich beklagen bij*, **teilnehmen an** - *deelnemen aan*, **sich fürchten vor** - *vrezen voor*, **zweifeln an** - *twijfelen aan*, enz.

• Werkwoorden met twee voorzetsels:
sich erkundigen bei jemandem (datief) **nach etwas** (datief) - *zich bij iemand informeren over iets*:
Er erkundigt sich bei dem Verkäufer nach den Öffnungszeiten. - *Hij informeert zich bij de verkoper over de openingstijden.*
sich unterhalten mit jdm (datief) **über etwas** (acc.) - *zich met iemand onderhouden over iets*:
Wir haben uns die ganze Nacht mit unseren Freunden über Politik unterhalten. - *We hebben de hele nacht met onze vrienden over politiek gediscussieerd.*

• Werkwoorden die in functie van het bijgaande voorzetsel van betekenis veranderen:
sich freuen auf - *zich verheugen op* / **sich freuen über** - *blij zijn met/over*:
Sie freut sich auf den Sommer. - *Ze verheugt zich op de zomer.*
Sie freut sich über den Sommer. - *Ze is blij met de zomer.*
kämpfen um - *vechten voor/om* / **kämpfen für/gegen/mit** - *vechten voor/tegen/met*:

Sie kämpfen um eine Flasche Champagner. - *Ze vechten/strijden om een fles champagne.*
Wir kämpfen für mehr Gerechtigkeit. - *We vechten / komen op voor meer gerechtigheid.*
Heinrich Böll hat gegen den Krieg gekämpft. - *Heinrich Böll heeft tegen de oorlog gevochten/heeft zich verzet tegen de oorlog.*
Sie kämpfen mit unehrlichen Mitteln. - *Ze vechten met oneerlijke middelen.*

• Vragen met werkwoorden + vast voorzetsel:
Betreft de vraag een persoon, dan gebruikt men het voorzetsel + het vragend voornaamwoord **wer** in de door het voorzetsel vereiste naamval:
An wen denken Sie? - *Aan wie denkt u?*
Auf wen warten Sie? - *Op wie wacht u?*
Von wem sprechen Sie? - *Over wie spreekt u?*
Vor wem fürchten sich die Kinder? - *Voor wie zijn de kinderen bevreesd?*
Voor het antwoord gebruikt men het voorzetsel + het naamwoord / persoonlijk voornaamwoord:
Ich denke an Ludwig II., denken Sie auch an ihn? - *Ik denk aan Lodewijk II, denkt u ook aan hem?*
Wir sprechen von Frau Krumbach, und Sie, sprechen Sie auch von ihr? - *Wij spreken over mevrouw Krumbach, en u, spreekt u ook over haar?*
Betreft de vraag een zaak, dan gebruikt men **wo** (+ tussen-**r** als het voorzetsel met een klinker begint) + voorzetsel:
Woran denken Sie? - *Waaraan denkt u?*
Worauf warten Sie? - *Waarop wacht u?*
Wovon sprechen Sie? - *Waarover spreekt u?*
Wovor fürchten sich die Kinder? - *Waarvoor zijn de kinderen bang?*
Voor het antwoord gebruikt men voorzetsel + voorwerp, of **da-** + voorzetsel:
Ich denke an das Wochenende, und Sie, denken Sie auch daran? - *Ik denk aan het weekend, en u, denkt u daar ook aan?*
Wir sprechen von dem Streik, und Sie, sprechen Sie auch davon? - *We spreken over de staking, en u, spreekt u daar ook over?*

Nog vragen? Ga terug naar les 84, punt 1.

8 Passieve vorm

De passieve (of lijdende) vorm wordt behandeld in les 91, punt 1, dus herhalen we hier alleen het belangrijkste.

Eigenlijk zijn er twee passieve vormen:

• **sein** + voltooid deelwoord om een toestand of resultaat van een handeling/gebeurtenis te beschrijven:
Der Baum ist geschmückt. - *De boom is versierd.*

• **werden** + voltooid deelwoord om de handeling of gebeurtenis zelf te beschrijven:
Der Baum wird geschmückt. - *De boom wordt versierd.*
Der Baum ist von mir allein geschmückt worden. - *De boom is door mij alleen versierd (geworden).*

Let op: het voltooid deelwoord van **werden** – dat gebruikt wordt voor de passieve vorm – is **worden** (zonder **ge-**)!

Hier volgt de vervoeging van het werkwoord **schmücken** - *versieren* in de indicatief-passieve vorm:

Präsens	Präteritum	Futur
ich werde geschmückt	wurde geschmückt	werde geschmückt werden
du wirst geschmückt	wurdest geschmückt	wirst geschmückt werden
er/sie/es wird geschmückt	wurde geschmückt	wird geschmückt werden
wir werden geschmückt	wurden geschmückt	werden geschmückt werden
ihr werdet geschmückt	wurdet geschmückt	werdet geschmückt werden
sie werden geschmückt	wurden geschmückt	werden geschmückt werden

Perfekt	Plusquamperfect
ich bin geschmückt worden	war geschmückt worden
du bist geschmückt worden	warst geschmückt worden
er/sie/es ist geschmückt worden	war geschmückt worden
wir sind geschmückt worden	waren geschmückt worden
ihr seid geschmückt worden	wart geschmückt worden
sie sind geschmückt worden	waren geschmückt worden

Voor de conjunctief-passieve vorm volstaat het **werden** in de conjunctief te zetten (zie 7.4) en het voltooid deelwoord van het hoofdwerkwoord toe te voegen: **sei geschmückt (worden), wäre geschmückt (worden)**, enz.

9 Voorwaardelijke wijs

Doorgaans gaat het hierbij om iets hypothetisch, de uitdrukking van een voorwaarde (**wenn...** - *als...*) en een gevolg (**dann...** - *dan...*):
Wenn es morgen regnet, (dann) bleibe ich zu Haus. - *Als het morgen regent, (dan) blijf ik thuis.*

Voor een irreële gebeurtenis wordt in beide zinsdelen de **Konjunktiv II** van de tegenwoordige tijd gebruikt:
Wenn es regnen würde, (dann) würde ich zu Haus bleiben. - *Als het regende* ("zou regenen")*, zou ik thuis blijven.* (Maar het regent niet...!)

Voor een irreële gebeurtenis in het verleden wordt in beide zinsdelen de **Konjunktiv II** van de verleden tijd gebruikt:
Wenn es geregnet hätte, (dann) wäre ich zu Haus geblieben. - *Als het geregend had* ("zou geregend hebben")*, (dan) was ik thuis gebleven.* (Maar het heeft niet geregend...!).

Meer uitleg vindt u in les 98, punt 1.

10 Waar?, waarheen?, waarvandaan?

• Bij de "locatie" van iemand/iets is de vraag **wo?** - *waar?* van toepassing:

Wo wohnen Sie? – In Ulm. - *Waar woont u? – In Ulm.*
Wo steht die Weinflasche? – Auf dem Tisch. - *Waar staat de wijnfles? – Op de tafel.*

• Bij een "verplaatsing", "beweging", dus "richting" stelt men de vraag **wohin?** / **wo… hin?** - *waarheen, waar naartoe?* of **woher?** / **wo… her?** *waarvandaan?*:

Wohin gehen Sie?/Wo gehen Sie hin? – Ins Kino. - *Waar gaat u naartoe? – Naar de bioscoop.*
Wohin stelle ich die Flasche?/Wo stelle ich die Flasche hin? – Auf den Tisch. - *Waar zet ik de fles? – Op de tafel.*
Woher kommt sie?/Wo kommt sie her? - *Waar komt ze vandaan?*

In het antwoord vereisen antwoorden met een bepaald voorzetsel een zekere naamval:

- **bei** → locatie → datief:
Sie hat bei Freunden gegessen. - *Ze heeft bij vrienden gegeten.*

- **zu** en **nach** → verplaatsing/beweging → datief:
Sie ist zu Freunden gefahren. - *Ze is naar vrienden gegaan.*
Er ist nach Hamburg gefahren. - *Hij is naar Hamburg gereden.*
(Enige uitzondering op de regel: **Er ist zu Hause geblieben.** - *Hij is thuis gebleven.*)

- negen voorzetsels (**an**, **auf**, **in**, **über**, **unter**, **vor**, **hinter**, **neben** en **zwischen**) kunnen met een verschillende naamval staan:
   – de datief bij een "locatie":
Er ist schon im (= in dem) Büro. - *Hij is al op kantoor.* (**Wo?**)
   – de accusatief bij een "richting":
Er fährt ins Büro. - *Hij gaat naar kantoor.* (**Wohin?**)

11 Voegwoorden

(Zie les 84, punt 2.)

11.1 Nevenschikkende voegwoorden

Und - *en*, **aber** - *maar*, **oder** - *of* en **denn** - *omdat, want, daar* verbinden gelijkwaardige zinnen:

Wir essen (und) danach sehen wir fern. - *We eten (en) daarna kijken we televisie.*

Er wartet, (aber) seine Freundin kommt nicht. - *Hij wacht (maar) zijn vriendin komt niet.*

11.2 Onderschikkende voegwoorden

- van tijd: **als** - *als*, **bevor** - *voor*, **bis** - *tot*, **nachdem** - *nadat*, **seit** - *sinds*, **sobald** - *zodra*, **solange** - *zolang*, **während** - *terwijl, tijdens*, **wenn** - *wanneer, als* (zie les 63, punt 3)
- van oorzaak: **weil** - *omdat*; **da** - *daar, omdat*
- van toegeving: **obwohl, obgleich** - *hoewel*
- van doel: **damit, dass** - *opdat, zodat, teneinde…*

Ze verbinden een hoofd- met een bijzin.

Twee belangrijke zaken zijn:
- in een met een onderschikkend voegwoord ingeleide bijzin staat het vervoegd werkwoord achteraan:

Ich habe in Heidelberg gewohnt, als ich Kind war. - *Ik heb in Heidelberg gewoond toen ik kind was.*

- het staat doorgaans in de indicatief:

Macht Ordnung, bevor Papa kommt! - *Ruim alles op voor papa komt!*

Iss dein Müsli, damit du groß und stark wirst! - *Eet je muesli/ontbijtgranen zodat je groot en sterk wordt!*

Sie trinkt ein Bier, obwohl sie kein Bier mag. - *Ze drinkt een biertje hoewel ze geen bier lust.*

12 Betrekkelijke bijzinnen

Deze worden ingeleid door een betrekkelijk voornaamwoord en plaatsen het werkwoord achteraan. Het betrekkelijk voornaamwoord richt zich naar het naamwoord of voornaamwoord, zowel in getal, geslacht als in naamval:

Der Mann, der im Café wartet, ist ihr Freund. - *De man die in de tearoom wacht, is haar vriend.*
Der Mann, den sie getroffen hat, kommt aus Berlin. - *De man die ze ontmoet heeft, komt uit Berlijn.*
Die Frau, die ich um 17 Uhr treffe, arbeitet mit mir. - *De vrouw die ik om 17 uur ontmoet, werkt met mij.*
Die Frau, der sie die Stadt zeigt, ist Spanierin. - *De vrouw aan wie ze de stad laat zien, is Spaanse.*
Warum sind die Kinder, die dort spielen, noch nicht zu Hause? - *Waarom zijn de kinderen die daar spelen nog niet thuis?*
Die Kinder, mit denen sie spielt, sind glücklich. - *De kinderen met wie ze speelt, zijn gelukkig.*
Diejenigen, die nach Hause wollen, können jetzt gehen. - *Degenen die naar huis willen, kunnen nu gaan.*
Diejenigen, deren Arbeit zu Ende ist, dürfen gehen. - *Degenen van wie het werk af is, mogen gaan.*

Meer uitleg over het betrekkelijk voornaamwoord vindt u onder punt 6.5 en in les 77, punt 1.

Hiermee zijn we aan het einde van onze grammaticale bijlage. Mocht u niet gevonden hebben wat u zocht, dan kunt u de grammaticale index raadplegen die verwijst naar de opmerkingen in de lessen of de punten in de herhalingslessen waar de gezochte uitleg te vinden is.

Grammaticale en lexicale index

In deze alfabetische index verwijst het eerste cijfer naar het nummer van de les, het tweede naar de opmerking of het punt als het een herhalingsles betreft.
Herhalingslessen staan in vet.
De letter G verwijst naar de grammaticale bijlage, C naar culturele informatie op het einde van een les, I naar de inleiding, U naar de aanwijzingen over de uitspraak.

Beleefdheidsvorm G,6.1-2, 6.7.1; 1,3; 2,4; 5,5; **7,1-3**; **14,1**; **21,2**; 25,1; **28,1-2**; 38,1; 80,3; 95,1

Bijvoeglijk naamwoord G,4; 18,6-9; **35,2**; 50,3-4; 51,2; 53,2-5; **56,1**
  Gesubstantiveerd adjectief 53,8; 69,3; **70, 3**; 76,1; 88,5

Es - *er* 83,1; 86,4; 88,8; **91,2**
  Es gibt - *er is/zijn* 15,3; 19,5; 41,5

Eenheidsmaten 9,4

Klemtoon G 7.8; I; U les 3, 4, 6, 8, 13, 15, 16, 17, 20, 23, 27, 36, 37, 43, 50; 4, 3-4; **63,2.1**

Indirecte rede **70, 2**; 96,2; 97,2; **98,1.3**

Lidwoorden G,2-4-5 (zie ook onder Naamvallen)
  Bepaald lidwoord **7,2; 14,2; 21,3; 42,1; 56,1.1;** 78,10
  Onbepaald lidwoord **7,2; 14,2; 21,3; 42,1; 56,1.2**
  Ontkennend lidwoord **14,2; 56,1.2**
  Geslacht 6,4
  Samentrekkingen (zie onder Voorzetsels)

Meervoud G,5; 6,4; 8,4; 9,4; 13,6; 23,5; 26,8; 29,3; 33,6; **35,2**; 37,9; 50,1; 52,1; 58,5; **70,3**; 78,9; 79,3; 85,5; 90,1

Naamvallen en verbuigen G,3-4-6

~ bij aanwijzende voornaamwoorden G,6.3
~ bij betrekkelijke voornaamwoorden G,6.3; **77,1.1-2**
~ bij bijvoeglijke naamwoorden **35,2**; 50,4; 53,8-10; **56,1**
~ bij lidwoorden G,4; 1**4,2**; **21,3**; **42,1**; **49,1**
~ bij persoonlijke voornaamwoorden G,6.1; **28,1**; **42,1**
~ bij voorzetsels **49,4**; **84,1**
~ bij vragende voornaamwoorden G,6.4; **70,2**
~ bij wederkerende voornaamwoorden G,6.2
Zwakke verbuiging G,4; 50,4; 51,2; 53,2-10; **56,1**

Ontkennen 5,3; **7,4**; 9,6; **14,3**; 34,6

Plaatsaanduidingen

Namen van landen/steden G,1; 64,4; 67,4-5; **70,3**
Waar?, waarheen?, waarvandaan? G,10; **42,3**; 44,6; **49,4**; 52,10
Windstreken **42,4**; 64,4

Spelling

Aan elkaar schrijven 17,6; 26,2; 64,4; 71,1-2
Hoofdletter G,1; 1,1-3; 67,5; 80,3
Komma 26,2; 34,5; 80,1-3
ß 8,3; 29,6; 57,3; **63,2.1**; 72,3, I, U les 3
Tussen-**e** 8,3; 13,3; 26,5; **42,2**; 57,3; **63,2.1**; **70,1**; 72,3
Tussen-**r** G, 7.9
Umlaut I, U in les 1, 4, 17; 4,3; 16,2; 23,5; 57,3; 64,5; **70,1**; 89,1; 92,1-2; 93,3; **98,1.1**; G,5
Punt bij rangtelwoorden 22,7; 80,1
Uitroepteken 80,3
Weglatingsteken 12,1; 26,8; 76,12

Telwoorden

Hoofdtelwoorden **21,4**; 17,6; 60,5; U les 9
Rangtelwoorden 22,7; **28,5**; 68,7; 80,1

Tijdsaanduidingen 30,6; **35,4**
    Dagen van de week C les 25; **35,4**
    Datum 22,7; **28,6**; 44,1; 64,2; 80,1
    Maanden **28,7**; 46,4
    Seizoenen **28,7**
    Uur 16,1; 17,4; 20,7; 44,2; 52,2-5-6; 71,2; 78,2-3-4; 89,4

Vergelijken **63,2**; 97,8; **98,2**
    Gelijkheid 58,6; 60,2; **63,2**
    Ongelijkheid 58,6; 60,2; **63,2**; 82,2
    Comparatief en superlatief 57,3-4-5; 60,8; 62,5-8; **63,2**

Voegwoorden **84,2**
    Nevenschikkende voegwoorden G,11.1; **84,2.1**
    Onderschikkende voegwoorden G,11.2; **84,2.2**
        Als 63,3
        Damit 79,2
        Dass G 11.1.2; 79,2; **84,2.3**; **98,1.3**
        Ob 76,6; **77,3**; 95,6; **98,1.4**
        Wenn G,9; 39,3; **63,3**; 93,2; 95,7

Voornaamwoorden

    Aanwijzende voornaamwoorden G,6.3; 3,1; 13,7; 30,8; 32,3; 40,3; 43,6; 48,2; **49,5**; 78,10
    Betrekkelijke voornaamwoorden G,6.5; 33,10; 34,1; 72,5-9; 73,5; **77,1**; 85,7
    Bezittelijke voornaamwoorden G,6.7; 5,4; C les 18; **21,3**; 23,3; 25,1-7; **28,2**; 32,8; **35,3**; 39,8; 55,8; **56,1-2, 3**
    Onbepaalde voornaamwoorden G,6.6; 17,3; 38,9; 69,2; 73,4
    Persoonlijke voornaamwoorden G,6.1; 1,3; 3,4-5; 4,8; 6,1-3-5; **7,3**; 12,1; 13,2; 22,3; 25,7; **28,1**; 38,1; **42,1**;
    Vragende voornaamwoorden G,6.4; 20,3; 22,4; 23,2; **28,3**; 39,2; **70,2**
    Wederkerende voornaamwoorden G,6.2; 5,5; 45,7; 58,1; 62,7; 73,7; **77,2**; 78,5
    Derjenige G,6.3.2; 85,7

Voorzetsels G,7.9; 37,8; 41,3-4;
~ + accusatief of datief **49,4**; **56,4**; **84,1**
an 24,8; **28,6**; **35,4**; 54,5; 74,7; 97,7
auf 43,4; 45,2; 54,1; 59,9; 81,3; 96,5; 99,4
aus 48,2
außer 39,6
bei 51,1; 59,2; 69,4
für 22,3; 37,8
in 10,2; 12,2; 41,4; 43,4; 53,2; 62,1
mit 41,6; 50,4; 53,10; 74,5
nach 38,4; 73,3
seit 29,4; 64,7
über 36,5; 94,8; 96,5
um 33,5
unter 75,6
von 40,6; 64,1; 86,2
zu 12,2; 31,3; 38,6; 62,6
zwischen 67,2
Samentrekking met lidwoord 2,1; 20,1; 26,3; 31,3; 54,1
Da + **r** + ~ G,7.9; 74,10
Wo + **r** + ~ G,7.9; 89,3

Vragen
    Indirecte ~ **77,3**; 88,1
    Vragende voornaamwoorden (zie daar)

Werkwoorden
    Deelwoorden G,7.6
        Onvoltooid deelwoord 61,1
        Voltooid deelwoord
            ~ bij scheidbare werkwoorden 43,1; **49,2.3**
            ~ bij onscheidbare werkwoorden 40,7; 42,2; **49,2.4**
            ~ bij regelmatige werkwoorden 20,2; 24,5; 36,4; **42,2**; **49,2.1**
            ~ bij onregelmatige werkwoorden 46,1; **49,2**; **63,1**; **70,1**; **93,3**
            ~ en het voor-/tussenvoegsel **ge 49,2**; 88,3

Gemengde werkwoorden G,7.3

Hulpwerkwoorden G,7.4
    Haben G, 7.4; **14,1; 49,3**; **91,1**; 94,3
    Sein G, 7.4; **14,1; 49,3**; 59,1; **91,1**; 94,3
    Werden G,7.4; 23,6; 89,5; **91,1.2**

Infinitief 1,3
    ~ met **zu** 26,2; **28,4**; 31,7; 66,3
    Dubbele infinitief 76,11; 96,8

Lassen - *laten* 76,11; 88,7

Modale werkwoorden 70,1; 71,5; 76,11; 93,2
    dürfen 32,4; 33,8; **35,1**
    können 29,1; **35,1**; 64,5
    mögen 4,2; 8,1; 23,1; **35,1**; 85,2
    müssen 30,3; 31,2; **35,1**
    sollen 31,2; 32,4; **35,1**; 36,2; 87,2; 92,2; 96,1; **98,1.2**; 99,2
    wollen 27,6; 33,7; **35,1**

Onpersoonlijke werkwoorden 6,1; 15,3; **91,1.3**

Onregelmatige (sterke) werkwoorden G,7.2; 15,3; 16,5; **21,1**; 46,1; 49,2; **56,4**; **63,1**; 68; **70,1**; 93,3; **98,1**; lijst

Regelmatige (zwakke) werkwoorden G,7.1; 36,4; **42,2**; **49,2**; **56,4**; **70,1**; 92,8; **98,1**

Scheidbare en onscheidbare werkwoorden G,7.8

Stam **7,1**

Toestand en beweging **56,4** 82,6

Transitieve en intransitieve werkwoorden 29,4; 39,1; 56,4

Wederkerende werkwoorden 39,1; 41,8; 45,7; 47,9; 55,1; 57,9; 58,1; 62,7; 75,7; **77,2.3**; 78,5; 82,3; 88,4

Werkwoorden met een vast voorzetsel G,7.9; **84,1.3**

Werkwoorden op **-ieren** 46,2; **49,2.4**; 68,11

Wissen 22,8; 31,4; **70,1**

Passieve (Lijdende) vorm G,8; 86,2; 87,3; 88,3; 89,5-6; 90,3-10; **91,1**

Plaats van het werkwoord **28,4**; 88,1

Prefixen (voorvoegsels) bij werkwoorden G,7,8; U les 16, 37, 43;
12,6; 16,2; 24,6; 31,9; 32,1; 36,4; 40,7; 43,1-7; 46,1-2; 69,5; 88,3

Tijden en vervoegingen G,7; 26,5; 46,7; 64,5;

    Onvoltooid tegenwoordige tijd - **Präsens** G,7; **7,1**; **14,1**; **21,1**

    Voltooid tegenwoordige tijd - **Perfekt** G,7; 49,3; 53,4; 59,1;
63,1; **70,1**; 83,8

    Onvoltooid verleden tijd - **Präteritum** G,7; **49,3**; 64,3-5-6-8;
70,1; 72,1; 82,6

    Voltooid verleden tijd - **Plusquamperfekt** G,7; 83,8

    Toekomende tijd - **Futur** G,7; 55,5; **56,2**; 90,3
      Nabije toekomst 26,5

Wijzen
    Aantonende wijs (Indicatief) G,7
    Aanvoegende wijs (**Konjunktiv** / conjuctief/subjunctief)
    G,7 en 9; 92,1-2-3-8; 93,1-2-3; 94,3-4; 95,6-9; 96,2-3-4;
98,1
    Gebiedende wijs (Imperatief)
      Bevelen in het algemeen G,7; 11,1; 16,5-7; 74,1; 90,10;
91,1.3; **98,1.2**
      ~ in de beleefdheidsvorm 5,5; 15,1; **21,2**; 53,7
      ~ in de 1^e pers. meervoud 19,4; **21,2**; 86,8
      ~ in de 2^e pers. enkelvoud 11,1; 15,1; 16,3-7; **21,2**
      ~ in de 2^e pers. meervoud 13,2; 15,1; **21,2**
    Voorwaardelijke wijs (conditionalis) G,9; 94,3; **98,1** (+ zie
Konjunktiv II)

Zelfstandige naamwoorden G,1, 1,1
    Gesubstantiveerde infinitief G,1, **7.7**; 27,2; 59,2; 79,8; 81,4
    Meervoud (zie daar) G,5
    Namen van inwoners 50,6; 64,4; 67,4; **70,3**
    Verkleinvorm G,1; 4,3; 38,2
    Geslacht G,1; **7,2**
    Zwakke mannelijke ~ 47,2; 58,2; 61,7; 65,6; 70,3; 82,5; 93,4

Zinsbouw G,12; 11,6; **28,4**; 39,3; 43,5; 44,5; 88,1

Lijst van onregelmatige werkwoorden

In deze lijst vindt u naast de infinitief de 1e persoon enkelvoud o.v.t. en het voltooid deelwoord. Bij werkwoorden die onregelmatig zijn in de 2e en 3e persoon enkelvoud o.t.t. geven we u tussen haakjes de 3e persoon enkelvoud. Let op bij de vervoeging van de "modale" werkwoorden en van **wissen**, die bijzonder onregelmatig is in de o.t.t. (zie les 35, punt 1).

anbieten, bot an, angeboten - *aanbieden*
bleiben, blieb, geblieben - *blijven*
beißen, biss, gebissen - *bijten*
beginnen, begann, begonnen - *beginnen*
bekommen, bekam, bekommen - *bekomen, krijgen, ontvangen*
benehmen, sich ~ (benimmt), benahm, benommen - *zich gedragen*
beschließen, beschloss, beschlossen - *besluiten*
besitzen, besaß, besessen - *bezitten*
betrügen, betrog, betrogen - *bedriegen*
bewerben (bewirbt), bewarb, beworben - *solliciteren*
binden, band, gebunden - *binden*
bitten, bat, gebeten - *verzoeken*
bleiben, blieb, geblieben - *blijven*
brennen, brannte, gebrannt - *branden*
brechen (bricht), brach, gebrochen - *breken*
denken, dachte, gedacht - *denken*
dürfen (darf), durfte, gedurft - *mogen*
einladen (lädt ein), lud ein, eingeladen - *uitnodigen*
entkommen, entkam, entkommen - *ontkomen*
empfangen (empfängt), empfing, empfangen - *ontvangen*
empfehlen (empfiehlt), empfahl, empfohlen - *aanbevelen*
entscheiden, entschied, entschieden - *beslissen*
erkennen, erkannte, erkannt - *herkennen, onderscheiden*
erscheinen, erschien, erschienen - *verschijnen*
erschrecken (erschrickt), erschrak, erschrocken - *schrikken*
essen (isst), aß, gegessen - *eten*
fahren (fährt), fuhr, gefahren - *rijden*
fallen (fällt), fiel, gefallen - *vallen*
fangen (fängt), fing, gefangen - *vangen*
finden, fand, gefunden - *vinden*
fliegen, flog, geflogen - *vliegen*

fliehen, floh, geflohen - *vluchten*
fließen, floss, geflossen - *vloeien*
frieren, fror, gefroren - *(be)vriezen*
gefallen (gefällt), gefiel, gefallen - *bevallen, mooi/leuk/... vinden*
geben (gibt), gab, gegeben - *geven*
gelingen, gelang, gelungen - *lukken*
gelten (gilt), galt, gegolten - *gelden, waard zijn*
geschehen (geschieht), geschah, geschehen - *gebeuren*
gewinnen, gewann, gewonnen - *winnen*
gießen, goss, gegossen - *gieten*
graben (gräbt), grub, gegraben - *graven*
greifen, griff, gegriffen - *grijpen*
haben (hat), hatte, gehabt - *hebben*
halten (hält), hielt, gehalten - *houden*
hängen, hing, gehangen - *hangen*
hauen, haute, gehauen - *houwen, slaan*
heben, hob, gehoben - *heffen*
heißen, hieß, geheißen - *heten, betekenen*
helfen (hilft), half, geholfen - *helpen*
kennen, kannte, gekannt - *kennen*
klingen, klang, geklungen - *klinken*
kommen, kam, gekommen - *komen*
können (kann), konnte, gekonnt - *kunnen*
kriechen, kroch, gekrochen - *kruipen*
laden (lädt), lud, geladen - *laden*
lassen (lässt), ließ, gelassen - *laten*
laufen (läuft), lief, gelaufen - *lopen*
leiden, litt, gelitten - *lijden*
lesen (liest), las, gelesen - *lezen*
liegen, lag, gelegen - *liggen*
lügen, log, gelogen - *liegen*
meiden, mied, gemieden - *mijden*
messen (misst), maß, gemessen - *meten*
mögen (mag), mochte, gemocht - *graag hebben*
müssen (muss), musste, gemusst - *moeten*
nehmen (nimmt), nahm, genommen - *nemen*
nennen, nannte, genannt - *noemen*
pfeifen, pfiff, gepfiffen - *fluiten*
raten (rät), riet, geraten - *raden, aanraden*
reißen, riss, gerissen - *scheuren*
riechen, roch, gerochen - *ruiken*

rufen, rief, gerufen - *roepen*
schaffen, schuf, geschaffen - *scheppen, creëren*
scheinen, schien, geschienen - *schijnen*
schlafen (schläft), schlief, geschlafen - *slapen*
schlagen (schlägt), schlug, geschlagen - *slaan*
schließen, schloss, geschlossen - *sluiten*
steigen, stieg, gestiegen - *stijgen*
schmelzen (schmilzt), schmolz, geschmolzen - *smelten*
schneiden, schnitt, geschnitten - *snijden*
schreiben, schrieb, geschrieben - *schrijven*
schreien, schrie, geschrien - *schreeuwen, gillen*
schweigen, schwieg, geschwiegen - *zwijgen*
schwimmen, schwamm, geschwommen - *zwemmen*
schwören, schwor, geschworen - *zweren*
sehen (sieht), sah, gesehen - *zien*
sein (ist), war, gewesen - *zijn*
senden, sandte, gesandt - *zenden*
singen, sang, gesungen - *zingen*
sitzen, saß, gesessen - *zitten*
sollen (soll), sollte, gesollt - *moeten*
spinnen, spann, gesponnen - *spinnen, gek zijn*
sprechen (spricht), sprach, gesprochen - *spreken*
springen, sprang, gesprungen - *springen*
stechen (sticht), stach, gestochen - *steken, prikken*
stehen, stand, gestanden - *staan*
stehlen (stiehlt), stahl, gestohlen - *stelen*
steigen, stieg, gestiegen - *stijgen*
sterben (stirbt), starb, gestorben - *sterven*
streiten, stritt, gestritten - *strijden, redetwisten*
tragen (trägt), trug, getragen - *dragen*
treffen (trifft), traf, getroffen - *treffen, ontmoeten*
treten, trat, getreten - *treden*
trinken, trank, getrunken - *drinken*
tun, tat, getan - *doen*
unterhalten (unterhält), unterhielt, unterhalten - *onderhouden*
unterscheiden, unterschied, unterschieden - *onderscheiden*
verbieten, verbot, verboten - *verbieden*
verderben, (verdirbt), verdarb, verdorben - *bederven*
vergehen, verging, vergangen - *verlopen*
vergessen (vergisst), vergaß, vergessen - *vergeten*
verleihen, verlieh, verliehen - *uitlenen, toekennen*

verlieren, verlor, verloren - *verliezen*
verschwinden, verschwand, verschwunden - *verdwijnen*
versprechen (verspricht), versprach, versprochen - *beloven*
verstehen, verstand, verstanden - *verstaan, begrijpen*
verzeihen, verzieh, verziehen - *vergeven, excuseren*
wachsen (wächst), wuchs, gewachsen - *wassen, groeien*
waschen (wäscht), wusch, gewaschen - *wassen*
werben (wirbt), warb, geworben - *werven*
werden (wird), wurde, geworden - *worden*
wiegen, wog, gewogen - *wegen*
wissen (weiß), wusste, gewusst - *weten*
wollen (will), wollte, gewollt - *willen*
ziehen, zog, gezogen - *trekken*
zwingen, zwang, gezwungen - *dwingen*

Woordenlijsten

Deze woordenlijsten bevatten alle woorden uit de lessen. Bij ieder woord staat de vertaling en het nummer van de les waarin het voor het eerst voorkomt. Dit is dus geen woordenboek.

• De vertaling is deze welke in de betrokken les van toepassing is; andere mogelijke betekenissen worden niet vermeld. Bij sommige woorden wordt naar meer dan één les verwezen omdat een woord in verschillende lessen in een andere betekenis kan voorkomen, of omdat we het belangrijk vinden om er in een andere context op terug te komen, of om in een latere opmerking bijkomende uitleg te geven.

• Naast elk zelfstandig naamwoord staat het geslacht en de meervoudsuitgang, bijv.: **Bild** (o.) (-er) = **das Bild, die Bilder**; **Stadt** (v.) (¨-e) = **die Stadt, die Städte**.

• Werkwoorden staan in de infinitief opgenomen; onregelmatige werkworden herkent u aan het sterretje (*).

Gebruikte afkortingen:

aanw. vnw.	aanwijzend voornaamwoord
acc.	accusatief
bez. vnw.	bezittelijk voornaamwoord
bijw.	bijwoord
dat.	datief
comp.	comparatief
ev. / mv.	enkelvoud / meervoud
fam.	familair taalgebruik
fig. / lett.	figuurlijk/letterlijk gebruik
inf.	infinitief
lidw.	lidwoord
lijd. vw.	lijdend voorwerp
m. / v. / o.	mannelijk / vrouwelijk / onzijdig
meew. vw.	meewerkend voorwerp
onderw.	onderwerp
pers. vnw.	persoonlijk voornaamwoord
voegw.	voegwoord
voorz.	voorzetsel
ww.	werkwoord
zelfst. nw.	zelfstandig naamwoord

Woordenlijst Duits-Nederlands

A

ab	vanaf 71
Abend *(m.)* (-e)	avond 2
Abendessen *(o.)* (-)	avondeten, avondmaal 47
aber	maar 6; niettemin 80
abfahren*	vertrekken (met auto, trein,...) 16
abhauen *(fam.)*	ophoepelen, opkrassen 55
abheben*	afhalen, wegnemen 86
abholen	afhalen, ophalen, oppikken 20
abnehmen*	afnemen 87
Abschied nehmen*	afscheid nemen 12
Abschluss *(m.)* (¨-e)	afsluiting, beëindiging 81
Absicht *(v.)* (-en)	bedoeling, intentie 86
Abstecher *(m.)* (einen ~ machen)	een omweg maken 100
abstellen	afzetten 74; afsluiten 90
abstürzen	neerstorten 62
Abteilung *(v.)* (-en)	afdeling 80
ach!	ach! 15
Acht *(v.)*	acht, aandacht 69
Acht nehmen* (sich in ~)	zich hoeden voor, voorzichtig zijn 69
achten	naleven 94
Achtung *(v.)*	achting, waardering, inachtneming 16
Achtung!	aandacht!, opgelet!16
Acker *(m.)* (-)	akker 59
Adresse *(v.)* (-n)	adres 84
Adventszeit *(v.)*	adventtijd 97
Affe *(m.)* (-n)	aap 88
ahnen	vermoeden *(ww.)* 87
ähnlich	gelijkaardig 80
Ahnung *(v.)* (-en)	benul 87
Akzent *(m.)* (-e)	accent 75
alle	alle(n), allemaal, elkeen, iedereen 23; al(le) 48
alle Welt	iedereen 79
allein	alleen 2
allerdings	echter 74
alles	alles 9
allgemein	algemeen 68
Allgemeinbildung *(v.)*	algemene kennis/ontwikkeling 68
Alltag *(m.)*	alledaagse/dagelijkse leven 73
alltäglich	alledaags 81
Alpen *(mv.)*	Alpen 83
als	toen 57; als 72
als *(comp.)*	dan *(comp.)* 58
als ob	alsof 95
also	dus 9; dan, nou, wel 15
alt	oud 18
älter	ouder 82
Alter *(o.)* (-e(n))	leeftijd 89

Altstadt *(v.)* (¨-e)	oude (binnen)stad 33
am (= an dem)	*zie* an 20
am ...sten	het ...ste 62
Amerika *(o.)*	Amerika 39
Ampel *(v.)* (-n)	verkeerslicht 94
Amt *(o.)* (¨-er)	overheidsdienst 69
an	op 16; bij, in 20; aan, naar 24
anbieten*	aanbieden 37
ander-	ander(e) 34
ändern	veranderen (anders maken) 82
ändern (sich ~)	veranderen (anders worden), wijzigen 39
anfangen*	aanvangen, beginnen 45
Anfänger *(m.)* (-)	beginner 90
Angebot *(o.)* (-e)	aanbieding, aanbod 62
Angelegenheit *(v.)* (-en)	aangelegenheid, zaak 54
angestellt sein	aangesteld, in dienst, tewerkgesteld zijn 81
Angestellte *(m./v.)* (-n)	bediende, employé/-ee 81
Angst *(v.)* (¨-e)	angst 59
Angst haben	bang zijn 59
anhalten*	halt houden, stoppen 29
ankommen*	aankomen 20
Ankunft *(v.)* (¨-e)	aankomst 30
Ankunftszeit *(v.)* (-en)	aankomsttijd 30
anmachen	aandoen 43
Annonce *(v.)* (-n)	advertentie 50
anpassen (sich ~)	zich aanpassen 97
Anruf *(m.)* (-e)	oproep, telefoontje 11
Anrufbeantworter *(m.)* (-)	antwoordapparaat 12
anrufen*	opbellen, oproepen 11
anscheinend	blijkbaar 100
Anschluss *(m.)* (¨-e)	aansluiting 20
ansehen*	aankijken, aanzien, bekijken 10
ansprechen*	aanspreken 37
anständig	fatsoenlijk 85
anstellen	aanzetten 74; aanstellen 81; aansluiten 90
anstrengen (sich ~)	zich inspannen 66
anstrengend	vermoeiend 26
Anstrengung *(v.)* (-en)	inspanning 66
Antwort *(v.)* (-en)	antwoord 80
antworten	antwoorden 11
Anzeige *(v.)* (-n)	advertentie 50
anziehen* (sich ~)	zich aankleden, iets aantrekken 59
Anzug *(m.)* (¨-e)	pak 38
anzünden	aansteken 90
Apfel *(m.)* (¨)	appel 24
Apfelkuchen *(m.)* (-)	appeltaart 27
Apfelsaft *(m.)* (¨-e)	appelsap 24

Apfelschorle *(v.)*	mix van appelsap en bruisend mineraalwater 33
Apfelwein *(m.)* (-e)	appelwijn, cider 33
April *(m.)*	april 28
arbeiten	werken 19
Arbeiter *(m.)* (-)	arbeider 33
Arbeitsamt *(o.)*	arbeidsbureau 69
Arbeitsstelle *(v.)* (-n)	arbeidsplaats, baan 80
Arbeitszeit *(v.)* (-en)	werktijd 78
ärgern	ergeren 93
Argument *(o.)* (-e)	argument 61
Arm *(m.)* (-e)	arm *(zelfst. nw.)* 86
arm	arm *(bijv. nw.)* 53
Arme *(m.)* (-n)	arme, stakker 53
Arzt *(m.)* (¨-e)	arts 50
au!	au!, o (ja)! 26
auch	ook 6
auf	op 29; naar 43
auf Wiederhören!	tot wederhoren/horens! (telefoon) 5
auf Wiedersehen!	tot (weder/weer)ziens! 5, 12
auffallen*	opvallen 99
Aufgabe *(v.)* (-n)	functie, opgave 80
aufgeben*	opgeven 99
aufgeregt	opgewonden 18
aufholen	inhalen 79
aufhören	ophouden, stoppen (met) 51
aufklären	duidelijk worden 99
aufmachen	opendoen, openmaken 74
aufpassen	oppassen 94
aufpassen auf	letten op 99
aufregen (sich ~)	zich opwinden 79
aufschlagen*	stukslaan 85
aufstehen*	opstaan 30
aufwachen	ontwaken, wakker worden 71
Auge *(o.)* (-n)	oog 54
Augenblick *(m.)* (-e)	ogenblik 47
August *(m.)*	augustus 22
aus *(+ dat.)*	uit 3; om 48
Ausdauer *(v.)*	uithoudingsvermogen 99
Ausfahrt *(v.)* (-en)	uitrit 48
ausgebucht	volgeboekt 96
ausgezeichnet	uitstekend 27
Auskunft *(v.)* (¨-e)	inlichting 15
Auslagen *(v. mv.)*	(terugbetaalbare) kosten/uitgaven 80
Ausland *(o.)*	buitenland 80
ausmachen	uitdoen 43; uitmaken 95
ausmachen (etwas unter sich ~)	iets onder elkaar afspreken 95
Ausnahme *(v.)* (-n)	uitzondering 62
aussehen*	ogen 18
aussehen* (gut ~)	er goed uitzien 18
außer *(+ dat.)*	behalve, buiten 39

außerdem	bovendien 50
außergewöhnlich	buitengewoon 64
Aussicht *(v.)* (-en)	uitzicht 50
aussteigen*	uitstappen 16
Austausch *(m.)*	uitwisseling 81
Auto *(o.)* (-s)	auto 40
Autobahn *(v.)* (-en)	autosnelweg 52
Automechaniker *(m.)* (-)	automonteur 67
Autowaschen *(o.)*	carwash 79

B

Baby *(m.)* (-s)	baby 35
backen	bakken 91
Bäckerei *(v.)* (-en)	bakkerij 100
Bad *(o.)* (¨-er)	bad 50
Badeanzug *(m.)* (¨-e)	badpak 97
Badehose *(v.)* (-n)	zwembroek 97
Bahn *(v.)* (-en)	baan, spoorweg, trein 15
Bahnhof *(m.)* (¨-e)	treinstation 20
bald	binnenkort, gauw, weldra 12
Balkon *(m.)* (-s)	balkon 50
Ball *(m.)* (¨-e)	bal 99
Bankier *(m.)* (-s)	bankier 67
Bär *(m.)* (-en)	beer 53
Bärenhunger *(m.)*	reuzehonger 53
Barock *(m.)*	barok 41
Baskenmütze *(v.)* (-n)	Baskenmuts 72
Bauch *(m.)* (¨-e)	buik 96
bauen	bouwen 57
Bauer *(m.)* (-n)	boer 75
Baum *(m.)* (¨-e)	boom 82
Bayer *(m.)* (-n)	Beier 75
bayerisch	Beiers 75
bedanken (sich ~) für	bedanken voor 100
bedeutend	belangrijk 51
beeilen (sich ~)	zich haasten 71
beeindruckend	indrukwekkend 74
beenden	beëindigen 85
befürchten	vrezen 92
begeistert	begeesterd, enthousiast, opgetogen 73
begleiten	vergezellen, begeleiden 85
Begrenzung *(v.)*	beperking 79
begrüßen	begroeten 93
bei *(+ dat.)*	bij 25; in 51; met 78
beibringen* (jmd etwas ~)	iem. iets bij brengen, (aan)leren 93
beiden	beide 70
beim	aan het, al, tijdens het 59
Bein *(o.)* (-e)	been, poot 58
Beispiel *(o.)* (-e)	voorbeeld 75
beißen*	bijten 32
bekommen*	krijgen 33

sechshundertzwanzig • 620

belegt	belegd, bezet 96
Belgien	België 50
Belgier/Belgierin	Belg/Belgische 50
belgisch	Belgisch 50
bemerken	bemerken 97
benehmen* (sich ~)	zich gedragen 85
Benimm *(m.)*	wellevendheid 85
Benimmregel *(v.)* (-n)	wellevendheidsregel 85
Benzin *(o.)*	benzine 29
Benzinuhr *(v.)* (-en)	benzinemeter 29
beobachten	observeren 88
Berg *(m.)* (-e)	berg 46
Bericht *(m.)* (-e)	artikel, bericht 87
Berlin	Berlijn 3
Berliner *(m.)* (-)	Berlijner 64
beruhigen	geruststellen 59
berühmt	beroemd 51
Bescheid sagen/geben	op de hoogte brengen, inlichten, verwittigen 58
beschließen*	beslissen 71
besetzt	bezet 66
besichtigen	bezichtigen 33
Besichtigung *(v.)* (en)	bezichtiging 33
Besitzer/-in (-/nen)	eigenaar/eigenares 48
Besonderes (etwas/nichts ~)	iets/niets bijzonders 89
besonders	bijzonder 99
besser	beter 27
best	best 18
Beste (der/die/das ~)	de/het beste 27
bestellen	bestellen 95
Besuch *(m.)* (-e)	bezoek 33
besuchen	bezoeken, een bezoek brengen 33
Besucher *(m.)* (-)	bezoeker 87
betrunken	dronken 33
Bett *(o.)* (-en)	bed 56
Bettelmann *(m.)* (¨-er)	bedelaar 47
Beute *(v.)* (-n)	buit 36
bevor	voor(dat) 29
bewachen	bewaken 90
bewahren	bewaren 93
bewegen (sich ~)	zich bewegen 64
bewerben* (sich ~)	solliciteren 80
Bewerbung *(v.)* (-en)	sollicitatie 80
bezahlen	betalen 9
Bier *(o.)* (-e)	bier 8
Biergarten *(m.)* (¨)	biergarten/-tuin (café in openlucht) 75
Bierkrug *(m.)* (¨-e)	bierkruik 87
Bierzelt *(o.)* (-e)	biertent 87
Bild *(o.)* (-er)	afbeelding, schilderij 54
Bildung *(v.)* (-en)	ontwikkeling, opleiding, vorming 68
billig	goedkoop 40

Binde *(v.)* (-n)	band, stropdas, verband 54
binden*	binden 54
Bindfaden *(m.)* (¨)	bindgaren 87
Bindfäden regnen	pijpenstelen regenen 87
bis *(+ acc.)*	tot 12
bis jetzt	tot nu toe 79
bis morgen!	tot morgen! 10
bis später!	tot straks! 78
bisschen (ein ~)	een beetje, even, wat 18
bitte	alsjeblieft/alstublieft, graag gedaan 4; gelieve (te) 80
bitte!	geen probleem! 4
bitten	verzoeken 30
blau	blauw 46
Blaumeise *(v.)* (-n)	pimpelmees 97
bleiben*	blijven 11; overblijven, resten 83
Blick *(m.)* (-e)	blik 58
blockieren	blokkeren 48
blond	blond 36
blühen	in bloei staan, bloeien 82
Blume *(v.)* (-n)	bloem 68, 82
Blumenhändler *(m.)* (-)	bloemenhandelaar 92
Boden *(m.)* (¨)	grond 56
Bodensee *(m.)*	Bodenmeer 83
Bonbon	bonbon, praline 57
böse	boos, slecht, stout 92
Boss *(m.)* (-e)	boss 90
Brasilien *(o.)*	Brazilië 37
Bratapfel *(m.)* (¨)	gebakken appel 91
Brathähnchen *(o.)* (-)	braadkip 87
Bratkartoffeln *(m.)*	gebakken aardappelen 78
Bratwurst *(v.)* (¨-e)	braadworst 9
brauchen	nodig hebben 24
brechen*	breken 93
brennen*	branden 70
Brief *(m.)* (-e)	brief 39
bringen*	brengen 8
Brot *(o.)* (-e)	brood 4
Brötchen *(o.)* (-)	broodje 4
Bruder *(m.)* (¨)	broer 23
Brücke *(v.)* (-n)	brug 94
Brüder *(mv.)*	gebroeders 58
brutal	bruut 85
Buch *(o.)* (¨-er)	boek 70
buchen	boeken 62
Bundeskanzler *(m.)* (-)	bondskanselier 64
Bundesland *(o.)* (¨-er)	deelstaat 42
Bundespräsident *(m.)* (-en)	bondspresident 64
Bundesregierung *(v.)* (-en)	bondsregering 64
Bundesrepublik *(v.)* (-en)	bondsrepubliek 16
Bundestag *(m.)* (-e)	parlement 64

Büro *(o.)* (-s)	kantoor 6
Bus *(m.)* (Busse)	bus 59
Butter *(v.)* (-)	boter 91

C

Café *(o.)* (-s)	lunchroom, tearoom 4
Capuccino *(m.)* (-s)	capuccino 8
Champagner *(m.)* (-)	champagne 24
Chance *(v.)* (-n)	kans 88
Chef/Chefin (-s/-en)	baas 30/bazin 35
China *(o.)*	China 39
Chinesisch	Chinees (taal) 73
Chips *(m.)*	chips 78
Computer *(m.)* (-)	computer 25

D

da	er 6; daar, dan, hier, toen 15
da *(voegw.)*	daar *(voegw.)*, omdat 80
dagegen	daarentegen 60
damals	destijds, toen 74
Dame *(v.)* (-n)	dame 33
damit	daarmee 58; opdat, zodat 66
danach	daarna, erna, vervolgens 51
Dänemark	Denemarken 68
Dank *(m.)*	dank, bedanking 15
dankbar	dankbaar 89
danke	bedankt, dank u/je 4
danken (jmd *(dat.)* ~ für + *acc.*)	iem. (be)danken voor 61
dann	dan 15
daran	daaraan 74
darauf	daarop 66
darüber	daarover 75
darunter	daaronder 74
das *(aanw. vnw.)*	dat/dit *(aanw. vnw.)* 3
das *(lidw. o.)*	de/het *(o.)* 3
dass	dat *(voegw.)* 31
dasselbe	dezelfde/hetzelfde *(o.)* 30
Daumen *(m.)* (-)	duim 79
Daumen (die ~ drücken für ...)	duimen, de vingers kruisen voor ... 79
davon	daarvan 78
dazu	daarbij 75
Decke *(v.)* (-n)	plafond 81
Deckel *(m.)* (-)	deksel 57
dein(e)	jouw/je 11
denken*	denken 31
denken* (sich ~)	denken, vermoeden 75
denn	dan 10; dus, eigenlijk, maar, nou, wel 13; omdat, want 54
der/die/das *(aanw. vnw.)*	hij/zij/het 32
der *(lidw. m.)*	de/het *(m.)* 3, 14
deren *(v./mv.)*	wier 72

derjenige	degene 85
derselbe	dezelfde/hetzelfde *(m.)* 30
deshalb	daarom, derhalve 65
dessen	waarvan 73
dessen *(m./o.)*	wiens 72
Dessert *(o.)* (-s)	dessert 27
Deutsch	Duits (taal) 1
deutsch	Duits 50
Deutsche *(m./v.)*	Duitser/Duitse 50
Deutschland	Duitsland 41
Dezember *(m.)*	december 28
Dialekt *(m.)* (-e)	dialect 89
dich *(acc. van* du)	jou/je *(lijd. vw.)* 16
Dichter *(m.)* (-)	dichter, schrijver 51
dick	dik 70
die *(aanw. vnw.)*	die *(aanw. vnw.)* 13
die *(lidw. mv.)*	de *(mv.)* 6
die *(lidw. v.)*	de/het *(v.)* 3, 14
Dienst *(m.)* (-e)	dienst 30
Dienstag *(m.)* (-e)	dinsdag 25
dieselbe	dezelfde/hetzelfde *(v.)* 30
dieser/diese/dieses	deze/dit 43
Ding *(o.)* (-e)	ding 76
Diplom *(o.)* (-e)	diploma 65
dir *(dat. van* du)	jou/je *(meew. vw.)* 18
direkt	direct, vlak 85
Direktor *(m.)* (-en)	directeur 82
Dirndl *(o.)* (-s)	dirndl (typische jurk) 75
doch	jawel, jazeker, toch (wel) 19
Doktor *(m.)* (-en)	dokter 25; doctor 47
Dom *(m.)* (-e)	dom *(zelfst. nw.)* 33
Donautal *(o.)*	Donauvallei 83
Donner *(m.)* (-)	donder 25
Donnerstag *(m.)* (-e)	donderdag 25
doppel	dubbel 96
Doppelzimmer *(o.)* (-)	tweepersoonskamer 96
dort	daar 10
dorther	daarvandaan 42
dorthin	daarheen, daar naartoe 42
dran sein (= an der Reihe sein)	aan de beurt zijn 95
draußen	buiten 61
drehen um *(+ acc.)* (sich ~)	betreffen, draaien/gaan om 57
dreimal	driemaal 9
dringend	dringend 69
drinnen	binnen 78
drücken	drukken 79
du	jij/je 8
dumm	dom 10; stom 63
Dumme *(m.)* (-n)	dommerik, idioot, stommerik, stommeling 88
Dummheit *(v.)* (-en)	stommiteit 91

sechshundertvierundzwanzig

dunkel	donker *(bijv. nw.)* 23
Dunkel *(o.)*	donker, duister *(zelfst. nw.)* 76
Dunkelheit *(v.)* (-en)	donkerheid, duisternis 76
durch *(+ acc.)*	door 61
durchfahren* (bei Rot)	doorrijden (bij rood) 94
durchführen* (ein Experiment ~)	een experiment uitvoeren 88
Durchschnitt *(m.)*	doorsnee 79
dürfen*	mogen (toestemming hebben) 32; kunnen (de mogelijkheid hebben) 33
dürfen* (nicht ~)	niet mogen 35
Durst *(m.)* (¨-e)	dorst 19

E

ebenso	even, zo 63
ebenso gut	evengoed 70
echt	echt 92
egal	gelijk 99
egal sein* (jmd ~)	(iem.) gelijk zijn, niet kunnen schelen 48
Ehe *(v.)* (-n)	huwelijk 66
Ehefrau *(v.)* (-en)	echtgenote 38
Ehemann *(m.)* (¨-er)	echtgenoot 66
eher	eerder 31
ehren	achten, eren 80
Ei *(o.)* (-er)	ei 4
eigentlich	eigenlijk 22
Eihütchen *(o.)* (-)	eierhoedje 86
ein(e)s	de/het ene 38
ein(e)	een 1; één 2
einander	elkaar 85
einbrechen*	inbreken 93
eineinhalb	anderhalf 17
einfach	eenvoudig 31; gewoon 71
Einfahrt *(v.)* (-en)	inrit 48
einfallen*	te binnen schieten 100
Einfluss *(m.)* (¨-e)	invloed 51
Einheit *(v.)* (-en)	eenheid 64
einige	enkele 62
Einkäufe *(m.)*	boodschappen, inkopen 24
einkaufen	boodschappen doen, inkopen (doen), winkelen 24
einladen*	uitnodigen 23
einleben (sich ~)	zich aanpassen, inleven 75
einmal	eenmaal 9; eens 62
eins	één 21
einschlafen*	in slaap vallen, inslapen 71
einsteigen*	instappen 16
einstellen	instellen 74; in dienst nemen 84
einverstanden sein*	akkoord gaan, het eens zijn 58
einverstanden!	afgesproken!, akkoord! 58
Einwohner *(m.)* (-s)	inwoner 70

Einzelzimmer *(o.)* (-)	eenpersoonskamer 96
einzig-	enig(e), enkel(e) 71
einziges Mal (ein ~)	voor één keer 79
Eis *(o.)* (-)	ijs 57
eisern	ijzeren 68
Eistorte *(v.)* (-n)	ijstaart 57
eklig	walgelijk 75
Elektrotechnik *(v.)*	elektrotechniek 81
Eltern *(mv.)*	ouders 39
E-Mail *(v.)* (-s)	e-mail 91
E-Mail-Adresse *(v.)* (-n)	e-mailadres 100
Empfang *(m.)* ("-e)	receptie 96
empfangen*	onthalen 100
empfehlen*	aanbevelen, aanraden 65
Ende *(o.)* (-n)	einde 13
Ende sein* (am ~)	ten einde raad, op, uitgeput zijn 67
Ende sein* (zu ~)	afgelopen zijn 67
endgültig	definitief 98
endlich	eindelijk 32
Engel *(m.)* (-)	engel 72
England *(o.)*	Engeland 70
Engländer/Engländerin (-/-en)	Engelsman 67/Engelse 70
Englisch	Engels (taal) 67
englisch	Engels 93
entdecken	ontdekken 88
entfernt	verwijderd 100
entkommen*	ontkomen 43
entlang	langs 100
entscheiden*	besluiten 86
entschuldige (bitte)	sorry 52
entschuldigen	excuseren 5
entschuldigen (sich ~)	zich excuseren 81
Entschuldigung *(v.)* (-en)	excuseer, verontschuldiging 5; excuus, pardon, sorry 81
entsetzlich	ontzettend 88; vreselijk 87
enttäuscht	ontgoocheld, teleurgesteld 66
Entwicklung *(v.)* (-en)	evolutie, ontwikkeling 97
er	hij 3
Erbgut *(o.)* ("-er)	erfgoed 88
Erdbeere *(v.)* (-n)	aardbei 57
Erde *(v.)*	aarde 97
erfinden*	uitvinden 57
erinnern (sich ~) (an + *acc.*)	zich herinneren 74
erkennen*	herkennen (identificeren) 72
erklären	uitleggen, verklaren 71
erlauben	toelaten, toestaan 34
erlaubt	toegestaan 34
erleben	beleven 64
ermöglichen	mogelijk maken 97
ernst	ernstig 85
Ernst *(m.)*	ernst 85

sechshundertsechsundzwanzig • 626

eröffnen	openen 65
erscheinen*	lijken 76
Erschöpfung *(v.)* (-en)	uitputting 60
erschrecken*	schrikken 100
erst	(nog) maar, pas 52; eerst 53
erstaunlich	verbazingwekkend 74
erstens	ten eerste 71
ersticken	(ver)stikken 58
Erwärmung *(v.)*	opwarming 97
erwidern	(be)antwoorden 58
erzählen	vertellen 17
Erzählung *(v.)* (-en)	verhaal 72
es	het *(pers. vnw.)* 4; er 83
es gibt*	er is/zijn 15
es ist zu (+ *inf.*)	het is om te *(+ inf.)* 79
Espresso *(m.)* (-s)	espresso 8
Essen *(o.)* (-); essen*	eten *(zelfst. nw.)* 27; eten *(ww.)* 8
Etage *(v.)* (-n)	etage 90
etwa	zowat 89
etwas	iets 8; wat 61
euch (*acc. van* ihr)	jullie *(lijd. vw.)* 27
euch (*dat. van* ihr)	jullie *(meew. vw.)* 41
euer	jullie *(bez. vnw.)* 55
Euro *(m.)* (-s)	euro 9
Europa *(o.)*	Europa 37
ewig	eeuwig 88
Experiment *(o.)* (-e)	experiment 88

F

Faden *(m.)* (¨)	draad 54
fahren*	gaan (met auto, trein, fiets,...), rijden, varen 16
Fahrrad *(o.)* (¨-er)	fiets 34
Fahrrad fahren; Fahrradfahren *(o.)*	fietsen *(ww.)* 34; fietsen *(zelfst. nw.)* 79
Fahrt *(v.)* (-en)	rit 62
Fahrzeug *(o.)* (-e)	voertuig 48
Fall *(m.)* (¨-e)	geval 76
Fälle (auf alle ~)	in ieder geval 76
fallen*	vallen 53
falls	ingeval 57; indien 83
falsch	fout, verkeerd 5
Familie *(v.)* (-n)	familie, gezin 23
Familienname *(m.)* (-n)	familienaam 81
fantastisch	fantastisch 18
Farbe *(v.)* (-n)	kleur 51
fast	bijna 58
Februar *(m.)*	februari 28
Feder *(v.)* (-n)	veer 74
Federlesen machen	omhaal 93
fehlen	ontbreken 65; missen 81
feiern	feesten 23; vieren 64

Feind *(m.)* (-e)	vijand 83
Feld *(o.)* (-er)	veld 58
Felsen *(m.)* (-)	rots 68
Fenster *(o.)* (-)	raam, venster 53
Ferien *(mv.)*	vakantie (m.b.t. school) 13
Ferienwohnung *(v.)* (-en)	vakantiewoning 50
fern	ver 55
Fernsehapparat *(m.)* (-e)	televisietoestel 74
Fernsehen *(o.)*	televisie(kanaal) 74
fernsehen*	tv kijken 55
Fernseher *(m.)* (-)	televisie (toestel), tv 74
fertig	klaar 13
Fest *(o.)* (-e)	feest 22
festlich	feestelijk 38
Feuer *(o.)* (-)	vuur 58
Film *(m.)* (-e)	film 53
Filmmuseum *(o.)* (-museen)	filmmuseum 74
Finanzamt *(o.)*	belastingkantoor 69
finanzieren	financieren 83
finden*	vinden 19
Firma *(v.)* (Firmen)	firma 47
Fitness-Studio *(o.)* (-s)	fitnesscenter 96
Flame/Flamin of Flämin	Vlaming/Vlaamse 50
flämisch	Vlaams 50
Flandern *(o.)*	Vlaanderen 50
Flasche *(v.)* (-n)	fles 44
Fleisch *(o.)*	vlees 24
fleischfarben	vleeskleurig 74
Fleiß *(m.)*	vlijt 99
fleißig	vlijtig 99
flexibel	flexibel 78
fliegen*	vliegen 25
fließen*	vloeien 73
fließend	vloeiend 73
Flug *(m.)* (¨-e)	vlucht 62
Flughafen *(m.)* (¨)	luchthaven 24
Flugzeug *(o.)* (-e)	vliegtuig 62
Fluss *(m.)* (¨-e)	rivier 57
folgen	volgen 36
folgen (jmd *(dat.)* ~)	iem. volgen 75
folgend-	volgend(e) 68
Forscher/Forscherin (-/-nen)	onderzoeker/-ster, vorser *(m./v.)* 88, 91
Fortsetzung *(v.)* (-en)	vervolg, voortzetting 36
Fortsetzung folgt	wordt vervolgd 36
Fortuna *(v.)*	Fortuna 54
Foto *(o.)* (-s)	foto 3
Frage *(v.)* (-n)	vraag 15
Frage (in ~ kommen*)	in aanmerking komen 62; sprake zijn van 95
fragen (jmd *(acc.)* nach *(+ dat.)* ~)	iem. iets vragen 39
fragen (sich ~)	zich afvragen 76

Frankfurt	Frankfurt 51
Frankreich *(o.)*	Frankrijk 20
Franzose *(m.)* (-n)	Fransman 67
Frau; Frau *(v.)* (-en)	mevrouw 5; vrouw 3
frech	brutaal 48
frei	vrij 2
freihalten*	vrijhouden 78
Freitag *(m.)* (-e)	vrijdag 25
Fremdsprache *(v.)* (-n)	vreemde taal, vreemde taal 73
freuen (sich ~)	blij/verheugd zijn, zich verheugen 20
freund (...~) *(m.)*	-liefhebber 73
Freund/Freundin (-e/-nen)	vriend/vriendin 3
freundlich	vriendelijk 40
freundliche Grüße	vriendelijke groeten 80
Frieden *(m.)* (-)	vrede 55
frisch	fris, vers 63
Friseursalon *(m.)* (-s)	kapsalon 65
frisieren	kappen (coifferen) 65
Frisör/Frisörin (-e/-nen)	kapper/kapster 50
Frisur *(v.)* (-en)	kapsel 92
froh	blij 53
früh	vroeg 4
früh(e)stens	ten vroegste 71
Frühling *(m.)* (-e)	lente 28
Frühstück *(o.)*	ontbijt 4
fühlen (sich ~)	zich voelen 89
führen	leiden 66
für *(+ acc.)*	voor 2; in 25
fürchterlich	verschrikkelijk 66; vreselijk 100
funktionieren	functioneren, werken 25
Furche *(v.)* (-n)	vore 59
Fuß *(m.)* (¨-e)	voet 33
Fußballclub *(m.)* (-s)	voetbalclub 89
Fußgänger *(m.)* (-)	voetganger 33
Fußgängerzone *(v.)* (-n)	voetgangerszone 33
Futur *(o.)*	toekomende tijd 55

G

Gabel *(v.)* (-n)	vork 33
Gang (im ~)	aan de gang 76
ganz	heel 37; helemaal 45; gans 67
gar keins *(o.)*	helemaal geen 73
gar nicht	helemaal niet 94
garantieren	verzekeren 75
Garten *(m.)* (¨)	tuin 23
Gartenfest *(o.)* (-e)	tuinfeest 23
Gartenzwerg *(m.)* (-e)	tuinkabouter 68
Gast *(m.)* (¨-e)	gast 87
geben*	geven 15, 16
geboren	geboren 51
Geburt *(v.)* (-en)	geboorte 22

Geburtstag *(m.)* (-e)	geboortedag, verjaardag 22
Geburtstagsfest *(o.)* (-e)	verjaardagsfeest 22
Geburtstagslied *(o.)* (-er)	verjaardagslied 90
Geburtstagsparty *(v.)* (-s)	verjaardagsparty 22
Gedächtnis *(o.)* (-se)	geheugen 95
Geduld *(v.)*	Geduld 99
gedulden (sich ~)	geduld oefenen/hebben 47
geehrt	geacht 80
Gefahr (in ~)	in gevaar 61
gefährlich	gevaarlijk 32
gefallen*	aanstaan, bevallen, leuk vinden 40
Gefühle	gevoelens 58
gefüllt	gevuld 78
gegen	tegen 84
gegeneinander	tegen elkaar 85
Gegenteil (im ~)	integendeel 69
gegenüber	tegenover 33
Geheimnis *(o.)* (-se)	geheim 65
gehen*	gaan 6
gehören *(+ acc.)*	toebehoren, zijn van 74
gehören (sich ~)	horen 85
Gehweg *(m.)* (-e)	stoep 65
Geist *(m.)* (-er)	geest 83
geisteskrank	geestesziek 83
gelb	geel 82
Geld *(o.)* (-er)	Geld 9
Geldschrank *(m.)* (¨-e)	kluis 49
gelegen (liegen*)	gelegen 50
Gelegenheit *(v.)* (-en)	gelegenheid 38
geliebt	geliefd 18
Gemüse *(o.)* (-)	groente 74
genau	precies 20; best, heel goed 55
genauer gesagt	beter gezegd 81
Generaldirektor *(m.)* (-en)	algemeen directeur 90
Generation *(v.)* (-en)	generatie 51
genial	geniaal 83
Gentleman *(m.)*	gentleman 93
genug	genoeg 9
genug haben	genoeg hebben van 46
gerade	juist, net, pas 47
geradeaus	rechtdoor 15
Gericht *(o.)* (-e)	gerecht, rechtbank 93
Germanen *(mv.)*	Germanen 68
gern	graag 8
Geschäft *(o.)* (-e)	winkel, zaak 10
Geschäftsmann *(m.)* (¨-er)	zakenman 93
Geschäftsreise *(v.)* (-n)	zakenreis 85
geschehen*	gebeuren 76
Geschichte *(v.)* (-n)	geschiedenis, verhaal(tje) 41
geschlossen	gesloten 10
Geschrei *(o.)*	geschreeuw 55

Geschwindigkeitsbegrenzung *(v.)*	snelheidsbeperking 79
Geschwister *(mv.)*	broers en zussen 23
Geselle *(m.)* (-n)	gezel 57
Gesetz *(o.)* (-e)	wet 48
Gesicht *(o.)* (-er)	gezicht 54
Gespräch *(o.)* (-e)	gesprek 5
gestern	gisteren 36
Gesundheit *(v.)*	gezondheid 65
Getränk *(o.)* (-e)	drank(je) 8
getrennt	apart, gescheiden 95
gewinnen*	winnen 58
gewiss!	zeker! 89
gewöhnen (sich an + *acc.* ~)	wennen aan 75
gewöhnlich	gewoonlijk 64
gierig	gretig 86
gießen*	gieten 54
Glas *(o.)* (¨-er)	glas 33
glauben	geloven 20
gleich	meteen, zo (meteen) 6
gleichgültig	onverschillig 72
gleichzeitig	gelijktijdig 64
Gleis *(v.)* (-e)	spoor 16
Glück *(o.)*	geluk 1
glücklich(erweise)	gelukkig(erwijs) 10
Glückwunsch *(m.)* (¨-e)	gelukwens 89
golden	gouden 54
Goldtaler *(m.)* (-)	goudstuk 58
gotisch	gothisch 63
Gott *(m.)* (¨-er)	God 29
Gott sei Dank	godzijdank 29
Grad *(m.)* (-e)	graad 57
gratulieren (jmd *(dat.)* ~ zu (+ *dat.)*)	iem. feliciteren/gelukwensen met 38
greifen*	grijpen 86
Grenze *(v.)* (-n)	grens 79
Grieche *(m.)* (-n)	Griek 68
Griechenland *(o.)*	Griekenland 70
Grill *(m.)* (s)	barbecue 24
Grillfest *(o.)* (-e)	barbecue(feest) 22
Grillfleisch *(o.)*	barbecuevlees 24
groß	groot 1
Großeltern *(mv.)*	grootouders 39
Großmarkt *(m.)* (¨-e)	groothandel, hypermarkt 48
Großmutter *(v.)* (¨)	grootmoeder 39
Großvater *(m.)* (¨)	grootvader 39
grün	groen 94
Grund *(m.)* (¨-e)	reden 48
gründen	oprichten 89
Grundgesetz *(o.)* (-e)	grondwet 64
Gruß *(m.)* (¨-e)	groet 18
grüßen	(be)groeten 18
gucken *(fam.)*	kijken 36

günstig — gunstig 38
gut — goed 1
gute Nacht! — goedenacht!/goeienacht! 2
guten Abend! — goedenavond!/goeienavond! 2
guten Mittag! — goedemiddag!/goeiemiddag! 2
guten Morgen! — goedemorgen!/goeiemorgen! 2
guten Tag! — goedendag!/goeiendag! 1

H

Haar *(o.)* (Haare) — haar 68, 77
haben* — hebben 2, 14
halb — half(-) 52
halbe Stunde — halfuur 48
hallo! — hallo! 11
Hals *(m.)* (¨-e) — hals, keel 90
halt! — halt!, wacht! 24; stop! 29
halten* — tot stilstand komen 29; houden 90
Haltestelle *(v.)* (-n) — halte 15
Hamburg — Hamburg 20
Hand *(v.)* (¨-e) — hand 54
handeln — handelen 90
handeln um *(+ acc.)* (sich ~) — betreffen, gaan om/over 90
Händler *(m.)* (-) — handelaar 92
Handy *(o.)* (-s) — gsm, mobieltje 11
hängen* (an + *dat.*) — hangen (aan) 54
hart — hard 85
Hase *(m.)* (-n) — haas 58
Hasenfrikassee *(o.)* — hazenfricassee 70
hassen — haten 62
hässlich — lelijk 36
hauen — hakken, houwen, slaan 55
Haupt- — hoofd- 27
Haupt *(o.)* (¨-er) — hoofd *(fig.)* 27
Hauptbahnhof *(m.)* (¨-e) — hoofdstation 27
Hauptrolle *(v.)* (-n) — hoofdrol 72
Hauptsache *(v.)* (-n) — hoofdzaak 99
Hauptspeise *(v.)* (-n) — hoofdgerecht 27
Hauptstadt *(v.)* (¨-e) — hoofdstad 27
Haus *(o.)* (¨-er) — huis 11
Hausaufgabe *(v.)* (-n) — huistaak 90
Hausaufgaben *(mv.)* — huiswerk 90
hausgemacht — huisgemaakt 78
Hausmeister *(m.)* (-) — conciërge 69
heben* — heffen, tillen 86
Heiligabend *(m.)* — kerstavond 97
heiraten — huwen, trouwen 38
heiß — heet 63
heißen* — heten 3; betekenen 98
helfen* (jmd *(dat.)*) — iem. helpen 38
hell — licht (blond) 33; licht (helder) 50
heraus — naar buiten, uit- 46

herbringen*	brengen 37
Herbst *(m.)* (-e)	herfst 28
Herr *(m.)* (-en)	meneer 5; heer 33
herrlich	heerlijk, prachtig 46
herumfahren*	rondrijden 52
Herz *(o.)* (-en)	hart 18
herzlich	hartelijk 18
heute	vandaag 1; heden 11; tegenwoordig 82
heute Abend	vanavond 11
Hexe *(v.)* (-n)	heks 98
hier	hier 4
hier bitte	ziezo 4
hierher	hierheen 37
Hilfe *(v.)* (-n)	hulp 45
Hilfe!	help! 45
Himbeere *(v.)* (-n)	framboos 57
Himmel *(m.)* (-)	hemel 46
Himmel!	hemeltje!, verdorie! 85
hin	heen, naartoe 31
hinten	achter(aan) 45
hinter	achter 54
hintereinander	achter elkaar 90
hinterlassen*	achterlaten, nalaten 12
Hintern *(m.)* (-)	achterwerk, achterste, bibs 96
Historiker *(m.)* (-)	historicus 83
Hitze *(v.)* (-n)	hitte 22
hitzefrei haben	vrij hebben wegens de hitte 22
Hitzewelle *(v.)* (-n)	hittegolf 22
hoch	hoog 54
Hochdeutsch	Hoogduits 89
höchstens	hoogstens 71
Hochzeit *(v.)* (-en)	bruiloft, huwelijk(sfeest) 66
Hochzeitstag *(m.)* (-e)	huwelijks(verjaar)dag 66
Hof *(m.)* (¨-e)	hof 52
hoffen	hopen 25
hoffentlich	hopelijk 45
höflich	hoffelijk 52
Höflichkeit *(v.)* (-en)	hoffelijkheid 52
hohes Tier *(o.)* (-e)	hoge piet 90
holen	halen, oppikken 24
Holland *(o.)*	Holland, Nederland 20
Hölle *(v.)* (-n)	hel 67
hören	(be)luisteren, horen, 34; luisteren 50
Hotel *(o.)* (-s)	hotel 2
Hund *(m.)* (-e)	hond 32
Hunderte *(mv.)*	honderden 72
Hundewetter *(o.)*	hondenweer 78
Hunger *(m.)*	honger 19

I

ICE *(m.)* (-s)	hst (hogesnelheidstrein) 20

ich	ik 2
Idee *(v.)* (-n)	idee 26
identisch	identiek 88
Idiot/Idiotin	idioot/idiote 100
Igel *(m.)* (-)	egel 58
ihm *(dat. van* er)	hem *(meew. vw.)* 37
ihn *(acc. van* er)	hem *(lijd. vw.)* 24
Ihnen *(dat. van* Sie)	u *(meew. vw.)* 6
ihnen *(dat. van* sie)	hun/(aan,...) hen *(meew. vw.)* 37
ihr	jullie *(onderw.)* 10
ihr *(dat. van* sie)	haar *(meew. vw.)* 37
Ihr(e)	uw 25
ihr(e) *(bez. vnw. mv.)*	hun *(bez. vnw.)* 25
ihr(e) *(bez. vnw. v. ev.)*	haar *(bez. vnw.)* 23
im (= in dem)	*zie* in 2
im Haus	binnenshuis 23
immer	altijd 6; al(s)maar, steeds 60
immerhin	toch 90
in	in 2; naar 10; op 12; over (m.b.t. tijd) 16
in der Tat	inderdaad 81
inbegriffen	inbegrepen 62
indem	door(dat), terwijl 86
Informatik *(v.)*	informatica 80
informieren	informeren, laten weten 80
Inhalt *(m.)* (-e)	inhoud 57
innen (von ~)	van binnen 82
ins (= in das)	*zie* in 26
Insbettgehen *(o.)*	slapengaan 79
insgesamt	alles bij elkaar 87
intelligent	intelligent 67
interessant	interessant 36
interessieren	interesseren 57
interessieren (sich ~) (für)	zich interesseren (voor) 80
Internet *(o.)*	internet 73
Interview *(o.)* (-s)	interview 89
inzwischen	intussen 80
irgend-	een of ander(e), enigerlei, ergens 76
irgendwo	ergens (op een of andere plaats) 82
irren (sich ~)	zich vergissen 54
Italien *(o.)*	Italië 30
Italiener *(m.)* (-)	Italiaan 67
Italienisch	Italiaans (taal) 73
IT-Unternehmen *(o.)*	IT-bedrijf 81

J

ja	ja 2; versterkend: maar 32, dus, nu, toch 43; weliswaar 54
Jahr *(o.)* (-e)	jaar 17
Jahrhundert *(o.)* (-e)	eeuw 68
jammern	jammeren 59

Januar *(m.)*	januari 28
je... desto/umso...	hoe... des te... 97
jedenfalls	in ieder geval 99
jeder/-e/-es	elk(e), ieder(e), iedereen 30; elkeen 65
jedes Mal	telkens 76
jedoch	echter, evenwel 80
jemand	iemand 34
jetzt	nu 11; intussen 48
Juli *(m.)*	juli 28
jung	jong 51
Junge *(m.)* (-n)	jongen 60
jünger werden*	verjongen 82
Jungs *(mv., fam.)*	jongens 90
Juni *(m.)*	juni 28
Jura *(m.)*	rechten(studie) 51

K

Kabelfernsehen *(o.)*	kabeltelevisie 73
Kaffee *(m.)* (-s)	koffie 4
Kaffeekanne *(v.)* (-n)	koffiekan 8
Kaiser/Kaiserin (-/-nen)	keizer 47/keizerin 68
Kakao *(m.)*	cacao 57
Kalender *(m.)* (-)	kalender 25
kalt	koud 8
Kälte *(v.)*	koude 78
Kamm *(m.)* (¨-e)	kam 65
kämmen	kammen 68
Kännchen *(o.)* (-)	kannetje 8
Kanne *(v.)* (-en)	kan 8
Kanzler *(m.)* (-)	kanselier 68
kapieren *(fam.)*	snappen 54
Kapital *(o.)*	kapitaal 65
kaputt	kapot *(lett.)*, stuk 35; kapot *(fig.)* 85
Karriere *(v.)* (-n)	carrière 82
Kartoffel *(v.)* (-n)	aardappel 24
Kartoffelsalat *(m.)*	aardappelsalade 78
Käse *(m.)*	kaas 4
Käsefreund *(m.)* (-e)	kaasliefhebber 73
Kasse *(v.)* (-n)	kassa 24
Kater *(m.)* (-)	kater *(lett.)* 13/*(fig.)* 54
Kathedrale *(v.)* (-n)	kathedraal 63
Katze *(v.)* (-n)	kat(tin), poes 13
Kauf *(m.)* (¨-e)	(aan)koop 40
kaufen	kopen 19
kaum	nauwelijks 46
kein(e)	geen 9
keine Ahnung!	geen idee! 87
keine Ursache!	geen/zonder dank! 15
keinerlei	geen enkel(e), generlei 86
Kellner/Kellnerin (-/-en)	kelner 91/dienster 95
Kelterei *(v.)* (-en)	fruitpersbedrijf 89

kennen*	kennen 32
kennen lernen (sich ~)	elkaar leren kennen 66
Kerze *(v.)* (-n)	kaars 90
Kilo/Kilogramm *(o.)*	kilo 9/kilogram 57
Kilometer *(m.)* (-)	kilometer 29
Kind *(o.)* (-er)	kind 3
Kino *(o.)* (-s)	bioscoop 51
Kirchgänger *(m.)* (-)	kerkganger 33
Kirchturm *(m.)* (¨-e)	kerktoren 100
kitzeln	kietelen 76
klappen	lukken 90
klar	helder 9; duidelijk 31
klar!	natuurlijk!, uiteraard!, vanzelfsprekend! 9
Klasse *(v.)*	klasse 40
Klasse!	gaaf! 20
Klassik *(v.)*	classicisme 51
Kleid *(o.)* (-er)	jurk, kleed 74
klein	klein 18
Klima *(o.)*	klimaat 97
klingen	klinken 50
Klo *(o.)* (-s)	toilet 45
Klo (aufs ~ müssen)	naar het toilet moeten 79
Klosett *(o.)* (-s/-e)	toilet 45
Kneipe *(v.)* (-n)	café, kroeg 16
Knödel *(m.)* (-)	knoedel 78
knurren	knorren 78
Koch/Köchin (¨-e/-nen)	kok/kokkin 59
kochen	koken 59
Koffer *(m.)* (-)	koffer 13
Kollege/Kollegin (-n/-nen)	collega *(m./v.)* 6
Köln	Keulen 20
komisch	eigenaardig, grappig, komisch, raar 76
Komma *(o.)* (-s)	komma 87
kommen*	komen 4, 14
komponieren	componeren 68
Konditor *(m.)* (-en)	banketbakker 57
König *(m.)* (-e)	koning 47
konkret	concreet 73
Konkurrenz *(m.)* (-en)	concurrentie 70
Können *(o.)*	kunnen *(zelfst. nw.)* 90
können*	kunnen *(ww.)* 26
kontrollieren	controleren 30
Konzert *(o.)* (-e)	concert 53
Kopf *(m.)* (¨-e)	hoofd, kop 27
köpfen	onthoofden 85
kosten	kosten 50
kostenlos	gratis, kosteloos 96
köstlich	heerlijk 27
Kostüm *(o.)* (-e)	mantelpak(je) 38
Krabbe *(v.)* (-n)	krab 13

Kragen *(m.)* (-)	kraag 93
krank	ziek 83
Krawatte *(v.)* (-n)	stropdas 54
Kreditkarte *(v.)* (-n)	kredietkaart 12
Krieg *(m.)* (-e)	oorlog 72
kriegen	krijgen, vatten, verkrijgen 40
Krimi *(m.)* (-s)	krimi 76
Kriminalfilm *(m.)* (-e)	misdaadfilm 76
Kriminalroman *(m.)* (-e)	misdaadroman 76
krumm	krom 58
Kuba	Cuba 62
Küche *(v.)* (-n)	keuken 50
Kuchen *(m.)* (-)	cake, gebak, koek, taart 27
Kugel *(v.)* (-n)	bol, kogel 57
Kuh *(v.)* (¨-e)	koe 63
kühl	koel 44
Kühlschrank *(m.)* (¨-e)	koelkast 44
kümmern (sich ~ um + *acc.*)	zich bekommeren om, zorgen voor 81
Kunde *(m.)* (-n)	klant 25
kurz	kort(om) 34; kort 60; even 79; snel 80
Kuss *(m.)* (¨-e)	kus, zoen 16
Küste *(v.)* (-n)	kust 50

L

lächeln	glimlachen, iem. toelachen 54
Lächeln *(o.)*	glimlach 58
Lachen *(o.)*; lachen	lachen *(zelfst. nw.)* 58; lachen *(ww.)* 37
lächerlich	belachelijk 85
Laden *(m.)* (¨)	winkel 48
Lampe *(v.)* (-n)	lamp 43
Land *(o.)* (-e)/(¨-er)	land 57/deelstaat 16; land 73
lang/lang(e)	lang (afstand) 22/(tijd) 53
langsam	langzaam(aan), stilaan 81
langweilen (sich ~)	zich vervelen 76
langweilig	langdradig, vervelend 76
lassen*	laten 12
lassen* (in Frieden ~)	met rust laten 55
Lastwagen *(m.)* (-)	vrachtwagen 94
laufen*	gaan, lopen, rennen 18
Laune *(v.)* (-n)	humeur 31
Laune haben (gute/schlechte ~)	goed/slecht geluimd zijn 31
laut	hard(op), luid 34; volgens 62
leben/Leben *(o.)*	leven *(ww.)* 13/leven *(zelfst. nw.)* 51
Lebensart *(v.)* (-en)	levenswijze 75
Lebenswerk *(o.)* (-e)	levenswerk 51
Leberwurst *(v.)* (¨-e)	leverworst 78
lebhaft	druk, levendig 53
Lederhose *(v.)* (-n)	lederhose (typische lederen broek) 75
ledig	ongehuwd 36
leer	leeg 53
legen	leggen 54

Lehre *(v.)* (-n)	leer (theorie) 51
leicht	gemakkelijk 54
Leid *(o.)* (-en)	leed, pijn 51
leider	helaas 12
leihen*	lenen 35, 92
Leipzig	Leipzig 51
leise	stil, zacht 34
leisten	presteren 74
leiten	leiden 89
Leiter *(m.)* (-)	hoofd, leider 80
Lektion	les 31
lenken	(be)sturen 46
Lenkrad *(o.)*	stuur(wiel) 100
lernen	leren 1
Lesen *(o.)*	lezen, lectuur 27
lesen*	lezen 27
letzt-	laatst, vorig 40
Leute *(mv.)*	mensen 48
Leute (alle ~)	iedereen 48
Licht *(o.)* (-er)	licht *(zelfst. nw.)* 43
lieb	lief 18
Liebe *(o.)*	liefde 18
Liebe, Lieber	beste (in aanhef) 18
lieben	houden van, liefhebben 16
lieber	liever 62
Liebesdienst *(m.)* (-e)	liefdesdienst 88
Liebesgeschichte *(v.)*	liefdesgeschiedenis, -verhaal 100
Liebhaber *(m.)* (-)	liefhebber, minnaar 67
Liebling *(m.)* (-e)	lieveling, lieverd 26
liegen*	liggen 41
Limousine *(v.)* (-n)	limousine 82
Linke	linker 70
links	links 15
Liter *(o.)* (-)	liter 57
Literatur *(v.)*	literatuur 72
Löffel *(m.)* (-)	lepel 86
logisch	logisch 76
Lohn *(m.)* (¨-e)	loon 41
lohnen (sich ~)	de moeite lonen, waard zijn 41
los	weg *(bijw.)* 55
los!	haast je!, komaan!, vooruit! 55
los sein*	gebeuren, aan de hand zijn 55
loslaufen*	wegrennen 55; beginnen te rennen 59
Ludwig	Lodewijk 83
Luft *(v.)* (¨-e)	lucht 78
Lüge *(v.)* (-n)	leugen 69
Lust *(v.)* (¨-e)	zin (trek) 26
lustig	grappig, leuk, vrolijk 23
Luxus *(m.)*	luxe 50, 96

M

machen	doen, maken 9
machen (zu Ende ~)	afmaken 31
machen: das macht nichts!	maken: dat maakt niets uit! 35
Mädchen *(o.)* (-)	meisje 36
Mädchenname *(m.)* (-n)	meisjesnaam 81
Magen *(m.)*	maag 53
Mahl *(o.)* (-e/¨-er)	maal 78
Mahlzeit *(v.)* (-en)	maaltijd 78
Mahlzeit!	smakelijk eten! 78
Mai *(m.)*	mei 22
mal	eens 11
-mal	-maal 9
Mal *(o.)*	keer 9
mal müssen	naar het toilet moeten 79
malen	schilderen 90
Mama *(v.)* (-s)	mama 13
man	je *(onpersoonlijk)*, men 17
manchmal	soms 54
Manieren (gute ~)	goede manieren 85
Mann *(m.)* (¨-er)	man 3
Männchen *(o.)* (-)	mannetje 88
Mantel *(m.)* (¨)	mantel 74
Märchen *(o.)* (-)	sprookje 58
Margerite *(v.)* (-n)	margriet 92
Markt *(m.)* (¨-e)	markt 62
Marmelade *(v.)* (-en)	jam 35
Marokko	Marokko 62
März *(m.)*	maart 28
Maschine *(v.)* (-n)	machine 25
Maß *(o./v.)*	maat 87/bierpul van 1 liter 87
Mauer *(v.)* (-n)	muur 64
Mauerfall *(m.)*	val van de muur 64
Mäuschen *(o.)* (-)	muisje 18
Mäzen *(m.)* (-e)	mecenas 83
Medizin *(v.)*	geneeskunde 51
Meer *(o.)* (-e)	zee 24
mehr	meer 22
mehrere	meerdere 87
mein(e)	mijn *(bez. vnw.)* 5
meine Damen und Herren	dames en heren 51
meinen	bedoelen, denken/vinden (van), menen 26
meiner/-e/-(e)s	de/het mijne 32
meinetwegen	wat mij betreft, mij goed, voor mijn part 92
Meinung *(v.)* (-en)	mening 67
Meister *(m.)* (-)	meester 24
melden	aanmelden, melden 47
melken*	melken 63
Mensch *(m.)* (-en)	mens 17

Mensch!	mens(en) toch! 17
Menschenfreund *(m.)*	mensenvriend 73
Menschheit *(v.)*	mensheid 88
merken	merken 76
Messer *(o.)* (-)	mes 33
Meter *(o.* of *m.)* (-)	meter 57
Methode *(v.)* (-n)	methode 73
mich (*acc. van* ich)	mij/me *(lijd. vw.)* 11
Mieter *(m.)* (-)	huurder 69
Milch *(v.)*	melk 7
Milchkaffee *(m.)* (-s)	koffie met melk 8
Million *(v.)* (-en)	miljoen 18
mindestens	minstens, tenminste 72
Minister *(m.)* (-)	minister 83
minus	min 57
Minute *(v.)* (-n)	minuut 16
mir (*dat. van* ich)	mij *(meew. vw.)* 16
mischen (sich ~ in + *acc.*)	zich bemoeien met 54
miss-	mis-, verkeerd 32
Missverständnis *(o.)* (-se)	misverstand 32
Mist *(m.)*	mest 9
Mist!	verdorie! 9
mit	mee 12
mit *(+ dat.)*	met 4; bij 64
Mitarbeit *(v.)*	medewerking 80
Mitarbeiter *(m.)* (-)	medewerker 80
mitbringen*	meebrengen 23
mitgehen lassen	meejatten 87
mitkommen*	meekomen 12
mitkriegen *(fam.)*	kunnen volgen, meekrijgen, snappen 76
mitnehmen*	meenemen 26
Mittag *(m.)*	middag 44
Mittagessen *(o.)* (-)	lunch, middageten, middagmaal 47
mittags	's middags 44
Mittagspause *(v.)* (-n)	middagpauze 78
Mitte *(v.)* (-n)	midden 25
Mittel *(o.)* (-)	middel 73
Mittelamerika	Midden-Amerika 88
Mitternacht *(v.)*	middernacht 44
Mittwoch *(m.)* (-e)	woensdag 25
mögen*	zou(den) willen 4; graag willen 8; graag..., leuk vinden, lusten, (graag) mogen 23; lekker vinden 57; kunnen zijn dat 85
möglich	mogelijk 13
Moment *(m.)* (-e)	moment 12
Monat *(m.)* (-e)	maand 17
Mond *(m.)* (-e)	maan 25
Montag *(m.)* (-e)	maandag 25
Mord *(m.)* (-e)	moord 76
morgen	morgen (dag na vandaag) 10

Morgen *(m.)* (-)	morgen (ochtend) 2; ochtend 10
morgens	's morgens 30
Mücke *(v.)* (-n)	mug 43
müde	moe 17
Mühle *(v.)* (-n)	molen 78
mühsam	moeizaam 65
Mund *(m.)* ("-er)	mond 53
Mundart *(v.)* (-en)	dialect 89
Musik *(v.)* (-en)	muziek 34
Musikfreund *(m.)* (-e)	muziekliefhebber 73
Müsli *(o.)*	muesli, ontbijtgranen 4
müssen*	moeten 10; absoluut moeten 30
müssen* (nicht ~)	niet hoeven, niet verplicht zijn 35
Mütze *(v.)* (-n)	muts 72
Mut *(m.)*	moed 99
mutig	moedig 74
Mutter *(v.)* (")	moeder 18
Mutti *(v.)* (-s)	mam(s) 18

N

na?	en? 27
na!?	nou!?, wel!? 27
na so was!	nee maar! 87
nach/nach *(+ dat.)*	over (m.b.t. tijd) 20/naar 11; na 20
Nachbar *(m.)* (-n)	buur(man) 67
nachdem	nadat 83
nachdenken*	nadenken 53
Nachfolger *(m.)* (-)	opvolger 82
nachkommen*	nakomen 78
Nachmittag *(m.)* (-e)	namiddag 25
Nachname *(m.)* (-n)	achternaam 81
Nachricht *(v.)* (-en)	bericht 11; nieuws 96
nachsehen*	kijken, nakijken 44
Nachspeise *(v.)* (-n)	nagerecht 27
nächster/nächste	volgend(e) 18
Nacht *(v.)* ("-e)	nacht 17
Nachtisch *(m.)*	nagerecht 27
nachts	's nachts 44
nackt	naakt 74
nah	dichtbij 37; nabij 80
Name *(m.)* (-n)	naam 5
nämlich	immers, namelijk 57
Nase *(v.)* (-n)	neus 54
Nationalfeiertag *(m.)* (-e)	nationale feestdag 64
Nationalität *(v.)* (-en)	nationaliteit 67
Natur *(v.)*	natuur 97
natürlich	natuurlijk 8
neben	naast 37
nee *(fam.)*	nee 55
negativ	negatief 80
nehmen*	nemen 4, 20

nein	nee 5
nennen*	noemen 68
nervös	nerveus, zenuwachtig 31
nett	aardig, vriendelijk 18
neu	nieuw 40
Neujahr *(o.)*	Nieuwjaar 96
nicht	niet 5
nicht (ein)mal	niet eens 71
nicht wahr?	nietwaar? 40
nichts	niets 19
nicken	knikken 59
nie(mals)	nooit 53, 69
Niederlande *(mv.)* (-)	Nederland 50
Niederländer/Niederländerin	Nederlander/Nederlandse 50
Niederländisch	Nederlands (taal) 18
niederländisch	Nederlands 50
niemand	niemand 39
Nobelpreis *(m.)* (-e)	Nobelprijs 72
noch	nog 6
Norden *(m.)*	noorden 42
normalerweise	normaal (normalerwijs) 46
nötig	nodig 79
Nougat *(m.)*	noga 57
November *(m.)*	november 28
Null *(v.)* (-en)	nul 29
Nummer *(v.)* (-n)	nummer 5
nun	nu 82
nur	alleen (maar) 15; slechts 31; nu (versterkend) 37
nützen	baten 60

O

ob	of 76
oben	boven(aan) 45
obwohl	hoewel 72
och!	och! 26
Ochs *(m.)* (-en)	os 87
oder	of 4; ofwel 72
öffnen	openen 29
oft	dikwijls, vaak 54
ohne *(+ acc.)*	zonder 12
Ohr *(o.)* (-en)	oor 76
oje!	o jee! 59
okay	oké 24
Oktober *(m.)*	oktober 28
Oktoberfest *(m.)* (-e)	Oktoberfeest 87
Öl *(o.)*	olie 44
Olivenöl *(o.)*	olijfolie 44
Onkel *(m.)* (-)	oom 39
Opa *(m.)* (-s)	opa 27
Oper *(v.)* (-n)	opera 11

Optimismus *(m.)*	optimisme 97
Orange *(v.)* (-n)	sinaasappel 24
Orangensaft *(m.)* (¨-e)	sinaasappelsap 24
Orchester *(o.)* (-)	orkest 23
Ordnung *(v.)* (-en)	orde 52
Organisation *(v.)* (-en)	organisatie 23
Ostdeutschland	Oost-Duitsland 64
Osten *(m.)*	oosten 41
Ostereier	paaseieren 60
Osterferien *(mv.)*	paasvakantie 84
Osterhase	paashaas 60
österreichisch	Oostenrijks 74
Ozean *(m.)*	oceaan 97

P

Paar *(o.)* (-e)	koppel, paar 60
paar (ein ~)	een paar 60
Paket *(o.)* (-e)	pakje 24
Panik *(v.)*	paniek 90
Papa *(m.)* (-s)	papa 48
Papagei *(m.)* (-en)	papegaai 73
Papier *(o.)* (-e)	papier 57
Paradies *(o.)* (-e)	paradijs 67
Park *(m.)* (-e)	park 83
parken	parkeren 48
Parkplatz *(m.)* (¨-e)	parkeerplaats 52; rustplek (zonder eetgelegenheid) 79
Partie *(v.)* (-n)	partij 36
passen	passen, schikken 80
passieren	gebeuren 46; overkomen 46
Pauschalreise *(v.)* (-n)	all-inreis 96
Pause *(v.)* (-n)	pauze 4
Pazifist *(m.)* (-en)	pacifist 72
Pech *(o.)*	pech 39
Pellkartoffeln *(m.)*	aardappelen in de schil 78
perfekt	perfect 66
Person *(v.)* (-en)	persoon 2
Personalleiter/-in (-/-nen)	personeelshoofd *(m./v.)* 80
persönlich	persoonlijk 30
pfeifen*	fluiten 72
pfeifen* auf *(+ acc.)*	lak hebben aan 86
Pferd *(o.)* (-e)	paard 63
Pfingsten *(o.)*	Pinksteren 84
Philosophie *(v.)* (-n)	filosofie 51
Pils *(o.)* (-)	pils 33
Pizza *(v.)* (-s of Pizzen)	pizza 26
Plan *(m.)* (¨-e)	plan 39
planen	plannen 90
Platz *(m.)* (¨-e)	plaats 11; plein 94
platzen	open-, losspringen 93
plötzlich	plots(eling) 82

Polen *(o.)*	Polen 68
Politik *(v.)*	politiek 90
Polizei *(v.)*	politie 48
Polizeiwagen *(m.)* (-)	politiewagen 48
Polizist *(m.)* (-en)	politieagent 67
Pommes *(fam.)*	frieten 9
Portion *(v.)* (-en)	portie 8
positiv	positifief 80
Postkarte *(v.)* (-n)	postkaart 18
praktisch	in de praktijk, praktisch 29
Praline *(v.)* (-n)	bonbon, praline 57
Preis *(m.)* (-e)	prijs 38
Preußen *(o.)*	Pruisen 70
prima!	prima! 20
Prinz *(m.)* (-en)	prins 82
pro	per 17
Probe *(v.)* (-n)	proef 90
probieren	proeven 75
Problem *(o.)* (-e)	probleem 22
produzieren	produceren 89
professionnel	professioneel 90
Professor *(m.)* (-en)	professor 18
Programm *(o.)* (-e)	zender 74
Prozent *(o.)* (-e)	procent 88
Pullover *(m.)* (-)	pullover 77
Punkt *(m.)* (-e)	punt, stip 52
pünktlich	stipt (op tijd) 6; punctueel 52
Pünktlichkeit *(v.)*	stiptheid 52
Puppe *(v.)* (-n)	pop 56

Q

Quatsch *(m.)*	onzin 55

R

Rad *(o.)* ("-er)	fiets, rad, wiel 34
Rad fahren*	fietsen *(ww.)* 100
radeln	fietsen *(ww.)* 100
Radfahrer *(m.)* (-)	fietser 100
Radio *(o.)* (-s)	radio 74
Radiosendung *(v.)* (-en)	radio-uitzending 51
Rast *(v.)*	rust 79
Rastplatz *(m.)* ("-e)	rustplek (zonder eetgelegenheid) 79
Raststätte *(v.)* (-n)	rustplek (met eet- en tankgelegenheid) 79
Rat *(m.)* (Ratschläge)	raad 31; advies 41
raten*	raden 72; aanraden 83
Ratte *(v.)* (-n)	rat 13
rauchen	roken 72
rauchig	hees, rok(er)ig 72
raus (= heraus)	naar buiten, uit- 46
rausgehen*	naar buiten gaan, uitgaan 46

rechnen	rekenen 61
rechnen mit	rekening houden met, verwachten 97
Rechnung *(v.)* (-en)	rekening 61
recht	goed, juist 97
Recht *(o.)*	gelijk, recht 73
Rechte	rechter 70
rechts	rechts 15
Rede	toespraak 91
reden	praten 36
Referenz *(v.)* (-en)	referentie 86
Regen *(m.)* (-)	regen 26
Regenschirm *(m.)* (-e)	paraplu, regenscherm 26
Regenwetter *(o.)*	regenweer 48
Regisseur *(m.)* (-e)	regisseur 72
regnen	regenen 26
reich	rijk 36
Reihe *(v.)* (-n)	rij 45
rein (= herein/hinein)	in 52
Reise *(v.)* (-n)	reis 16
Reisebüro *(o.)* (-s)	reisbureau 62
reißen	scheuren 54
Relativitätstheorie *(v.)*	Relativiteitstheorie 68
rennen*	rennen 70
Rente *(v.)* (-n)	pensioen 89
reparieren	repareren 25; herstellen 26
reservieren	reserveren 61; voorbehouden 80
Restaurant *(o.)* (-s)	restaurant 41
Rezept *(o.)* (-e)	recept 57
Rhein *(m.)*	Rijn 57
richtig	goed, juist 73; echt 97
Rivalin *(v.)* (-nen)	rivale 74
Roman *(m.)* (-e)	roman 51
romantisch	romantisch 100
Römer *(mv.)*	Romeinen 68
rosig	rooskleurig 97
Rosine *(v.)* (-n)	rozijn 88
rot	rood 34
Rot (bei ~)	bij rood licht 34
rufen*	roepen 11
Ruhe *(v.)*	rust 45; kalmte 93
Ruhe!	stilte! 45
ruhig	rustig 60
rumfahren*	rondrijden 52
rund	rond 57
rundherum	rondom 86
runter	naar beneden, neer 43
runterfallen*	naar beneden vallen, neervallen 43
runtergehen*	afdalen 43
runtergucken*	neerkijken 43
rutschen	glijden 96

S

Saal *(m.)* (Säle)	zaal 90
Sachsen	Saksen 41
Saft *(m.)* (¨-e)	sap 24
sagen	zeggen 11
Sahne *(v.)*	room 8
Salto *(m.)* (-s)	salto 100
Salz *(o.)* (-es)	zout 86
Samstag *(m.)* (-e)	zaterdag 22
Sand *(m.)*	zand 54
Sandale *(v.)* (-n)	sandaal 34
satt	verzadigd, voldaan 27
Satz *(m.)* (¨-e)	zin (gramm.) 58
Sau *(v.)* (¨-e)	zeug 78
saukalt	berekoud 78
Sauwetter *(o.)*	rotweer 78
Saxofon *(o.)*	saxofoon 34
Schach *(o.)*	schaak 90
Schach (in ~ halten)	onder controle houden 90
Schachtel *(v.)* (-n)	doos 57
schade	jammer 20; helaas 62
schaffen	het halen, klaarkrijgen, klaarspelen, redden 29
Schale *(v.)* (-n)	schaal 86
schämen (sich ~)	zich schamen 54
Schatz *(m.)* (¨-e)	schat 66
schauen	kijken 38
Schauspielerin *(v.)* (-nen)	actrice 72
Schausteller *(m.)* (-)	exposant 87
scheinen*	lijken, schijnen 31
schicken	(ver)sturen 39
schief gehen*	scheeflopen, fout/verkeerd lopen, misgaan 90
Schiff *(o.)* (-e)	boot 68
Schimpanse *(m.)* (-n)	chimpansee 88
Schimpfwort *(o.)* (¨-er)	scheldwoord, schimpwoord 100
Schirm *(m.)* (-e)	scherm 26
schlafen*	slapen 17
schlaflos	slapeloos 93
Schlafzimmer *(o.)* (-)	slaapkamer 50
schlagen*	slaan 55
Schlägerei *(v.)* (-en)	vechtpartij 76
Schlagsahne *(v.)*	slagroom 8
Schlange *(v.)* (-n)	slang 24
Schlange stehen*	aanschuiven, in de rij staan 24
schlau	slim 62
schließen*	sluiten 10
schließlich	tenslotte, uiteindelijk 52
schlimm	erg 69
Schloss *(o.)* (¨-er)	kasteel 82
Schlosspark *(m.)* (-e)	kasteelpark 83

Schluss *(m.)* (-e)	einde, slot 29; sluiting 48
Schluss sein	afgelopen zijn 29
schmecken	smaken 27
Schmied *(m.)*	smid 100
Schmusekätzchen *(o.)* (-)	snoezepoesje 18
Schnäppchen *(o.)* (-)	buitenkansje, koopje 62
schnappen	grijpen 62
Schnaps *(m.)* ("-e)	schnaps (alcoholische drank) 16
Schnee *(m.)*	sneeuw 97
schneiden*	snijden 79
schnell	snel, vlug 11
Schnitt (im ~)	gemiddeld 79
Schnitt *(m.)* (-e)	snee 79
schockieren	choqueren 88
Schokolade *(v.)* (-n)	chocolade 28
Schokoladenkuchen *(m.)* (-)	chocoladegebak, -cake 27
schon	al(vast) 15; wel 90
schön	mooi 3; fijn 46
schon wieder	alweer 95
Schrank *(m.)* ("-e)	kast 44
Schrecken *(m.)*	schrik 94
Schrecken einjagen (jmd einen ~)	iem. schrik aanjagen 94
schrecklich	verschrikkelijk 36
schreiben*	schrijven 39
Schreibtisch *(m.)* (-e)	bureau 72
schreien*	gillen, schreeuwen 45; roepen 93
Schriftsteller *(m.)* (-)	schrijver 72
Schritt *(m.)* (-e)	stap 60
Schulbuch *(o.)* ("-er)	schoolboek 83
Schuld *(v.)* (-en)	schuld 83
Schule *(v.)* (-n)	school 22
Schüler *(m.)* (-)	scholier 22
Schulkind *(o.)* (-er)	schoolkind 72
schütteln	schudden 59
Schutzengel *(m.)* (-)	beschermengel 94
schwach	zwak 63
Schwall *(m.)*	stortvloed 100
Schwan *(m.)* ("-e)	zwaan 74
Schwanenfedermantel *(m.)*	zwanenverenmantel 74
schwarz	zwart 87
Schwarzwald *(m.)*	Zwarte Woud 83
schweigen	zwijgen 91
Schwein *(o.)* (-e)	varken, zwijn 63
Schweinerei *(v.)* (-en)	viezigheid, zwijnerij 75
Schweinshaxe *(v.)* (-n)	varkenspoot 75
Schweiz *(v.)*	Zwitserland 68
Schweizer *(m.)* (-s)	Zwitser 67
schwer	zwaar 57; moeilijk 71
Schwester *(v.)* (-n)	zus(ter) 23
schwierig	moeilijk 48
Schwimmbad *(o.)* ("-er)	zwembad 96

schwimmen*	zwemmen 96
schwören*	zweren 41
See *(m.)* (-n)	meer 50
sehen*	zien 10; kijken 37
sehr	erg, heel, zeer 3
Seide *(v.)*	zijde (stof) 54
seiden	zijden (van zijde) 54
sein*	zijn 1, 2, 14, 53; staan 29
sein(e)	zijn *(bez. vnw.)* 23
seit *(+ dat.)*	sinds 29; sedert 64
Seite *(v.)* (-n)	kant 50
seither	sindsdien 64
Sekt *(m.)* (-e)	sekt (Duitse schuimwijn) 24
Sekunde *(v.)* (-n)	seconde 90
selb-	zelfde 48
selbst	zelf 56
Selbstmord *(m.)* (-e)	zelfmoord 76
selbstständig	zelfstandig 81
selbstverständlich	uiteraard, vanzelfsprekend 61; het spreekt voor zich 80; natuurlijk 95
senden*	zenden 70
Sendung *(v.)* (-en)	uitzending 51
September *(m.)*	september 28
Serviette *(v.)* (-n)	servet 98
servus!	dààg! 12
Sessel *(m.)* (-)	fauteuil, zetel 55
setzen (sich ~)	gaan zitten 37
Shorts *(mv.)*	short 34
sich	zich 45
sicher	ongetwijfeld, vast, zeker 6; veilig 62
Sie	u *(onderw./lijd. vw.)* 1
sie *(acc. van sie)*	hen *(lijd. vw.)* 28
sie *(onderw., v. ev.)*	zij/ze *(onderw., v. ev.)* 3
sie *(onderw. mv.)*	zij/ze *(onderw., mv.)* 6
Silvester	oudejaar 96
singen*	zingen 82
sitzen*	zitten 25
Sitzung *(v.)* (-en)	vergadering, zitting 25
Smoking *(m.)*	smoking 38
so	zo 15
so etwas	zo iets, zoiets 93
so... wie	even... als, zo... als 60
sobald	zodra 79
Socke *(v.)* (-n)	sok 34
sofort	onmiddellijk 4; meteen 95
sogar	zelfs 37
Sohn *(m.)* (¨-e)	zoon 85
solange	zolang 99
sollen	eigenlijk moeten, zou(den) moeten 31; moeten (volgens wat men hoorde/las) 87; zullen (bij voorstel) 96

sechshundertachtundvierzig • 648

sollen (bitte ~)	verzocht worden 48
sollen (nicht ~)	niet (be)horen, eigenlijk niet mogen 35
Sommer *(m.)* (-)	zomer 28
sondern	maar (tegenstellend) 30
Sonnabend *(m.)* (-e)	zaterdag 25
Sonne *(v.)* (-n)	zon 25
Sonnenschein *(m.)*	zonneschijn 96
sonnig	zonnig 50
Sonntag *(m.)* (-e)	zondag 10
sonst	anders 71
sonst(irgend)wo	waar dan ook 82
Sontagskind *(o.)* (-er)	zondagskind 91
Sorge *(v.)* (-n)	zorg 52
Soße *(v.)* (-n)	saus 83
Souvenir *(o.)* (-s)	souvenir 87
soweit	zover 90
sowieso	sowieso 48
Spaghetti *(v.)* (-s)	spaghetti 86
Spanien *(o.)*	Spanje 30
Spanier/Spanierin	Spanjaard/Spaanse 50
Spanisch	Spaans (taal) 36
spannend	spannend 76
sparen	sparen 10
spät/ später	laat 6/later 12
spätestens	ten laatste, uiterlijk 71
spazieren (~ gehen*)	gaan wandelen 34
Spaziergang *(m.)* (¨-e)	wandeling 26
Speise *(v.)* (-n)	gerecht 27
Speisekarte *(v.)* (-n)	spijskaart, menu(kaart) 8
spezialisieren auf *(+ acc.)* (sich ~)	zich specialiseren in 81
Spiegel *(m.)* (-)	spiegel 82
spiegelblank	spiegelblank 82
Spiegelfenster *(o.)* (-)	spiegelraam 82
Spiel *(o.)* (-e)	spel 31
spielen	spelen 32
Spielregel *(v.)* (-n)	spelregel 85
Spinne *(v.)* (-n)	spin 55
spinnen*	spinnen (van garen) 54; niet goed snik zijn 55
Sprache *(v.)* (-n)	taal 67
sprechen*	spreken 8
Sprudel *(m.)* (-)	spuitwater 33
Stadt *(v.)* (¨-e)	stad 10
Stadtbesichtigung *(v.)* (-en)	stadsbezoek, -bezichtiging 33
Stadttor *(o.)* (-e)	stadspoort 68
Stamm *(m.)* (¨-e)	stam 55
stammen	afkomstig zijn, afstammen 68
stark	sterk 41
Station *(v.)* (-en)	station 15
Statistik *(v.)*	statistiek 62
Stätte *(v.)* (-n)	plaats 79

Statue *(v.)* (-n)	standbeeld 72
Stau *(o.)* (-s)	file 79
stehen*	staan 24
stehlen*	stelen 91
steigen*	stijgen 97
Stelle *(v.)* (-n)	plaats 15
stellen	plaatsen, stellen, zetten 44
sterben*	overlijden, sterven 51
Stern *(m.)* (-e)	ster 86
still	stil 45
Stimme *(v.)* (-n)	stem 72
stimmen	kloppen 57
stimmt!	klopt! 24
Stock *(m.)* (Stockwerke)	verdieping 90
stolz	trots 89
stören	storen 34
Strafe *(v.)* (-en)	boete, straf 93
strahlend	stralend 85
Strand *(m.)* (¨-e)	strand 79
Straßburg	Straatsburg 51
Straße *(v.)* (-n)	straat 15
Straßenbahn *(v.)* (-en)	tram 15
Strategie *(v.)* (-n)	strategie 97
Strauß *(m.)* (¨-e)	bos (bloemen) 92
streicheln	aaien 32
streiten* (sich ~)	strijden 83
streiten* über (sich ~) *(+ acc.)*	twisten over 83
streiten* um (sich ~) *(+ acc.)*	ruziën om 83
stressig	stresserend, stressy, stress veroorzakend 65
streuen	strooien 54
Strich *(m.)* (-e)	streep 61
Strom *(m.)*	stroom 90
Stück *(o.)* (-e)	stuk *(zelfst. nw.)* 4
Student/Studentin	student/studente 3
Studiekollege *(m.)* (-n)	studiegenoot 84
studieren	studeren 51
Studium *(o.)* (Studien)	studie 81
Stuhl *(m.)* (¨-e)	stoel 55
Stunde *(v.)* (-n)	uur (duur) 17
stürzen	storten, vallen 62
suchen	zoeken 19
Südamerika	Zuid-Amerika 50
Süden *(m.)*	zuiden 42
super!	super! 20
Supermann	superman 66
Supermarkt *(m.)* (¨-e)	supermarkt 19
süß	lief, schattig, zoet 32
Symbol *(o.)* (-e)	symbool 64
sympathisch	sympathiek 93
Symphonie *(v.)* (-n)	symfonie 68

sechshundertfünfzig • 650

T

Tag *(m.)* (-e)	dag 1
Tal *(o.)* ("-er)	vallei 83
Tankstelle *(v.)* (-n)	tankstation 19
Tante *(v.)* (-n)	tante 39
tanzen	dansen 97
Tasse *(v.)* (-n)	kop(je) 8
tausend	duizend 18
Taxi *(o.)* (-s)	taxi 13
Tee *(m.)* (-s)	thee 4
teilen	delen 64
teilen (sich ~ in)	zich indelen 35
Telefon *(o.)* (-e)	telefoon 5
Teller *(m.)* (-)	eetbord 33
Teneriffa	Tenerife 98
Termin *(m.)* (-e)	afspraak (zakelijk), datum, termijn 25
Terminkalender *(m.)* (-)	agenda 25
Terrasse *(v.)* (-n)	terras 58
testen	testen 91
teuer	duur 23
Teufel *(m.)* (-)	duivel 90
Theater *(o.)* (-)	theater 26
Theologie *(v.)* (-n)	theologie 51
theoretisch	theoretisch, in theorie 29
tief	diep 58
Tier *(o.)* (-e)	dier 73
Tierfreund *(m.)* (-e)	dierenvriend 73
Tisch *(m.)* (-e)	tafel 27
Titel *(m.)* (-)	titel 91
tja	nou ja 87
Tochter *(v.)* (¨)	dochter 81
todernst	doodernstig 85
toi, toi, toi!	toitoitoi! 89
Toilette *(v.)* (-n)	toilet 45
toll!	geweldig! 20
Tomatensoße *(v.)* (-n)	tomatensaus 86
Top-Form (in ~)	in topvorm 96
Tor *(o.)* (-e)	poort 68
Torte *(v.)* (-n)	taart 90
tot	dood 57
tot umfallen*	doodvallen 60
total	helemaal 27; totaal 37
total betrunken	ladderzat 33
totlachen (sich ~)	zich doodlachen 58
Tourist *(m.)* (-en)	toerist 38
tragen*	dragen 34
Trapez *(o.)* (-e)	trapeze 56
Traum *(m.)* ("-e)	droom 53
träumen	dromen 82
traumhaft	fantastisch 53
traurig	droevig 66; treurig 54

treffen*	ontmoeten, treffen 25
treffen* (sich ~)	elkaar ontmoeten 58
trennen	scheiden 95
Trennung *(v.)* (-en)	scheiding 64
trinken*	drinken 4
Trinkschokolade *(v.)* (-n)	chocolademelk 8
trotz	ondanks 89
trotzdem	toch 46
tschüs(s)!	dààg!, doei! 12
tüchtig	ijverig 99
tun*	doen 32
Tür *(v.)* (-en)	deur 16
Turm *(m.)* (¨-e)	toren 63
tut mir Leid (das/es ~)	het spijt me 32
-twegen	dankzij, door 100
typisch	typisch 33

U

U-Bahn *(v.)* (-en)	metro 15
über	over 36; boven 56; meer dan 57
überall	overal 44
überfahren*	overrijden 94
übergeschnappt	geschift 37
überhaupt nicht/kein	absoluut/helemaal niet/geen 95
überleben	overleven 97
Überlegung *(v.)* (-en)	overweging 65
übermorgen	overmorgen 62
übernehmen*	overnemen, voor rekening nemen 80
überqueren	oversteken 34
überraschen	verrassen 76
überrascht	verrast 100
überschnappen	flippen, gek worden 37
übersetzen	vertalen 100
überzeugen	overtuigen 61
überzeugend	overtuigend 61
Übung *(v.)* (-en)	oefening 25
Ufer *(o.)* (-)	oever 68
Uhr/Uhr *(v.)* (-en)	uur (klokuur) 16/horloge 17
um/um *(+ acc.)*	om 16/rond(om) 33
um Gottes willen!	om godswil! 49
um wie viel Uhr?	hoe laat? 16
umdrehen	omdraaien 93
umfallen*	om(ver)vallen 60
Umgang *(m.)*	omgang 86
umgehend	onmiddellijk 96
umso mehr als	des te meer omdat 95
umweltfreundlich	milieuvriendelijk 40
unbedingt	beslist 41
unbekannt	onbekend 69
und	en 3
ungefähr	ongeveer 29

Ungerechtigkeit *(v.)* (-en)	ongerechtigheid 72
Uni/Universität *(v.)*	uni(ef)/universiteit 18
unmöglich	onmogelijk 93
Unrecht *(o.)*	ongelijk, onrecht 73
uns	ons 22
unser(e)	onze, ons 55
unten	beneden, onder(aan) 45
unter *(+ dat.)*	onder 75
Untergrund *(m.)*	ondergrond 15
unterhalten* (sich ~)	praten met iemand/elkaar 37
Unterkunft *(v.)* ("-e)	logies, onderkomen 62
Unternehmen *(v.)* (-)/unternehmen*	onderneming 80/ondernemen 81
Unterschied *(m.)* (-e)	onderscheid, verschil 29
unvergesslich	onvergetelijk 100
uralt	oeroud 89
Urgroßmutter *(v.)* (¨)	overgrootmoeder 89
Urgroßvater *(m.)* (¨)	overgrootvader 89
Urlaub *(m.)*	vakantie 37
Ursache *(v.)* (-n)	oorzaak 15
Ur-ur-urgroßvater *(m.)* (¨)	betoudovergrootvader 89
Urzeit *(v.)* (-en)	oertijd 89

V

Vater *(m.)* (¨)	vader 18
Vati *(m.)* (-s)	pap(s) 18
verabredet sein	afgesproken, een afspraak hebben 52
Verabredung *(v.)* (-en)	afspraak 47
verändern	veranderen (anders maken) 82
verändern (sich ~)	veranderen (anders worden) 82
verbieten*	verbieden 34
verboten	verboden 34
verbringen*	doorbrengen 37
verdanken (jmd etwas ~)	iets aan iem. te danken hebben 83
verderben*	bederven 65
verdienen	verdienen 31
verehrt	geacht 80
Vereinigte Staaten	Verenigde Staten 70
Vereinigung *(v.)* (-en)	hereniging, vereniging 64
verflixt/verflixt!	vervloekt/verdomme! 29
Verfügung *(v.)* (-en)	beschikking 96
Vergangenheit *(v.)* (-en)	verleden 64
vergehen*	gaan, vergaan 16
vergessen*	vergeten 16
Vergnügen *(o.)*	genoegen, plezier 1
vergnügt	blij 60
vergöttern	verafgoden 72
verheiratet	gehuwd, getrouwd 38
verkaufen	verkopen 40
Verkäufer/Verkäuferin (-/-nen)	verkoper/verkoopster 62
Verkehrsregel *(v.)* (-n)	verkeersregel 94
verleihen*	toekennen 72; uitlenen 92

sechshundertdreiundfünfzig

verletzen	kwetsen 58
verlieren*	verliezen, kwijtraken 54
verloren	verloren 79
vermieten	verhuren 50
vermieten (zu ~)	te huur 50
vermutlich	vermoedelijk 87
verpassen	missen 20
verraten*	verklappen, verraden 65
verrückt	gek 32
versammeln	verzamelen 90
versprechen*	beloven 54
versprechen* (sich ~)	zich verspreken 54
Verstand *(m.)*	verstand 60
verständlich	begrijpelijk, verstaanbaar 61
Verständnis *(o.)*	begrip 32
verständnisvoll	begripvol 92
verstecken (sich ~)	zich verstoppen 59
verstehen*	begrijpen, verstaan 27
verstehen* (sich ~ mit)	opschieten met 93
verstopft sein	vastzitten, verstopt/geblokkeerd zijn 52
Versuch *(m.)* (-e)	poging, proef 65
versuchen	proberen 61; trachten 66
vertraulich	vertrouwelijk 69
Vertreter *(m.)* (-)	vertegenwoordiger 25
verurteilen	veroordelen 93
Verwandte *(mv.)*	verwanten 39
verwechseln	door elkaar halen 74
verwechseln (mit)	verwarren, verwisselen (met) 74
Verwechslung *(v.)* (-en)	verwarring 77
verwirrt	verward, in de war 60
verwöhnen	verwennen 87
verzeihen*	vergeven 69; verschonen 81
Verzeihung *(v.)*	pardon 81
verzichten auf *(+ acc.)*	afzien van 75
verzweifelt	vertwijfeld, wanhopig 54
Vesper *(o.)*	avondmaal, vespers 47
Vesperbrot *(o.)* (-e)	lunch 47
viel	veel 1
vielen Dank!	dank u/je wel 15
vielleicht	misschien, mogelijk, wellicht 29
vielmals	heel erg, zeer 92
Viertel *(o.)*	kwart 52
Viertelstunde *(v.)*	kwartier 47
Vogel *(m.)* (¨)	vogel 82
Volk *(o.)* (¨-er)	volk 40
voll	vol 25
voll haben (die Nase ~)	de buik vol hebben 54
Vollpension *(v.)*	volpension 62
vom (= von dem)	*zie* von 28
von *(+ dat.)*	van 3
von *(+ dat.) (passieve vorm)*	door 86

sechshundertvierundfünfzig • 654

voneinander	van elkaar 100
vor	voor 20; van 58; geleden 66
Voraus (im ~)	bij voorbaat 96
voraussagen	voorspellen 97
vorbei	voorbij 22
vorbeifahren*	voorbijrijden 100
Vorfahr *(m.)* (-en)	voorouder 88
vorgehen*	te werk gaan 90
vorhaben*	van plan zijn 100
Vormittag *(m.)*	voormiddag 25
vorn	vooraan 45
Vorname *(m.)* (-n)	voornaam *(zelfst. nw.)* 81
vornehm	voornaam *(bijv. nw.)* 86
Vorsicht *(v.)*	voorzichtigheid 13
Vorsicht!	opgelet!, opgepast!, voorzichtig! 13
vorsichtig	voorzichtig 13
Vorspeise *(v.)* (-n)	voorgerecht 27
vorstellen	voorstellen 37
vorstellen (+ *dat.*) (sich ~)	zich voorstellen/inbeelden 62
Vorstellung *(v.)* (-en)	voorstelling 81
Vorstellungsgespräch *(o.)* (-e)	sollicitatiegesprek 81
Vorteil *(m.)* (-e)	voordeel 78
vorziehen*	verkiezen (prefereren) 80
Vorzimmer *(o.)* (-)	wachtkamer 47

W

wach	wakker 71
wagen	wagen *(ww.)* 69
Wagen *(m.)* (-)	wagen *(zelfst. nw.)* 40
Wahl *(v.)* (-en)	keuze 31
wahr	waar 37
während	tijdens 83; terwijl 88
Wahrheit *(v.)* (-n)	waarheid 69
wahrscheinlich	waarschijnlijk 48
Wald *(m.)* (¨-er)	bos (bomen), woud 65
Wand *(v.)* (¨-e)	muur, wand 54
wann	wanneer 63
wann?	wanneer? 11
warm	warm 63
warnen	waarschuwen 86
warten	wachten 13, 14
warten auf (+ *acc.*)	wachten op 59
warum?	waarom? 1
was	wat 34
was?	wat? 4
was für ein(e)…	wat (voor) een… 22
waschen* (sich ~)	zich wassen 71
Wasser *(o.)*	water 86
WC *(o.)* (-s)	wc 45
wechseln	ruilen voor, veranderen van 75
wecken	wekken 71

Wecker *(m.)* (-)	wekker 71
weder… noch…	noch… noch… 34
Weg *(m.)* (-e)	weg *(zelfst. nw.)* 38
wegfahren*	wegrijden 48
wegfliegen*	wegvliegen 43
weglaufen*	weglopen 73
weh tun*	pijn/zeer doen 32
Weibchen *(o.)* (-)	wijfje 88
weich	zacht 85
Weihnachten *(o.)*	Kerstmis 97
Weihnachtsmann	kerstman 97
weil	omdat 57
Wein *(m.)* (-e)	wijn 33
weinen	huilen, wenen 98
Weise *(v.)* (-n)	manier, wijze 10
weiß	wit 82
Weißbier *(o.)*	witbier 75
Weißwurst *(v.)* (¨-e)	witte worst 75
weit	ver 17
weiter	verder 17
weiter-	verder-, voort- 33
weitere	meer (extra) 80
weitergehen*	verdergaan 33; doorgaan 79
weitermachen	verder doen 99
welch-	welk(e)? 20; dewelke, hetwelk 67
Welt *(v.)*	wereld 40
Weltgeschichte *(v.)*	wereldgeschiedenis 64
wem? *(dat. van wer)*	wie? *(meew. vw.)* 39
wen? *(acc. van wer)*	wie ? *(lijd. vw.)* 23
wenden*	wenden 70
wenig	weinig 30
wenig (ein ~)	even, wat 30
weniger	minder 63
wenigstens	tenminste 57
wenn	als 32; wanneer 38; indien 93
wer	wie *(betr. vnw.)* 33
wer?	wie? *(onderw.)* 3
werden*	worden 22
werden* *(passieve vorm)*	worden *(passieve vorm)* 85
werden* *(voorwaardelijke wijs)*	zou(den) 93
werden* *(+ inf.)*	zullen *(toekomende tijd)* 55
Werk *(o.)* (-e)	werk 51
wert	waard 41
Wert *(m.)* (-e)	waarde 41
weshalb	waarom 65
wessen	van wie 68
Westdeutschland	West-Duitsland 64
Westen *(m.)*	westen 42
wetten	wedden 58
Wetter *(o.)*	weer *(zelfst. nw.)* 46
Wetterbericht *(m.)* (-e)	weerbericht 97

sechshundertsechsundfünfzig

Wettlauf *(m.)* (¨-e)	wedren 58
wichtig	belangrijk 73
wie	hoe 5; zoals 46; als 48
wie bitte?	hoezo? 27
wie lange?	hoe lang? (tijd) 62
wie viel(e)	hoeveel 9
wie weit	hoever 90
wieder	opnieuw 45
wieder(-)	weer(-) 5
Wiederaufbau *(m.)*	wederopbouw 64
wieder erkennen*	herkennen (bij terugzien) 82
wiederholen	herhalen 65
Wiederholung *(v.)* (-en)	herhaling 7
wiedersehen*	weerzien 100
wiegen*	wegen 57
Wiese *(v.)* (-n)	weide 82
Wille *(m.)*	wil 65
willkommen	welkom 51
winken	wenken 37
Winter *(m.)* (-)	winter 28
wir	wij/we 1
wirklich	werkelijk 27; echt 31
Wirtschaft *(v.)*	café 19; bedrijfsleven 90
wissen*	weten 22
Witwe *(v.)* (-n)	weduwe 68
wo	terwijl 99
wo (doch)	aangezien, terwijl 97
wo?	waar? 11
Woche *(v.)* (-n)	week 18
wofür	waarvoor 89
woher	waarvandaan 36
wohin	waarheen, waar naartoe 36
wohnen	wonen 37
Wohnung *(v.)* (-en)	appartement, flat, woning 50
Wohnzimmer *(o.)* (-)	woonkamer 50
wollen*	willen 27; zullen (bij voorstel) 33
woran	waaraan 89
Wort *(o.)* (¨-er) of (-e)	woord 58
worum	waarom, waarover 90
wozu?	waartoe, -om, -bij, -over, -voor,...? 19
Wunder *(o.)* (-)	wonder 73
Wundermittel *(o.)* (-)	wondermiddel 73
wunderschön	wondermooi 50
wünschen	wensen 1
Würstchen *(o.)* (-)	worstje 4
Wurst *(v.)* (¨-e)	worst 4
Wut *(v.)*	woede 60
wüten	woedend zijn 60
wütend	woedend 60

Z

Zahl *(v.)* (-en)	aantal, cijfer, getal 17
zahlen	betalen 9
zählen	tellen 17
Zahn *(m.)* (¨-e)	tand 50
Zahnarzt *(m.)* (¨-e)	tandarts 50
Zauberflöte *(v.)*	toverfluit 68
Zeichen *(o.)* (-s)	teken 90
zeigen	laten zien, tonen 13; aantonen 97
Zeit *(v.)* (-en)	tijd 12
Zeitung *(v.)* (-en)	krant 43
Zentrum *(o.)* (Zentren)	centrum 41
Zerstörung *(v.)* (-en)	vernietiging 64
ziehen*	trekken 70
ziemlich	tamelijk 31
Zimmer *(o.)* (-)	kamer 2
zischen	sissen 21
zögern	aarzelen 64
Zollamt *(o.)*	douanekantoor 69
Zone *(v.)* (-n)	zone 33
zu	te *(bijw.)* 22
zu *(+ dat.)*	te *(voorz.)* 11; bij, naar 31; voor 62
zu *(+ inf.)*	(om) te 19; om te 26
zu Fuß	te voet 33
zu Haus(e)	thuis 11
Zucker *(m.)* (-)	suiker 91
zuerst	vooreerst 33; als eerste 85; allereerst 89
zufrieden	tevreden 82
Zug *(m.)* (¨-e)	trein 16
Zugvogel *(m.)* (¨)	trekvogel 97
Zukunft *(v.)*	toekomst 80
zukünftig	toekomstig 38
zuletzt	tot slot 86
zum Beispiel	bijvoorbeeld 75
zum Schluß	tot slot 33
zumachen	dichtdoen/-maken, toedoen/-maken 74
zunehmen*	bijkomen, toenemen 97
zurück	terug 12
zurückfliegen*	terugvliegen 83
zurückhalten*	tegenhouden 32
zurückkommen*	terugkomen 25
zurückrufen*	terugbellen 12
zusammen	samen 9
Zusammenhang *(m.)* (¨-e)	verband 88
zuverlässig	betrouwbaar 52
zwar	wel(iswaar) 75
zweimal	tweemaal 9
Zwerg *(m.)* (-e)	dwerg 68
zwischen	tussen 29

Woordenlijst Nederlands-Duits

A

aaien	streicheln 32
aan	an 24
aan het	beim 59
aanbevelen	empfehlen* 65
aanbieden	anbieten* 37
aanbieding	Angebot *(o.)* (-e) 62
aanbod	Angebot *(o.)* (-e) 62
aandoen	anmachen 43
aangelegenheid	Angelegenheit *(v.)* (-en) 54
aangesteld zijn	angestellt sein 81
aangezien	wo (doch) 97
aanjagen (iem. schrik ~)	jmd einen Schrecken einjagen 94
aankijken, -zien	ansehen* 10
aankleden (zich ~)	sich anziehen* 59
aankomen	ankommen* 20
aankomst	Ankunft *(v.)* ("-e) 30
aankomsttijd	Ankunftszeit *(v.)* (-en) 30
aanmelden	melden 47
aanmerking (in ~ komen)	in Frage kommen* 62
aanpassen (zich ~)	sich einleben 75; sich anpassen 97
aanraden	empfehlen* 65; raten* 83
aanschuiven	Schlange stehen* 24
aansluiten	anstellen 90
aansluiting	Anschluss *(m.)* ("-e) 20
aanspreken	ansprechen* 37
aanstaan	gefallen* 40
aansteken	anzünden 90
aanstellen	anstellen 81
aantal	Zahl *(v.)* (-en) 17
aantonen	zeigen 97
aantrekken (iets ~)	sich anziehen* 59
aanvangen	anfangen* 45
aanzetten	anstellen 74
aap	Affe *(m.)* (-n) 88
aardappel	Kartoffel *(v.)* (-n) 24
aardappelsalade	Kartoffelsalat *(m.)* 78
aardbei	Erdbeere *(v.)* (-n) 57
aarde	Erde *(v.)* 97
aardig	nett 18
aarzelen	zögern 64
absoluut niet/geen	überhaupt nicht/kein 95
accent	Akzent *(m.)* (-e) 75
ach!	ach! 15
acht, aandacht	Acht *(v.)* 69
achten	ehren 80
achter	hinter 54
achter elkaar	hintereinander 90
achter(aan)	hinten 45

achterlaten	hinterlassen* 12
achternaam	Nachname *(m.)* (-n) 81
achterwerk, achterste	Hintern *(m.)* (-) 96
achting, waardering	Achtung *(v.)* 16
actrice	Schauspielerin *(v.)* (-nen) 72
adres	Adresse *(v.)* (-n) 84
adventtijd	Adventszeit 97
advertentie	Annonce *(v.)* (-n), Anzeige *(v.)* (-n) 50
advies	Rat *(m.)* (Ratschläge) 41
afbeelding	Bild *(o.)* (-er) 54
afdalen	runtergehen* 43
afdeling	Abteilung *(v.)* (-en) 80
afgelopen zijn	Schluss sein 29; zu Ende sein* 67
afgesproken hebben	verabredet sein 52
afgesproken!	einverstanden! 58
afhalen	abholen 20; abheben* 86
afkomstig zijn	stammen 68
afnemen	abnehmen* 87
afscheid nemen	Abschied nehmen* 12
afsluiten	abstellen 90
afsluiting	Abschluss *(m.)* (¨-e) 81
afspraak	Verabredung *(v.)* (-en) 47
afspraak (zakelijk)	Termin *(m.)* (-e) 25
afspraak (een ~ hebben)	verabredet sein 52
afspreken (iets onder elkaar ~)	etwas unter sich ausmachen 95
afstammen	stammen 68
afvragen (zich ~)	sich fragen 76
afzetten	abstellen 74
afzien van	verzichten auf *(+ acc.)* 75
agenda	Terminkalender *(m.)* (-) 25
akker	Acker *(m.)* (-) 59
akkoord!	einverstanden! 58
akkoord gaan	einverstanden sein* 58
al	beim 59
al(le)	alle 48
al(s)maar	immer 60
al(vast)	schon 15
algemeen	allgemein 68
algemeen directeur	Generaldirektor *(m.)* (-en) 90
algemene kennis/ontwikkeling	Allgemeinbildung *(v.)* 68
alle(n)	alle 23
alledaags	alltäglich 81
alledaagse/dagelijkse leven	Alltag *(m.)* 73
alleen	allein 2
alleen (maar)	nur 15
allemaal	alle 23
allereerst	zuerst 89
alles	alles 9
alles bij elkaar	insgesamt 87
all-inreis	Pauschalreise *(v.)* (-n) 96
Alpen	Alpen *(mv.)* 83

als	wenn 32; wie 48; als 72
alsjeblieft	bitte 4
alsof	als ob 95
alstublieft	bitte 4
altijd	immer 6
alweer	schon wieder 95
Amerika	Amerika 39
ander	ander- 34
anderhalf	eineinhalb 17
anders	sonst 71
angst	Angst *(v.)* (¨-e) 59
antwoord	Antwort *(v.)* (-en) 80
antwoordapparaat	Anrufbeantworter *(m.)* (-) 12
antwoorden	antworten 11
antwoorden, beantwoorden	erwidern 58
apart	getrennt 95
appartement	Wohnung *(v.)* (-en) 50
appel	Apfel *(m.)* (¨) 24
appelsap	Apfelsaft *(m.)* (¨-e) 24
appeltaart	Apfelkuchen *(m.)* (-) 27
appelwijn	Apfelwein *(m.)* (-e) 33
april	April *(m.)* 28
arbeider	Arbeiter *(m.)* (-) 33
arbeidsbureau	Arbeitsamt *(o.)* 69
arbeidsplaats	Arbeitsstelle *(v.)* (-n) 80
argument	Argument *(o.)* (-e) 61
arm *(zelfst. nw.)*	Arm *(m.)* (-e) 86
arm *(bijv. nw.)*	arm 53
arme	Arme *(m.)* (-n) 53
artikel	Bericht *(m.)* (-e) 87
arts	Arzt *(m.)* (¨-e) 50
au!	au! 26
augustus	August *(m.)* 22
auto	Auto *(o.)* (-s) 40
automonteur	Automechaniker *(m.)* (-) 67
autosnelweg	Autobahn *(v.)* (-en) 52
avond	Abend *(m.)* (-e) 2
avondeten, -maal	Abendessen *(o.)* (-) 47, Vesper *(o.)* 47

B

baan	Bahn *(v.)* (-en) 15; Arbeitsstelle *(v.)* (-n) 80
baas	Chef *(m.)* (-s) 30
baby	Baby *(m.)* (-s) 35
bad	Bad *(o.)* (¨-er) 50
badpak	Badeanzug *(m.)* (¨-e) 97
bakken	backen 91
bakkerij	Bäckerei *(v.)* (-en) 100
bal	Ball *(m.)* (¨-e) 99
balkon	Balkon *(m.)* (-s) 50
band	Binde *(v.)* (-n) 54
bang zijn	Angst haben 59

banketbakker	Konditor *(m.)* (-en) 57
bankier	Bankier *(m.)* (-s) 67
barbecue	Grill *(m.)* (s) 24
barbecue(feest)	Grillfest *(o.)* (-e) 22
barbecuevlees	Grillfleisch *(o.)* 24
barok	Barock *(m.)* 41
Baskenmuts	Baskenmütze *(v.)* (-n) 72
baten	nützen 60
bazin	Chefin *(v.)* (-en) 35
bed	Bett *(o.)* (-en) 56
bedanken voor	sich bedanken für 100
bedanken (iem. ~ voor)	danken (jmd *dat.* ~ für + *acc.*) 61
bedankt	danke 4
bedelaar	Bettelmann *(m.)* ("-er) 47
bederven	verderben* 65
bediende	Angestellte *(m./v.)* (-n) 81
bedoelen	meinen 26
bedoeling	Absicht *(v.)* (-en) 86
bedrijfsleven	Wirtschaft *(v.)* 90
beëindigen	beenden 85
beëindiging	Abschluss *(m.)* ("-e) 81
been	Bein *(o.)* (-e) 58
beer	Bär *(m.)* (-en) 53
beetje (een ~)	ein bisschen 18
begeesterd	begeistert 73
begeleiden	begleiten 85
beginnen	anfangen* 45
beginnen te rennen	loslaufen* 59
beginner	Anfänger *(m.)* (-) 90
begrijpelijk	verständlich 61
begrijpen	verstehen* 27
begrip	Verständnis *(o.)* 32
begripvol	verständnisvoll 92
begroeten	begrüßen 93
behalve	außer *(+ dat.)* 39
beide	beiden 70
Beier	Bayer *(m.)* (-n) 75
Beiers	bayerisch 75
bekijken	ansehen* 10
bekommeren (zich ~ om)	sich kümmern um + *acc.* 81
belachelijk	lächerlich 85
belangrijk	bedeutend 51; wichtig 73
belastingkantoor	Finanzamt *(o.)* 69
belegd	belegt 96
beleven	erleben 64
Belg/Belgische	Belgier/Belgierin 50
België	Belgien 50
Belgisch	belgisch 50
beloven	versprechen* 54
beluisteren	hören 34
bemerken	bemerken 97

sechshundertzweiundsechzig

bemoeien (zich ~ met)	sich mischen in + *acc.* 54
beneden	unten 45
beneden (naar ~)	runter 43
benul	Ahnung *(v.)* (-en) 87
benzine	Benzin *(o.)* 29
benzinemeter	Benzinuhr *(v.)* (-en) 29
beperking	Begrenzung *(v.)* 79
berekoud	saukalt 78
berg	Berg *(m.)* (-e) 46
bericht	Nachricht *(v.)* (-en) 11; Bericht *(m.)* (-e) 87
Berlijn	Berlin 3
Berlijner	Berliner *(m.)* (-) 64
beroemd	berühmt 51
beschermengel	Schutzengel *(m.)* (-) 94
beschikking	Verfügung *(v.)* (-en) 96
beslissen	beschließen* 71
beslist	unbedingt 41
besluiten	entscheiden* 86
best	best 18; genau 55
beste (in aanhef)	Liebe, Lieber 18
beste (de/het ~)	der/die/das Beste 27
bestellen	bestellen 95
betalen	bezahlen, zahlen 9
betekenen	heißen* 98
beter	besser 27
beter gezegd	genauer gesagt 81
betoudovergrootvader	Ur-ur-urgroßvater *(m.)* (¨) 89
betreffen	sich drehen um *(+ acc.)* 57; sich handeln um *(+ acc.)* 90
betrouwbaar	zuverlässig 52
beurt (aan de ~ zijn)	dran sein (= an der Reihe sein) 95
bevallen	gefallen* 40
bewaken	bewachen 90
bewaren	bewahren 93
bewegen (zich ~)	sich bewegen 64
bezet	besetzt 66; belegt 96
bezichtigen	besichtigen 33
bezichtiging	Besichtigung *(v.)* (en) 33
bezoek	Besuch *(m.)* (-e) 33
bezoeken, een bezoek brengen	besuchen 33
bezoeker	Besucher *(m.)* (-) 87
bibs	Hintern *(m.)* (-) 96
bier	Bier *(o.)* (-e) 8
bierkruik	Bierkrug *(m.)* (¨-e) 87
bierpul van 1 liter	Maß *(v.)* 87
biertent	Bierzelt *(o.)* (-e) 87
bij	an 20; bei *(+ dat.)* 25; zu *(+ dat.)* 31; mit *(+ dat.)* 64
bij brengen (iem. iets ~)	jmd etwas beibringen* 93
bijkomen	zunehmen* 97
bijna	fast 58

bijten	beißen* 32
bijvoorbeeld	zum Beispiel 75
bijzonder	besonders 99
bijzonders (iets/niets ~)	etwas/nichts Besonderes 89
binden	binden* 54
bindgaren	Bindfaden *(m.)* (¨) 87
binnen	drinnen 78
binnen (van ~)	von innen 82
binnen schieten (te ~)	einfallen* 100
binnenkort	bald 12
binnenhuis	im Haus 23
bioscoop	Kino *(o.)* (-s) 51
blauw	blau 46
blij	froh 53; vergnügt 60
blij zijn	sich freuen 20
blijkbaar	anscheinend 100
blijven	bleiben* 11
blik	Blick *(m.)* (-e) 58
bloei (in ~ staan)	blühen 82
bloeien	blühen 82
bloem	Blume *(v.)* (-n) 68, 82
bloemenhandelaar	Blumenhändler *(m.)* (-) 92
blokkeren	blockieren 48
blond	blond 36
Bodenmeer	Bodensee *(m.)* 83
boek	Buch *(o.)* (¨-er) 70
boeken	buchen 62
boer	Bauer *(m.)* (-n) 75
boete	Strafe *(v.)* (-en) 93
bol	Kugel *(v.)* (-n) 57
bonbon	Bonbon, Praline *(v.)* (-n) 57
bondskanselier	Bundeskanzler *(m.)* (-) 64
bondspresident	Bundespräsident *(m.)* (-en) 64
bondsregering	Bundesregierung *(v.)* (-en) 64
bondsrepubliek	Bundesrepublik *(v.)* (-en) 16
boodschappen	Einkäufe *(m.)* 24
boodschappen doen	einkaufen 24
boodschappen doen (met de auto)	einkaufen fahren* 48
boom	Baum *(m.)* (¨-e) 82
boos	böse 92
boot	Schiff *(o.)* (-e) 68
bord (eet~)	Teller *(m.)* (-) 33
bos (bloemen)	Strauß *(m.)* (¨-e) 92
bos (bomen)	Wald *(m.)* (¨-er) 65
boss	Boss *(m.)* (-e) 90
boter	Butter *(v.)* (-) 91
bouwen	bauen 57
boven	über 56
boven(aan)	oben 45
bovendien	außerdem 50
braadkip	Brathähnchen *(o.)* (-) 87

braadworst	Bratwurst *(v.)* (¨-e) 9
branden	brennen* 70
Brazilië	Brasilien *(o.)* 37
breken	brechen* 93
brengen	bringen* 8; herbringen* 37
brief	Brief *(m.)* (-e) 39
broer	Bruder *(m.)* (¨) 23
broers en zussen	Geschwister *(mv.)* 23
brood	Brot *(o.)* (-e) 4
broodje	Brötchen *(o.)* (-) 4
brug	Brücke *(v.)* (-n) 94
bruiloft	Hochzeit *(v.)* (-en) 66
brutaal	frech 48
bruut	brutal 85
buik	Bauch *(m.)* (¨-e) 96
buit	Beute *(v.)* (-n) 36
buiten	außer *(+ dat.)* 39; draußen 61
buiten (naar ~)	heraus, raus (= heraus) 46
buiten (naar ~ gaan)	rausgehen* 46
buitengewoon	außergewöhnlich 64
buitenkansje	Schnäppchen *(o.)* (-) 62
buitenland	Ausland *(o.)* 80
bureau	Schreibtisch *(m.)* (-e) 72
bus	Bus *(m.)* (Busse) 59
buur(man)	Nachbar *(m.)* (-n) 67

C

cacao	Kakao *(m.)* 57
café	Kneipe *(v.)* (-n) 16; Wirtschaft *(v.)* 19
cake	Kuchen *(m.)* (-) 27
capuccino	Capuccino *(m.)* (-s) 8
carrière	Karriere *(v.)* (-n) 82
carwash	Autowaschen *(o.)* 79
centrum	Zentrum *(o.)* (Zentren) 41
champagne	Champagner *(m.)* (-) 24
chimpansee	Schimpanse *(m.)* (-n) 88
China	China *(o.)* 39
Chinees (taal)	Chinesisch 73
chips	Chips *(m.)* 78
chocolade	Schokolade *(v.)* (-n) 28
chocoladecake, gebak	Schokoladenkuchen *(m.)* (-) 27
chocolademelk	Trinkschokolade *(v.)* (-n) 8
choqueren	schockieren 88
cider	Apfelwein *(m.)* (-e) 33
cijfer	Zahl *(v.)* (-en) 17
classicisme	Klassik *(v.)* 51
collega *(m./v.)*	Kollege/Kollegin (-n/-nen) 6
componeren	komponieren 68
computer	Computer *(m.)* (-) 25
concert	Konzert *(o.)* (-e) 53
concierge	Hausmeister *(m.)* (-) 69

concreet	konkret 73
concurrentie	Konkurrenz *(m.)* (-en) 70
controle (onder ~ houden)	in Schach halten 90
controleren	kontrollieren 30
Cuba	Kuba 62

D

dààg!	servus!, tschüs(s)! 12
daar	dort 10; da 15
daar *(voegw.)*	da *(voegw.)* 80
daaraan	daran 74
daarbij	dazu 75
daarentegen	dagegen 60
daarheen, daar naartoe	dorthin 42
daarmee	damit 58
daarna	danach 51
daarom	deshalb 65
daaronder	darunter 74
daarop	darauf 66
daarover	darüber 75
daarvan	davon 78
daarvandaan	dorther 42
dag	Tag *(m.)* (-e) 1
dame	Dame *(v.)* (-n) 33
dames en heren	meine Damen und Herren 51
dan	denn 10; also, da, dann 15
dan *(comp.)*	als *(comp.)* 58
dank u/je	danke 4
dank u/je wel	vielen Dank! 15
dank, bedanking	Dank *(m.)* 15
dankbaar	dankbar 89
danken (iem. ~ voor)	danken (jmd *dat.* ~ für + *acc.*) 61
danken (iets aan iem. te ~ hebben)	jmd etwas verdanken 83
dankzij	-twegen 100
dansen	tanzen 97
dat *(aanw. vnw.)*	das *(aanw. vnw.)* 3
dat *(voegw.)*	dass 31
datum	Termin *(m.)* (-e) 25
de/het *(m./v./o.)*	der/die/das 3
de *(mv.)*	die 6
december	Dezember *(m.)* 28
deelstaat	Land *(o.)* (¨-er) 16; Bundesland *(o.)* (¨-er) 42
definitief	endgültig 98
degene	derjenige 85
deksel	Deckel *(m.)* (-) 57
delen	teilen 64
delen (zich in~)	sich teilen in 35
Denemarken	Dänemark 68
denken	denken* 31; sich denken* 75
denken (van)	meinen 26

derhalve	deshalb 65
des te meer omdat	umso mehr als 95
dessert	Dessert *(o.)* (-s) 27
destijds	damals 74
deur	Tür *(v.)* (-en) 16
dewelke	welch- 67
deze/dit	dieser/diese/dieses 43
dezelfde/hetzelfde *(m./v./o.)*	derselbe/dieselbe/dasselbe 30
dialect	Dialekt *(m.)* (-e), Mundart *(v.)* (-en) 89
dichtbij	nah 37
dichtdoen, -maken	zumachen 74
dichter	Dichter *(m.)* (-) 51
die *(aanw. vnw.)*	die *(aanw. vnw.)* 13
dienst	Dienst *(m.)* (-e) 30
dienst (in ~ nemen)	einstellen 84
dienst (in ~ zijn)	angestellt sein 81
dienster	Kellnerin *(v.)* (-en) 95
diep	tief 58
dier	Tier *(o.)* (-e) 73
dierenvriend	Tierfreund *(m.)* (-e) 73
dik	dick 70
dikwijls	oft 54
ding	Ding *(o.)* (-e) 76
dinsdag	Dienstag *(m.)* (-e) 25
diploma	Diplom *(o.)* (-e) 65
direct	direkt 85
directeur	Direktor *(m.)* (-en) 82
dit *(aanw. vnw.)*	das *(aanw. vnw.)* 3
dochter	Tochter *(v.)* (¨) 81
doctor	Doktor *(m.)* (-en) 47
doei!	tschüs(s)! 12
doen	machen 9; tun* 32
dokter	Doktor *(m.)* (-en) 25
dom *(bijv. nw.)*	dumm 10
dom *(zelfst. nw.)*	Dom *(m.)* (-e) 33
dommerik	Dumme *(m.)* (-n) 88
Donauvallei	Donautal *(o.)* 83
donder	Donner *(m.)* (-) 25
donderdag	Donnerstag *(m.)* (-e) 25
donker *(bijv. nw.)*	dunkel 23
donker *(zelfst. nw.)*	Dunkel *(o.)* 76
donkerheid	Dunkelheit *(v.)* (-en) 76
dood	tot 57
doodernstig	todernst 85
doodlachen (zich ~)	sich totlachen 58
doodvallen	tot umfallen* 60
door	durch *(+ acc.)* 61; von *(+ dat.) (passieve vorm)* 86; -twegen 100
door(dat)	indem 86
door elkaar halen	verwechseln 74
doorbrengen	verbringen* 37

doorgaan	weitergehen* 79
doorrijden (bij rood)	durchfahren* (bei Rot) 94
doorsnee	Durchschnitt *(m.)* 79
doos	Schachtel *(v.)* (-n) 57
dorst	Durst *(m.)* (¨-e) 19
douanekantoor	Zollamt *(o.)* 69
draad	Faden *(m.)* (¨) 54
draaien om	sich drehen um *(+ acc.)* 57
dragen	tragen* 34
drank(je)	Getränk *(o.)* (-e) 8
driemaal	dreimal 9
dringend	dringend 69
drinken	trinken* 4
droevig	traurig 66
dromen	träumen 82
dronken	betrunken 33
droom	Traum *(m.)* (¨-e) 53
druk	lebhaft 53
drukken	drücken 79
dubbel	doppel 96
duidelijk	klar 31
duidelijk worden	aufklären 99
duim	Daumen *(m.)* (-) 79
duimen voor	die Daumen für ... drücken 79
duister	Dunkel *(o.)* 76
duisternis	Dunkelheit *(v.)* (-en) 76
Duits	deutsch 50
Duits (taal)	Deutsch 1
Duitser/Duitse	Deutsche *(m./v.)* 50
Duitsland	Deutschland 41
duivel	Teufel *(m.)* (-) 90
duizend	tausend 18
dus	also 9; denn 13
dus (versterkend)	ja 43
duur	teuer 23
dwerg	Zwerg *(m.)* (-e) 68

E

echt	wirklich 31; echt 92; richtig 97
echter	allerdings 74; jedoch 80
echtgenoot	Ehemann *(m.)* (¨-er) 66
echtgenote	Ehefrau *(v.)* (-en) 38
een	ein(e) 1
één	ein(e) 2; eins 21
één (voor ~ keer)	ein einziges Mal 79
een of ander(e)	irgend- 76
eenheid	Einheit *(v.)* (-en) 64
eenmaal	einmal 9
eenpersoonskamer	Einzelzimmer *(o.)* (-) 96
eens	mal 11; einmal 62
eens (het ~ zijn)	einverstanden sein* 58

eenvoudig	einfach 31
eerder	eher 31
eerst	erst 53
eerst (voor~)	zuerst 33
eerste (als ~)	zuerst 85
eerste (ten ~)	erstens 71
eeuw	Jahrhundert *(o.)* (-e) 68
eeuwig	ewig 88
egel	Igel *(m.)* (-) 58
ei	Ei *(o.)* (-er) 4
eierhoedje	Eihütchen *(o.)* (-) 86
eigenaar/eigenares	Besitzer/-in (-/nen) 48
eigenaardig	komisch 76
eigenlijk	denn 13; eigentlich 22
einde	Ende *(o.)* (-n) 13; Schluss *(m.)* (¨-e) 29
einde raad zijn (ten ~)	am Ende sein* 67
eindelijk	endlich 32
elektrotechniek	Elektrotechnik *(v.)* 81
elk(e)	jeder/-e/-es 30
elkaar	einander 85
elkeen	alle 23; jeder/-e/-es 65
e-mail	E-Mail *(v.)* (-s) 91
e-mailadres	E-Mail-Adresse *(v.)* (-n) 100
employé/-ee	Angestellte *(m./v.)* (-n) 81
en	und 3
en?	na? 27
ene (de/het ~)	ein(e)s 38
engel	Engel *(m.)* (-) 72
Engeland	England *(o.)* 70
Engels	englisch 93
Engels (taal)	Englisch 67
Engelse	Engländerin *(v.)* (-en) 70
Engelsman	Engländer *(m.)* (-) 67
enig(e)	einzig- 71
enigerlei	irgend- 76
enkel(e)	einzig- 71
enkele	einige 62
enthousiast	begeistert 73
er	da 6; es 83
er is/zijn	es gibt* 15
eren	ehren 80
erfgoed	Erbgut *(o.)* (¨-er) 88
erg	sehr 3; schlimm 69
ergens	irgend- 76
ergens (op een of andere plaats)	irgendwo 82
ergeren	ärgern 93
erna	danach 51
ernst	Ernst *(m.)* 85
ernstig	ernst 85
espresso	Espresso *(m.)* (-s) 8
etage	Etage *(v.)* (-n) 90

eten *(ww.)*	essen* 8
eten *(zelfst. nw.)*	Essen *(o.)* (-) 27
euro	Euro *(m.)* (-s) 9
Europa	Europa *(o.)* 37
even	ein bisschen 18; ein wenig 30; ebenso 63; kurz 79
even... als	so... wie 60
evengoed	ebenso gut 70
evenwel	jedoch 80
evolutie	Entwicklung *(v.)* (-en) 97
excuseer	Entschuldigung *(v.)* (-en) 5
excuseren	entschuldigen 5
excuseren (zich ~)	sich entschuldigen 81
excuus	Entschuldigung *(v.)* (-en) 81
experiment	Experiment *(o.)* (-e) 88
exposant	Schausteller *(m.)* (-) 87

F

familie	Familie *(v.)* (-n) 23
familienaam	Familienname *(m.)* (-n) 81
fantastisch	fantastisch 18; traumhaft 53
fatsoenlijk	anständig 85
fauteuil	Sessel *(m.)* (-) 55
februari	Februar *(m.)* 28
feest	Fest *(o.)* (-e) 22
feestelijk	festlich 38
feesten	feiern 23
feliciteren (iem. ~ met)	gratulieren (jmd *dat.* ~ zu + *dat.*) 38
fiets	Fahrrad *(o.)* (¨-er), Rad *(o.)* (¨-er) 34
fietsen *(ww.)*	Fahrrad fahren 34; Rad fahren*, radeln 100
fietsen *(zelfst. nw.)*	Fahrradfahren *(o.)* 79
fietser	Radfahrer *(m.)* (-) 100
fijn	schön 46
file	Stau *(o.)* (-s) 79
film	Film *(m.)* (-e) 53
filmmuseum	Filmmuseum *(o.)* (-museen) 74
filosofie	Philosophie *(v.)* (-n) 51
financieren	finanzieren 83
firma	Firma *(v.)* (Firmen) 47
fitnesscenter	Fitness-Studio *(o.)* 96
flat	Wohnung *(v.)* (-en) 50
fles	Flasche *(v.)* (-n) 44
flexibel	flexibel 78
flippen	überschnappen 37
fluiten	pfeifen* 86
Fortuna	Fortuna *(v.)* 54
foto	Foto *(o.)* (-s) 3
fout	falsch 5
fout lopen	schief gehen* 90
framboos	Himbeere *(v.)* (-n) 57
Frankfurt	Frankfurt 51

Frankrijk	Frankreich *(o.)* 20
Fransman	Franzose *(m.)* (-n) 67
frieten	Pommes *(fam.)* 9
fris	frisch 63
fruitpersbedrijf	Kelterei *(v.)* (-en) 89
functie	Aufgabe *(v.)* (-n) 80
functioneren	funktionieren 25

G

gaaf!	Klasse! 20
gaan	gehen* 6; vergehen* 16; laufen* 18
gaan (met auto, trein, fiets,...)	fahren* 16
gaan om/over	sich drehen um *(+ acc.)* 57; sich handeln um 90
gang (aan de ~)	im Gang 76
gans	ganz 67
gast	Gast *(m.)* (¨-e) 87
gauw	bald 12
geacht	geehrt, verehrt 80
gebak	Kuchen *(m.)* (-) 27
gebakken aardappelen	Bratkartoffeln *(m.)* 78
gebakken appel	Bratapfel *(m.)* (¨) 91
gebeuren	passieren 46; los sein* 55; geschehen* 76
geboorte	Geburt *(v.)* (-en) 22
geboortedag	Geburtstag *(m.)* (-e) 22
geboren	geboren 51
gebroeders	Brüder *(mv.)* 58
gedragen (zich ~)	sich benehmen* 85
Geduld	Geduld *(v.)* 99
geduld oefenen/hebben	sich gedulden 47
geel	gelb 82
geen	kein(e) 9
geen enkel(e)	keinerlei 86
geen idee!	keine Ahnung! 87
geen probleem!	bitte! 4
geen/zonder dank!	keine Ursache! 15
geest	Geist *(m.)* (-er) 83
geestesziek	geisteskrank 83
geheim	Geheimnis *(o.)* (-se) 65
geheugen	Gedächtnis *(o.)* (-se) 95
gehuwd	verheiratet 38
gek	verrückt 32
gek worden	überschnappen 37
Geld	Geld *(o.)* (-er) 9
geleden	vor 66
gelegen	gelegen (liegen*) 50
gelegenheid	Gelegenheit *(v.)* (-en) 38
geliefd	geliebt 18
gelieve (te)	bitte 80
gelijk	Recht *(o.)* 73; egal 99
gelijk zijn (iem. ~)	jmd egal sein* 48

gelijkaardig	ähnlich 80
gelijktijdig	gleichzeitig 64
geloven	glauben 20
geluimd zijn (goed/slecht ~)	gute/schlechte Laune haben 31
geluk	Glück *(o.)* 1
gelukkig	glücklich 10
gelukkig(erwijs)	glücklicherweise 10
gelukwens	Glückwunsch *(m.)* (¨-e) 89
gelukwensen (iem. ~ met)	gratulieren (jmd *dat.* ~ zu + *dat.*) 38
gemakkelijk	leicht 54
gemiddeld	im Schnitt 79
geneeskunde	Medizin *(v.)* 51
generatie	Generation *(v.)* (-en) 51
generlei	keinerlei 86
geniaal	genial 83
genoeg	genug 9
genoeg hebben van	genug haben 46
genoegen	Vergnügen 1
gentleman	Gentleman *(m.)* 93
gerecht	Speise *(v.)* (-n) 27
gerecht, rechtbank	Gericht *(o.)* (-e) 93
Germanen	Germanen *(mv.)* 68
geruststellen	beruhigen 59
gescheiden	getrennt 95
geschiedenis	Geschichte *(v.)* (-n) 41
geschift	übergeschnappt 37
geschreeuw	Geschrei *(o.)* 55
gesloten	geschlossen 10
gesprek	Gespräch *(o.)* (-e) 5
getal	Zahl *(v.)* (-en) 17
getrouwd	verheiratet 38
gevaar (in ~)	in Gefahr 61
gevaarlijk	gefährlich 32
geval	Fall *(m.)* (¨-e) 76
geval (in ieder ~)	auf alle Fälle 76
geven	geben* 15, 16
gevoelens	Gefühle 58
gevuld	gefüllt 78
geweldig!	toll! 20
gewoon	einfach 71
gewoonlijk	gewöhnlich 64
gezel	Geselle *(m.)* (-n) 57
gezicht	Gesicht *(o.)* (-er) 54
gezin	Familie *(v.)* (-n) 23
gezondheid	Gesundheit *(v.)* 65
gieten	gießen* 54
gillen	schreien* 45
gisteren	gestern 36
glas	Glas *(o.)* (¨-er) 33
glijden	rutschen 96
glimlach	Lächeln *(o.)* 58

glimlachen	lächeln 54
God	Gott *(m.)* (¨-er) 29
godzijdank	Gott sei Dank 29
goed	gut 1; richtig 73; recht 97
goed (heel ~)	genau 55
goedemiddag!/goeiemiddag!	guten Mittag! 2
goedemorgen!/goeiemorgen!	guten Morgen! 2
goedenacht!/goeienacht!	gute Nacht! 2
goedenavond!/goeienavond!	guten Abend! 2
goedendag!/goeiendag!	guten Tag! 1
goedkoop	billig 40
gothisch	gotisch 63
gouden	golden 54
goudstuk	Goldtaler *(m.)* (-) 58
graad	Grad *(m.)* (-e) 57
graag	gern 8
graag...	mögen* 23
graag gedaan	bitte 4
grappig	lustig 23; komisch 76
gratis	kostenlos 96
grens	Grenze *(v.)* (-n) 79
gretig	gierig 86
Griek	Grieche *(m.)* (-n) 68
Griekenland	Griechenland *(o.)* 70
grijpen	schnappen 62; greifen* 86
groen	grün 94
groente	Gemüse *(o.)* (-) 74
groet	Gruß *(m.)* (¨-e) 18
groeten, begroeten	grüßen 18
grond	Boden *(m.)* (¨) 56
grondwet	Grundgesetz *(o.)* (-e) 64
groot	groß 1
groothandel	Großmarkt *(m.)* (¨-e) 48
grootmoeder	Großmutter *(v.)* (¨) 39
grootouders	Großeltern *(mv.)* 39
grootvader	Großvater *(m.)* (¨) 39
gsm	Handy *(o.)* (-s) 11
gunstig	günstig 38

H

haar *(zelfst. nw.)*	Haar *(o.)* (Haare) 68, 77
haar *(bez. vnw.)*	ihr(e) *(bez. vnw. v. ev.)* 23
haar *(meew. vw.)*	ihr *(dat. van sie)* 37
haas	Hase *(m.)* (-n) 58
haast je!	los! 55
haasten (zich ~)	sich beeilen 71
hakken	hauen 55
halen	holen 24
halen (het ~)	schaffen 29
half(-)	halb 52
halfuur	halbe Stunde 48

hallo!	hallo! 11
hals	Hals *(m.)* (¨-e) 90
halt!	halt! 24
halt houden	anhalten* 29
halte	Haltestelle *(v.)* (-n) 15
Hamburg	Hamburg 20
hand	Hand *(v.)* (¨-e) 54
hand (aan de ~ zijn)	los sein* 55
handelaar	Händler *(m.)* (-) 92
handelen	handeln 90
hangen (aan)	hängen* (an + *dat.*) 54
hard	hart 85
hard(op)	laut 34
hart	Herz *(o.)* (-en) 18
hartelijk	herzlich 18
haten	hassen 62
hazenfricassee	Hasenfrikassee *(o.)* 70
hebben	haben* 2, 14
heden	heute 11
heel	sehr 3; ganz 37
heel erg, zeer	vielmals 92
heen	hin 31
heer	Herr *(m.)* (-en) 33
heerlijk	köstlich 27; herrlich 46
hees	rauchig 72
heet	heiß 63
heffen	heben* 86
heks	Hexe *(v.)* (-n) 98
hel	Hölle *(v.)* (-n) 67
helaas	leider 12; schade 62
helder	klar 9
helemaal	total 27; ganz 45
helemaal geen	gar keins *(o.)* 73
helemaal niet	gar nicht 94
helemaal niet/geen	überhaupt nicht/kein 95
help!	Hilfe! 45
helpen (iem. ~)	helfen* (jmd *(dat.)*) 38
hem *(lijd. vw.)*	ihn *(acc. van* er) 24
hem *(meew. vw.)*	ihm *(dat. van* er) 37
hemel	Himmel *(m.)* (-) 46
hemeltje!	Himmel! 85
hen *(lijd. vw.)*	sie *(acc. van* sie) 28
hereniging	Vereinigung *(v.)* (-en) 64
herfst	Herbst *(m.)* (-e) 28
herhalen	wiederholen 65
herhaling	Wiederholung *(v.)* (-en) 7
herinneren (zich ~)	sich erinnern (an + *acc.*) 74
herkennen (bij terugzien)	wieder erkennen* 82
herkennen (identificeren)	erkennen* 72
herstellen	reparieren 26
het *(lidw.)*	der *(m.)*, die *(v.)*, das *(o.)* 3, 14

sechshundertvierundsiebzig • 674

het *(pers. vnw.)*	es 4
het ...ste	am ...sten 62
het is om te *(+ inf.)*	es ist zu *(+ inf.)* 79
het spreekt voor zich	selbstverständlich 80
heten	heißen* 3
hetwelk	welch- 67
hier	hier 4; da 15
hierheen	hierher 37
hij	er 3
hij/zij/het	der/die/das *(aanw. vnw.)* 32
historicus	Historiker *(m.)* (-) 83
hitte	Hitze *(v.)* (-n) 22
hittegolf	Hitzewelle (v). (-n) 22
hoe	wie 5
hoe laat?	um wie viel Uhr? 16
hoe lang? (tijd)	wie lange? 62
hoe… des te...	je… desto/umso... 97
hoeden (zich ~ voor)	sich in Acht nehmen* 69
hoeveel	wie viel(e) 9
hoeven (niet ~)	nicht müssen* 35
hoever	wie weit 90
hoewel	obwohl 72
hoezo?	wie bitte? 27
hof	Hof *(m.)* (¨-e) 52
hoffelijk	höflich 52
hoffelijkheid	Höflichkeit *(v.)* (-en) 52
hoge piet	hohes Tier *(o.)* (-e) 90
Holland	Holland *(o.)* 20
hond	Hund *(m.)* (-e) 32
hondenweer	Hundewetter *(o.)* 78
honderden	Hunderte *(mv.)* 72
honger	Hunger *(m.)* 19
hoofd	Kopf *(m.)* (¨-e) 27; Leiter *(m.)* (-) 80
hoofd *(fig.)*	Haupt *(o.)* (¨-er) 27
hoofd-	Haupt- 27
hoofdgerecht	Hauptspeise *(v.)* (-n) 27
hoofdrol	Hauptrolle *(v.)* (-n) 72
hoofdstad	Hauptstadt *(v.)* (¨-e) 27
hoofdstation	Hauptbahnhof *(m.)* (¨-e) 27
hoofdzaak	Hauptsache *(v.)* (-n) 99
hoog	hoch 54
Hoogduits	Hochdeutsch 89
hoogstens	höchstens 71
hoogte (op de ~ brengen)	Bescheid sagen/geben 58
hopelijk	hoffentlich 45
hopen	hoffen 25
horen	hören 34; sich gehören 85
horen/behoren (niet ~)	nicht sollen 35
horloge	Uhr *(v.)* (-en) 17
hotel	Hotel *(o.)* (-s) 2
houden	halten* 90

houden van	lieben 16
houwen	hauen 55
hst (hogesnelheidstrein)	ICE *(m.)* (-s) 20
huilen	weinen 98
huis	Haus *(o.)* (¨-er) 11
huisgemaakt	hausgemacht 78
huistaak	Hausaufgabe *(v.)* (-n) 90
huiswerk	Hausaufgaben *(mv.)* 90
hulp	Hilfe *(v.)* (-n) 45
humeur	Laune *(v.)* (-n) 31
hun *(bez. vnw.)*	ihr(e) *(bez. vnw., mv.)* 25
hun/(aan,...) hen *(meew. vw.)*	ihnen *(dat. van* sie*)* 37
huur (te ~)	zu vermieten 50
huurder	Mieter *(m.)* (-) 69
huwelijk	Ehe *(v.)* (-n) 66
huwelijk(sfeest)	Hochzeit *(v.)* (-en) 66
huwelijks(verjaar)dag	Hochzeitstag *(m.)* 66
huwen	heiraten 38
hypermarkt	Großmarkt *(m.)* (¨-e) 48

I

idee	Idee *(v.)* (-n) 26
identiek	identisch 88
idioot	Dumme *(m.)* (-n) 88
idioot/idiote	Idiot/Idiotin 100
ieder (in ~ geval)	jedenfalls 99
ieder(e)	jeder/-e/-es 30
iedereen	alle 23; jeder/-e/-es 30; alle Leute 48; alle Welt 79
iemand	jemand 34
iets	etwas 8
ijs	Eis *(o.)* (-) 57
ijstaart	Eistorte *(v.)* (-n) 57
ijverig	tüchtig 99
ijzeren	eisern 68
ik	ich 2
immers	nämlich 57
in	in 2; an 20; für *(+ acc.)* 25; bei *(+ dat.)* 51; rein (= herein/hinein) 52
in slaap vallen	einschlafen* 71
inachtneming	Achtung *(v.)* 16
inbegrepen	inbegriffen 62
inbreken	einbrechen* 93
inderdaad	in der Tat 81
indien	falls 83; wenn 93
indrukwekkend	beeindruckend 74
informatica	Informatik *(v.)* 80
informeren	informieren 80
ingeval	falls 57
inhalen	aufholen 79
inhoud	Inhalt *(m.)* (-e) 57

inkopen	Einkäufe *(m.)* 24
inkopen (doen)	einkaufen 24
inleven (zich ~)	sich einleben 75
inlichten	Bescheid sagen/geben 58
inlichting	Auskunft *(v.)* (¨-e) 15
inrit	Einfahrt *(v.)* (-en) 48
inslapen	einschlafen* 71
inspannen (zich ~)	sich anstrengen 66
inspanning	Anstrengung *(v.)* (-en) 66
instappen	einsteigen* 16
instellen	einstellen 74
intelligent	intelligent 67
intentie	Absicht *(v.)* (-en) 86
interessant	interessant 36
interesseren	interessieren 57
interesseren (zich ~) (voor)	sich interessieren (für) 80
internet	Internet *(o.)* 73
interview	Interview *(o.)* (-s) 89
intussen	jetzt 48; inzwischen 80
invloed	Einfluss *(m.)* (¨-e) 51
inwoner	Einwohner *(m.)* (-s) 70
Italiaan	Italiener *(m.)* (-) 67
Italiaans (taal)	Italienisch 73
Italië	Italien *(o.)* 30
IT-bedrijf	IT-Unternehmen *(o.)* 81

J

ja	ja 2
jaar	Jahr *(o.)* (-e) 17
jam	Marmelade *(v.)* (-en) 35
jammer	schade 20
jammeren	jammern 59
januari	Januar *(m.)* 28
jawel	doch 19
jazeker	doch 19
je *(onpersoonlijk)*	man 17
jij/je	du 8
jong	jung 51
jongen	Junge *(m.)* (-n) 60
jongens	Jungs *(mv., fam.)* 90
jou/je *(lijd. vw.)*	dich *(acc. van* du) 16
jou/je *(meew. vw.)*	dir *(dat. van* du) 18
jouw/je	dein(e) 11
juist	gerade 47; richtig 73; recht 97
juli	Juli *(m.)* 28
jullie *(bez. vnw.)*	euer 55
jullie *(lijd. vw.)*	euch *(acc. van* ihr) 27
jullie *(meew. vw.)*	euch *(dat. van* ihr) 41
jullie *(onderw.)*	ihr 10
juni	Juni *(m.)* 28
jurk	Kleid *(o.)* (-er) 74

K

kaars	Kerze *(v.)* (-n) 90
kaart (post~)	Postkarte *(v.)* (-n) 18
kaart (spijs~)	Speisekarte *(v.)* (-n) 8
kaas	Käse *(m.)* 4
kaasliefhebber	Käsefreund *(m.)* (-e) 73
kabeltelevisie	Kabelfernsehen *(o.)* 73
kalender	Kalender *(m.)* (-) 25
kalmte	Ruhe *(v.)* 93
kam	Kamm *(m.)* (¨-e) 65
kamer	Zimmer *(o.)* (-) 2
kammen	kämmen 68
kan	Kanne *(v.)* (-en) 8
kannetje	Kännchen *(o.)* (-) 8
kans	Chance *(v.)* (-n) 88
kanselier	Kanzler *(m.)* (-) 68
kant	Seite *(v.)* (-n) 50
kantoor	Büro *(o.)* (-s) 6
kapitaal	Kapital *(o.)* 65
kapot *(lett./fig.)*	kaputt 35/85
kappen (coifferen)	frisieren 65
kapper	Frisör *(m.)* (-e) 50
kapsalon	Friseursalon *(m.)* (-s) 65
kapsel	Frisur *(v.)* (-en) 92
kapster	Frisörin *(v.)* (-nen) 50
kassa	Kasse *(v.)* (-n) 24
kast	Schrank *(m.)* (¨-e) 44
kasteel	Schloss *(o.)* (¨-er) 82
kasteelpark	Schlosspark *(m.)* (-e) 83
kat(tin)	Katze *(v.)* (-n) 13
kater *(lett./fig.)*	Kater *(m.)* (-) 13/54
kathedraal	Kathedrale *(v.)* (-n) 63
keel	Hals *(m.)* (¨-e) 90
keer	Mal *(o.)* 9
keizer	Kaiser *(m.)* (-) 47
keizerin	Kaiserin *(v.)* (-nen) 68
kelner	Kellner *(m.)* (-) 91
kennen	kennen* 32
kerkganger	Kirchgänger *(m.)* (-) 33
kerktoren	Kirchturm *(m.)* (¨-e) 100
kerstavond	Heiligabend *(m.)* 97
kerstman	Weihnachtsmann 97
Kerstmis	Weihnachten *(o.)* 97
keuken	Küche *(v.)* (-n) 50
Keulen	Köln 20
keuze	Wahl *(v.)* (-en) 31
kietelen	kitzeln 76
kijken	gucken *(fam.)* 36; sehen* 37; schauen 38; nachsehen* 44
kilo	Kilo *(o.)* (-s) 9
kilogram	Kilogramm *(o.)* 57

kilometer	Kilometer *(m.)* (-) 29
kind	Kind *(o.)* (-er) 3
klaar	fertig 13
klaarkrijgen (het ~)	schaffen 29
klaarkrijgen, -spelen (het ~)	schaffen 29
klant	Kunde *(m.)* (-n) 25
klasse	Klasse *(v.)* 40
kleed	Kleid *(o.)* (-er) 74
klein	klein 18
kleur	Farbe *(v.)* (-n) 51
klimaat	Klima *(o.)* 97
klinken	klingen 50
kloppen	stimmen 57
klopt!	stimmt! 24
kluis	Geldschrank *(m.)* (¨-e) 49
knikken	nicken 59
knoedel	Knödel *(m.)* (-) 78
knorren	knurren 78
koe	Kuh *(v.)* (¨-e) 63
koek	Kuchen *(m.)* (-) 27
koel	kühl 44
koelkast	Kühlschrank *(m.)* (¨-e) 44
koffer	Koffer *(m.)* (-) 13
koffie	Kaffee *(m.)* (-s) 4
koffie met melk	Milchkaffee *(m.)* (-s) 8
koffiekan	Kaffeekanne *(v.)* (-n) 8
kogel	Kugel *(v.)* (-n) 57
kok	Koch *(m.)* (¨-e) 59
koken	kochen 59
kokkin	Köchin *(v.)* (-nen) 59
komaan!	los! 55
komen	kommen* 4, 14
komisch	komisch 76
komma	Komma *(o.)* (-s) 87
koning	König *(m.)* (-e) 47
koop, aankoop	Kauf *(m.)* (¨-e) 40
koopje	Schnäppchen *(o.)* (-) 62
kop	Kopf *(m.)* (¨-e) 27
kop(je)	Tasse *(v.)* (-n) 8
kopen	kaufen 19
koppel	Paar *(o.)* (-e) 60
kort	kurz 60
kort(om)	kurz 34
kosteloos	kostenlos 96
kosten	kosten 50
kosten (terugbetaalbare)	Auslagen *(v.)* 80
koud	kalt 8
koude	Kälte *(v.)* 78
kraag	Kragen *(m.)* (-) 93
krab	Krabbe *(v.)* (-n) 13
krant	Zeitung *(v.)* (-en) 43

kredietkaart	Kreditkarte *(v.)* (-n) 12
krijgen	bekommen* 33; kriegen 40
krimi	Krimi *(m.)* (-s) 76
kroeg	Kneipe *(v.)* (-n) 16
krom	krumm 58
kunnen *(ww./zelfst. nw.)*	können* 26/Können *(o.)* 90
kunnen (de mogelijkheid hebben)	dürfen* 33
kunnen volgen	mitkriegen *(fam.)* 76
kunnen zijn dat	mögen* 85
kus	Kuss *(m.)* ("-e) 16
kust	Küste *(v.)* (-n) 50
kwart	Viertel *(o.)* 52
kwartier	Viertelstunde *(v.)* 47
kwetsen	verletzen 58
kwijtraken	verlieren* 54

L

laat	spät 6
laatst	letzt- 40
laatste (ten ~)	spätestens 71
lachen *(ww./zelfst. nw.)*	lachen 37/Lachen *(o.)* 58
ladderzat	total betrunken 33
lak hebben aan	pfeifen* auf *(+ acc.)* 86
lamp	Lampe *(v.)* (-n) 43
land	Land *(o.)* (-e) 57; Land *(o.)* ("-er) 73
lang (afstand/tijd)	lang 22/lang(e) 53
langdradig	langweilig 76
langs	entlang 100
langzaam(aan)	langsam 81
laten	lassen* 12
laten (met rust ~)	in Frieden lassen* 55
laten weten	informieren 80
laten zien	zeigen 13
later	später 12
leed	Leid *(o.)* (-en) 51
leeftijd	Alter *(o.)* 89
leeg	leer 53
leer (theorie)	Lehre *(v.)* (-n) 51
leggen	legen 54
leiden	führen 66; leiten 89
leider	Leiter *(m.)* (-) 80
Leipzig	Leipzig 51
lekker vinden	mögen* 57
lelijk	hässlich 36
lenen	leihen* 35, 92
lente	Frühling *(m.)* (-e) 28
lepel	Löffel *(m.)* (-) 86
leren	lernen 1
leren, aanleren (iem. iets ~)	jmd etwas beibringen* 93
leren kennen (elkaar ~)	sich kennen lernen 66
les	Lektion 31

letten op	aufpassen auf 99
leugen	Lüge *(v.)* (-n) 69
leuk	lustig 23
leuk vinden	mögen* 23; gefallen* 40
leven *(ww./zelfst. nw.)*	leben 13/Leben *(o.)* 51
levendig	lebhaft 53
levenswerk	Lebenswerk *(o.)* (-e) 51
levenswijze	Lebensart *(v.)* (-en) 75
leverworst	Leberwurst *(v.)* ("-e) 78
lezen *(ww./zelfst. nw.)*	lesen* 27/Lesen *(o.)* 27
licht *(zelfst. nw.)*	Licht *(o.)* (-er) 43
licht (blond/helder)	hell 33/50
lief	lieb 18; süß 32
liefde	Liebe *(o.)* 18
liefdesdienst	Liebesdienst *(m.)* (-e) 88
liefdesgeschiedenis, -verhaal	Liebesgeschichte *(v.)* 100
liefhebben	lieben 16
liefhebber	Liebhaber *(m.)* (-) 67
-liefhebber	...freund *(m.)* 73
lieveling	Liebling *(m.)* (-e) 26
liever	lieber 62
lieverd	Liebling *(m.)* (-e) 26
liggen	liegen* 41
lijken	scheinen* 31; erscheinen* 76
limousine	Limousine *(v.)* (-n) 82
linker	Linke 70
links	links 15
liter	Liter *(o.)* (-) 57
literatuur	Literatur *(v.)* 72
Lodewijk	Ludwig 83
logies	Unterkunft *(v.)* ("-e) 62
logisch	logisch 76
lonen (de moeite ~)	sich lohnen 41
loon	Lohn *(m.)* ("-e) 41
lopen	laufen* 18
lucht	Luft *(v.)* ("-e) 78
luchthaven	Flughafen *(m.)* (") 24
luid	laut 34
luisteren/luisteren naar	hören 50/hören 34
lukken	klappen 90
lunch	Mittagessen *(o.)* (-), Vesperbrot *(o.)* (-e) 47
lunchroom	Café *(o.)* (-s) 4
lusten	mögen* 23
luxe	Luxus *(m.)* 50, 96

M

maag	Magen *(m.)* 53
maal	Mahl *(o.)* (-e of "-er) 78
-maal	-mal 9
maaltijd	Mahlzeit *(v.)* (-en) 78
maan	Mond *(m.)* (-e) 25

maand	Monat *(m.)* (-e) 17
maandag	Montag *(m.)* (-e) 25
maar	aber 6; denn 13
maar (tegenstellend)	sondern 30
maar (versterkend)	ja 32
maar, nog maar	erst 52
maart	März *(m.)* 28
maat	Maß *(o.)* 87
machine	Maschine *(v.)* (-n) 25
maken	machen 9
maken (af~)	zu Ende machen 31
mam(s)	Mutti *(v.)* (-s) 18
mama	Mama *(v.)* (-s) 13
man	Mann *(m.)* (¨-er) 3
manier	Weise *(v.)* (-n) 10
manieren (goede ~)	gute Manieren 85
mannetje	Männchen *(o.)* (-) 88
mantel	Mantel *(m.)* (¨) 74
mantelpak(je)	Kostüm *(o.)* (-e) 38
margriet	Margerite *(v.)* (-n) 92
markt	Markt *(m.)* (¨-e) 62
Marokko	Marokko 62
mecenas	Mäzen *(m.)* (-e) 83
medewerker	Mitarbeiter *(m.)* (-) 80
medewerking	Mitarbeit *(v.)* 80
mee	mit 12
meebrengen	mitbringen* 23
meejatten	mitgehen lassen 87
meekomen	mitkommen* 12
meekrijgen	mitkriegen *(fam.)* 76
meenemen	mitnehmen* 26
meer *(zelfst. nw.)*	See *(m.)* (-n) 50
meer	mehr 22
meer (extra)	weitere 80
meer dan	über 57
meerdere	mehrere 87
meester	Meister *(m.)* (-) 24
mei	Mai *(m.)* 22
meisje	Mädchen *(o.)* (-) 36
meisjesnaam	Mädchenname *(m.)* (-n) 81
melden	melden 47
melk	Milch *(v.)* 7
melken	melken* 63
men	man 17
meneer	Herr *(m.)* (-en) 5
menen	meinen 26
mening	Meinung *(v.)* (-en) 67
mens	Mensch *(m.)* (-en) 17
mensen	Leute *(mv.)* 48
mens(en) toch!	Mensch! 17
mensenvriend	Menschenfreund *(m.)* 73

mensheid	Menschheit *(v.)* 88
menu(kaart)	Speisekarte *(v.)* (-n) 8
merken	merken 76
mes	Messer *(o.)* (-) 33
mest	Mist *(m.)* 9
met	mit *(+ dat.)* 4; bei *(+ dat.)* 78
meteen	gleich 6; sofort 95
meter	Meter *(o.* of *m.)* (-) 57
methode	Methode *(v.)* (-n) 73
metro	U-Bahn *(v.)* (-en) 15
mevrouw	Frau 5
middag	Mittag *(m.)* 44
middageten, -maal	Mittagessen *(o.)* (-) 47
middagpauze	Mittagspause *(v.)* (-n) 78
middags ('s ~)	mittags 44
middel	Mittel *(o.)* (-) 73
midden	Mitte *(v.)* (-n) 25
Midden-Amerika	Mittelamerika 88
middernacht	Mitternacht *(v.)* 44
mij *(meew. vw.)*	mir *(dat. van* ich) 16
mij/me *(lijd. vw.)*	mich *(acc. van* ich) 11
mij goed, wat mij betreft	meinetwegen 92
mijn *(bez. vnw.)*	mein(e) 5
mijn (voor ~ part)	meinetwegen 92
mijne (de/het ~)	meiner/-e/-(e)s 32
milieuvriendelijk	umweltfreundlich 40
miljoen	Million *(v.)* (-en) 18
min	minus 57
minder	weniger 63
minister	Minister *(m.)* (-) 83
minnaar	Liebhaber *(m.)* (-) 67
minstens	mindestens 72
minuut	Minute *(v.)* (-n) 16
mis-, verkeerd	miss- 32
misdaadfilm	Kriminalfilm *(m.)* (-e) 76
misdaadroman	Kriminalroman *(m.)* (-e) 76
misgaan	schief gehen* 90
misschien	vielleicht 29
missen	verpassen 20; fehlen 81
misverstand	Missverständnis *(o.)* (-se) 32
mobieltje	Handy *(o.)* (-s) 11
moe	müde 17
moed	Mut *(m.)* 99
moeder	Mutter *(v.)* (¨) 18
moedig	mutig 74
moeilijk	schwierig 48; schwer 71
moeite (de ~ waard zijn)	sich lohnen 41
moeizaam	mühsam 65
moeten	müssen* 10
moeten (absoluut ~)	müssen* 30
moeten (eigenlijk ~)	sollen 31

moeten (volgens wat men hoorde/las)	sollen 87
moeten (zou/zouden ~)	sollen 31
mogelijk	möglich 13; vielleicht 29
mogelijk maken	ermöglichen 97
mogen (eigenlijk niet ~)	nicht sollen 35
mogen (graag...)	mögen* 23
mogen (niet ~)	nicht dürfen* 35
mogen (toestemming hebben)	dürfen* 32
molen	Mühle *(v.)* (-n) 78
moment	Moment *(m.)* (-e) 12
mond	Mund *(m.)* (¨-er) 53
mooi	schön 3
moord	Mord *(m.)* (-e) 76
morgen (dag na vandaag)	morgen 10
morgen (ochtend)	Morgen *(m.)* (-) 2
morgens ('s ~)	morgens 30
muesli	Müsli *(o.)* 4
mug	Mücke *(v.)* (-n) 43
muisje	Mäuschen *(o.)* (-) 18
muts	Mütze *(v.)* (-n) 72
muur	Wand *(v.)* (¨-e) 54; Mauer *(v.)* (-n) 64
muziek	Musik *(v.)* (-en) 34
muziekliefhebber	Musikfreund *(m.)* 73 (-e)

N

na	nach *(+ dat.)* 20
naakt	nackt 74
naam	Name *(m.)* (-n) 5
naar	in 10; nach *(+ dat.)* 11; an 24; zu *(+ dat.)* 31; auf 43
naartoe	hin 31
naast	neben 37
nabij	nah 80
nacht	Nacht *(v.)* (¨-e) 17
nachts ('s ~)	nachts 44
nadat	nachdem 83
nadenken	nachdenken* 53
nagerecht	Nachspeise *(v.)* (-n), Nachtisch *(m.)* 27
nakijken	nachsehen* 44
nakomen	nachkommen* 78
nalaten	hinterlassen* 12
naleven	achten 94
namelijk	nämlich 57
namiddag	Nachmittag *(m.)* (-e) 25
nationale feestdag	Nationalfeiertag *(m.)* (-e) 64
nationaliteit	Nationalität *(v.)* (-en) 67
natuur	Natur *(v.)* 97
natuurlijk	natürlich 8; selbstverständlich 95
natuurlijk!	klar! 9
nauwelijks	kaum 46
Nederland	Holland *(o.)* 20; Niederlande *(mv.)* (-) 50

Nederlander/Nederlandse	Niederländer/Niederländerin 50
Nederlands	niederländisch 50
Nederlands (taal)	Niederländisch 18
nee	nein 5; nee *(fam.)* 55
nee maar!	na so was! 87
neer	runter 43
neerkijken	runtergucken* 43
neerstorten	abstürzen 62
negatief	negativ 80
nemen	nehmen* 4, 20
nerveus	nervös 31
net	gerade 47
neus	Nase *(v.)* (-n) 54
niemand	niemand 39
niet	nicht 5
niet eens	nicht (ein)mal 71
niets	nichts 19
niettemin	aber 80
nietwaar?	nicht wahr? 40
nieuw	neu 40
Nieuwjaar	Neujahr *(o.)* 96
nieuws	Nachricht *(v.)* (-en) 96
Nobelprijs	Nobelpreis *(m.)* (-e) 72
noch… noch…	weder… noch… 34
nodig	nötig 79
nodig hebben	brauchen 24
noemen	nennen* 68
nog	noch 6
noga	Nougat *(m.)* 57
nooit	nie(mals) 53, 69
noorden	Norden *(m.)* 42
normaal (normalerwijs)	normalerweise 46
nou	denn 13; also 15
nou!?	na!? 27
nou ja	tja 87
november	November *(m.)* 28
nu	jetzt 11; nun 82
nu (versterkend)	nur 37; ja 43
nul	Null *(v.)* (-en) 29
nummer	Nummer *(v.)* (-n) 5

O

o (ja)!	au! 26
o jee!	oje! 59
observeren	beobachten 88
oceaan	Ozean *(m.)* 97
och!	och! 26
ochtend	Morgen *(m.)* (-) 10
oefening	Übung *(v.)* (-en) 25
oeroud	uralt 89
oertijd	Urzeit *(v.)* (-en) 89

oever	Ufer *(o.)* (-) 68
of	ob 76
of (bij keuze)	oder 4
ofwel	oder 72
ogen	aussehen* 18
ogenblik	Augenblick *(m.)* (-e) 47
oké	okay 24
oktober	Oktober *(m.)* 28
Oktoberfeest	Oktoberfest *(m.)* (-e) 87
olie	Öl *(o.)* 44
olijfolie	Olivenöl *(o.)* 44
om	um 16; aus *(+ dat.)* 48
om godswil!	um Gottes willen! 49
om te	zu *(+ inf.)* 26
om(ver)vallen	umfallen* 60
omdat	denn 54; weil 57; da *(voegw.)* 80
omdraaien	umdrehen 93
omgang	Umgang *(m.)* 86
omhaal	Federlesen machen 93
omweg (een ~ maken)	einen Abstecher *(m.)* machen 100
onbekend	unbekannt 69
ondanks	trotz 89
onder (beneden, lager dan)	unter *(+ dat.)* 75
onder (tussen, te midden van)	unter *(+ dat.)* 75
onder(aan)	unten 45
ondergrond	Untergrund *(m.)* 15
onderkomen	Unterkunft *(v.)* ("-e) 62
ondernemen	unternehmen* 81
onderneming	Unternehmen *(v.)* (-) 80
onderscheid	Unterschied *(m.)* (-e) 29
onderzoeker/-ster	Forscher/Forscherin (-/-nen) 88
ongehuwd	ledig 36
ongelijk	Unrecht *(o.)* 73
ongerechtigheid	Ungerechtigkeit *(v.)* (-en) 72
ongetwijfeld	sicher 6
ongeveer	ungefähr 29
onmiddellijk	sofort 4; umgehend 96
onmogelijk	unmöglich 93
onrecht	Unrecht *(o.)* 73
ons	uns 22
ontbijt	Frühstück *(o.)* 4
ontbijtgranen	Müsli *(o.)* 4
ontbreken	fehlen 65
ontdekken	entdecken 88
ontgoocheld	enttäuscht 66
onthalen	empfangen* 100
onthoofden	köpfen 85
ontkomen	entkommen* 43
ontmoeten	treffen* 25
ontmoeten (elkaar ~)	sich treffen* 58
ontwaken	aufwachen 71

ontwikkeling	Bildung *(v.)* (-en) 68; Entwicklung *(v.)* (-en) 97
ontzettend	entsetzlich 88
onvergetelijk	unvergesslich 100
onverschillig	gleichgültig 72
onze, ons	unser(e) 55
onzin	Quatsch *(m.)* 55
oog	Auge *(o.)* (-n) 54
ook	auch 6
oom	Onkel *(m.)* (-) 39
oor	Ohr *(o.)* (-en) 76
oorlog	Krieg *(m.)* (-e) 72
oorzaak	Ursache *(v.)* (-n) 15
Oost-Duitsland	Ostdeutschland 64
oosten	Osten *(m.)* 41
Oostenrijks	österreichisch 74
op	in 12; an 16; auf 29
op zijn	am Ende sein* 67
opa	Opa *(m.)* (-s) 27
opbellen	anrufen* 11
opdat	damit 66
opendoen	aufmachen 74
openen	öffnen 29; eröffnen 65
openmaken	aufmachen 74
opera	Oper *(v.)* (-n) 11
opgave	Aufgabe *(v.)* (-n) 80
opgelet!, aandacht!	Achtung! 16
opgelet!, opgepast!	Vorsicht! 13
opgetogen	begeistert 73
opgeven	aufgeben* 99
opgewonden	aufgeregt 18
ophalen, -pikken	abholen 20
ophoepelen	abhauen *(fam.)* 55
ophouden	aufhören 51
opkrassen	abhauen *(fam.)* 55
opleiding	Bildung *(v.)* (-en) 68
opnieuw	wieder 45
oppassen	aufpassen 94
oppikken	holen 24
oprichten	gründen 89
oproep	Anruf *(m.)* (-e) 11
oproepen	anrufen* 11
opschieten met	sich verstehen* mit 93
opstaan	aufstehen* 30
optimisme	Optimismus *(m.)* 97
opvallen	auffallen* 99
opvolger	Nachfolger *(m.)* (-) 82
opwarming	Erwärmung *(v.)* 97
opwinden (zich ~)	sich aufregen 79
orde	Ordnung *(v.)* (-en) 52
organisatie	Organisation *(v.)* (-en) 23

orkest	Orchester *(o.)* (-) 23
os	Ochs *(m.)* (-en) 87
oud	alt 18
oude (binnen)stad	Altstadt *(v.)* (¨-e) 33
oudejaar	Silvester 96
ouder	älter 82
ouders	Eltern *(mv.)* 39
over	über 36
over (m.b.t. tijd)	in 16; nach 20
overal	überall 44
overblijven	bleiben* 83
overgaan (de straat ~)	über die Straße gehen* 94
overgrootmoeder	Urgroßmutter *(v.)* (¨) 89
overgrootvader	Urgroßvater *(m.)* (¨) 89
overheidsdienst	Amt *(o.)* (¨-er) 69
overkomen	passieren 46
overleven	überleben 97
overlijden	sterben* 51
overmorgen	übermorgen 62
overnemen	übernehmen* 80
overrijden	überfahren* 94
oversteken	überqueren 34
overtuigen	überzeugen 61
overtuigend	überzeugend 61
overweging	Überlegung *(v.)* (-en) 65

P

paar	Paar *(o.)* (-e) 60
paar (een ~)	ein paar 60
paard	Pferd *(o.)* (-e) 63
paaseieren	Ostereier 60
paashaas	Osterhase 60
paasvakantie	Osterferien *(mv.)* 84
pacifist	Pazifist *(m.)* (-en) 72
pak	Anzug *(m.)* (¨-e) 38
pakje	Paket *(o.)* (-e) 24
paniek	Panik *(v.)* 90
pap(s)	Vati *(m.)* (-s) 18
papa	Papa *(m.)* (-s) 48
papegaai	Papagei *(m.)* (-en) 73
papier	Papier *(o.)* (-e) 57
paradijs	Paradies *(o.)* (-e) 67
paraplu	Regenschirm *(m.)* (-e) 26
pardon	Entschuldigung *(v.)* (-en), Verzeihung *(v.)* 81
park	Park *(m.)* (-e) 83
parkeerplaats	Parkplatz *(m.)* (¨-e) 52
parkeren	parken 48
parlement	Bundestag *(m.)* (-e) 64
partij	Partie *(v.)* (-n) 36
pas	gerade 47; erst 52

passen	passen 80
pauze	Pause *(v.)* (-n) 4
pech	Pech *(o.)* 39
pensioen	Rente *(v.)* (-n) 89
per	pro 17
perfect	perfekt 66
personeelshoofd *(m./v.)*	Personalleiter/-in (-/-nen) 80
persoon	Person *(v.)* (-en) 2
persoonlijk	persönlich 30
pijn	Leid *(o.)* (-en) 51
pijn/zeer doen	weh tun* 32
pijpenstelen regenen	Bindfäden regnen 87
pils	Pils *(o.)* (-) 33
pimpelmees	Blaumeise *(v.)* (-n) 97
Pinksteren	Pfingsten *(o.)* 84
pizza	Pizza *(v.)* (-s of Pizzen) 26
plaats	Platz *(m.)* (¨-e) 11; Stelle *(v.)* (-n) 15; Stätte *(v.)* (-n) 79
plaatsen	stellen 44
plafond	Decke *(v.)* (-n) 81
plan	Plan *(m.)* (¨-e) 39
plan (van ~ zijn)	vorhaben* 100
plannen	planen 90
plein	Platz *(m.)* (¨-e) 94
plezier	Vergnügen *(o.)* 1
plots(eling)	plötzlich 82
poes	Katze *(v.)* (-n) 13
poging	Versuch *(m.)* (-e) 65
Polen	Polen *(o.)* 68
politie	Polizei *(v.)* 48
politieagent	Polizist *(m.)* (-en) 67
politiek	Politik *(v.)* 90
politiewagen	Polizeiwagen *(m.)* (-) 48
poort	Tor *(o.)* (-e) 68
poot	Bein *(o.)* (-e) 58
pop	Puppe *(v.)* (-n) 56
portie	Portion *(v.)* (-en) 8
positifief	positiv 80
prachtig	herrlich 46
praktijk (in de ~)	praktisch 29
praktisch	praktisch 29
praline	Bonbon, Praline *(v.)* (-n) 57
praten	reden 36
praten met iemand/elkaar	sich unterhalten* 37
precies	genau 20
presteren	leisten 74
prijs	Preis *(m.)* (-e) 38
prima!	prima! 20
prins	Prinz *(m.)* (-en) 82
proberen	versuchen 61
probleem	Problem *(o.)* (-e) 22

procent	Prozent *(o.)* (-e) 88
produceren	produzieren 89
proef	Versuch *(m.)* (-e) 65; Probe *(v.)* (-n) 90
proeven	probieren 75
professioneel	professionnel 90
professor	Professor *(m.)* (-en) 18
Pruisen	Preußen *(o.)* 70
pullover	Pullover *(m.)* (-) 77
punctueel	pünktlich 52
punt	Punkt *(m.)* (-e) 52

R

raad	Rat *(m.)* (Ratschläge) 31
raam	Fenster *(o.)* 53
raar	komisch 76
rad	Rad *(o.)* (¨-er) 34
raden	raten* 72
radio	Radio *(o.)* (-s) 74
radio-uitzending	Radiosendung *(v.)* (-en) 51
rat	Ratte *(v.)* (-n) 13
recept	Rezept *(o.)* (-e) 57
receptie	Empfang *(m.)* (¨-e) 96
recht	Recht *(o.)* 73
rechtdoor	geradeaus 15
rechten(studie)	Jura *(m.)* 51
rechter	Rechte 70
rechts	rechts 15
redden (het ~)	schaffen 29
reden	Grund *(m.)* (¨-e) 48
referentie	Referenz *(v.)* (-en) 86
regen	Regen *(m.)* (-) 26
regenen	regnen 26
regenscherm	Regenschirm *(m.)* (-e) 26
regenweer	Regenwetter *(o.)* 48
regisseur	Regisseur *(m.)* (-e) 72
reis	Reise *(v.)* (-n) 16
reisbureau	Reisebüro *(o.)* (-s) 62
rekenen	rechnen 61
rekening	Rechnung *(v.)* (-en) 61
rekening houden met	rechnen mit 97
rekening (voor ~ nemen)	übernehmen* 80
Relativiteitstheorie	Relativitätstheorie *(v.)* 68
rennen	laufen* 18; rennen* 70
repareren	reparieren 25
reserveren	reservieren 61
restaurant	Restaurant *(o.)* (-s) 41
resten	bleiben* 83
reuzehonger	Bärenhunger *(m.)* 53
rij	Reihe *(v.)* (-n) 45
rij (in de ~ staan)	Schlange stehen* 24
rijden	fahren* 16

rijk	reich 36
Rijn	Rhein *(m.)* 57
rit	Fahrt *(v.)* (-en) 62
rivale	Rivalin *(v.)* (-nen) 74
rivier	Fluss *(m.)* (¨-e) 57
roepen	rufen* 11; schreien* 93
rok(er)ig	rauchig 72
roken	rauchen 72
roman	Roman *(m.)* (-e) 51
romantisch	romantisch 100
Romeinen	Römer *(mv.)* 68
rond	rund 57
rond(om)	um *(+ acc.)* 33
rondom	rundherum 86
rondrijden	herumfahren*, rumfahren* 52
rood	rot 34
rood (bij ~ licht)	bei Rot 34
room	Sahne *(v.)* 8
rooskleurig	rosig 97
rots	Felsen *(m.)* (-) 68
rotweer	Sauwetter *(o.)* 78
rozijn	Rosine *(v.)* (-n) 88
ruilen voor	wechseln 75
rust	Ruhe *(v.)* 45; Rast *(v.)* 79
rustig	ruhig 60
rustplek (met eet- en tankgelegenheid)	Raststätte *(v.)* (-n) 79
rustplek (zonder eetgelegenheid)	Parkplatz *(m.)* (¨-e), Rastplatz *(m.)* 79
ruziën om	sich streiten* um *(+ acc.)* 83

S

Saksen	Sachsen 41
salto	Salto *(m.)* (-s) 100
samen	zusammen 9
sandaal	Sandale *(v.)* (-n) 34
sap	Saft *(m.)* (¨-e) 24
saus	Soße *(v.)* (-n) 83
saxofoon	Saxofon *(o.)* 34
schaak	Schach *(o.)* 90
schaal	Schale *(v.)* (-n) 86
schamen (zich ~)	sich schämen 54
schat	Schatz *(m.)* (¨-e) 66
schattig	süß 32
scheeflopen	schief gehen* 90
scheiden	trennen 95
scheiding	Trennung *(v.)* (-en) 64
scheldwoord	Schimpfwort *(o.)* (¨-er) 100
schelen (iem. niet kunnen ~)	jmd egal sein* 48
scherm	Schirm *(m.)* (-e) 26
scheuren	reißen 54
schijnen	scheinen* 31
schikken	passen 80

schil (aardappelen in de ~)	Pellkartoffeln *(m.)* 78
schilderen	malen 90
schilderij	Bild *(o.)* (-er) 54
schimpwoord	Schimpfwort *(o.)* (¨-er) 100
scholier	Schüler *(m.)* (-) 22
school	Schule *(v.)* (-n) 22
schoolboek	Schulbuch *(o.)* (¨-er) 83
schoolkind	Schulkind *(o.)* (-er) 72
schreeuwen	schreien* 45
schrijven	schreiben* 39
schrijver	Dichter *(m.)* (-) 51; Schriftsteller *(m.)* (-) 72
schrik	Schrecken *(m.)* 94
schrikken	erschrecken* 100
schudden	schütteln 59
schuld	Schuld *(v.)* (-en) 83
seconde	Sekunde *(v.)* (-n) 90
sedert	seit *(+ dat.)* 64
september	September *(m.)* 28
servet	Serviette *(v.)* (-n) 98
short	Shorts *(mv.)* 34
sinaasappel	Orange *(v.)* (-n) 24
sinaasappelsap	Orangensaft *(m.)* (¨-e) 24
sinds	seit *(+ dat.)* 29
sindsdien	seither 64
sissen	zischen 21
slaan	hauen, schlagen* 55
slaapkamer	Schlafzimmer *(o.)* (-) 50
slagroom	Schlagsahne *(v.)* 8
slang	Schlange *(v.)* (-n) 24
slapeloos	schlaflos 93
slapen	schlafen* 17
slapengaan	Insbettgehen *(o.)* 79
slecht	böse 92
slechts	nur 31
slim	schlau 62
slot	Schluss *(m.)* (¨-e) 29
sluiten	schließen* 10
sluiting	Schluss *(m.)* (¨-e) 48
smakelijk eten!	Mahlzeit! 78
smaken	schmecken 27
smid	Schmied *(m.)* 100
smoking	Smoking *(m.)* 38
snappen	kapieren *(fam.)* 54; mitkriegen *(fam.)* 76
snee	Schnitt *(m.)* (-e) 79
sneeuw	Schnee *(m.)* 97
snel	schnell 11; kurz 80
snelheidsbeperking	Geschwindigkeitsbegrenzung *(v.)* 79
snijden	schneiden* 79
snik (niet goed ~ zijn)	spinnen* 55
snoezepoesje	Schmusekätzchen *(o.)* (-) 18
sok	Socke *(v.)* (-n) 34

sechshundertzweiundneunzig • 692

sollicitatie	Bewerbung *(v.)* (-en) 80
sollicitatiegesprek	Vorstellungsgespräch *(o.)* (-e) 81
solliciteren	sich bewerben* 80
soms	manchmal 54
sorry	entschuldige (bitte) 52; Entschuldigung *(v.)* (-en) 81
souvenir	Souvenir *(o.)* (-s) 87
sowieso	sowieso 48
Spaans (taal)	Spanisch 36
spaghetti	Spaghetti *(v.)* (-s) 86
Spanjaard/Spaanse	Spanier/Spanierin 50
Spanje	Spanien *(o.)* 30
spannend	spannend 76
sparen	sparen 10
specialiseren (zich ~ in)	sich spezialisieren auf *(+ acc.)* 81
spel	Spiel *(o.)* (-e) 31
spelen	spielen 32
spelregel	Spielregel *(v.)* (-n) 85
spiegel	Spiegel *(m.)* (-) 82
spiegelblank	spiegelblank 82
spiegelraam	Spiegelfenster *(o.)* (-) 82
spijt (het ~ me)	das/es tut mir Leid 32
spin	Spinne *(v.)* (-n) 55
spinnen (van garen)	spinnen* 54
spoor	Gleis *(v.)* (-e) 16
spoorweg	Bahn *(v.)* (-en) 15
sprake zijn van	in Frage kommen* 95
spreken	sprechen* 8
springen (open-, los-)	platzen 93
sprookje	Märchen *(o.)* (-) 58
spuitwater	Sprudel *(m.)* (-) 33
staan	stehen* 24; sein* 29
stad	Stadt *(v.)* ("-e) 10
stadsbezoek, -bezichtiging	Stadtbesichtigung *(v.)* (-en) 33
stadspoort	Stadttor *(o.)* (-e) 68
stakker	Arme *(m.)* (-n) 53
stam	Stamm *(m.)* ("-e) 55
standbeeld	Statue *(v.)* (-n) 72
stap	Schritt *(m.)* (-e) 60
station	Station *(v.)* (-en) 15
station (trein~)	Bahnhof *(m.)* ("-e) 20
statistiek	Statistik *(v.)* 62
steeds	immer 60
stelen	stehlen* 91
stellen	stellen 44
stem	Stimme *(v.)* (-n) 72
ster	Stern *(m.)* (-e) 86
sterk	stark 41
sterven	sterben* 51
stijgen	steigen* 97
stikken, verstikken	ersticken 58

stil	leise 34; still 45
stilaan	langsam 81
stilstand (tot ~ komen)	halten* 29
stilte!	Ruhe! 45
stip	Punkt *(m.)* (-e) 52
stipt (op tijd)	pünktlich 6
stiptheid	Pünktlichkeit *(v.)* 52
stoel	Stuhl *(m.)* (¨-e) 55
stoep	Gehweg *(m.)* (-e) 65
stom	dumm 63
stommerik, stommeling	Dumme *(m.)* (-n) 88
stommiteit	Dummheit *(v.)* (-en) 91
stop!	halt! 29
stoppen	anhalten* 29
stoppen (met)	aufhören 51
storen	stören 34
storten	stürzen 62
stortvloed	Schwall *(m.)* 100
stout	böse 92
straat	Straße *(v.)* (-n) 15
Straatsburg	Straßburg 51
straf	Strafe *(v.)* (-en) 93
stralend	strahlend 85
strand	Strand *(m.)* (¨-e) 79
strategie	Strategie *(v.)* (-n) 97
streep	Strich *(m.)* (-e) 61
stresserend, stressy, stress veroorzakend	stressig 65
strijden	sich streiten* 83
strooien	streuen 54
stroom	Strom *(m.)* 90
stropdas	Binde *(v.)* (-n), Krawatte *(v.)* (-n) 54
student/studente	Student/Studentin 3
studeren	studieren 51
studie	Studium *(o.)* (Studien) 81
studiegenoot	Studiekollege *(m.)* (-n) 84
stuk *(bijv. nw.)*	kaputt 35
stuk *(zelfst. nw.)*	Stück *(o.)* (-e) 4
stukslaan	aufschlagen* 85
sturen, besturen	lenken 46
sturen, versturen	schicken 39
stuur(wiel)	Lenkrad *(o.)* 100
suiker	Zucker *(m.)* (-) 91
super!	super! 20
superman	Supermann 66
supermarkt	Supermarkt *(m.)* (¨-e) 19
symbool	Symbol *(o.)* (-e) 64
symfonie	Symphonie *(v.)* (-n) 68
sympathiek	sympathisch 93

T

taal	Sprache *(v.)* (-n) 67

taal (vreemde ~)	Fremdsprache *(v.)* (-n) 73
taart	Kuchen *(m.)* (-) 27; Torte *(v.)* (-n) 90
tafel	Tisch *(m.)* (-e) 27
tamelijk	ziemlich 31
tand	Zahn *(m.)* (¨-e) 50
tandarts	Zahnarzt *(m.)* (¨-e) 50
tankstation	Tankstelle *(v.)* (-n) 19
tante	Tante *(v.)* (-n) 39
taxi	Taxi *(o.)* (-s) 13
te *(bijw.)*	zu 22
te *(voorz.)*	zu *(+ dat.)* 11
te, om te	zu *(+ inf.)* 19
te voet	zu Fuß 33
te werk gaan	vorgehen* 90
tearoom	Café *(o.)* (-s) 4
tegen	gegen 84
tegen elkaar	gegeneinander 85
tegendeel (in~)	im Gegenteil 69
tegenhouden	zurückhalten* 32
tegenover	gegenüber 33
tegenwoordig	heute 82
teken	Zeichen *(o.)* (-s) 90
telefoon	Telefon *(o.)* (-e) 5
telefoontje	Anruf *(m.)* (-e) 11
teleurgesteld	enttäuscht 66
televisie(kanaal)	Fernsehen *(o.)* 74
televisie (toestel)	Fernseher *(m.)* (-) 74
televisietoestel	Fernsehapparat *(m.)* (-e) 74
telkens	jedes Mal 76
tellen	zählen 17
Tenerife	Teneriffa 98
tenminste	wenigstens 57; mindestens 72
tenslotte	schließlich 52
termijn	Termin *(m.)* (-e) 25
terras	Terrasse *(v.)* (-n) 58
terug	zurück 12
terugbellen	zurückrufen* 12
terugkomen	zurückkommen* 25
terugvliegen	zurückfliegen* 83
terwijl	indem 86; während 83; wo (doch) 97; wo 99
testen	testen 91
tevreden	zufrieden 82
tewerkgesteld zijn	angestellt sein 81
theater	Theater *(o.)* (-) 26
thee	Tee *(m.)* (-s) 4
theologie	Theologie *(v.)* (-n) 51
theoretisch	theoretisch 29
theorie (in ~)	theoretisch 29
thuis	zu Haus(e) 11
tijd	Zeit *(v.)* (-en) 12

tijdens	während 84
tijdens het	beim 59
tillen	heben* 86
titel	Titel *(m.)* (-) 91
toch	trotzdem 46; immerhin 90
toch (versterkend)	ja 43
toch (wel)	doch 19
toebehoren	gehören *(+ acc.)* 74
toedoen, -maken	zumachen 74
toegestaan	erlaubt 34
toekennen	verleihen* 72
toekomende tijd	Futur *(o.)* 55
toekomst	Zukunft *(v.)* 80
toekomstig	zukünftig 38
toelachen (iem. ~)	lächeln 54
toelaten	erlauben 34
toen	da 15; als 57; damals 74
toenemen	zunehmen* 97
toerist	Tourist *(m.)* (-en) 38
toespraak	Rede 91
toestaan	erlauben 34
toilet	Klo *(o.)* (-s), Klosett *(o.)* (-s/-e), Toilette *(v.)* (-n) 45
toilet (naar het ~ moeten)	aufs Klo müssen, mal müssen 79
toitoitoi!	toi, toi, toi! 89
tomatensaus	Tomatensoße *(v.)* (-n) 86
tonen	zeigen 13
topvorm (in ~)	in Top-Form 96
toren	Turm *(m.)* (¨-e) 63
tot	bis *(+ acc.)* 12
tot morgen!	bis morgen! 10
tot nu toe	bis jetzt 79
tot slot	zum Schluß 33; zuletzt 86
tot straks!	bis später! 78
tot wederhoren/horens! (telefoon)	auf Wiederhören! 5
tot (weer/weder)ziens!	auf Wiedersehen! 5, 12
totaal	total 37
toverfluit	Zauberflöte *(v.)* 68
trachten	versuchen 66
tram	Straßenbahn *(v.)* (-en) 15
trapeze	Trapez *(o.)* (-e) 56
treffen	treffen* 25
trein	Bahn *(v.)* (-en) 15; Zug *(m.)* (¨-e) 16
trekken	ziehen* 70
trekvogel	Zugvogel *(m.)* (¨) 97
treurig	traurig 54
trots	stolz 89
trouwen	heiraten 38
tuin	Garten *(m.)* (¨) 23
tuinfeest	Gartenfest *(o.)* (-e) 23
tuinkabouter	Gartenzwerg *(m.)* (-e) 68

tussen	zwischen 29
tv	Fernseher *(m.)* (-) 74
tv kijken	fernsehen* 55
tweemaal	zweimal 9
tweepersoonskamer	Doppelzimmer *(o.)* (-) 96
twisten over	sich streiten* über *(+ acc.)* 83
typisch	typisch 33

U

u *(meew. vw.)*	Ihnen *(dat. van* Sie) 6
u *(onderw./lijd. vw.)*	Sie 1
uit	aus *(+ dat.)* 3
uit-	heraus, raus (= heraus) 46
uitdoen	ausmachen 43
uiteindelijk	schließlich 52
uiteraard	selbstverständlich 61
uiteraard!	klar! 9
uiterlijk	spätestens 71
uitgaan	rausgehen* 46
uitgaven (terugbetaalbare)	Auslagen *(v.)* 80
uitgeput zijn	am Ende sein* 67
uithoudingsvermogen	Ausdauer *(v.)* 99
uitleggen	erklären 71
uitlenen	verleihen* 92
uitmaken	ausmachen 95
uitnodigen	einladen* 23
uitputting	Erschöpfung *(v.)* (-en) 60
uitrit	Ausfahrt *(v.)* (-en) 48
uitstappen	aussteigen* 16
uitstekend	ausgezeichnet 27
uitvinden	erfinden* 57
uitvoeren (een experiment ~)	ein Experiment durchführen* 88
uitwisseling	Austausch *(m.)* 81
uitzending	Sendung *(v.)* (-en) 51
uitzicht	Aussicht *(v.)* (-en) 50
uitzien (er goed ~)	gut aussehen* 18
uitzondering	Ausnahme *(v.)* (-n) 62
uni(ef)	Uni *(v.)* 18
universiteit	Universität *(v.)* 18
uur (duur)	Stunde *(v.)* (-n) 17
uur (klokuur)	Uhr *(v.)* 16
uw	Ihr(e) 25

V

vaak	oft 54
vader	Vater *(m.)* (¨) 18
vakantie	Urlaub *(m.)* 37; Ferien *(mv.)* 13
vakantiewoning	Ferienwohnung *(v.)* (-en) 50
val van de muur	Mauerfall *(m.)* 64
vallei	Tal *(o.)* (¨-er) 83
vallen	fallen* 53; stürzen 62

vallen (naar beneden, neer~)	runterfallen* 43
van	von *(+ dat.)* 3; vor 58
vanaf	ab 71
vanavond	heute Abend 11
vandaag	heute 1
van elkaar	voneinander 100
vanzelfsprekend	selbstverständlich 61
vanzelfsprekend!	klar! 9
varen	fahren* 16
varken	Schwein *(o.)* (-e) 63
varkenspoot	Schweinshaxe *(v.)* (-n) 75
vast	sicher 6
vastzitten	verstopft sein 52
vatten	kriegen 40
vechtpartij	Schlägerei *(v.)* (-en) 76
veel	viel 1
veer	Feder *(v.)* (-n) 74
veilig	sicher 62
veld	Feld *(o.)* (-er) 58
venster	Fenster *(o.)* (-) 53
ver	weit 17; fern 55
verafgoden	vergöttern 72
veranderen (anders maken)	ändern, verändern 82
veranderen (anders worden)	sich ändern 39; sich verändern 82
veranderen van	wechseln 75
verband	Binde *(v.)* (-n) 54; Zusammenhang *(m.)* (¨-e) 88
verbazingwekkend	erstaunlich 74
verbieden	verbieten* 34
verboden	verboten 34
verder	weiter 17
verder-	weiter- 33
verder doen	weitermachen 99
verdergaan	weitergehen* 33
verdienen	verdienen 31
verdieping	Stock *(m.)* (Stockwerke) 90
verdomme!	verflixt! 29
verdorie!	Mist! 9; Himmel! 85
Verenigde Staten	Vereinigte Staaten 70
vereniging	Vereinigung *(v.)* (-en) 64
vergaan	vergehen* 16
vergadering	Sitzung *(v.)* (-en) 25
vergeten	vergessen* 16
vergeven	verzeihen* 69
vergezellen	begleiten 85
vergissen (zich ~)	sich irren 54
verhaal	Erzählung *(v.)* (-en) 72
verhaal(tje)	Geschichte *(v.)* (-n) 41
verheugen (zich ~), verheugd zijn	sich freuen 20
verhuren	vermieten 50
verjaardag	Geburtstag *(m.)* (-e) 22

verjaardagsfeest	Geburtstagsfest *(o.)* (-e) 22
verjaardagslied	Geburtstagslied *(o.)* (-er) 90
verjaardagsparty	Geburtstagsparty *(v.)* (-s) 22
verjongen	jünger werden* 82
verkeerd	falsch 5
verkeerd lopen	schief gehen* 90
verkeerslicht	Ampel *(v.)* (-n) 94
verkeersregel	Verkehrsregel *(v.)* (-n) 94
verkiezen (prefereren)	vorziehen* 80
verklappen	verraten* 65
verklaren	erklären 71
verkopen	verkaufen 40
verkoper/verkoopster	Verkäufer/Verkäuferin (-/-nen) 62
verkrijgen	kriegen 40
verleden	Vergangenheit *(v.)* (-en) 64
verliezen	verlieren* 54
verloren	verloren 79
vermoedelijk	vermutlich 87
vermoeden	sich denken* 75; ahnen 87
vermoeiend	anstrengend 26
vernietiging	Zerstörung *(v.)* (-en) 64
verontschuldiging	Entschuldigung *(v.)* (-en) 5
veroordelen	verurteilen 93
verplicht zijn (niet ~)	nicht müssen* 35
verraden	verraten* 65
verrassen	überraschen 76
verrast	überrascht 100
vers	frisch 63
verschil	Unterschied *(m.)* (-e) 29
verschonen	verzeihen* 81
verschrikkelijk	schrecklich 36; fürchterlich 66
verspreken (zich ~)	sich versprechen* 54
verstaan	verstehen* 27
verstaanbaar	verständlich 61
verstand	Verstand *(m.)* 60
verstoppen (zich ~)	sich verstecken 59
verstopt/geblokkeerd zijn	verstopft sein 52
vertalen	übersetzen 100
vertegenwoordiger	Vertreter *(m.)* (-) 25
vertellen	erzählen 17
vertrekken (met auto, trein,...)	abfahren* 16
vertrouwelijk	vertraulich 69
vertwijfeld	verzweifelt 54
vervelen (zich ~)	sich langweilen 76
vervelend	langweilig 76
vervloekt	verflixt 29
vervolg	Fortsetzung *(v.)* (-en) 36
vervolgens	danach 51
verwachten	rechnen mit 97
verwanten	Verwandte *(mv.)* 39
verward	verwirrt 60

verwarren (met)	verwechseln (mit) 74
verwarring	Verwechslung *(v.)* (-en) 77
verwennen	verwöhnen 87
verwijderd	entfernt 100
verwisselen (met)	verwechseln (mit) 74
verwittigen	Bescheid sagen/geben 58
verzadigd	satt 27
verzamelen	versammeln 90
verzekeren	garantieren 75
verzocht worden	bitte sollen 48
verzoeken	bitten 30
vespers	Vesper *(o.)* 47
vieren	feiern 64
viezigheid	Schweinerei *(v.)* (-en) 75
vijand	Feind *(m.)* (-e) 83
vinden	finden* 19
vinden (van)	meinen 26
vingers (de ~ kruisen voor ...)	die Daumen für ... drücken 79
Vlaams	flämisch 50
Vlaanderen	Flandern *(o.)* 50
vlak	direkt 85
Vlaming/Vlaamse	Flame/Flamin of Flämin 50
vlees	Fleisch *(o.)* 24
vleeskleurig	fleischfarben 74
vliegen	fliegen* 25
vliegtuig	Flugzeug *(o.)* (-e) 62
vlijt	Fleiß *(m.)* 99
vlijtig	fleißig 99
vloeien	fließen* 73
vloeiend	fließend 73
vlucht	Flug *(m.)* (¨-e) 62
vlug	schnell 11
voelen (zich ~)	sich fühlen 89
voertuig	Fahrzeug *(o.)* (-e) 48
voet	Fuß *(m.)* (¨-e) 33
voetbalclub	Fußballclub *(m.)* (-s) 89
voetganger	Fußgänger *(m.)* (-) 33
voetgangerszone	Fußgängerzone *(v.)* (-n) 33
vogel	Vogel *(m.)* (¨) 82
vol	voll 25
vol hebben (de buik ~)	die Nase voll haben 54
voldaan	satt 27
volgeboekt	ausgebucht 96
volgen	folgen 36
volgen (iem. ~)	folgen (jmd *(dat.)* ~) 75
volgend(e)	folgend- 68; nächster/nächste 18
volgens	laut 62
volk	Volk *(o.)* (¨-er) 40
volpension	Vollpension *(v.)* 62
voor	für *(+ acc.)* 2; vor 20; zu *(+ dat.)* 62
voor(dat)	bevor 29

vooraan	vorn 45
voorbaat (bij ~)	im Voraus 96
voorbeeld	Beispiel *(o.)* (-e) 75
voorbehouden	reservieren 80
voorbij	vorbei 22
voorbijrijden	vorbeifahren* 100
voordeel	Vorteil *(m.)* (-e) 78
voorgerecht	Vorspeise *(v.)* (-n) 27
voormiddag	Vormittag *(m.)* 25
voornaam *(bijv. nw.)*	vornehm 86
voornaam *(zelfst. nw.)*	Vorname *(m.)* (-n) 81
voorouder	Vorfahr *(m.)* (-en) 88
voorspellen	voraussagen 97
voorstellen	vorstellen 37
voorstellen (zich ~)	sich vorstellen *(+ acc.)* 62
voorstellen (zich ~/inbeelden)	sich vorstellen *(+ dat.)* 62
voorstelling	Vorstellung *(v.)* (-en) 81
voort-	weiter- 33
voortzetting	Fortsetzung *(v.)* (-en) 36
vooruit!	los! 55
voorzichtig	vorsichtig 13
voorzichtig zijn	sich in Acht nehmen* 69
voorzichtig!	Vorsicht! 13
voorzichtigheid	Vorsicht *(v.)* 13
vore	Furche *(v.)* (-n) 59
vorig	letzt- 40
vork	Gabel *(v.)* (-n) 33
vorming	Bildung *(v.)* (-en) 68
vorser *(m./v.)*	Forscher/Forscherin (-/-nen) 88, 91
vraag	Frage *(v.)* (-n) 15
vrachtwagen	Lastwagen *(m.)* (-) 94
vragen (iem. iets ~)	fragen (jmd *(acc.)* nach *(+ dat.)* ~) 39
vrede	Frieden *(m.)* (-) 55
vreemde taal	Fremdsprache *(v.)* (-n) 73
vreselijk	entsetzlich 87; fürchterlich 100
vrezen	befürchten 92
vriend	Freund *(m.)* (-e) 3
vriendelijk	nett 18; freundlich 40
vriendelijke groeten	freundliche Grüße 80
vriendin	Freundin *(v.)* (-nen) 3
vrij	frei 2
vrijdag	Freitag *(m.)* (-e) 25
vrijhouden	freihalten* 78
vroeg	früh 4
vroegste (ten ~)	früh(e)stens 71
vrolijk	lustig 23
vrouw	Frau *(v.)* (-en) 3
vuur	Feuer *(o.)* (-) 58

W

waar	wahr 37

waar?	wo? 11
waar dan ook	sonst irgendwo, sonstwo 82
waaraan	woran 89
waard	wert 41
waarde	Wert *(m.)* (-e) 41
waarheen, waar naartoe	wohin 36
waarheid	Wahrheit *(v.)* (-n) 69
waarom	weshalb 65
waarom?	warum? 1; wozu? 19
waarom, waarover	worum 90
waarschijnlijk	wahrscheinlich 48
waarschuwen	warnen 86
waartoe (~bij, ~over, ~voor,...)?	wozu? 19
waarvan	dessen 73
waarvandaan	woher 36
waarvoor	wofür 89
wacht!	halt! 24
wachten	warten 13, 14
wachten op	warten auf *(+ acc.)* 59
wachtkamer	Vorzimmer *(o.)* (-) 47
wagen *(ww.)*	wagen 69
wagen *(zelfst. nw.)*	Wagen *(m.)* (-) 40
wakker	wach 71
wakker worden	aufwachen 71
walgelijk	eklig 75
wand	Wand *(v.)* (¨-e) 54
wandelen (gaan ~)	spazieren gehen* 34
wandeling	Spaziergang *(m.)* (¨-e) 26
wanhopig	verzweifelt 54
wanneer	wann 63
wanneer *(voegw.)*	wenn 38
wanneer?	wann? 11
want	denn 54
war (in de ~)	verwirrt 60
warm	warm 63
wassen (zich ~)	sich waschen* 71
wat	ein bisschen 18; ein wenig 30; was 34; etwas 61
wat (voor) een...	was für ein(e)... 22
wat?	was? 4
water	Wasser *(o.)* 86
wc	WC *(o.)* (-s) 45
wedden	wetten 58
wederopbouw	Wiederaufbau *(m.)* 64
wedren	Wettlauf *(m.)* (¨-e) 58
weduwe	Witwe *(v.)* (-n) 68
week	Woche *(v.)* (-n) 18
weer *(zelfst. nw.)*	Wetter *(o.)* 46
weer(-)	wieder(-) 5
weerbericht	Wetterbericht *(m.)* (-e) 97
weerzien	wiedersehen* 100

weg *(bijw.)*	los 55
weg *(zelfst. nw.)*	Weg *(m.)* (-e) 38
wegen	wiegen* 57
weglopen	weglaufen* 73
wegnemen	abheben* 86
wegrennen	loslaufen* 55
wegrijden	wegfahren* 48
wegvliegen	wegfliegen* 43
weide	Wiese *(v.)* (-n) 82
weinig	wenig 30
wekken	wecken 71
wekker	Wecker *(m.)* (-) 71
wel	denn 13; also 15; schon 90
wel!?	na!? 27
wel(iswaar)	zwar 75
weldra	bald 26
weliswaar	ja 54
welk(e)?	welch- 20
welkom	willkommen 51
wellevendheid	Benimm *(m.)* 85
wellevendheidsregel	Benimmregel *(v.)* (-n) 85
wellicht	vielleicht 29
wenden	wenden* 70
wenen	weinen 98
wenken	winken 37
wennen aan	sich an + *acc.* gewöhnen 75
wensen	wünschen 1
wereld	Welt *(v.)* 40
wereldgeschiedenis	Weltgeschichte *(v.)* 64
werk	Werk *(o.)* (-e) 51
werkelijk	wirklich 27
werken	arbeiten 19; funktionieren 25
werktijd	Arbeitszeit *(v.)* (-en) 78
West-Duitsland	Westdeutschland 64
westen	Westen *(m.)* 42
wet	Gesetz *(o.)* (-e) 48
weten	wissen* 22
wie ? *(lijd. vw.)*	wen? (*acc. van* wer) 23
wie *(betr. vnw.)*	wer 33
wie? *(meew. vw.)*	wem? (*dat. van* wer) 39
wie? *(onderw.)*	wer? 3
wie (van ~)	wessen 68
wiel	Rad *(o.)* (¨-er) 34
wiens	dessen *(m./o.)* 72
wier	deren *(v./mv.)* 72
wij/we	wir 1
wijfje	Weibchen *(o.)* (-) 88
wijn	Wein *(m.)* (-e) 33
wijze	Weise *(v.)* (-n) 10
wijzigen	sich ändern 39
wil	Wille *(m.)* 65

willen	wollen* 27
willen (graag ~)	mögen* 8
willen (zou/zouden ~)	mögen* 4
winkel	Geschäft *(o.)* (-e) 10; Laden *(m.)* (¨) 48
winkelen	einkaufen 24
winnen	gewinnen* 58
winter	Winter *(m.)* (-) 28
wit	weiß 82
witbier	Weißbier *(o.)* 75
woede	Wut *(v.)* 60
woedend	wütend 60
woedend zijn	wüten 60
woensdag	Mittwoch *(m.)* (-e) 25
wonder	Wunder *(o.)* (-) 73
wondermiddel	Wundermittel *(o.)* (-) 73
wondermooi	wunderschön 50
wonen	wohnen 37
woning	Wohnung *(v.)* (-en) 50
woonkamer	Wohnzimmer *(o.)* (-) 50
woord	Wort *(o.)* (¨-er) of (-e) 58
worden	werden* 22
worden *(passieve vorm)*	werden* (passieve vorm) 85
wordt vervolgd	Fortsetzung folgt 36
worst	Wurst *(v.)* (¨-e) 4
worstje	Würstchen *(o.)* (-) 4
woud	Wald *(m.)* (¨-er) 65

Z

zaak	Geschäft *(o.)* (-e) 10; Angelegenheit *(v.)* (-en) 54
zaal	Saal *(m.)* (Säle) 90
zacht	leise 34; weich 85
zakenman	Geschäftsmann *(m.)* (¨-er) 93
zakenreis	Geschäftsreise *(v.)* (-n) 85
zand	Sand *(m.)* 54
zaterdag	Samstag *(m.)* (-e) 22; Sonnabend *(m.)* (-e) 25
zee	Meer *(o.)* (-e) 24
zeer	sehr 3
zeggen	sagen 11
zeker	sicher 6
zeker!	gewiss! 89
zelf	selbst 56
zelfde	selb- 48
zelfmoord	Selbstmord *(m.)* (-e) 76
zelfs	sogar 37
zelfstandig	selbstständig 81
zenden	senden* 70
zender	Programm *(o.)* (-e) 74
zenuwachtig	nervös 31
zetel	Sessel *(m.)* (-) 55

siebenhundertvier

zetten	stellen 44
zeug	Sau *(v.)* (¨-e) 78
zich	sich 45
ziek	krank 83
zien	sehen* 10
ziezo	hier bitte 4
zij/ze *(onderw., v. ev.)*	sie *(onderw., v. ev.)* 3
zij/ze *(onderw., mv.)*	sie *(onderw., mv.)* 6
zijde (stof)	Seide *(v.)* 54
zijden (van zijde)	seiden 54
zijn *(ww.)*	sein* 1, 2, 14, 53
zijn *(bez. vnw.)*	sein(e) 23
zijn van	gehören *(+ acc.)* 74
zin (gramm.)	Satz *(m.)* (¨-e) 58
zin (trek)	Lust *(v.)* (¨-e) 26
zingen	singen* 82
zitten	sitzen* 25
zitten (gaan ~)	sich setzen 37
zitting	Sitzung *(v.)* (-en) 25
zo	so 15; ebenso 63
zo (meteen)	gleich 6
zo iets, zoiets	so etwas 93
zo... als	so... wie 60
zoals	wie 46
zodat	damit 66
zodra	sobald 79
zoeken	suchen 19
zoen	Kuss *(m.)* (¨-e) 16
zoet	süß 32
zolang	solange 99
zomer	Sommer *(m.)* (-) 28
zon	Sonne *(v.)* (-n) 25
zondag	Sonntag *(m.)* (-e) 10
zondagskind	Sontagskind *(o.)* (-er) 91
zonder	ohne *(+ acc.)* 12
zone	Zone *(v.)* (-n) 33
zonneschijn	Sonnenschein *(m.)* 96
zonnig	sonnig 50
zoon	Sohn *(m.)* (¨-e) 85
zorg	Sorge *(v.)* (-n) 52
zorgen voor	sich kümmern um + *acc.* 81
zou(den)	werden* (voorwaardelijke wijs) 93
zout	Salz *(o.)* (-es) 86
zover	soweit 90
zowat	etwa 89
Zuid-Amerika	Südamerika 50
zuiden	Süden *(m.)* 42
zullen (bij voorstel)	wollen* 33; sollen 96
zullen (toekomende tijd)	werden* *(+ inf.)* 55
zus(ter)	Schwester *(v.)* (-n) 23
zwaan	Schwan *(m.)* (¨-e) 74